I0354792

www.ingramcontent.com/pod-product-compliance
Lightning Source LLC
Chambersburg PA
CBHW081437070526
44586CB00019B/2153
9781595848628

بنیاد نیشابور
۸۰

شاهنامهٔ فردوسی

(۱)

شرکت کتاب
ketab.com

ویرایش: فریدون جنیدی

Ferdowsi's Shahnameh 1
Subject:Ferdowsi's Shahnameh
Poet: Abolqasem Ferdowsi
Editor: Fereydoon Joneydi

Copyright © 2025 by: **Fereydoon Joneydi**
All right reserved.

First Edition: 2025

شاهنامه فردوسی جلد ۱
موضوع: شاهنامه فردوسی
شاعر: حکیم ابوالقاسم فردوسی
ویراستار: فریدون جنیدی
۱۴۰۴ خورشیدی - ۲۰۲۵ میلادی

No part of this book may be reproduced in any manner without the express written consent of the author, except in the case of brief excerpts in critical reviews or articles.
For information about permission to reproduce selections from this book, write to Permissions @ ketab Corporation

The Library of Congress Cataloging-in-publishing Data is available upon request.

ISBN: 978-1-59584-862-8
Ketab Corporation:
12701 Van Nuys Blvd., Suite H,
Pacoima, CA, 91331, USA
www.ketab.com

1 2 3 4 5 6 7 8 25

فهرست

دیباچه	۱۱
آغاز سخن	۱۳
گفتار اندر ستایش خرد	۱۴
گفتار اندر آفرینش جهان	۱۵
گفتار اندر آفرینش جانوران و مردمان	۱۷
گفتار اندر آفرینش آفتاب	۱۹
گفتار اندر آفرینش ماه	۲۰
گفتار اندر ستایش پیغمبر	۲۱
گفتار اندر فراهم آمدن شاهنامه و آفرین بر انوشه‌روان، ابومنصور محمّد عبدالرّزاق، پورِ بابک خراسانی	۲۵
داستان دقیقی شاعر	۲۶
ستایش انوشه‌روان امیرمنصور پشتیبان فردوسی	۲۷
گفتار اندر ستایش سلطان محمود!!	۲۸
کیومرس	۳۵
کیومرس	۳۷
هوشنگ	۴۳
پادشاهی هوشنگ	۴۵
تهمورس	۴۹
پادشاهی تهمورس	۵۱
جمشید	۵۵
جمشید	۵۷
داستان مرداس	۶۲
ضحّاک بیوراسب	۶۹
پادشاهی ضحّاک	۷۱
خواب دیدن ضحّاک	۷۳
زادن فریدون از مادر	۷۶
پژوهش فریدون از فرانک دربارهٔ نژاد	۸۰
داستان کاوهٔ آهنگر با ضحّاک	۸۲
آهنگ جنگ فریدون با ضحّاک	۸۷
فریدون	۱۰۱
پادشاهی فریدون	۱۰۳
آغاز داستان	۱۰۴
فرستادن فریدون فرستاده‌ای را بخواستاری	۱۰۶
پیوند فرزندان فریدون با دختران شاه یمن	۱۱۴
آزمودن فریدون پسران را	۱۱۵
بخش کردن فریدون جهان را بر پسران	۱۱۸
رشگ بردن سلم، بر ایرج	۱۱۹
سخن گفتن فریدون با ایرج دربارهٔ کردار سلم و تور	۱۲۴
نامه نوشتن فریدون به سلم و تور	۱۲۶

رفتن ایرج، با نامهٔ پدر، نزد برادران	۱۲۷
کشتن برادران ایرج را	۱۲۸
آوردن تابوت ایرج بنزد فریدون	۱۳۱
زادن منوچهر از مادر	۱۳۴
آگاه شدن سلم و تور از پادشاهی منوچهر و پیام بنزد فریدون	۱۳۶
آهنگِ رزم منوچهر با سلم و تور	۱۴۳
نبرد منوچهر با سلم و تور	۱۴۶
نامهٔ منوچهر بنزد فریدون	۱۵۰
تاخت بردن کاکوی	۱۵۳
نامهٔ منوچهر بسوی فریدون	۱۵۷
درگذشتن فریدون	۱۵۹
منوچهر	۱۶۱
پادشاهی منوچهر	۱۶۳
زال و رودابه	۱۶۷
داستان زال و رودابه	۱۶۹
پناه دادن سیمرغ، زال را	۱۷۰
آگاه شدن سام نریمان، از زال	۱۷۱
آگاه شدن منوچهر از کارِ سام و زال	۱۷۵
رفتن زال بسوی کابل	۱۷۹
دل باختن زال به رودابه	۱۸۰
مهر پیوستن رودابه به زال	۱۸۲
رفتن کنیزکان رودابه به دیدن زال زر	۱۸۷
بازگشتن کنیزکان بنزد رودابه	۱۹۱
رای زدن زال با موبدان در کار رودابه	۱۹۶
نامهٔ زال بنزدیک سام	۱۹۹
رای زدن سام با موبدان در کارِ زال	۲۰۱
آگاه شدن سیندخت، از شیفتگی زال و رودابه	۲۰۴
آگاه شدن مهراب از کار رودابه	۲۰۷
آگاه شدن منوچهر از کارِ زال	۲۱۱
رسیدن سام بنزد منوچهر	۲۱۲
رفتن سام، بجنگ مهراب	۲۱۵
نامهٔ سام نزد منوچهر شاه	۲۱۷
خشم گرفتن مهراب بر سیندخت	۲۲۱
رفتن سیندخت بنزد سام	۲۲۲
رسیدن زال، با نامهٔ سام، بنزد منوچهر	۲۲۸
پرسیدن منوچهر، اختر زال را از اخترماران	۲۲۹
آزمودنِ موبدان زال را	۲۲۹
هنر نمودن زال در میدان	۲۳۳

پاسخ منوچهر، بسام	۲۳۵
رسیدن زال به سام	۲۳۹
گواه‌گیران رودابه و زال	۲۴۰
رستم‌زاد	۲۴۵
آمدن سام بدیدن رستم	۲۴۸
کشتن رستم زال پیل سپید را	۲۵۱
رفتن رستم به دژکوه سپند	۲۵۳
نامه نوشتن رستم به دستان سام	۲۵۶
اندرز کردن منوچهر	۲۵۸
نوذر	۲۶۱
پادشاهی نوذر	۲۶۳
نامه نوشتن نوذر بنزدیک سام	۲۶۳
آگاهی یافتن پشنگ از مرگ منوچهر	۲۶۷
آمدن افراسیاب بایرانزمین	۲۶۹
رزم نخستین افراسیاب	۲۷۱
دیگر میدان رزم	۲۷۷
گرفتار شدن نوذر بر دست	۲۸۰
افراسیاب	۲۸۰
نبرد قارن و ویسه و گریختن ویسه	۲۸۱
لشکرکشی شماساس و خَزَروان به سیستان	۲۸۳
رسیدن زال بیاری مهراب	۲۸۴
پادشاهی افراسیاب	۲۸۹
پادشاهی افراسیاب اندر ایرانزمین	۲۹۱
کشتن افراسیاب اغریرث نیک‌پی را	۲۹۵
زَوْطهماسپ	۲۹۷
پادشاهی زَوْطهماسپ	۲۹۹
تازش دوبارهٔ افراسیاب به ایرانزمین	۳۰۲
گرفتن رستم، رخش را	۳۰۵
لشکر کشیدن زال، بسوی افراسیاب	۳۰۷
رفتن رستم به البرزکوه برای آوردن کیقباد	۳۰۹
کیقباد	۳۱۳
پادشاهی کیقباد	۳۱۵
نخستین نبرد رستم، با افراسیاب	۳۱۶
گریختن افراسیاب نزد پدرش پشنگ	۳۱۹
آشتی خواستن پشنگ از کیقباد	۳۲۱
کی‌کاووس	۳۲۷
پادشاهی کاووس	۳۲۹
آمدن رامشگری از مازندران نزد کاووس	۳۲۹

پند دادن زال مر کاووس را ۳۳۴
لشکر کشیدن کی‌کاووس به مازندران ۳۳۷
پیامِ کاووس بنزدِ زال ۳۴۱
هفتخوان رستم ۳۴۵
   هفت‌خوان رستم ۳۴۷
      خوان نخست: کشتن رخش، شیر را ۳۴۸
      خوان دوّیُم: گذر؛ از بیابان خشک ۳۴۹
      خوان سِیّوم: رزم رستم با اژدها ۳۵۱
      خوان چهارم: زن جادو ۳۵۴
      خوان پنجم: گرفتار شدن اولاد بر دست رستم ۳۵۶
      خوان ششم: رسیدن رستم بنزد کاووس و ایرانیان ۳۶۰
      خوان هفتم: رزم رستم با دیو سپید ۳۶۴
نامه کی‌کاووس بشاه مازندران ۳۶۸
رفتن رستم بنزد شاه مازندران ۳۷۱
رزم کی‌کاووس با شاه مازندران ۳۷۵
نبرد کاووس با شاه مازندران ۳۷۵
بخشیدنِ کاووس مازندران را به اولاد ۳۸۱
باز آمدن کاووس به شهر ایران و رفتن رستم بسیستان ۳۸۱
گشتن کاووس بر گرد جهان ۳۸۴
رزم کاووس با شاه هاماوران ۳۸۶
بزن خواستن کاووس سودابه دختر شاه هاماوران را ۳۸۸
به بند افکندن شاه هاماوران کاووس را ۳۹۱
آمدن تورانیان و تازیان به ایران ۳۹۴
یاری‌خواهی ایرانیان از رستم ۳۹۵
رزم رستم با سه شاه و گشادن کاووس را از بند ۳۹۹
نامۀ کاووس به افراسیاب ۴۰۲
رزم پیلسم با چهار گرد از پهلوانان ایران ۴۰۴
آراستن کاووس جهان را ۴۰۶
پرواز کاووس بر آسمان ۴۰۷
آوردن پهلوانان کاووس را ۴۱۰
نبرد هفت پهلوان ۴۱۳
آگاه شدن افراسیاب از آمدن پهلوانان ایران بنخچیرگاه ۴۱۵
گریختن افراسیاب، از رزمگاه ۴۲۰
داستان رستم و سهراب ۴۲۲
   آغاز داستان ۴۲۳
   رسیدن رستم، بشهر سمنگان ۴۲۴
   آمدن تهمینه دخت شاه سمنگان ببالین رستم ۴۲۵
   زادن سهراب از مادر ۴۲۸

فرستادن افراسیاب هومان و بارمان را بنزد سهراب	۴۲۹
آمدن سهراب به ایران و گرفتن دژ سپید را	۴۳۱
نامهٔ گژدهم به کیکاووس	۴۳۶
نامهٔ کیکاووس به رستم زال	۴۴۰
خشم گرفتن کاووس بر رستم	۴۴۲
رایزنی در انجمن مهیستان ایران	۴۴۴
لشکر کشیدن کاووس بجنگِ سهراب	۴۴۶
کشته شدن ژنده رزم، بر دست رستم	۴۴۸
نشان جستن سهراب از هجیر	۴۵۰
رزمِ پدر و فرزند!	۴۶۰
نبردِ رستم و سهراب بار دوئم	۴۶۷
کشته شدن سهراب بر دست رستم	۴۷۱
فهرست نامهای این دفتر	۴۸۱

دیباچه

آغاز سخن

بنام خداوند جان و خرد ‏ کزین برتر اندیشه برنگذرد
خداوند نام و خداوند جای ‏ خداوند روزی‌ده و رهنمای [1]
خداوند گیهان و گردان سپهر ‏ فروزندهٔ ماه و ناهید و مهر
ز نام و نشان و گمان برتر است ‏ نگارندهٔ برشده گوهر است
خرد را و جان را، همی‌سنجد اوی ‏ در اندیشهٔ سخته کی گنجد اوی [2]
نیابد بدو نیز اندیشه راه ‏ که او برتر از نام و از جایگاه [3]
یقین دان که هرگز نیاید پدید ‏ به وهم اندر، آن کس، که وهم آفرید [4]
سخن هرچه زین گوهران بگذرد ‏ نیابد بدو راه، جان و خرد [5]
به بینندگان آفریننده را ‏ نبینی مرنجان دو بیننده را [6]
خرد گر سخن برگزیند همی ‏ همان را ستاید که بیند همی [7]
بدین آلت و رای و جان و زبان ‏ ستود آفریننده را کی توان؟! [8]
ستودن نداند کس او را چو هست ‏ میان، بندگی را ببایدت بست [9]
به هستیش باید که خستو شوی ‏ زگفتار بیکار یکسو شوی [10]

---

۱ - این گفتار بگونه‌ای گسترده در پیشگفتار بررسی شده‌است، و پیدا است که از فردوسی نیست؛ (بنگرید به پیشگفتار)

۲ - خداوند، خرد و جان را آفریده‌است، و نیروی سنجش را نیز در جان و خرد نهاده‌است و نیازش به سنجش نیست.

۳ - **یک:** دوباره گویی سخن پیشین است «در اندیشهٔ سخته، کی گنجد او»؛ **دو:** سخن بی‌پایان است، و اگر از فردوسی می‌بود می‌بایستی چنین آمده باشد که او برتر از نام و از جایگاه [است!]؛ **سه:** و نیز دوباره گویی رج سیوم شاهنامه است: «ز نام و نشان و گمان برتر است».

۴ - **یک:** مگر بر این بنیاد بودیم که خداوند را پدید بیاوریم؟ **دو:** دوباره گویی سست اندیشه پیشین است «در اندیشه سخته کی گنجد او». این گفتار، پس‌از سعدی و با برداشت سخن وی بشاهنامه افزوده شده‌است:

سعدی از آنجا که وهم اوست سخن گفت ‏ ورنه کمال تو، وهم کی رسد آنجا؟

سه: از خداوند، نمی‌توان با «آن کس» یاد کردن! که «کس» در زبان فارسی همان «شخص» زبان تازی است.

۵ - از کدام گوهران؟

٦ - کسی را پروای آن نبوده‌است که خداوند را ببیند که اینجا پندش دهیم که او را نتوانی دیدن! اکنون با شگفتی بکارِ جهان می‌باید نگریستن که بر سر همین سخن که از فردوسی نیست، چه گفتارهای دراز بر سرهم کرده‌اند، که فردوسی معتزلی است...! اندیشهٔ فردوسی بجایی پیوسته است، که اندرآن هیچ گمان و پندار و دودلی و دیگرسویی نیست! و درود بر روان جاودان او باد!

۷ - خرد...، نمی‌بیند: «اندر می‌یابد!»

۸ - لت نخست، همه مردمان را دربرمی‌گیرد، و لت دویم با «تو» سخن می‌گوید.

۹ - **یک:** سخن، روی بخواننده کرد. **دو:** چنین پیدا است که سراینده آن سخن نادرست، خواسته‌است که پس‌از فردوسی، اندیشه او را گزارش کند! در لت نخست، روی سخن به «او» بود، «نداند کس» و اینجا روی سخن به «تو برگشت».

۱۰ - گفتار درستایش خداوند است، نه فرمان دادن بمردمان برای ستایش وی: و این سخن؛ از پیشگفتار داستان اکوان دیو بدینجا کشانده ←

پرستنده باشی و جوینده راه … بژرفی بفرمانش کردن نگاه [1]
توانا بود هرکه دانا بود … بدانش دل پیر برنا بود [2]
از این پرده‌برتر سخن گاه نیست … بهستیش اندیشه را راه نیست [3]

گفتار اندر ستایش خرد

کنون ای خردمند ارج خرد … بدین جایگه گفتن اندر خورد [4]
خرد بهتر از هرچه ایزدت داد … ستایش خرد را، به، از راهِ داد [*]
خرد رهنمای و خرد دلگشای … خرد دست گیرد به هر دو سرای [5]

→ شده‌است.

۱ – «باشی» در لت نخست، با «ژرف کردن نگاه» همخوان نیست اگر چنین می‌بود، آنجا نیز می‌بایستی چنین آمده باشد: «پرستنده باید بودن...».

۲ – **یک:** چون سالها، این سخن بر سردرِ همهٔ فرهنگستانها و نامه‌ها بگونهٔ گفتاری برجسته از فردوسی آورده شده‌است، افزوده دانستنِ آن، بس سهمگین می‌نماید، اما پیش‌از من مجتبی مینوی نیز نشان داده‌است که این گفتار از فردوسی نیست. اما به چه روی؟ **دو:** «دانا» با «برنا» پساوا (قافیه: این واژه را دکتر خالقی مطلق «پسامد» پیشنهاد کرده‌است، و من «پساوا» می‌خوانم زیراکه آوای پسین را نشان می‌دهد) ندارد که با واژه‌هایی چون کانا، مانا، خوانا... پساوا می‌یابد. **سه:** گفتار دربارهٔ خداوند بود، نه دربارهٔ دانا. **چهار:** «برنا» برابر با کودک ۵، تا ۱۰ سالهٔ امروزین است ونگرشی بریشهٔ این واژه، رهنمون است: در زبان اوستایی «زمان» «آیو» خوانده می‌شود، که از آن، با پیشوند «پرِ» «پرآیو» برمی‌آید که «پرزمان» یا «پیر» بوده باشد، اما برای خوشایند شدن آوا، یک میانوند «ن» میانِ دو بهرِ آن پدیدار می‌شود که آنرا بگونهٔ «پرِنایو» درمی‌آورد. اکنون با پیشوند دگرگون کنندهٔ «اَ» بگونهٔ «اَپرِنایو» خوانده می‌شود که برابر است با: ناپرزمان؛ کم‌سال. این واژه در زبان پهلوی بگونه «اَپورنای» خوانده می‌شود و بهترین نمونه برای اندریافت آن، همانا داستانِ یادگار زریران است که در آن «بَستور» کودک هفت سالهٔ «زریر» از گشتاسپ‌شاه می‌خواهد که برای وی اسپ زین کنند، تا او برود، و از چگونگی کار زریر، آگاهی بیاورد، و گشتاسب می‌گوید که: تو مرو، چون تو اپورنایی (برنایی). نمونهٔ دیگر در داستان ابوسعید ابوالخیر است که: روزی شیخ ما، در نشابور برنشسته بود (سوار بر اسب بود) و جمع متصوفه در خدمت او بودند و ببازار فرو می‌شدند. جمعی برنایان می‌آمدند؛ برهنه، هریکی ازارپایی چرمین در پای کرده بودند، و یکی را بر گردن گرفته، می‌آوردند. چون پیش شیخ رسیدند، شیخ پرسید که این کیست؟ گفتند: امیرِ مُقامِران است. شیخ او راگفت که: «این امیری، به چه یافتی؟ گفت: ای شیخ به راست باختن و پاک باختن! شیخ نَترِه‌ای بزد وگفت: راست‌باز باش و پاک‌باز باش و امیر باش». پیدا است که در شهری چون نیشابور که پایگاه همهٔ دینیاران زمان خود بود، نمی‌توان گمان بردن که گروهی پسر بیش از ده‌ساله در بازارِ آن، نیمه برهنه پدیدار شوند، مگر آنکه آنان پیرامون پنج‌ساله، تا ده‌ساله بوده باشند. نمونهٔ دیگر در کارنامهٔ اردشیر بابکان آمده‌است که «هرمز» هفت ساله با «اپورناییکان» (= برنایان) چوگان می‌زد! شاید بودن که کسی گواهیِ دیگر از شاهنامه برای واژهٔ «برنا» بجای جوان؛ آوَرَد. اما تا پایان شاهنامه هرجا چنین آمده‌است از سخنان افزوده است و شکیبا باشیم، تا همهٔ آنها رابررسیم. **پنج:** اگر «دانایی» بتواند؛ دل یک کودک (یا جوان) را همچون دل پیران، روشن بدارد، کاری است نیکو، اما؛ نه بازگونه آن! دربارهٔ واژهٔ برنا بنگرید به پیشگفتار.

۳ – **یک:** سخن کمبود دارد: «ازین پرده‌برتر، سخن [را] گاه نیست. **دو:** این گفتار، پیشتر آمده‌بود،... «در اندیشهٔ سخته کی گنجد او» **سه:** دوباره‌گویی... .

۴ – فردوسی، خود؛ خویشتن را خردمند نمی‌شمارد.

* – بپیروی از راهِ داد، ستایش خرد بهتر از هر ستایش دیگر است.

۵ – خرد دست گیرد (که را؟) در برخی نمونه‌ها این واژه بگونهٔ «دستگیرت» آمده‌است، که «دستگیر تو» از آن برمی‌آید، و اگر چنین نیز بوده باشد. باز سخن بی‌پایان است و می‌باید چنین بودن: خرد دستگیرت [است]: «دستگیرتست».

ستایش خرد ۱۵

ازو شادمانی و زویت غمیست وزویت فزونی و، زویت کمیست[1]
خرد تیره و، مرد،روشنروان نباشد همی شادمان، یک زمان[2]
چه گفت آن خردمند مرد از خرد؟ -که دانا ز گفتار او برخورد-[3]
«کسی کو خرد را ندارد به پیش دلش گردد از کردهٔ خویش ریش»[4]
هشیوار دیوانه خواند ورا همان خویش بیگانه خواند ورا
ازویی به هردو سرای ارجمند گسسته خرد پای دارد به بند[5]
خرد چشمِ جان است، چون بنگری تو بی چشم، شادان، جهان نسپری
نخست آفرینش خرد را شناس نگهبان جان است و آن را، سه پاس
سه پاس تو،گوش است و چشم و زُبان کزین سه؛ رسد نیک و بد، بیگمان
خرد را و جان را که یارد ستود؟ اُگر من ستایم که یارد شنود؟[6]

گفتار اندر آفرینش جهان

حکیما چو کس نیست گفتن چه سود از این پس بگو کآفرینش چه بود[7]

---

۱ - **یک:** دو بهره از خرد برشمرده شده‌است، یکی شادمانی، و دیگری غم، و در هردو می‌بایستی بیک گونه روشن شود؛ که شادمانی و غم برای کیست؟ از او [ترا] شادمانی است و زویت (از او ترا) غمیست! همانند کاری که در لت دویُم شده‌است! **دو:** غم در زبان فارسی دری، برابر با اندوه است، و اگر بتوان «اندوهی» بکار بردن، می‌توان «غمی» را نیز بکار گرفتن، و گونهٔ درست آن غمگین، و غمین است، نه غمی. اما افزاینده آنرا بگونهٔ غمیست آورده‌است تا باکمیست در لتِ دویُم هماواگردد! **سه:** از خردمندان می‌پرسم که تاکنون که بوده‌است در جهان، که داوری کند مایهٔ کمبودهای تو از داشتن خرد است؟

۲ - «روشنروان» در زبان فارسی برابر با «زنده» است، در لت نخست؛ خرد و مرد هر دو پیوسته بهم هستند، و در لتِ دویُم ناشادمانی، برای او (= نباشد) آمده‌است، که نادرست می‌نماید. افزاینده را رای بر آن بوده‌است که بگوید؛ هرآینه مرد روشنروان، دارای خرد تیره باشد؛ از شادمانی بهره‌مند نخواهد بودن، که این گفتار، چنین؛ برآیند ندارد.

۳ - کدام خردمند؟ و چرا می‌باید که پرسش در میان باشد؟

۴ - ازآنجاکه این رج و رجِ پسین بگفتار پیشین پیوسته‌است، پس افزوده در شمار می‌آید.

۵ - **یک:** از که؟ این پرسش بازمی‌گردد به نزدیکترین کس، که همانا «کسی» باشد که خرد را به پیش ندارد!! **دو:** چه بسا بیخردان که نه تنها پای دربند ندارند، که بند بر پای خردمندان نیز می‌نهند. از این در، سخن در گفتار بزرگمهر آمده‌است.

۶ - **یک:** چرا می‌باید که یارای ستایش خرد را نداشته باشیم؟ و، باری مگر گفتارهای پیشین در ستایش خرد نبود؟ **دو:** ستایش جان (که در کرم خاکی نیز هست) با ستایش خرد، دو گفتار جدا از هم‌اند. **سه:** اگر ستوده شود، شنوده نیز می‌شود، چنانکه در رج‌های ۱۸-۲۶-۲۷-۲۸ از زبان فردوسی، بابرترین گفتارها، ستوده شد!

۷ - **یک:** فردوسی همه‌جا مردمان دانشمند را؛ دانشی، دانشومند، دانا و فرزانه آورده است، و دیگر هیچگاه در شاهنامه حکیم نیامده است که اینجا آنرا بپذیرم. آنگاه خود را حکیم و دانشمند نامیدن، کار فردوسی نیست، که او نمادِ برترِ «ایِری» و آزادگی است. **دو:** «کس نیست» را در این سخن چگونه گزارش توان کردن؟ آیاهیچکس در جهان نیست؟ که هست! آیاهیچکس نیست که این سخن را بشنود؟ پس چرا وی سخن می‌گوید؟ **سه:** و اگر «از گفتن چه سود؟» پس چرا بیدرنگ خود، بخود فرمان می‌دهد که: بگو!!

تویی کردهٔ کردگار جهان ... نبینی همی آشکار و نهان[۱]
همیشه خرد را تو دستور دار ... بدو جانت از ناسزا دور دار
بگفتار دانندگان راه جوی ... بگیتی بپوی و بهر کس بگوی[۲]
ز هر دانشی چون سخن بشنوی ... از آموختن یک زمان نغنوی
چو دیدار یابی بشاخ سخُن ... بدانی که‌دانش نیاید به بُن
از آغاز باید که دانی درست ... سرِ مایهٔ گوهران از نخست*
که یزدان ز ناچیز چیز آفرید ... بدان، تا توانایی● آید پدید

*

اُزو مایهٔ گوهر، آمد، چهار ... برآورده بی‌رنج و بی‌روزگار[۳]
یکی آتشی برشده تابناک ... میان آب و، باد از بر تیره خاک[۴]
نخستین که آتش ز جنبش دمید ... ز گرمیش پس خشکی آمد پدید
ازآن‌پس، ز آرام، سردی نمود ... ز سردی همان، باز، ترّی فزود
چو این چار گوهر، بجای آمدند ... ز بهر سپنجی سرای آمدند[۵]
گهرها یک اندر دگر ساختند ... دگرگونه گردن برافراختند[۶]
پدید آمد این گنبد تیزرو ... شگفتی نمایندهٔ نو به نو
اَبَر ده و دو، هفت؛ شد کدخدای○ ... گرفتند؛ هریک، سزاوار جای
در او داد و هم بخشش آمد پدید ... ببخشید داننده چونان سزید[۷]
فلک‌ها، یک اندر دگر، بسته شد ... بجنبید، چون کار؛ پیوسته شد[۸]
چو دشت و چو دریا و چون کوه و راغ ... زمین شد بکردار روشن چراغ[۹]

---

۱ – **یک:** پیش‌از آفرینش جهان و چهار گوهر... سخن گفتن از «تو» درست نمی‌نماید. **دو:** شاید بودن که مردمان را از «نهان»، آگاهی نباشد، اما «آشکار» هر چیز را می‌توان دیدن. ۲ – سه رج بهم پیوسته، که پیوند بکار آفرینش جهان ندارد.

* – در نمونه‌ها «گوهران، از نخست» آمده‌است، اما چون این گفتار با «از آغاز» آغاز شده‌است، «از نخست» در پایان گفتار درست نمی‌نماید؛ در اندیشهٔ من گفتار فردوسی چنین بوده‌است «گوهرانِ نخست»: (= گوهرهای نخستین، در آغازِ آفرینش)

● – توانایی در آفرینش یزدان: انرژی. ۳ – آمد؟ یا برآورده؟

۴ – گفتار دربارهٔ چهار آخشیج، در رج پسین می‌آید.

۵ – **یک:** پیش‌ازاین دربارهٔ چهارگوهر سخن رفت، و جایگاه آنان نیز در گفتار پیشین روشن شد. **دو:** پیشتر گفته شد که گوهرها برای آفرینش جهان بکار رفته‌اند!

٦ – **یک:** «یک اندر دگر ساختند» را چه روی باشد؟ یکِ اندر دگر آمیختن، می‌شاید! **دو:** و نیز گردن برافراختن گوهرها هیچگونه گزارش ندارد.

○ – بر ستارگانِ برج‌های دوازده‌گانه (ستارگان ایستا) هفت ستارهٔ گروه خورشیدی (ستارگان روان)، سروری و سالاری گرفتند.

۷ – **یک:** اگر «او» گنبد آسمان است، می‌باید اینجا؛ «در آن» بیاید، نه «او». **دو:** بخشش؛ بخت؛ (قسمت مقدر) کار گنبد آسمان نیست، که کار خداوند است. ۸ – گفتار دربارهٔ فلک‌ها در رج دویم پیشین گذشت.

۹ – **یک:** گفتار دربارهٔ فلک‌ها بود، و یکباره به دشت و دریا و کوه پیوست. **دو:** کوه و راغ، هردو یکی است! **سه:** «چو» را در این سخن
←

زمـــین را بـــلندی نـــبد جـــایگاه — یکـــی مـــرکزی تـــیره بـــود و سـیاه [۱]
بـــبالید کـــوه، آبـــها بـــر دمـــید — ســـرِ رُســـتنی ســوی بـــالا کشـــید
ســـتاره، بـــسر بـــر، شگـــفتی نـــمود — بـــخاک انـــدرون، روشـــنایی فـــزود [۲]
هـــمی بـــر شـــد ابـــر و، فـــرود آمـــد آب — هـــمی گشـت، گِـــردِ جـــهان، آفـــتاب [۳]
گـــیا رُست بـــا چـــند گـــونه درخت — بـــزیر انـــدر آمـــد، ســـرانشـان، ز بـــخت [۴]
بـــبالد نـــدارد جـــز ایـــن نـــیرویی — نـــپوید چـــو پـــویندگان هـــر ســـویی [۵]

گفتار اندر آفرینش جانوران و مردمان

اُ° زانـــپس چـــو جـــنبنده آمـــد پـــدید — هـــمه رســـتنی، زیـــر خـــویش آوریـــد
خـــور و خـــواب و آرام جـــوید هـــمی — اُزیـــن زنـــدگی کـــام جـــوید هـــمی
نـــه گـــویا زبـــان و، نـــه جـــویا خـــرد — ز خـــار و ز خـــاشاک تـــن پـــرورد
نـــدانـــد بـــد و نـــیک و فـــرجـــام کـــار — نـــخواهـــد ازو بـــندگی، کـــردگار
چـــو دانـــا تـــوانـــا بـــد و دادگـــر — ازایـــرا نکـــرد ایـــچ پـــنهان هـــنر [۶]
چـــنین است فـــرجـــام کـــار جـــهان — نـــدانـــد کـــسی آشکـــار و نـــهان [۷]
چـــو زیـــن بگـذری، مـــردم آمـــد پـــدید — شـــد ایـــن بـــندها را ســـراســـر کـــلید
ســـرش، راســـت بـــرشد چـــو ســـرو بـــلند — بگـــفتارِ خـــوب و خـــرد، کـــار بـــند
پـــذیرندهٔ هـــوش و رای و خـــرد — مـــر او را دد و دام، فـــرمان بـــرد

← چگونه می‌توان گزارش کردن؟ مانند دشت و دریا؟... **چهار:** در گفتار آینده، می‌آید که زمین؛ تیره و سیاه بود، و اینجا بمانند چراغ روشن نموده می‌شود!!

۱ – سخن در لت نخست نادرست می‌نماید.

۲ – ستاره نادرخور است:، ستارگان شگفتی نمودند.

۳ – دربارهٔ پیدایی آب، سخن فردوسی چنین بود: «ببالید کوه، آبها بردمید!» و دربارهٔ آفتاب: «ابر ده و دو، هفت؛ شد کدخدای /گرفتند، هر یک سزاوار، جای».

۴ – فردوسی دربارهٔ گیاهان گفته‌بود: «سر رستنی سوی بالا کشید». (نک. ۵۰)

۵ – **یک:** هنوز سخن از آفرینش پویندگان نیامده‌است که از آنان نام برده شود. **دو:** گیاه، بگونهٔ یگانه (مفرد) آمده‌است و پویندگان بگونهٔ گروه (جمع)! بازآنکه بیدرنگ در سخن آینده می‌بینیم که جنبنده نیز در آن، بگونهٔ مفرد است، چنانکه گیاه بود.

○ – نشانهٔ پیوند (واو عطف) در زبان اوستایی «اوتَ»، در زبان پهلوی کهن «اوذ»، در پهلوی نو «او» و در زبان فارسی «اُ» است چنانکه در گفتار امروزیان نیز روانست: من‌اُتو، شبُ‌روز، سیاهُ‌سپید. «وَ» گونهٔ تازی آنست، و چون شاهنامه بزبان فارسی سروده شده‌است؛ همواره می‌باید آن‌را بگونهٔ درست «اُ» خواندن، که در ویرایش، در آغاز بگونهٔ «اُ» آورده‌ام، تا آنجا که چنین خواندن در خواننده بآیین شود و نرم‌نرم باگونه «و» نیز بهمانگونه بر زبان رود. در این باره در پیشگفتار، سخنِ گسترده‌تر آمده‌است.

۶ – **یک:** «ازیرا» سخنِ افزوده است. زیرا که چنین می‌باید بودن: «چون دانا توانا و دادگر بود، هنر خویش را پنهان نکرد». **دو:** هنر فارسی، در پهلوی هونَر و در اوستا هونَرَ: در برابر دلیری و پهلوانی می‌آمده‌است، و در شاهنامه نیز همین کاربرد را دارد. اما نرم‌نرم هنر در زبان فارسی بجای کارآیی وبرتری وکنشِ بجا و نیک آمد، و چنین واژه را برای خداوند نمی‌توان بکار گرفتن!

۷ – چگونه است که در آغازِ کارِ آفرینش، بفرجامِ کار جهان رسیدیم؟

۱۸ دیباچه

ز راه خرد بنگری اندکی — که مردم بمعنی چه باشد یکی[1]

مگر مردمی خیره خوانی همی — جز اینش نشانی ندانی همی[2]

ترا از دو گیتی برآورده‌اند — بچندین میانجی بپرورده‌اند*

نخستینِ فطرت، پسینِ شمار — تویی، خویشتن را ببازی مدار!

*

شنیدم ز دانا دگرگون ازین — چه دانیم؟ راز جهان‌آفرین°

نگه کن سرانجامِ خود را ببین — که کاری نیابی، بسرو بسر، گزین[3]

به رنج اندر آری تنت را، رواست — که خود رنج بردن‌زدانش سزاست[4]

چو خواهی که یابی ز بدها رها — سر اندر نیاری به دام بلا؛[5]

به گِرد دردانشش بازگرد — که درمان ازویست و زویست درد[6]

نه گشت زمانه بفرسایدش — نه آن رنج و تیمار بگزایدش[7]

نه از جنبش، آرام گیرد همی — نه چون ما تباهی پذیرد همی[8]

ازو دان فزونیّ و زوهم شمار — بد و نیک، نزدیک او آشکار[9]

---

۱ – **یک:** [اگر] از راه خرد بنگری درست می‌نماید. **دو:** چرا اندکی؟ مگر برترین نگرش مردمان آن نیست که بدانند مردمی چیست؟ **سه:** «یکی» چه باشد؟

۲ – جز کدام؟ بجز چه؟ از این سخن هیچ برنمی‌آید!

* – میانجی‌ها: توانایی، گوهرهای چهارگانه، ستارگان، زمین، دریا، ابر، آب، گیاه و جانور.

○ – فردوسی گفتارهای دیگران را دربارهٔ آفرینش گوید، که دگرگون است.

۳ – **یک:** از گفتار پیشین، کدام سرانجام برمی‌آید که اینجا می‌باید آنرا دیدن؟ **دو:** «گزیدن» یک کنش ساده است که باکنش دیگر همراه نمی‌شود. چونان «برگزیدم»، «او را برگزید»، «گزیده شد»... و هیچگاه دیده نشده‌است که باکنشی چون «یافتن» همراه شود: «گزین نیابی!» **سه:** از این لت، تا پایان گفتار دربارهٔ آفرینش آفتاب و ماه افزوده است، زیراکه فردوسی، پیش از این آفرینش آفتاب و ماه و ستارگان ایستا و روان را در رج ۴۵ گفته‌بود، و وی را، که آنچنان ساده و بی‌پیرایه، بر بنیاد دانش اخترماری آفرینش و جایگزینی ماه و خورشید و ستارگان، پیش‌ازاین آمده‌بود، نمی‌شاید که سخن را دوباره، و بگونه‌ای پریشان بازگوید.

۴ – رنج بردن برای دانش، یا در راه دانش، نه رنج بردن «از دانش»، که بنزدیک خردمندان، از دانش بجز نیکی و خرمی و شادکامی بمردمان نمی‌رسد!

۵ – پای بدام می‌افتد نه سر! زیرا که سر، در کمند می‌افتد.

٦ – **یک:** دانش «در» ندارد، و اگر هم داشته باشد، دانشِ کی؟ آیا دانش گردون را خواهد گفتن؟ که گردون دانش ندارد و تنها گردش دارد! **دو:** در بیشتر نمونه‌ها این لت چنین آمده‌است: «نگه کن بدین گنبد تیز گرد» و اگر نخواهی که بدام بلاسراندرآری بدین گنبد تیزگرد بنگر که درمان و درد از اویست! پس اگر چنین است، و درد نیز از اویست، نگریستن به آن «بلا» را از سر دور نمی‌کند، زیراکه درد (بلای یاد شده در رج پیشین) نیز از او بمردمان می‌رسد! **سه:** لت دویُم، بالت نخستین همراه نیست، زیراکه اگر؛ درمان و درد هر دو از او (گردون) بوده باشد چنین کار از «دانش» نیست و از بخش (تقدیر) است.

۷ – **یک:** «آن رنج»، نشانه بدور است، بازآنکه گردون هر زمان بگردش خویش می‌پردازد، پس شایسته می‌شود که اگر «رنج» گردون را خواهیم گفتن، بگوییم، این رنج و تیمار! **دو:** گشت زمانه، از گردش او است، پس چگونه چیزی که خود چیزی را پدید می‌آورد، از آن رنج و تیمار می‌پذیرد!

۸ – و اگر گردون، در کار و گردش خویش «تباهی» نمی‌پذیرد، پس چرا می‌باید از آن با «رنج و تیمار» یاد کردن؟

۹ – **یک:** در برابر «فزونی»، همواره «کمی» می‌آید، نه «شمار»! **دو:** اگر «از شمار» شمار سالها و ماهها را خواهد گفتن، سال‌وماه هیچگاه افزوده نمی‌شوند، و همواره بر یک اندازه‌اند.

آفرینش جهان ۱۹

گفتار اندر آفرینش آفتاب

ز یاقوت سرخ است، چرخ کبود   نه از آب و باد و نه از گَرد و دود[1]
به چندین فروغ و به چندین چراغ   بیاراسته چون به نوروز باغ
ازویست رخشنده، گیتی‌فروز   ازو روشنایی گرفته‌ست روز[2]
ز خاور برآید سوی باختر   نباشد ازین یک روش زاستر
ایا آنکه تو آفتابی همی   چه بودت که بر من نتابی همی؟[3]

---

۱ - **یک:** در نمونه‌های گوناگون در رج نخستین دو گونه داوری دیده می‌شود: نخست آنکه چرخ کبود از یاقوت ساخته شده‌است نه از آب وگَرد وآتش و دود. **دو:** این گفتار، اندیشهٔ ایرانی نیست، و در «داستان ایران، بخش آفرینش» بدان پرداخته شده‌است. **سه:** آب وآتش وگَرد و دود، پست‌ترین گونهٔ سخن است که بگفتار فردوسی افزوده‌اند، زیرا که وی در آفرینش جهان چهار آخشیج را بدین روشنی باز می‌نماید «یکی آتشی برشده تابناک /میان آب و باد از برِ تیره خاک» و اگر «گرد» را در این سخن بجای خاک بگیریم «دود» چیست؟ **چهار:** در برخی شاهنامه‌ها چنین آمده‌است: «چنین چرخ گردنده پیدا نمود» چه کسی این چرخ گردنده را پدید آورد؟ پیشتر که سخن از خداوند نبوده‌است! در رج ۶۹ (که آن نیز افزوده است)، و همه درهم ریخته بوده‌است، از سرانجام مردمان، نرمک‌نرمک به آسمان و چرخ می‌رسد. و چون پسان، سخن از چرخ می‌آید، خودِ چرخ، نمی‌تواند که چرخ را پدید آورد!

۲ - **یک:** دربارهٔ خورشید سخن می‌گوید، پسانگاه در رج ۷۹ از جنبش خورشید از سوی خاور به باختر سخن می‌رود!
در ایران باستان، کشور میانین جهان، یا ایرانویج را سه بخش بود: یکم: بخش خراسان. دویُم: بخش خوروَران. سیُوم: بخش نیمروزان. خراسان در زبان پهلوی خوَراسان، یا خورآیان بوده است: جاییکه خورشید از آن می‌آید. خوَروران در زبان پهلوی بهمین آوا؛ جاییکه خورشید در آن فرو می‌رود. نیمروزان، جاییکه خورشید در میانهٔ آسمان آن، در نیمروز جهان باستان (از ژاپن تا ایسلند) بوده‌است. برای خراسان (که همان مشرق عربی است)، گفتار از رودکی در چگونگیِ روش آفتاب (از شرق به غرب):

از خراسان سرزند، تاووس وَش   سوی خاور می‌خرامد شاد وکَش

که خاور (مغرب) نیز جای خود را در این سخن می‌نماید. گفتار از ویس و رامین: خوراسان آن بود کز وی خور آسد (= آید).
گفتار از فردوسی، دربخش کردن جهان بر دست فریدون، برای سلم، که خاور (مغرب) را بدو داد:

نخستین بسلم اندرون بنگرید   همه روم و خاور مر او را سزید

یک سوی دیگر در ایران باستان بنام «اپاختر» نامیده می‌شد که همان شمال بزبان تازی بوده باشد، و چون ایرانویج؛ در تاجیکستان و دشت‌های خوارزم بود، اپاختر یا شمال آن سیبری و دشت‌های یخزدهٔ آن بشمار می‌رفت، و چون آنجا همواره با یخ و سرما (دیو سرما و دیو زمستان) و نیز با شب‌های دراز سیبری شناخته می‌شد، ایرانیان اپاختر را، جایگاه دیوان بشمار می‌آوردند، و ازآنِ ایرانشهرش نمی‌شماردند! در نوشته‌های ایرانی تا هنگام یورش مغولان، از این چهارسو، بآیینِ ایران باستان نام برده می‌شد، اما از هنگام مغولان که ایرانیان دست چپ و راست خویش را فراموش کردند، خاور بجای خراسان، و اپاختر = باختر، بجای خوروران بکار گرفته شد. اما آیا شایسته است که بنام فردوسی، اینچنین نادرست سخن گویند؟ او که در شهنامه هیچگاه چنین نگفته‌است! اما از افزایندگان بشاهنامه دور نیست که هر سخن نابکار را در شاهنامه بکار برند، و در آینده نمونه‌های آنرا خواهیم دیدن! **دو:** لت نخست در برخی نمونه‌ها بدینگونه آمده‌است: «نگیرند مر یکدگر راگذر... و اگر سخن دربارهٔ خورشید است، نگاهِ افزاینده بسوی کدام کرهٔ آسمانی است که (گذر یکدیگر را نمی‌گیرند؟) **سه:** لت دویُم را نویسندگان بدو گونه نوشته‌اند: «نباشد از این یک سخن راست‌تر»، «نباشد ازین یک سخن زاستر» چون آهنگ، در نمونهٔ نخستین با «راست‌تر» کمی افزونی دارد، شاهنامه‌شناسان زمان ما نمونهٔ دویُم را پذیرفته‌اند که زاستر بوده باشد! زاستر در فرهنگ‌های ایرانی بجای «آنسوتر» است. و چگونه روشِ خورشید از اینسو بدانسو، «آنسوتر» نیست؟ در نمونه‌های دیگر: «نگیرند مر یکدگر را گذر».

۳ - افزاینده در گفتار آفرینش خورشید، بیاد دلبر خورشید چهرهٔ خویش، که رفته‌است، افتاده ایک سخن بی‌پیوند بگفتار، و نادرخور و ناسزاوار!

گفتار اندر آفرینش ماه

چراغ است مر تیره‌شب را بسیچ — به بد تا توانی تو هرگز مپیچ![1]
چو سی روز گِرد او بپیمایدا — دو روز و دو شب روی ننمایدا![2]
پدید آید آنگاه باریک و زرد — چو پشت کسی کو غم عشق خورد[3]
چو بیننده دیدارش از دور دید — هم اندر زمان زو شود ناپدید[4]
دگر شب نمایش کند بیشتر — ترا روشنایی دهد بیشتر[5]
به دو هفته گردد تمام و درست — بدان بازگردد که بود از نخست[6]
بدین سان نهادش خداوند، داد — بود تا بود هم برین یک نهاد

---

۱ – **یک:** بسیجیدن یا پسیچیدن یک کنش است که آماده شدن و ابزار کار را فراهم کردن و آهنگ انجام کاری داشتن را می‌رساند! بر این بنیاد چراغ چگونه می‌تواند بسیج باشد؟ اگر بسیجیده می‌بود، می‌توانستیم آنرا بگونه‌ای گزارش کنیم، چنانکه «خَند» را نمی‌توان بجای «خندیده» آوردن، و «بخش» را بجای «بخشیده»! **دو:** لت دویُم را چه پیوند با آفرینش ماه است؟

۲ – **یک:** ماه بیست‌وهشت روز گردش می‌کند، (که بچشم می‌آید) تا چنانچه در لت دویُم آمده‌است دو روز و دو شب رخ ننماید، پس سی روز گردش برای روشنایی ماه درست نیست. زیرا که با آن دو روز و دو شب که روی نمی‌نماید، گردش ماهانهٔ وی سی‌ودو روز می‌شود!! **دو:** در «بپیمایدا» دو نادرستی هست! نخستین: در زبان فارسی و پهلوی تا اوستایی «آ» پایانی برای گردش کنش (صرف فعل) نداریم و برخی شاعران بازاری چنین کار را گاهگاه کرده‌اند، اما اگر این برای ما بسنده باشد که در سرتاسر سخن سعدی، یکبار نیز چنین دیده نشده‌است، پس بگفتار فردوسی نیز افزوده‌است. دودیگر: «گردش» پیمودنی نیست، که راه، یا زمین، یا جام پیمودنی است! «گردش بپیمای» یا «گردش پیمودیم» یکبار دیگر در همهٔ نوشته‌های فارسی و پهلوی دیده نمی‌شود.

۳ – بر این سخن جای انگشت نهادن نیست، اما پیوسته به لت پیشین است پس افزوده است.

۴ – **یک:** در لت دویُم چنین می‌آید که هم اندر زمان زو «شود» ناپدید، و بر این بنیاد، اینجا نیز می‌بایستی بجای «دید»، «بیند» آمده باشد: چون بیننده دیدار او را از دور ببیند، اندر زمان از وی ناپدید می‌شود، و بر رویهم، زمان گردشِ کنش (صرف فعل) در این گفتار ناهماهنگ است. دیگر آنکه چنان درست می‌نمود که گفته آید: از چشم بیننده ناپدید می‌شود، نه از خودِ بیننده! **دو:** ماهِ شب نخست را، پس‌از فرورفتن خورشید، تا یک ساعت می‌توان دیدن. پس؛ در زمان ناپدید نمی‌شود. **سه:** «دور دید» را با «پدید» پساوای درست نیست.

۵ – در رج پیشین سخن از «او» رفته‌است، و اینجا «تو» بر جای «او» می‌نشیند!

۶ – بر این دو رج نمی‌توان انگشت نهادن، اما چون این سخن نیز دنبالهٔ گفتار پیشین است در شمار گفتار فردوسی نمی‌آید!

گفتار اندر ستایش پیغمبر

ترا دانش و دین رهاند درست · در رستگاری ببایدت جست [1]
وگر دل نخواهی که باشد نژند · نخواهی که دایم بوی مستمند [2]
به گفتار پیغمبرت راه جوی · دل از تیرگی‌ها بدین آب شوی [3]
چه گفت آن خداوند تنزیل و وحی · خداوند امر و خداوند نهی [4]
که خورشید بعد از رسولان مه · نتابید برکس ز بوبکر به [5]

---

۱ - **یک:** نخست می‌باید باین سخن انگشت نهادن، که در این گفتار هیچ ستایشی از پیامبر اسلام نیامده‌است! ستایش از پیامبر در آغاز نوشته‌های فارسی، گزیده‌تر بود، و نرم‌نرم گسترده‌تر شد، تا آنکه در زمان‌های پسین عارفان ایرانی دست‌کم در یک بخش از نامهٔ خود، ایشان را می‌ستودند، اما گفتاری که با این نام آمده باشد و هیچ ستایش از او در میان نداشته باشد؛ سراغ نداریم! دودیگر آنکه پچین فلورانس بخش «خلفای راشدین» را ندارد، و ستایش تنها دربارهٔ امام علی(ع) آمده است آنهم، ستایش از سوی «رسول». چهارم آنکه در نامه‌های ایرانی پس‌از اسلام (آن نامه‌ها که ستایش رسول را دارند)، نویسنده پس از ستایش خداوند بیدرنگ بستایش پیامبر می‌پردازد، و اگر چنین بود؛ این گفتار (که ستایش نیز نیست) می‌بایستی پس از ستایش خداوند بیاید، نه پس‌از گفتار دربارهٔ آفتاب و ماه! **دو:** و اکنون بررسی این گفتار از دیدگاه زبان فارسی و دستور آن: درِ رستگاری چه باشد؟ برای رستگاری می‌باید کوشیدن، از بدی‌ها بباید دور شدن، تا به رستگاری رسیدن. و... با اینهمه اگر برای رستگاری دری، توان انگاشتن، آن در را می‌باید کوبیدن یا گشودن، نه بازجستن!

۲ - **یک:** درست چنین است: دلت [را] اگر نژند نخواهی. **دو:** بجزاز همین جای، دیگر هیچگاه واژهٔ «دایم» در شاهنامه بکار گرفته نشده‌است.

۳ - به «گفتار» کسی راه را نمی‌جویند. که به گفتار کسی راه را می‌پویند (راه را می‌روند).

۴ - **یک:** افزاینده، این گفتار را چنین گشوده‌است: چه گفت؟... اما این «چه گفت» گفتارِ پیامبر نیست چنانکه در لت پیشین آمده‌بود زیرا که افزوده‌است؛ «خداوندِ تنزیل و وحی» **دو:** تنزیل و ترتیل و ترکیب ازسوی کنندهٔ (فاعل) کار است. و چون تنزیل ازسوی خداوند است، پس خداوندِ تنزیل، خداست نه پیامبر (چنانکه در این سخن آمده‌است!) **سه:** خداوندِ وحی نیز خدا است زیرا که چون پیامبر اسلام را بسیار پژوهیدند و پرسیدند؛ در پاسخ آنان، این آیه کریمه بسوی او فرود آمد که: «قل انا بشر مثلکم إلا یُوحَی إلیَّ» بگو که من بشری چون شما استم مگر آنکه بمن وحی می‌شود = و چون چنین باشد، خداوند، «وحی کننده» یا کنندهٔ کار (فاعل) است و پیامبر «وحی گیرنده» یا «وحی شونده»، (مفعول) است چنانکه در آیهٔ شریفه یادشده «یُوحَی الی» آمده‌بود، و از هر در که بنگریم، خداوندِ تنزیل و وحی «خدا» است نه پیامبر. اما در همهٔ نمونه‌ها، چنین آمده‌است که خداوند تنزیل و وحی فرموده‌است که: «من شهر علمم، علی‌ام در است»، و هیچ گمان نیست که این سخن؛ گفتِ پیغمبر است: «انا مدینة العلم و علیّ بابها» و چون این گفتار پیامبر است، پس نمی‌شود که گفتار خداوند بوده باشد! دربارهٔ لت دویُم این سخن «خداوند امر و خداوند نهی» نیز بهمین گونه، داوری می‌توان کردن، زیراکه پیامبر(ص) امرونهی نکرده‌است، و امرونهی ازسوی خداوند است، و آیهٔ کریمه ۲ از سورهٔ مبارکهٔ هود نیز دراین‌باره چنین است که الّا تعبدوا الّا الله اننی لکم منه نذیر و بشیر پس چون خداوند امرونهی، خدا است نمی‌توان پیامبر را بجای آن آوردن!

۵ - تا اینجا، باز می‌گردد به شاهنامه فلورانس و دیگر شاهنامه‌ها که تنها ستایش علی(ع) را بدنبال این گفتار آورده‌اند و بدنبال «چه گفت آن خداوند تنزیل و وحی /خداوند امر و خداوند نهی» آمده است:

که من شهر علمم، علی‌ام در است · درست این سخن، گفت پیغمبر است

اما در دیگر دستنوشته‌ها، بدنبال این گفتارها، همان ستایش خلفای راشدین آمده است، و در این نمونه‌ها، سخن دیگرگون می‌شود، چنانکه سراینده را رای برآنست که بگوید خداوند گفته است که پس از رسولان مه، آفتاب بهتر از همه بر ابوبکر تابید! زیرا که داوری دربارهٔ

←

عـــمر کــــرد اســـلام را آشکــار بـیاراست گـیتی چـو بـاغ بـهار[1]
پس از هــردوان بــود عــثمان گــزین خـداونـد شـرم و خـداونـد دیـن
چــهارم عــلی بــود جـفت بـتول کـــه او را ســتاید بـخوبی رسـول
کــه: «مــن شــهر عــلمم عـلیم دَراست» درسـت‌ست و ایـن قـول پـیغمبر است[2]

← رسولان مه (پیامبران اولوالعزم) بایستی از سوی خداوند باشد، نه پیامبر اسلام. این گفتار نیز درست نمی‌نماید زیرا که خداوند چنین سخن نگفته است، و اگر سرایندهٔ این گفتار مسلمان بوده باشد (که جز این نیست) باید همچون دیگر مسلمانان؛ بدین خستو باشد که گفتار خداوند، یا «کلام خدا» در «کلام‌الله مجید» آمده است و در قرآن مجید چنین گفتاری نیست و بستن آن بخداوند، خود یک دروغ آشکار است، و از دیدگاه مسلمانان کفر و گزافه‌گویی بشمار می‌رود.

۱ - **یک:** ازاین‌پس، گفتارها را نه می‌توان از خداوند آوردن، و نه از پیامبر زیراکه آشکار کردن اسلام در کشورهای دیگر بر دست عمر، پس‌از پیامبر رخ نمود، و در هیچیک از گفتارها (احادیث) که از آن پیامبر آورده شده، چنین نیامده‌است، باری اگر بتوان کسی را آشکارکنندهٔ اسلام، درشمار آوردن، همانا پیامبر اسلام است وبس! **دو:** این پیداست که عمر اسلام را در دیگر کشورها آشکارکرد، اما این نیز پیدا است که وی گیتی را بسان باغ بهار نیاراست. پیامبر اسلام(ص) بسیار ساده و بی‌پیرایه زندگی کرده و خاک‌نشین و فروتن بود، و جانشینان وی (خلفای راشدین) نیز همین شیوه را نگاهبانی کردند، چنانکه همه می‌دانند، آنروز که هرمزان را بنزد خلیفه دوّیم عمرابن‌خطاب می‌بردند، پیش‌از رسیدن بمکه، وی از برندگان خود خواست که او را بهلند، تا بآیین ایرانی جامه و پیرایه‌های خویش را بپوشد و بر اسپ خویش برنشیند و درفش وی را پشت سرش بیاورند، و آنان نیز پذیرفتند. اما چون بمکه رسیدند نیمروزی گرم بود و عمر، رو بر زمین در سایهٔ دیواری بر روی خاک خفته بود و هرمزان را باشگفتی بنزد وی بردند! این داستان که در همهٔ تاریخ‌های اسلامی یکسان آمده‌است نشان می‌دهد که عمر را پروای آسایش و آرامش و برخورداری از جامهٔ زیبا و آرایش و رنگ و نگار و باغ و ایوان نبوده‌است، و سردار وی سعدبن‌ابی‌وقاص نیز چون با «پیروزشاپور» فرستادهٔ رستم فرخزاد روبرو می‌شود، ویرا که با سپاه و درفش و سپرهای زرین و نامهٔ رستم بدیدارش رفته بود، بسیار ساده می‌پذیرد و ردای خویش را روی زمین می‌گسترد و او را به نشستن بر روی آن فرا می‌خواند:

ردا، زیـرِ پـیروز بـفکند و گـفت کـه ما نیزه و تیغ؛ داریـم جفت
ز دیـــبا نگـــویند، مـــردان مـرد ز زرّ و ز سیم و ز خواب و ز خوَرد
هـــنرتان بـــدیبا است آراســـتن اگـر نـقش بـام و در آراستن... .

چون سردار عمر نیز در خوار دانستن جهان، همرای عمر بود، فرستادهٔ او شعبةابن‌مغیره نیز چنین می‌نمود:

که «آمد فرستاده‌ای پیر و سست نه اسپ و سلیح و، نه جامه درست
یکـی تـیغ بـاریک بـرگردنش پـدید آمـده چـاک پیراهنش
...
چـو شـعبه بـبالای پـرده‌سرای بیامد، بر آن جـامه، ننـهاد پـای
همی‌رفت بر خاک بر، خوار خوار ز شـمشیر کـرده یکـی دستوار
نشست از برِ خاک وکس را ندید سـوی پـهلوان و سـپه ننگرید!

نویسندهٔ «تاریخ تبری» که خود از بزرگترین گزارندگان (مفسران) قرآن کریم است، و در گروش (ایمان) و باور (اعتقاد) وی باسلام هیچ گمان نیست درسرتاسر داستان گشوده شدن شهرهای ایران همین گونه داوری می‌کند، تا آنجاکه می‌گوید یکی از سرداران عرب بنام سعید که خراسانیان او را «سعید خدیز» می‌خواندند، چون سپاهیان خویش را از سوزاندن درختان و گلها پس‌از گشودن شهری در خراسان جلوگیری کرد. لشکریان عرب او را افسوس (ریشخند) همی کردند! و چون پیش از سعید خدیز، از نخستین نبرد تا زمان وی آیین سپاهیان تازی سوزاندن درختان و بوستانها، و ویران کردن شهرها، و پاره کردن پیرایه‌ها و تندیسه‌ها بوده‌است، و در نبردهای آغازین فرمان عمر برای چنین کارها روان بوده‌است، چگونه می‌توان داوری کرد که عمر، جهان را بسان باغ بهار آرایش داده باشد، و فردوسی (که باور، و گروش به دین را، جدا از شکست ایران از سپاه تازیان می‌سنجد) بگوید که عمر ایران را چون باغ بهار آراست؟!

۲ - دراین‌باره، پیشتر سخن گفته آمد؛ اما می‌باید نگریستن که افزاینده، گفتار پیامبر را دگرگون کرده‌است، زیرا که پیامبر اسلام فرموده‌بود که من شهر دانشم، و علی(ع) دروازهٔ آن [شهر] است، و اینجا گفته شده‌است علی دروازهٔ من است!

گواهی دهم این سخن راز اوست — تو گویی دو گوشم پرآواز اوست[1]

منم بندهٔ اهل بیت نبی — ستایندهٔ جان پاک وصی[2]

حکیم این جهان را چو دریا نهاد — برانگیخته موج ازو تندباد[3]

چو هفتاد کشتی بران ساخته — همه بادبان‌ها برافراخته[4]

یکی پهن کشتی بسان اَروس — بیاراسته همچو چشم خروس[5]

محمد بدو اندرون با علی — همان اهل بیت نبی و ولی

خردمند کز دور دریا بدید — کرانه نه پیدا و بن ناپدید[6]

بدانست کان موج خواهد زدن — کس از غرق بیرون نخواهد شدن[7]

به دل گفت گر با نبی و وصی — شوم غرقه دارم دو یار صفی[8]

همانا که باشد مرا دستگیر — خداوند تاج و لوا و سریر[9]

خداوند جوی می و انگبین — همان چشمهٔ شیر و ماء معین[10]

---

۱ - **یک:** گواهی برای یک کار یا رویداد کسی می‌دهد که آنرا بچشم دیده یا بگوش شنیده باشد، پس فردوسی که سیسدوهفتاد سال پس‌از هجرت سرودن شاهنامه را آغاز کرده‌است چگونه می‌تواند؛ دراین‌باره گواهی دهد؟ **دو:** در لت نخست، گفته شده‌است که این سخن راز پیامبر است، و در لت دویم آمده‌است که این راز، در سراسر جهان پخش شده و بگوش وی نیز رسیده‌است!

۲ - **یک:** اگر فردوسی این سخن را گفته‌بود، چنین می‌گفت: منم بندهٔ «خاندان» نبی، و نه اهل بیت. **دو:** به پساوای سخن (قافیه) بنگرید که کمتر در سرودهٔ فارسی چنین آمده‌است. **سه:** این رج نیز بگفتار پیشین پیوسته‌است، و اگر آن گفتار را افزوده بشماریم، این نیز افزوده‌است.

۳ - **یک:** این بار دویُم است که واژهٔ حکیم در همین افزوده‌ها می‌آید، و دیگر هیچگاه در شاهنامه بکار برده نشده‌است. **دو:** «چو دریا نهاد» چه باشد؟ مانندهٔ دریا دانست، مانندهٔ دریا بشمار آورد، بدریا مانده‌اش کرد، بدریا مانده‌اش دانست... همه درست است مگر «چو دریا نهاد».

۴ - «چو» در آغاز سخن چه کاربرد دارد؟ در این سخن «چون» به دریا، باز می‌گردد، و چنان می‌نماید که آن دریا مانندهٔ هفتاد کشتی است!! آهنگ سخن چنین است که این هفتاد کشتی (اگر دریا نباشند!) بادبانها را برافراخته و بی‌گزند از آبخیز دریا استند.

۵ - **یک:** کشتی پهن در هیچ زمان و هیچگاه کاربرد نداشته‌است، که پهنای کشتی می‌باید با درازای آن هماهنگ باشد، تا آسان بر روی آب گذر کند، و بر این بنیاد، کشتی پهن، کشتی ناکار آمدی است! **دو:** این کشتی را بسان اَروس آراسته‌اند؟ یا بسان چشم خروس؟ کدامیک؟ و چشم خروس را با زیبایی اَروس چه پیوند است؟ در شاهنامه آرایش سپاه به چشم خروس مانند شده‌است، زیرا که چشم خروس از میان تا پیرامون پرتوهای همانند و زیبا دارد، و سپاه را اگر رده به رده، هر رده، درست و در یک راستا ایستاده باشند، به چشم خروس همانند می‌کنند، و کشتی را نمی‌توان، اینچنین، همانند کردن!

۶ - **یک:** اگر حکیم یا خردمند، جهان را بدریا همانند کرده‌است، چرا از دور آنرا دید؟ که خود در میان آنست!! **دو:** از دور چگونه به کرانه و بُنِ آن پی برد؟ **سه:** «نه پیدا» آمیزه‌ای نادرست است.

۷ - **یک:** او که از آغاز دیده بود که تندباد، از آن دریا، آبخیز برانگیخته است، پس چگونه اکنون پیش‌بینی برانگیختن آنرا در آینده می‌کند؟ **دو:** «از غرق بیرون شدن» چه باشد؟ یا باید گفته آید «همگان غرقه می‌شوند» یا آنکه «همگان غرقه خواهند شدن» یاهیچکس از «غرقاب» بیرون نخواهد آمدن. این سخن، نادرست‌ترین گفتار است.

۸ - پس آن خردمند دروغساز یاوه‌پرداز، که می‌گوید هیچکس را از موج آن دریا، رهایی نیست، به رستگاری پیامبر اسلام نیز باور ندارد! زیرا که خودش نیز با نبی و ولی غرقه خواهد شدن!!

۹ - از آفتاب روشنتر است که محمد(ص) نه تاج، نه درفش، نه تخت، هیچیک را نداشت.

۱۰ - **یک:** و محمد(ص) خداوندِ جوی می و انگبین نبوده‌است، زیرا که این جوی‌ها، به گفتار قرآن کریم در بهشت روان است. **دو:**

←

اگر چشم داری به دیگر سرای — به نزد نبی و وصی گیر جای [1]
گرت زین بد آید گناه من است — چنین است و این دین و راه من است [2]
دلت گر به راه خطا مایل است — ترا دشمن اندر جهان، خود دل است [3]
برین زادم و هم برین بگذرم — چنان دان که خاک پی حیدرم [4]
کسی را که در دلش بغض علیست — ازو زارتر در جهان زار کیست [5]
همه نیک باید به آغاز کرد — چو با نیکنامان بوی همنورد [6]
ازین در سخن چند رانم همی — همانا کرانه ندانم همی [7]
سخن هرچ گویم همه گفته‌اند — بر باغ دانش همه رُفته‌اند [8]

← دگرگون سازی آیهٔ کریمهٔ قرآن، زیرا که در قرآن کریم از چشمهٔ شیر و آب سرد گوارا نام برده نشده‌است که از «جوی» یاد می‌شود: «مثل الجنة وُعِد المتقون کمثل الجنة فیها تجری الانهار من عسل مصفاً و انهار من لبن و انهار من خمراً لذتاً للشاربین». آیهٔ کریمه (مثال بهشتی که به پرهیزگاران وعده داده شده‌است مانند باغی است که در آن جویهایی از انگبین پالوده و جویهایی از شیر، و جویهایی از مَی جاریست برای بهره‌وری نوشندگان).

۱ – بیگمان برای مسلمان در نزد پیامبر گرامی اسلام و وصیِ او جای داشتن سربلندی و برتری و سرافرازیست، اما در «کلام الله مجید» چنین نیامده‌است که در سرای دیگر، پیروان دیگر دین‌ها جای ندارند!

۲ – اینجا با واژهٔ «اگر»؛ گمان (شک) همراه می‌شود و برای گرونده (مؤمن) بزرگترین زهر و درد، همانا «شک» است که با «اگر» خود را می‌نمایاند.

۳ – «خطا» کردن شیوهٔ مردمان است: «انسان؛ خطاکار است»، «از خطا کردن بایستی شیوهٔ درست زندگی کردن را آموختن» «الانسان خاطی» «زندگی سعی (کوشش) و سهو (خطا) است» «خداوند دور از خطا است» «انسان جایزالخطاء... و هزاران سخن از این دست! و بر این بنیاد، «خطا» کنشی نیست که از آغاز، بدان رای و آهنگ داشته باشیم و همچنان بپایانش برسانیم! «خطا» آنستکه کسی بخواهد کاری را انجام دهد، و در میانه، ازروی نادانی یا ناتوانی یا هر رویداد دیگر، دگرگونه؛ بپایانش برساند! برابر واژهٔ خطا در زبان فارسی «لغزش» است، و لغزش نیز چنانکه پیدا است به رای و آهنگِ ما نیست و باری چون کسی باشد که دل را براه «بد» یا نادانی، یا دشمنی با نبی(ص) و وصی(ع) بکشاند، اگر در میانهٔ راه دچار لغزش شود، دوستدار آن دو بزرگوار خواهد شدن، زیرا که لغزش، او را بکجروی از آنچه که می‌خواسته است، می‌کشاند!

۴ – بر این رج نمی‌توان انگشت نهادن، اما دنبالهٔ گفتار رج پیشین است، که چندان گسستگی در آن راه یافت.

۵ – بیگمان؛ گرفتگی دل از هیچکس نمی‌باید داشتن! چه رسد به امام علی(ع) اما ما از آغاز جهان تا بامروز دیده‌ایم که هستند کسان که نام علی(ع) را نیز نشنیده‌اند اما زار و نزار نیستند! این لت ناهماهنگی نیز دارد «از او زارتر در جهان (زار) کیست» از دیدگاه سخن و دستورزبان نادرست است.

٦ – لت نخست درست است اما در لتِ دویُم این همرهان نیک‌پی، کیانند؟

۷ – **یک:** سخن درهمریخته و نابسامان است. **دو:** «همانا» در این گفتار نادرخور است، و برجای آن می‌باید «که» بیاید! از این در، چه اندازه سخن رانم [که] کرانهٔ آنرا نمی‌دانم!

۸ – **یک:** بر (میوهٔ) باغ را می‌چینند نه می‌روبند (جاروی می‌کنند)! **دو:** داوری؛ نادرخور است، زیرا که باغ دانش همواره پر بروبار است، و می‌بایستی هر روز نیز بدان افزوده شود. نکتهٔ پایانی بر این سخنان پریشان (اگر بتوان ستایشنامه نامیدن) آنستکه، اگر بزبان فردوسی، و در زمان فردوسی، این ستایش در شاهنامه بود، چرا مسلمانان را؛ شایستی، از خاکسپاری پیکر فردوسی در گورستان مسلمانان جلوگیری کردن؟

گفتار اندر فراهم آمدن شاهنامه
و
آفرین بر انوشه‌روان، ابومنصور محمّد عبدالرزّاق، پورِ بابک خراسانی

اگر بر درختِ برلُومند، جای ‌ ‌ نیابم، که از● بر شدن، نیست پای
کسی کو شود زیر نخل بلند ‌ ‌ همان سایه زو باز دارد گزند[1]
توانم مگر؛ سایه‌ای ساختن ‌ ‌ بنزدیکِ آن سروِ سایه فکن*
کزین نامور نامهٔ شاهوار ‌ ‌ بگیتی، بمانم، یکی یادگار
مر این‌را دروغ و فسانه مدان ‌ ‌ به یکسان رَوِشنِ○ زمانه مدان
ازو هرچه اندر خورد با خرد ‌ ‌ دگر، بر ره رمز، معنی برد

*

یکی نامه بود از گهِ باستان ‌ ‌ فراوان بدو اندرون، داستان
پراکنده در دست هر موبدی ‌ ‌ از آن بهره‌ای، نزدِ هر بخردی
یکی پهلوان بود، دهقان‌نژاد■ ‌ ‌ دلیر و بزرگ و خردمند و راد
پژوهندهٔ روزگارِ نخست ‌ ‌ گذشته سَخُن‌ها، همه، بازجست
ز هر کشوری موبدی سالخوَرد ‌ ‌ بیاورد، و این نامه راگِرد کرد
بپرسیدشان؛ از نژاد کیان ‌ ‌ وزآن نامداران و فرّخ مهان
که: «گیتی به آغاز چون داشتند؟ ‌ ‌ که ایدون، بما، خوار بگذاشتند!
چگونه؟ سرآمد به نیک اختری◙ ‌ ‌ بریشان، همه روز گُنداوری!»
بگفتند پیشش، یکایک، مهان ‌ ‌ سَخُن‌های شاهان و گشتِ جهان
چو بشنید ازیشان، سپهبَد، سَخُن ‌ ‌ یکی نامورنامه افکند، بُن

● - شاهنامهٔ قاهره؛ بجای «که از» «کجا» آورده‌است. «کجا بر شدن نیست پای» را پیوند درست نیست. «که از بر شدن» را همچنین! پیدا است که این پاره را کننده (فاعل) و کرده (مفعول) باید... اندیشه، رهنمون می‌شود که گفتار فردوسی چنین بوده‌است: «نیابم، کش از بر شدن» (که «مرا» پای بر شدن «بدان» نیست).

۱ - اگر کسی را پروای آن باشد، که از گزند آفتاب به سایه‌ای پناه برد، همهٔ درختان، سایه دارند، وبرتر و بهتر از نخل سایه دارند، پس چرا می‌باید فردوسی را، که در همهٔ زمان خویش درخت نخل را ندیده‌است، برای سایه‌یابی، نام آنرا بردن؟

* - اگر پایِ برشدن بر درخت میوه‌دارِ (ایران باستان) را ندارم، می‌توانم زیر سایهٔ سرو (شاهنامه) پایه‌ای برای خویش بسازم.

○ - رَویشنْ بزبان پهلوی، در فارسی دری رَوِشن، که امروز با فروافتادن «ن»، روش خوانده می‌شود.

■ - انوشه‌روان، ابومنصور محمد، فرزند عبدالرزاق، پور بابک خراسانی، کنارنگ خراسان. که ازسوی ایرانیان بروان جاودانِ او درود باد!

◙ - در همهٔ نمونه‌ها چنین آمده‌است، اما پیدا است که شکست و پریشانی را نمی‌توان از اخترِ نیک درشمار آوردن! بیگمان این واژه «بد اختری» بوده‌است.

۲۶ دیباچه

چُنین یادگاری شد اندر جهان — برو آفرین از کهان و مهان

داستان دقیقی شاعر

چو از دفتر، این داستان‌ها بسی — همی خواند خواننده بر هرکسی[1]
جهان دل نهاده بدین داستان — همان بخردان و همان راستان[2]
جوانی بیامد گشاده زبان — سخن گفتنش خوب و طبعش روان[□]
«به شعر آرم[○] این نامه را» گفت: «من» — از او شادمان شد، دل انجمن
جوانیش را خوی بد یار بود — ابا بد، همواره به پیکار بود[3]
بر آن خوی بد، جان شیرین بداد — نبود از جهان، دلْش، یکروز، شاد[4]
بر او تاختن کرد، ناگاه، مرگ — نهادش بسر بر، یکی تیره ترگ
برفت او و این نامه ناگفته ماند — چنان بختِ بیدار او خفته ماند
خدایا ببخشا، گناه ورا — بیفزای در حشر جاه ورا[5]

*

دلِ روشن من چو برگشت ازوی — سوی تخت شاه جهان کرد روی[●]
که: «این نامه را دست پیش آورم! — به پیوندِ گفتار خویش آورم!
بپرسیدم از هر کسی بیشمار — بترسیدم از گردش روزگار
مگر خود، درنگم نباشد بسی — بباید سپردن بدیگر کسی»

---

۱ – «داستان‌ها بسی» نادرست است، لت دویم نیز بی‌پیوند است.

۲ – **یک:** جهان، بدین داستان دل نمی‌سپرد که، جهانیان دل می‌دهند. **دو:** دل نمی‌نهند، دل می‌دهند، دل می‌سپرند، دل می‌بندند، **سه:** اگر تنها بخردان و راستان چنین کنند، برای دیگر جهانیان که شاهنامه را دوست می‌دارند، جایی نمی‌ماند.

□ – در همهٔ نمونه‌ها، سخن گفتنی خوب و طبعی روان آمده‌است مگر در نمونهٔ فلورانس که بدینگونه است و درست می‌نماید.

○ – «بپیوندم» درست می‌نماید.

۳ – **یک:** از پایگاه فردوسی بدور است که از خوی بد دقیقی یاد کند. **دو:** اگر بر بنیاد لت دویُم، او همواره با بدی پیکار می‌کرد، چگونه ویرا می‌شایست؛ خوی بد داشتن؟

۴ – گفتار لت دویم نیز نادرست است، زیرا که از سروده‌های دقیقی پیدا است که زندگانی را شادمانه می‌گذرانده‌است.

۵ – ناگفته پیدا است که این سخن از فردوسی نیست، فردوسی همه جا از رستاخیز، با نام رستخیز یا رستاخیز نام برده‌است، و هیچگاه حشر را بکار نبرده‌است.

● – در همهٔ نمونه‌ها: «سوی تختِ شاه جهان کرد روی» آمده‌است و بهنگام سروده شدنِ شاهنامه، در ایران «شاه» نداشته‌ایم، و همهٔ امیران سامانی با نام «میر» خوانده می‌شدند! و اندریافتِ درستِ **علی شهیدی** (ونداسپ) او را رهنمون بدین سخن شد: «سوی نامهٔ خسروان کرد روی»... زیرا که دوست مهربان و روانشاد فردوسی نیز به وی چنین می‌گوید: «شو، این نامهٔ خسروان بازگوی».

اُ دیگر که گنجم وفادار نیست — همان رنج راکس خریدار نیست [1]
ز نیکو سخن، به، چه اندر جهان — بر او آفرین از کهان و مهان [2]
اگر نآمدی خود سخن از خدای — نبی کی بدی نزد ما رهنمای؟! [3]
بشهرم یکی مهربان دوست بود — که گفتی که، با من بیک پوست بود
مرا گفت: «خوب آمد این رای تو — بنیکی خرامد، مگر، پای تو
نوشته، من این نامهٔ پهلوی — به پیش تو آرم، نگر نغنوی! [4]
گشاده زبان و جوانیت هست! — سخن گفتن پهلوانیت هست!
شو، این نامهٔ خسروان بازگوی — بدین، جوی، نزدِ مهان آبِروی»
چو آورد آن نامه نزدیک من — برافروخت این جان تاریک من [5]

ستایش انوشه‌روان امیر منصور

پشتیبان فردوسی

بدین نامه چون دست بردم فراز — یکی پهلوان بود، گردنفراز
جوان بود و از گوهر پهلوان ○ — خردمند و بیدار و روشنروان
خداوند رای و خداوند شرم — سخن گفتن خوب و آوای نرم [6]
مرا گفت ک:«ز من چه باید؟ همی! — که جانت، سخن، برگراید همی!
بچیزی که باشد مرا دسترس — ز گیتی، نیازت نیارم بکس»!
همی داشتم؛ چون یکی تازه سیب * — که از باد ناید، بمن بر، نهیب

---

۱ - **یک:** افزایندگان که از دستگاه محمودی (غزنویان) بوده‌اند، خواسته‌اند که در آغاز چنین بنمایند که فردوسی را چیزی نبوده‌است. و برای بدست آوردن مال و خواسته آغاز بسرایش شاهنامه کرده است. اما این درست نمی‌نماید زیرا که آن بزرگوار چنانکه خود فرموده‌است، از آن می‌ترسید که بکار بیاغازد و همچون دقیقی جای بپردازد، و کار وی نیز ناگفته ماند! در برخی نمونه‌ها اینجا یک سخن دیگر افزوده‌اند که:

زمانه سرای پر از جنگ بود — بجویندگان بر، جهان تنگ بود

۲ - با آنکه گفتار درست است، شیوهٔ سخن سست است.

۳ - این گفتار هم که در شیوه، همچنان است، پیوندی بکار «فراهم آمدن شاهنامه» ندارد.

۴ - چگونه می‌شایست که فردوسی توسی، روان جاودان ایران، با آن پایگاه بلندِ فرهنگی، شاهنامهٔ ابومنصوری را که بگفتهٔ خودش در جهان نامبردار شده‌بود، و خوانندگان آنرا بر همگان می‌خواندند نداشته باشد، نخوانده باشد، ندیده باشد!!

۵ - پیوسته به رج ۱۵۱ است.

○ - انوشه‌روان، امیرمنصور، فرزند ابومنصور عبدالرزاق.

٦ - لت دویم را پیوند درست با لت نخست، نیست.

* - مرا چون سیبی تازه، نگهداری می‌کرد.

به کیوان رسیدم، ز خاکِ نژند — از آن نیکدل، نامدار، ارجمند[1]
بچشمش همان خاک و هم، سیم و زر — بزرگی بدو یافته زیب و فر[2]
سراسر جهان پیش او خوار بود — جوانمرد بود و وفادار بود[3]
چنان نامور، گُم شد از انجمن — چو از باد، سرو سهی، در چمن
نه زو زنده بینم، نه مرده، نشان — بدست نهنگان و مردم‌کشان
دریغ آن کمربند و آن گُرده گاه — دریغ آن کیی برز و بالای شاه[4]
ستم باد، بر جانِ او، ماه و سال — کجا، بر تنِ شاه شد، بدسگال
یکی پند آن شاه یاد آورم — ز کژّی روان سوی داد آورم[5]
مرا گفت ک:«این نامهٔ شهریار — گرت گفته آید به شاهان سپار»[6]
بدین نامه بر دست بردم فراز — به نام شهنشاه گردنفراز[7]

گفتار اندر ستایش سلطان محمود!!

جهان‌آفرین تا جهان آفرید — چنو مرزبانی نیامد پدید[8]
چو خورشید، بر گاه، بنمود تاج — زمین شد بکردار تابنده آج[9]

۱ - **یک:** کیوان را در زمان باستان ستاره‌ای بدشگون می‌دانستند. **دو:** لت دویم، با سه گون (=صفت) نادرست است.

۲ - «بزرگی» را زیب و فر یافتن نادرست است، زیرا که «بزرگ» یا بزرگان را زیب و فر است.

۳ - دوباره‌گویی رج پیشین است با سخنانی سست.

۴ - افزاینده، کمربند (= پرستار) را بجای «کمر» (= میان‌بند) آورده‌است.

۵ - از این سخن چنین برمی‌آید که آنچه تاکنون سروده‌ام (ستایش خداوند، ستایش خرد، ستایش آفرینش خداوند،...) همه کژ بوده‌است، و اکنون با گفتاری که ازاین‌پس می‌آید، از راه کج و کارکژ، روی برمی‌تابم، و براه راست و گفتار راست روی می‌آورم، و آن کردار و گفتار ازروی داد، آن است که، آفرین و ستایش باد بر محمود غزنوی، کشندهٔ همان امیرمنصور (که یاور فردوسی در کار سرایش شاهنامه بوده‌است، و بفرمان محمود و در زندان محمود، کشتندش؟!) و فردوسی خود، در رج پیشین بر جان او ستم آرزو می‌کند، و در این رج ستایش و آفرین! پس بجای نفرین، آفرین بر او باد!! خداوندا!! روان فردوسی و، روان امیرمنصور از این گفتار، چه اندازه می‌رنجند؟

٦ - نامه شهریار را «راه باید.

۷ - این سخن آشکارا می‌گوید که «شاهنامه را بنام محمود آغاز کردم»! بازآنکه در سخنان پیشین روشن شد که شاهنامهٔ ابومنصوری بفرمان انوشه‌روان ابومنصور فراهم شد، و شاهنامهٔ فردوسی بیاوری امیرمنصور آغاز گردید. محمود غزنوی از سوی خلیفهٔ بغداد پاژنام سیف‌الدوله را داشت و اگر گفتار دراز «دادن القاب» را در سیاستنامهٔ خواجه نظام‌الملک بیاد آوریم، روشن می‌شود که وی تا چه اندازه کوشش کرد، و چه اندازه اندیشه و نیرنگ در این کار بکارگرفت، تا خلیفه پاژنام یمین‌الدوله را نیز بر آن بیفزود. پیش‌از محمودیان؛ امیران سامانی را همه، پاژنام «امیر» بود، و از محمود بنام «امیر غازی» نیز نام برده شده‌است! وی نه تنها شاهنشاه نبود، که شاه نیز نامیده نمی‌شد! پس چگونه ازکسیکه در همهٔ هنگامِ فرمانروایی‌اش، پاژنام «شاه» نداشته‌است، اینجا با نام «شاهنشاه» یاد می‌شود؟

۸ - **یک:** این سخن از ستایش رستم بدینجا آورده شده‌است:

جهان آفرین، تا جهان آفرید — سواری چو رستم نیامد پدید

دو: پس اگر وی مرزبان است، شاهنشاه نمی‌تواند بودن!

۹ - خورشید را، گاه، نیست زیراکه در همهٔ آسمان می‌گردد.

برافراشت تاج و برافراخت بخت / نهاد از بر گاهِ خورشید تخت [1]
چه گویی که خورشید تابان که بود / کزو در جهان روشنایی فزود [2]
ز خاور بیاراست تا باختر / پدید آمد از فرّ او کان زر [3]
مرا اختر خفته بیدار گشت / به مغز اندر اندیشه بسیار گشت [4]
بدانست کآمد زمان سخن / کنون نو شد آن روزگار کهن [5]
بر اندیشهٔ شهریار زمین / بخفتم شبی لب پر از آفرین
چنان دید روشن روانم به خواب / که رخشنده شمعی برآمد ز آب [6]
همه روی گیتی شب لاژورد / از آن شمع گشتی چو یاقوت زرد [7]
در و دشت برسان دیبا شدی / یکی تخت پیروزه پیدا شدی [8]

---

۱ - **یک:** تاج برافراشتنی نیست، که آنرا بر سر می‌نهند. **دو:** «بخت» در زبان فارسی همانست که بزبان تازی «قسمت» خوانده می‌شود، و این بخت را چگونه می‌توان برافروختن، زیرا که بخت از سوی خداوند در شمار مردمان می‌آید، و مردمان را در دگرگون کردن آن، دستی نیست.

۲ - در داستان سیاوخش چنین آمده‌است که: «از آن جایگه کافتاب بلند / برآید، کند خاک را ارجمند» و در داستان نبرد بزرگ کیخسرو چنین آمده‌است:

بدو گفت با شاه ایران بگوی / که نادیده، بر ما فزونی مجوی
زمانه همه زیر تخت منست / جهان روشن از فرّ بخت منست
چو خورشید، تابان شود بر سپهر / نخستین، بر این بوم تابد بمهر

پس اگر خورشید، با برآمدن خود، خاک (جهان) را ارجمند می‌سازد، و برتری سرزمین‌ها بدان شناخته می‌شود که کدام کشور زودتر از فروغ خورشید روشن می‌شود، چگونه محمود، تخت خویش را درگاهِ خورشید، استوار می‌کند؟ این ستایش‌های پست، ویژهٔ سرایندگان خودفروخته‌ای چون عنصری و امیر معزّی است که شاه خونخوار، را بخورشید، و اسب او را بچرخ چهارم همانند می‌کنند. افزاینده با گستاخی می‌گوید، چرا می‌گویی که از خورشید تابان در جهان روشنایی پدید آمد...

۳ - محمود است که از خاور تا باختر را بیاراست، و زر درکان، از فرّ او پدیدار شد!!! در گفتار چگونگی آفتاب و گذر آن (او، بگفتهٔ افزاینده) از خاور بباختر سخن گفته شد، و روشن گردید که «خاور» (مغرب) است و «باختر» (شمال) است، و اگر نویسنده‌ای چنین داوری کند که خاور (مشرق) است و باختر (مغرب)، پس وی دست کم پیرامون یورش هنگام مغولان می‌زیسته‌است، نه پیش از آن! **دو:** یافه، گزافه، دروغ، کژی بیش از گفتارِ لت دویم نیست و بیش از این بدان نمی‌پردازم!

۴ - اختر، یا ستاره همواره بیدار و روشن است و هیچگاه نمی‌خوابد، تا بیدار گردد.

۵ - **یک:** مگر پیش‌ازآن، در هنگام سامانیان رودکی و فرالاوی و شهید بلخی و دیگران هنگامِ سخن نداشتند که اکنون زمانش فرا رسیده باشد؟ افزاینده را، گمانی دیگر در سر بوده‌است، و با این گفتار خواسته‌است بگوید که فردوسی سخن خویش را و شاهنامه را بدانهنگام آغاز کرد، که محمود بر تخت نشست! **دو:** روزگار کهن، ایران باستان است، و در زمان محمود، آنچه که روی می‌داد و انجام می‌گرفت، نه بر آیین روزگار کهن بود!

٦ - **یک:** لتِ دویم از داستان خواب فردوسی دربارهٔ دقیقی باینجا کشانده شده‌است. **دو:** لت نخست از داستان خواب سالاژ پیران دربارهٔ سیاوخش باینجا آورده شده‌است.

چنین دید سالاژ پیران بخواب / که شمعی برافروخت، از آفتاب

و چنانچه دیده می‌شود آنچه که در گفتار داستان سیاوخش درست می‌نماید که شمعی از آفتاب برافروخته شود اینجا بگونهٔ بی‌گمان نادرست می‌آید، زیرا که شمع روشن از میان آب بر نمی‌آید!

۷ - چون این گفتار با «همه» آغاز شده‌است، کنش را «گشت» می‌باید: همه روی گیتی [در] آن شب لاجورد[ین] چون یاقوت زرد [گشت].

۸ - دوباره همان نادرستی.

نشسته برو شهریاری چو ماه   یکی تاج بر سر، به جای کلاه![1]

رده برکشیده سپاهش دو میل   به دست چپش هفتصد ژنده پیل[2]

یکی پاک دستور پیشش بپای   به داد و به دین شاه را رهنمای[3]

مرا خیره گشتی سر از فرّ شاه   از آن ژنده پیلان و چندان سپاه؛

چو آن چهرهٔ خسروی دیدمی   وز آن نامداران بپرسیدمی[4]

که: «این چرخ ماه است؟ یا تاج و گاه   ستاره‌ست گرد اندرش، یا سپاه؟»[5]

یکی گفت ک: «این شاه روم است و هند   ز قنوّج تا پیش دریای سند[6]

به ایران و توران ورا بنده‌اند   به رای و به فرمان او زنده‌اند[7]

بیاراست روی زمی را به داد   بپرداخت از آن، تاج بر سر نهاد[8]

جهانبان محمود شاه بزرگ   به آبشخور آرد همی میش و گرگ[9]

ز کشمیر تا پیش دریای چین   بر او شهریاران کنند آفرین[10]

چو کودک لب از شیر مادر بشست   ز گهواره محمود گوید نخست[11]

---

۱ – تاج و کلاه، هردو یکی است.

۲ – این درست است که در سپاه محمود بنوشتهٔ بیهقی پانسد پیل بود، اما هفتسد پیل در آرایش سپاه، در سوی چپ نمی‌ایستند که در دو سوی می‌ایستند.

۳ – بر این گفتار، انگشت نمی‌توان نهادن، اما پیوسته بسخنان ناهنجار دیگر است، پس، از فردوسی نیست.

۴ – «دیدمی» با نخست کس، همراه با «اگر» می‌آید: اگر دیدمی، اگر رفتمی، با «چون» نادرست است؛ چون دیدم.

۵ – پیش‌ازاین بر گاهِ خورشید، تخت نهاده‌بود، و اکنون به چرخ ماه فرود آمد!

٦ – **یک**: در این، گمان نیست که محمود، هفده بار با شمشیر کجمدار به هندوستان یورش برد، و آنچه که پیدا و آشکار بود برای جنگ با بت‌پرستان چنین رنج را بر خود و سپاهیانش هموار می‌کرد، و آنچه که پنهان بود، دسترسی به گنج‌های بزرگ هندوستان که در بتخانه‌ها گرد آمده‌بود، مایهٔ جنبش و کوشش و یورشش می‌شد. ما می‌پذیریم که محمود با این یورش‌ها بخش خوروَران هندوستان را زیر ستم و فرمان خود آورده بود نه همهٔ هندوستان را، اما محمود را که پس‌از مرگ بانو فخرالدوله گسترهٔ فرمانروایی خود را از خراسان به ری رسانید، چگونه می‌توان شاه روم نامیدن؟ **دو**: اگر در لت نخست گسترهٔ فرمانروایی را از خراسان، تا خورورانِ آورند، در لت دوئِم می‌باید این پهنه از اپاختر (شمال) تا نیمروزان (جنوب) بیاید نه آنکه بسته شود به قنوج و دریای سند، که هردو در یک گوشه از این فرمانروایی استند!

۷ – این تاتارنژاد بر بخشی از ایران فرمان راند، اما هیچگاه فرمانروای توران نبود.

۸ – دربارهٔ بیداد محمود که از آن در این لت با «داد» یاد شده‌است گفتار فردوسی در پایان شاهنامه بهتر داوری می‌کند:

از ایران و از تور و از تازیان   نژادی پدید آید اندر میان

نه ایر و نه تور و نه تازی بود   سخنها بکردارِ بازی بود

چنان فاش گردد غم و رنج و شور   که شادی بهنگام بهرام گور

۹ – پیشتر در این‌باره سخن گفتم؛ که محمود، شاه نامیده نمی‌شد. و او را امیرمحمود، سلطان محمود، امین‌الملة و یمین‌الدوله می‌نامیدند، و افزاینده نرم‌نرم، او را از پایگاه شاهی به جهانبانی کشاند!

۱۰ – این سخن را دروغ‌ترین گفتار می‌شاید نامیدن، زیرا که از کشمیر تا دریای چین هزاران فرسنگ است که نه در آنزمان محمود را بر آنان پادشاهی بوده‌است، و نه هیچگاه آن کشورها در پادشاهی ایران بوده‌اند.

۱۱ – **یک**: کنش نادرست بکار رفته‌است: چو کودک لب از شیرمادر بشوید... **دو**: چون کودک را از شیر گیرند، گاهِ گهوارهٔ او نیز گذشته‌است!

ستایش محمود!؟ ۳۱

نـــه‌پیچد کســـی ســـر ز فـــرمان اوی ‌‌ ‌ نـــه‌یارد گـــذشتن ز پـــیمان اوی[1]
تـــو نـــیز آفـــرین گـــو کـــه گـــوینده‌ای ‌ ‌ بـــدو نـــام جـــاوید جـــوینده‌ای»[2]
چـــو بـــیدار گشـــتم بـــجَستم ز جـای ‌ ‌ چـــه مـــایه شب تـــیره بـــودم بـپای
بـــدان شـــهریار آفـــرین خـــوانـــدم ‌ ‌ نـــبودم درم، جـــان بـــرافشـــاندم[3]
بـــه دل گـفتم: «این خـواب را پـاسخ است ‌ ‌ کـــه‌آواز او بـــر جـــهان فـــرخ است[4]
ز فـــرّش جـــهان شـــد چـــو بـــاغ بـــهار ‌ ‌ هـــوا پـــر ز ابـــر و زمـــین پـــرنگار
از ابـــر انـــدر آمـــد بـــهنگام نـــم ‌ ‌ جـــهان شـــد بکـــردار بـــاغ ارم
بـــه ایـــران هـــمه خـوبی از داد اوست ‌ ‌ کـــجا هست مـــردم هـــمه یـــاد اوست[5]
بـــه بـــزم‌انـــدرون آســـمان ســـخاست ‌ ‌ بـــه‌رزم‌انـــدرون تـــیزچـــنگ اژدهـــاست[6]
بـــه تـــن زنـــده پـــیل و بـــه جـــان جـــبرئیل ‌ ‌ بـــه کـــف ابـــر بـــهمن بـــه دل رود نـــیل[7]
ســـرِ بـــخت بـــدخواه بـــا خشـــم اوی ‌ ‌ چـــو دیـــنار خـــوارست بـــر چشـــم اوی[8]
نـــه کـــبرآوری گـــیرد از تـــاج و گـــنج ‌ ‌ ز دل تـــیره‌دارد ز رزم و ز رنـــج[9]
هـــر آن کس کـــه دارد ز پـــروردگان ‌ ‌ از آزاد و از نـــیک‌دل بـــردگان
هـــمه بـــندگان پـــیش او خـــواســـتار ‌ ‌ بـــه فـــرمان بـــبسته کـــمر استوار[10]

---

۱ – دراین‌باره می‌باید که بداستان هنگام محمود نگریستن، تا روشن شود چه کسان سر از فرمان او برگرداندند.

۲ – این دو گفتار را با هم بسنجیم و کار را به میزان خرد وانهیم، تا کدامیک از فردوسی است.

تو نیز آفرین کن که گوینده‌ای ‌ ‌ بدو نام جاوید جوینده‌ای

*

هر آنکس که دارد هُش و رای و دین ‌ ‌ پس‌از مرگ، بر من کند آفرین!

۳ – درم را پیش پای شهریاران و سرداران و سپاهیان پیروز می‌افشانند، نه در خانه و روی رختخواب!

۴ – اگر خواننده خواهد؛ تا بداند که آوازهٔ محمود در جهان فرّخ است یا نه، می‌باید راهی هندوستان شود تا دریابد که هندیان تا چه اندازه نام و کام او را ناخوش می‌شمارند.

۵ – «کجا هست مردم»، همه جهان است، و آیا این درست می‌نماید که در همهٔ جهان یاد او، در یادها باشد؟

۶ – یکی از ویژگیها که برای محمود شمرده‌اند آنستکه وی «تنگ چشم و تُنُک‌ریش بود» و باز پیدا است که چون ویرا ناخوشی مرگ فراگرفت فرمان داد که همهٔ گنج‌های ویرا در بیابانی گردآورند و در برابر چشمان او بگسترند... و فرمانبران چنان کردند... و وی پس ازآنکه زمانی دراز و بر بستر بیماری به آن انبوه زر و گوهر نگریست فرمان داد تا همه را به گنج‌ها بازگرداندند. و یک درم از آن خواستهٔ بیکران را بدرویشان نداد... و اینست همان‌کس که در این گفتار دروغ ویرا آسمان‌سخا می‌نامند! این نیز پیدا است که محمود چون در جان خویش گره بر گره ناتوانی و زبونی و بی‌ریشگی می‌دید، چکامه‌سرایان دروغ‌پرداز راکه درستایش وی سخن می‌گفتند بمال و زر و سیم می‌نواخت و این تنها برای نوازش آن گره‌های کورِ پستی و زبونی و بی‌ریشگی خودش بود.

۷ – از این دروغ بزرگتر نمی‌شود که محمود پست را به ژنده‌پیل مانند کنند، خواهندگان را، چون خواهند که نگار چهرهٔ محمود را بدانند، به سیاستنامه خواجه نظام‌الملک رهنمون می‌شوم. ‌ ۸ – خواری درم و دینار را در چشم او پیش‌ازاین بررسیدیم!

۹ – دیگر نویسندگان دربارهٔ «کبر» و «چشم تنگی» او بسیار گفته‌اند! دیگر آنکه کبر (یا برمنشی و خویش بزرگ‌بینی) آوردنی نیست و ازآنپس که آوردنی شد، (گرفتنی) نمی‌شود... کبر نمایاندنی است.

۱۰ – **یک:** «همه بندگان» درست نمی‌نماید زیرا که رج پیشین، هم از آزادگان و هم از بندگان نام برده شده‌بود. **دو:** «خواستار» چه بوده باشد؟ سخن پایان نیافته‌است. **سه:** «استوار» را نمی‌توان برای کمربستن بکار گرفت، که کمر را سخت بستن، شاید گفتن، نه کمربسته استوار!

نخستین، برادرش کهتر به سال — که در مردمی کس ندارد همال[1]
خداوند مردیّ و رای و هنر — بدو شادمان مهتران سربه‌سر
کسی که‌ش پدر ناصرالدین بود — سرِ تخت او تاج پروین بود[2]
اُدیگر دلاور سپهدار توس — که در جنگ بر شیر دارد فسوس[3]
ببخشد درم هرچه یابد ز دهر — همی آفرین یابد از دهر بهر[4]
به یزدان بود خلق را رهنمای — سر شاه خواهد که باشد به‌جای[5]
جهان بی‌سرِ تاج خسرو مباد — همیشه بماناد جاوید شاد[6]
همیشه تن آباد با تاج و تخت — ز درد و غم آزاد و پیروزبخت
همی بازجویم من از کردگار — سوی نامهٔ نامور شهریار»[7]

۱ – نخستین این بندگان برادرش در شمار می‌آید، و آیا برادر او را می‌توان بندهٔ او شمردن؟

۲ – **یک:** تخت را «سر» نیست، که همه جا از پایه‌های تخت نام می‌برند. **دو:** تخت او در آغاز برفراز خورشید بود، پسان بچرخ ماه کشانده شد و اکنون به ستاره پروین!

۳ – این رده از دیگر جایهای شاهنامه که در ستایش توس سپهسالار باستانی ایران آمده‌است، برگرفته شده.

۴ – **یک:** درم را از «دهر» نمی‌یابند. **دو:** «آفرین» نیز یافتنی نیست، آفرین خواندنی است!

۵ – سرِ شاه [را] خواهد...

٦ – آیا گویندهٔ این سخن همان فردوسی است که بهنگام کشته شدن اردوان، چنین می‌گوید:

چنین است آیین این چرخ پیر — چه با اردوان و چه با اردشیر!

این سخن در نوشتهٔ پهلوی کارنامه نیامده‌است و فردوسی در ترجمهٔ کارنامهٔ اردشیر بابکان، آنرا بگفتار کارنامه می‌افزاید و پیروزی اردشیر را با مرگ در پایان کار او، همراه می‌کند!

۷ – «از کردگار بازجستن» دربارهٔ چیزی است که ازدست رفته باشد، و آیا شاهنامهٔ ابومنصوری در آنهنگام گم شده‌بوده‌است؟

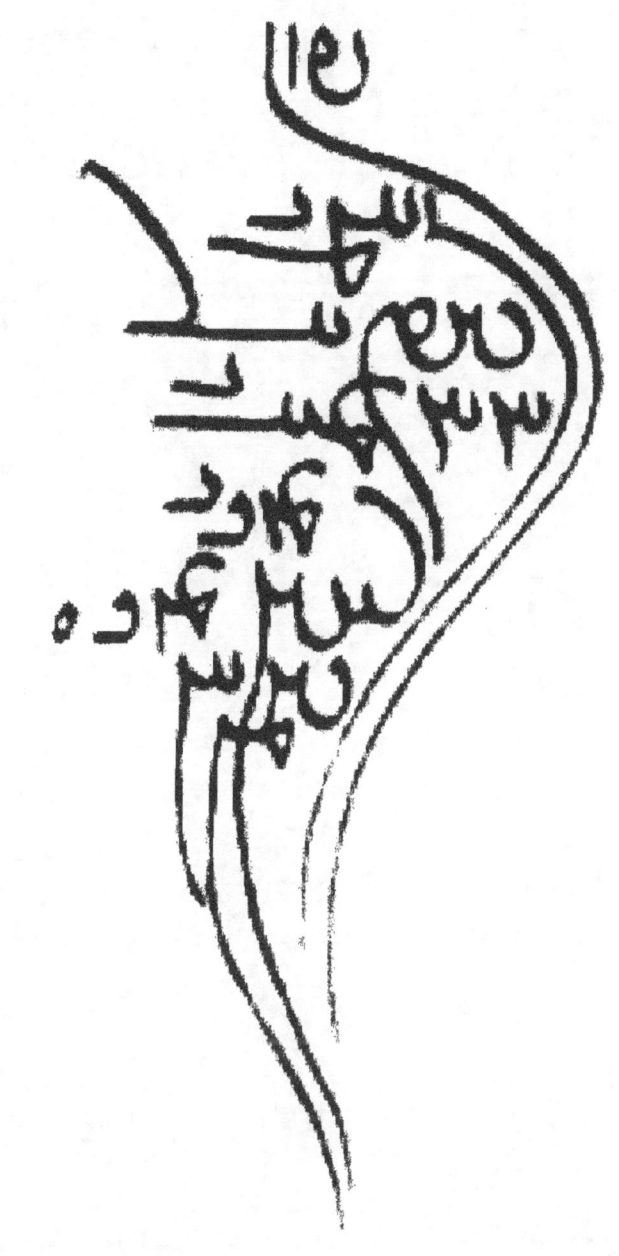

آغاز شاهنامه

کیومرس

کیومرس

سخندان دهقان چه گوید نخست ... که نام بزرگی به گیتی که جست[1]
که بود آنکه دیهیم بر سر نهاد ... ندارد کس آن روزگاران به یاد[2]
که نام بزرگی کی آورد پیش ... که را بود از آن برتران مایه بیش[3]
مگر کز پدر یاد دارد پسر ... بگوید ترا یک به یک دربه‌در[4]
پژوهندهٔ نامهٔ باستان ... که از پهلوانان زند داستان
چنین گفت ک:«آیین تخت و کلاه ... کیومرس آورد و، او بود شاه»
چو آمد به برج حمل آفتاب ... جهان گشت با فرّ و آیین و آب[5]
بتابید از این سان به برج بره ... که گیتی جوان گشت از آن یکسره[6]
که چون او شد اندر جهان کدخدای ... نخستین به کوه اندرون ساخت جای[7]
سر بخت و تختش برآمد به کوه ... پلنگینه پوشید با همگروه[8]

---

۱ - **یک:** این گفته از آغاز داستان بیژن و منیژه برگرفته شده‌است با اندکی دگرگونی! آنجا فردوسی می‌فرماید: «سخنگوی دهقان چنین کرد یاد» اکنون می‌باید پرسیدن: که سخندان درست می‌نماید؟ یا سخنگوی! **دو:** چه «گوید» نخست، درست نمی‌نماید! می‌شاید گفتن که: دربارهٔ آغاز کار جهان چه «گفته» است. **سه:** «نام جستن» و «نام بزرگ جستن» درست است، اما «نام بزرگی جستن» درست نمی‌نماید!

۲ - **یک:** «که بود» دوباره گویی سخن پیشین است «که نام بزرگی که جست» **دو:** «دیهیم» یک آرایش یونانی است، و با اروپاییان بایران آمد، که آن، باریکه‌ای از نخ و زر و سیم بافته است و به پیشانی می‌بندند و از پشت سر گره می‌زنند، تا بهنگام سواری از دو سو باد بخورد. نخستین دیهیم را که تاکنون من دیده‌ام، در تندیسی پیدا شده از «پالمیرا» است که یک اروپایی را میان دو خدا(؟) نشان می‌دهد و دیهیم باریکی بر سر بسته‌است. پسان، دیهیم در میان پادشاهان ساسانی و بگونهٔ بزرگتر دیده می‌شود و از آغاز تا زمان هخامنشیان نیز چنین دیده نشده‌است. افزاینده، دیهیم را، مانندهٔ بسیار کسان دیگر همان «تاج» انگاشته و از بر سر نهادن آن سخن می‌گوید، بازآنکه دیهیم را بر سر می‌بندند! دربارهٔ دیهیم بنگرید به پیشگفتار.

۳ - باز «نام بزرگی»، و نام را پیش نمی‌آورند، نام را می‌نهند، نام را بر خود می‌گیرند.

۴ - **یک:** اگر کس از روزگاران بیاد ندارد پس چگونه است که پسر، از پدر، در یاد دارد و می‌گوید؟ **دو:** پسر، در لت نخست یک پاژنام همگانی برای همهٔ پسران بشمار می‌رود، و بکار بردنِ کنش یگانهٔ «بگوید» برای آن درست نیست... اگر سخن درست می‌بود، می‌باید گفته آید که پسران از پدران شنیده‌اند و «می‌گویند» یا «بگویند».

۵ - چهار رج که در همهٔ دستنوشته‌ها نیز نیامده، افزودهٔ دو کس است، چنانکه نخستین افزاینده، ردهٔ نخست را افزوده و دویُم کس، خواسته‌است آنرا گزارش کرده باشد. این دو رج از ده‌ها نادرستی برخوردار است. **یک:** در آنزمان هنوز گاه‌شناسی و گاهشماری خورشیدی پیدا نشده‌بود. **دو:** جهان را «فر» نیست، جهان آیین خویش را دارد واز فروردین ماه نمی‌آموزد و نمی‌پذیرد.

۶ - گیتی همواره جوان است و جهان از فروردین ماه آب (آبروی) نمی‌گیرد....

۷ - **یک:** واژهٔ پیوندیِ «که» در لت نخست، نابکار است، زیرا بس بود که بگوید: «کیومرس آورد و، او بود شاه، و چون او...» **دو:** بکار بردن «نخستین» در اینجا نادرست است، و نخست درست می‌نماید.

۸ - **یک:** «تخت» را سر نباشد، و برای بخت نیز، سر در شمار نیاورده‌اند! بخت، بخششی است که از روی داد جهان آفرین بهمهٔ

←

۳۸ آغاز شاهنامه

ازو انـدر آمـد هـمی پـرورش　　کـه پـوشیدنی نـو بُـد و نـو خـورش
بـه گـیتی درون سـال سـی شـاه بـود　　بـه خـوبی چـو خـورشید بـر گـاه بـود[1]
هـمی تـافت زو فَـرّ شـاهنشهی،　　چـو مـاه دو هـفته ز سـرو سـهی[2]
دد و دام و هـر جـانور کـه‌ش بـدید　　ز گـیتی بـنزدیک او آرمـید
دوتـا مـی‌شدندی بـرِ تـخت اوی　　ازان فـرّه و بـرشده بـخت اوی[3]
بـه رسـم نـماز آمـدندیش پـیش　　وزآن جـایگه بـرگرفتند کـیش[4]
پـسـر بُـد مـر او را یـکی خـوبروی　　خـردمند و هـمچون پـدر نـامجوی
سـیامک بُـدش نـام و، فـرخـنده بـود　　کـیومرس را دل بـدو زنـده بـود
ز گـیتی بـه دیـدار او شـاد بـود　　کـه بس نـامور شـاخ و بـنیاد بـود[5]
بـه جـانش بـر، از مـهر گـریان بُـدی　　ز بـیم جـدایـیش بـریان بُـدی[6]
بـرآمـد بـرین کـار، یـک روزگـار　　فـروزنده شـد دولت شـهریار

← آفریدگان می‌رسد، و هر یک باندازهٔ خویش از آن بر می‌خورد، و چنین بخشش را که در زبان تازی «قسمت» خوانده می‌شود، نه سر باشد و نه پای! **دو:** گزافه‌ترین سخن در لتِ دویُم است که هنوز، مردمان را بجز از دست و پای و اندام خویش، هیچ نیست و هیچ‌افزار دیگر پدید نیامده‌است، و در چنان روزگار، چگونه می‌شاید که جانوری را بکشند و پوستش را برکنند، و کار پوست پیرایی (دباغی) تا بدانجا رسیده باشد که پوست تنها جانور درندهٔ رام نشدنی را از تنش برکشند و از آن جامه برآورند؟!

۱ – **یک:** «بگیتی درون» نادرست است، و «بگیتی اندر» درست است. **دو:** در آیین زبان فارسی همواره می‌باید شمار را پیش شماره شونده، آوردن، همچون سی مرد، سی سال! شمار هنگامی پس‌از شماره شونده می‌آید که آنرا با «ی» یگانه آوریم، چون: سواری بیست، مردی چند... و درسرتاسر نوشته‌های اوستایی و پهلوی و فارسی، نمونه‌ای نیست که جز این نموده باشد، مگر باز در دیگر جایهای شاهنامه، آنجا که افزایندگان خواسته‌اند سخنی را بگفتار فردوسی بیفزایند! برای دریافت آنکه زمان کیومرس (یا پیدایی جان در جهان که با مرگ همراه است) را نمی‌شاید، سی سال در شمار آوردن بنگرید به «داستان ایران».

۲ – «فرّ» در هنگام جمشید پدیدار شد، نه در آغاز کار جهان. کیومرس را می‌شاید به ماه شب چهارده برفراز سرو بالای او مانده کردن، اما «فر» را نمی‌توان اینچنین گزارش نمودن!

۳ – **یک:** هنوز هیچیک از دستاوردهای مردمی و ابزارهای سازندگی پدید نیامده‌است و نمی‌توان «گاه» یا «تخت» برای کیومرس درشمار آوردن. **دو:** نابسامان‌تر از این سخن نمی‌توان یافت، و این پیداست که نخستین مردمان همراه جانوران می‌زیستند، و یک «آویزه» از زمان ساسانیان پیدا شده‌است که کیومرس را چنین می‌نماید (بنگرید به داستان ایران): دد و دام و هر جانورکش بدید / بگیتی بنزدیک او آرمید. اما این را که جانوران نزد کیومرس دوتا(خم) می‌شدند، چگونه می‌توان گزارش کردن؟ گاو و شتر و کرگدن چگونه دوتا می‌شدند؟ و آیا یاوه‌تر از این سخن در جهان شنیده شده‌است؟

۴ – **یک:** «آمدندی» نادرست است زیرا که «ی» برای نخست کس یگانه (اول شخص مفرد) کاربرد دارد؛ «آمدی» درست است، و «آمدندی» نادرست؛ **دو:** اگر افزاینده را اندکی نگرش می‌بود می‌بایستی گفتن که: «از آن هنگام» کیش آغاز شد، نه «از آنجایگه»!

۵ – این لت در نوشته‌های باستانی «بس نامور شاخ و بنیاد» است، سخنی که از آن هیچ بر نمی‌آید! پسان چندی از استادان شاهنامه‌شناس(!) راگمان بر آن افتاد که شاید بودن که واژهٔ بس، «پُس» بوده باشد که سبکتر شدهٔ «پوس» و «پوسَر» ([illegible]) پهلوی است، که همان پسر بوده باشد، که در دیوان «شمس پُسِ ناصر» که بر دست استاد شادروان ماهیار نوّابی پیدا شد نیز بهمین گونهٔ «پُس» آمده‌است، و آذربایجانیان نیز اگر بخواهند «پسر» را بر زبان بیاورند، «پوسر» می‌خوانند. و بر این بنیاد آنرا بگونهٔ پُس گرداندند، اما از این برگردان چه برآمد؟ پسر، نامور، شاخ درخت بود، پس بنیاد در این میانه چه می‌کند؟

۶ – چگونه است که در رج پیشین آمده‌است که بدیدار او شاد بود، و اینجا همواره از دیدار یا بودن او گریان است؟

به گیتی نبودش کسی دشمنا — مگر بدکنش ریمن آهرمنا[1]
به رشک اندر، اهریمن بدسگال — همی رای زد تا بیاکند یال
یکی بچه بودش چو گرگ سترگ — دلاور شده، با سپاهی بزرگ[2]
جهان شد بران دیوبچه سیاه — ز بخت سیامک وز آن پایگاه[3]
سپه کرد و نزدیک او راه جست — همی تخت و دیهیم کی‌شاه جست[4]
همی گفت با هر کسی رای خویش — جهان کرد یکسر پر آوای خویش
کیومرس ازین خود کی آگاه بود — که تخت مهی را جز او شاه بود[5]
یکایک بیامد خجسته سروش — بسان پریی پلنگینه پوش
بگفتش ورا زین سخن دربه در — که دشمن چه سازد همی با پدر[6]
سخن چون به گوش سیامک رسید — ز کردار بدخواهٔ دیو پلید[7]
دل شاه‌بچه برآمد به جوش — سپاه انجمن کرد و بگشاد گوش[8]
بپوشید تن را به چرم پلنگ — که جوشن نبود آنگه، آیین جنگ[9]
پذیره شدش دیو را جنگجوی — سپه را چو روی اندر آورد روی؛[10]
سیامک بیامد برهنه تنا — بیاویخت با دیو پور آهرمنا[11]

---

۱ - دشمن با پسوند «آ» درست نیست، و در شاهنامه نیز همواره چنین واژه‌ها در بخش‌های افزوده آمده‌است.

۲ - در سخنِ پیشین چنین آمده‌است که برشگ اندر، اهریمن بدسگال! و اینجا این واژه بایسته و شایسته نمی‌نماید، زیرا که اگر «اهریمن» دشمن او است، پس چرا اینجا از «پور اهریمن» نام می‌آید؟

۳ - **یک:** از کدام پایگاه؟ **دو:** اگر از بخت سیامک، جهانِ بر پور اهریمن سیاه شود که خود پیروزی سیامک را بهمراه می‌آورد... شاید که واژهٔ سیاه در افزودهٔ نخستین «سپاه» بوده‌است و پچین‌بردارانِ پسین «پ» را به «ی» گردانده‌اند. اگر چنین نیز بوده باشد، سخن درست نمی‌نماید، زیرا که اگر همهٔ جهانیان سپاه اهریمن بودند، سیامک را می‌بایستی هیچکس یاور نباشد، در رج ۲۴۸ می‌بینیم که سیامک نیز سپاه خویش راگرد می‌کند!

۴ - **یک:** کیومرس را چنانکه گفته شد، نه تخت بود نه دیهیم. **دو:** زنجیرهٔ پادشاهان کیانی با کیقباد آغاز می‌شود، و کیومرس «کی» نبود.

۵ - **یک:** این رج، از داستان انوشیروان برداشته شده و بجای واژهٔ خردمند، کیومرس نهاده‌اند:

خردمند از این، خود، کی آگاه بود — که او را به درگاه، بدخواه بود

اما اینکه او آگاهی از دشمن نداشت نادرست است زیرا که در همین افزوده‌ها پیشتر آمده‌بود که دشمن او، ریمن اهریمن است، پس می‌دانست و ناآگاه نبود! **دو:** با این گفتار گرگ نیز از تخت‌نشینان کیانی بشمار میرود!

۶ - **یک:** بگفتش (=بگفت باو) هنگامی درست است که پس‌ازآن دوباره «او» نیامده باشد: بگفتش ورا... . **دو:** در بدر: (باب به باب: فصل بفصل) هنگامی می‌آید که در چند باره سخن گفته آید، و اینجا یک دربیشتر نیست و آنهم نبرد میان او و بچهٔ اهریمن! است. **سه:** «چه سازد» درست نیست؛ «چه خواهد ساختن». ۷ - گرگ به دیو پلید دگرگون شد.

۸ - شاه بچه، یک واژهٔ نادرخور است که دیگر هیچگاه در زبان فارسی بکار گرفته نشده‌است.

۹ - **یک:** باز چرم پلنگ. **دو:** آیین جنگ یا آیین کارزار؛ چیزی است، و پوشش کارزار چیزی دیگر!

۱۰ - «پذیره شدش» (=پذیره شد او را) با افزودن دوبارهٔ دیو را!

۱۱ - **یک:** کاربرد نادرست «آ» پس‌از نام. **دو:** و از آن‌شگفت‌تر این سخن است که سیامک برای کارزار با دیو، گرگ، اهریمن! چرم پلنگ پوشیده‌بود و چون سپاه او رودرروی سپاه دشمن می‌شود، وی جوشن خویش را از تن بدر می‌کند؟ زهی سرگشتگی افزایندگان! اما نشان دادن تن برهنهٔ سیامک بر دست کسی افزوده شده‌است که از نوشته‌های پهلوی آگاهی داشته‌است و دراین‌باره در داستان ایران سخن گفته آید.

بزد چنگ وارونه دیو سیاه ... دوتا اندر آورد بالای شاه
فکند آن تن شاهزاده به خاک ... به چنگال کردش کمرگاه چاک[1]
سیامک به دست خزروانِ دیو ... تبه گشت و ماند انجمن بی خدیو[2]

*

چو آگه شد از مرگِ فرزند، شاه ... ز تیماز گیتی بر او شد سیاه
فرود آمد از تخت ویله کنان ... زنان بر سر و موی و رخ را کنان[3]
دو رخسار پرخون و دل سوگوار ... دو دیده پر از نم چو ابر بهار
خروشی برآمد ز لشکر بزار ... کشیدند صف بر در شهریار[4]
همه جامه‌ها کرده پیروزه‌رنگ ... دو چشم ابر خونین و رخ بادرنگ[5]
برفتند با سوگواری و درد ... ز درگاه کی شاه، برخاست گرد[6]
دد و مرغ و نخچیر، گشته گروه ... برفتند ویله کنان سوی کوه
نشستند، سالی، چنین سوگوار ... پیام آمد از داور کردگار:
درود آوریدش خجسته سروش ... ک :«زین بیش مخروش بازآر هوش!»[7]
سپه ساز و برکش بفرمان من ... برآور یکی گَرد از آن انجمن
از آن بدکنش دیو، روی زمین ... بپرداز و، پردخته کن دل ز کین»[8]
کی نامور سر سوی آسمان ... برآورد و بدخواست بر بدگمان[9]
بدان برترین نام یزدانش را ... بخواند و بپالود مژگانش را[10]

---

۱ - کاربرد «آن تن شاهزاده» نادرست است و «تن شاهزاده» درست.

۲ - تاکنون از اهریمن، پور اهریمن، دیو و دیو پلید، یاد شده بود، و اکنون یکباره از وی با نام «خزروان» (و در برخی نمونه‌ها خزوران) یاد می‌شود.

۳ - «ویله کنان» و «ویله» واژه‌ای درخور برای آن هنگام است، اما افزاینده این واژه را از رج ۲۶۱ (دَد و مرغ و نخجیر گشته گروه / برفتند ویله کنان سوی کوه) برگرفته است. دربارهٔ این واژه بنگرید به «داستان ایران».

۴ - برای شهریار کاخ نیز ساخته شد. (درِ شهریار = کاخ و دربار شهریار)

۵ - سوگواری ایرانیان با جامهٔ سپید بوده‌است و کاربرد جامهٔ خشن یا آبی، یا فیروزه رنگ پس‌از اسلام رواگردید، چنانکه صوفیان نیز بنشانهٔ سوگ هموارهٔ خود از زنده بودن(!) جامهٔ فیروزه‌ای می‌پوشیدند: «فلک چون صوفی فیروزه‌پوش است» (عطار نیشابور). پس بکار گرفتن این واژه، نشانهٔ هنگام کاربرد آن در میان مردمان است، و از آن‌برتر، این سخن است که بر بنیاد شاهنامه، پوشش و پارچه و رنگ در هنگام‌های جمشید پیش می‌آید، و بدان زمان پارچه و جامه‌ای نبوده‌است که رنگ آنرا فیروزه‌ای گیرند!

۶ - دوباره از کاخ و درگاه یاد می‌شود.

۷ - پیام به «درود» دگرگون گشت، و درود را که «سلام» تازی باشد؛ نمی‌توان با پیوند «که» در آغاز لت دویُم چنین گزارش کردن...: (درود کزین بیشتر مخروش!!)

۸ - دوباره گفتنِ سخن پیشین است: «برآور یکی گرد از آن انجمن».

۹ - از پاژنام «کی» می‌گذریم. در آنهنگام که کیومرس را یک فرزند بود، چندکس در جهان بوده‌اند؟ که وی در میان آنان «نامور» بوده باشد!

۱۰ - یک: بکارگرفتن «یزدانش» نادرست است زیرا که یزدان از آن همه است نه از آنِ یک کس! و اگر یزدانِ کیومرس جزاز خدای

←

وزآن‌پس بکین سیامک شتافت / شب‌وروز، آرام و خوردن نیافت[1]
خجسته، سیامک، یکی پور داشت / که نزد نیا، جای دستور داشت
گرانمایه را نام هوشنگ بود / تو گفتی همه هوش و فرهنگ بود[2]
به نزد نیا یادگار پدر / نیا پروریده مر او را به بر[3]
نیایش به جای پدر داشتی / جز او بر کسی چشم نگماشتی
چو بنهاد دل کینه و جنگ را / بخواند آن گرانمایه هوشنگ را[4]
همه گفتنی‌ها، بدو باز گفت / همه رازها، برگشاد از نهفت:
«گران لشکری کرد خواهم همی / خروشی برآورد خواهم همی
ترا بود باید همی پیشرو / که من رفتنی‌ام، تو، سالار نو»
پری و پلنگ انجمن کرد و شیر / ز درندگان گرگ و ببر دلیر[5]
سپاهی دد و دام و مرغ و پری / سپهدار با کبر و گنداوری
پس پشت لشکر کیومرس شاه / نبیره به پیش اندرون با سپاه
بیامد سیه‌دیو با ترس و باک / همی بآسمان بر، پراکند خاک
ز هرّای درّندگان چنگ دیو / بشد سست، وز چنگِ گیهان خدیو
بهم برفتادند، هر دو گروه / شدند از ددودام، دیوان ستوه[6]
بیازید هوشنگ چون شیر چنگ / جهان کرد بر دیوِ نستوه تنگ
کشیدش سر پای یکسر دوال / سپهبد برید آن سر بی‌همال[7]
به پای اندر افکند بسپرد خوار / دریده بر و چرم و برگشته کار[8]

*

چو آمد، مرآن کینه راخواستار / سرآمد کیومرس را روزگار[9]

→ جهان‌آفرین بوده‌است، پس سروش را نمی‌توان پیام‌آورِ وی در شمار آوردن. **دو:** «مژگانش» برای هماهنگی پساوای سخن (قافیه) با «یزدانش» آمده ست، وگرنه پیشتر از ابر بهار و ابر خونین و جز آن سخن بمیان آمده‌بود.

۱ - براین گفتار بجزاز سستی سخن نمی‌توان انگشت بر واژه‌ای نهاد، اما این سخن پیوسته بگفتار پیشین است، پس افزوده است.

۲ - **یک:** افزایندگان، نام هوشنگ را که «خانهٔ نیک» است و هنگام خانه‌سازی مردمان را دربرمی‌گیرد، بنادرست هوش و فرهنگ برگرفته دانسته‌اند. **دو:** تو گفتی.

۳ - دوباره گویی سخنی پیشین.

۴ - اگر هوشنگ در برِ او بوده‌است، فراخواندنش سخن نابکار است.

۵ - **یک:** این گفتار همانست که در رج پسین می‌آید، و دوباره گویی نمی‌خواهد، اما: **دو:** پری نادیده را از کجا آورد. **سه:** چون شیر و پلنگ با او انجمن شده باشند، چرا تنها گرگ و ببر را درنده باید نامیدن؟

٦ - در گفتار پیشین، از سست شدن دشمن سخن بمیان رفته‌است و سیه دیو بآسمان خاک برمی‌افشاند، پس چگونه اینجا دوباره از رودررو شدن آنان سخن می‌رود؟

۷ - **یک:** آنهنگام، هنگام پوست پیرایی و کارد و خنجر نبوده‌است. تا بتوان از پوست دشمن «دوال» برآوردن. **دو:** سر ترسناک، هولناک،... می‌شاید گفتن، نه سر بی همال.

۸ - «برگشته کار» را پیش‌از کشته شدن و دریده بودن می‌باید گفتن، نه پس‌ازآن.

۹ - **یک:** خواستار آمدن نادرست است: «خواستار شد». **دو:** دو بار واژهٔ «آمد» در یک سخن آنرا سست می‌گرداند.

برفت و جهان مردری ماند ازو   نگر تا که را نزد او آبرو [1]
جهان فریبندهٔ گِرد گَرد   ره سود بنمود و خود مایه خورد [2]
جهان سربه‌سر چون فسانه‌ست و بس   نماند بد و نیک بر هیچ‌کس

---

۱ - **یک:** جهان را که در نزد ایرانیان بزرگ داشته می‌شد، نمی‌توان مُردِری خواند، زیرا که جهان زندهٔ جاودان است و این ماییم که می‌آییم و می‌زییم و می‌میریم. **دو:** در لت دویُم، سخن بی‌پایان است.

۲ - دیگر بار جهان؛ فریبنده خوانده شده‌است! دربارهٔ چونی جهان، که گِردگَرد خوانده شود یا بگونهٔ دیگر، شاهنامه‌شناسان سخن بسیار گفته‌اند و ره بجایی نبرده‌اند، چنانکه برای لت دویُم آن.

هوشنگ

پادشاهی هوشنگ

جهاندار هوشنگ با رای و داد … بجای نیا تاج بر سر نهاد[1]
بگشت از برش چرخ، سالی چهل … پر از هوش مغز و پر از داد دل[2]
چو بنشست بر جایگاه مهی … چنین گفت بر تخت شاهنشهی
که: «بر هفت کشور منم پادشا … به هر جای، پیروز و فرمانروا»
بفرمان یزدان پیروزگر … به داد و دهش تنگ بستم کمر،
ازآن‌پس، جهان یکسر آباد کرد … همه روی گیتی پراز داد کرد
نخستین یکی گوهر آمد به چنگ … به‌آتش ز آهن جدا کرد سنگ[3]
سرمایه کرد آهن آبگون … کز آن سنگ خارا کشیدش برون[4]
چو بشناخت آهنگری پیشه کرد … از آهنگری ارّه و تیشه کرد[5]
چو این کرده شد، چارهٔ آب ساخت … ز دریا° برآورد و هامون نواخت
چو آگاه مردم، بر این بر، فزود … پراکندنِ تخم و، کشت و درود؛
بسیجید پس، هر کسی نان خویش … بورزید و بشناخت سامان خویش
ازآن‌پیش کاین کارها شد پسیچ … نبد خوردنی‌ها جزاز میوه هیچ[6]
همه کار مردم نبودی ببرگ … که پوشیدنیشان همی بود برگ[7]

---

۱ – از «داد» هوشنگ در رج ۲۹۵ یاد می‌شود و پیدا است که هیچکس در جهان بی‌رای نتواند بودن.

۲ – **یک:** افزاینده را اندیشه بر آن بوده‌است که نام هوشنگ را با آوردن «هوش» گزارش کرده باشد، بازآنکه این نام را با هوش پیوندی نیست (بنگرید به داستان ایران). **دو:** سخن از «داد» در این رج دوباره‌گویی است، زیرا که در رج پیشین نیز از آن سخن رفته‌بود!

۳ – **یک:** «آمد» نادرست است، و «آمدش» درست، که آن نیز آهنگ سخن را می‌شکند. **دو:** هنوز آتش پدید نیامده‌است، پس چگونه از آتش برای پالودن سنگ آهن بهره بردن توان؟

۴ – **یک:** آهن، آبگون نیست. **دو:** اگر سخن از سرِمایه رود، همانا سنگ آهن است، زیرا که از آن آهن بیرون کشیده می‌شود! آهن «خودِمایه» در شمار می‌آید. **سه:** آهن از خاره سنگ بیرون نمی‌آید، و سنگ آهن، خارا، نیست.

۵ – **یک:** چو بشناخت، یا چون آهن را از سنگ بدر آورد؟ **دو:** کارهای دیگر در هنگام هوشنگ پیش آمده‌است، که اگر پیشهٔ او آهنگری می‌بود، نمیتوانست بدانها دست یافتن.

° – دریا: رود.

٦ – پسیچیدن ویژه مردماناست نه «کار».

۷ – **یک:** آن کارها که پیشتر نامبرده شد، همه بخوبی پیش می‌رفت، پس چرا کارشان ببرگ نبود؟ **دو:** دیگر آنکه مردم یک واژهٔ یگانه (مفرد) است و در گروه «مردمان» می‌شود، پس‌از اینروی نیز یک نادرستی در این سخن هست. **سه:** «همی» در اینجا کاربردِ نادرست دارد، اگر سخن درست می‌بود، می‌باید چنین آمده باشد: پوشیدنیشان برگ «بود».

پرستیدن ایزدی بود کیش   نیا را همین بود آیین پیش[1]
چو مر تازیان را به محراب سنگ   بدان گه بدی آتش خوب رنگ[2]
به سنگ‌اندر آتش بدو شد پدید   کزو در جهان روشنی گسترید

*

یکی روز شاه جهان سوی کوه   گذر کرد با چند کس همگروه[3]
پدید آمد از دور چیزی دراز   سیه‌رنگ و تیره‌تن و تیزتاز
دو چشم از بر سر چو دو چشمه‌خون   ز دود دهانش جهان تیره گون
نگه کرد هوشنگ با هوش و سنگ   گرفتش یکی سنگ و شد پیش جنگ
فروغی پدید آمد از هر دو سنگ   دل سنگ گشت از فروغ آذرنگ
نشد مار کشته و لیکن ز راز   از این طبع سنگ آتش آمد فراز
هر آن کس که بر سنگ آهن زدی   ازو روشنایی پدید آمدی
جهاندار پیش جهان‌آفرین   نیایش همی‌کرد و خواند آفرین
یکی جشن کرد آن شب و باده خورد   سده نام آن جشن فرخنده کرد
ز هوشنگ ماند این سده یادگار   بسی باد چون او دگر شهریار
کز آباد کردن جهان شاد کرد   جهانی به نیکی از او یاد کرد[4]

*

بدان ایزدی جاه و فرّ کیان   ز نخجیر و گور و گوزن ژیان[5]
جدا کرد گاو و خر و گوسفند   به ورز آورید آنچه بُد سودمند

---

۱ – **یک:** سخن کمبود دارد، درست چنان بود که پرستیدن ایزد، کیش[شان] بود. **دو:** لت دویُم سخن بی‌پیوند و نادرخور است!

۲ – **یک:** سخن نادرست! **دو:** لت دویم گفتار نادرست‌تر و بی‌پیوندِ درست با لتِ نخستین. اگر بخواهیم اندیشهٔ افزاینده را در سخن درست بنماییم چنین می‌شود: «چنانچه (امروز) محراب تازیان، سنگ است، در آنزمان مهرابِ آنان، آتش بود!» بازآنکه در هیچ نوشته فارسی واژهٔ «خوبرنگ» دیده نشده‌است و همگان «خوشرنگ» می‌خوانند که، این واژهٔ درست، آهنگ این سخن نادرست را درهم می‌ریزد! **سه:** پیدایی آتش از برخورد سنگ بسنگ، پس‌از این رج می‌آید، پس چگونه پیش‌از پیدایی آتش، مهراب آتش پیدا می‌شود؟

۳ – از آنجا که شاهنامه‌شناسان دیگر چون دکتر خالقی مطلق آنرا افزوده بشاهنامه دانسته‌اند، از گزارش یکایک سخنان آن چشم می‌پوشم.

۴ – ۳۰۷ تا ۳۱۷: گفتار دوباره دربارهٔ آتش. این داستان که: «روزی هوشنگ ماری دراز را در کوه می‌بیند که دو چشمش چون چشمهٔ خون می‌نمود و از دود دهانش جهان تیره‌گون بود، و وی سنگی بسوی او پرتاب می‌کند و سنگ بر سنگ دیگر می‌خورد و آتشی از آن می‌جهد، و همان آتش را برمی‌گیرند و چوبهای خشک را با آن در می‌گیرانند. و آتش به پیدایی می‌آید، پسان آتشی بزرگ برپا می‌کنند و جشن سده یادگار آن روزگار است» اگرچه در نمونه‌های کهن شاهنامه نیامده‌است و جلال خالقی مطلق، نیز آنرا افزوده بشاهنامه می‌داند شیوهٔ سخن نیز، آنرا از گفتار فردوسی جدا می‌سازد، اما چنین پیدا است که آنکس که این داستان را بشاهنامه افزوده‌است از گفتارهای پیشین آگاه بوده‌است، و خواسته‌است که آنرا بهنگام هوشنگ بیفزاید، زیرا که هنگام هوشنگ (خانه‌سازی) با هنگام «کهن‌سنگی» همراه است، و پیدا است که بکارگیری سنگ، نرم‌نرم؛ مردمان را بسوی آتش رهنمون می‌شود، همانکه در رج ۳۰۶ آمد!

۵ – هنوز هنگام کیانیان نیامده‌است، و سخن از پیدایی «فرّ» نیز بهنگام جمشید می‌آید.

بدیشان بورزید و زیشان خورید ... همه تاج را خویشتن پرورید[1]
زپویندگان هرچه مویش نکوست ... بکُشت و ازیشان برآهیخت پوست[2]
چو روباه و قاقم چو سنجاب نرم ... چهارم سمورِ کَشَن موی گرم
برین گونه از چرم پویندگان ... بپوشید بالای گویندگان[3]
برنجید و گسترد و خورد و سپرد ... برفت و بجز نام نیکی نبرد[4]
بسی رنج برد اندران روزگار ... به افسون و اندیشهٔ بیشمار
چو پیش آمدش روزگار بهی ... ازو مُردِری ماند تخت مهی[5]
زمانه ندادش زمانی درنگ ... شد آن هوش هوشنگ بافرّ و سنگ[6]
نه پیوست خواهد جهان با تو مهر ... نه نیز آشکارا نمایدت چهر[7]

---

۱ - **یک:** رام کردن جانوران در زمان تهمورس است، نه در زمان خانه‌سازی. **دو:** چنین پیدا است که این گفتار فرمان است، اما روشن نیست که روی فرمان بکیست؟ اگر روی سخن، بمردمان است، در لت دویم همهٔ آنانرا تاجدار، در شمار آورده‌است.

۲ - پویندگان را «مویشان» باید، نه «مویش».

۳ - پوشش تن بهنگام جمشید بوده‌است، و چنانچه پیش‌ازاین نیز یاد کرده شد هنوز فلزگری پیش نیامده بود تا پوست‌پیرایی در کار جهانیان روان شود.

۴ - **یک:** چه را سپرد؟ چه را گسترد؟ **دو:** هنوز گفتار دربارهٔ مرگ او نیامده‌است و «برفت» نادرخور است. **سه:** رنج در رج پسین می‌آید.

۵ - ایرانیان تخت شاهان بزرگ را مُرِدِری (مرده ریگ) نخوانده‌اند، زیرا که این واژه در اوستا؛ از ریشهٔ «ری» و «رَاِکَ» برآمده‌است، کنش ریستن نیز از آن است. از آنجا که نیاکان ما پیش‌از مرگ «اندرز» (= وصیت) می‌کردند که مالِ ایشان در چه کارها، بکار گرفته شود، هرآینه کسی بی‌اندرز، و «اندرزفرمان» می‌مرد، مالِ برجای ماندهٔ او را همچون چیزی که از مرده بیرون می‌ریزد در شمار می‌آوردند، و پروای آنرا نداشتند که دست بسوی آن یازند! اکنون می‌باید سنجیدن که پاژنام مردری برای تخت هوشنگ (اگر تخت می‌داشت) درست نیست!

٦ - همان زمان درازِ زندگی او، از «درنگ زمان» یا زمان درنگی برآمده‌بود.

۷ - روی سخن از «او» به «تو» بازگشت.

تهمورس

پادشاهی تهمورس

پسر بُد مر او را یکی هوشمند — گرانمایه تهمورس دیوبند
بیامد به تخت پدر بر نشست — بشاهی کمر بر میان بر، ببست
همه موبدان را ز لشکر بخواند — بخوبی چه مایه سخن‌ها براند[1]
چنین گفت ک:«امروز تخت و کلاه — مرا زیبد و تاج و گنج و سپاه[2]
جهان از بدی‌ها بشویم به رای — پس آنگه کنم در کُهی گرد، پای
ز هر جای کوته کنم دست دیو — که من بود خواهم جهان را خدیو[3]
هر آن چیز کاندر جهان سودمند — کنم آشکار گشایم ز بند»[4]
پس از پشت میش و بره پشم و موی — برید و به رشتن نهادند روی[5]
به کوشش ازو کرد پوشش به رای — به گستردنی هم بد او رهنمای[6]
ز پویندگان هرچه بُد تیزرو — خورش کردشان سبزه و کاه و جو[7]
رمنده ددان را همه بنگرید — سیه گوش و یوز از میان برگزید
به چاره بیاوردش از دشت و کوه — به بند آمدند آنکه بُد همگروه[8]
ز مرغان مرآن را که بُد نیک‌تاز — چو باز و چو شاهین گردنفراز[9]
بیاورد و آموختن‌شان گرفت — جهانی بدو مانده اندر شگفت[10]
چو این کرده شد ماکیان و خروس — کجا، برخروشد، گهِ زخمِ کوس

۱ – **یک:** هنوز گروه‌های چهارگانه پدید نیامده‌بود که گروه موبدان از دیگر گروه‌ها شناخته شوند. **دو:** بازآنکه موبدان اگر هم پدیدار شده باشند، «از لشکریان» نیستند.

۲ – کلاه و تاج و گنج و سپاه در زمان تهمورس (رام کردن جانوران) پدید نیامده‌بود.

۳ – **یک:** بس بود که گفته آید دست دیو را از جهان کوتاه می‌کنم، نه «ز هر جای». **دو:** (در لت دوئم) پیش‌ازاین بر تخت نشسته‌است و «خدیو» بوده‌است و نیاز به پیش‌بینی برای آینده ندارد.

۴ – **یک:** در لت نخست سخن بی‌پایان است. سودمند [است]. **دو:** دوباره گویی: «کنم آشکار» و «گشایم ز بند».

۵ – در زمان جمشید رشتن و بافتن پدید می‌آید.

٦ – «او» برای بیجان نادرست است، و می‌بایستی «آن» بیاید. جامه و گستردنی نیز در زمان جمشید پدیدار می‌شود.

۷ – **یک:** چون «پویندگان» در سخن آید، «هرچه» با آن نمی‌شاید [هر کدام]، [هر آنرا که]... **دو:** بر بنیاد زمانسنجی‌های ما، آن هنگام هنوز کاه و جو پدیدار نشده‌بوده‌است و پویندگان به شیر و ببر و پلنگ و دیگر تندروان گفته می‌شود که سبزه و کاه و جو نمی‌خواهند.

۸ – **یک:** کنش یگانه، برای گروه: «بیاوردش» **دو:** در لت دوئم سخن درهم ریخته‌است.

۹ – مرغ، نیک پرواز است نه نیک تاز.

۱۰ – دنبالهٔ گفتار

بیاورد و یکسر به مردم کشید — نهفته همه سودمندی گزید[1]
بفرمود، تاشان، نوازند گرم — نخوانندشان جز بآواز نرم
چنین گفت ک:«این را نیایش کنید — جهان آفرین را ستایش کنید[2]
که او دادمان بر ددان دستگاه — ستایش مر او را که بنمود راه»
مر او را یکی پاک دستور بود — که رایش ز کردار بد دور بود[3]
خنیده بهرجای شیداسپ نام — نزد جز به نیکی بهرجای گام[4]
همه روز بسته ز خوردن دو لب — به پیش جهاندار، بر پای، شب*
چنان بر دل هرکسی بود دوست — نماز شب و، روزه آیین اوست[5]
سرمایه بُد اختر شاه را — درِ بسته بُد جان بدخواه را[6]
همه راهِ نیکی نمودی بشاه — همه راستی خواستی پایگاه[7]
چنان شاه پالوده گشت از بدی — بتابید ازو فرّهٔ ایزدی[8]
برفت اهرمن را به افسون ببست — چو بر تیزرو بارگی برنشست؛
زمان تا زمان زینش برساختی — همی گِردِ گیتیش برتاختی[9]
چو دیوان بدیدند کردار او — کشیدند گردن ز گفتار او[10]
شدند انجمن دیو، بسیار مر — که پردخته مانند ازو تاج و فر[11]
چو تهمورس آگه شد از کارشان — برآشفت و بشکست بازارشان[12]

*

همه نرّه دیوان و افسونگران — برفتند جادو سپاهی گران
دمنده سیه دیوشان پیشرو — همه به آسمان برکشیدند غَو[13]
جهاندار تهمورس بآفرین — بیامد کمر بستهٔ رزم و کین

---

۱ – لت نخست بی‌گزارش است، «یکسر بمردم کشید» چگونه باشد.
۲ – هنوز، دین و آیین نیایش پدیدار نشده‌بود.
۳ – رای را نتوان از کردار بد دور در شمار آوردن، که آن اندیشهٔ نیک است که از آن گفتار و کردار نیک بر می‌آید.
۴ – **یک:** بهرجای، نادرست است و در همه جای درست! **دو:** «نَزَد» همچنان ناکار آمد است و «نمی‌زد» کارآی! **سه:** دو بار «بهرجای» در یک رج؟ **چهار:** بنداری نیاورده است.
*–گزارش این گفتار شگفت را، در داستان ایران بر بنیاد گفتارهای ایرانی بخوانید.
۵ – **یک:** لت نخست بی‌پایان است، و لت دویُم پیوندِ درست با گفتار لت نخست ندارد. **دو:** نماز شب و روزه در رج پیشین آمده‌بود، و اینجا دوباره‌گویی است
٦ – **یک:** اختر را «سرِمایه» چه بوده باشد؟ **دو:** تاکنون تهمورس را بدخواهی در میان نبوده‌است.
۷ – **یک:** «راه نیکی» نادرست است، یا «راه نیک»، یا «نیکی»! **دو:** در لت دویُم سخن سست است.
۸ – **یک:** پیشینهٔ بدی در هیچیک از آن شاهان ندیده‌ایم که اکنون یکی از آنان از بدی پالوده شود! **دو:** سخن از «فر ایزدی» در هنگام جمشید پیش می‌آید.
۹ – زین را (اگر در آنهنگام زین در جهان بوده باشد) یکبار می‌سازند، نه زمان تا زمان!
۱۰ –مگر دیوان، پیش‌ازآن فرمانبر تهمورس بوده‌اند؟
۱۱ – **یک:** «شدند» با «دیو» همخوان نیست و «دیوان» باید! **دو:** اگر آنچه که دیوان می‌خواهند، روی دهد، «او» تاج و فر را پرداخته می‌کند، نه تاج و فَر «او» را.
۱۲ – هنوز که جنگی رخ نداده‌است. چگونه بازارشان می‌شکند؟
۱۳ – **یک:** «همه» نادرست است: «همی». **دو:** غریو رو بآسمان کشیده نمی‌شود، و روی به هماورد دارد!

یکایک برآراست با دیو جنگ — نبد جنگشان را فراوان درنگ
ازیشان، دو بهره، بافسون ببست — دگرشان، بگرز گران کرد پست
کشیدندشان خسته و بسته زار — بجان خواستند، آن زمان، زینهار
که ما را مکُش تا یکی نو هنر — بیاموزی از ما، کت آید به بر
کی نامور دادشان زینهار — بدان تا نهانی کنند آشکار[1]
چو آزاد گشتند از بند اوی — بجُستند ناچار پیوند اوی

*

نبشتن بخسرو بیاموختند — دلش را بدانش برافروختند
نوشته یکی نه که نزدیک سی — چه رومی چه تازی و چه پارسی[2]
چه هندی و چینی و چه پهلوی — نگاریدن آن کجا، بشنوی[3]
جهاندار سی سال از این پیشتر — چه گونه پدید آوریدی هنر[4]
برفت و سرآمد بر او روزگار — همان رنج او، ماند ازو، یادگار[5]
جهانا مپرور چو خواهی درود — چو می‌بدروی پروریدن چه سود؟[6]
برآری یکی را به چرخ بلند — سپاریش ناگه به خاک نژند

---

۱ – سخن از «کی» و کیانیان می‌رود و زنجیرهٔ کیانیان با کیقباد آغاز شد.

۲ – هنوز، در آنزمانِ دور، روم و تازیکستان و ایران... و نیز چین و هند، در پهنهٔ گیتی پدیدار نشده‌بودند.

۳ – **یک:** «پهلوی» را نمی‌توان همراه با هندی و چینی کردن. **دو:** «کجا بشنوی» چه را می‌رساند؟

۴ – **یک:** «سی سال از این پیشتر» چه را خواهد گفتن؟ **دو:** چگونه برای پرسش است، و در این لت پرسشی بمیان نیامده‌است!

۵ – در یک سخن سه بار «او» بکار گرفته شده‌است.

٦ – **یک:** «درودن» نادرست است و «درویدن» درست. **دو:** ساده‌تر از همین یک سخن نیست که هر کشاورز چیزی را که می‌پرورد که بَرِ آنرا بدرود! و نمی‌باید بر کارِ او انگشت نهادن! **سه:** بر رج پسین نادرستی نیست مگر آنکه دنبالهٔ همان سخن است، پس افزوده است! **چهار:** بنداری نیاورده‌است!

جمشید

جمشید

گرانمایه جمشید فرزند اوی   کمر بست یکدل پر از پند اوی
برآمد بر آن تخت فرخ پدر   به رسم کیان بر سرش تاج زر [1]
کمربسته با فرّ شاهنشهی   جهان گشته سرتاسر او را رهی [2]
زمانه برآسود از داوری   به فرمان او مرغ و دیو پری [3]
جهان را فزوده بدو آبروی   فروزان شده تخت شاهی بدوی
«منم» گفت: «با فرّهٔ ایزدی   همم شهریاری و هم موبدی،
بَدان را ز بد دست‌کوته کنم   روان را سوی روشنی ره کنم»

*

نخست آلت جنگ را دست برد   درِ نام جستن به گُردان سپرد [4]
به فرّ کیی نرم کرد آهنا   چو خود و زره کرد و چون جوشنا [5]
چو خفتان و تیغ و چو برگستوان   همه کرد پیدا به روشن روان [6]
بدین اندرون سال پنجاه رنج   بپیمود و زین چند بنهاد گنج [7]
دگر پنجه اندیشهٔ جامه کرد   که پوشند هنگام ننگ و نبرد [8]
ز کتان و ابریشم و موی و قز   قصب کرد پرمایه دیبا و خز [9]

---

۱ - **یک:** «آن تخت» نادرست است، و تختِ فرخ پدر درست می‌نماید، اگر تختی در میانه می‌بود! **دو:** هنوز زنجیرهٔ کیانیان در ایران پدیدار نشده‌اند. **سه:** هنوز زر به پیدایی نیامده‌است.

۲ - باورِ «فر شاهی» در زمان جمشید پیدا شد، نه در آغاز شاهی وی (رج ۳۸۱).

۳ - اگر تنها «مرغ» و «دیو و پری» سر بر فرمان او نهادند، مردمان و دامان و ددان در این میان چه جای دارند؟

۴ - **یک:** «درِ نام جستن» سخنی نادرست است. **دو:** و چنین در را بروی گُردان گشادن درست‌تر می‌نماید، تا آنرا بگردان سپردن.

۵ - **یک:** «آ» هنگامی بنام افزوده می‌شود که او را بخوانند، همچون «شاها»، «داورا»، نام با پسوند «آ» نادرست است. **دو:** فر کیی نادرست است.

٦ - **یک:** «همه کرد» نادرست است، همه [را] کرد / همه [را] پدیدار کرد (همه [را] بساخت) و نه همه کرد! **دو:** روشن‌روان پاژنامِ همه مردمان زنده است، و هر زنده‌ای نمی‌تواند چنان کارها را انجام دهد. چنان کارها با اندیشهٔ روشن و دستِ کارآی انجام می‌گیرد، نه با روان روشن.

۷ - **یک:** «سال پنجاه» نادرست است و پنجاه سال درست. **دو:** «رنج پیمودن» درست نیست و «رنج بردن» یا «رنج کشیدن» درست است! **سه:** چند بنهاد گنج، نادرست است، چند گنج فراهم کرد، یا بنهاد.

۸ - هنگامِ ننگ چه بوده باشد؟

۹ - **یک:** قز با ابریشم یکی است و دوباره‌گویی، سخن را نادرست می‌سازد. **دو:** «قصب» نخ است و نخ با «دیبا» که پارچه است، یکی نیست. **سه:** از نخِ کتان و ابریشم، نمی‌توان «خز» برآوردن زیرا که «خز» پوست جانوری است نرم‌تن!

بیاموختشان رِشتن و تافتن — بتار اندرون پود را بافتن
چو شد بافته شستن و دوختن — گرفتند ازو یکسر آموختن
چو این کرده شد ساز دیگر نهاد — زمانه بدو شاد و او نیز شاد
ز هر انجمن پیشه‌ور گِرد کرد — بدین اندرون نیز پنجاه خَورد [1]
گروهی که آثوربان خوانیش — برسم پرستندگان دانیش [2]
جدا کردشان از میان گروه — پرستنده را جایگه کرد کوه [3]
صفی بر دگر دست بنشاندند — همی نام تیشاریان خواندند [4]
کجا شیرمردان جنگ آورند — فروزندهٔ لشکر و کشورند
کز ایشان بود تخت شاهی بپای — اُز ایشان بود نام مردی بجای
پسیوی سدیگر گره را شناس — کجا نیست از کس برایشان سپاس [5]
بکارند و ورزند و خود بدروند — بگاه خورش سرزنش نشنوند
ز فرمان تن آزاد و خود ژنده‌پوش — وزآوازِ پیغاره آسوده گوش
تن آزاد و، آباد، گیتی بدوی — برآسوده از داور و گفت‌وگوی
چه گفت آن سَخُنگوی آزادمرد — که: «آزاده را کاهلی بنده کرد»
چهارم که خوانند اَهنوخشی — همان دست‌ورزان، ابا سرکشی [6]
کجا کارشان همگنان، پیشه بود — روانشان همیشه پر اندیشه بود
بدین اندرون سال پنجاه نیز — بخورد و بورزید و بخشید چیز [7]

---

۱ - **یک:** سخن نادرست و باژگونه است؛ از هر پیشه، انجمن فراز آوردن درست است. **دو:** «پنجاه؛ خوردن» نادرست‌ترین سخن است؛ بجای پنجاه سال گذراندن.

۲ - **یک:** واژهٔ «رسم» کاربرد در سخن فردوسی ندارد. **دو:** کنش یگانه «خوانی» برای گروه، نادرست است.

۳ - **یک:** گروه را از میان گروه جدا کردن نادرست است. **دو:** در لت نخست «جدا کردشان» آمده‌است، و در لت دویُم «پرستنده» یگانه آمده است.

۴ - **یک:** صف را در میدان نبرد می‌توان بر دست دیگر یا بال دیگر جای دادن، اما در گروه مردمان که آمیخته بیکدیگرند، نمی‌توان صفی از آنان را بر دستِ دیگر «بنشانند». **دو:** پیدا است که جنگاوران را بزبان فارسی و پهلوی ارتشی، و در زبان اوستایی از ریشه «رَثَ» (= گردونه) «رتیشتار» می‌خوانند، نه تیشاریان، و نه نیساریان بر دو رج پسین انگشت نمی‌توان نهادن، اما پیوسته به سخن پیشین‌اند، پس افزوده‌اند.

۵ - نام سدیگر گروه پسیوی آمده‌است، و از سخنان پسین که گزارش کار آنان داده می‌شود روشن می‌شود که آنان کشاورزان بوده‌اند، و نام گروه کشاورزان، در زبان پهلوی «واستریوشان» است، و درِ هیچ نامهٔ باستانی به چنین نام برنمی‌خوریم. بر سه رج پس‌ازاین انگشت نمی‌توان نهادن، اما چون پیوسته بدین رج‌اند، افزوده بشمار می‌آیند.

٦ - **یک:** نام گروهِ دست‌ورزان (صنعتگران) نیز در این رج بگونهٔ نادرست آمده‌است، و در نمونه‌های گوناگونِ در دست؛ اَهنوخوشی، اهنوحوشی، آهنوخوشی، آهتوخوشی، اوراخشی (خالقی مطلق ۴۳-۱) آمده‌است که هیچیک درست نیست و درستِ آن «هوتخشایان (= نیک کوشندگان)» است. **دو:** لتِ دویُم نیز نادرخور و ناهماهنگ می‌نماید، نکته اینجا است که افزاینده می‌توانست بسراید: «چهارم که خوانند هوتوخشی» که نه آهنگ سخن درهم می‌ریخت، و نه پساوای آن دگرگون می‌گشت.

۷ - **یک:** «سال پنجاه» نادرست است و پنجاه سال درست. **دو:** پنجاه سال را سپری کرد، یا گذراند، نه «بخورد». **سه:** «چیز» چیست، که

←

ازین هر یکی را یکی پایگاه ‌‌ سزاوار بگزید و بنمود راه [1]
که تا هرکس اندازهٔ خویش را ‌‌ ببینند و دانند کم بیش را [2]
بفرمود دیوان ناباک را ‌‌ بآب اندر آمیختن خاک را [3]
هرآنچ از گِل آید، چو بشناختند ‌‌ سبک، خشت را کالبَد ساختند
بسنگ و به گچ، دیو*، دیوار کرد ‌‌ بخشت از بَرَش، هندسی کار کرد
چو گرمابه و کاخهای بلند ‌‌ چو ایوان که باشد پناه از گزند [4]
ز خارا گهر جُست، یک روزگار ‌‌ همی کرد، زو، روشنی خواستار [5]

*

به چنگ آمدش چندگونه گهر ‌‌ چو یاقوت و بیجاده و سیم و زر [6]
ز خارا به افسون برون آورید ‌‌ شد آراسته، بندها را، کلید [7]
دگر، بویهای خوش آورد باز ‌‌ که دارند مردم به بویش نیاز [8]
چو بان و چو کافور و چون مشک ناب ‌‌ چو اود و چو انبر چو روشن گلاب [9]
پزشکی و درمان هر دردمند ‌‌ درِ تندرستی و راه گزند
همان رازها نیز کرد آشکار ‌‌ جهان را نیامد چنو خواستار [10]
گذر کرد ازآن‌پس بکشتی بر آب ‌‌ ز کشور به کشور، برآمد شتاب
چنین سال پنجه، برنجید نیز ‌‌ ندید از هنر بر خرد بسته چیز [11]

← از سوی جمشید به دستورزان و هوتخشایان بخشیده شده باشد؟ ‌‌ ۱ – سخن درهمریختهٔ پریشان!

۲ – **یک:** هرکس... داند، و بیند، نه «بینند»! و «دانند». **دو:** «کم بیش»، سخنی است که هیچگاه در زبان فارسی پیشینه نداشته‌است و پسان هم نیامده‌است: کمابیش، یا کم‌وبیش. **سه:** در ترجمهٔ بنداری نیز نیامده‌است.

۳ – **یک:** خاک و آب را «به هم آمیختن» باید، نه یکی را به دیگری اندرآمیختن. **دو:** آمیختن آب و خاک را چه پیوند به ناباکی (بی‌باکی) و باک است.

* – **یک:** در همهٔ نمونه‌ها «گچ» آمده‌است و پیدا است که برای ساختن نخستین دیوارهای جهان از گچ نمی‌توانسته‌اند بهره گرفتن، و نخستین دیوارها را با سنگ و گِل بر آورده‌اند. **دو:** بجای «دیو» نیز می‌بایستی «چونکه» آید، چنانکه در رج پیشین «چو» آمده‌بود، و بر این بنیاد، گفتار فردوسی چنین می‌نماید: **«بسنگ و بگِل چونکه دیوار کرد»** یا **«چو با سنگ وگل سازِ دیوار کرد»**.

۴ – «چو» در آغاز سخن یا، بندی (شرطی) است که می‌باید در پایان سخن بند آن گشوده شود: «چونکه سد آید، نود هم پیش ما است» یا، چون و همچون و همانند است که بایستی به سخن پیش بازگردد. دیوارِ سخن پیشین را نمی‌شود همچون گرمابه و کاخ و ایوان دانستن.

۵ – گوهر از سنگ کانی برمی‌آید، نه از سنگ خارا. ‌‌ ٦ – سیم و زر، راگوهر خواندن شایسته نیست.

۷ – **یک:** گوهر از سنگ خارا بیرون نمی‌آید که از سنگ‌های کانی می‌خیزد. **دو:** کلید، آراسته نمی‌شود، که بدست می‌آید، یا ساخته می‌شود. ‌‌ ۸ – دو بار واژهٔ بوی در یک سخن آنرا سست می‌نماید.

۹ – از این بویهای خوش (که همه خوشبوهای جهان باستان است که در درازنای چندهزار سال بدست آمده‌است) بجزاز کافور و گلاب، که مردمان آنرا فراهم کرده‌اند، یا بدست آورده‌اند، هر یک در گوشه‌ای از جهان هست، و مردمان را در آوردن، یا بازآوردن آن، دستی نبوده‌است. ‌‌ ۱۰ – **یک:** کدام رازها؟ **دو:** رازها را «راه» باید.

۱۱ – **یک:** سال پنجاه نادرست است. **دو:** رنجیدن، را بجای رنج کشیدن یا رنج بردن یا رنج برخود هموار کردن آورده‌اند. **سه:** لت دویُم سخن پریشان است. **چهار:** در ترجمهٔ بنداری نیامده‌است.

همه کردنی‌ها چو آمد بجای ‌‌ ‌‌ ز جای مهی برتر آورد پای[1]
بفرّ کیانی یکی تخت ساخت ‌‌ ‌‌ چه مایه بدو گوهر اندر نشناخت[2]
که چون خواستی، دیو برداشتی ‌‌ ‌‌ ز هامون بگردون برافراشتی[3]
چو خورشید تابان میان هوا ‌‌ ‌‌ نشسته بر او، شاه‌فرمانروا[4]
جهان انجمن شد بر آن تخت اوی ‌‌ ‌‌ شگفتی فرومانده از بخت اوی[5]
بجمشید بر گوهر افشاندند ‌‌ ‌‌ مرآن روز را روز نو خواندند[6]
سر سال نو، هرمزِ فروَدین ‌‌ ‌‌ برآسوده°، از رنجْ تن، دل ز کین
بزرگان بشادی بیاراستند ‌‌ ‌‌ می و جام و رامشگران خواستند
چنین جشن فرخ از آن روزگار ‌‌ ‌‌ به ما ماند از آن خسروان یادگار[7]
چنین سال، سیسد همی رفت کار ‌‌ ‌‌ ندیدند مرگ اندران روزگار[8]
ز رنج و ز بدشان نبود آگهی ‌‌ ‌‌ میان بسته دیوان بسان رهی
بفرمان مردم نهاده دو گوش ‌‌ ‌‌ ز رامش جهان پر ز آوای نوش[9]

---

۱ – **یک:** همه کردنیها در آنزمان بجای آورده نشده‌بود (دراین‌باره به داستان ایران بنگرید) اما این سخن از دیدگاهِ زبان نیز نادرست است و کردنیها «بجای آورده می‌شود»، نه «بجای آمده». **دو:** «جای مهی» نادرست است و جایگاه، یا پایگاه مهی درست.

۲ – **یک:** سخن از کیان بمیان می‌آید. **دو:** «چه مایه» اندازه‌ای ناروشن است، بازآنکه اگر گوهری در آن تخت نشانده شده باشد، شمارِ آن روشن است و نمی‌باید بگونهٔ رازآمیز از آن یاد شود! بس می‌نمود که افزاینده بگوید: فراوان بدو... **سه:** «او» برای تخت بیجان درست نمی‌نماید و می‌باید «بدان» آید که در هیچیک از پچین‌های بررسی شده، چنین نیامده‌است (= خالقی مطلق ۴۴-۱.مسکو ۴۱-۱)

۳ – **یک:** «چون خواستی» به جمشید برمی‌گردد، و نادرست است زیرا که خواستی برای سیوم کس در گذشتهٔ ساده می‌آید و برای یکبار بکار می‌رود نه پیوسته (استمرار)، و «چون می‌خواست» درست، اما دیو برداشتی از آن‌نادرست‌تر است، و سخن بدین‌گونه چنین می‌نماید که چون جمشید می‌خواست دیو رابرمی‌داشت! اگر گونهٔ درست را بخواهیم چنین است: «که چون می‌خواست، دیو [آنرا] بر می‌داشت». **دو:** سخن بی‌پیوند است... اندر افراشتی [و آن تخت] بسان خورشید تابان میان هوا (می‌درخشید).

۴ – دیگر بار «او» برای تخت بیجان آمده‌است، و در ۲۲ نمونهٔ بررسی شده، «برو» آمده‌است، و تنها در دستنوشتهٔ کتابخانهٔ لیدن، (نوشته بسال ۸۴۰) بگونهٔ «بدو» است که آن نیز نادرست است.

۵ – «شگفتی فرومانده» نادرست است، و درست «در شگفت شدن» یا «در شگفتی ماندن» است.

۶ – روز نو، روزی نیست که مردمان گردِ تخت جمشید فراهم آمده باشند، که شناخت این روز، در پی ده‌ها و سده‌ها و هزاران سال دانش و بینش نیاکان ما پیش آمد. و آن گاهشماری خورشیدی است که در رج پسین می‌آید سر سالِ نو، هرمزِ فروردین!... شناختِ روز نخست، از ماه نخستین سال که بنداری از آن چنین یاد کرده‌است: «و کان ذلک اول یوم من السنة، وقت حلول‌الشمس فی برج الحمل، فسمّی ذلک الیوم بالنیروز (پانویس نوروز)»: و این در روز نخستین سال، [انجام گرفت] بهنگام اندر شدن خورشید به برج بره. پس آنروز را نوروز نامیدند!

○ – «بیاسوده» درست می‌نماید.

۷ – دوبار کاربردِ «از آن» در یک سخن، نادرست است.

۸ – **یک:** سخن چنین می‌نماید که سیسد سال می و جام و رامشگر در کار زندگی مردمان بود، و آیا می‌توان بدرستی این سخن گمان بردن؟ **دو:** «سال سیسد» نادرست است؛ سیسد سال.

۹ – این سخن برگرفته از نامهٔ پهلویِ **«اندر مانیشت پت هَربورز»** (اندر چگونگی بودن و نشستن در البرز) که در آن چنین آمده‌است که مردمان را بیماری نبود. و ایشان سد سال می‌زیستند و گاوان و گوسپندان یکسد و پنجاه سال! در مینوی خرد، چنین آمده‌است که: از جمشیدِ خوب رمه، پسرِ ویَونگهان این سودها بود که ششسدسال برای همهٔ آفریدگان اورمزد بیمرگی فراهم آورد، و آنانرا از درد و پیری و تباهی

←

چنین تا برآمد برین روزگار … ندیدند جز خوبی از کردگار[1]
جهان سربسر گشته او را رهی … نشسته جهاندار با فرهی[2]

*

یکایک بتخت مهی بنگرید … بگیتی جزاز خویشتن را ندید
منی کرد، آن شاه یزدانشناس … ز یزدان بپیچید و شد ناسپاس[3]
گرانمایگان را ز لشکر بخواند … چه مایه سخن، پیش ایشان براند[4]
چنین گفت با سالخورده مهان … که: «جز خویشتن را ندانم جهان*
هنر در جهان از من آمد پدید … چو من نامور، تخت شاهی ندید[5]
جهان را بخوبی من آراستم … چنانست گیتی، کجا، خواستم!
خور و خواب و آرامتان از من است … همان کوشش و کامتان از من است»
بزرگی و دیهیم شاهی مراست … که گوید که جز من کسی پادشاست؟!»[6]

*

همه موبدان سرفِکنده، نگون … چرا؟ کس نیارست گفتن، نه، چون
هنر چون بپیوست با کردگار … شکست اندر آورد و برگشت کار
چه گفت آن سخنگوی با فرّ و هوش … که: «خسرو شوی بندگی را بکوش[7]
بیزدان هر آن کس که شد ناسپاس … بدلْش اندر آمد، ز هرسو هراس»[8]
بجمشید بر، تیره گون گشت روز … همی کاست زاو، فرّ گیتی فروز[9]

← دور کرد (مینوی خرد، ترجمه احمد تفضلی، نشر توس، ۱۳۷۹، رویهٔ ۴۳) بر این بنیاد، افزایندهٔ این گفتار کسی بوده‌است که از نامه‌های پیشین آگاهی داشته‌است و با چنین سخنان آنها را بشاهنامه افزوده است!

۱ – سخن، در لت نخست سست می‌نماید، و گزارشی ندارد.

۲ – در رج پیشین کنش «ندیدند» بود، و در این رج از «او» سخن می‌رود که همخوان نیست. ۳ – سخن سبک است.

۴ – **یک:** روی سخن با موبدان بوده‌است نه با گرانمایگان لشکر، زیرا که در رج ۴۴۳ خواهیم دیدن «همه موبدان سرفکنده نگون...». **دو:** «چه مایه» سخن پرسشی و ناپیدا (مبهم) است و چنانکه پیشتر گفته شد، بس بود که بگویند «فراوان سخن...» اما در رجِ پسین، آن سخنان که جمشید با مهان در میان می‌نهد، آمده‌است و نیاز بفراوان سخن، و چه مایه سخن، نیست!

* – جهان بجزاز من خداوند (مالک) دیگر ندارد. ۵ – لت دویُم سست می‌نماید.

۶ – **یک:** دربارهٔ دیهیم، پیش‌ازاین سخن آوردم. **دو:** هیچکس نگفته‌بود که جزاز او کسی پادشا است! آنچه را که جمشید می‌خواست بگوید، پادشاهی جهان نبود! سخنان پیشین دراین‌باره روشن است که او گفته‌بود، همه چیز را من پدید آوردم و جهان بجزازمن خداوندی ندارد! و این سخن دوباره گویی همان گفتار است؛ سست‌تر، و ناکارآمدتر!

۷ – **یک:** آن سخنگوی با فرّ و هوش کیست؟ **دو:** لت دویم سست و بی‌پیوند است.

۸ – بسیار ناسپاسان در جهان بوده‌اند که یزدانشناس نبودند، و اندر دلشان نیز هیچگاه هراس پدیدار نشد.

۹ – این سخن بگونه‌ای بهتر در رج سیوم پیش‌ازاین آمد.

داستان مرداس

یکی مرد بود اندر آن روزگار — ز دشت سواران نیزه‌گزار[*]
گرانمایه هم شاه و، هم نیکمرد — ز ترسِ جهاندار، با بادِ سرد[1]
که مرداس نام گرانمایه بود — بداد و دهش برترین پایه بود
مر او را ز دوشیدنی چارپای — ز هر یک هزار آمدندی بجای[2]
همان گاو دوشا به فرمانبری — همان تازی اسپ گزیده مری[3]
بز و شیرور میش، را همچنین — به دوشندگان داده بد، پاکدین[4]
بشیر آن کسی را که بودی نیاز — بدان خواسته، دست بردی فراز[5]
پسر بُد مر آن پاکدل را، یکی — که‌ش از مِهر، بهره نبود اندکی
جهان‌جوی را، نام، ضحاک بود — دلیر و سبکسار و ناپاک بود

---

* – همهٔ نمونه‌ها «ز دشت» آورده‌اند. و «**بدشت**» درست می‌نماید.

۱ – این رج را پیوند بایسته با رج پیشین نیست. سخن درست چنین بایستی: «یکی مرد بود... که» و این پیوند «که» در رج پسین دیده می‌شود. **دو:** «گرانمایه» نیز دوبار یاد شده‌است.

۲ – **یک:** «مر او را» برای کننده (فاعل) بکار نمی‌رود که برای (مفعول) کاربرد دارد. **دو:** چارپای، نام همگانی «جانوران خانگی» است که گاه شاید آنرا دوشیدن، و گاه نشایدشان، و نیز همهٔ آنها دوشیدنی نیستند، زیرا که در میان آنها جانور باربر نیز باید بودن. **سه:** آمدند، را نمی‌توان آمدندی خواندن زیرا پسوند «ی» در کنش‌ها برای سیوم کس یگانه است نه گروه.

۳ – **یک:** دوشا؛ نام کننده (اسم فاعل است) و چون دوشیدن کار مردمان است که از پستان گاو شیر می‌دوشند، پس دوشا؛ اگر درست می‌بود (درستِ آن دوشنده است) به گاو برنمی‌گردد، که بدوشندگان بازمی‌گردد که «گاو دوشنده»، گونه‌ای دیگر از آنست. پس «گاوِ دوشا» آمیزه‌ای نادرست است، اما افزاینده را اگر اندکی خرد، با این سخن همراه می‌شد، درمی‌یافت که چون جانوری شیر داشته باشد، شیرِ او از فرزند او است. و چون هزار دام فرزند زایند، سال دیگر به دوهزار افزایش می‌یابند، پس یادکردن از شمارهٔ هزار نادرست است! **دو:** «بفرمانبری» را بهیچ روی نمی‌توان گزارش کردن، سخنی است نادرست و ناآشکار و نادرخور! **سه:** چه «رمنده فری» چه «گزیده مری» هیچیک راگزارش درست نیست و گونه‌ای بازی با واژه‌ها است که آنرا سدها سال خوانده‌اند، و از آن گذاشته‌اند!

۴ – **یک:** اگر برای میش، «شیروری» را آورده‌اند، پس، ازبرای بز نیز می‌بایستی همین گون (صفت) را می‌آوردند، یا آنکه پاژنامِ شیرور را برای هردو می‌شمردند؛ بز و میشِ شیرور. **دو:** پاکدین در پایان گفتار درست نیست زیرا که گون (صفت) مرداس است و می‌بایستی که در آغاز، بهمراه نام او می‌آمد، نه پس‌از پایان گفتار!

۵ – **یک:** «آنکسی» نادرست، و آنکس درست است **دو:** «مال» و «خواسته» کنار هم می‌آیند، «مال» پاژنام جانوران خانگی و ستوران است که در اوستا؛ اَنومیَ [illegible] خوانده شده‌است، و همین نام در زبانهای اروپایی animal خوانده می‌شود که بخش پایانی آن همان «مال» در زبان فارسی است، که باز، پاژنام جانوران خانگی است. اما خواسته، دارایی‌های دیگر چون ابزارهای زندگی، زر، سیم و گوهر است، و برای دوشیدن شیر نمی‌توان به «خواسته» دست فراز بردن! **سه:** بنداری در اینجا آورده‌است: «و کانت له اموال کثیرة من الخیل العراب و الابل و البقرو الغنم» و او را مال‌های بسیار از گلهٔ اسب و شتر و گاو و گوسفند بود! و وی نیز نه بشمار هزار، نه دوشیدن شیر و واگذاری آن بمردمان سخن نگفته‌است، و از آنجا که افزاینده، خواسته‌است که «بداد و دهش برترین پایه بود» راگزارش نماید این داستان را بشاهنامه افزوده است!

فریب ابلیس ۶۳

کجا، بیوراسپش، همی خواندند چنین نام، بر پهلوی راندند
کجابیور، از پهلوانی شمار بود بر زبان دری ده‌هزار[1]
ز اسپان تازی به زرین ستام ورا بود بیور که بردند نام[2]
شب و روز بودی دو بهره به زین ز روی بزرگی نه، از روی کین[3]

*

چنان بد که ابلیس، روزی پگاه بیامد بسان یکی نیکخواه
دل مهتر از راهِ نیکی ببرد جوان، گوش، گفتار او را سپرد
بدو گفت: «پیمانْتْ خواهم نخست پسانگه سَخُن، برگشایم درست»
جوان نیکدل گشت و فرمانْش کرد چنانچون بفرمود، سوگند خورَد
که: «راز تو با کس نگویم ز بُن ز تو بشنوم، هرچه گویی سَخُن»
بدو گفت: «جز تو، کسی، کدخدای چه باید همی؟ با تو، اندر سرای
چه باید پدر که‌ش؟ پسر چون تو بود یکی پندت از من بباید شنود![4]
زمانه بر این خواجهٔ سالخورد همی دیر مانَد، تو اندر نورد
بگیر این سرِ مایه‌ور جاهِ اوی ترا زیبد اندر جهان گاهِ اوی[5]
برین گفتهٔ من چو داری وفا جهاندار باشی یکی پادشا»[6]
چو ضحاک بشنید و اندیشه کرد ز خون پدر، شد دلش، پر ز درد
به ابلیس گفت: «این سزاوار نیست دگرگوی، کاین، از درِ کار نیست»
بدو گفت: «گر بگذری زین سخن بتابی ز سوگند و پیمان، ز بُن
بماند بگردنْتْ سوگند و بند شوی خوار و مانَد پدرْتْ ارجمند»
سر مرد تازی بدام آورید چُنان شد که فرمان او برگزید

*

---

۱ – **یک:** «از شمارِ پهلوانی» نادرست است و «در شمارِ پهلوانی» درست است. **دو:** «بر زبان دری» نادرست است و «در زبان دری» یا «بزبان دری» درست.

۲ – **یک:** آنزمان هنوز، اسپ از ایران بدشت نیزه‌وران نرفته‌بود، و تا هزاره‌ها پس‌ازآن بابلیان اسپ را ندیده‌بوده‌اند! **دو:** آنزمان هنوز ستام ساخته نشده‌بود، چه رسد به ستام زرین!... اندکی خرد را می‌شاید بکار گرفتن؛ که اگر ویرا ده‌هزار اسپ می‌بود، چرا می‌بایستی همهٔ آنها ستام زرین داشته باشند؟ مگرنه آن است که یک اسپ ویژهٔ او را می‌باید چنین آراستن، و برای دیگران ستام دیگر ساختن! **سه:** سخن سست.

۳ – **یک:** دو بهره از چند بهره؟ **دو:** سخنِ سست‌تر!

۴ – کنش نادرخور است: سخن درست چنین باید بودن: چه باید پدرکش پسر چون تو «باشد».

۵ – **یک:** جاه، مایه‌ور نمی‌شود که خود، تازی شدهٔ گاه است، و گاه، از خود چیزی ندارد که مایه‌ور گردد! **دو:** جاه و گاه هردو یکی است و چون چنین باشد پساوای سخن (قافیه) نابسامان می‌شود. **سه:** پیشتر همین سخن آمده‌بود، و نیاز بدوباره گفتن نمی‌نمود!

۶ – بگفتهٔ کسی «وفا» نشاید کردن، زیرا هرکس بگفتهٔ خویش «وفا» میکند.

بپرسید که: «این چاره با من بگوی° چه رویست و این را بهانه مجوی»
بدو گفت: «من، چاره، سازم ترا بخورشید؛ سر برفرازم ترا»
مر آن پادشا را در اندر سرای* یکی بوستان بُد، گرانمایه جای
گرانمایه، شبگیر برخاستی ز بهر نیایش بر آراستی
سر و تن بشستی نهفته بباغ پرستنده با او نبردی چراغ
برآورد، وارونه، ابلیس؛ بند یکی ژرف چاهش بره بر، بکند
پس ابلیس وارونه آن ژرف‌چاه بخاشاک پوشید و، بسترد راه[1]
سرِ تازیان، مهتر نامجوی شب آمد، سوی باغ بنهاد روی
چو آمد بنزدیک آن ژرف‌چاه یکایک نگون شد سر بخت شاه[2]
بچاه اندر افتاد و بشکست پست شد آن، نیکدل مرد یزدان‌پرست!
به هر نیک و بد شاه آزادمرد بفرزند بر، نازده بادِ سرد؛[3]
همی پروریدش به ناز و برنج بدو بود شاد و بدو داد گنج؛[4]
چنان بدگهر، شوخ فرزند اوی بگشت از ره داد و پیوند اوی[5]
بخون پدر گشت همداستان ز دانا شنیدستم این داستان[6]
که: «فرزندِ بد، گر شود نره‌شیر بخون پدر هم نباشد دلیر[7]
مگر در نهانی سخن دیگر است پژوهنده را راز با مادر است»[8]

○ – سخن پرسشی نیست، و «بدو گفت» درست می‌نماید، اما در همهٔ نمونه‌ها «بپرسید» آمده‌است.

* – در همهٔ نمونه‌ها چنین آمده‌است: «مرآن پادشا را، در، اندر سرای»، گزارشی ندارد. بیگمان واژهٔ «را» در این سخن، بگونهٔ پهلوی خود، راد = را بوده‌است، و بر این بنیاد می توان گفتار را چنین خواندن: «مرآن پادشا راد، اندر سرای»

۱ – **یک:** اگر ابلیس، خود در کردار و منش اهرمن باشد، ابلیس وارونه، فرشتهٔ نیکوکار خواهد بودن! این رج دوباره‌گویی ناپخته از سخن پیشین است که: ابلیس، بند، را، وارونه برآورد! **دو:** ژرف چاه، سخنی بی‌پایان است و «را» کم دارد! **سه:** بنداری این سخن را چنین آورده‌است: «فحفر الملعون فی طریقه بئراً و غطاها بحشیش» آن گجسته در گذرگاه وی چاهی برکند و بخاشاکش پوشاند.

۲ – **یک:** در «نزد یکی چاه» سرنگون نمی‌شود، که در «چاه» سرنگون شدن شاید! **دو:** سرِ بخت شاه، یا خودِ شاه؟ **سه:** بنداری ندارد.

۳ – بهر نیک و بد، نادرخور است: «بهیچ نیک و بد».

۴ – **یک:** همی‌پرورید، کنش پایا (استمراری) است و چنین می‌نماید که در آنهنگام نیز او را می‌پرورده‌است! بازآنکه وی در آنزمان مردی بوده‌است! این کنش را می‌باید، باکنش رج پیشین «بفرزند بر، نازده...» همزمان بودن: «پروریده...» و چون این رج، به رج پیشین پیوسته‌است، آن نیز افزوده می‌نماید. **دو:** زمان کنش «بود» در رج پیشین، نیز با زمان هر دو کنش دیگر، است! **سه:** بنداری، این رج را تا ٦ رج پسین در ترجمهٔ خویش نیاورده‌است، گرچه شیوهٔ سخن از گفتار فردوسی دور نمی‌نماید اما، آنچه که در میان این ٦ رج افزوده می‌نماید اینستکه: «که فرزندِ بد، گر شود نره شیر...» و اگر چنین باشد. چرا ضحاک -که بد بود- چنین کرد؟ از فرزند بد چنین کار برمی‌آید. و این لتِ ناساز رج را افزوده می‌کند، و چون رج پسین نیز بدان پیوسته است افزوده است، و از آنجا که هر شش رج بیکدیگر پیوسته‌اند، همه را افزوده می‌نماید.

۵ – گوهر ضحاک از مرداس بود و اگر بدگهرش بنامیم: بدی به مرداس باز می‌گردد.

٦ – شیوهٔ سخنِ فردوسی نیست که از خود سخن بگوید.

۷ – «هم» در لت دویم ناکارآمد است.

۸ – لت نخست را کمبود است: مگر [آنکه]... «در نهانی»، نادرست است: «در نهان»... سخن نادرخور است: «است» نادرست است «باشد» خوانندهٔ بیداردل را می‌باید نگریستن که با چهار نادرستی در لت نخست، بهمراه چنین سخن زشت دشنام مانند در لتِ دویُم راااز آزرمی‌ترین و بلند پایگاه‌ترین ایرانی، بشمار آورده‌اند، و روان وی را آزرده‌اند.

ستمکاره ضحاک بیدادگر   بدین چاره بگرفت جای پدر
بسر بر نهاد افسر تازیان   بریشان ببخشید سودوزیان[1]

*

چو ابلیس پیوسته دید آن سَخُن   یکی بند بد را، نو، افکند بن
بدو گفت: «چون سوی من تافتی   زگیتی همه کام دل یافتی[2]
اگر همچنین نیز، پیمان کنی   نپیچی ز گفتار و، فرمان کنی[3]
جهان سربسر پادشاهی تراست   دد و مردم و مرغ و ماهی تراست»[4]
چو این کرده شد ساز دیگر گرفت   یکی چاره کرد از شگفتی شگفت[5]
جوانی برآراست از خویشتن   سخنگوی و بینادل و رایزن
همیدون بضحاک، بنهاد روی   نبودش جزاز آفرین، گفت‌وگوی
بدو گفت: «اگر شاه را، درخوَرم   یکی نامور، پاک، خوالیگرم»
چو بشنید ضحاک، بنواختش   ز بهرِ خورش پایگه ساختش
کلید خورش‌خانهٔ پادشا   بدو داد دستور فرمانروا[6]

*

فراوان نبود آن زمان پرورش   که کمتر بد از خوردنی‌ها خورش
ز هر گوشت از مرغ و از چارپای   خورشگر بیاورد یک‌یک بجای[7]
به خونش بپرورد برسانِ شیر   بدان تا کند پادشا را دلیر
سخن هرچه گویدش فرمان کند   بفرمان او دل گروگان کند
خورش زردهٔ خاگ دادش نخست*   بدان داشتش، یک‌زمان، تندرست

---

۱ – **یک:** سخن را در لت نخست پیوندِ «را» باید: افسر تازیان را. **دو:** روشن نیست که چگونه سودوزیان هردو را باهم بخشید.

۲ – دنبالهٔ گفتار پیشین.

۳ – «همچنین» و «نیز» هردو یکی است لت دویم: «نپیچی ز فرمان من» باید!

۴ – پایان لت نخست «ترا است» نادرست است: «ترا خواهد بودن».

۵ – **یک:** هنوز کاری انجام نگرفته‌است که با «چو این کرده شد» از آن یاد شود! **دو:** شگفتی شگفت نیز ناروا است.

٦ – بدانهنگام که هنوز هیچ خورشی، بجزاز میوهٔ درختان (و شیر جانوران با نوشیدن از پستان آنان) نبوده‌است، خورشخانه بچه کار می‌آمده‌است!

۷ – **یک:** سه رج را سخن سست است. **دو:** هنوز آغاز بخورشگری نکرده‌است، و این‌گونه خوراک‌ها، پسان فراهم می‌شود: زیرا که شاهنامه می‌گوید، نخستین خورش جانوری تخم مرغ بوده‌است. **سه:** ضحاک، خود، مردی پرورده بود، و کودک نبود، تا وی را بپرورند! **چهار:** دلیرتر از آنکس که بخون پدر دست می‌یازد کیست؟ **پنج:** روشن نیست که کنش‌ها از کیست؟ از ضحاک است، یا از اهریمن! **شش:** بنداری ندارد.

* – در همهٔ دستنویس‌ها «زردهٔ خایه» آمده‌است، و تنها در پچین گنج‌نبشت لیدن (بسال ۸۴۸) «خاک» آمده (خالقی مطلق ۴۹-۱، زیرنویس ۱۹)، و همین واژه درست است زیرا که در دبیرهٔ پیشین ک و گ را هردو، بگونه «ک» می‌نوشتند و خاگ در زبان پهلوی تخم‌مرغ است، چنانکه هنوز نام خوراک خاگینه در همه زبانهای ایرانی روان است، این واژه بگونهٔ «هاگ» تخم گیاهان است و واژهٔ انگلیسی egg و هِلگَ کردی سورانی، و هِگ کردان خراسان و انبارلویی گونه‌ای دیگر از آنست.

۶۶ مرداس

بخورد و بر او آفرین کرد سخت — مزه یافت، زان، مهترِ نیکبخت
چنین گفت ابلیسِ نیرنگساز — که: «شادان زی ای شاه گردنفراز
که فردات از آنگونه سازم خورش — کزو باشدت سربسر پرورش»
برفت و همه شب سگالش گرفت — که فردا ز خوردن چه سازد شگفت[1]
دگر روز، چون گنبد لاژورد — برآورد و بنمود یاقوت زرد
خورشها ز کبک و تَذَروِ سپید — بسازید و آمد، دلی پرامید
شهِ تازیان چون به نان دست برد — سرِ کم‌خرد، مِهرِ او را سپرد
سدیگر به مرغ و کبابِ بره — بیاراست خوان، از خورش، یکسره
بروز چهارم چو بنهاد خوان — خورش ساخت از پشتِ گاوِ جوان
بدو اندرون زئفران* و گلاب — همان سالخورده می و مشک ناب
چو ضحاک دست اندر آورد و خوَرد — شگفت آمدش زآن هشیوار مرد
بدو گفت: «بنگر که از آرزوی — چه خواهی؟ بگو با من، ای نیکخوی!»

*

خورشگر بدو گفت ک:«ای پادشا — همیشه بزی شاد و فرمانروا
مرا دل، سراسر پراز مهر تست — همه توشهٔ جانم از چهر تست
یکی حاجتستم بنزدیک شاه — اُگرچه مرا نیست این پایگاه
که فرمان دهد تا سرِ کتف اوی — ببوسم، بدان، برنهم چشم و روی»
چو ضحاک بشنید گفتار اوی — نهانی ندانست بازار اوی[2]
بدو گفت: «دادم من این کام تو — بلندی بگیرد مگر، نام تو»
بفرمود تا دیو چون جفت او — همی بوسه داد از برِ سفت او[3]
ببوسید و شد بر زمین ناپدید — کس اندر جهان، آن شگفتی ندید
دو مار سیه از دو کتفش برُست — غمین گشت و از هرسویی چاره جست

*

سرانجام ببرید هر دو ز کفت — سزد گر بمانی بدین، در شگفت[4]
چو شاخ درخت آن دو مار سیاه — برآمد دگرباره، از کتف شاه[5]
پزشکانِ فرزانه گِرد آمدند — همه، یک‌بیک، داستان‌ها زدند

---

۱ - **یک:** سگالش با دیگران انجام می‌گیرد، نه با خود. **دو:** «ز خوردن» نادرست است، و «ز خوردنی» درست.

* - زئفران واژه‌ای است ایرانی که هنوز در آذربایجان بگونهٔ زَفران بر زبان می‌آید. این واژهٔ بنادرست با «ع» نوشته می‌شود.

۲ - سخن، در لت دوئم پس‌وپیش است، و گمان سراینده چنین بوده‌است تا بگوید از بازار (آشکار) او، پنهان وی را باز نشناخت، یا بازندانست.

۳ - **یک:** کسی که می‌بوسد، بوسه می‌زند، نه بوسه می‌دهد! **دو:** سفت، پیشانی است نه شانه.

۴ - «سرانجام» نادرخور است، زیرا که آن آغاز کار بوده‌است.

۵ - وابسته به رج پیشین.

زهرگونه نیرنگ‌ها ساختند ... مرآن درد را چاره نشناختند
بسان پزشکی، پس، ابلیس؛ تفت ... بفرزانگی نزد ضحاک رفت
بدو گفت ک:«این بودنی کار بود ... بمان، تا چه گردد؟ نباید درود
خورش ساز و آرامشان ده بخوَرد ... نباید جزاین، چاره‌ای نیز کرد
بجز مغز مردم مده‌شان خورش ... مگر خود بمیرند ازین پرورش
سرِ نرّه دیوان، ازین جست‌وجوی ... چه جُست و، چه‌دید اندرین گفت‌وگوی[1]
مگر تا یکی چاره سازد نهان ... که پردخته گردد، ز مردم، جهان[2]

*

ازآن‌پس برآمد از ایران خروش ... پدید آمد از هر سویی جنگ و جوش
سیه گشت، رخشنده روز سپید ... گسستند، پیوند از جمّ‌ِشید
بر او تیره شد، فرّهٔ ایزدی ... بکژّی گرایید و نابخردی
پدید آمد از هر سویی خسرَوی ... یکی نامجویی ز هر پَهلَوی
سپه کرده و جنگ را ساخته ... دل از مِهر جمشید پرداخته
یکایک از ایران بیامد سپاه ... سوی تازیان برگرفتند راه[3]
شنودند کانجا یکی مهتر است ... پر از هول شاه، اژدها پیکر است[4]

*

سواران ایران همه شاه جوی ... نهادند یکسر، بضحاک، روی
بشاهی بر او آفرین خواندند ... ورا شاه ایرانزمین خواندند
از ایران و از تازیان لشکری ... گزین کرد، گردان هر کشوری[5]
چو جمشید را بخت شد کندرو ... به تنگ اندرآمد، جهاندار نو؛
برفت و بدو داد تخت و کلاه ... بزرگی و دیهیم و گنج و سپاه[6]
نهان گشت و گیتی بر او شد سیاه ... سپردش بضحاک تخت و کلاه[7]
چو سد سالش اندر جهان کس ندید ... بر او نام شاهیّ و او ناپدید
سدم سال روزی، بدریای چین ... پدید آمد آن شاه ناپاکدین

---

۱ – سرِ نرّه دیوان، پاژنام اهریمن نیست، در برخی نسخه‌ها بجای آن «نگر» تا که ابلیس... آمده‌است. و در «نگر» روی نویسنده با خواننده است، که درست نیست، لت دویُم نیز با آشفتگی همراه است. ۲ – این سخن نیز پیوسته به رج پیشین است.

۳ – **یک:** در رج ۵۴۳ سخن از نامجویان و خسروان تازه رفت، نه سپاه بی‌سپاهبد.

۴ – **یک:** گمان نمی‌رود که هیچ خردمند، که تازه خود را خسرو نامیده‌است بسوی شاهی رود که پر از هولش گمان بَرَد، و اژدها پیکرش بداند! **دو:** همین سخن، روشنتر، در گفتارِ پسین می‌آید. **سه:** بنداری در ترجمهٔ خویش نیاورده‌است.

۵ – سخن پایان ندارد! و پس از این گفتار، سخن می‌آید، که بدین رج پیوسته نیست! بنداری آورده است که: «و جمع عساکر البرّ و البحر» لشکریان زمین و دریا راگرد آورد. ٦ – دیهیم در آنزمان نبوده‌است.

۷ – سپردش بضحاک نادرست است، زیرا که «ش» خود ضحاک را می‌گوید و دوباره نام ضحاک می‌آید.

نهان گشته‌بود از بد اژدها نیامد به فرجام هم زو رها[1]
چو ضحاکش آورد ناگه بچنگ یکایک ندادش زمانی درنگ[2]
به ارّه مر او را، بدو نیم کرد جهان را ازو، پاک، بی بیم کرد
شد آن تخت شاهی و آن دستگاه زمانه ربودش، چو بیجاده کاه[3]
ازو بیش بر تخت شاهی که بود بران رنج بردن چه آمدش سود[4]
گذشته بر او سالیان هفتسد پدید آوریده همه نیک و بد[5]
چه باید همی زندگانی دراز چو گیتی نخواهد گشادنت راز[6]
همی پرورانَدت با شهد و نوش جز آواز نرمت نیاید بگوش
یکایک چو گویی که گسترد مِهر نخواهد نمودن ببد نیز چهر[7]
بدو شاد باشی و نازی بدوی همان راز دل را گشایی بدوی[8]
یکی نغزبازی برون آورد به دلت اندرون درد و خون آورد[9]

۱ – **یک:** پیشتر، سخن از پنهان شدن جمشید رفته‌بود **دو:** از بد اژدها، یا از چشم اژدها؟ **سه:** «رها» و رهایی آمدنی نیست، یافتنی، است.

۲ – در رج ۵۵۰ ضحاک بجمشید رسیده‌بود.

۳ – **یک:** تخت شاهی بجایی نرفت. این خودِ جمشید بود که بر باد رفت. **دو:** افزاینده خواسته‌است بگوید، [چنانکه] بیجاده، کاه [را می‌رباید].

۴ – چون روی سخن با خواننده است، زمانِ پس از جمشید را نیز دربرمی‌گیرد و ضحاک را هزار سال شاهی بوده‌است، بیشتر از جمشید.

۵ – **یک:** «سالیان» درست نیست، چنانکه اگر بر این بنیاد خواهیم «راه» را در گروه آوریم (جمع بندیم)، «راهیان» می‌شود، و راهیان، رهپیمایان‌اند یا اگر ماه را چنین کنیم، ماهیان می‌شود و ماهیان در دریاها استند! درست سالان، یا سالها است در زبان پهلوی سال با پسوند گروهِ «ان» می‌آید. از آنجاکه در نزد نیاکان، زمان، چون جانِ جهان بوده‌است. جاندارش می‌شمردند، چنانکه هنوز روزان و شبان، کاربرد دارد! **دو:** سخن پایان ندارد. ٦ – روی سخن بخواننده برمی‌گردد.

۷ – یکایک (ناگهان) در آغاز سخن نمی‌آید. درست آن بود که گفته شود. چون گمان‌بری که مِهر گسترده است و به بد چهر نخواهد گشودن و... یکایک چنان‌وچنین می‌شود. ۸ – «نازی» را «گشایی» پساوا نیست.

۹ – **یک:** افزاینده فراموش کرده‌بود که در آغاز آن سخن یکایک را آورده‌بود، و اینجا «یکی» پدیدار می‌شود. **دو:** بازی، کردنی است، نه برون آوردنی. **سه:** درد را شاید که بر دل آوردن، اما خون را نمی‌شاید، زیراکه، دل خود کانونِ خون است. **چهار:** لت نخست، از جای دیگر شاهنامه برگرفته شده‌است: یکی نغزبازی کند روزگار /که بنشاندت پیش آموزگار. **پنج:** بنداری، این سخنان را در ترجمهٔ خویش نیاورده‌است.

ضحاک

بیوراسب

پادشاهی ضحاک

چو ضحاک شد بر جهان شهریار	بر او سالیان انجمن شد هزار[1]
سراسر زمانه بدو گشت باز	برآمد برین روزگار دراز
نهان گشت آیینِ فرزانگان	پراکنده شد کام دیوانگان
هنر خوار شد، جادویی ارجمند	نهان؛ راستی، آشکارا؛ گزند
شده بر بدی دستِ دیوان دراز	ز نیکی نرفتی سَخُن، جز براز

*

دو پاکیزه از خانهٔ جمّشید	برون آوریدند، لرزان؛ چو بید
که جمشید را هردو دختر بدند	سرِ بانوان را، چو افسر بدند
ز پوشیده‌رویان یکی شهرناز	دگر ماهرویی بنام؛ ارنواز
بایوان ضحاک بردندشان	بدان اژدهافش سپردندشان
بپروردشان از ره جادویی	بیاموختشان کژّی و بدخویی
ندانست، خود، جز بدآموختن	جزاز کُشتن و غارت و سوختن

*

چنان بد که هر شب دو مرد جوان	چه کهتر چه از تخمهٔ پهلوان
خورشگر ببردی بایوان اوی	همی ساختی راه درمان اوی
بکُشتی و مغزش برون آختی	مرآن اژدها را خورش ساختی

*

دو پاکیزه از تخمهٔ پادشا	دو مرد گرانمایه و پارسا
یکی نام، اَرمانک پاکدین	دگر نام، گرمانک پیش‌بین
چنان بد که بودند روزی بهم	سَخُن رفت هرگونه، از بیش‌وکم
ز بیدادگر شاه و ز لشکرش	وز آن رسم‌های بَد اندر خوَرش[2]

۱ - **یک:** دربارهٔ سالیان، پیشتر سخن گفته شد. (بنگرید به رج ۵۶۰) **دو:** انجمن فارسی، در زبان پهلوی هَن‌چَمن، خوانده می‌شود، از واژهٔ اوستایی هَن‌جم. هن، پیشوند است و همانست که در زبان فارسی «هم» خوانده می‌شود و جَم از ریشهٔ کهنتر گَم برآمده‌است، که رفتن یا آمدن را می‌رساند و گام فارسی و come انگلیسی و comen آلمانی، گَل و گِد تورانی، از آن برآمده‌است، و بر رویهم «انجمن» هم‌گامی و همراهی را می‌رساند، و سال‌ها را نمی‌شاید همراه و همگام شدن، زیرا که هر یک بتنهایی می‌گذرند!

۲ - **یک:** فردوسی بجای رسم، همواره آیین بکار می‌برد! **دو:** اگر «بد» باشد، اندرخور (شایسته و سزاوار) نمی‌شود.

۷۲ ضحاک

یکی گفت: «ما را، بخوالیگری — بباید بر شاه رفت، آوری
ازآن‌پس، یکی چاره‌ای ساختن — زهرگونه اندیشه انداختن؛*
مگر زین دو تن را که ریزند خون — یکی را توان آوریدن برون»
برفتند و خوالیگری ساختند — خورش‌ها بی‌اندازه بشناختند
خورشخانهٔ پادشاه جهان — گرفت آن دو بیدار دل در نهان[1]

*

چو آمد بهنگامِ خون ریختن — به شیرین‌روان، اندر آویختن
از آن روزبانان مردم‌کشان — گرفته دو مرد جوان را کشان،[2]
زنان، پیش خوالیگران تاختند — ز بالا بروی اندر انداختند[3]
پراز درد، خوالیگران را جگر — پراز خون دو دیده، پراز کینه سر
همی بنگرید این بدان آن بدین — زکردارِ بیداد شاه زمین
از آن دو یکی را بپرداختند — جزین چاره‌ای نیز نشناختند
برون کرد مغز سر گوسفند — بیامیخت با مغز آن ارجمند[4]
یکی را بجان داد زنهار و گفت — «نگر تا بداری سر اندر نهفت[5]
نگر تا نباشی به آبادشهر — ترا از جهان دشت و کوه است بهر»[6]
بجای سرش زان سر بی‌بها — خورش ساخته از پی اژدها[7]
ازین گونه هر ماهیان سی جوان — ازیشان همی یافتندی روان[8]
چو گِرد آمدی مرد ازیشان دویست — بران سان که نشناختندی که کیست[9]
خورشگر بدیشان بزی چند و میش — سپردی و صحرا نهادند پیش[10]

* – انداختن: طرح کردن، انداختار: طرّاح. این دو واژه در زبان پهلوی بگونهٔ هَنداختن و هنداختار آمده‌است.

۱ – چون دوکس بوده‌اند، کنش یگانهٔ «گرفت» درخورشان نیست.

۲ – از آن، درست نیست، بس بود که بگوید: روزبانانِ... . ۳ –کنشِ «زنان» درست نیست.

۴ – **یک:** دو خوالیگر بودند، وکنش «برون کرد» برای دو تن ناشایست است. **دو:** نیز بیامیختند، بجای بیامیخت.

۵ – **یک:** زنهار دادن از سوی کسی است که دشمنی، از وی زنهار بخواهد، و بر بنیاد آیین ایرانی وی نیز می‌باید که زنهار بدهد، نه از سوی کسی که خود، ازپیش، در اندیشهٔ رهایی یکی از آن دو تن بوده و بخوالیگری ضحاک تن درداده است! **دو:** کنش یگانه، برای دو کس. **سه:** در لت دویُم، سخن سست است. ٦ – دوبار پشت سرهم «نگر» را بکار بردن نادرست است. «نگر» در رج پیشین.

۷ – **یک:** پیشتر این سخن آمده‌بود که: برون کرد، مغزِ سر گوسپند. **دو:** «از پی» کاربردی نادرخور است، و سخن را چنین می آراید که: از پای اژدها، خورش ساختند!! افزاینده را رای بر آن بوده‌است که بگوید از بهرِ یا از برایِ! کنش‌ها، همچنان یگانه است برای دو کس!

۸ – **یک:** دربارهٔ نادرستی ماهیان، پیش‌ازاین سخن گذشت. **دو:** جان می‌یافتند، نه روان، زیرا که روان پس‌از مرگ نیز روان است.

۹ –کنش یگانه برای گروه آورده شد!

۱۰ – **یک:** خورشگر، بجای خورشگران. **دو:** کنش یگانه، که در زمان نیز نادرست است، درست برای یگانه آن بود که بگویند «می‌داد»، و درست‌تر آنکه گفته آید «می‌دادند». **سه:** «صحرا» یا بیابان چیزی نیست که بتوان آنرا با دست برداشتن، و پیش کسی نهادن!

خواب ضحاک ۷۳

کنون کُرد از آن تخمه دارد نژاد / که از باد ناید بدل برش یاد[1]
بود جامه‌هاشان هراس پلاس / ندارند، در دل، ز یزدان هراس[2]
پس آیین ضحاک وارونه خوی / چنان بد که چون می بُدش آرزوی[3]
ز مردان جنگی -یکی خواستی- / بکُشتی که با دیو برخاستی[4]
کجا نامور دختری خوبروی / به پرده درون بود، بی گفت‌وگوی[5]
پرستنده کردیش بر پیش خویش / نه رسم کیی بد نه آیین کیش[6]

خواب دیدن ضحاک

چو از روزگارش چهل سال ماند / نگر تا بسربرش، یزدان چه راند[7]
در ایوان شاهی شبی دیریاز / بخواب اندرون بود، با ارنواز
چنان دید؛ کز کاخ شاهنشهان / سه جنگی پدید آمدی، ناگهان[8]
دو مهتر، یکی کهتر اندر میان / ببالای سرو و بفرّ کیان[9]
کمربستن و رفتن شاهوار / بچنگ اندرون گرزهٔ گاوسار[10]
هویدا بدو فرّهٔ ایزدی / سرشته جهانبانش از بخردی[11]

---

۱ - **یک:** سراینده خواسته‌است بگوید، کردان (کنونی)، از آن تخمه‌اند، و نتوانسته است درست گفتن. **دو:** کردان در یکی از آبادترین جایهای ایران زندگی می‌کنند، اگر «آباد» را که سراینده آورده‌است «آبادی» بینگاریم!

۲ - **یک:** کاش افزاینده سری به کردستان زده‌بود و جامه‌های رنگارنگ و زیبای کردان را دیده‌بود. **دو:** ...نیز اندکی از دینداری و پاسداری آیین‌های ایرانی، و اسلامی (امروز) و دین‌های کهن که هنوز در آن مرز گرامی بشمار می‌روند، آگاه می‌شد! **سه:** در بنداری نیامده‌است.

۳ - **یک:** می بدش: گونهٔ نادرست ازکنش بودن. **دو:** آرزو با داشتن می‌آید، نه با بودن.

۴ - افزاینده خواسته‌است بگوید از مردان جنگی که توان برخاستن(؟) شاید نبرد آزمودن با دیو [را داشت] یکی [را می]خواست [و او را] می‌کشت!!!

۵ - پیوند ندارد.

٦ - **یک:** زمان کیانیان هنوز نرسیده‌بود. **دو:** بنداری ندارد. **سه:** رسم!

۷ - «نگر» در آغاز لت دویُم، نابجا است.

۸ - **یک:** در همهٔ دستنوشته‌ها چنین آمده‌است که: «سه جنگی پدید آمدی»، وکنش آمدی برای سه کس درست نیست! **دو:** افسانهٔ سه برادر که در آینده بدان می‌رسیم، از افزوده‌های افزایندگان است، و افزاینده برای آنکه ازپیش، آن داستان ناراست را بشاهنامه پیوند دهد از اینجا آغاز کرده‌است و چون در همهٔ نمونه‌ها هم چنین آمده‌است نمی‌توان گونهٔ درست آنرا یافتن. **سه:** ...امابنداری داستان را بگونه‌ای دیگر آورده‌است: «و کان نائما فی طارمه لیلة من اللیالی، فرأی رؤیا هائلة تدّل علی زوال ملکهِ، و قرب أجله، فاصبح مهموماً قد نعاه الیه شؤم فعله، قبح عمله. فجمع العلماء والمنجمین والکهنة و السحرة...»، «شبی از شب‌ها که در کاخ خویش خوابیده‌بود، خوابی سهمگین دید که نشان می‌داد که پادشاهیش ازمیان برداشته می‌شود و مرگش نزدیک است بامداد برخاست، اندوهگین از آنکه بدیِ کارها و زشتیِ کردارهایش بدو باز می‌گردد، و دانشمندان و اخترماران و کاهنان و جادوگران را فراخواند...».

۹ - فرّ کیان هنوز پدیدار نشده‌است.

۱۰ - سخن، کمبود دارد، و می‌باید که روشن شود، این کمربستن و رفتن از آنِ میانین است.

۱۱ - **یک:** فرِ ایزدی «از» او نمایان، درست می‌نماید، نه «به» او. **دو:** لت دویُم پیوند درست با لت نخستین ندارد.

دمان پیش ضحاک رفتی بجنگ نهادی بگردن برش پالهنگ
بدین خواری و زاری و گُرم و درد پراکنده بر تارکش خاک و گرد[1]
همی تاختی[2] تا دماوند کوه کشان و، دوان ازپس اندر، گروه
بپیچید، ضحاک بیدادگر بدرّیدش از هول، گفتی؛ جگر
یکی بانگ برزد بخواب اندرون که لرزان شد آن، خانهٔ سد ستون
بجَستند خورشیدرویان ز جای از آن غُلغُلِ نامور کدخدای
چنین گفت ضحاک را، ارنواز که: «شاها نگویی چه بودت براز؟
که خفته بآرام در خان خویش؛ بدینسان بترسیدی از جان خویش؟
زمین هفت کشور بفرمان تست دد و دام و مردم بپیمان تست»[3]
به خورشیدرویان، جهاندار گفت که: «چونین شگفتی بباید نهفت
که گر از من این داستان بشنوید شودتان دل از جان من ناامید»[4]

*

بشاه گرانمایه گفت ارنواز که: «بر ما بباید گشادنت راز
توانیم کردن مگر چاره‌ای که بی‌چاره‌ای نیست؛ پتیاره‌ای*
همه کارهای جهان را دَر است مگر مرگ، کانرا دری دیگر است»
سپهبد گشاد آن نهان، از نهفت همه خواب یک‌یک بدیشان بگفت
چنین گفت با نامور، ماهروی که: «مگذار این را، رهِ چاره‌جوی!
نگین زمانه سرِ تختِ تست جهان روشن از نامور بخت تست؛
تو داری جهان زیر انگشتری دد و مردم و مرغ و دیو و پری؛[5]
ز هر کشوری گِرد کن مهتران؛ از اخترشناسان و از بخردان[6]
سخن سربسر موبدان را بگوی، پژوهش کن و راستی بازجوی
نگه کن که هوش تو بر دست کیست ز مردم نژاد ار ز دیو و پریست؛[7]

۱- **یک:** «بدین» روشن نیست که به چه همانند است. **دو:** خاک و گرد پراکندن بر سر کسی، که برای او زاری و گُرم و درد نمی‌آورد! **سه:** از همهٔ این گفتارها چنین برمی‌آید، که آن دشمن ضحاک، یک‌کس بیش نبوده‌است، ولت دویُم از رجِ ۶۱۰ را آشفته کرده‌اند، تا از آن، سه‌کس برآورند، و گمان بران است که آن لت، در آغاز اینچنین بوده باشد: «یکی مرد جنگی بیامد، جوان».

۲ - تاختش، درست می‌نماید. ۳ - این سخن باگفتار پسین پیوند ندارد.

۴ - این رج میان رج‌های پیشین و پسین جدایی می‌افکند.

*- پتیاره، «پئیتی اَر» اوستایی = جنبش از روبرو، از روبرو آمدن، که در زبان فارسی «رودررو»ی آیین (= مخالف تازی) خوانده می‌شود: هیچ درد بی‌درمان نیست.

۵ - باز سخن از مرغ و دیو و پری می‌رود! پس جایگاه مردمان در کشور ضحاک کجا است؟

۶ - **یک:** سخن گفتن با موبدان در رج پسین می‌آید. **دو:** لت دویُم ناهماهنگ است.

۷ - **یک:** اگر روشن شود که مرگ کسی بر دست کیست، روشن می‌نماید که ضحاک کشته می‌شود، و چاره ندارد؛ **دو:** دیو و پری!

خواب ضحاک ۷۵

چو دانسته شد، چاره ساز آن زمان ـــ بخیره مترس از بدِ بدگمان»
شه برمنش را خوش آمد سخُن ـــ که آن سرو سیمین‌بر، افکند بُن[1]
جهان از شب تیره چون پرّ زاغ ـــ همانگه سر از کوه برزد چراغ[2]
تو گفتی که بر گنبد لاژورد ـــ بگسترد خورشید یاقوت زرد[3]

*

سپهبد به هرجا که بد موبدی ـــ سخندان و بیداردل بخردی
زکشور بنزدیکِ خویش آورید ـــ بگفت آن جگر خسته*، خوابی؛ که دید
نپوشید بر مرد دانا سخن ـــ مگر نو کند چاره مرد کهن؛[4]
نهانی، سخن کردشان خواستار ـــ ز نیک و بدِ گردشِ روزگار
که: «بر من، زمانه کی آید بسر ـــ که را باشد این تاج و تخت و کمر»
لب موبدان، خشک و رخساره، تر ـــ زبان پر ز گفتار با یکدگر
که: «گر بودنی باز گوییم راست ـــ بجان است پیکار و، جان بی‌بهاست؛
اُگر نشنود بودنی‌ها، دُرست ـــ بباید همیدون، ز جان دست شست»
سه روز اندرآن کار شد روزگار ـــ سخن؛ کس نیارست کرد آشکار
بروز چهارم برآشفت شاه ـــ بران موبدانِ نماینده راه
که: «گر، زنده‌تان، دار باید پسود، ـــ اُگر، بودنی‌ها، بباید نمود»
همه موبدان سرفکنده نگون ـــ پراز هول دل، دیدگان پر ز خون

*

از آن نامداران بسیارهوش ـــ یکی بود بینادل و تیزکوش؛
خردمند و بیدار و زیرک بنام ـــ کزآن موبدان او زدی پیش گام[5]
دلش تنگ‌تر گشت و، بی‌باک شد ـــ گشاده زبان، پیش ضحاک شد
بدو گفت: «پردخته کن سر ز باد، ـــ که جز مرگ را، کس، ز مادر نزاد؛
جهاندار، پیش‌از تو بسیار بود ـــ که تخت مهی را سزاوار بود
فراوان غم و شادمانی شمرد ـــ برفت و جهان، دیگری را سپرد

---

۱ – پیوند سخن با لت دویم پریشان است: «سخنی را».
۲ – چگونه، یکباره از شب تیره، بامداد برآمد؟
۳ – تو گفتی... نادرست است و روی بخواننده دارد.
* – «جگرخسته خواب» نادرست است. جگرخست نیز درست نمی‌نماید. شاید «جگرسوز» بوده باشد.
۴ – **یک:** چون در رج پیشین خواب خویش را «بگفت»، «نپوشید سخن» نادرست است. **دو:** آنان یک تن نبوده‌اند، و «دانا» نادرخور است: «دانایان».
۵ – **یک:** همه دانایی‌ها و برتری‌های او در رج پیشین آمده‌بود، و اینجا دوباره‌گویی است. **دو:** لت دویُم سست و بی‌پیوند است.

اگر بارهٔ آهنینی بپای° سپهرت بساید، نمانی بجای

کسی را بُود زین سپس تخت تو بخاک اندر آرد سر بخت تو،

کجا نام او آفریدون بود زمین را سپهر همایون بود[1]

هنوز آن سپهبد ز مادر نزاد نیامد گهِ پرسش و سردباد[2]

چو او زاید از مادر پر هنر بسان درختی شود بارور؛

بمَردی رسد، برکشد سر، بماه کمر جوید و تاج و تخت و کلاه؛

ببالا شود چون یکی سرو برز بگردن برآرد ز پولاد گرز[3]

زند بر سرت گرزهٔ گاوسار بگیردْتْ زار و، ببنددْتْ خوار!»

بدو گفت ضحاک ناپاکدین «چرا بندَدم؟ از منش چیست کین؟»

دلاور بدو گفت: «گر بخردی کسی بی‌بهانه نسازد بدی؛

برآید بدست تو هوشِ● پدرْش از آن درد، گردد پراز کینه، سَرْش

یکی گاو بَرمایه خواهد بُدن جهانجوی را دایه خواهد بُدن؛

تبه گردد آن هم بدستِ تو، بر بدین کین، کِشد گرزهٔ گاوسر»

چو بشنید ضحاکِ بگشاده گوش ز تخت اندر افتاد و زو رفت هوش

*

گرانمایه از پیشِ تخت بلند بتابید روی، از نهیب گزند

چو آمد دلِ تاجوَر، باز جای بتخت مهی اندر آورد پای

نشان فریدون بگِردِ جهان همی باز جست آشکار و نهان

نه آرام بودش نه خواب و نه خوَرد شده روزِ روشن، بر او لاژورد

زادن فریدون از مادر

برآمد برین، روزگاری دراز کشید اژدهافش بتنگی فراز

○ -اگر تو دیوارِ بر پای ایستادهٔ آهنین استی،... .

۱ - **یک:** آفریدون، نام تازی شده فریدون است و هیچگاه در سخن فردوسی بجز فریدون نیامده‌است، مگر باز در افزوده‌های دیگر. **دو:** لت دویُم نیز گزافه‌ای سخت نادرخور است زیرا که گفتار شاهنامه دربارهٔ فریدون چنین است:

بسر برش می‌گشت گَردان سپهر شده رام با او، فریدون بمهر

۲ - **یک:** نژاد نادرست است: زاده نشده‌است. **دو:** پیدا است که کودک اندرون زهدان مادر را نمی‌توان سپهبد نامیدن!

۳ - **یک:** در سخن پیشین از سرکشیدن بماه سخن رفته‌بود، و اینجا او را پست‌تر، باندازهٔ سرو می‌نماید. **دو:** از گرزهٔ گاوسر در سخنِ پسین یاد شده‌است.

● - هوش: مرگ.

زادن فریدون ۷۷

خجسته فریدون ز مادر بزاد — جهان را، یکی دیگر آمد نهاد
ببالید برسان سرو سهی — همی تافت زو، فرّ شاهنشهی
جهانجوی با فرّ جمشید بود — بکردار تابنده خورشید بود[۱]
جهان را چو باران ببایستگی — روان را چو دانش، بشایستگی
بسر بر، همی گشت گَردان سپهر* — شده رام با او، فریدون، بمهر
همان گاو، کِش نام، برمایه بود — ز گاوان ورا برترین پایه بود[۲]
ز مادر جدا شد چو تاووسِ نر — بهر موی بر، تازه رنگی دگر
شده انجمن بر سرش بخردان — ستاره‌شناسان و هم موبدان
که کس در جهان گاو چونان ندید — نه از پیرسر کاردانان شنید
زمین کرد، ضحاک پر گفت‌وگوی — بگِرد جهان هم بر این جست‌وجوی
اُز آسیب او پر هنر آبتین — چو سیماب، لرزان شده بر زمین°
گریزان و از خویشتن گشته سیر — برآویخت ناگاه بر کام شیر
از آن روزبانانِ ناپاکْ مرد — تنی چند روزی بدو باز خورد[۳]
گرفتند و بردند□ بسته چو یوز — بر او بر، سرآورد، ضحاک، روز

*

خردمند مام فریدون چو دید — که بر جفت او بر، چنان بد رسید
فرانک بدش نام و فرخنده بود — بمهر فریدون دل آکنده بود[۴]
پراز داغ، دل، خستهٔ روزگار — همی رفت پویان بدان مرغزار
کجا، نامور گاوِ برمایه بود — که شایسته بر تنش پیرایه بود
به پیش نگهبان آن مرغزار — خروشید و بارید خون بر کنار

---

۱ – در رج پیشین از فرّ شاهنشهی یاد شده‌است.

* – در همهٔ نمونه‌ها چنین آمده است اما پیدا است که در گفتار درست، می‌بایستی روشن شود که سپهر بر سر چه‌کس می‌گشت؟ و بر این بنیاد سخن فردوسی چنین بوده‌است: **بسر بزش می‌گشت‌گردان سپهر.**

۲ – «از ۶۸۱ تا ۶۸۴» باسنجشِ خرد می‌باید پذیرفتن، که گاوی که پس‌از فریدون، زاده شود نمی‌تواند آن کودک را شیر دهد!

° – در یازده نمونه که خالقی مطلق زیر دست داشته‌است چنین آمده‌است:

فریدون که بودش پدر، آبتین — شده تنگ بر آبتین بر، زمین

این سخن نادرست است زیراکه در لت نخست کننده فریدون است پسانگاه، بر آبتین زمین تنگ می‌گردد (وکنش به آبتین باز می‌گردد) و بدین‌سان، روشن نیست که کنندهٔ کار کیست؟ فریدون یا آبتین؟ اما در نمونهٔ فلورانس سخن چنانست که آمد و همان درست می‌نماید. گزارش شگفت آنرا در داستان ایران بخوانید. در پچین فلورانس «شماب» آمده‌است که خالقی مطلق سیماب پیشنهاد میکند.

۳ – «بازخورد» کنش یگانه است و برای چند تن کاربرد ندارد.

□ – همه نمونه‌ها «بردند» آمده‌است، اما پیدا است که «بردندْش» درست است.

۴ – **یک:** نام او را پیش‌ازاین می‌بایستی گفتن؛ نه پس‌از کشته شدن شوهرش. **دو:** سخن از بدی بود که به جفت او رسیده‌بود، نه بمهری که بفرزند داشت.

بدو گفت کـ :«این کودک شیرخوار ز مـن، روزگاری بزنهار دار
پدروارش از مادر اندر پذیر اُزین گاو نغزش بپرور بشیر [1]
و گر پاره [2] خواهی روانم تراست گروگان کنم جان بدان کت هواست [3]
پرستندهٔ بیشه و گاو نغز چنین داد پاسخ بدان پاک‌مغز
کـه: «چون بنده در پیش فرزند تو بباشم پذیرندهٔ پند تو»
سه سالش پدروار از آن گاو، شیر همی‌داد، هشیارِ زنهارگیر [4]

*

نشد سیر، ضحاک از آن جست‌وجوی شد از گاو، گیتی پراز گفت‌وگوی
دوان، مادر آمد سوی مرغزار چنین گفت با مرد زنهاردار
کـه: «اندیشه‌ای در دلم ایزدی فراز آمده‌است از ره بخردی،
همی کرد باید کزان چاره نیست که فرزند و شیرین روانم یکیست؛
ببرم پی از خاک جادوستان شوم تا سر مرز هندوستان [5]
شوم ناپدید ازمیان گروه برم خوبرخ را، به البرزکوه»

*

بیاورد فرزند را چون نَوَند چو غُرمِ ژیان سوی کوهِ بلند
یکی مرد دینی، بر آن کوه بود که از کار گیتی بی‌اندوه بود
فرانک بدو گفت کـ :«ای پاکدین منم سوگواری از ایرانزمین؛
بدان! کاین گرانمایه فرزند من، همی بود خواهد، سرِ انجمن
ببرد سر تاج ضحاک را سپارد کمربند او خاک را» [6]
ترا بود باید، نگهبان اوی پدروار ° لرزنده بر جان اوی!»
بپذرفت فرزند او * نیکمرد نیاورد هرگز بر او بادِ سرد

---

۱ – **یک:** «پدروار»! **دو:** پذیرفتن با «اندر» نادرست است: «بپذیر».

۲ – پاره: پول، رشوه. هنوز در کردستان پول خُرد را پاره می‌خوانند. و در چنان هنگامهٔ پرآشوب سخن از رشوه نشاید گفتن.

۳ – با آنکه سخن بشیوهٔ گفتار فردوسی سروده شده‌است، پیوند دو گفتار پیشین و پسین را گسسته است، و در سخن فرد نگهبانِ گاو نیز پاسخ این گفتار گنجانده نشده‌است، که پاره می‌خواهم، یا نمی‌خواهم! در ترجمهٔ بنداری این گفتار نیامده‌است.

۴ – پدروار...

۵ – این گفتار بگونه‌ای برتر و بهتر در رجِ پسین آمده‌است که کودک را به البرزکوه می‌برد، و در همان گفتار آمده‌است که، یکی مرد دینی بر آن کوه بود.... پس‌از بازگشت فریدون در شانزده سالگی نیز نامی از هندوستان نیست که از البرزکوه، بدشت می‌آید. پس البرز در هندوستان نبوده‌است، و بسا پژوهشگران که در این باره سخن را بدرازا کشانده‌اند! بنداری این بیت را ترجمه کرده، و در ترجمهٔ گفتار پسین، نام البرز را فروافکنده‌است: «عزمتُ علی ان احمله الی بلاد هند، و آوی به ببعض الجبال» آهنگ آن کرده‌ام که او را به هندوستان برم و در کوهستان‌ها پناه و جایش دهم.

٦ – کنش ببرّد و سپارد، با «همی خواهدبود» لت پیشین همخوانی ندارد: خواهد برید، خواهد سپرد.

○ – «پدرسان» درست می‌نماید.

* – در همهٔ نمونه‌ها «فرزند او» که نادرست است و «را» کم دارد! سخن درست چنین می‌نماید: **«فرزند را...»**.

*

خبر شد به ضحّاکِ بد روزگار	از آن گاوِ بَرمایه و، مرغزار
بیامد بدان کینه چون پیل مست!	مر آن گاوِ بَرمایه را کرد پست!
همی هرچه دید اندران، چارپای	بیفکند و، زیشان بپردخت جای!
سبک سوی خانِ فریدون شتافت	فراوان پژوهید و کس را نیافت؛
به ایوان او آتش اندر فکند	ز پا اندر آورد کاخ بلند

۷۱۵

پژوهش فریدون از فرانک دربارهٔ نژاد

چو بگذشت از آن، بر فریدون دو هشت — ز البرزکوه اندر آمد بدشت
بر مادر آمد، پژوهید و گفت — که: «بگشای برمن، نهان، از نهفت*
نگویی؟ مرا، تا که بودم پدر! — کیم من؟ ز تخم کدامین گهر!»
فرانک بدو گفت که:«ای نامجوی — بگویم ترا، هرچه گفتی بگوی؛
تو بشناس، کز مرز ایرانزمین — یکی مرد بُد، نام او آبتین؛
ز تخم کیان[1] بود و بیدار بود — خردمند و گُرد و بی‌آزار بود
ز تهمورس[2] گُرد بودش نژاد — پدر، بر پدر بر، همی داشت یاد
پدر بُد ترا، مر مرا، نیک شوی — نبد، روز؛ روشن مرا، جز بدوی
چُنان بُد که ضحاک جادوپرست — از ایران بجان تو یازید دست؛
از او من، نهانت همی داشتم — چه مایه ببد، روز، بگذاشتم●
پدرتْ آن گرانمایه مرد جوان — فدا کرد، پیش تو، روشنروان

❋

سرانجام رفتم سوی بیشه‌ای — که کس را نه زان بیشه اندیشه‌ای[3]
یکی گاو دیدم چو خرّم بهار — سراپای نیرنگ و رنگ و نگار
نگهبان او، دست کرده به کَش — نشسته به پیش اندر، او شاه‌فش[4]
بدو دادمت روزگاری دراز — همی پروریدت بِبرَ بر، بناز
ز پستان آن گاو تاووس رنگ — برافراختی چون دلاور پلنگ
سرانجام زان گاو و آن مرغزار — یکایک خبر شد سوی شهریار
ز بیشه ببردم ترا ناگهان — گریزنده زِایوان و از خان‌ومان
بیامد، بکُشت آن گرانمایه را — چنان بیزبان، مهربان دایه را
أز ایوان ما تا بخورشید خاک — برآورد و، کرد آن بلندی، مغاک»

---

* – راز پنهان را بر من آشکار کن.
۱ – هنوز کیانیان پدیدار نشده‌بودند.
۲ – در این سخن نژاد او از تهمورس می‌آید، پس نژاد کیان، دوباره بیکار می‌شود.
۳ – **یک:** سرانجام نمی‌رود، که بی‌شکیب، و در زمان می‌رود. **دو:** لت دوئم سست می‌نماید.
● – روزگار گذرانیدم.
۴ – پیش را «اندر» نیست.

پرورش فریدون ۸۱

فریدون چو بشنید، بگشاد گوش*؛ ز گفتار مادر برآمد بجوش
دلش گشت پر درد و، سر پر ز کین به ابرو، ز خشم اندر آورد، چین
چنین داد پاسخ بمادر، که: «شیر نگردد، مگر بآزمایش، دلیر
کنون کردنی کرد، جادوپرست مرا برد باید بشمشیر دست؛
بپویم بفرمان یزدان پاک برآرم از ایوان ضحاک، خاک»
بدو گفت مادر که: «این، رای نیست؛ ترا با جهان، سربسر، پای نیست○
جهاندار ضحاک با تاج‌وگاه میان بسته فرمان او را سپاه؛
چو خواهد ز هر کشوری سدهزار؛ کمربسته، او را کند کارزار[1]
جز اینست آیین پیوندِ کین جهان را بچشم جوانی مبین!
که هرکاو نبیدِ جوانی چشید بگیتی جزاز خویشتن را ندید؛
بدان مستی اندر، دهد سر بباد! ترا روز، جز شاد و خرّم مباد!»

---

* – در همهٔ نمونه‌ها: «بشنید و بگشاد گوش»؛ پیدا است که گوش، پیش‌از شنیدن، گشاده می‌شود، و سخن بدینگونه باید: «بگشاده گوش». ○ – نمی‌توانی در برابر همهٔ جهانیان (که بزمان ضحاک‌اند) پایداری کنی.

۱ – **یک:** پیش‌ازاین آمده‌است که سپاه بفرمان او است، و شمار از هر کشور نادرخور می‌نماید. **دو:** پیش‌ازاین از سپاه «میان بسته» نام برده‌بود و «کمربسته» دوباره‌گویی ناسزاوار می‌نماید. **سه:** او را کند کارزار نادرست است، و افزاینده را، رای بر آن بوده‌است که بگوید «برای او کارزار می‌کنند»! **چهار:** بنداری نیز چنین سخن را نیاورده‌است!

داستان کاوهٔ آهنگر
با
ضحاک

چنان بُد که ضحاک، خود؛ روزوشب — بنام فریدون گشادی دو لب!
بران برزْ بالا، ز بیم نشیب — شده از فریدون، دلش پرنهیب
چنان بُد که یک روز بر تخت آج — نهاده بسر بر ز پیروزه تاج؛[1]
ز هر کشوری مهتران رابخواست — که در پادشاهی کند پشت راست[2]
ازآنپس چنین گفت با موبدان — که: «ای پرهنر باگهر بخردان!
مرا در نهانی یکی دشمن است — که بر بخردان،این سخن، روشن است؛
ندارم همی دشمن خُرد، خوار — بترسم همی از بدِ روزگار
همی زین فزون بایدم لشکری — هم از مردم و هم ز دیو و پری[3]
یکی لشکری خواهم انگیختن — ابا دیو، مردم برآمیختن[4]
بباید بدین بود، همداستان — که من ناشکیم، بدین داستان[5]
یکی محضر، اکنون بباید نوشت — که: «جز تخم نیکی، سپهبد نکشت؛
نگوید سخن، جز همه راستی — نخواهد بداد اندرون، کاستی»
ز بیم سپهبد همه، راستان — بدان کار، گشتند همداستان
بران محضرِ اژدها ناگزیر — گواهی نوشتند برنا و پیر[6]

*

همانگه یکایک° ز درگاه شاه — برآمد خروشیدنِ دادخواه!

---

۱ – **یک:** در یک گفتار، دو بار «چنان بُد»، آمده‌است. **دو:** تاج را نمی‌توان از فیروزه ساختن که آنرا از زر می‌سازند، و پسان، گوهر بر آن می‌نشانند.
۲ – در این رج از مهتران سخن می‌رود، بازآنکه در گفتارِ پسین؛ روی او با مویدان است.
۳ – چون از یک لشکر (لشکری) یاد می‌شود، سه گروه لشکریان را نمیتوان با آن همراه کردن.
۴ – **یک:** و در این رج نیز از آمیختن آنان باهم یاد می‌شود. **دو:** و از برانگیختن آن لشکر! که یکی دیگری را از میدان سخن بیرون می‌کند! **سه:** و گفتار این دو رج پیوند میان رج‌های پیشین و پسین را می‌گسلاند.
۵ – **یک:** «همداستان»، را با «این داستان»، پساوا نیست، و گفتار نیز همانست که در رج پسین می‌آید. چون پادشاه خودکامه‌ای بخواهد لشکری بزرگ انگیزد، همداستانی کسی را نمی‌خواهد. **دو:** ناشکیبم بر این کار، یا برای انجام اینکار، نه ناشکیب بر داستان.
۶ – **یک:** دربارهٔ برنا، پیش‌ازاین سخن رفت ک، کودک کمتر از ده‌ساله است **دو:** همداستانی آنان، در رج پیشین آمده‌بود.
○ – یکایک: ناگهان.

خیزش فریدون ۸۳

ستمدیده را پیش او خواندند   بر نامدارانش بنشاندند
بدو گفت مهتر، بروی دُژم،   که:«برگوی، تا از که دیدی ستم؟»
خروشید و زد دست بر سر، ز شاه   که: «شاها منم کاوهٔ دادخواه!
یکی بی زیان مردِ آهنگرم   ز شاه آتش آید همی بر سرم!
تو شاهیّ و گر اژدها پیکری؟   بباید بدین داستان، داوری؛
که: «گر هفت کشور بشاهی تراست!   چرا رنج و سختی، همه بهرِ ماست؟
شماریت، با من بباید گرفت   بدان، تا جهان مانَد اندر شگفت
مگر کز شمار تو آید پدید   که نوبت، ز گیتی، بمن چون رسید؟
که مارانْش را، مغز فرزند من   همی داد باید، ز هر انجمن»

*

سپهبد بگفتار او بنگرید   شگفت آمدش کان سخن‌ها شنید
بدو باز دادند، فرزند اوی   بخوبی بجستند پیوند اوی
بفرمود مر کاوه را پادشا   که باشد بدان محضر اندر، گوا
چو برخواند کاوه همه محضرش   سبک سوی پیران آن کشورش [1]
خروشید، که:«ای پایمردان دیو!   بریده دل از ترسِ گیهان خدیو!
همه سوی دوزخ نهادید روی   سپر دید دلها* بگفتار اوی
نباشم بدین محضر اندر، گوا!   نه هرگز براندیشم از پادشا»!
خروشید و برجست لرزان، ز جای   بدرّید و، بسپَرد محضر، بپای
گرانمایه فرزندِ او، پیش اوی   ز ایوان برون شد، خروشان بکوی

*

مهان، شاه را خواندند آفرین   که: «ای نامور شهریار زمین!
ز چرخ فلک بر سرت بادِ سرد   نیارد• گذشتن، بروز نبرد
چرا؟ پیش تو، کاوهٔ خام‌گوی   بسان همالان کند سرخ، روی!
همه محضر ما به پیمان تو   بدرّد، بپیچد ز فرمان تو!»
شهِ نامور، پاسخ آورد زود   که: «از من، شگفتی بباید شنود
که: چون کاوه آمد ز درگه پدید   -دو گوش من آواز او را شنید-
میان من و او، در ایوان، درُست   یکی آهنین کوه، گفتی برُست
ندانم چه شاید بُدن زین سپس   که راز سپهری ندانست کس»

۱ - سخن سست است، و دوبار «ش» در یک گفتار، پسندیده نمی‌نماید.

* - در همهٔ نمونه‌ها «دلها» آمده‌است، اما پیدا است که «دل را» درست است.

• - یارستن: یارا کردن (جرأت داشتن).

*

چو کاوه برون شد ز درگاه شاه / بر او انجمن گشت، بازارگاه؛
همی برخروشید و فریاد خواند* / جهان را سراسر سوی داد خواند
از آن چرم کآهنگران پشت پای / بپوشند هنگام زخم درای[1]
همان، کاوه آن بر سر نیزه کرد / همانگه ز بازار برخاست گرد[2]
خروشان همی رفت نیزه بدست / که: «ای نامداران یزدانپرست!
کسی؛ کاو، هوای فریدون کند؛ / سر از بند ضحاک بیرون کند!
بپویید؛ کاین مهتر اهریمن است / جهان‌آفرین را، بدل، دشمن است»
بران بی‌بها ناسزاوار پوست / پدید آمد آوای دشمن ز دوست[3]
همی رفت پیش اندرون مردِ گُرد / جهانی بر او انجمن شد نه خرد[4]
ندانست خود کآفریدون کجاست / سر اندرکشید و همی رفت راست[5]
بیامد بدرگاه، سالار نَو / بدیدندش آنجا و برخاست غو[6]
چو آن پوست بر نیزه بر، دید کی / بنیکی یکی اختر افکند پی[7]
بیاراست آن را به دیبای روم / ز گوهر بر و پیکر و زرّ بوم[8]
بزد بر سر خویش چون گِرد ماه / یکی فال فرخ پی افکند شاه[9]
فروهشت ازو سرخ و زرد و بنفش / همی خواندش کاویانی درفش[10]
ازآن‌پس هرآنکس که بگرفت گاه / بشاهی از بر سرِ کلاه؛
بر آن بی‌بها چرم آهنگران / برآویختی نو بنو گوهران
ز دیبای پرمایه و پرنیان / بران گونه شد اخترِ کاویان؛

---

* – فریاد خواندن: بیاری خواندن.

۱ – **یک:** در رج نخستین «از آن چرم» در رج پسین «همان» (چرم) که نادرست است. **دو:** درای، زنگ بزرگ کاروان‌ها است، و سندان، سندان است، درای نیست.

۲ – دوبار «آن» در یک گفتار نادرست است: «همان» و «آن».

۳ – آیا شایسته است که ایرانیان، چرمی را که درفش بزرگی و سربلندی آنان می‌شود ناسزاوار خوانند؟

۴ – **یک:** مردِ گرد نبود و مرد آهنگر بود! **دو:** در لت دویم، سخن سست و نابجا است.

۵ – «آفریدون» گونهٔ تازی شدهٔ فریدون است، و فردوسی هیچگاه آنرا بکار نبرده‌است.

٦ – چگونه کسی که نمی‌داند فریدون کجا است، بدرگاهِ کسی می‌رود، که خود، هنوز درگاه ندارد!

۷ – **یک:** فریدون «کی» نبود، و زنجیرهٔ کیانیان با کیقباد آغاز می‌شود. **دو:** اختر را نمیتوان «پی افکندن»!

۸ – **یک:** هنوز، آنزمان «روم» در جهان پدیدار نشده‌بود، تا دیبای دروغین رومی بافته شود. **دو:** اگر بومش از «زر» بوده باشد، پس چرم آن را چه کردند؟

۹ – **یک:** درفش چهارگوشه، چگونه «گردِ ماه» می‌شود؟ **دو:** اگر بگونهٔ گرد درآید. چرا خورشید نباشد و ماه باشد؟ و باز، افزاینده فال را «پی می‌افکند»!

۱۰ – ۸۰۵ تا ۸۰۹– نگارگری‌های سست برای درفش کاویان، تا آنجا که از آینده نیز آگاهی می‌آورند، چرم را بی‌بها می‌خوانند، دوباره پرنیان و دیبا(؟) بر آن می‌بندند، نام درفش را به «اختر» می‌گردانند، که در آینده نیز، در افزوده‌های شاهنامه، با این پاژنام می‌آید... .

که اندر شب تیره، چون شید بود   جهان را از او دل پر امّید بود
بگشت اندرین نیز چندی جهان   همی بودنی داشت اندر نهان
فریدون چو گیتی بران گونه دید   جهان پیش ضحاک، وارونه دید
سوی مادر آمد-کمر بر میان   بسربر نهاده کلاه کیان-[1]
که من رفتنی‌ام سوی کارزار   ترا جز نیایش مباد ایچ کار[2]
ز گیتی جهان‌آفرین را پرست   بدو زن،بهر نیک‌وبد، پاک، دست،[3]
فرو ریخت خون از مژه مادرش   همی خواند با خون دل،داورش[4]
بیزدان همی گفت: «زنهار من   سپردم ترا، ای جهاندار من![5]
بگردان ز جانش نهیب بدان   بپرداز گیتی ز نابخردان!»
فریدون، سبک، سازِ رفتن گرفت   سخن را، ز هر کس، نهفتن گرفت[6]
برادر دو بودش دو فرخ همال   ازو هر دو آزاده، مهتر، بسال[7]
یکی بود ازیشان کیانوش نام   دگر نام، پرمایهٔ شادکام[8]
فریدون بریشان سخن برگشاد   که: «خرّم، زیید ای دلیران و، شاد
که: گردون نگردد مگر بر بهی   بما بازگردد کلاه مهی
بیارید داننده آهنگران   یکی گرز سازید، ما را، گران»
چو بگشاد لب هردو بشتافتند   ببازار آهنگران تاختند؛[9]
هرآن‌کس کزآن پیشه بُد نامجوی   بسوی فریدون نهادند روی
جهانجوی پرگار بگرفت زود   وُزان، گرز، پیکر بدیشان نمود

---

۱ - «۸۱۰ و ۸۱۱ وابسته به ۸۱۲» **یک:** فریدون کلاه کیانی نداشت و در رج ۸۲۲ در گفتار درست شاهنامه آرزوی بازگشتنِ «کلاه مهی» را می‌کند. **دو:** باری برای رفتن بمیدان نبرد، تاج (کلاه کیانی) بر سر نمی‌نهند!

۲ - پیوسته به رج ۸۱۲

۳ - **یک:** پیداست که مادر فریدون نیز کیش فریدون را دارد و فرمان بیجا بمادر دادن، نادرخور است. **دو:** اگرپرستش، همان نیایش و گروش به یزدان بوده باشد، پس در کار «بد» (چنانکه در این گفتار آمده) نیز بیاری او امید داشتن از یزدانپرستی نیست.

۴ - «داورش» نادرست است، زیرا که خداوند، تنها داورِ فرانک نبود، که داور جهان (جهانداور) بود و هست.

۵ - «همی‌گفت» نادرست است. «گفت» زنهارِ «من» با سپرد«م» همخوان نیست زیرا که در آن؛ دوبار از «من» یاد می‌شود، و گفتار درست با یک پیوند همراه است: «زنهارم [را] سپردم».

۶ - **یک:** از بازار گَرد برخاسته است، و ایرانیان همگی برخاسته و جنگ را آراسته‌اند، و سخن نهفته نیست. **دو:** فریدون هنوز «ساز رفتن» نگرفته‌است، زیرا که می‌باید برای وی گرز بسازند.

۷ - **یک:** «برادر دو» نادرست است: «دو برادر». **دو:** که را دو برادر بود؟ زیرا که سخن در رج پیشین بپایان رسیده‌بود. و چون این رج یک گفتار جداگانه است می‌بایستی یا با نام فریدون آغاز شود، یا: «او را دو برادر بود». **دو:** همال را نتوان مهتر خواندن، مهتر همال نمی‌شود. **سه:** چرا پیش‌ازاین از این دو برادر، در شاهنامه یادی نشده‌بود؟ **چهار:** ضحاک که فرزندان ایران را برای اژدها می‌کشت، چگونه بجان آنان دست نیازیده‌بود؟

۸ - «دگر نام» در آغاز لت دویم نادرست است: «دیگری بود» در برابر «یکی بود».

۹ - **یک:** این رج میان رج‌های پیشین و پسین جدایی می‌افکند! **دو:** شتافتند و تاختند هردو یکی است. **سه:** آنان بسوی آهنگران نرفتند که در رج پسین چنین می‌نماید که آهنگران بسوی فریدون آمدند.

نگاری نگارید بر خاک پیش … همیدون بسان سر گاومیش [1]
بدان دست بردند آهنگران … چو شد ساخته، کارِ گرز گران؛
به پیش جهانجوی بردند گرز … فروزان بکردار خورشید برز [2]
پسند آمدش کار پولادگر … ببخشیدشان جامه و سیم و زر [3]
بسی کردشان نیز فرخ امید … بسی دادشان بهتری را نوید [4]
که: «گر اژدها را کنم زیر خاک … بشوییم شما را سر از گرد، پاک» [5]
جهان را همه سوی داد آوریم … چو از نام‌دادار، یاد آوریم [6]

---

۱ - **یک:** در رج پیشین، پیکر گرز، به آهنگران نموده شد، و این سخن دوباره‌گویی است. **دو:** «بر خاک، پیش» چه باشد؟ **سه:** «گرزهٔ گاوسر» را بسان سرِ گاومیش ساختند؟

۲ - بُرزِ گرز بسان خورشید فروزان بود؟، یا مانند خورشیدِ برز فروزان بود، هردو نادرست است.

۳ - **یک:** پولادگران (آهنگران) بودند، و اینجا پولادگر، یگانه شد! **دو:** دوباره «پولادگر» یگانه شد، و در لت دویُم «ببخشیدشان» آمده‌است.

۴ - **یک:** امید، فرخ نیست. امید، امید است. و امید، کردنی نیست «دادنی» است. **دو:** کارِ آهنگران باکوشش خودشان بهتر می‌شود، نه با امید دادن از سوی کس دیگر! و اگر نوید، به بهتری کار ایرانیان داده‌است چرا تنها به آهنگران گفته‌است؟

۵ - سخن سست می‌نماید.

٦ - **یک:** آیا تنها، با یاد کردن نام دادار. جهان زیرِ داد می‌رود؟ و آیا پس‌از انجام همهٔ کارها، زمان «به یاد کردن، از دادار» می‌رسد؟ **دو:** «چو» در آغاز لت دویم.

آهنگ جنگ فریدون با ضحاک

فریدون بخورشید بر، برد سر   کمر تنگ بسته، بکین پدر؛
برون رفت خرم بخرداد روز[1]   بنیک اختر و فال گیتی‌فروز
سپاه انجمن شد بدرگاه اوی   به ابر اندر آمد سرِ گاه اوی
به پیلان گردون‌کش و گاومیش   سپه را همی توشه بردند پیش
کیانوش و پرمایه بر دست شاه   چو کهتر برادر، ورا نیکخواه
همی رفت منزل بمنزل چو باد   سری پر ز کینه دلی پر ز داد
رسیدند بر تازیانِ نوند   بجایی که یزدان‌پرستان بدند
پس آمد بر آن جای نیکان فرود   فرستاد نزدیک ایشان درود[2]
چو شب تیره برگشت، از آن جایگاه   خرامان بیامد یکی نیکخواه
فرو هشته از مشک تا پای، موی   بکردار حور بهشتیش[3] روی
سوی مهتر آمد[4] بسان پری[5]   نهانی بیاموختش افسونگری
که تا بندها را بداند کلید   گشاده به افسون کند ناپدید[6]
فریدون بدانست کان ایزدی‌ست   نه از راه پیگار و دست بدی‌ست[7]
شد از شادمانی رخش ارغوان،   که تن را جوان دید[8] و، دولت جوان

---

۱ - اگر با یاد کردن از نام روز خرداد (ششم) برای جنبش سپاه، برتری آن روز را بر روزهای دیگر خواهند گفتن. خرداد نگهبان آبهای جهان بوده‌است و ایرانیان برای جوی کندن، یاکاریز برآوردن، یا هر کار دیگر که بآب وابسته بود «خردادروز» را برمی‌گزیدند. و آنروز که به جنبش سپاه یاری می‌بخشید «بهرام‌روز» بود!! نکته آنکه اگر افزایندگان «بهرام‌روز» می‌آوردند، آهنگ سخن را پریشان نمی‌کرد! اما آنانرا آگاهی درست از فرهنگ ایران باستان نبوده‌است.

۲ - این گروه نیکان، کدام تیره‌اند، که نامی از آنان درمیان نمی‌آید؟ این لت برگرفته از رج ۸۶۴ است از آنِ شاهنامه، و از فردوسی بدور است که دو سخنِ نزدیک را، همسان بسراید. ۳ - دنبالهٔ گفتار.

۴ - یکبار پیش‌ازاین از «خرامان بیامد» یاد شده‌بود، و اینجا دوباره‌گویی است

۵ - حور بهشتی به پری بازگشت، دوگانه‌گویی است. «پری» در اندیشهٔ ایرانیان باستان ستوده نیست که در جوانی بس زیبا و نازک‌تن و دلرباست و چون سال بر او بگذرد، گند پیری زشت و بدتن و بدآهنگ می‌شود که نمونهٔ آن در خوان چهارم از هفتخوان رستم آمده‌است.

۶ - افسون؛ چاره‌گری است، و فریدون افسونگر؛ فریدون چاره‌گر است، اما سخن در اینجا باژگونه شده‌است. افزاینده خواسته‌است بگوید که [گره‌های بسته] را بافسون تواند گشودن! اما «بند گشاده» را با چاره‌گری ناپدید کند! سخنی است بی سر و بن و نادرخور!

۷ - سخن درهم ریخته و سست! افزاینده را رای آن بوده‌است که بگوید که آن حور بهشتی که به پری مانَنده بود ازسوی ایزد آمده‌است، و برای پیکار اوکمربسته و بدی وی را نمی‌خواهد، یا از سوی بدان نیامده!!

۸ - تن یک جوان ۱۶ ساله را چه گذشته است؟ که اکنون بخویش بنگرد و تن را جوان بیند!

خورش‌ها بسیاراست خوالیگرش — یکی پاک‌خوان از در مهترش[1]
چو شد نوش خورده[2]، شتاب آمدش — گران شد سرش رای خواب آمدش
چو آن ایزدی رفتن و کار او — بدیدند و آن بخت بیدار او
برادرش هر دو[3] برون خاستند[4] — تبه کردنش را بیاراستند
یکی کوه بود از برش برزکوه[5] — برادرش هردو[6] نهان از گروه
بپایینِ کُه شاه خفته به ناز[7] — شده یک‌زمان از شب دیرباز[8]
به کُه برشدند آن دو بیدادگر[9] — وزیشان نبد هیچکس را خبر
ازان کوه بالا[10] بکندند سنگ — بدان تا بکوبد[11] سرش بی‌درنگ
ز خارا بکندند[12] سنگی گران — ندیده[13] مر آن کار بد را، کران
از آن کوه غلتان فروگاشتند — مرآن خفته را مرده پنداشتند
بفرمان یزدان سر خفته مرد[14] — خروشیدن سنگ بیدار کرد
به افسون مرآن سنگ[15] برجای خویش — ببست[16] و نجنبید آن سنگ پیش[17]
همانگه کمر بست و اندر کشید[18] — نکرد آن سخن را برشان پدید
به اروندرود اندر آورد روی — چنان چون بود مرد دیهیم[19] جوی
اگر پهلوانی ندانی زبان — بتازی تو اروند را دجله‌خوان[20]
دگر منزل آن شاه آزادمرد — لب[21] دجله و شهر بغداد[22] کرد

---

۱ – سخن بی‌پایان است. ۲ – نوش، شیرین است، و شیرین خورد، یا خوردن شیرین سخنی بیراه است.
۳ – «برادرش هردو» نادرست است و «هردو برادرش»، یا «برادرانش» درست.
۴ – برون خاستند واژه‌ای نادرست است و برخاستند درست.
۵ – این سخن سخت بیراه و آشفته است: یکی کوه بود، از برش کوه بلند؟ ٦ – دوباره «برادرش هردو؟» بجای «دو برادر»!
۷ – سردار جنگی به «ناز» نمی‌خوابد، و ناز ویژهٔ دخترکان است.
۸ – در یاد داشته باشید که یک زمان، یا یک پاس (ساعت) از شب گذشته‌است... .
۹ – از برادران فریدون در گفتار پیشین چنین یاد شده‌بود:

کیانوش و پرمایه بر دستِ شاه — چو کهتر برادر ورا نیکخواه

و چگونه نیکخواهان بیدادگر نامیده می‌شوند! ۱۰ – «کوه بالا» نادرست است و بالای کوه درست.
۱۱ – کاربرد «بکوبد» برای دو کس نادرست است.
۱۲ – در رج پیشین از کوه بالا سنگ کندند، و اینجا، از خارا، سنگ می‌کنند! ۱۳ – «ندیده» برای دو کس نادرخور است.
۱۴ – «را» کم دارد. ۱۵ – «را» کم دارد. ١٦ – «ببست» نادرست است و «نگهداشت» می‌باید!
۱۷ – سخن نادرست است: آن سنگ پیش[تر] نرفت!
۱۸ – **یک:** «اندر کشید» چه را کشید؟ **دو:** بیاد بیاورید که برادران سنگ را یک زمان یا یک پاس از شب گذشته بپایین غلتانده‌بودند، و در همان هنگام شب نمی‌توان کمربستن، و براه افتادن. ۱۹ – دیهیم در آنزمان پدیدار نشده‌بود.
۲۰ – سخن، با رج‌های پیشین و پسین، پیوند ندارد.
۲۱ – **یک:** لبِ دجله نادرست است و «رودبار» یا «کنار دجله» می‌باید. **دو:** اگر اروندرود را بزبان پهلوی گزارش کرده‌اند، پس چرا می‌باید بیدرنگ نام دجله را آوردن؟
۲۲ – بغداد، نام روستایی در میانرودان بوده‌است که هزاران سال پس‌ازآن داستان شهر شد و پایتخت خلیفگان گردید، و کنار اروندرود
←

پیروزی فریدون ۸۹

*

چو آمد بنزدیک اروندرود — فرستاد، زی رودبانان، درود؛
که: «کشتی و زورق هم اندر شتاب — گذارید، یکسر، بدینروی آب»
مرا با سپاهم، بدآنسو رسان[1] — از اینها کسی را بدین سو ممان»
نیاورد کشتی نگهبان رود — نیامد بگفتِ فریدون فرود[2]
چنین داد پاسخ که: «شاه جهان — چنین گفت با من سَخُن در نهان
که «مگذار* یک پشّه را، تا نخست — جوازی نیابی و مُهری درست»
فریدون چو بشنید شد خشمناک — از آن ژرف دریا نیامدش باک[3]
همانگه میانِ کیانی ببست — بر آن بارهٔ تیزتگ برنشست[4]

*

سرش تیز شد کینه و جنگ را — بآب اندر افکند، گلرنگ را
ببستند یارانش یکسر کمر — همیدون بدریا نهادند سر
بر آن بادپایان با آفرین — بآب اندرون، غرقه کردند زین
سر سرکشان اندر آمد به خواب — ز تازیدن بادپایان در آب[5]
به آب اندرون تن برآورد و بال — چو اندر شب تیره، بازی خیال[6]
بخشکی کشیدند سر کینه جوی — به بیت‌المقدّس نهادند روی[7]
چو بر پهلوانی زبان راندند — همی کنگ‌دژهوختش خواندند[8]

← (دجله) نیست.

۱ – چون فرمان بسوی «رودبانان» بوده‌است، کنش «بدان سو رسان» نادرست است. لت دویم نیز سخت نادرخور است.

۲ – فرود آمدن گفت (= گفتار) نادرخور است. * – گذاردن: گذراندن.

۳ – **یک:** سپاهسالاری چون فریدون، چون بر رودبان خشم گیرد، او را ناچار بفرمانبری می‌کند! اما چنین نبوده‌است که رودبان، اینسوی رود بوده باشد،... او از آنسوی رود پیام فرستاده‌است. **دو:** «باک» آمدنی نیست، داشتنی است.

۴ – **یک:** مگر میان را گشوده‌بود که اکنون بایدش بستن! **دو:** کدام باره؟ چرا با «آن» همراه می‌شود؟ سخن درست «گلرنگ» است که در رج پسین می‌آید. ۵ – برای گذر از رود می‌باید از خواب برخاستن، نه بخواب رفتن.

٦ – سخن پریشان! شاید بودن که افزاینده خواسته‌است از «فانوس خیال» نام بَرَد. در سروده‌ای بنام خیّام:

این چرخ و فلک که ما درو حیرانیم — فانوس خیال از او مثالی دانیم
خورشید چراغ دان و عالم فانوس — ما چون صوریم کاندرو گردانیم

و در این بازی که مادرِ سینمای امروز جهان بشمار میرود، بر روی شیشهٔ فانوس نگاره‌هایی بوده‌است که چون آنرا می‌گردانده‌اند، بر روی دیوار می‌افتاده، و بچشم دیده می‌شده، و در «خیال نگاره‌ها» شاید که بالی برای مردمان نیز می‌کشیده‌اند که بر روی دیوار دیده شود، اما سخن در این رج افزوده سخت نادرخور است، زیرا که شاید بال برای نگاره‌ای کشیدن، اما هر کس را «تن» هست، و نشاید گفتن که «تن برآورد».

۷ – **یک:** کینه از دل است، نه از سر. **دو:** آنزمان هنوز بیت‌المقدس بنیاد نهاده نشده‌بود! و بیت‌المقدس نیز در کنارهٔ اروندرود نبود!

۸ – سخن آشفته‌است و افزاینده خواسته‌است بگوید [آنرا به] پهلوانی زبان کنگدژهوخت [می]خواندند.

به تازی کنون خانهٔ پاک دان   برآورده ایوان ضحاک دان[1]
چو از دشت نزدیک شهر آمدند   از آن شهر، جوینده بهر آمدند
ز یک میل کرد آفریدون نگاه   یکی کاخ دید اندر آن شهر، شاه[2]
فروزنده چون مشتری بر سپهر   همه جای شادی و آرام و مهر[3]
که ایوانش برتر ز کیوان نمود   تو گفتی ستاره بخواهد پسود![4]
بدانست کان خانهٔ اژدهاست   که جای بزرگی و جای بهاست[5]
بیارانش گفت: «آنکه بر تیره خاک   برآرد چنین بُرزجای از مغاک؛[6]
بترسم همی ز آنکه با او جهان   مگر راز دارد یکی، در نهان[7]
همان به که ما را بدین جای، جنگ   شتابیدن آید بجای درنگ»[8]
بگفت و، بگرزِ گران دست برد   عنان باره‌ٔ تیزتگ را سپرد[9]
تو گفتی یکی آتش استی درست   که پیش نگهبان ایوان برُست![10]
گران گرز برداشت از پیش زین   تو گفتی همی برنوردد زمین[11]
کس از روزبانان بدر بر، نماند   فریدون جهان‌آفرین را بخواند[12]
به اسپ اندر آمد بکاخ بزرگ   -جهان ناسپرده جوان سترگ-[13]
تِلِسمی که ضحاک سازیده بود   سرش بآسمان بر، فرازیده بود
فریدون ز بالا فرود آورید   که آن، جز بنام جهاندار دید
وز آن جادوان کاندر ایوان بُدند   همه نامور نرّه دیوان بُدند[14]

---

۱ - آشفته‌تر از آن، این سخن است که ترجمهٔ آن (بزبان تازی؟!) «خانهٔ پاکِ» فارسی بوده باشد!‌ادر ترجمه بنداری نام بیت‌المقدس آمده‌است، اما دیگر سخنان نیامده!   ۲ - آفریدون!

۳ - چگونه شهرِ ضحاک بیدادگر، جای آرام و مهر می‌شود؟

۴ - **یک:** مشتری، کیوان شد. و از کیوان نیز برتر... **دو:** تو گفتی... **سه:** اگر خودبرتر از کیوان می‌نمود ستارهٔ پایین‌تر از خود را چگونه (با دست) می‌پسود؟   ۵ - «جای بزرگی» چیست؟ و «جای بها» چه باشد؟

۶ - چرا از مغاک برآورده باشند؟ شهر در میانهٔ دشت بود.   ۷ - لت دویم سست می‌نماید: «در نهان، رازی با وی دارد».

۸ - جنگ در پایان لت نخست نادرخور است: «همان به که شتاب را بر درنگ پذیریم».   ۹ - دنبالهٔ گفتار

۱۰ - **یک:** تو گفتی! که گفت؟ من؟ تو؟ **دو:** آتش، نمی‌روید.

۱۱ - **یک:** پیشتر آمده‌بود: بگفت و بگرز گران دست برد! و اینجا دوباره‌گویی است. **دو:** با برداشتن گرز از زین زمین نبردی آغاز نمی‌شود، و پیشتر از این نیز، همین سخن آمده‌بود «عنان، بارهٔ تیزتگ را سپرد».

۱۲ - **یک:** روزبانان یا شکنجه‌گران و دژخیمان، در زندانهابسر می‌برند، و کنار دروازهٔ شهر، دربانان‌اند که نگاهبان شهراند و در گفتار پیشین از آنان یاد شده‌بود: «که پیش نگهبان ایوان برُست». **دو:** پس‌از برداشتن گرز و جنبش سپاه، خداوند را بیاری خواستن، نادرست است. پیش‌از‌آن می‌باید نام خداوند را بردن!

۱۳ - سترگ؛ «لجوج باشد و بی‌آزرم و شرم، لغت فرس»، و برای فریدون، که «جهان را چو باران بشایستگی» بوده‌است، سزاوار نمی‌نماید.

۱۴ - **یک:** جادوی نامور چگونه جادویی باشد؟ **دو:** اگر نامور بودند پس چرا نامشان نیامده‌است؟ **سه:** ایوان شاهی که ویژه زنان و دختركان زیباروی است جای نرّه‌دیوان نیست، و اگر جادو بودند چگونه است که اکنون نره‌دیو گشتند؟

سرانشان به گرز گران کرد پست   نشست از بر گاه جادوپرست[1]
نهاد از بر تخت ضحاک پای   کلاه کیی جست و بگرفت جای[2]

*

برون آورید از شبستان اوی   بتان سیه‌مویِ خورشیدروی
بفرمود شستن سرانشان نخست   روانشان، پس، از تیرگیها بشست[3]
ره داور پاک بنمودشان   از آلودگی‌ها بپالودشان
که پروردهٔ بت‌پرستان بُدند   سراسیمه برسان مستان بُدند[4]
پس آن دختران جهاندار جم   بنرگس گل سرخ را داده نم[5]
گشادند بر آفریدون سخُن   که: «نو باش تا هست گیتی کهُن![6]
چه اختر بد این از تو ای نیک‌بخت؟   چه باری؟ ز شاخ کدامین درخت؟[7]
که ایدون ببالین شیر آمدی؛   ستمگاره مرد دلیر آمدی؟[8]
چه مایه جهان گشت بر مابه بد   ز کردار این جادوی بی‌خرد
چه مایه کشیدیم رنج و بلا   ازین اهرمن کیش نرّ اژدها[9]
ندیدیم کس کین چنین زهره داشت   بدین پایگه از هنر بهره داشت[10]
کش اندیشهٔ گاه او آمدی   اُگرش آرزو جاه او آمدی»[11]
چنین داد پاسخ فریدون که: «تخت   نماند بکس جاودانه، نه بخت[12]

---

۱ – بازگردیم به رج پیشین که با «از» آغاز می‌شود... و سخن چنین است: «و از جادوان، سرانشان [را] پست کرد» و این سخن را چه روی گفتن و چه راه اندریافتن است؟ سر چگونه پست می‌شود؟

۲ – **یک:** پس‌از نشستن بر گاه که در رج پیشین، از آن یاد شد، تازه پای بر تخت ضحاک می‌نهد؟ **دو:** ضحاک از کیانیان نبود که تاج او کلاه کیی بوده باشد. **سه:** برای سدیگر بار، جای گرفت و نشست!

۳ – **یک:** برای یوژداشر (= غُسل بزبان پهلوی) شستن همهٔ تن بایسته‌است نه سر! **دو:** کدام تیرگیها؟ **سه:** این سخن درهم ریخته، در رج پسین بگونهٔ درست آمده‌است! **چهار:** بنداری ندارد.

۴ – **یک:** پیوند این سخن، با گفتار پیشین و گفتار پسین، روشن نیست. **دو:** سرآسیمگی، بت‌پرستی نیست، بسا یزدانپرستان که سرآسیمه می‌شوند! **سه:** مستی با سرآسیمگی همراه نیست، و بسا سرآسیمگان که مست نیستند. **چهار:** بنداری ندارد.

۵ – بر سخن انگشت نمی‌توان نهادن، اما پیوسته به رج پسین است.

۶ – **یک:** آفریدون! **دو:** می‌توان گفتن که در جهان کهن همواره نو باش، و بدینسان که آیندهٔ گیتی را باکنش «هست» آوردن، نادرست است.

۷ – **یک:** اختر از آنِ کسی نیست، وگردش اختران در باور پیشینیان در زندگی مردمان، کارساز است. **دو:** سردار جنگی را بمیوهٔ درخت نمی‌توان مانند کردن.

۸ – **یک:** مگر ضحاک خوابیده‌بود که فریدون ببالین او آید؟ **دو:** سخن بی‌پیوند! ستمکاره به که بازمی‌گردد؟ اگر بضحاک بازگردد که مرد دلیر آمدی با آن پیوند ندارد، و اگر به فریدون بازگردد، زهی ستمکارا! که افزایندهٔ این سخن است! **سه:** بنداری ندارد.

۹ – دوباره‌گویی سخن پیشین است.

۱۰ – **یک:** درست آنستکه گفته آید: «چنین زهره داشته [باشد!] **دو:** و درست‌تر آنستکه... این اندازه از هنر بهره داشته باشد.

۱۱ – و... اندیشهٔ گرفتن گاهِ او را در سر داشته باشد... یا آنکه آرزوی گرفتن گاه او را کند!

۱۲ – کسی از فریدون سخن نپرسیده‌بود که وی پاسخ دهد.

منم پور آن نیکمرد آبتین / که ضحاک بگرفت از ایرانزمین[1]
بکشتش بزاری و، من کینه‌جوی / نهادم سوی تخت ضحاک روی
همان گاو برمایه کم دایه بود / ز پیکر تنش همچو پیرایه بود[2]
ز خون چنان بی‌زبان چارپای / چه آمد بران مرد ناپاک رای[3]
کمر بسته‌ام لاجرم جنگجوی / از ایران بکین اندرآورده روی[4]
سرش را بدین گرزهٔ گاوچهر / بکوبم نه بخشایش آرم، نه مهر»[5]
چو بشنید ازو این سخن ارنواز / گشاده شدش بر دل پاک، راز
بدو گفت: «شاه آفریدون تویی / که ویران کنی تُنبل و جادویی؟[6]
کجا هوش ضحاک بردست تست / گشاد جهان بر کمربست تست؟[7]
ز تخم کیان ما دو پوشیده پاک / شده رام با او ز بیم هلاک[8]
همی جفت‌مان خوانْد و جفتِ مار / چگونه توان بودن ای شهریار؟!»[9]
فریدون چنین پاسخ آورد باز / که: «گر چرخ دادم دهد از فراز[10]
ببرّم پی اژدها را ز خاک / بشویم جهان را ز ناپاک، پاک
بباید شما را کنون گفت راست / که: «آن بی‌بها اژدهافش کجاست»
بر او خوب‌رویان گشادند راز / مگر کاژدها را سر، آید بگاز[11]
بگفتند ک:«او سوی هندوستان / بشد تا کند بند جادوستان
ببرّد سر بی‌گناهان هزار / هراسان شده‌است از بدِ روزگار[12]
کجا گفته بودش یکی پیش‌بین / که پردخت کی گردد از تو زمین

---

۱ – پیوسته به رج پیشین است.

۲ – **یک:** «را» کم دارد: گاو پرمایه را. **دو:** پیرایه با کاستن از چیزی فراهم می‌آید: ویراستن در برابر آراستن. باری پیرایه از نگاره جدا است! زیرا که آرایش، آرایه است نه پیرایه!

۳ – سخن پیوند ندارد.

۴ – «لاجرم»؛ نابکار است! کمربسته‌ام «بکین آن گاو».

۵ – پیوند با سخن پیشین ندارد... [تا] سرش را... .

٦ – **یک:** پس، آن پالایش‌ها از بدی که پیش‌ازاین آمده‌بود بر دست که بود؟ مگر در رج ۹۱۱ خود، نگفته‌بود که: من پور آبتین‌ام! **دو:** تُنبل (=تِلِسم) و جادو، ویران کردنی نیست، شکستنی است.

۷ – **یک:** هوش؛ مرگ است، و فریدون ضحاک را نمی‌کشد، که در دماوند بزندانش می‌افکند. **دو:** «گشادگی» درست است نه «گشاد». **سه:** «کمربستن» درست است نه کمربست. **چهار:** بنداری ندارد.

۸ – **یک:** شده رام نادرست است، شدیم رام. **دو:** «با او» نیز نادرخور است: «رام او شدیم». **سه:** زنجیرهٔ کیان هنوز آغاز نشده‌بود.

۹ – پایانوند «ای شهریار» که در افزوده‌های پیشین، پیشینه دارد، می‌بایستی در آغاز بیاید.

۱۰ – «از فراز» چه باشد؟ «داد دادن چرخ» فرازوفرود ندارد.

۱۱ – **یک:** رفتن ضحاک به هندوستان که پس‌ازاین می‌آید راز نبوده‌است. **دو:** سرِ ضحاک بمیان گاز نخواهد رفتن؛ که او را در دماوند کوه ببند می‌کشند. **سه:** در رج پسین که وابسته بهمین گفتار است از هندوستان نام برده شده، و آنزمان هنوز هندیان از ایرانیان جدا نشده بودند، و هندوستان پدید نیامده‌بود. **چهار:** بنداری نیاورده‌است.

۱۲ – سخن نادرست است، و درست چنین است: سرِ هزار بیگناه را ببرد.

که آید که گیرد سر تخت تو / چگونه فرو پژمرد بخت تو[1]
دلش زان زده فال بر آتش است / همه زندگانی بر او ناخوش است[2]
همی خونِ دام و دد و مرد و زن / بریزد کند در یکی آبزن[3]
مگر کو سر و تن بشوید بخون / شود فال اخترشناسان نگون
همان نیز از آن[4] مارها بر دو کفت / برنج درازست مانده شگفت
از این کشور آید بدیگر[5] شود / ز رنج دو مار سیه نغنود
بیاید کنون گاه باز آمدنش / که جایی نباشد، فراوان بُدنش»[6]
گشاد آن نگار جگرخسته راز / نهاده بدو گوش، گردنفراز[7]

*

چو کشور ز ضحاک بودی تهی / یکی مایه‌ور بُد بسان رهی[8]
که او داشتی گنج و تخت و سرای / شگفتی به دلسوزگی کدخدای[9]
ورا کُندرَو خواندندی بنام / بکندی زدی پیش بیداد، گام[10]
بکاخ اندر آمد دوان کندرو / در ایوان یکی تاجور دید، نو[11]
نشسته بآرام در پیشگاه[12] / چو سرو بلند از برش گرد ماه
ز یک دست، سرو سهی شهرناز / بدست دگر ماهرو ارنواز
همه شهر یکسر پراز لشکرش / کمربستگان صف‌زده بر درش[13]
نه آسیمه گشت و نه پرسید راز / نیایش کنان رفت و بردش نماز[14]
بر او آفرین کرد ک:«ای شهریار / همیشه بزی تا بود روزگار![15]
خجسته نشست تو با فرهی / که هستی سزاوار شاهنشهی!
جهان هفت‌کشور ترا بنده باد / سرت برتر از ابر بارنده باد!»

---

۱ - **یک:** چه کس می‌آید؟ درست «کسی می‌آید» است. **دو:** «چگونه»، پیوند لت دویُم را با لت نخستین پریشان می‌سازد. **سه:** بخت (= قسمت) پژمردنی نیست، و از پیش؛ بودنی بوده‌است.

۲ - فال نزده‌بودند، پیش‌بین گفته‌بود!

۳ - در رج ۹۲۷ گفته شد هزار بیگناه، و اینجا ددودام نیز بدان افزوده می‌شود.

۴ - «همان» و «آن» را در یک سخن آوردن درست نیست.

۵ - بدیگر شود کمبود دارد: «بکشوری دیگر شود».

۶ - **یک:** فراوان را نشاید برای زمان بکار بردن. **دو:** «جایی نباشد» نادرست است: «بودنش در جایی بسیار نپاید!»

۷ - **یک:** پیشتر راز را گشاده بود.

۸ - کشور از ضحاک تهی نمی‌شود، که ضحاک از کشور می‌رود.

۹ - لت دویُم پریشان است. زیراکنشِ «داشتی» بدان بازمی‌گردد: «...داشتی بدلسوزگی کدخدای»!

۱۰ - گزارش لت دویم از نام کندرو، کودکانه است.

۱۱ - بیدرنگ «کندرو» را که بکندی گام برمی‌داشت، دوان می‌بینیم.

۱۲ - شاه در پیشگاه نمی‌نشیند که نشیمنگاهش بر روی تخت است!

۱۳ - مگر کندرو، خود در شهر نبوده‌است؟ که از رویدادهای آن آگاهی نداشت! پیشتر گفته شد که چون کشور از ضحاک تهی می‌شد، کندرو کارپرداز او بود.

۱۴ - نشستن جهاندار بر تخت، در روز روشن «راز» نیست.

۱۵ - سخن سست نمی‌نماید، اما پیوسته بداستان است.

فریدونش فرمود تا رفت پیش بکرد آشکارا همه راز خویش[1]
بفرمود شاه دلاور بدوی که: «رو آلت تخت شاهی بشوی[2]
نبید آر و رامشگران را بخوان بپیمای جام و بیارای خوان[3]
کسی کو بدانش سزای من است برامش، نهان دلزدای من است؛[4]
بیار انجمن کن بر تخت من چنان چون سزد در خور بخت من»
چو بشنید ازو این سخن کدخدای بکرد آنچه گفتش بدو رهنمای[5]
می روشن آورد و رامشگران همان درخورش با گهرمهتران[6]
فریدون غم افکند و، رامش گزید شبی کرد جشنی چنان چون سزید[7]

*

چو شد بام گیتی، دوان کندرو برون آمد ازپیش سالار نو[8]
نشست از بر بارهٔ راهجوی سوی شاه ضحاک بنهاد روی
بیامد چو پیش سپهبد رسید سراسر بگفت آنچه دید و شنید[9]
بدو گفت ک:«ای شاه گردنکشان ز برگشتن کارت آمد نشان![10]
سه مرد سرافراز با لشکری فراز آمدند از دگر کشوری
از آن سه یکی کهتر اندر میان ببالای سرو و بچهر[11] کیان[12]
بسال است کهتر فزونیش بیش از آن مهتران او نهد پای پیش[13]
یکی گرز دارد چو یک لخت کوه همی تابد اندر میان گروه[14]
باسپ اندر آمد بایوان شاه دو پُرمایه با او همیدون براه[15]
بیامد بتخت کیی برنشست همه بند و نیرنگ تو کرد پست[16]

---

۱ – یک: فریدونش فرمود نادرست است: «فریدون بدو فرمود» «فریدون بوی فرمود»... «او را فرمود». دو: باز سخن از راز می‌رود.

۲ – خود بر تخت شاهی نشسته‌است، پس‌ازآن نشستن فرمان شستن آنرا می‌دهد؟

۳ – کندرو بتنهایی می بنوشد؟

۴ – «نهان دلزدا» نادرست است، «غم پنهان دل مرا می‌زداید». در شاهنامه فلورانس «همان دلزدا» آمده‌است که آن نیز نادرست است.

۵ – فریدون؛ اکنون شاه است نه رهنمای!

٦ – درخورش به می روشن بازمی‌گردد نه به فریدون.

۷ – غم افکند، نادرست است.

۸ – بام، در زبان پهلوی و فارسی از [illegible] زبان اوستایی = روشنایی است، در این گفتار «روشنایی شد گیتی»، درست نیست: چون بامداد شد.

۹ – آنچه دیده‌بود و شنیده‌بود، درست است.

۱۰ – پیشتر روشن شد که برادران فریدون افزوده بشاهنامه‌اند.

۱۱ – چهر: نژاد. از «چیثرَ» اوستایی و «چیتر» و چیهر پهلوی گرفته شده‌است، پس «بچهر کیان» نادرست است: «از چهر کیان» و کیانیان خود هنوز پدیدار نشده‌اند.

۱۲ – هنوز فریدون را در میان دو برادر، ایستاده نشان می‌دهند، بازآنکه اکنون فریدون پیش‌ازاین بر روی تخت نشسته‌بود و از آن برادران نیز سخن در میان نیست!

۱۳ – دوباره گویی.

۱۴ – هیچگاه، گرز از اندازهٔ مشت یک مرد بزرگتر ساخته نشده‌است.

۱۵ – دو برادر!

۱٦ – تخت ضحاک، تخت کیان نبود.

پیروزی فریدون

هرآنکس که بود اندر ایوان تو ‌ ‌ ‌ ز مردان مرد و ز دیوان تو
سر از بار یکسر فروریختشان ‌ ‌ ‌ همه مغز با خون برآمیختشان»[1]
بدو گفت ضحاک: «شاید بدن ‌ ‌ ‌ چو مهمان بود شاد باید بدن»[2]
چنین داد پاسخ ورا پیشکار ‌ ‌ ‌ که: «مهمان که با گرزهٔ گاوسار[3]
بمردی نشیند بآرام تو ‌ ‌ ‌ ز تاج و کمر بسترد نام تو
به آیین خویش آورد، ناسپاس، ‌ ‌ ‌ چنین گر تو مهمان‌شناسی؟ شناس!»[4]
بدو گفت ضحاک: «چندین منال ‌ ‌ ‌ که مهمان گستاخ بهتر به فال»[5]
چنین داد پاسخ بدو کندرو ‌ ‌ ‌ که: «آری شنیدم، تو پاسخ شنو[6]
گر این نامور هست مهمان تو ‌ ‌ ‌ چه کارستش اندر شبستان تو[7]
که با دختران جهاندار جم؛ ‌ ‌ ‌ نشیند زند رای؛ بر بیش‌وکم؟[8]
بیک دست گیرد رخ شهرناز ‌ ‌ ‌ بدیگر عقیق لب ارنواز؟[9]
شب تیره‌گون هم بتر زین کند ‌ ‌ ‌ بزیر سر از مشک بالین کند[10]
چو مشک آن دو گیسوی دو ماه تو ‌ ‌ ‌ که بودند همواره دلخواه تو!»[11]
بگیرد به‌برشان چو شد نیم مست ‌ ‌ ‌ بدین گونه مهمان نیاید به دست»[12]
برآشفت ضحاک برسان کرگ ‌ ‌ ‌ شنید آن سخن، کارزو کرد مرگ[13]
بدو گفت: «هرگز تو در خان من ‌ ‌ ‌ ازین‌پس نباشی نگهبان من!»[14]
چنین داد پاسخ ورا پیشکار ‌ ‌ ‌ که: «ایدون گمانم من ای شهریار!
که زان تخت هرگز نبینی تو بهر ‌ ‌ ‌ مرا چون دهی کدخدایی و شهر؟!»[15]
چو بی‌بهره باشی ز گاه مهی؛ ‌ ‌ ‌ مرا کار سازندگی چون دهی؟![16]
چرا تو نسازی همی کار خویش ‌ ‌ ‌ که هرگز نیامدت ازین کار پیش؟[17]

---

۱ - رج‌های ۹۶۶و۷ - پیشتر، از چنین خونریزی سخن بمیان نیامده‌بود، و فریدون بی‌آشوب، بابل را گرفته‌بود.
۲ - کارِ مهمان به رج پیشین بازمی‌گردد، که: مغز و خونِ درباریان را بهم می‌آمیزد؟
۳ - این دو رج وابسته به رج پسین‌اند.
۴ - ناسپاس، که را می‌گوید؟ مهمان را؟ یا کسانیکه بآیین او گرویده‌اند؟
۵ - کندرو ناله نکرده‌بود.
۶ - آری لت دویم کاربرد ندارد زیرا که ضحاک از وی نپرسیده‌بود که «شنیدی؟»
۷ - وابسته به رج پسین است.
۸ - دنبالهٔ گفتار.
۹ - افزاینده در این رج روشن کرد که چگونه رای میزنند.
۱۰ - **یک:** «شبِ تیره» درست است نه «شب تیره‌گون». **دو:** در شب تیره‌گون، کندرو از کجا رفتار مهمان را با زنان دیده‌است؟
۱۱ - سخن از گیسوان ارنواز و شهرناز است وکنشِ «بودند» در لت دویم نادرخور است.
۱۲ - **یک:** چون شود، درست است نه چو شد. **دو:** مگر مهمان بدست می‌آید؟
۱۳ - آشفتن بر سان شیر و ببر و گرگ، روشن است، اما کرگدن را هیچگاه، چهره دگرگون نمی‌شود که بتوان «بر سان کرگ» گفتن.
۱۴ - پیشتر، از کندرو بنام وزیر و دارندهٔ تخت وگنج و سرای یادکرده شده‌بود، نه نگهبان ضحاک.
۱۵ - سخن درست چنین می‌باید بودن: «ز تختی که هزگر نبینی تو بهرا»
۱۶ - **یک:** دوباره‌گویی! **دو:** کار کندرو سازندگی نبوده‌است؛ دارندگی بوده‌است.
۱۷ - لت دوئم پریشان است.

ز تاج بزرگی چو موی از خمیر
برون آمدی، مهترا چاره گیر!»[1]

جهاندار ضحاک از آن گفت‌وگوی
بجوش آمد و تیز بنهاد روی[2]

بفرمود تا برنهادند زین
بر آن بادپایان باریک‌بین[3]

بیامد دمان با سپاهی گران
همه نره‌دیوان جنگ‌آوران[4]

ز بیراه مر کاخ را بام و در
گرفت و بکین اندر آورد سر[5]

سپاه فریدون چو آگه شدند
همه سوی آن راهِ بیره شدند[6]

ز اسپان جنگی فرو ریختند
در آن جای تنگی برآویختند[7]

*

⇐ همه بام و در، مردم شهر بود
کسی کَش ز جنگ‌آوری بهر بود؛

همی در هوای فریدون بدند
که از درد ضحاک پر خون بدند

ز دیوارها خِشت و، از بام سنگ
به کوی اندرون تیغ و تیر خدنگ[8]

بباریــد چون ژاله ز ابر سیاه
پیی را نبد بر زمین جایگاه[9]

بشهر اندرون هرکه برنا بدند
چه پیران که در جنگ کانا بدند؛[10]

سوی لشکر آفریدون شدند
ز نیرنگ ضحاک بیرون شدند[11]

خروشی برآمد ز آتشکده
که: «بر تخت اگر شاه، باشد دده[12]

همه پیر و برناش فرمان بریم
یکایک ز گفتار او نگذریم[13]

نخواهیم بر گاه ضحاک را
مر آن اژدهاخیم ناپاک را!»[14]

سپاهی و شهری بکردار کوه
سراسر بجنگ اندر آمد گروه[15]

---

۱ – چاره، ساختنی و کردنی است نه گرفتنی.

۲ – تیز بنهاد روی، نشان از جنبش سپاه است بازآنکه پس‌ازآن فرمان به زین برنهادن اسپان می‌دهد.

۳ – «چارپای باریک‌بین» گزارشی ندارد. ۴ – اگر سپاه او نره‌دیو بودند، به اسپ چه نیاز داشتند؟

۵ – **یک:** چون دروازهٔ شهری را بگیرند، می‌باید از راه بروند نه بیراه! **دو:** بام را چگونه گرفتند؟

٦ – همان راهِ بیره که ره بسوی دروازه می‌برد! اما جای تنگی که گذرگاه شهر بود، (رج پسین) نامی نادرخور است... «راه تنگ»، «دروازهٔ تنگ». ۷ – **یک:** «از اسپان جنگی فروریختند»، نادرست است **دو:** «در آن جای تنگی» نیز نادرست است.

۸ – **یک:** از بام شاید سنگ ریختن، اما برفراز دیوارها کس را توان ایستادن نیست که خشت فرو ریزد. **دو:** تیر را شاید باریدن (در رج پسین) اما تیغ را نشاید. ۹ – لت دویم نادرست است: «جای پا بر زمین [نهادن] نبود».

۱۰ – **یک:** دربارهٔ برنا سخن گفته شد. (بنگرید به یادداشت رج ۱۵) **دو:** پیر کانا (احمق) چگونه نبرد می‌کند؟ **سه:** «چه» در آغاز لت دویم، نادرخور است.

۱۱ – **یک:** آفریدون! **دو:** لشکر فریدون که پیشتر در شهر بودند، و در کنار مردمان! **سه:** در رج ۹۹۴، همگی در هوای فریدون بودند.

۱۲ – **یک:** سخن نادرست که اگر فریدون بر تخت شاهی بابِل نشسته باشد، چرا می‌باید او را به «دده» همانند کردن. **دو:** بابلیان نخستین (در زمان ضحاک، بیوراسپ، اژی دهاک) آتشکده نداشته‌اند.

۱۳ – **یک:** برنا! **دو:** بجای یکایک، همگان. **سه:** سخن درهمریخته است: «پیر و برنا فرمانش را بریم».

۱۴ – وابسته به رج پسین.

۱۵ – **یک:** در لت دویم کنش «آمد» نادرخور است: آمدند. **دو:** چون همگان آمده‌بودند، واژهٔ «گروه» در پایان سخن نابجا است.

از آن شهرِ روشن، یکی تیره گرد ‏ ‏ ‏ برآمد که خورشید شد لاژورد
پس آنگاه ضحاک شد چاره‌جوی ‏ ‏ ‏ ز لشکر سوی کاخ بنهاد روی[1]
به آهن سراسر بپوشید تن ‏ ‏ ‏ بدان تا ندانند کش ز انجمن[2]
به چنگ اندرون شست یازی کمند ‏ ‏ ‏ بر آمد بر بام کاخ بلند[3]
بدید آن سیه نرگس شهرناز ‏ ‏ ‏ پراز جادویی با فریدون براز[4]
دو رخساره روز و دوزلفش چو شب ‏ ‏ ‏ گشاده به نفرین ضحاک لب[5]
بدانست کان کار هست ایزدی ‏ ‏ ‏ رهایی نیابد ز دست بدی
بمغز اندرش آتش رشگ خاست ‏ ‏ ‏ بایوان کمند اندر افکند، راست[6]
-نه از تخت یاد و نه جان ارجمند- ‏ ‏ ‏ فرود آمد از بام کاخ بلند[7]
به دست اندرش آبگون دشنه بود ‏ ‏ ‏ بخون پریچهرگان تشنه بود[8]
همان تیزخنجر کشید از نیام ‏ ‏ ‏ نه بگشاد روی و، نه برگفت نام[9]
ز بالا چو پی برزمین بر نهاد ‏ ‏ ‏ بیامد فریدون بکردار باد
بدان گرزهٔ گاوسر دست برد ‏ ‏ ‏ بزد بر سرش، ترگ را کرد، خرد[10]
بیامد سروش خجسته دمان ‏ ‏ ‏ «مزن!» گفت ک:«او را نیامد زمان؛[11]
همیدون شکسته ببندش چو سنگ ‏ ‏ ‏ ببر تا دو کوه آیدت پیش، تنگ[12]
بکوه اندرون به بود بند او ‏ ‏ ‏ نیاید برش خویش و پیوند او»[13]
فریدون چو بشنید ناسود دیر ‏ ‏ ‏ کمندی بیاراست از چرم شیر[14]

---

۱ - چگونه در شهری که از در و بام و دیوار و کوچه خشت و سنگ و تیر و تیغ می‌بارد، ضحاک بسوی کاخ خود رفت؟

۲ - مرد جنگی در آغاز نبرد تن را بآهن می‌پوشد، نه پس‌از آویزش و کارزار!

۳ - **یک:** برای برآمدن بیامی که بیش‌از دو یا چهار برابر خانهٔ مردمان (ده گز) بلندا ندارد، کمند شست یاز؟ **دو:** شست یازی نیز نادرست است.

۴ - همهٔ مردمان در خروش و فریادند و از شهر روشن گَرد تیره (از جنبش مردمان) برآمده، و فرمانده دشمن که می‌باید بیش‌از هرکس بیدار بوده باشد، با سیه نرگسان شهرناز؛ راز می‌گوید؟!

۵ - و از راه دور؛ ضحاک درمی‌یابد که نفرین بدو می‌کنند؟

۶ - اگر در رج پیشین، کار را ایزدی دانسته، چرا بیدرنگ آتش رشگ در سرش برخیزد؟

۷ - اگر جان را ارجمند نمی‌دانست، چرا می‌گریخت؟

۸ - پیشتر (رج ۱۰۰۶) کمند در دست داشت، و اکنون دشنه! افزاینده را می‌بایستی گفتن که «دشنه را از کمر کشید...».

۹ - اکنون افزاینده را بیاد می‌افتد!

۱۰ - گرزی که ترگِ دشمن را خرد کند، بیگمان مغزش را نیز از سر می‌پالاید، اما ما می‌دانیم که چنین نبود.

۱۱ - سروش پس‌از زدن و خرد شدن ترگ می‌گوید مزن!

۱۲ - **یک:** «به تنگ رسیدن» هنگامی رخ میدهد که دو سوار؛ چندان بهم نزدیک شوند که در کنار هم تنگ اسب این، به تنگ اسبِ آن رسد،... و دو کوه تنگ پیش نمی‌آید. **دو:** می‌دانیم که سخن از دو کوه نیست، که در دماوندکوه بزنجیرش می‌کشند.

۱۳ - لت دویُم بالت نخستین پیوند ندارد.

۱۴ - **یک:** ناسود را برای نیاسود آورده‌است. ناسود، همان نسود، (نسایید) است که در اینجا نادرخور است. **دو:** در هنگامهٔ هیاهو کمندی از چرم شیر را چگونه توان آراستن؟

۹۸ ضحاک

بستندی ببستش دو دست و میان ❊ که نگشاید آن، زنده‌پیل ژیان[1]

❊

⇐ نشست از بر تخت زرّین او ❊ بیفکند ناخوب آیین او
بفرمود کردن بدر بر، خروش ❊ که: «هرکس که دارید بیدار هوش
نباید که باشید با ساز جنگ ❊ نه زین‌گونه جوید کسی نام و ننگ[2]
سپاهی نباید که با پیشه‌ور ❊ بیک روی جویند، هردو هنر
یکی کارورز و، یکی گرزدار ❊ سزاوار هرکس پدید است کار
چو این کار آن جوید، آن کار این ❊ پرآشوب گردد سراسر زمین
به بند اندرست آنکه ناپاک بود ❊ جهان را ز کردار او، باک بود
شما دیر مانید و، خرّم بوید ❊ برامش سوی ورزشِ* خود روید»
شنیدند یکسر سخن‌های شاه ❊ از آن پر هنر مرد با دستگاه[3]
از آنپس همه نامداران شهر ❊ کسی که‌ش بد از تاج و از گنج بهر[4]
برفتند با رامش و خواسته ❊ همه دل بفرمانش آراسته[5]
فریدون فرزانه بنواختشان ❊ براندازه بر، پایگه ساختشان[6]
بسی پندشان داد و کرد آفرین ❊ همی‌کرد یاد از جهان‌آفرین[7]
همی گفت کاین جایگاه من است ❊ به نیک اختر این بومتان روشن است[8]
که یزدان پاک از میان گروه ❊ برانگیخت ما را از البرزکوه[9]
بدان تا جهان از بد اژدها ❊ بفرمان گرز من آید رها[10]
چو بخشایش آورد نیکی‌دهش ❊ بنیکی بباید سپردن رهش[11]
منم کدخدای جهان سربسر ❊ نشاید نشستن بیک جای بر[12]
وگرنه من ایدر همی بودمی ❊ بسی با شما روز پیمودمی»[13]

۱ – **یک:** در لت دویُم «نگشاید» نادرست است. که آنرا ژنده‌پیل ژیان نتوانستی گشودن. **دو:** اما می‌باید پرسیدن که آیا پیل را انگشت هست که بیاری آن گره را بگشاید؟

۲ – این سخن با گفتار پسین ناهماهنگ است! فریدون فرمان داد که مردان جنگ، با ساز نبرد باشند. نمونه‌های دیگر نیز ناهمخوان‌اند (بنگرید به خالقی مطلق ۸۳–۱).

❊ – ورزش: کار، پیشه.

۳ – از کدام مرد پرهنر و دستگاه شنیدند؟ فرمان شاهان را با بانگ بلند برای مردمان می‌گفتند، و گویندگان را آوای بلند داشتن بس بود، هنر و دستگاهشان در میدان دیده نمی‌شد!

۴ – پیش‌از فریدون، تنها ضحاک تاج داشت نه کسان دیگر، و اکنون تنها فریدون تاج دارد نه دیگران.

۵ – بردن خواسته و پیشکش، با رامش همراه نمی‌شود.

٦ – پیوسته به رج پیشین.

۷ – پند؛ در گفتار نیامده‌است.

۸ – پیدا است که بابل جایگاه فریدون نیست. و لت دویم نیز پیوند با لت نخست ندارد.

۹ – «من» در رج پیشین به «ما» دگرگون گشت.

۱۰ – فرمان یزدان بود، یا فرمان گرز؟

۱۱ – سروده پساوا ندارد.

۱۲ – پیشتر بابل، جایگاه وی بود، و اکنون به‌سرتاسر جهان گسترش یافت!

۱۳ – پیوسته به داستان.

بند کردن فریدون ضحاک را

مهان پیش او خاک دادند بوس   ز درگاه برخاست آوای کوس[1]
همه شب دو دیده بدرگاه بر   خروشان بران روزِ کوتاه، بر[2]
که تا اژدها را برون آورید   به بند کمندی چنان چون سزید[3]
دمادم برون رفت لشکر ز شهر   اُزو آن شهر نایافته، شاه، بهر[4]
ببردند ضحاک را بسته خوار   به پشت هیونی برافکنده زار[5]
همی راند ازین گونه تا شیرخوان   جهان را چو این بشنوی پیرخوان[6]
بسا روزگارا که بر کوه و دشت   گذشته‌ست و، چندی بخواهد گذشت[7]
بران گونه ضحاک را بسته سخت   سوی شیرخوان برد بیدار بخت[8]
همی راند او را بکوه اندرون   همی خواست کردن سرش را نگون
بیامد همانگه خجسته سروش   بخوبی یکی رازگفتش بگوش[9]
که: «این بسته را تا دماوند کوه   ببر همچنین تازنان بی‌گروه»[10]
مبر جز کسی را که نگریزدت   به هنگام سختی به بر گیردت[11]
بیاورد ضحاک را چون نوند   بکوه دماوند و کردش به بند؛○
ز سر تا به پایش زهی برکشید   سراسر یکی چرم ازو درکشید[12]
بدان زه سر و پای و دستش ببست   همه بند و گردنش برهم شکست[13]
چو بندی بران بند بفزود نیز   نبود از بدِ بختِ او مانده چیز[14]

---

۱ – پیوسته بگفتار پیشین.   ۲ – سخنِ آشفته.   ۳ – لت دویم نادرخور، «بند کمندی» گزارش ندارد.

۴ – چگونه است؟ که بر دشمن هزارسالهٔ ایران و کشنده پدر و گاو پرمایه پیروز شدن، و آوردن خواسته ازسوی بزرگان بابل، هیچیک «بهر» بشمار نمی‌رود!   ۵ – دنبالهٔ داستان.   ٦ – لت دویُم سخت نادرخور

۷ – برداشت از سخن سعدی است.   ۸ – دنبالهٔ داستان.

۹ – **یک:** سروش، پیش‌ازاین بدو فرمان داده‌بود که اومکش و در کوه ببندکش! **دو:** در لت دویم، «بخوبی یکی راز» چه باشد؟ اگر راز بود، چرا آشکار شد، چنانکه اکنون نیز بر ما آشکار است؟

۱۰ – لت دویم اگر همچنین باشد، باگروه است، نه بی‌گروه زیراکه فریدون ضحاک را با سپاه‌خویش بسوی ایران آورد. **دو:** در این سخن فرمان به «بی‌گروه» رفتن میدهد.

۱۱ – و در این سخن درهمریخته با «جز کسی» فرمان به گروه است. این سخن سخت ناهماهنگ و نادرخور است، اما چون سپاه فریدون همه فرمانبر وی بوده‌اند. هیچیک نمی‌گریزند، پس همه را همراه می‌باید بردن.

○ – لی: «دماوندش»، دیگر نمونه‌ها اینچنین است، ازآنجاکه بستن ضحاک در دماوند، در رج ۱۰۵۹ می‌آید، و بدینسان دوبار در آن کوه بسته شود. در اندیشهٔ من چنین درست می‌آید:

بیاورد ضحاک را چون نوند   **بکوه دماوند، بسته به بند**

ضحاک را بسته ببند، چون اسبی دوان، بکوه دماوند آورد.

۱۲ – **یک:** از سرتا بپای کسی زه برکشیدن، پوست تن را بگونه زه باریک ازگوشت جداکردن است، که با شکنجه، کشتن کسی باشد، افزاینده خواسته‌است بگوید که از سرتاپایش را با زه بست، اگر چنین باشد که سخن دوباره است، زیراکه پیش‌ازاین در رج ۱۰۲۰ چنان بند کشیده شده‌بود که پیل ژیان توان بازکردن آنرا نداشت. **دو:** افزاینده کار را روشنتر می‌کند.

۱۳ – **یک:** اگر کسی را چنین پوست برگیرند، زنده نمی‌ماند تا سر و پا و دستش را ببندند! و بستن سر را چه روی باشد؟ **دو:** افزاینده نمی‌داند که اگر همه بندهای گردن کسی را بشکنند، او زنده نمی‌ماند.   ۱۴ – سخن را گزارش نیست.

بکوه اندرون تنگ جایی گزید	نگه کرد غاری بنش ناپدید
بیاورد مسمارهای گران	بجایی که لغزش نبود اندران
فرو بست دستش بران کوه باز	بدان تا بماند به سختی دراز ۱
ببستش بدانگونه آویخته	ازو خون دل بر زمین ریخته
ازو نام ضحاک چون خاک شد	جهان از بد او همه پاک شد ۲
گسسته شد از خویش و پیوند، او	بمانده بدانگونه در بند، او ۳

۱۰۶۰

---

۱ - «بسختی دراز» بی‌گزارش است: زمانی دراز بسختی بماند.   ۲ - نام ضحاک؛ خاک نشد، که هنوز بر زبانها می‌رود.

۳ - یک: «او» بایسته نیست دو: سخن سست است.

فریدون

پادشاهی فریدون

بیا تا جهان را ببد نسپریم — بکوشش همه دستِ نیکی بریم [1]
نباشد همی نیک‌وبد پایدار — همان به که نیکی بود یادگار
همان گنج دینار و کاخِ بلند — نخواهد بُدن مر ترا سودمند
سخن ماند از تو همی یادگار — سخن را چنین خوارمایه مدار
سخن را سخندان ز گوهر گزید — ز گوهر ورا پایه برتر سزید [2]
تو ای آنکه گیتی بجویی همی! — چنان کن که برداد پویی همی [3]
فریدون فرخ فرشته نبود — ز مشک و ز اَنبرَ سرشته نبود [4]
بداد و دهش یافت آن نیکویی — تو داد و دهش کن، فریدون تویی!
فریدون ز کاری که کرد ایزدی — نخستین جهان را بشست از بدی [5]
یکی پیشتر [6]، بند ضحاک بود — که بیدادگر بود و ناپاک بود
دو دیگر که گیتی ز نابخردان — بپرداخت و بستد ز دست بدان [7]
سدیگر که کین پدر بازخواست — جهان ویژه بر خویشتن کرد راست [8]
جهانا چه بدمهر و بدگوهری — که خود پروراني و خود بشکری [9]
نگه کن کجا آفریدون گرد — که از شاه ضحاک شاهی ببرد [10]

---

۱ – ۱۰۶۲تا۱۰۷۶: پانزده رج، بنام پیشگفتار پادشاهی فریدون افزوده شده‌است، که سه رج نخستین را از دیگر جایهای شاهنامه آورده‌اند که نمی‌توان بر آن انگشت نهادن، رج ۱۰۶۵، سخن درست نمی‌نماید، زیراکه از بسیار کسان، پُل و خانه و آب‌انبار وکشتزار بیادگار می‌ماند، و چنین داوری تنها دربارهٔ سخنوران درست نیست.

۲ – **یک:** لت نخست چنین گزارش می‌شود که ازمیان گوهرها، سخندان سخن راگزید، بازآنکه اندیشهٔ افزاینده چنانست که سخن از گوهر برتر است. **دو:** در لت دویُم: کنش سزید، بهمان کنش گزید بازمی‌گردد، که سخندان باشد، نه سخن. **سه:** گُزید راسَزید پساوا نباشد!

۳ – سخن سست می‌نماید.

۴ – سخنی که همهٔ ایرانیان آنرا از فردوسی پندارند، و چنین نیست، زیرا؛ فرشته در زبان فارسی: «فریشتک» پهلوی همان فرستاده باشد، و ایرانیان پس‌از اسلام آنرا بجای «مَلَک» تازی بکارگرفتند، و در شاهنامه چنین کاربردی ندارد، باری فرشته نیز؛ از مشگ و انبر سرشته نیست.

۵ – از «یک کار» فریدون یاد می‌شود (کاری که کرد ایزدی) پسان، سه کار، برشمرده می‌شود!

٦ – یکی پیشتر نادرست است! افزاینده خواسته‌است بگوید «نخستین آن سه کار...» و نتوانسته‌است.

۷ – فریدون پس‌از پیروزی جهان را میان فرزندان بخش کرد، و دو تن از فرزندان او بدو نابخرد شدند، و ایرج را بر بیگناه کشتند.

۸ – اگر کسی که جهان را ویژه بر خویش راست کند، کارش براست باشد، چنگیز نیز چنین کرد.

۹ – در فرهنگ ایران؛ جهان ستایش می‌شود، و نفرین و دشنام بجهان، در شمار گناهان بوده‌است.

۱۰ – **یک:** آفریدون! **دو:** پیشتر شکست ضحاک یادآور شده‌بود.

بـبُد در جـهان پـانسد سـال شـاه   بـه آخـر بشـد، مـاند ازو جـایگاه
بـرفت و جـهان دیگـری را سـپرد   بـجز درد و انـدوه چـیزی نـبرد
چـنینیم ایـنجا کـه و مـه، هـمه   تـو خـواهـی شبان باش، خـواهـی رمه[1]

آغاز داستان

فـریدون چـو شـد بـر جـهان کـامکار   نـدانست جـز خـویشتن، شـهریار؛
بـرسم کـیان گـاه و تـخت مـهی   بـیاراست بـا تـاج شـاهنشهی[2]
زمـانه بـی‌انـدوه گشت از بـدی   گـرفتند هـرکس، ره ایـزدی
بـروز خـجسته سـر مـهرمـاه   بسـربر نـهاد آن کـیانی کـلاه[3]
دل از داوریـها بـپرداخـتند؛   بآیـین، یکـی جشـنِ نـو، سـاختند
نشسـتند فـرزانگـان شـادکام   گـرفتند هـریک ز یـاقوت جـام[4]
مـی روشـن و چـهرهٔ شـاه نـو   جـهان نـو ز داد و سـر مـاه نـو
بـفرمود تـا آتش افـروختند   هـمه انـبر و زعـفران سـوختند
پـرستیدن مـهرگان دیـن اوست   تـن‌آسانی و خـوردن آیـین اوست
کـنون یـادگارست ازو مـاه مـهر   بکـوش و، بـرنج ایـچ مـنمای چـهر[5]
ورا بُـد جـهان، سـالیان پـانسد   نـیفگند یک روز بـنیاد بـد[6]
جـهان چـون بـر او بـر نـماند ای پسر   تـو نـیز آز مـپرست و انـدُه مـخوَر![7]
نـپاید! چـنین دان جـهان بـر کسـی   در او شـادکامی نـبینی بسـی[8]
فـرانک نـه آگـاه بُـد زیـن نـهان   کـه: «فـرزند او شـاه شـد بـر جـهان؛[9]

---

۱ – دنبالهٔ سخن.   ۲ – زنجیرهٔ کیانیان در زمان فریدون آغاز نشده‌بود.

۳ – **یک:** کلاه کیانی! **دو:** سر مهرماه، روزِ مهرگان نیست... جشن مهرگان در مهرروز از مهرماه یا شانزدهم مهرماه برپا می‌شود.

۴ – ۸۶تا۱۰۸۴–**یک:** افزاینده را گمان بر آن بوده‌است که برای «جشن» می‌باید «می» خورند و انبر و زعفران سوزاند... پس این سه رج افزوده است. **دو:** جشن در زبان فارسی، یزیشن پهلوی است که از ریشهٔ یَز اوستایی برآمده‌است، و هماناستایش ونیایش پروردگار است، و شاهنامه در این سخن (۱۰۸۳) می‌گوید که گونه‌ای دیگر از دین، با یزشی و جشنی نو، در ایران پدیدار گردید که در ۱۰۸۷ بدان بازمی‌گردد. **سه:** زعفران را در آتش سوزاندن، هیچ بوی خوش بر نمی‌آوَرَد، که زعفران را می‌باید در آب جوشیده دم کردن، تا بوی خوشش برآید.   ۵ – روی سخن از سرایش داستان بخواننده می‌گردد!

۶ – یادآوری دوباره پانسد سال، با شمار نادرست «سالیان»، و آوردن پانسد، پس‌از سال.

۷ – **یک:** شیوهٔ سخن با آوردن «ای پسر» از کسی است که بگفتار مولوی در مثنوی آشنایی داشته‌است. **دو:** آز پرستیدنی نیست، ورزیدنی است، **سه:** آوردن «نیز» در این لت، چنان می‌نماید که فریدون نیز آز (پرستیده‌است)!   ۸ – دوباره‌گویی سخن پیشین.

۹ – آگاه شدن فرانک در رج ۱۰۹۴ می‌آید.

ز ضحاک شد تخت شاهی تهی، / سر آمد برو روزگار بهی»[1]

*

پس آگاهی آمد ز فرخ پسر / بمادر، که: «فرزند؛ شد تاجور»
نیایش کنان شد سر و تن بشست / به پیش جهان‌داور، آمد نخست[2]
نهاد آن سرش پست بر خاک بر / همی کرد نفرین به ضحاک بر
همی آفرین خواند بر کردگار / بران شادمان گردش روزگار
ازآنپس کسی راکه بودش نیاز / همی داشت، روز بدِ خویش، راز؛
نهانش نوا کرد و، کس را نگفت / همان راز او، داشت، اندر نهفت
یکی هفته زین گونه بخشید چیز / چنان شد که درویش نشناخت نیز[3]
دگر هفته مر بزم را کرد ساز / مهانی که بودند گردنفراز[4]
بیاراست چون بوستان، خان خویش / مهان را همی کرد مهمان خویش
از آنپس همه گنج آراسته / فراز آوریده نهان خواسته[5]
همان گنجها را گشادن گرفت / نهاده همه رای دادن گرفت[6]
گشادن درِ گنج را گاه دید / درم‌خوار شد، چون پسر شاه دید[7]
همان جامه و گوهر شاهوار / همان اسپ تازی به زرّین عذار
همان جوشن و خود و ژوبین و تیغ / کلاه و کمر هم نبودش دریغ
همه خواسته[8] بر شتر بار کرد / دل پاک سوی جهاندار کرد
فرستاد نزدیک فرزند چیز / زبانی پر از آفرین داشت نیز[9]
چو آن خواسته دید شاه زمین / بپذرفت و، بر مام کرد آفرین[10]
بزرگان لشکر چو بشناختند[11] / بر شهریار جهان تاختند[12]
که: «ای شاه پیروز یزدان‌شناس! / ستایش مر او را و، زویت سپاس[13]

---

۱ – دنبالهٔ گفتار

۲ – **یک:** آیین نیایش ایرانیان سر بر خاک نهادن نبوده‌است، که رو بسوی خورشید می‌کرده‌اند. **دو:** (آن) سرش نیز نادرست است: «سرش را». ۳ – آیین هنگام فرانک چنان بوده‌است، و چنین آیین با یکهفته، پایان نمی‌پذیرد!

۴ – لت دویُم نه بالت نخستین پیوند دارد، نه با رج پسین.

۵ – فرانک راکه بهنگام ضحاک دربدر و بیخان‌ومان بود، گنج آراسته از کجا آمد. ۶ – گنجها!

۷ – ۱۰تا۱۱۰۵ – سه‌باره‌گویی. ۸ – خواسته «را».

۹ – **یک:** «چیز» در این رج با «خواسته» در رج پیشین همخوان نیست. **دو:** «نیز» در پایان گفتار نادرخور است: «با زبانی پر از آفرین خواسته را بسوی فرزند فرستاد». ۱۰ – دنبالهٔ گفتار.

۱۱ – چه چیز را بشناختند؟... افزاینده با اندکی نگرش می‌توانست گفتن: «بزرگان لشکر چو آگه شدند»!

۱۲ – هرکس را توان آن هست که دیگری را «در برگیرد» اما «برِکسی تاختن» نتوان!

۱۳ – چون با «بشناختند» رج پیشین، سخن به خواسته بازمی‌گردد. ستایش و سپاس نیز بمادر فریدون بازمی‌گردد.

۱۰۶ فریدون

چنین روز، روزت فزون باد بخت![1] … بد اندیشگان را نگون باد بخت!

ترا باد پیروزی از آسمان،[2] … مبادی بجز راد و نیکی گمان»

وزآنپس؛ جهاندیدگان سوی شاه … ز هر گوشه‌ای برگرفتند راه

همه زرّ و گوهر برآمیختند[3] … بتاج سپهبد فرو ریختند

همان مهتران از همه کشورش … بر آن خرمی صف زده بر درش[4]

ز یزدان همی خواندند آفرین … بر آن تخت و تاج و کلاه و نگین

که: «جاوید بادا چنین شهریار … برومند بادا چنین روزگار»[5]

*

اُزان پس فریدون بگِردِ جهان … بگردید و دید آشکار و نهان

هران چیز کز راه بیداد دید … هرآن بوم و بر کان نه آباد دید[6]

به داد و به آباد، شه دست زد … چنان کز ره هوشیاران سزد

بیاراست گیتی بسان بهشت … بجای گیا، سرو و گلبن بکشت

از آمل گذر سوی تمّیشه کرد … نشست اندر آن نامور، بیشه کرد

کجا، کز جهان؛ «کوس» خوانی همی … جز این نیز نامش ندانی همی

فرستادن فریدون فرستاده‌ایرا بخواستاری

ز سالش چو یک پنجه اندر کشید … سه فرزندش آمد، گرامی، پدید

به بخت جهاندار؛ هرسه، پسر … سه خسرونژاد ازدرِ تاجِ زر

ببالا چو سرو و، برخ چون بهار … بهر چیز مانندهٔ شهریار

از آن سه، دو پاکیزه، از شهرناز … یکی کهتر، از خوبچهر؛ ارنواز

پدر نوز ناکرده از ناز نام … همی پیش پیلان نهادند گام[7]

فریدون، از آن نامداران خویش … یکی را، گرانمایه‌تر، خواند پیش

کجا، نام او جندلِ[8] راهبر … شب و روز دلسوز، بر شاه بر

---

۱ – **یک:** لت نخست را هیچ پیوند و گزارش نیست! **دو:** «روزت فزون باد» چگونه باشد. **سه:** بختت افزون باد نیز نادرست است، زیرا که بخت ازپیش «بودنی» بوده‌است.

۲ – پس‌ازآنکه فریدون پیروز شده‌بود آرزوی پیروزی برای او خواستن را، چه روی باشد؟

۳ – زر باگوهر آمیخته نمی‌شود.

۴ – **یک:** پیشتر از (جهاندیدگان) یاد شد! **دو:** «بر آن خرمی» در لت دویم بی‌گزارش است.

۵ – آفرین بزرگان، در رج پیشین آمده‌است.

۶ – ۲و ۱۱۲۱ – سخن سست می‌نماید، و دوباره‌گویی رج پسین است.

۷ – لت دویم کنش «نهادند» نادرخور است: «می‌نهادند».

۸ – جندل، نامی ایرانی نیست.

بدو گفت: «برگرد، گِردِ جهان　　سه دختر گزین، از نژاد مهان؛
سه خواهر ز یک مادر و یک پدر　　پریچهره و پاک و خسروگهر[1]
بخوبی سزای سه فرزند من　　چنانچون بشایند پیوند من
ببالا و دیدار هر سه یکی　　که این را ندانند از آن اندکی»[2]
چو بشنید جندل ز خسرو سخن　　یکی رای پاکیزه افکند بن[3]
که بیداردل بود و پاکیزه مغز　　زبانْ چرب[4] و شایستهٔ کار نغز
ز پیش سپهبد برون شد براه　　ابا چند تن هم ورا نیکخواه
یکایک[5] ز ایران سراندر کشید　　پژوهید و، هرگونه گفت و شنید
بهر کشوری کز جهان[6]، مهتری　　به پرده درون داشتی دختری؛
نهفته بجستی همه رازشان[7]　　شنیدی همه نام و آوازشان
ز دهقان پرمایه کس را ندید[8]　　که پیوستهٔ آفریدون سزید

*

خردمند و روشن‌دل و پاک‌تن　　بیامد برِ سرو، شاه یمن
نشان یافت جندل، بر او بر، درست　　سه دختر، چنانچون، فریدون بجُست
خرامان بیامد بنزدیک سرو　　چنانچون به پیش گل اندر، تذرو
زمین را ببوسید و خوبی نمود　　بر آن کهتری، آفرین برفزود[9]
که: «جاوید بادا، سرافراز شاه　　همیشه فروزندهٔ تاج و گاه»
به جندل چنین گفت شاه یمن　　که: «بی آفرینت مبادا دهن[10]
چه پیغام داری، چه فرمان دهی؟　　فرستاده‌ای، گر گرامی رهی؟»[11]
بدو گفت جندل که: «خرم بَدی!　　همیشه ز تو دور، دست بَدی![12]
از ایران یکی کهترم چون شمن　　پیام آورده به شاه یمن[13]

۱ – پسان، چنین شد، اما از آغاز از کجا پیدا بود که سه خواهر از یک پدر و مادر، که پاک و خسروگهر باشند، یافت می‌شود.

۲ – **یک:** «اندکی» پایان، سخن را درهم می‌ریزد. **دو:** این و آن، دو دختر را می‌رساند، بازآنکه فریدون سه دختر می‌خواست.

۳ – **یک:** دنبالهٔ داستان. **دو:** «رای» را بُن افکندن روی نیست، زیرا که وی را می‌بایستی، سه دختر یافتن، نه رای افکند! **دو:** رای پاکیزه، چگونه رایی باشد؟

۴ – برای‌آنکه سخن هماهنگ با «بیداردل» و «پاکیزه‌مغز» باشد، «چرب‌زبان» می‌باید نه زبان چرب.

۵ – یکایک، ناگهان است و ناگهان نمی‌توان از ایران سر اندر کشیدن!

۶ – «کز جهان» نادرست است: «در جهان».

۷ – در رج پیشین سخن از «دختری» (= یک دختر) رفت، و اینجا از رازه«شان» یاد می‌شود.

۸ – **یک:** «ز دهقان» نادرست است: «ز دهقانان». **دو:** او که از ایران بیرون رفته‌بود، چگونه بمیان آنان بازگشت؟ **سه:** کنش لت دویُم نیز نادرخور است: «سَزَد».

۹ – آفرین در سخن درست فردوسی، در رج ۱۱۵۴ می‌آید!

۱۰ – دهن بجای دهان شایستهٔ سخن فردوسی نیست. **دو:** باری، زبان است که آفرین می‌گوید، نه دهان!

۱۱ – شایستهٔ شاه نیست که از فرستاده بپرسد «چه فرمان می‌دهی».

۱۲ – «خرم بدی» را با «دست بدی» پساوا نیست. برخی نمونه‌ها بزی، یا بوی، که آنها نیز پساوا ندارند.

۱۳ – شَمَن، بتِ ترکان دوردست بوده‌است و با فرهنگ ایران پیوند ندارد.

درود فریدون فرخ دهم — سخن هرچه پرسند پاسخ دهم [1]
ترا آفرین از فریدون گرد — بزرگ آن کسی، کاو؛ ندارذش خُرد
مرا گفت شاه یمن را بگوی — که: برگاه، تا مشک بوید، ببوی! [2]
همیشه، تن آزاد بادت، ز رنج — پَراکنده رنج و پُراکنده گنج!
بدان ای سرمایهٔ تازیان! — کز اختر بَدی جاودان بی‌زیان! [3]
که شیرین‌تر از جان و فرزند و چیز — همانا که چیزی نباشد بنیز [4]
پسندیده‌تر، کس ز فرزند نیست — چو پیوند فرزند پیوند نیست [5]
پسندیده اندر جهان گر کسی‌ست — سخن دانشی را ازین در بسی‌ست [6]
که گر، نه برامید فرزندمی — به زن هیچگونه نپیوندمی [7]
دگرگونه گوید همی رهنمای — ازین در بسی دانش آرد به جای [8]
گرامی‌تر از دیده آن را شناس — که دیده به دیدنش دارد سپاس [9]
چه گفت آن خردمند پاکیزه مغز — کجا داستان زد ز پیوند نغز
که پیوندکس را نیاراستم — مگر که‌ش به از خویشتن خواستم [10]
خرد یافته مرد نیکی‌سگال — همی دوستی را بجوید همال [11]
چو خرم بمردم بود روزگار — نه نیکو بود بی‌سپه شهریار [12]
سه فرزند شایستهٔ تاج و گاه — اگر داستان را بود گاه و ماه [13]
ز هر کام و هر خواسته بی‌نیاز — بهر آرزو دست ایشان دراز [14]
مراین سه گرانمایه را در نهفت — بباید کنون شاه‌زاده سه، جفت [15]
ز کارآگهان آگهی یافتم — بدین آگهی تیز بشتافتم
کجا ازپسِ پرده، پوشیده‌روی — سه پاکیزه داری، تو ای نامجوی
مر آن هرسه را، نوز، ناکرده نام — چو بشنیدم این، شد دلم، شادکام

---

۱ – «درود» در این رج، در رج پسین بگونه «آفرین» آمده‌است...
۲ – این رج میان رج‌های پیشین و پسین جدایی می‌افکند. ۳ – ...و «بدی» بجای «بادی»
۴ – **یک:** «بنیز» نادرست است. **دو:** چیز را برابر با جان و فرزند درشمار آورده‌است، که سخت نادرخور است.
۵ – سخن برمی‌گردد به فرزند. ۶ – گفتار آشفته ۷ – گفتار پریشان و بی‌پیوند.
۸ – گفتار دگرگون! در لت دویُم چه‌کس دانش بجای می‌آورد؟
۹ – پس گل و سبزه و ابر و دریاگرامی‌تر از دیده‌اند، و دیده در برابر آنها بی‌ارزش است.
۱۰ – داستان زدنِ نادرخور، چون پیدا است که هرکس، نخست، خود را می‌خواهد.
۱۱ – هرکس جویای دوست است. ۱۲ – از دوست به سپاه و شهریاری کشاندن!
۱۳ – لت دویُم را هیچ گزارش نتوان. نویسندگان شاهنامه‌ها بدنبال این گفتار نادرخور، هفت‌گونه خوانده و نوشته‌اند، که هیچیک ره بجایی نمی‌برد (خالقی مطلق ۹۴-۱ زیرنویس ۳۳)
۱۴ – اگر کسی دست را برای هر آرزو دراز کند، نشان دریوزگی است نه توانایی.
۱۵ – «شاهزاده سه»، نادرست است. و سه جفت، شش کس است.

پیام خواستاری بشاه یمن ۱۰۹

که ما نیز نام سه فرّخ‌نژاد / چو اندر خور آید، نکردیم یاد
کنون این گرامی دوگونه گهر / بباید برآمیخت با یکدگر
سه پوشیده رخ را سه دیهیم جوی / سزا را سزاوار بی گفت‌وگوی[1]
فریدون پیامم بدین گونه داد / تو پاسخ گزار آنچه آیدت یاد»[2]
پیامش چو بشنید شاه یمن / بپژمرد چون ز آبِ گنده سمن[3]
همی گفت: «گر پیش بالین من / نبیند سه ماه این جهانبین من[4]
مرا روزِ روشن بود تاره شب / بباید گشادن بپاسخ دو لب»
سراینده را گفت که: «ای نامجوی / زمان باید اندر چنین گفت‌وگوی
شتابت نباید به پاسخ کنون / مرا چند رازست با رهنمون»[5]
بیامد در بار دادن ببست / به انبوهِ اندیشگان درنشست[6]
فرستاده را زود جایی گزید / پس آنگه به کار اندرون بنگرید[7]

*

فراوان کس از دشت نیزه‌وران / برِ خویش خواند، آزموده‌سران
نهفته برون آورید از نهفت / همه رازها پیش ایشان بگفت
که: «ما را بگیتی ز پیوند خویش / سه شمع است روشن، بدیدار، پیش
فریدون فرستاد، زی من پیام / بگسترد پیشم، یکی خوب‌دام
همی کرد خواهد ز چشمم جدا / -یکی، رای باید زدن با شما-
فرستاده گوید چنین گفت شاه / که: ما را سه شاه است زیبای گاه،[8]
گراینده هر سه، به پیوند من- / به سه روی پوشیده فرزند من
اگر گویم آری و، دل زان تهی / دروغم نه اندر خورد با مهی[9]
اگر آرزوها سپارم بدوی / شود دل پر آتش، پر از آب، روی[10]
و گر سر بپیچم ز فرمان اوی / بیکسو گرایم ز پیمان اوی
کسی کاو بود شهریار زمین / نه بازیست با او سگالید کین!
شنیده‌ستم از مردم راهجوی / که ضحاک را زو چه آمد بروی

---

۱ - دیهیم در آنزمان بآیین نبوده‌است.
۲ - آنچه که بیادت می‌آید؟ یا، رای و آهنگ خویش را بگوی!
۳ - شاخ سمن از بی‌آبی، می‌پژمرد! آیا می‌شود در گمان آوردن که فردوسی پیام فریدون را بآبِ گنده همانند کرده باشد!
۴ - در این رج و رج پسین سخنی آمده‌است که در رج ۱۱۸۱ دگرگونهٔ آنرا می‌خوانیم.
۵ - سخن رج پیشین را بگونه‌ای سست و ناهموار، دوباره آورده‌است.
۶ - کجا بیامد؟ خود؛ در کاخ خویش بود.
۷ - فرستاده را پیش‌ازآنکه به پیشگاه شاه برسد، جای و سرای می‌گزینند.
۸ - ۹۱و ۱۱۹۰- دوباره‌گویی سخنان پیشین، در دو رج.
۹ - سخن سست، اگر آری بگویم، و دلم با زبانم راست نباشد، نه «دل تهی از آن».
۱۰ - فرزندان را نمی‌توان با پاژنام آرزوها یادکرد، لت دویم ناهموار است.

ازین‌در، سخن هرچه دارید یاد — سراسر، بمن بر؛ بباید گشاد!»
جهان آزموده، دلاور سران — گشادند یک‌یک بپاسخ زبان؛
که: «ما همگنان این نبینیم رای — که هر باد را تو بجنبی ز جای![1]
اگر شد فریدون، جهان شهریار — نه ما بندگانیم باگوشوار
سخن گفتن وکوشش آیین ماست — عنان و سنان تافتن دین ماست
به خنجر زمین را میستان کنیم — به نیزه هوا را نیستان کنیم
سه فرزند اگر بر تو هست ارجمند — سر بدره بگشای و لب را ببند
اگر* چارهٔ کار خواهی همی — بترسی ازین پادشاهی همی؛
ازو آرزوهای پرمایه جوی — که کردار آن را نبینند روی»
چو بشنید از آن نامداران سخن — نه سر دید آن را به گیتی نه بن[2]

*

فرستادهٔ شاه را پیش خواند — فراوان سخن‌ها، بچربی براند
که: «من شهریار ترا کهترم — به هرچ او بفرمود، فرمان برم
بگویش که: گرچه تو هستی بلند — سه فرزند تو بر تو بر ارجمند[3]
پسر خود گرامی بود شاه را — بویژه که زیبا بود گاه را
سخن هرچه گفتی پذیرم همی — ز دختر من اندازه گیرم همی
اگر پادشا دیده خواهد ز من — اُگر دشت گُردان و تخت یمن؛
مراخوارتر، چون سه فرزندخویش — نبینم به هنگام بایست پیش
پس ار شاه را این‌چنین است کام — نشاید زدن جز بفرمانش گام
بفرمان شاه، این سه فرزند من — برون آنگه آیند ز پیوند من○
کجا؛ من ببینم سه شاه ترا● — فروزندهٔ تاج و گاه ترا
بیایند هرسه بنزدیک من — شود روشن این شهر تاریک من[4]
شود شادمان، دل، بدیدارشان — ببینم روان‌های بیدارشان
ببینم که‌شان دل پر از داد هست — به زنهارشان دست گیرم به دست[5]

---

۱ – دنبالهٔ داستان   * – «که گر» درست می‌نماید.

۲ – افزاینده می‌گوید که سخنان آنانرا سر و پای ندید و در رج پسین، همان سخنان بکار بسته می‌شود.

۳ – ۱۲۰۹ تا ۱۲۱۴– سخنان بی‌پیوند می‌آید که پسان در گفتارِ درستِ شاهنامه در ۱۲۱۶ و ۱۲۱۵ دگرگون می‌شود.

○ – سخن بدینگونه بدآهنگ می‌شود. شاهنامه فلورانس و چند پچین دیگر: «آنگه آید ز در بند من» که نادرست است زیرا برای سه‌کس، کنش «آیند» باید. پچین آ: آیند از پند من که نادرست است. در همهٔ نمونه‌ها، یاکنش ناهمخوان است یا پیوند و پند و دربند. و سخن درست چنین می‌نماید: **«برون آنگه آیند، از بند من».**   ● – «ورا» درست می‌نماید. همچنین در لت دویم.

۴ – **یک:** گفتار رج پیشین دوباره گفته می‌شود. **دو:** چگونه شهر یمن، تاریک شمرده می‌شود.

۵ – داستان زنهارگیری نیست، داستان خواستاری و زناشویی است.

فرستادن فرزندان را به یمن   ۱۱۱

پسآنگه سه روشن جهانبینِ خویش   سپارم بدیشان، بر آیین خویش
چو آید بدیدار ایشان نیاز   فرستم سبک‌شان سوی شاه، باز»

*

سراینده جندل، چو پاسخ شنید   ببوسید تختش، چنانچون سزید
فرستاده برگشت از ایوان اوی   سوی شهریار جهان کرد روی
بیامد چو نزد فریدون رسید   بگفت آن کجا؛ گفت و، پاسخ شنید

*

سه فرزند را خواند، شاه جهان   نهفته برون آورید از نهان؛
از آن رفتن جندل و رای خویش   سخن‌ها همه پاک بنهاد پیش [1]
چنین گفت کـ:«این شهریار یمن   -سر انجمن، سرو سایه‌فکن-
چو ناسفته گوهر، سه دخترْش بود   نبودش پسر، دختر افسرش بود
سروش ار بیابد چو ایشان اروس   دهد پیش هر یک مگر خاک بوس [2]
ز بهر شما از پدر خواستم   سخن‌های بایسته، آراستم
کنون‌تان بباید برِ او شدن   به هر بیش‌وکم، رایِ فرّخ زدن
سراینده باشید و بسیارهوش   بگفتار او بر، نهاده دو گوش
بخوبی سخن‌هاش پاسخ دهید   چو پرسد سخن، رای فرّخ نهید
ازیرا که پروردهٔ پادشا   نباید که باشد بجز پارسا [3]
سخنگوی و روشندل و پاکدین   بکاری که پیش آیدش پیش‌بین [4]
زبان راستی را بیاراسته   خرد خیره کرده اَبَر خواسته [5]
شما هرچه گویم، زمن بشنوید   اگر کار بندید خرّم بوید [6]
یکی ژرف‌بین است شاه یمن   که چون او نباشد به هر انجمن [7]
نباید که یابد شما را زبون   بکار آوَرَد، مرد دانا فسون!
بروزِ نخستین یکی بزمگاه   بسازد، شما را دهد پیشگاه
سه خورشیدرخ را چو باغ بهار   بیارد پراز بوی و رنگ و نگار

---

۱ - «پیش نهادن» سخن درستی نیست، زیرا که پیشنهاد را می‌رساند، بازآنکه فریدون می‌خواهد آنانرا از داستان آگاه سازد. **دو:** «پاک» در سخن، همگی، (تمامی) است، نشاید آنرا با «همه» آوردن.

۲ - «سروش» در اندیشهٔ ایرانی، نیوشیدن فرمان خداوند در جان و روان است و آیا شایسته می‌نماید؟ او را خواهان دختر نامیدن؟ با چنان خوارداشت سروش، که خاک را در برابر دختری ببوسد! شگفتا!!

۳ - پروردگان پادشاهان، بیشتر ناپارسایند و پارسایی را به شنیدن و پاسخ دادن پیوند نیست.

۴ - دنبالهٔ همان سخن با همان داوری، که دین را باپرسش‌وپاسخ کار نیست.

۵ - «خرد خیره کرده» و «خرد ساخته کرده» هردو گونه نادرست است.   ۶ - سخن سست

۷ - «به هر انجمن» پیوند درست ندارد، در جهان!

۱۱۲ فریدون

نشاند بر تخت شاهنشهی / سه خورشیدرخ را چو سرو سهی[1]
ببالا و دیدار، هر سه یکی / «که» از مِه ندانند باز، اندکی[2]
از آن هر سه، کهتر، بود پیشرو / مهین از پس اندر میان، ماه نو[3]
نشیند کهین، نزدِ مهتر پسر / مهین، باز، نزدِ کهین تاجور
میانین نشیند، هم اندر میان / پسآنگه پدر برگشاید زبان*
بپرسد شما را، که: «زین سه همال؛ / کدامین شناسید مهتر بسال!
میانه کدامست و، کهتر کدام / بباید برین گونه‌تان برد نام!»
بگویید که: «آن برترین، کهترست / مهین را نشستن نه اندرخورست●
میانه خود اندر میان‌ست راست / برآمد تراکام و، پیکار کاست[4]
بدین گفته‌های من ار بگروید / بکار اندرون، شاد و خرّم بوید»[5]
گرانمایه آن پاک هر سه پسر / همه دل نهاده به گفتِ پدر[6]
ز پیش فریدون برون آمدند / پر از دانش و پرفسون آمدند[7]
بجز رای ودانش چه اندر خورد / پسر را که چونان پدر، پرورد.[8]

*

برفتند و، هرسه بیاراستند / ابا خویشتن، موبدان خواستند
کشیدند با لشکری چون سپهر / همه نامدارانِ خورشیدچهر[9]
چو از آمدنشان شد آگاه، سرو / بیاراست لشکر چو پرِّ تذرو
فرستادشان لشکری گشن، پیش / چه بیگانه فرزانگان و، چه خویش[10]
شدند این سه پُرمایه اندر یمن / برون آمدند از یمن مرد و زن[11]

---

۱ – پادشاه یمن، شاهنشاه نبوده‌است، و از سه خورشیدرخ رج پیشین دوباره یاد می‌شود.

۲ – «اندکی» سخن را سست می‌کند.

۳ – چون دختر کهتر؛ پیشرو باشد و دختر مهتر ازپس باشد، دختر میانه را نمی‌توان «ماهِ نو» خواند، که خودکهتر می‌شود سخن درست در رجِ پسین آمده‌است.

* – زبان برگشودن، دشنام دادن و بدگفتن است! این لت در نمونه‌ها، بگونه‌های فراوان آمده‌است که هیچیک درست نمی‌نماید (بنگرید به خالقی مطلق ۹۹–۱). بدان‌کت ز دانش نیاید زیان، نیامد زمان، ساند رمان، نیامد زیان، بیابد زمان، نیابد زبان... که هیچیک از نمونه‌ها ما را راهبر بگفتار شاهنامه نمی‌شوند، تنها در نمونهٔ لندن ۲ «بیابد نشان» آمده‌است که نشان از آن میدهد که پدرِ دختران، نشان آنانرا، از پسران می‌پرسد، و از سویی چون «بپرسد» در آغاز رج پسین آمده‌است، پس واژهٔ درخور برای این رج بخواهد، یا بجوید است و گفتار فردوسی چنین بوده‌است: پسانگه بخواهد (بجوید) پدرشان نشان.

● – دختر کهتر در خور و سزاوار پسر بزرگتر نیست.

۴ – پیکاری در کار نبوده‌است که کاهش پذیرد.

۵ – در آن کار «پیروزی» بایسته می‌نمود، نه شادی.

٦ – «آن» پاک هر «سه» نادرست است، بویژه آنکه در لت دویم «همه» نیز بدان افزوده می‌شود!

۷ – «پر» دوبار آمده‌است.

۸ – آن افسون را فریدون با آنان درمیان نهاد، و خودشان نمی‌دانستند.

۹ – کشیدند، در این رج؛ همان برفتند در رج پیشین است، و دوباره گویی است. **دو:** آنان بجنگ نمی‌رفتند که لشکری چون سپهر با خود بکشند، و شگفتا که در رج پیشین سخن از موبدان رفته‌بود، و افزایندگان بیدرنگ لشکریان را بآن افزودند!

۱۰ – لت دویم آشفته می‌نماید.

۱۱ – «این سه پرمایه» نادرست است.

همی گوهر و زعفران ریختند　　همه مشک با می برآمیختند [۱]
همه یال اسپان پر از مشک و می　　پراگنده دینار در زیر پی [۲]
فرود آوریدند بر کاخشان　　چو شب روز شد، کرد گستاخشان [۳]
سه دختر چنانچون فریدون بگفت　　سپهبد، برون آورید از نهفت
بدیدار، هر سه چو تابنده ماه　　نشایست کردن بدیشان نگاه [۴]
از آن سه گرانمایه، پرسید، مِه [□]　　ک :«زین سه ستاره، کدام است کِهْ؟
میانه کدامست و، مهتر کدام؟　　بباید برین گونه‌تان، برد نام»
بگفتند زان‌گونه کآموختند　　سبک، چشمِ نیرنگ، بردوختند
شگفتی فروماند، شاه یمن　　همیدون دلیرانِ آن انجمن
بدانست شاه گرانمایه زود　　کز آمیختن رنگ نایدش سود [۵]
چنین گفت کاری! همین است، زه!　　مهین را به مِه داد و کِه را به کِه
بدانگه که پیوسته شد کارشان　　به هم درکشیدند بازارشان [۶]
سه افسر بُد از پیش سه تاجور　　رخان‌شان پر از خوی ز شرم پدر [۷]
سوی خانه رفتند با ناز و شرم　　پراز رنگ، رخ، لب پر آوای نرم
سر تازیان، سرو، شاه یمن　　مَی آورد و، مَی‌خواره کرد انجمن [○]
برامش بیاراست و نگشاد لب　　همی خورد تا تیره‌تر گشت شب [۸]
سه پور فریدون سه داماد او　　نخوردند می، جز همه یاد او [۹]
بدانگه که مَی چیره شد بر خرد　　کجا، خواب و آسایش اندر خورد
سبک بر سر آبگیری گلاب [*]　　بفرمودشان، ساختن، جای خواب
بپالیز زیر گل افشان درخت　　بخفت این سه آزادهٔ نیکبخت [۱۰]
سر تازیان، شاه افسونگران　　یکی چاره اندیشه کرد اندر آن [۱۱]

---

۱ – از زئفران ریختن!! و مشک را با می آمیختن! هیچ سود برنمی‌خیزد.
۲ – باز مشگ و می، و دینار، که در آنزمان پدیدار نشده‌بود.
۳ – بر کاخشان، اندر آن کاخشان، اندرین کاخشان همهٔ نمونه‌ها نادرخور می‌نمایند.
۴ – چند بار گفته شده‌است. لت دویم پیوند درست ندارد. شایستهٔ نگریستن نبودند!!　　□ – مِه (پادشاه یمن).
۵ – «زود» نادرخور است، لت دویم پریشان است.　　۶ – لت دویم پریشان است.
۷ – **یک:** سه افسر (دختر) ازپیشِ سه تاجور نادرست است. **دو:** فرزندان فریدون هنوز تاج ندارد.
○ – میخوارگان را فراخواند.　　۸ – گفتار را در لت نخست، آهنگ درست نیست.
۹ – «جز همه یاد او» نادرست است، جز همه با یاد او، یا، بر یاد او.
* – آبگیرِ گلاب، حوض گلاب. در زبان پهلوی کسرهٔ نسبت بگونه «ای» نوشته می‌شد که هنوز نیز در تاجیکستان و افغانستان و سپاهان و کردستان بهمین گونه بر زبان می‌رود در شاهنامه نیز گاهگاه چنین آمده‌است.　　۱۰ – «این» سه آزاده، نادرست است.
۱۱ – افسون در زبان پهلوی و فارسی «چاره» است، و افسونگر؟ چاره گر! و در همهٔ نوشته‌های پیشین از افسون فریدون یاد شده‌است، و شاهِ یمن را شاهِ افسونگران نمی‌توان خواندن. زیرا که افسون او اندیشهٔ مرگ سه داماد است و «جادوگری» است، نه «چاره گری».

برون آمد از گلشن خسروی
بیاراست آرایش جادوی

برآورد سرما و باد دمان
بدان، تا سرآید بریشان؛ زمان

چنان شد که بفسَرد• هامون و راغ
بسر بر، نیارست پرّید زاغ

سه فرزندِ آن شاهِ افسون‌گشای
بجَستند، زان سخت سرما، ز جای

بدان ایزدی فرّ و فرزانگی
به افسون شاهان و مردانگی

بر آن بندِ جادو، ببستند راه
نکرد ایچ، سرما بدیشان نگاه!

پیوند فرزندان فریدون

با

دختران شاه یمن

چو خورشید بر زد سر از تیره کوه
بیامد سبک، مردِ دانش‌پژوه

بنزدِ سه دامادِ آزادمرد
که بیند رخانشان شده لاژورد؛

فسَرده ز سرما و برگشته کار
بمانده؛ سه دختر، بدو یادگار!

چنان خواست کردن بدیشان نگاه
نه بر آرزو گشت خورشید و ماه[1]

سه آزاده را دید چون ماه نو
نشسته بر آن خسروی گاه نو

بدانست، کافسون نیاید بکار
نباید بدین بُرد، خود روزگار

نشستنگهی ساخت شاه یمن
همه نامداران شدند انجمن[2]

در گنج‌های کهن کرد باز
گشاد آنچه یکچندگه بود راز[3]

*

سه خورشیدرخ را چو باغ بهشت
-که دهقان چو ایشان سنوبر نکشت-

ابا تاج و با گنجِ نادیده رنج
مگر زلفشان دیده رنج شکنج؛

بیاورد و هرسه بدیشان سپرد
که سه ماه نو بود و سه شاه گرد

• - فسردن: افسردن، یخ زدن. بفسرد: یخ بست.

۱ - نگاه بدیشان خواست کردن در لت نخست، دوباره گویی سخن درستِ رج ۱۲۸۸ است. که بیند رخانشان... **دو:** نه بر آرزو گشت نیز نادرست است: نه بر آرزوی او...

۲ - سخن پریشان. **یک:** نام شاه یمن را نبایستی آوردن که پیش‌ازآن سخن از شاه یمن بود. **دو:** لت دویم پیوند درست ندارد: «[که] همهٔ نامداران [در آن] انجمن شدند».

۳ - پیوند با گفتارِ پیش‌وپس ندارد.

بـه پیش همه موبدان سرو گفت	که: «زیبا بود؛ ماه را، شاه؛ جفت¹
بدانید کین سه جهانبین خویش	سپردم بدیشان بر آیین خویش
بدان تا چو دیده بدارندشان	چو جان پیش دل برنگارندشان»²
خروشید و، بار آروسان ببست	ابر پشتِ شرزه هیونان مست³
ز هرگونه گوهر شد افروخته	عماری یک اندر دگر دوخته⁴
چو فرزند را باشد آیین و فرّ	گرامی به دل بر، چه ماده چه نر.⁵

1300

آزمودن فریدون
پسران را

جوانان بینادل و، چاره‌جوی	بسوی فریدون نهادند روی°
چو از بازگردیدنِ آن سه شاه	شد آگه فریدون، بیامد براه؛
ز دلشان همی خواست کآگه شود	ز بدها گمانیش کوته شود⁶
خروشان، بسان یکی اژدها	کزو شیر گفتی نیابد رها
خروشان و جوشان، بجوش اندرون	همی از دمش آتش آمد برون⁷
چو هر سه پسر را بنزدیک دید	بگرد اندرون، روز تاریک دید⁸
برانگیخت گرد و برآورد جوش	جهان شد ز آواز او باخروش⁹
بیامد دمان نزد مهتر پسر	که او بود پرمایه و تاجور¹⁰

1305

1310

*

مِهین گفت: «با اژدها، روی جنگ	نبیند، خِرد یافته، مردِ سنگ»
سبک پشت بنمود و بگریخت زوی	پدر، زی برادرش بنهاد روی
میانین برادر چو او را بدید	کمان را بزه کرد و اندر کشید
«مرا» گفت: «گر کارزارست، کار	چه شیر دمنده، چه جنگی سوار»

1315

---

1 - بیشتر؛ بآیین خود دختران را به پسران فریدون داده‌بود و این سخن دوباره‌گویی است.   2 - پیوسته به گفتار پیش.
3 - آیا شایسته می‌نماید که پادشاه بخروشد و بار آروسان را ببندد؟   4 - سخن نابسامان.   5 - همچنان،...
° - نمونه‌ها؛ جای لت‌های نخستین و پسین را جابجا کرده‌اند.
6 - یک: از رازِ دل آگه شدن، شاید! اما از دلشان آگه شدن، نشاید. دو: گمانیش نادرست است.
7 - یک: خروشان، دوباره‌گویی رج پیشین. دو: جوشان بجوش اندرون نادرخور است.
8 - خودش، گرد برانگیخته است، خود؛ روز را تاریک می‌بیند؟
9 - باز؛ گَرد برانگیختن نشاید، و باز؛ خروشیدن برای دودیگر بار.
10 - پسر مهتر، هنوز تاجور نشده‌بود. دو: بیامد نیز با بیامد در رج 1305 ناهمخوان است.

چو کهتر پسر، نزد ایشان رسید / خروشید، کان اژدها را بدید
بدو گفت ک:«ز پیش ما دور شو! / نهنگی تو! بر راه شیران مرو»
گرت نام شاه آفریدون بگوش / رسیده‌ست هرگز بدینسان مکوش [1]
که فرزند اویم هر سه پسر / همه گرزداران پرخاشخر [2]
گر، از راه بی‌راه، یکسو شوی! / اُ گرنه نهمت افسر بدخوی» [3]
فریدون فرّخ چو بشنید و، دید / هنرها بدانست، شد ناپدید
برفت و، بیامد پدروار؛ پیش / چنانچون سزا بُد، بآیین خویش؛ [4]
ابا کوس و با نای و پیلان مست / همان گرزهٔ گاوپیکر بدست؛ [5]
بزرگان لشکر پس پشت اوی / جهان آمده، پاک، در مشت اوی [6]

*

چو دیدند پُرمایگان روی شاه / پیاده، دوان، برگرفتند راه
برفتند و، بر خاک دادند بوس / فرو مانده بر جای پیلان کوس [7]
بپرسیدشان شاه و، بنواختْشان / بر اندازه بر، پایگه ساختشان
چو آمد بکاخ گرانمایه باز / به پیش جهانداور آمد براز [8]
بسی آفرین کرد بر کردگار / کزو دید نیک و بدِ روزگار [9]
اُزآنپس، جهاندیدگان را بخواند / بتخت گرانمایگان، برنشاند
چنین گفت ک:«آن اژدهای دژم / -کجا؛ خواست گیتی بسوزد بدَم-
پدر بُد، که جُست از شما مردمی / چو بشناخت، برگشت با خرّمی
کنون نامتان ساختستیم نغز / چنانچون بباید، بپاکیزه مغز
تو ای مهترین! سلم؛ نام تو باد / بگیتی پراکنده کام تو باد!
که جَستی سلامت ز چنگِ نهنگ / بگاه گزندش نکردی درنگ [10]

---

۱ – آفریدون! ۲ – دنبالهٔ گفتار

۳ – **یک:** «راهِ بیراه» گزارش ندارد، پسران، در راه می‌آمدند، **دو:** افسر بدخویی را بر سر کسی نهادن چه گزارش باشد؟

۴ – پدروار...

۵ – در رج پیشین «بآیین خویش» آمده‌است، و اگر اینجا به کوس و نای و پیل بسنده کنیم، برخی از آن آیین را برشمرده‌ایم نه همه را.

٦ – جهان، پادشاهان دیگر نیز داشت. ۷ – دنبالهٔ گفتار

۸ – خداوند را پیشگاه نیست که پیش او آیند! **دو:** چه رازی با خداوند داشته‌است. تنها نیایش است که شایستهٔ خداوند است. **سه:** آمد در لت دویم، با آمد در لت نخست ناهمخوان است.

۹ – **یک:** برای فریدون، تاکنون؛ تنها نیکی پیش آمده‌است، نه بدی. **دو:** «کزو دید» نادرخور است، «کزو می‌دانست» سزاوارتر است. **سه:** ایرانیان نیکی را از خداوند می‌شمردند و رویدادهای بد را از برآیند کارهای خویش.

۱۰ – سلم، در زبان پهلوی «سرم»، در زبان اوستایی «سَئیریمَ» در زبانهای اروپایی «سَرمَت» با «سلامت» تازی همریشه نیست و افزاینده خواسته‌است، برابرِ تازی برای آن تیره از آریاییان که بسوی اروپا رفتند، بیابد!

دلاور که نندیشد از پیل و شیر — تو دیوانه‌خوانش مخوانش دلیر[1]
میانین کز آغاز، تیزی نمود — از آتش مر او را درشتی فزود؛
ورا تور خوانیم، شیر دلیر — کجا، ژنده پیلش نیارد بزیر!
هنر خود دلیری‌ست بر جایگاه — که بددل نباشد سزاوار گاه[2]
دگر؛ کهترین، مرد با فرّ و سنگ — که هم با شتاب است و، هم با دِرنگ
ز خاک و ز آتش میانه گزید — چنان کز رهِ هوشیاران سزید
دلیر و جوان و هشیوار بود — بگیتی جز او را نباید ستود[3]
کنون ایرج اندرخورِ نام اوی — درِ مهتری باد فرجام اوی!
بدان؛ کاو، بآغاز تندی نمود — بگاه درشتی، دلیری فزود»
بنام پریچهرگان روز و شب — کنون برگشایم بشادی دو لب»[4]
زن سلم را نام کرد آرزوی — زن تور را ماهِ آزاده‌خوی[5]
زن ایرج نیک‌پی را سَهی — کجا؛ بُد بخوبی، سهیلش رهی[6]
پس‌از اختر گرد گردان سپهر — که اخترشناسان نمودند چهر؛[7]
نوشته بیاورد و بنهاد پیش — بدید اختر نامداران خویش[8]
بسلم اندرون جُست ز اختر نشان — سبب مشتری بود و طالع کمان[9]
دگر طالع تور فرخنده، شیر — خداوند؛ بهرام، بر خون دلیر[10]
چو کرد اختر فرخ ایرج نگاه — حَمَل؛ دید طالع، خداوند؛ ماه[11]
ز اختر بدیشان نشانی نمود — که آشوب پیکار بایست بود[12]

---

۱ - روی گفتار از داستان به خواننده بازمی‌گردد.
۲ - «بد دل» در لت دویُم، گزارشی ندارد و نمی‌توان آنرا رودرروی «دلیر» آوردن.
۳ - کنش «بود» ناسزاوار است... «است». ۴ - لب برگشودن بجای «گفتن» نشاید!
۵ - سخن با کاستی همراه است، اما پیوسته به رج پسین است.
٦ - ایرانیان باستان ستاره سهیل را «ست ویس» میخواندند، وکنش بُد (= بود) نیز با داستان همخوان نیست.
۷ - سخن آشفته است. ۸ - نوشته از اختر بیاورد؟
۹ - افزاینده‌ای که این سه رج را به داستان افزوده است اندکی بیش‌از افزایندگان دیگر آگاهی از گردش اختران داشته‌است اما بایستی دانستن که اختر فرزند را پس‌از زادن می‌نگرند، نه پس‌از بزرگ شدن و زن خواستن! ستارهٔ مشتری بفارسی اورمزد، که آنرا سعداکبر و قاضیِ فلک نامیده‌اند، و چون طالع آن کمان است، ناگزیر با جنگ و خونریزی همراه است! نه چنین است و در جامِ بس گرانبهایی که از «سیت‌ها»؛ (سکاییان آنسوی دریا) برجای مانده‌است فریدونِ پیر، کمان را بفرزند کوچک «ایرج» می‌دهد.
۱۰ - بهرام (مریخ)، نماد جنگاوری که چون با برج شیر همراه شود نشان جنگ و خونریزی است.
۱۱ - ماه در برج حَمَل (بره)، ماهِ پُر؛ در نوروز! نمادِ آرامی و آشتی و مهر. ۱۲ - سخن سست است.

بخش کردن فریدون جهان را بر پسران

نهفته چو بیرون کشید از نهان — به سه بخش کرد آفریدون جهان[۱]
یکی روم و خاور، دگر ترک و چین — سیوم دشت گردان و ایران‌زمین[۲]
نخستین به سلم اندرون بنگرید — همه روم و خاور مر او را سزید
بفرمود، تا لشکری برگزید — گرازان؛ سوی خاور، اندرکشید
به تخت کیان اندر آورد پای — همی خواندندیش خاورخدای[۳]
دگر تور را داد، توران و چین — ورا کرد، سالار توران‌زمین
یکی لشکری نامزد کرد شاه — کشید آنگهی تور لشکر به راه[۴]
برفت و به تخت کیی برنشست — کمر برمیان بست و، بگشاد دست[۵]
بزرگان بر او گوهر افشاندند — همه، پاک، توران‌شهش خواندند[۶]
از ایشان چو نوبت به ایرج رسید — مر او را، پدر، شهرِ ایران گزید
هم ایران و هم دشت نیزه‌وران — هم آن تخت شاهی و تاج سران[۷]
بدو داد کو را سزا بود تاج — همان کرسی و مُهر و آن تخت آج[۸]
نشستند هرسه بآرام، شاد — چنان مرزبانان فرّخ‌نژاد

---

۱ - آفریدون!

۲ - تورانیان در آغاز، از نژاد ایرانی بودند، و تا چند هزار سال پس از فریدون در مرزهای بالایی دریاچه خوارزم (آرال کنونی) و تیان‌شان و ایسی‌کول می‌زیستند، و گاهگاه بمرزهای ایران یورش می‌آوردند، اما آنان ترک نبودند. **دو:** روم و خاور، دوباره‌گویی سخن درست شاهنامه در رج پسین است.

۳ - تخت کیان!

۴ - دوبار نام‌لشکر، در یک سخن، روا نیست. در لت دویم نیز آنگهی بجای آنگاه، نادرخور است.

۵ - تخت کیی

٦ - دنبالهٔ گفتار

۷ - **یک:** دشت نیزه‌وران از آنِ ایران و ایرج بوده‌است، و دوباره‌گویی آن نادرست است. **دو:** تاج سران چه باشد؟

۸ - دوباره‌گویی دربارهٔ تاج و تخت...

رشک بردن سلم، بر ایرج

برآمد بر این روزگاری دراز … زمانه؛ بدل در، همی داشت راز
فریدون فرزانه شد سالخوَرد … بباغ بهار اندر، آورد گرد
چو آمد بکار اندرون تیرگی … گرفتند پرمایگان چیرگی[1]
برین گونه گردد سراسر سخن … شود سست نیرو چو گردد کهن[2]
بجنبید مر سلم را، دل؛ ز جای … دگرگونه‌تر شد، بآیین و رای
دلش گشت غرقه بآز اندرون … باندیشه بنشست با رهنمون
نبودش پسندیده، بخشِ پدر … که داد او، به کهتر پسر، تخت زر
بدل پر ز کین شد، برخ پر ز چین … فرسته فرستاد، زی شاه چین[3]
فرستاد نزد برادر پیام … که: «جاوید زی خرّم و شادکام!»
بگفت آنچه اندر دل اندیشه بود … فرستاده‌ای را برافکند زود[4]
که: «ای شاه توران و سالار چین! … گسسته دل روشن، از؛ به گزین![5]
ز پیل ژیان کرده گوشی بسند؛ … منش پست و، بالا چو سرو بلند![6]
کنون بشنو از من یکی داستان … کزین گونه نشنیدی از باستان؛[7]
سه فرزند بودیم زیبای تخت … یکی کهتر از ما، برآمد ببخت!
اگر مهترم من بسال و خرد … زمانه بمهرِ من اندر خورد[8]
گذشته ز من، تاج و تخت و کلاه … نزید مگر؛ بر تو، ای پادشاه![9]
چو ایران و دشت یلان و یمن … به ایرج دهد، روم و خاور بمن[10]
سپارد ترا مرز ترکان و چین … کِه‌ٔ از تو، سپهدار ایران‌زمین![11]

---

۱ – روشن نیست که پرمایگان، کیانند!
۲ – سخن بی‌پیوند. چه‌کس کهن گردد؟ باید گفته شود که چون مردم کهن شود سستی می‌گیرد! نه آنکه نیرو، سستی گیرد.
۳ – پر ز چین را با شاه چین پساوا نیست. و سخن از پیام در رج پسین می‌آید. ۴ – برای سدیگر بار، نام فرستاده می‌آید.
۵ – تور، پادشاه توران بود، نه سالار چین. ٦ – دو برادر که باهم پیمان می‌بندند، بیکدیگر دشنام نمی‌دهند (در لت دویم).
۷ – داستانی بوده‌است که بر سرشان رفته، و چگونه برادر، آنرا نشنیده‌است؟ ۸ – خرد با خورد پساوا نیست.
۹ – آنان، خود؛ تاج و تخت داشته‌اند... بایستی روشن شود که تخت ایران را گویند.
۱۰ – دوباره‌گویی است، با گفتاری سست. 11 – سپارَد نادرست است، زیرا که داستانِ بخشِ جهان در گذشته روی نموده‌بود.

۱۲۰ فریدون

بدین بخشش اندر، مرا پای نیست / بمغز پدر اندرون، رای نیست
سزد گر بمانیم هردو دژم / کزین سان، پدر کرد بر ما ستم»

*

هیون فرستاده بگزارد پای / بیامد بنزدیک توران‌خدای؛
چو آمد برِ مرز توران‌زمین / به نزد سپهدار ترکان و چین [1]
بخوبی، شنیده؛ همه یاد کرد / سر تور بی‌مغز، پر باد کرد
چو این راز بشنید تور دلیر / برآشفت برگاه، بر سانِ شیر [2]
چنین داد پاسخ که: «با شهریار / بگو این سخن، همچنین، یاد دار!
که: ما را بگاه جوانی پدر / براینگونه بفریفت ای دادگر! [3]
درختی است این خود نشانده بدست / کجا بارِ آن خون و برگش کبست [4]
ترا با من اکنون، بدین گفت‌وگوی / بباید، بروی اندر آورد، روی»
هیونی فکندن بنزدیک شاه / زدن رای، هشیار و کردن نگاه
زبان‌آوری چرب‌گوی از میان / فرستاد باید به شاه جهان [5]
نه جای زبونی و جای فریب / نه باید که بیند دلاور شکیب [6]
نشاید درنگ اندرین کار هیچ / که خامست، آسایش اندر بسیچ» [7]
فرستاده چون پاسخ آورد باز / برهنه شد آن روی پوشیده راز [8]
برفت این برادر ز روم آن ز چین / بزهر اندر آمیختند انگبین [9]

*

رسیدند پس یک بدیگر فراز / سخن راندند آشکارا و، راز
گزیدند پس موبدی تیزویر / سخنگوی و بینادل و یادگیر
ز بیگانه پردخته کردند جای / سگالش گرفتند هرگونه رای [10]
سخن سلم پیوند کرد از نخست / ز شرم پدر دیدگان را بشست
فرستاده را گفت: «ره برنورد! / نباید که یابد ترا باد و گرد!
چو آیی بکاخ فریدون فرود / نخستین، ز هردو پسر دِه؛ درود
پسانگه بگویش که: ترس خدای / بباید که باشد، بهر دو سرای!

---

۱ – دوباره‌گویی رج پیشین. ۲ – رازی درمیان نبود.
۳ – گفتار بسوی برادر است، و در پایان بسوی خداوند می‌چرخد!
۴ – این درخت را خودِ آنان ننشانده‌بودند، که پدر نشانده‌بود. ۵ – تکرار سخن پیشین است.
۶ – سخن بی‌پیوند ۷ – پیش‌از دیدار، بیدرنگ فرستاده گسیل کردن؟
۸ – راز میان سلم و تور هنوز پوشیده‌است و گشاده در میان جهان نشده‌است.
۹ – پیش‌ازآنکه دو برادر یکدیگر را ببینند، چگونه در انگبین، زهر ریختند؟ ۱۰ – هرگونه رای‌سگالش گرفتند نادرست است.

پیام سلم و تور بفریدون ۱۲۱

جوان را بُود روز پیری امید ... نگردد سیه، مویِ گشته سپید
چه سازی درنگ؟ اندرین جای تنگ ... که شد تنگ بر تو، سرای دو رنگ!
جهان مر ترا داد یزدان پاک ... ز تابنده خورشید تا تیره خاک
همه بآرزو ساختی رسم و راه ... نکردی بفرمان یزدان نگاه [1]
نکردی به بخش اندرون، راستی! ... نجستی بجز کژّی و کاستی
سه فرزند بودت خردمند و گرد ... بزرگ، آمدت نیز پیدا، ز خرد
ندیدی هنر با یکی بیشتر ... کجا، دیگری زو فرو برد سر [2]
یکی را دَم اژدها ساختی ... یکی را به ابر اندر افراختی*
یکی تاج بر سر، ببالین تو ... بر او شاد گشته جهانبین° تو
نه ما؛ زو، بمام و پدر کمتریم! ... نه بر تخت شاهی، نه اندر خوَریم!
ایا دادگر شهریار زمین! ... برین داد، هرگز مباد آفرین!
اگر تاج ازان تارک بی‌بها؛ ... شود دور، یابد جهان زو رها؛ [3]
سپاری بدو کشوری از جهان؛ ... نشیند چو ما گشته از تو، نهان! [4]
اُگرنه سواران توران و چین ... هم از روم، مردان جوینده کین [5]
فراز آورم لشکری گرزدار ... از ایران و ایرج بر آرم دمار»

*

چو بشنید موبد پیامِ درشت ... زمین را ببوسید و بنمود پشت
برآنسان بزین اندر آورد پای ... که از باد، آتش؛ بجنبد ز جای
بدرگاه شاه آفریدون رسید ... برآورده‌ای دید سر ناپدید [6]
به ابر اندر آورده بالای او ... زمین کوه تا کوه پهنای او [7]
نشسته بدر بر گرانمایگان ... به پرده اندرون جای، پُرمایگان [8]
بیک دست بر، بسته شیر و پلنگ ... بدست دگر ژنده پیلان جنگ [9]

---

۱ - فریدون، برکیش مهر بود و همواره فرمان یزدان را برمی‌گزید.

۲ -کنش در لت دوئِم ناهماهنگ است.

* - یکی را به سرزمین‌های گرم فرستادی، و دیگری را به سرزمین‌های سرد!

○ - چشم.

۳ -لت دویم را پیوند بایسته نیست.

۴ - چون تاج از سر ایرج دور شود، او را کشور و پادشاهی نباید. **دو:** این رج میان رج‌های پیشین‌وپسین جدایی می‌افکند.

۵ - **یک:** سخن را آغازگرِ «از» باید: «از سواران...». **دو:** یا آنکه میان این رج و رج پسین پیوند «را» بیاید.

٦ - آفریدون! برآورده و برشده را در زبان فارسی برای آسمان بکار میبرند و اینجا برای ساختمان بکار رفته، اما ساختمان را «سر» نیست.

۷ - دوباره‌گویی بلندی ایوان.

۸ -گرانمایگان را، بیرون درگاه، جای نیست! و پرمایگان پشت پرده!!

۹ -کشور آرام فریدون نیاز به شیر و پلنگ و پیل نداشته‌است، زیراکه هنوز نبردی میان برادران روی ننموده‌بود.

ز چندان گرانمایه گُرد دلیر — خروشی برآمد چو آوای شیر [1]
سپهریست پنداشت ایوان بجای [2] — گران لشکری گِردِ او بر، بپای
برفتند بیدار کارآگهان — بگفتند با شهریار جهان
که آمد فرستاده‌ای نزد شاه — یکی پُرمنش مردِ با دستگاه
بفرمود تا پرده برداشتند — بر اسپش ز درگاه؛ بگذاشتند
چو چشمش بروی فریدون رسید — همه دیده و دل پراز شاه دید
ببالای سرو و، چو خورشید روی — چو کافور گِردِ گل سرخ، موی [3]
دو لب پر ز خنده دو رخ پر ز شرم — کیانی زبان پر ز گفتار گرم [4]
فرستاده چون دید سجده نمود — زمین را سراسر به بوسه پسود [5]
نشاندش هم آنگه فریدون ز پای — سزاوار کردش برِ خویش جای [6]
بپرسیدش از دو گرامی، نخست — که: «هستند شادان‌دل و تندرست؟»
دگر گفت که:«ز راه دور و دراز — شدی رنجه اندر نشیب و فراز؟»
چه پیغام داری؟ چه‌خواهش کنی؟ — بگو آنچه باید ز راه منی!» [7]
فرستاده گفت: «ای گرانمایه شاه — ابی تو مبیناد کس، پیشگاه
ز هرکس که پرسی بکام تواند — همه، پاک، زنده بنام تواند!
منم بنده‌ای، شاه را، ناسزا — چنین بر تن خویش ناپادشا
پیامی درشت آوریده بشاه — فرستنده پرخشم و من بیگناه
بگویم، چو فرمایدم شهریار — پیامِ جوانان ناهوشیار»

*

بفرمود پس تا سخن برگشاد — شنیده سخن سربسر کرد یاد
فریدون بدو پهن بگشاده گوش — چو بشنید، مغزش برآمد بجوش [8]
فرستاده را گفت که:«ای هوشیار — نباید ترا پوزش اکنون؛ بکار
که: من چشم از ایشان چنین داشتم — همی بر دل خویش بگماشتم [9]
که از گوهر بد نیاید بهی — مرا دل همی داد این آگهی [10]

---

۱ – کنش «آمد» لت دویم ناهماهنگ است، «برمی‌آمد». ۲ – برای سدیگر بار، از بلندی ایوان سخن می‌رود.
۳ – لت دویم از مهمانی ماهیار گوهرفروش در زمان بهرام گور برگرفته شده‌است:
زبان چرب‌گوی و دل آزرم‌جوی — چو کافور، گردِ گلِ سرخ، موی
۴ – زبان کیانی!! ۵ – سجده واژه‌ای نیست که در سخن فردوسی کاربرد داشته باشد.
۶ – از پا نشاندن چه‌گزارش دارد؟ ۷ – از راه منی گفتن! سخن بی‌بنیاد.
۸ – سخن پیوند درست ندارد: «چون پیام را بشنید». ۹ – لت دویم راگزارش نیست.
۱۰ – سلم و تور، از گوهر فریدون بودند، و نشاید از آنان با «گوهر بد» یادکردن!

بگو آن دو ناپاکِ بیهوده را / دو اهریمنِ مغز پالوده را؛
: انوشه که کردید گوهر بد پدید / درود از شما خود بدینسان سزید![1]
ز پند من ار مغزتان شد تهی / همی از خردتان نبود آگهی؟[2]
نه دارید شرم و نه بیم از خدای! / شما را همانا، همین است رای؟
مرا پیشتر قیرگون بود موی / چو سرو سهی قد و، چون ماه، روی
سپهری که پشت مرا کرد کوز / نشد پست و، گَردان؛ بجایست نوز
خَماند شما را هم، این روزگار / نماند خمانیده هم پایدار
بدان برترین نام یزدان پاک / به رخشنده خورشید و ارمیده خاک[3]
بتخت و کلاه و بخورشید و ماه / که من بد نکردم شما را نگاه
یکی انجمن کردم از بخردان / ستاره‌شناسان و هم موبدان
بسی روزگاران شده‌ست اندرین / نکردیم بر باد، بخشش زمین[4]
همه راستی خواستم زین سخُن / بکژّی نه سر بود پیدا نه بن[5]
همه ترس یزدان بُد اندر میان / همه راستی خواستم در جهان
چو آباد دادند گیتی به من / نجستم پراکندن انجمن[6]
مگر همچنان گفتم آباد تخت / سپارم به سه دیدهٔ نیکبخت[7]
شما را کنون، گر، دل از راه من / بکژّی و تاری کشید اهرمن؛
ببینید تا کردگار بلند / چنین؛ از شما، کرد خواهد؟ پسند!
یکی داستان گویم: -ار بشنوید-: / «همان بر که کارید، خود بدروید»
چنین گفت ما را سخن، رهنمای: / جز این است جاوید ما را سرای[8]
بتخت کیی بر، نشست آزتان / چرا شد چنین دیو انبازتان؟[9]
بترسم که در چنگ این اژدها / روان یابد از کالبدتان رها[10]
مرا خود زگیتی گهِ رفتن است / نه هنگام تندی و آشفتن است

---

۱ - دوباره گوهر بد آنان را یادآوری می‌کند.

۲ -کنش «نبود» در لت دویم با لت نخست هماهنگ نیست: «نیست» باید... و دنبالهٔ سخن در دو رج آینده.

۳ - **یک:** در نزد ایرانیان برترین نام برای یزدان (اسم اعظم) نبوده‌است **دو:** ارمیده خاک، ارمنده خاک، چه باشد؟ نمونه‌های دیگر؛ ارمنده، تیره‌خاک، تاریک خاک... (بنگرید به خالقی مطلق ۱۱۳-۱)؛ همه چنین‌اند.

۴ - «شده‌است» نادرست است، و چون بخشش درگذشته رخ داده‌است «بسی روزگاران بشد» درست است.

۵ - **یک:** «سخن» در میان نبود، وبخشش در میان بود، **دو:** دوباره‌گویی رج پسین.

۶ -گیتی را آباد؛ به فریدون «ندادند»، و او ایرانِ ویران‌شده را از چنگ ضحاک بیرون آورد.

۷ - دنبالهٔ سخن

۸ - دو بار بکار بردن «ما را» در یک رج، سخن را سست میکند.

۹ - تخت کیی!

۱۰ - «این اژدها چیست»، به تخت کیی بازمی‌گردد؟

ولیکن چنین گوید آن سالخورد — کـه بودش سه فرزند آزادمرد[۱]
کـه: چون آز گردد ز دلها تهی — چه آن خاک و، آن تاج شاهنشهی[۲]
کسی کو برادر فروشد به خاک — سزد گر نخوانندش از آب پاک[۳]
جهان چون شما زود بیند بسی — نخواهد شدن رام با هرکسی[۴]
کنون هر چه دانید از کردگار — بود رستگاری به روز شمار[۵]
بجویید و، آن توشهٔ ره کنید! — بکوشید، تا رنج کوته کنید![۶]

*

فرستاده بشنید گفتار اوی — زمین را ببوسید و، برکاشت روی
ز پیش فریدون چنان بازگشت — که گفتی که با باد انباز گشت[۷]

سخن گفتن فریدون با ایرج
دربارهٔ
کردار سلم و تور

فرستادهٔ سلم چون گشت باز — شهنشاه بنشست و، بگشاد راز[۸]
گرامی، جهانجوی را پیش خواند — همه گفته‌ها پیش او باز راند
ورا گفت کـ:«آن دو پسر، جنگجوی — ز خاور، سوی ما نهادند روی
از اختر چنین استشان بهره خوَد — که باشند، شادان، بکردارِ بد
دگر شان، ز دو کشور آبشخور است — که آن بومها را، درشتی بَر است
برادرت چندان برادر بود — کجا مر ترا بر سر افسر بود
چو پژمرده شد روی رنگین تو — نگردد دگر گِردِ بالین تو[۹]
تو گر پیشِ شمشیر، مِهر آوری — سرت گردد آشفته از داوری

۱ – سالخورده‌ای که سه فرزند -آزادمرد- داشت خود فریدون است و نمی‌توانست، خود دربارهٔ خویش بگوید «آن سالخورد».
۲ – دل را می‌باید از «آز» تهی شدن، نه آز را از دل!!
۳ – سلم و تور، خود از آب فریدون پدید آمده‌اند، و هیچگاه، پدر، فرزند خویش را از آب ناپاک نمی‌شمرد.
۴ – «چون شما زود بیند» درست نیست، و بسیار بیند درست است. ۵ – سخن بی‌پیوند است. ۶ – دنبالهٔ سخن.
۷ – «بازگشت» در این رج با «برکاشت روی» در رج پیشین یکیْ است...
۸ – **یک:** ...و با «گشت باز» در این رج. **دو:** هنوز ایرج نیامده، فریدون با چه کس راز را بگشاد؟
۹ – روی ایرج پژمرده نشده‌بود، که آنان سخن از جنگ بمیان کشیدند.

نامهٔ فریدون بسلم و تور ۱۲۵

۱۴۹۰	دو فرزند من کز دو گوشهٔ جهان	برین سان گشادند بر من زبان ۱
	گرت سر بکارست، بپسیچ کار	در گنج بگشای و، بربند بار
	تو گر چاشت را دست یازی بجام	اگرنه خورند ای پسر بر تو شام ۲
	نباید ز گیتی ترا یار کس	بی‌آزاری و راستی یار بس ۳

*

	نگه کرد پس، ایرج نامور	بدان مهربان، پاک، فرّخ پدر
۱۴۹۵	چنین داد پاسخ که: «ای شهریار	نگه کن بدین گردش روزگار؛
	که چون باد بر ما همی بگذرد؛	خردمند مردم چرا؟ غم خورد!
	همی پژمراند گل ارغوان	کند تیره، دیدارِ روشنروان
	بآغاز، گنج است و فرجام، رنج	پس از رنج، رفتن ز جای سپنج
	چو بستر ز خاک است و بالین ز خشت	درختی چرا باید امروز کشت
۱۵۰۰	که هرچند، چرخ از برش بگذرد	بُنش خون خورد، بار، کین آورد!
	خداوند شمشیر و گاه و نگین	چو ما دید و، بسیار بیند زمین
	از آن تاجور نامداران پیش	ندیدند کین اندر آیین خویش ۴
	چو دستور باشد مرا شهریار	ببد نگذرانم بدِ روزگار!
	نباید مرا تاج و تخت و کلاه	شوم پیش ایشان، دوان؛ بی سپاه
۱۵۰۵	بگویم که: از شهریارِ زمین	مدارید خشم و مجویید کین
	مدارید خشم و، مدارید کین	نه زیباست کین از خداوند دین ۵
	بگیتی مدارید چندین امید	نگر تا چه بد کرد با جمشید ۶
	به فرجام هم شد ز گیتی بدر	نماندش همان تاج و تخت و کمر ۷
	مرا با شما هم به فرجام کار	بباید چشیدن بدِ روزگار ۸
۱۵۱۰	دل کینه‌ورشان به دین آورم	سزاوارتر زانکه کین آورم!»

*

	بدو گفت شاه: «ای خردمند پور	برادر همی رزم جوید، تو سور؟!»

---

۱ - سخن بی‌پیوند است، و میان رج‌های پیشین و پسین جدایی می‌افکند.
۲ - پیوند درست ندارد: «خورند ای پسر، بر تو شام؛ به چه برمی‌گردد؟ بجام یا بتو؟
۳ - لت دویم، لت نخست را بیکار می‌کند. زیرا که پند فریدون به ایرج همانست که با برادران بجنگد، و در این لت به بی‌آزاری فرمانش می‌دهد؟
۴ - یکی از نامداران پیش ضحاک بود که از آغاز تا فرجام کین ورزید.
۵ - دوباره‌گویی لت دویم رج پیشین.   ۶ - با جمشید از آغاز بد نکرده‌بود.   ۷ - کسی با کلاه و کمر نمی‌میرد!
۸ - با این سخن و آشتی، چرا می‌باید چشم به بدی روزگار داشتن؟ همهٔ این سخنان میان رج‌های ۱۵۰۵ و ۱۵۱۰ جدایی افکنده‌اند.

مرا این سخن یاد باید گرفت! — ز مه*، روشنایی، نباشد شگفت
ز تو پرخرد پاسخ ایدون سزید — دلت مهر پیوند ایشان گزید[1]
ولیکن چو جانی شود بی بها — نهد بخرد، اندر دم اژدها[2]
چه پیش آیدش جز گزاینده زهر — که‌ش از آفرینش چنین است بهر[3]
ترا ای پسر! گر چنین است رای — بیارای کار و بپرداز جای؛
پرستنده چند از میان سپاه — بفرمای کآیند با تو براه[4]
ز درد دل اکنون یکی نامه من — نویسم، فرستم، بدان انجمن
مگر باز بینم ترا تندرست — که روشن، روانم، بدیدار تست»

نامه نوشتن فریدون
به
سلم و تور

یکی نامه بنوشت شاه زمین — بخاورخدای و، بسالار چین
سرِ نامه کرد آفرینِ خدای — کجا هست و، باشد همیشه بجای
چنین گفت ک:«این نامهٔ پندمند — بنزدِ دو خورشیدِ گشته بلند
دو سنگی، دو جنگی، دو شاه زمین — میان کیان چون درخشان نگین[5]
از آن؛ کاو، ز هرگونه دیده جهان○ — شده آشکارا بر او بر، نهان
گرایندهٔ تیغ و گرزِ گران — فروزندهٔ نامدار افسران[6]
نمایندهٔ شب به روز سپید — گشایندهٔ گنج پیش امید[7]
همه رنج‌ها گشته آسان بر اوی□ — بدو، روشنی، اندر آورده روی
نخواهم همی خویشتن را کلاه — نه آکنده گنج و نه تاج و نه گاه
سه فرزند را خواهم آرام و ناز — ازآن‌پس که دیدیم رنج دراز[8]

---

* – نمونه‌ها چنین آورده‌اند، شاید بودن که **«ز خور»** بوده باشد.
۱ – مهر و پیوند با آنان داشت نه آنکه گزید.
۲ – سخن بی‌پیوند و بی‌گزارش است.
۳ – همچنین...
۴ – پرستنده چند نادرست است، چند پرستنده؛ سخن از سپاه در میان نیست.
۵ – کیان!
○ – از سوی فریدون.
۶ – افسران نامدار، کدام افسران بوده‌اند؟
۷ – روز سپید را شب نمودن، کار نیک نیست.
□ – افسونگری (چاره‌گری) فریدون را می‌گوید.
۸ – **یک:** برای مردان «ناز» خواستن درست نمی‌نماید. **دو:** کنش در لت نخست «خواهم» است، و در لت دویُم «دیدیم»! که ناهماهنگ است.

برادر، کزو بودتان دل بدرد / أگر چند هرگز نزد بادِ سرد؛
دوان آمد از بهر آزارتان● / که بود آرزومند دیدارتان
بیفکند شاهی، شما را گزید / چنان کز ره هوشیاران سزید[1]
ز تخت اندر آمد، بزین برنشست / برفت و میان، بندگی را ببست[2]
بدان، کاو* بسال از شما کهتر است / نوازیدن کهتر، اندر خوَر است!
گرامیش دارید و توشه خورید / چو پرورده شد تن، روان پرورید[3]
چو از بودنش بگذرد روز چند / فرستید نزدِ منش ارجمند»[4]
نهادند بر نامه بر، مُهرِ شاه / ز ایوان بر، ایرج، گزین کرد راه○
بشد با تنی چند برنا و پیر / چنانچون بُود راه را ناگزیر

رفتن ایرج،

با نامهٔ پدر،

نزد برادران

چو تنگ اندر آمد بنزدیکشان / نبود آگه از رای تاریکشان[5]
پذیره شدندش بآیین خویش / سپه، سربسر، باز بردند پیش
چو دیدند روی برادر، بمهر / یکی تازه‌تر، برگشادند چهر[6]
دو پرخاشجوی و یکی نیکخوی / گرفتند پرسش، نه بر آرزوی[7]
دو دل، پر زکینه، یکی دل، بجای / برفتند هر سه بپرده‌سرای
به ایرج نگه کرد، یکسر سپاه / که او بُد سزاوار تخت و کلاه[8]
بی آرام‌شان شد دل از مهر او / دل از مهر، و، دیده پُر از چهر او[9]

*

● - ازبرای آزاری که از او بر دل دارید.
۱ - این سخن بگونهٔ بهتر در رج پسین می‌آید.
۲ - از تخت «فرود می‌آیند»، نه «اندر می‌آیند».
* - بدانروی که او.
۳ - سخن بی‌پیوند، این گفتار بگونهٔ برتر در رج پیشین آمده‌بود: نوازیدن کهتر، اندرخور است.
۴ - **یک:** روز چند نادرست است: «چند روز».
○ - رنج راه را بر آسایش در کاخ برگزید.
۵ - رای آنان در آغاز، کشتن ایرج نبود، گرفتن ایران بود.
۶ - گفتار در این دو رج، رو در روی گفتار رج پسین است.
۷ - دنبالهٔ گفتار و سخن بگونه درست در رج پسین می‌آید.
۸ - پس‌از رفتن به پرده‌سرای، جای نگریستن سپاهیان نمی‌ماند.
۹ - **یک:** بی‌آرام شدن، در کار سپاه نبود، و چنانچه پس‌ازاین می‌آید: با یکدگر سخن گفتند. **دو:** اگر دلشان بی آرام شد، روال سخن چنانست که چشمشان نیز بی آرام شود و چنین نمی‌شود.

سپاه پراکنده؛ شد، جفت‌جفت   همه، نام ایرج بُد اندر نهفت؛
که: «هست این، سزاوار شاهنشهی!   جز این را نزیبد کلاه مهی!»
بلشکر نگه کرد سلم از کران   سرش گشت از کار، یکسر گران[1]
به لشکرگه آمد دلی پر ز کین   جگر پر ز خون، ابروان پر ز چین[2]
سراپرده پرداخت از انجمن   خود و تور بنشست با رایزن[3]
سخن شد پژوهیده از هر دری   ز شاهی و از تاج هر کشوری[4]
به تور ـ ازمیان سخن ـ سلم گفت   که:«یک‌یک، سپاه، از چه گشتند جفت!؟
سپاه دو شاه از پذیره شدن   دگر بود و، دیگر به باز آمدن[5]
به هنگامهٔ بازگشتن ز راه   نکردی؟ همانا به لشکر نگاه
که چندان، کجا؛ راه بگذاشتند   یکی چشم از ایرج نبرداشتند!
از ایران دل ما همی تیره بود   بر آن تیرگی، تیرگی برفزود
سپاه دو کشور چو کردم نگاه   ازاین‌پس، جز او را نخوانند شاه
اگر بیخ او نگسلانی ز جای   ز تخت بلندت کشد زیر پای»
برین گونه از جای برخاستند   همه شب همی چاره آراستند[6]

کشتن برادران ایرج را

چو برداشت پرده ز پیش؛ آفتاب   سپیده برآمد، بپالود خواب
دو بیهوده را دل بدان کار گرم؛   که دیده بشویند هردو ز شرم
برفتند هردو، گرازان ز جای   نهادند سر سوی پرده‌سرای
بدو گفت تور: «ار تو از ما کهی   چرا؟ برنهادی کلاه مهی!
ترا باید ایران و تخت کیان   مرا بر در ترک بسته میان[7]
برادر که مهتر، بخاور برنج   بسر بر، ترا افسر و زیر گنج[8]

---

۱ – سلم و تور در میان سپاه بودند، نه در کران سپاه.   ۲ – در پرده‌سرای بودند.
۳ – «خود و تور» نادرست است. و بنشست از آن نادرست‌تر.
۴ – **یک:** سخنی که سلم به تور می‌گوید، پژوهش نبود. **دو:** لت دویم سست است.
۵ – سپاه دو شاه نادرست است، زیرا که سلم نمی‌تواند از دو شاه سخن گوید: سپاهیان ما!
۶ – براین‌گونه، یا بدینگونه درست نمی‌نماید.   ۷ – **یک:** تخت کیان! **دو:** آنزمان هنوز ترکان در مرزهای توران پدیدار نشده‌بودند.
۸ – کنش «است» کم دارد، برادر که مهتر است.

آگاهی فریدون از کشته شدن ایرج ۱۲۹

چنین بخششی کان جهانجوی کرد — همه نزدِ کهتر پسر، روی کرد!»
نه تاج کیان مانم اکنون نه گاه — نه نام بزرگی نه ایران نه شاه!»[1]

*

چو از تور بشنید، ایرج سَخُن — یکی پاکتر پاسخ افکند بُن
بدو گفت ک:«ای مهتر کامجوی — اگر کام دل خواهی، آرام جوی!
من ایران نخواهم، نه خاور* نه چین — نه شاهی، نه گسترده روی زمین
بزرگی که فرجام آن تیرگیست — بر آن مهتری بر، بباید گریست
سپهر بلند ار کشد زین تو — سرانجام خشت است بالین تو!
مرا تخت ایران اگر بود، زیر — کنون گشتم از تاج و از تخت، سیر
سپردم شما را کلاه و نگین — بدینروی، با من مدارید کین
مرا با شما نیست جنگ و نبرد — روان را نباید، بدین، رنجه کرد
زمانه نخواهم بآزارتان — اُگر دور مانم ز دیدارتان
جزاز کهتری نیست آیین من — مباد آز و گردنکشی دین من!»

*

چو بشنید تور، از برادر؛ چنین — بابرو ز خشم، اندر آورد چین
نیامدش گفتار ایرج پسند — نبد راستی نزد او ارجمند
بکرسی، بخشم اندر آورد پای — همی گفت و برجَست هزمان ز جای[2]
یکایک برآمد ز جای نشست — گرفت آن گرانمایه کرسی، بدست
بزد بر سرِ خسروِ تاجدار — ازو خواست ایرج، بجان، زینهار
«نیایدت؟» گفت: «ایچ بیم از خدای — نه شرم از پدر، خود همین است رای؟!
مکش مر مرا، که‌ت، سرانجام کار — بپیچاند از خون من، کردگار!
پسندی و، همداستانی کنی؟ — که جانداری و، جانستانی کنی!
میازار موری که دانه کَش است — که جان دارد و، جان شیرین خوَش است
سیاه اندرون باشد و سنگدل — که خواهد، که موری شود تنگدل●
مکن خویشتن را، ز مردمکشان — کزین پس نیابی ز من، خود، نشان
بسنده کنم زین جهان، گوشه‌ای — بکوشش، فراز آورم توشه‌ای

---

۱ – دیگربار از تاج کیان سخن می‌رود!   * – خاور، در پهلوی خوروَران: مغرب (اروپای امروزین)

۲ – **یک:** پیشتر بر روی کرسی نشسته‌بودند. و پای بکرسی اندر (= اندرون) آوردن راگزارش نیست. **دو:** در لت دویم، هزمان نادرست است. و با همی‌گفت، «همی‌جست» باید زیرا که هر زمان، باکنش سادهٔ گذشته همخوان نیست.

● – در نمونه‌ها، این رج نیست، اما ازآنجاکه سعدی، چنین سخن را از فردوسی یاد کرده‌است، بشاهنامه افزودم. شیوهٔ سخن بگفتار فردوسی مانده‌است، اما اگر آنرا سعدی بگفتار فردوسی افزوده باشد، روان وی شاد، که از روان بیدار فردوسی چنین یاد کرده‌است.

بخون برادر چه بندی کمر؟ چه سوزی؟ دل پیرگشته پدر!
جهان خواستی، یافتی، خون مریز! مکن با جهانداز یزدان، ستیز!»

*

سخن را چو بشنید، پاسخ نداد دلش بود، پرخشم و، سر؛ پر ز باد
یکی خنجر آبگون برکشید سراپای او چادر خون کشید
بدان تیز زهرآبگون خنجرش همی کرد چاک آن کیانی برش[1]
فرود آمد از پای، سرو سهی گسست آن کمرگاه شاهنشهی
دوان خون از آن چهرهٔ ارغوان شد آن نامور شهریار جوان!
جهانا بپروردیش در کنار وز آن پس ندادی به جان زینهار![2]
نهانی ندانم ترا دوست کیست؟! بدین آشکارت بباید گریست
تو نیز ای بخیره، خرف گشته مرد! ز بهر جهان دل پر از داغ‌ودرد![3]
چو شاهان کُشی بی‌گنه خیره‌خیر ازین دو ستمکاره اندازه گیر

*

سر تاجور، زان تن پیلوار بخنجر جدا کرد و، برگشت کار
بیاکند مغزش بمُشک و ابیر فرستاد، نزد جهانبخشِ پیر
چنین گفت ک:«اینک، سر آن نیاز که تاج نیاکان بدو گشت باز[4]
کنون خواه تاجش ده و خواه تخت شد آن سایه گستر کیانی درخت»[5]
برفتند باز، آن دو بیدادِ شوم یکی سوی تور و، یکی سوی روم[6]

---

۱ – **یک:** برِ کیانی، **دو:** همی کرد چاک نادرست است، چاکِ کرد... .
۲ – بدگویی به جهان، در اندیشهٔ ایرانیان نبوده‌است.
۳ – افزایندهٔ پست‌منش با این گفتار که درخورِ خودِ اوست فردوسی را خواهد گفتن، که با سرگذشت شاهان، داستان مرگ آنان را نیز بازمی‌گوید، و از بهر جهان دل پر از داغ‌ودرد دارد!!... دور باد! اگر فردوسی بدنبال گذران جهان بود سی سال زمان فرخندهٔ خویش را برای ایرانیان سپری نمی‌کرد.
۴ – سرِ آن نیاز، گزارش ندارد.
۵ – **یک:** اگر تاجِ نیاکان بدو بازگشته‌است، اکنون تاج دادن بدو چگونه باشد؟ **دو:** درخت کیانی چگونه باشد؟
۶ – خود تور که در توران بود، چگونه بسوی تور تواند رفتن؟

آوردن تابوت ایرج
بنزد
فریدون

فریدون نهاده دو دیده براه / سپاه و کلاه، آرزومندِ شاه
چو هنگام برگشتن شاه بود / پدر زان سخن خود کی آگاه بود[۱]
همی شاه را تخت، پیروز ساخت / همی تاج را گوهر اندر نشاخت[۲]
پذیره شدن را بیاراستند / می و رود و رامشگران خواستند
تبیره ببردند و، پیل؛ از درش / ببستند آذین، همه کشورش

*

بدین اندرون بود شاه و سپاه / یکی گَرد تیره برآمد ز راه

*

هیونی برون آمد از تیره گرد / نشسته بر او، سوگواری بدرد
خروشی بزار و دلی سوگوار / یکی زرّ تابوتش اندر کنار
بتابوت زرّ اندرون پرنیان / نهاده سر ایرج اندر میان
ابا ناله و آه و با روی زرد / به پیش فریدون شد آن شوخ‌مرد*
ز تابوت زر تخته برداشتند / که گفتار او خوار پنداشتند[۳]
ز تابوت، چون، پرنیان برکشید / سر ایرج آمد، بریده؛ پدید
بیفتاد ز اسپ، آفریدون بخاک / سپه سربسر جامه کردند چاک[۴]
سیه شد رخان، دیدگان شد سپید / که دیدن دگرگونه بود از امید[۵]
چو خسرو بران گونه آمد ز راه / چنین بازگشت از پذیره سپاه؛[۶]
دریده درفش و نگونسار کوس / رخ نامداران، برنگ، آبنوس[۷]
تبیره سیه کرده و روی پیل، / پراکنده بر تازی اسپانش نیل
پیاده سپهبد، پیاده سپاه؛ / پر از خاک سر، برگرفتند راه
خروشیدن پهلوانان به درد / کنان گوشت تن را بران زادمرد[۸]

---

۱ – از آن سخن، نادرست است: «از داستان»، «از رویداد».
۲ – تخت ایرج ازپیش ساخته شده بوده‌است. پیشوند همی نیز برای ساختن وگوهر نشاندن نابجا است.
* – شوخ: دلیر، گستاخ
۳ – هنوز آن مرد سخنی نگفته‌بود! گفتارِ درست، در رج پسین است.
۴ – آفریدون!
۵ – در یکدم دیدگان، سپید نمی‌شود.
۶ – خود او براه نیامده‌بود سرش را آورده‌بودند!
۷ – دنبالهٔ گفتار!
۸ – لت دویُم ناهماهنگ است.

برین گونه گردد همی این سپهر — بخواهد ربودن چو بنمود چهر [1]
مبر خود بمهر زمانه گمان — نجوید کسی راستی در کمان
چو دشمنش گیری نمایدت مهر — اُگر دوست خوانی نبینیش چهر
یکی پند گویم ترا من درست — دل از مهر گیتی ببایدت شست
سپه داغ دل، شاه با های‌هوی — سوی باغ ایرج نهادند روی
به روزی کجا جشن شاهان بُدی — وزآن پیشتر بزمگاهان بُدی [2]
فریدون، سر شاه پور جوان — بیامد ببر درگرفته، نَوان [3]
بر آن تخت شاهنشهی بنگرید — سر شاه را نز درِ تاج دید
همان حوض شاهان و سرو سهی — درخت گل افشان و بید بهی
تهی دید از آزادگان جشنگاه — به کیوان برآورد، گردِ سیاه
همی سوخت باغ و، همی خست روی — همی ریخت اشک و، همی کند موی
میان را بزنّار خونین ببست — فکند آتش اندر سرای نشست
گلستانْش برکند و، سروان بسوخت — بیکبارگی چشم شادی بدوخت
نهاده سر ایرج اندر کنار — سر خویش کرده سوی کردگار [4]
همی گفت ک:«ای داور دادگر — بدین بیگنه کشته، اندر نگر!
بخنجر سرش کنده در پیش من — تنش خورده، شیران آن انجمن [5]
دل هردو بیداد، از آنسان بسوز؛ — که هرگز نبینند، جز تیره روز!
بداغی جگرشان کنی آژده — که بخشایش آرد بریشان، دده
همی خواهم ای روشن° کردگار — که چندان زمان یابم از روزگار
که از تخم ایرج، یکی نامور — بیاید، برین کین ببندد کمر
چو دیدم چنین، زان سپس شایدم — کجا، خاک، بالا بپیمایدم»
برین گونه بگریست چندان بزار — همی تا گیا، رُستش اندر کنار
زمین بستر و، خاک؛ بالین او — شده تیره، روشن جهانبین او *

---

۱ - بدگویی دربارهٔ سپهر در چهار رج... ۲ - لت نخست گزارش ندارد.

۳ - از اینجاشش رج واژه‌های نادرخور. فریدون سرِ شاه پور جوان... بیامد، «تخت شاهنشهی»، آنزمان شاهنشاهی نبود، حوض شاهان، نادرست است، و بفارسی آبگیر خوانده می‌شود، «جشنگاه از آزادگان تهی دید»، ایرج در میان نبود، دیگران بودند. گرد سیاه را به کیوان چگونه برآورد؟ همهٔ این سخنان میانِ «سوی باغ ایرج نهادند روی»، با «گلستانش بر کند و سروان بسوخت»، جدایی می‌افکند.

۴ - کنش‌ها (نهاده، کرده) در هر دو لت؛ نادرست است.

۵ - **یک:** کنش‌ها را پایانِ درست نیست: کنده، خورده. **دو:** سر را نکنده‌بودند و نیز نخسته‌بودند که بریده‌بودند. **سه:** شیران در انجمن تورانیان و سلمیان نبوده‌اند. **چهار:** شیر، هیچگاه جانور یا مردم مرده را نمی‌خورد... در میان جانداران؛ تنها کفتار و سیه‌گوش‌اند که چنین می‌کنند، و در پرندگان؛ کرکس و لاشخور و کلاغ.

° - **داور کردگار** درست می‌نماید.

* - چشم روشنش تیره (کور) گردید.

درِ بار بسته، گشاده زبان / همی گفت ک: «ای داور راستان![1]
کس از تاجداران بدین سان نمرد / که مرده‌ست این نامبردار گرد[2]
سرش را بریده، بزار، اهرمن / تنش را شده کام شیران کفن»[3]
خروشی بزاری و، چشمی پر آب / ز هر دام‌ودد برده آرام و خواب[4]

*

سراسر همه کشورش مرد و زن / بهرجای کرده یکی انجمن
همه دیده پر آب و دل پر ز خون / نشسته بتیمار و گُرم اندرون
همه جامه کرده کبود و سیاه / نشسته به اندوه، در سوک شاه[5]
چه مایه چنین روز بگذاشتند / همه زندگی، مرگ پنداشتند[6]
سیه‌پوش گشتی همه مرد و زن / همان شاه فرزانه و رایزن[7]

---

۱ - **یک:** چون چشمانش کور شده، و بر زمین نشسته‌است چگونه درِ بار را بسته باشد. **دو:** باز با خداوند سخن می‌گوید. بازآنکه پیشتر آمد: چندان گریست و گفت که چشمانش کور گردید.
۲ - دنبالهٔ سخن
۳ - دوباره‌گویی رج ۱۶۴۰.
۴ - سخن بی‌پیوند
۵ - ایرانیان؛ در سوگ، جامه کبود و سیاه نمی‌پوشیدند.
۶ - دنبالهٔ آن سخن
۷ - دوباره سپه پوشی....

زادن منوچهر از مادر

برآمد برین نیز یک چندگاه   شبستان ایرج نگه کرد شاه
یکی خوبچهره پرستنده دید   کجا؛ نام او بود، ماه آفرید
که ایرج بر او مهر بسیار داشت   قضا را، کنیزک ازو بار داشت [1]
پریچهره را بچه بُد در نهان   از آن شاد شد، شهریار جهان
از آن خوبرخ شد دلش پرامید   بکینِ پسر؛ داد، دل را نوید
چو هنگامهٔ زادن آمد پدید   یکی دختر آمد ز ماه آفرید [2]
جهانی گرفتند، پروردنش   برآمد بناز و بزرگی تنش [3]
مر آن ماهرخ راز سر تا به پای   تو گفتی مگر ایرج استی به جای [4]
چو پرورد و آمدْش هنگام شوی   چو پروین شدش روی و چون مشک‌موی [5]
نیا، نام‌زد کرد، شویش پشنگ   بدو داد و، چندی برآمد درنگ [6]

*

یکی پور؛ زاد، آن خردمند ماه   چگونه، سزاوار تخت و کلاه
چو از مادر مهربان شد جدا،   سبک، تاختندش بنزد نیا
بدو گفت موبد، که: «ای تاجور   یکی شاد کن دل، به ایرج نگر!»
جهانبخش را لب پر از خنده شد   تو گفتی مگر ایرجش زنده شد [7]
نهاد آن گرانمایه را برکنار   نیایش همی کرد باکردگار
همی گفت: «کین روز فرخنده باد   دل بدسگالان ما کنده باد!»
همان، کز جهان‌آفرین کرد یاد   ببخشود و، دیده بدو باز داد
فریدون چو روشن‌جهان را بدید   بچهرِ وی اندر، یکی بنگرید*

---

۱ – «قضا را» سخن فردوسی نیست و سخن برداشتی نازیبا از گفتارِ رج پسین است.
۲ – هنگامهٔ زادن فرا می‌رسد، پدید نمی‌آید.   ۳ – لت دویم ناهماهنگ.   ۴ – «را» در لت نخست پیوند سخن را می‌گسلاند.
۵ – لت دویم، نشان می‌دهد که پیش‌ازآن موی مشکین نداشته‌است و برُخ همچون پروین نبوده، و بهنگام شوی کردن چنین شد.
٦ – سخن بی‌پیوند نادرست است.   ۷ – «خَنده» با «زِنده» پساوا ندارد.
* – هنوز؛ ایرانیان این داستان را می‌زنند که چشمم بدیدار شما روشن گردید! یا چون کودک نوزاد را برای نخستین بار بینند، می‌گویند چشمم روشن!

چنین گفت: «کز پاک مام و پدر   یکی شاخِ شایسته آمد ببر»
می روشن آمد ز پرمایه جام   منا چهر دارد منوچهر نام[1]
چنان پروریدش که باد هوا   برو بر، گذشتن، ندیدی روا!
پرستنده‌ای، که‌ش، ببر داشتی   زمین را به پی، هیچ نگذاشتنی!
بپای اندرش مشک سارا بُدی   روان بر سرش چتر دیبا بُدی[2]

*

چنین تا برآمد بر او سالیان   نیامدش ز اختر زمانی زیان[3]
هنرها که آید شهان را بکار   بیاموختش نامور شهریار
چو چشم و دل پادشا باز شد   سپه نیز با او، هم‌آواز شد
نیا تخت زرّین و گرز گران   بدو داد و، پیروزه تاجِ سران
کلید در گنج‌های کهن   بدو داد جمله، ز سر تا به بن[4]
سراپردهٔ دیبه هفت‌رنگ   بدو اندرون خیمه‌های پلنگ
چه اسپان تازی به زرّین ستام   چه شمشیر هندی به زرّین نیام
چه از جوشن و ترگ و رومی زره   گشادند مهر بندها را گره
کمانهای چاچی و تیر خدنگ   سپرهای چینی و ژوپین جنگ
برین گونه آراسته گنج‌ها   که بودش به گرد آمده رنج‌ها
سراسر سزای منوچهر دید   دل خویش را زو پر از مهر دید
کلید درِ گنج آراسته   به گنجورِ او داد با خواسته
همه پهلوانان لشکرش را   همه نامداران کشورش را
بفرمود تا پیش او آمدند   همه با دلی کینه‌جو آمدند
بشاهی بر او آفرین خواندند   زبرجد، بتاجش برافشاندند
چو جشنی بد این روزگار بزرگ   شده در جهان میش پیدا از گرگ[5]

---

۱ - نادرست‌ترین گزارش از واژهٔ منوچهر. این نام در اوستا بگونهٔ «مانوش چیترَ»؛ نژاد مانوش است که در پهلوی بگونهٔ مانوش چیتز و در فارسی بگونهٔ منوچهر درآمد (بنگرید به نژاد مانوش، در داستان ایران).   ۲ - گزافه گویی.

۳ - **یک**: سالیان! **دو**: در باور پیشینیان زیانی که از اختر بیاید، پیش‌بینی شده‌است، و چنان نیست که یکزمان نیاید و یکزمان بیاید.

۴ - اینجا هفت رج آن چیزها که از سوی فریدون به منوچهر داده شد؛ برشمرده می‌شود: در میان سراپرده، خیمهٔ پلنگ، اسپ تازی (که تازیان که هنوز اسپ نداشتند) شمشیر هندی (هنوز هندوستان در جهان پدیدار نشده‌بود)، زره رومی (که کشور روم دو هزار سال پس‌از جدایی هندوان از ایرانیان در جهان پدید آمد)، سپر چینی که از ما هزاران فرسنگ بدور بودند. ژوپین جنگ! و مگر ژوپین بجزاز برای جنگ، کاربرد دیگری داشته‌است؟ و همهٔ این گفتارها در رج ۱۶۹۱ در یک سخن آمده‌است که کلید گنج آراسته را، بگنجور منوچهر داد!

۵ - «چو» در آغاز، سخن را سُبک می‌کند. این روزگار بزرگ نیز همچنین در نمونهٔ مک کان آمده‌است:

بجشنی نوآیین و روزی بزرگ   شده در جهان میش، پیدا زگرگ

←

چو شد ساخته، کار لشکر همه — برآمد سر شهریار از رمه[1]
سپهدار چون قارن کاویان — سپهکش چو شیروی و چون اندیان[2]

آگاه شدن سلم و تور از پادشاهی منوچهر
و
پیام بنزد فریدون

به سلم و به تور آمد این آگهی — که شد روشن آن تخت شاهنشهی
چو آگه شدند آن دو بیدادگر — ز حال منوچهر و کار پدر[3]
دل هردو بیداد، شد پُر نهیب — که اختر همی رفت سوی نشیب
نشستند هردو در اندیشگان — شده تیره روز جفاپیشگان[4]
یکایک؛ بر آن، رایشان شد درست — کز آن رویشان، چاره بایست جست؛
که سوی فریدون فرستند کس — بپوزش! کجا چاره این بود و بس!
بجُستند از آن انجمن هردوان — یکی پاک‌دل مرد چیره‌زبان[5]
بدان مرد باهوش و با رای و شرم — بگفتند با لابه، بسیار گرم؛[6]
در گنج خاور گشادند باز — بدیدند هولِ نشیب از فراز[7]
ز گنج گهر تاج زر خواستند — همی پشت پیلان بیاراستند
به گردونه‌ها بر چو مشک و اَبیر — چو دیبا و دینارو خز و حریر
ابا پیل گردونکش و رنگ و بوی — ز خاور به ایران نهادند روی
هرآن‌کس که بُد بر در شهریار — ز هریک فرستادشان یادگار

→ برآمد ز درگاه، آوای کوس — زمین نیلگون شد، هوا آبنوس
و پیدا است که این نیز افزوده است، زیرا که منوچهر را هنوز، آهنگ جنگ پیدا نشده‌بود.

۱ – **یک:** سخن دربارهٔ تاجگذاری منوچهر بود نه سازِ سپاه. **دو:** «همه» نیز در پایان لت نخست، نابجا است. زیرا که چون کار لشکر ساخته شود، پیدا است که همهٔ کار بسامان رسیده‌است.

۲ – «چو» و «چون» نادرخور است.

۳ – دوباره‌گویی رج پیشین.

۴ – هنوز، روزشان تیره نشده‌است.

۵ – این رج از دیدگاه زبان نادرست نیست اما پیوسته به رج پسین است که همخوان نیست، پس افزوده در شمار است.

٦ – **یک:** دنبالهٔ همان سخن است! **دو:** لت دویم نشان می‌دهد که سلم و تور بنزد آن فرستاده لابه کرده‌اند! بازآنکه وی را می‌باید لابه کردن نزد فریدون.

۷ – از اینجاشش رج دوباره‌گویی‌ها دربارهٔ پیشکشی‌های نادرست، چون مشگ و ابیر با گردونه؟! دیبا و حریر از دو کشور که خود، از ایران ابریشم می‌گرفته‌اند، از خاور (روم) نه از توران... و شیوهٔ سخن نابهنجار؛ چون: «ز هر یک فرستادشان یادگار» بجای «برای همهٔ آنان پیشکش فرستاد» و «پرداخته شدشان دل از خواسته» بجای: «چون خواسته‌ها را فراهم کردند»...

پیام فریدون بسلم و تور ۱۳۷

چو پردخته شدشان دل از خواسته — فرستاده آمد برآراسته

*

بدادند نزد فریدون پیام — نخست از جهاندار بردند نام
که: «جاوید بادا، فریدون گرد! — همه فرّهی، ایزد، او را سپرد
سرش سبز باد و تنش ارجمند — مَنِش* برگذشته ز چرخ بلند!
بدان! کان دو بدخواه بیدادگر — پر از آب دیده ز شرم پدر [1]
پشیمان شده داغ دل، پر گناه — همی سوی پوزش نمایند راه [2]
چه گفتند دانندگان خرد — که: هرکس که بد کرد کیفر برد، [3]
بماند به تیمار و دل پر ز درد — چو ما مانده‌ایم ای شه زادمرد! [4]
نوشته چنین بودمان از بَوِش — برسم بوشن اندر آمد رَوِش [5]
هژبر جهانسوز و نرّ اژدها — ز دام قضا هم نیابد رها [6]
و دیگر که فرمان ناپاک دیو — ببرد دل از ترس کیهان‌خدیو [7]
بما بر، چنین چیره شد رای بد — که مغز دو فرزند شد جای بد [8]
همی چشم داریم از آن تاجور — که بخشایش آرد؛ بما بر، مگر!
اگرچه بزرگ است ما را گناه — به بیدانشی برنهد، پیشگاه●
اُ دیگر بهانه، سپهرِ بلند! — که گاهی پناه است و گاهی گزند
سیوم، دیو کاندر میان چون نوند — میان بسته دارد ز بهر گزند [9]
اگر پادشا را سر از کین ما — شود پاک، و، روشن شود دین ما؛
منوچهر را با سپاهی گران — فرستد بنزدیک خواهشگران○
بدان؛ تا چو بنده، به پیشش بپای — بباشیم جاوید و، اینست رای!
مگر آن درختی کزین کین برُست — بآب دو دیده، توانیم شست
بپوییم، تا آب و رنجش دهیم — چو تازه شود تاج و گنجش دهیم [10]

*

* – منش: اندیشه
۱ – پیام دهندگان؛ سلم و تور بودند، و اینجا کسی دیگر است که آنان را بدخواه و بیدادگر میخواند.
۲ – دنبالهٔ همان گفتار.
۳ – چو ما مانده‌ایم نادرست است: چنانکه ما مانده‌ایم.
۴ – خرد را «مند» باید نه «داننده».
۵ – **یک:** در این دو رج دوباره؛ سلم و تور، گوینده می‌شوند. **دو:** رسم! این گفتار بوش (تقدیر) در رج ۱۷۲۵ با یادِ سپهر بلند بدرستی آمده‌است.
٦ – کنش نیابد (یگانه) برای شیر و اژدها نادرست است.
۷ – لت دویم سخت سست است.
۸ – لت دویُم سخت نابهنجار است.
● – آن پیشگاه (حضرت) کار را ازروی بیدانشی ما درشمار آوَرَد.
۹ – دوباره‌گویی رج ۱۷۲۱.
○ – ما.
۱۰ – **یک:** برای آب دادن بدرخت، پوییدن بایسته نیست. **دو:** آب دادن بدرخت، آنرا شاداب می‌سازد و رنج رساندن بدان، درخت را خشک می‌کند. **سه:** چه‌کس تازه شود؟ اگر درخت است که تاج و گنج نمی‌جوید و اگر منوچهر است که خود تازه است.

۱۳۸ فریدون

فرستاده آمد با دلی پر سخن — سخن را، نه سر بود پیدا، نه بن
ابا پیل و با گنج و با خواسته — به درگاه شاه آمد آراسته [1]
بشاه آفریدون رسید آگهی — بفرمود تا تخت شاهنشهی [2]
بدیبای رومی بیاراستند — کلاه کیانی بپیراستند [3]

*

نشست ازبر تخت، پیروز شاه — چو سرو سهی، ازبرش گردِ ماه
ابا تاج و با توغ و با گوشوار — چنانچون بود در خورِ شهریار [4]
خجسته منوچهر بر دست شاه — نشسته، نهاده، بسربر کلاه
به زرّین عمود و به زرّین کمر — زمین کرده خورشیدگون سربه‌سر [5]
دو رویه بزرگان کشیده رده — سراپای یکسر، بزر آژده [6]
بیک دست بر، بسته شیر و پلنگ — بدست دگر زنده‌پیلان جنگ [7]
برون شد ز درگاه شاپور گرد — فرستادهٔ سلم را پیش برد [8]
فرستاده چون دید درگاه شاه — پیاده دوان اندر آمد ز راه [9]
چو نزدیک شاه آفریدون رسید — سرِ تخت و تاج بلندش بدید [10]
ز بالا فرو برد سر پیش اوی — همی بر زمین بر بمالید روی [11]
گرانمایه شاه جهان کدخدای — به کرسیِ زرّین وراکرد جای [12]
فرستاده بر شاه کرد آفرین — که: «ای نازش تاج و تخت و نگین!
زمین، گلشن از پایهٔ تخت تست — زمان، روشن از مایهٔ بخت تست
همه بندهٔ خاک پای توایم — همه، پاک، زنده به رای توایم»
پیام دو خونی، بگفتن گرفت — همه راستی‌ها، نهفتن گرفت
گشاده زبان، مرد بسیار هوش؛ — بدو داده شاه جهاندار، گوش: [13]

---

۱ - **یک:** دوباره سخن از خواسته می‌رود! **دو:** در رج پیشین. «فرستاده آمد» اینجا دوباره «بدرگاه شاه آمد». ۲ - آفریدون!

۳ - دیبای رومی! کلاه کیانی! ۴ - این رج میان گفتار جدایی می‌افکند.

۵ - **یک:** عمود بجای گرز، از گفتار فردوسی نیست. **دو:** باری اگر افزاینده رخسار منوچهر را بخورشید مانند کرده‌بود نشایستی انگشت بر آن نهادن، اما زمین هیچگاه خورشیدگون نمی‌شود. اگرچه پرتو خورشید بر آن تابد.

۶ - پیدا است که سراپای را نمی‌توان به «زر آژده» کرد، زیرا که آژدن، فروکردن چیزی چون گوهر، بر روی چیزی چون زر است.

۷ - در رج پیشین از رده کشیدن بزرگان در دو رویه یاد شده‌بود.

۸ - تاکنون نام شاپور در شاهنامه نیامده‌است، که از او چون کسی آشنا، نام برده شده.

۹ - فرستاده، تازه درگاه شاه را دید؟ در رج ۱۷۳۳ بدرگاه شاه آمده‌بود!

۱۰ - **یک:** آفریدون؟ از دور نیز می‌توان چنان چیز را دیدن. **دو:** تاج را سر باشد، اما تخت را سر نیست.

۱۱ - سخن ناهموار؛ از بالا فرو برد سر!

۱۲ - **یک:** پادشاهان فرمان می‌دهند که هرکس را کجا بنشانند و خود چنین نمی‌کنند. **دو:** «جای» دادنی است نه کردنی.

۱۳ - پیوند سخن را از رج پیشین به رج پسین می‌گسلاند.

ز کردار بد، پوزش آراستن / منوچهر را، نزد خود خواستن
میان بستن او را بسان رهی / سپردن بدو تاج و تخت مهی
خریدن ازو باز خون پدر / بدینار و دیبا و تاج و کمر[1]
فرستاده گفت و، سپهبد شنید / مرآن بند را پاسخ آمد کلید[2]
چو بشنید شاه جهان کدخدای / پیام دو فرزندِ ناپاکرای؛
یکایک، بمرد گرانمایه گفت / که: «خورشید را چون توانی نهفت؟!
نهانِ دلِ آن دو مرد پلید / ز خورشید، روشنتر آمد پدید
شنیدم همه هرچه گفتی سَخُن / نگه کن که پاسخ چه یابی ز بُن!

*

بگو، آن دو بی‌شرم ناباک را / دو بیداد و بدمهر و ناپاک را
که: گفتارِ خیره، نیرزد بچیز / ازین در، سخن، چند رانیم نیز!
اگر بر منوچهرتان مهر خاست / تن ایرجِ نامورتان کجاست؟!
که کام دد و دام بودش نهفت / سرش را یکی تنگ تابوت جفت![3]
کنون چون ز ایرج بپرداختید / بکین منوچهر، برساختید؟
نبینید رویش، مگر با سپاه! / ز پولاد، بر سر نهاده کلاه،
ابا گرز و با کاویانی درفش / زمین کرده از سمِّ اسپان بنفش
سپهدار چون قارنِ رزمخواه / چو شاپور نستوه پشتِ سپاه[4]
بیک دست شیدوش جنگی بپای / چو شیروی شیراوژن و رهنمای[5]
چو سام نریمان و سرو یمن / به پیش سپاه اندرون رای‌زن[6]
درختی که از کین ایرج برست / به خون، برگ‌وبارش بخواهیم شست[7]
از آن تاکنون کین او کس نخواست / که پشت زمانه ندیدیم راست[8]
نه خوب آمدی با دو فرزند خویش / کجا جنگ را کردمی دست پیش[9]
کنون زآن درختی که دشمن بکند / برومند شاخی برآمد بلند[10]
بیاید کنون، چون هژبر ژیان / بکینِ پدر، تنگ بسته میان

۱ – خریدن خون پدر، با دینار! و دیبای رومی و تورانی! دیبا (جامهٔ ابریشمین) در ایران فراهم می‌آمد.
۲ – شنید، در رج پسین می‌آید. ۳ – لت دویم را پیوند درست نیست.
۴ – «چو» در آغاز لت دویُم نادرست است، اگر شاپور است، چو، درست نمی‌آید چنین «چو» آوردن‌ها در سرتاسر سخنان افزودهٔ شاهنامه فراوان است که در آینده نیز بدان می‌رسیم. ۵ – چون و چو!!
۶ – یک: چو سام نریمان!... دو: سام نریمان، رایزن است یا بزرگترین پهلوان ایران است. سه: سام نریمان، یا سرو؟ کدامیک رایزن‌اند؟
۷ – «درختی» را «را» باید. ۸ – سخنِ ناهموار... پشت زمانه؟ ۹ – همچنین...
۱۰ – در سخنان پیشین از درخت رُسته (از کین ایرج) سخن رفت، و اکنون از درخت کنده!

۱۴۰ فریدون

ابا نامداران لشکر بهم　　چو سام نریمان و گرشاسپ جم[1]
سپاهی که، از کوه تا کوه جای　　بگیرند و کوبند، گیتی بپای[2]
اُ دیگر که گفتند: باید که شاه　　ز کین دل بشوید، ببخشد گناه
که بر ما چنین گشت گردان سپهر　　خرد خیره شد، تیره شد جای مهر[3]
شنیدم همه پوزش نابکار　　که گفت آن جهانجوی نابردبار؛
که: هرکس که تخم جفا را بکشت　　نه خوش روز بیند، نه خرّم بهشت[4]
گر آمرزش آید ز یزدان پاک　　شما را ز خون برادر چه باک!؟[5]
هرآن کس که دارد روانش خرد　　گناه آن سگالد، که پوزش برد*
ز روشن جهاندارتان نیست شرم　　سیه؛ دل، زبان؛ پر ز گفتار گرم[6]
مکافات این بد به هردو سرای　　بیابید از دادگر یک خدای[7]
سدیگر فرستادن تخت آج　　اَبر ژنده‌پیلان و، پیروزه تاج[8]
بدین بدره‌های گهر گونه گون　　نجوییم کین و بشوییم خون؟![9]
سرِ تاجداری فروشم به زر؟　　که مه تاج بادا، مه تخت و مه فر![10]
سر بی‌بها را ستانم بها　　مگر ناسزا بچهٔ اژدها؟[11]
که گوید که جانِ گرامی پسر　　بهایی کند پیر گشته پدر؟![12]
بدان خواسته نیست ما را نیاز　　سخن چند گوییم چندین دراز[13]
پدر تا بود زنده، با پیرسر　　ازین کین نخواهد گشادن کمر!»
پیامت شنیدم، تو پاسخ شنو!　　یکایک بگوی و بزودی برو!»[14]
فرستاده آن هول گفتار دید　　نشستِ منوچهر سالار دید؛[15]

---

۱ - دوباره‌گویی دربارهٔ سرداران، بویژه نامِ «جم» که در داستان ایران، ویژهٔ جمشید است، نه هیچکس دیگر! و جمشید را نیز فرزندی با نام گرشاسپ نبوده‌است.
۲ - پیوند با رج‌های پیشین و پسین ندارد.
۳- سیوم بار پیوند «که» سخن را سست می‌کند.
۴ - سخن سست! سخن از بهشت و دوزخ نیست، سخن از پوزش و بخشش است.
۵ - سلم و تور از آمرزش یزدان سخنی بمیان نیاورده‌بودند.
* - گناهی از وی سر زند که بر آن پوزش تواند کردن... (گناه شما پوزش‌ناپذیر است).
٦ - لت نخست با لت دیگر پیوند درست ندارد.
۷ - بسا شاید، که پادافره در این جهان دیده نشود.
۸ - همان پیشکش‌ها که افزودگی آنها، پیش‌ازاین روشن شد.
۹ - این رج را پیوند درست با رج پیشین نیست! نجوییم کینَ به بدره‌های زر بازمی‌گردد. بازآنکه در رج پیشین از تاج و تخت نیز نام برده شده‌است.
۱۰ - دیگربار، این رج پیوند درست با رج پیشین ندارد، و لت دویم را با لت نخستین پیوند نیست.
۱۱ - افزاینده را چندان پریشانی در گفتار پیش آمده‌است که هیچگونه گزارشی بر آن نتوان نهادن! چگونه شاید که فریدون سر ایرج را بی‌بها خوانَد؟ لت دویم را نیز هیچ پیوند با گفتار نیست.
۱۲ - کسی چنین نگفت. آنان پوزش بردند و آشتی خواستند!
۱۳ - چند و چندین در یک گفتار نادرخور است.
۱۴ - **یک:** «پیامت» روی به سلم و تور دارد، و می‌باید پیامتان باشد. **دو:** در لت دویُم روی سخن به فرستاده‌است.
۱۵ - هول گفتار: شنیدنی است، نه دیدنی.

بپژمرد و، برخاست لرزان ز جای — همانگه بزین اندر آورد پای[۱]
همه بودنی‌ها*، به روشنروان، — بدید آن گرانمایه مرد جوان
که با تور و با سلم، گردان سپهر — نه بس دیر، چین؛ اندر آرد بچهر

*

بیامد بکردار باد دمان — سری پر ز پاسخ، دلی پرگمان[۲]
ز دیدار، چون خاور آمد پدید — بهامون کشیده سراپرده دید[۳]
بیامد ببالای پرده‌سرای — به پرده درون بود خاورخدای[۴]
یکی خیمهٔ پرنیان ساخته — ستاره رده جای پرداخته[۵]
دو شاه دو کشور، نشسته براز — بگفتند که: «آمد فرستاده باز»[۶]
بیامد هم آنگاه سالار بار — فرستاده را برد زی شهریار[۷]
نشستنگهی نو بیاراستند — ز شاه نو آیین خبر خواستند[۸]
بجستند هرگونه‌ای آگهی — ز دیهیم و از تخت شاهنشهی[۹]
ز شاه آفریدون و از لشکرش، — ز گردان جنگی و از کشورش[۱۰]
دیگر ز کردار گردان سپهر — که دارد همی بر منوچهر مهر[۱۱]
بزرگان کدامند و دستور کیست؟ — چه مایه‌ستشان گنج و گنجور کیست؟[۱۲]
فرستاده گفت: «آنکه روشن بهار — ندیده‌است، بیند درِ شهریار[۱۳]
بهاریست خرم در اردیبهشت — همه خاکش انبر همه زرش خشت[۱۴]
سپهر برین کاخ و میدان اوست — بهشتِ گزین روی خندان اوست[۱۵]
ببالای ایوان او راغ نیست — به پهنای میدان او باغ نیست[۱۶]

۱ – دنبالهٔ گفتار. * – بودنی: تقدیر.

۲ – **یک:** بیامد، نادرست است: «برفت». **دو:** دل پر گمان چگونه شاید بودن؟

۳ – خاور زمین، چیزی چون یک تپه و کوه نیست که از دور، دیده شود.

۴ – آنکس که بپرده‌سرای می‌رود، از بالا نمی‌رود که از پایین؛ اندرون می‌شود.

۵ – **یک:** چادر پرنیان را آنجا ساخته‌بودند، یا برپای کرده‌بودند **دو:** لت دویم؛ پریشان.

۶ – **یک:** کنش در رج نخست کمبود دارد: «نشسته‌بودند». **دو:** هم اکنون گفته شد که اندرون پرده‌سرای، «خاورخدای» نشسته‌بود، نه دو شاه.

۷ – **یک:** سالار بار، پس‌از دیدارِ شاهان، فرستاده را می‌بَرَد؟ پیش‌ازاین افزاینده او را ببالای پرده‌سرای برده‌بود! **دو:** دو شاه بودند، نه یک شهریار.

۸– آنان در پرده‌سرای نشسته‌بودند پس چگونه نشستنگهی نو، آراستند؟

۹ – دیهیم... .

۱۰ – آفریدون!

۱۱ – چگونه فرستاده را آگاهی از مهر سپهر بر منوچهر، دست می‌دهد؟

۱۲ – **یک:** دستورشان، که بود، نه کدامند و کیست. **دو:** مگر از گنج پنهان کس را آگاهی هست؟ بگنجور آنان چکار دارند؟ مگر آنکه افزاینده را پساوایی برای دستور در کار بوده باشد!

۱۳ – دنبالهٔ داستان.

۱۴ – **یک:** اردیبهشت در بهار است نه بهار در اردیبهشت. **دو:** درگاه پادشاه را تنها خاک و خشت نیست.

۱۵ – چگونه آنکس که «هول گفتار» (۱۷۹۳) دارد، و از کین کمر نمی‌گشاید (۱۷۹۱) چهره‌ای خندان بفرستاده نشان می‌دهد؟

۱۶ – در رج پیشین کاخ او به سپهر برین همانندِ شده‌بود، و اینجا باندازهٔ کوهی بپایین کشیده شد.

چو رفتم بنزدیک ایوان فراز   سرش با ستاره همی گفت راز [۱]
بیک دست پیل و بیک دست شیر   جهان را به بخت اندر آورده زیر [۲]
ابر پشت پیلانش بر، تخت زر   ز گوهر همه توغ شیران نر [۳]
تبیره زنان پیشِ پیلان بپای   ز هرسو خروشیدن کرنای [۴]
تو گفتی که میدان بجوشد همی   زمین بآسمان برخروشد همی [۵]

*

خرامان شدم پیش آن ارجمند   یکی تخت پیروزه دیدم بلند [۶]
چو کافور موی و چو گلبرگ روی   دل آزرمجوی و زبان چرب‌گوی [۷]
جهان رازو دل به بیم و امید   تو گفتی مگر زنده شد جمِ‌شید [۸]
منوچهر چون زاد سروِ بلند   بکردار تهمورس دیوبند [۹]
نشسته برِ شاه بر دست راست   تو گفتی زبان و دل پادشاست [۱۰]
به پیش اندرون قارن رزم‌زن   به دست چپش سرو شاه یمن [۱۱]
چو شاه یمن، سرو، دستورشان   چو پیروز گرشاسپ گنجورشان [۱۲]
شمار درِ گنجها ناپدید   کس اندر جهان آن بزرگی ندید [۱۳]
همه گِرد ایوان دو رویه سپاه   بزرّین عمود و بزرّین کلاه [۱۴]
سپهدار چون قارن کاویان   به پیش سپاه اندرون اندیان [۱۵]
جهان پهلوان سامِ یل، پیشرو   پسِ پشتِ او، رزمجویانِ نو [۱۶]
مبارز چو شیروی درّنده شیر   چو شاپور یل ژنده پیل دلیر [۱۷]

---

۱ – دوباره به ستاره و سپهر رسید!   ۲ – پیل و شیر را با «بخت» پیوند نیست.

۳ – توغی که باگوهر فراهم آمده باشد، ایستایی ندارد، و پاره می‌شود همان بهتر که توغ آهنین باشد.

۴ – لت دویم را پایان نیست.

۵ – تو گفتی، در اینجا ناروا است. زیرا که فرستاده برای سلم و تور می‌گوید، اما لت دویم نادرخور است: «خروش از زمین بآسمان می‌رفت».   ٦ – دنبالهٔ داستان.

۷ – **یک:** سخن، برداشت از مهمان شدن بهرام گور در خانه ماهیار گوهرفروش است. **دو:** موی کافور. و روی گلبرگ به تخت فیروزه به رج پیشین بازمی‌گردد!   ۸ – دنبالهٔ داستان   ۹ – دنبالهٔ سخن.

۱۰ – سه بار «تو گفتی» در یک گفتار: بآیین نیست.   ۱۱ – «پیش اندرون» نادرست است.

۱۲ – **یک:** «چو» نادرست است. **دو:** دوباره نام سرو آمده است.

۱۳ – فرستاده از در گنج‌ها آگاهی نمی‌یابد، پیام میرساند و پیام میگیرد!   ۱۴ – عمود بر جای گرز!

۱۵ – **یک:** قارن، در رج ۱۸۲۲ پیش اندرون بود، و اکنون اندیان به پیش سپاه شد. **دو:** اندیان: از نامهای دروغین.

۱٦ – **یک:** این رج در بیشتر شاهنامه‌ها نیامده، مگر در شاهنامهٔ آکسفورد. نوشتهٔ سال ۸۵۲ در شاهنامهٔ بنداری نیز آمده‌است: «و علی رأسه سام بن نریمان، حامل سیفهٔ و هو کالسحاب المبرّق المرّعد» = بر بالای سرش سام نریمان، نگهدار شمشیر او که همانند ابری است آذرخش ریزِ تندرخیز! **دو:** پشت جهان‌پهلوانان، را پهلوانان دیگر می‌گیرند، نه رزمجویان نو.

۱۷ – **یک:** چو؛ **دو:** مبارز، تنها در هنگامهٔ میدان پدیدار می‌شود، نه آنکه پیش‌از رفتن به نبرد مبارز پدیدار باشد.

چو او بست بر کوههٔ پیل کوس　　هوا گردد از گرد چون آبنوس[1]
گر آیند زی ما بجنگ آن گروه　　شود کوه، هامون و هامون چو کوه[2]
همه دل پر از کین و، پُر چین بُروی　　بجز جنگشان نیست هیچ آرزوی»[3]
بریشان همه برشمرد آنچه دید　　سخن نیز کز آفریدون شنید[4]
دو مرد جفاپیشه را دل ز درد　　بپیچید و شد رویشان لاژورد
نشستند و جُستند هرگونه رای　　سخن را نه سر بود پیدا نه پای[5]
به سلم بزرگ آنگهی تور گفت　　که: «آرام و شادی بباید نهفت[6]
نباید که آن بچهٔ نرّه شیر　　شود تیزدندان و گردد دلیر[7]
چنان نامور بی‌هنر چون بود؟　　که‌ش آموزگار آفریدون بود![8]
نبیره چو شد رایزن با نیا　　از آن جایگه بردمد کیمیا[9]
بباید پسیچید ما را بجنگ　　شتاب آوریدن بجای درنگ»[10]
ز لشکر سواران برون تاختند　　ز چین و ز خاور سپه ساختند
فتاد اندران بوم و بر گفت‌وگوی　　جهانی بدیشان نهادند روی
سپاهی که آن را کرانه نبود؛　　بَد، آن بُد که دولت جوانه نبود
ز خاور لشکر به ایران کشید،　　به خفتان و خود اندرون ناپدید
ابا ژنده پیلان و باخواسته　　دو خونی به کینه دل آراسته

آهنگِ رزم منوچهر
با
سلم و تور

سپه چون بنزدیک ایران کشید　　همانگه خبر بافریدون رسید[11]

---

۱ - چه کس بست؟　　۲ - «آن گروه» نادرست است. ایرانیان... و　　۳ - دنبالهٔ گفتار.
۴ - آفریدون! برشمردن نیز، دشنام دادن است.　　۵ - سخنِ که را؟ سخن فرستاده هم سر داشت و هم پای.
٦ - آنگهی نادرست است.
۷ - **یک:** منوچهر که در رج ۱۸۲۰ چون سرو آزاد، نامیده شده بود، کودک نبوده است. **دو:** ایرج، پدر منوچهر در همه زندگانی فروتنی و مهر و آزرم ورزید، و هیچگاه کاری نکرد که او را، نره شیر توان خواندن.
۸ - آفریدون! افزاینده خود دریافت که می‌باید سخن را بازگرداند، پهلوانی منوچهر را در این رج به فریدون بازگرداند!
۹ - همهٔ نبیرگان با نیاکان رای می‌زنند، و کیمیا برنمی‌خیزد!
۱۰ - از اینجا تا پنج رج داستان برون آمدن سپاه سلم و تور بجنگ ایران است که افزوده است، زیرا که آنان پس‌از آگهی یافتن از جنبش منوچهرشاه، لشکر را بدشت نبرد خواهند کشانید (رج ۱۸۸۴).　　۱۱ - **یک:** آفریدون! **دو:** منوچهر بسوی آنان رفت.

⇐ بفرمود پس، تا منوچهرشاه — ز پهلو، بهامون گذارد سپاه
یکی داستان زد جهاندیده کی — که: «مرد جوان چون شود نیک‌پی[1]
بدام آیدش ناسگالیده، میش — پلنگ از پس پشت و، صیاد پیش[2]
شکیبایی و هوش و رای و خرد — هژبر از بیابان بدام آورد
دیگر: زبد مردم بدکنش — بفرجام روزی بپیچد تنش[3]
به پادافره آنگه شتابیدمی — که تفسیده آهن بتابیدمی»[4]
چو لشکر، منوچهر برساده دشت — برون برد، آنجا ببد روز، هشت[5]
فریدونش هنگام رفتن بدید — سخنها به‌دانش بدو گسترید[6]
منوچهر گفت: «ای سرافراز شاه — کی آید به‌پیشِ توکس کینه‌خواه؟[7]
مگر بدسگالد بر او روزگار — بجان و تن خود خورد زینهار[8]
من اینک میان را به رومی زره — ببندم، که نگشایم از تن گره[9]
بکین جستن، از دشت آوردگاه — برآرم بخورشید گرد سیاه[10]
از آن انجمن کس ندارم بمرد — کجا جُست با من نبرد»
بفرمود تا قارن رزم‌جوی — ز پهلو بدشت اندر آورد روی[11]
سراپردهٔ شاه بیرون کشید — درفش همایون بهامون کشید[12]
همی رفت لشکر گروها گروه — چو دریا بجوشید، هامون و کوه
چنان تیره شد روزِ روشن، ز گرد — تو گفتی که خورشید شد لاژورد[13]
ز کشور برآمد سراسر خروش — همی کر شدی مردم تیزگوش[14]
خروشیدن تازی‌اسپان ز دشت — ز بانگ تبیره همی برگذشت
ز لشکرگه پهلوان تا دو میل — کشیده دورویه رده ژنده‌پیل[15]
از آن، شست، بر پشتشان تخت زر — به‌زر اندرون چندگونه گهر[16]

---

۱ – **یک:** کی، کیان! **دو:** سخنان پسین «یک داستان» نیست و دو داستان جداگانه است که بیکدیگر نیز پیوند ندارند!
۲ – دنبالهٔ گفتار. ۳ – **یک:** «کنِش» را با «تنَش» پساوا نیست. **دو:** «بد مردم بدکنش» نیز سخنی نادرست است.
۴ – این رج را هیچ گزارش نیست. ۵ – **یک:** ساده دشت؟ **دو:** روز هشت!
٦ – سخن سست در لت نخست و گفتار نادرست در لت دویُم.
۷ – فریدون بجنگ نمی‌رود، که کسی را یارای آمدن پیش او نباشد. ۸ – دنبالهٔ گفتار ۹ – زره رومی!
۱۰ – دو رج: دنبالهٔ سخن ۱۱ – فریدون به منوچهر فرمان بیرون بردن سپاه را داده بود و اینجا بقارن فرمان می‌دهد!
۱۲ – چه کسی سراپردهٔ شاه را بیرون کشیده بود. ۱۳ – تو گفتی!
۱۴ – سخن در لت دویم نادرست است. ۱۵ – پیلان همراه لشکر بوده‌اند، نه بیرون از لشکر!
۱٦ – **یک:** تخت زر، همواره یکی بوده‌است، ویژهٔ پادشاه. **دو:** شیوهٔ شمارش در لت نخست نیز نادرست است: «از آنان شست پیل بر پشت تخت زرین داشتند».

چو، سیسد، بنه برنهادند بار   چو، سیسد، همان از در کارزار [1]
همه زیرِ برگستوان اندرون   نبدشان جزاز چشم، ز آهن برون
سراپردهٔ شاه بیرون زدند   ز تمیشه، لشکر بهامون زدند [2]
سپهدار چون قارن کینه‌دار   سواران جنگی چو سیسدهزار [3]
همه نامداران جوشنوران   برفتند با گرزهای گران [4]
دلیران یکایک چو شیر ژیان   همه بسته بر کین ایرج، میان
به پیش اندرون کاویانی‌درفش   بچنگ اندرون تیغهای بنفش [5]
منوچهر با قارن پیلتن   برون آمد از بیشهٔ نارون
چپ لشکرش را به گرشاسب داد   ابر میمنه، سام یل با قباد [6]
رده برکشیده ز هرسو سپاه   منوچهر با سرو در قلبگاه [7]
همی تافت چون مه میان گروه   نبود ایچ پیدا از افراز کوه [8]
سپه‌کش چو قارن مبارز چو سام   سپه برکشیده حسام از نیام [9]
طلایه به پیش اندرون قباد   کمین‌ور چو گُرد تلیمان نژاد [10]
یکی لشکر آراسته چون اَروس،   به شیران جنگی و آوای کوس [11]

---

۱ - **یک:** چو سیسد... **دو:** بنه را بر پشت اشتران می‌بستند... داوری سخت کودکانه است، که پیلان، یا تخت زرین داشتند، یا باربر بودند... باری اگر ششسدوشست پیل، کنار هم بایستند (بنگرید که هنوز سراپردهٔ شاه را بیرون نزده‌اند (۱۸۶۹)) و پهنای هر پیل یک گز بوده باشد، و هردو پیل نیز یک گز دورتر از هم ایستاده باشند، جایی‌که برای رده بستن بایسته است یکهزار و سیسدوبیست گز است، در دو سوی دو میل (پیرامون سه هزار گز!) این گفتار نادرخور، میان اسپان در رج ۱۸۶۴، و برگستوان آنها ۱۸۶۸، جدایی افکنده‌است.

۲ - **یک:** سراپردهٔ شاه را پیش‌از بیرون رفتن لشکر به هامون می‌کشند تا جنبش سپاه را ببیند، نه پس‌از رفتن لشکر! **دو:** لشکر را به هامون نیز گزارش ندارد.   ۳ - چون قارن...!   ۴ - آن سپاه بزرگ، همه «نامدار» نبوده‌اند!

۵ - سپاه را تا بمیدان جنگ نرسد، نیاز بدان نیست که شمشیر بدست گیرند!

۶ - سپاه در زمان رهسپردن بالِ چپ و راست ندارد که چپ آنرا به گرشاسب دهند، راست آنرا به سام و قباد. بنگرید که در یک بال نمی‌توان دو فرمانده گماشتن.   ۷ - رده کشیدن در راه درست نیست.

۸ - که می‌تافت؟ منوچهر، یا سرو؟ چون هردو در رج پیشین باهم بودند.

۹ - **یک:** در رج ۱۸۷۰ قارن؛ سپهدار بود، و اینجا سپه‌کش شد! **دو:** در رج ۱۸۲۸ مبارز، شیروی بود، و اینجا مبارز سام است... سام که اینجا مبارز است در ۱۸۷۵ در بال راست بود!!!...

۱۰ - در رج ۱۸۷۵ قباد در بال راست بود، و اینجا پیش‌آهنگ (طلایه)! یکی از افزوده‌های سخت نابجا، افزودن نام‌های دروغین چون تلیمان، ۱۸۷۹، اندیان ۱۸۲۶ و... است.

۱۱ - لشکر جنگی را به اَروس همانند کردن، سخت نادرخور است، بویژه آرایشی که غریوِ آن شیران جنگی، و آوای گوشخراش و دلهره‌آور کوس بوده باشد!

نبرد منوچهر
با
سلم و تور

بتور و به سلم آگهی تاختند — که ایرانیان جنگ را ساختند
ز بیشه بهامون کشیدند صف — ز خون جگر، برلب آورده کف![1]
دو خونی همان با سپاهی گران — برفتند آکنده از کین، سران[2]
کشیدند لشکر بدشت نبرد — سواران جنگی و مردان مرد
یکایک طلایه بیامد قباد — چو تور آگهی یافت آمد چون باد
بدو گفت: «نزد منوچهر شو — بگویش که: ای بی‌پدر شاه نو
اگر دختر آمد ز ایرج نژاد — ترا تیغ و کوپال و جوشن که داد؟»
بدو گفت: «آری گزارم پیام — بدین سان که گفتی و بردی تو نام،
ولیکن گر اندیشه گردد دراز — خرد با دل تو نشیند براز
بدانی که کاریت هول است پیش — بپیچی ازین خام گفتار خویش!
اگر بر شمادام و دد، روز و شب — همی گریدی نیستی بس عجب
که از بیشهٔ نارون تا به چین — سواران جنگ‌اند و مردان کین
درفشیدن تیغهای بنفش — چو بینید با کاویانی درفش
بدرّد دل و مغزتان از نهیب — بلندی ندانید باز، از نشیب»
قباد آمد آنگه به نزدیک شاه — بگفت آنچه بشنید از رزمخواه
منوچهر خندید و گفت آنگهی — که: «چونین نگوید مگر ابلهی
سپاس از جهاندار هردو جهان — شناسندهٔ آشکار و نهان
که داند که ایرج نیای منست — فریدون فرخ گوای من است
کنون گر به جنگ اندر آریم سر — شود آشکارا نژاد و گهر

---

۱ – رج نخست را پیوند درست نیست.

۲ – **یک:** دو خونی همان، نادرست است. **دو:** دل پر از کینه می‌شود، نه سر! سران نیز برابر است با فرماندهان، اما اینجا «سرها» باید.
۱۸۸۳ تا ۱۹۰۳ همان داستان افزودهٔ زادن منوچهر در گفتار پیشین است که پدر منوچهر را، نه ایرج، که پشنگ می‌شناساند! چون در بررسی آن داستان روشن گشت که سخنان افزوده است. بدین داستان، که بر پایهٔ آن سروده شده، نمی‌پردازم همین بس که شاهِ یک کشور از میان سپاه بیرون نمی‌آید تا با پیش‌آهنگِ سپاه دشمن سخن گوید، آنهم سخنی دشنام‌گونه.

بزور خداوند خورشید و ماه — که چندان نمانم ورا دستگاه

که: برهم زند مژّه زیر و زبر، — بریده به لشکر، نمایمش سر»

بفرمود تا خوان بیاراستند — نشستنگه رود و می خواستند[1]

*

بدانگه که روشن‌جهان تیره گشت — طلایه پراکند بر گرد دشت[2]

به پیش سپه قارن رزم‌زن — ابا رای زن سرو، شاه یمن[3]

خروشی برآمد ز پیش سپاه — که: «ای نامداران و مردان شاه![4]

بکوشید کاین جنگ اهریمن است — همان دردِ کین است و خون جُستن است[5]

میان بسته دارید و بیدار بید — همه در پناه جهاندار بید[6]

کسی کو شود کشته زین رزمگاه — بهشتی بود شسته پاک از گناه[7]

هرآنکس که از لشکر چین و روم — بریزند خون و بگیرند بوم[8]

همان نیک نامیش تا جاودان — بماند بدو فرّهٔ موبدان[9]

هم از شاه یابید دیهیم و تخت — ز سالار زور و زدادار بخت[10]

چو پیدا شود پاک روز سپید — دو بهره بپیماید از چرخ، شید؛[11]

ببندید یکسر میان یلی — ابا گرز و با خنجر کابلی

بدارید یکسر همه جای خویش — یکی از دگر پای منهید پیش»[12]

سران سپه مهتران دلیر — کشیدند صف پیش سالار شیر[13]

بسالار گفتند: «ما بنده‌ایم — خود اندر جهان شاه را زنده‌ایم؛[14]

---

۱ – نشستنگه رود و می پیش‌از نبرد؟ ۲ – چه‌کس.

۳ – چون شب گردید، قارن و سرو، پادشاه یمن پیش سپاه بودند؟ شبانگاهان تنها پیشاهنگانِ سپاه بیدار بودند، و پیرامون لشکر می‌گشتند.

۴ – خروش پیش سپاه، برای رساندن فرمان سپهسالار بسپاهیان، روزها؛ انجام می‌شد، نه در شب که سپاهیان در پرده‌سرای‌ها خوابیده بودند. ۵ – **یک:** جنگ اهریمن درست نیست: جنگ با اهریمن. **دو:** دردِ کین نیز نادرست است.

۶ – اگر چنین باشد که ایرانیان را با اهریمن نبرد است، جهاندار، خود؛ آنانرا پناه می‌دهد، و نشاید آرزو کردن که در پناه جهاندار بادند.

۷ – بهشت، در فرهنگ و زبان ایرانی **«وَهیشت آخوَ»** =بهترین جهان بوده است و با بهشتی که در این گفتار می‌آید همانند نبوده است.

۸ – **یک:** سخن درست چنین است: هرانکس که لشکریان روم و چین خونش را بریزند. **دو:** این بوم کجا شاید بودن؟ ایرانیان از کشور بسوی توران می‌روند، و نبرد درسرزمین تورانیان روی می‌دهد.

۹ – در نامه‌های ایرانی به دو گونه «فرّ» برمی‌خوریم؛ **یک:** فرّ ایران. **دو:** فرّ شاهی. و فرّ موبدان راکس نشنیده‌است. و اگر فرّی ویژهٔ موبدان می‌بود، بسپاهیان نمی‌رسید. ۱۰ – هرکس که کشته شود... از شاه، دیهیم و تخت می‌یابد!

۱۱ – دو رج افزوده **یک:** لشکریان را می‌باید که در سپیده‌دم آمادهٔ نبرد باشند، نه پس‌از دو بهره از سه بهرهٔ روز! **دو:** «میان یلی» نادرست است، و خنجر کابلی نیز درست نیست، زیرا که سپاهیان، ده‌ها گونه خنجر از ده‌ها شهر ایران برمیان می‌بستند. اما افزاینده را «پساوا»ی [زابلی] نیاز بوده‌است!

۱۲ – **یک:** یکی از دگر نادرست است؛ یکی از دیگری. **دو:** پس لشکریان چگونه بایستی بدشمن یورش برند؟

۱۳ – بنگرید که هنوز شب است، و سران سپه پیش سالار؛ رده بسته‌اند. ۱۴ – بَنده را با «زِنده» پساوا نیست.

چو فرمان دهد ما همیدون کنیم — زمین را ز خون رود جیحون کنیم»[1]
سوی خیمهٔ خویش باز آمدند — همه با سری کینه‌ساز آمدند[2]
سپیده چو از تیره‌شب بردمید — میانِ شب تیره، اندر خمید[3]
منوچهر برخاست از قلبگاه — ابا جوشن و تیغ و رومی کلاه[4]
سپه یکسره نیزه برداشتند — سنان‌ها به ابر اندر، افراشتند[5]
پر از خشم سر، ابروان پر ز چین — همی برنوشتند* گیتی زمین[6]
چپ و راست و قلب و جناح سپاه — چو بایست، لشکر بیاراست شاه[7]
زمین شد بکردار کشتی بر آب — تو گفتی سوی غرق دارد شتاب[8]
بزد مهره بر کوههٔ ژنده‌پیل — زمین جنب جنبان چو دریای نیل[9]
همان پیش پیلان تبیره زنان — خروشان و جوشان و پیلان، دمان[10]
یکی بزمگاه است گفتی بجای — ز شیپور و نالیدن کرنای[11]
⇐ برفتند از جای، یکسر، چو کوه — دِهادِه برآمد ز هردو گروه
بیابان چو دریای خون شد درست — تو گفتی که روی زمین لاله رست[12]
پی ژنده پیلان بخون اندرون — چنانچون ز بیجاده بر پا، ستون[13]
همه چیرگی با منوچهر بود — کزو؛ روی گیتی، پراز مهر بود
چنین تا شب تیره سر برکشید — درخشنده خورشید شد ناپدید

*

زمانه، به یکسان، ندارد درنگ — گهی شهد و نوش است و گاهی شرنگ
دل تور و سلم اندر آمد به جوش — به راه شبیخون نهادند گوش[14]
چو شب روز شد کس نیامد بجنگ — دو جنگی گرفتند ساز درنگ
چو از روز رخشنده نیمی برفت — دل هردو جنگی ز کینه بتفت[15]

---

۱ – هنوز که فرمانی در میان نیست، اما سخن درست چنین می‌باید بودن، چو فرمان دهد؛ ما همچنان خواهیم کردن، نه همچنین (همیدون)!
۲ – **یک:** خیمه. **دو:** کینه، پیوسته به دل است، آنهم کینه‌دار، نه کینه‌ساز.
۳ – سخن زیبا است اما پیوسته بگفتار است.
۴ – **یک:** مگر در قلبگاه نشسته‌بود، که برخاست! **دو:** کلاه رومی!
۵ – نثره کشیدنی است.
* – درنوردیدند، زمین را باگردی که از سم اسبان برمی‌خاست؛ در آسمان چونان تومار، لوله کردند.
٦ – دنبالهٔ گفتار.
۷ – افزاینده را این آگاهی نبوده‌است که چپ و راست لشکر، همان دو جناح سپاه است، و دوباره نام از جناح می‌برد!
۸ – در لت دویم تو گفتی. سوی غرق شتاب داشتن نیز نادرست است.
۹ – مهره را بر جام می‌زنند، نه بر کوهه پیل.
۱۰ – دوباره گویی پیل.
۱۱ – **یک:** گفتی! **دو:** اگر از نالهٔ کرنای سخن می‌رود، می‌بایستی که از ناله، یا آوای شیپور نیز یاد شود، نه تنها از شیپور.
۱۲ – در لت دویُم تو گفتی.
۱۳ – لت دویُم کنش ندارد: «بود» یا «می‌نمود».
۱۴ – لت دویم ناهموار است، افزاینده را رای بران بوده‌است که بگوید: سلم و تور آژیر بودند که اگر ازسوی منوچهر شبیخون روی دهد، آماده باشند!
۱۵ – کینه در هر زمان در دل آنان بود، و بزمان و گذر روز وابسته نمی‌نمود.

بتدبیر یک با دگر ساختند   همه رای بیهوده انداختند[1]
که: «چون شب شود، ما شبیخون کنیم   در و دشت و هامون چو جیهون کنیم»

*

چو آمد شب و، روز شد در نهان   سیاهی گرفتش سراسر جهان[2]
دو بیدادگر، لشکر آراستند   شبیخون همی بآرزو خواستند
چو کارآگهان آگهی یافتند   دوان زی منوچهر بشتافتند
رسیدند پیش منوچهر شاه   بگفتند تا برنشاند سپاه[3]
منوچهر بشنید و، بگشاد گوش   سوی چاره شد مرد بسیار هوش[4]
سپه را سراسر به قارن سپرد   کمین‌گاه بگزید سالار گرد[5]
ببرد از سران نامور سی‌هزار   دلیران و گردان خنجرگزار[6]
کمینگاه را، جای شایسته دید   سواران جنگی و بایسته دید
چو شب تیره شد تور با سدهزار*   بیامد کمربستهٔ کارزار
شبیخون، سگالیده و، ساخته   سنان‌ها به ابر اندر، افراخته

*

چو آمد، سپه دید بر جای خویش   درفش فروزنده، برپای، پیش
جزاز جنگ و پیکار چاره ندید   خروش ازمیانِ سپه برکشید
ز گرد سواران هوا بست میغ   چو برق درخشنده، پولاد تیغ[7]
هوا را تو گفتی همی برفروخت   چو الماس روی زمین را بسوخت[8]
بمغز اندرون بانگ پولاد خاست   به ابر اندرون آتش و باد خاست
برآورد شاه از کمینگاه، سر   نبد تور را از دورویه گذر

*

عنان را بپیچید و برکاشت روی   برآمد ز لشکر یکی های‌وهوی

۱ – همین سخن در رج پسین آمده‌است.   ۲ – در لت دویُم گرفتش، نادرست است.
۳ – سخن در رج پیشین آمد، و دوباره‌گویی در کار نیست.   ۴ – پس‌از شنیدن، گشادن گوش درست نمی‌نماید.
۵ – سالارگرد، همان منوچهر است که در رج پیشین، نامش آمد، و اینجا بدنبال گفتار شایسته نیست که دوباره از او یاد شود.
٦ – در هیچ سپاه، سی‌هزار «سردار» یا «نامور» نشاید یافتن!!
* – شمار سدهزار برای شبیخون، در میزان خرد نمی‌گنجد، اما در همهٔ نمونه‌ها چنین آمده‌است. شاید بودن که شمار آنان نیز سه هزار، دوهزار یا یکهزار بوده‌است، و یکهزار، از همه شایسته‌تر می‌نماید.
۷ – **یک:** هوا بست میغ نادرست است. زیرا که گرد از هوا نبود، و از جنبش سپاهیان برخاست: «ابر یا میغ بهوا برخاست». **دو:** «پولاد تیغ» نیز نادرست است: «درخشش تیغ‌های پولادین چون برقِ رخشان در آن ابر می‌نمود.
۸ – تو گفتی.

دمان از پس او منوچهر شاه   رسید اندر آن نامور کینه‌خواه[1]
یکی نیزه انداخت بر پشت اوی   نگونسار شد خنجر از مشت اوی
ز زین برگرفتش بکردار باد   بزد بر زمین داد مردی بداد[2]
سرش را هم آنگه ز تن دور کرد   دد و دام را از تنش سور کرد[3]
بیامد بلشکرگه خویش باز   بدیدار آن لشکر سرفراز[4]

نامهٔ منوچهر بنزد فریدون

بشاه آفریدون یکی نامه کرد   ز مشک و ز انبر سر خامه کرد[5]
نخست از جهان‌آفرین کرد یاد   خداوند خوبی و پاکی و داد
: «سپاس از جهاندار فریادرس   نگیرد بسختی جز او دست کس
دگر آفرین بر فریدون برز   خداوند تاج و خداوند گرز
همش داد و هم دین و هم فرهی   همش تاج و هم تخت شاهنشهی
همه راستی، راست از بخت اوست   همه فرّ و زیبایی از تخت اوست
رسیدم بخوبی بتوران‌زمین   سپه برکشیدیم و، جستیم کین
سه جنگ گران کرده شد در سه روز   چه در شب، چه در هور گیتی فروز
از ایشان شبیخون و از ما کمین   کشیدیم و جستیم هرگونه کین
شنیدم که ساز شبیخون گرفت   ز بیچارگی کار افسون گرفت
کمین ساختم از پس پشت او   نماندم بجز باد در مشت او
یکایک چو از جنگ برکاشت روی   پی اندر گرفتم رسیدم بدوی
بخفتانش بر نیزه بگذاشتم   چو باد از سر زینش برداشتم
بینداختم چون یکی اژدها   بریدم سرش از تن بی‌بها
فرستادم اینک بنزد نیا   بسازم کنون سلم را کیمیا
چنانچون سر ایرج شهریار   بتابوت زر اندر افکنده خوار
بنامه درون این سخن کرد یاد   هیونی برافکند برسان باد

---

۱ – به آن (اندر) رسید نادرست است.   ۲ – لت نخست از گفتار فردوسی برگرفته شده‌است، و لت دویم سست می‌نماید.

۳ – گیریم که کفتار و سیه‌گوش را از ددان بشمار آوریم که مردارخوارند، اما «دام» چگونه مردار تواند خوردن؟!

۴ – دیدار در شب تیره!

۵ – آفریدون! از این‌جا تا ۲۳ رج داستان افزود؛ فرستادن نامه با سر تور بنزد فریدون آمده‌است که نادرست است زیرا نامهٔ منوچهر پس‌از پیروزی بر سلم یکباره بسوی فریدون می‌رود، و بدینروی این بخش افزوده راگزارش نکردم.

فرستاده آمد رخی پر ز شرم / دو چشم از فریدون پر از آب گرم
که چون برد خواهد سر شاه چین، / بریده، برِ شاه ایرانزمین؟
که: «فرزند اگر سر بپیچد ز دین / پدر را بدو مهر افزون، ز کین
گنه بس گران بود و پوزش نبرد(؟!) / اُ دیگر که کین‌خواه او بود گرد(؟)
بیامد فرستادهٔ شوخ‌روی / سر تور بنهاد در پیش اوی
فریدون همی بر منوچهر بر / یکی آفرین خواست از دادگر

*

به سلم آگهی رفت ازان رزمگاه / اُ زآن تیرگی کاندر آمد بماه
پسِ پشتش اندر یکی حصن بود / برآورده سر، تا بچرخِ کبود [1]
چنان ساخت، کآید بدان حصن باز؛ / که دارد زمانه، نشیب و فراز [2]
همی، این سخن، قارن اندیشه کرد / که: «گر سلم پیچید روی از نبرد؛
الانی دژش باشد آرامگاه / سزد گر بر او بر، بگیریم راه
که گر حصنِ دریا شود جای او / کسی نگسلاند ز بُن، پای او! [3]
یکی جای دارد سر اندر سحاب / بچاره، برآورده از قعر آب [4]
ز هر چیز گنجی نهاده به جای / فکنده بر او سایه، پرّ همای [5]
مرا رفت باید، بدین چاره، زود / رکاب و عنان را بباید پسود»

*

دمان، شد بنزد منوچهر شاه / بدو گفت که: «ای نامور پیشگاه!
اگر شاه بیند، ز جنگاوران / بکهتر سپارد سپاهی گران،
بباید درفش همایون شاه، / هم انگشترِ تور، با من براه
بباید کنون چاره‌ای ساختن / سپه را به حصن اندر انداختن [6]
من و گرد گرشاسپ و این تیره شب / برین راز بر باد مگشای لب» [7]
چو روی هوا گشت چون آبنوس / نهادند بر کوههٔ پیل کوس [8]
همه نامداران پرخاشجوی / ز خشکی بدریا نهادند روی [9]

---

۱ - گمان ندارم که فردوسی بجای باره، حصن را بکار گرفته باشد، شاید بودن که نویسندگان حصن را بجای «باره» نوشته باشند، زیرا که هم در این رج، و هم در رج‌های پسین، می‌توان بجای حصن، «باره» را نهادن و آوای سخن درهم نمی‌ریزد! در رج ۱۹۹۶ نیز «دژ» بجای حصن کاربرد دارد: «سپه را بدژ، اندر انداختن» در رج‌های پسین، خود؛ همواره نام «دژ» آمده‌است. ۲ - همچنین.

۳ - سخن را پیوند درست نیست.

۴ - پس‌از نام بردن از دژ الانی، قارن را چرا می‌بایستی دربارهٔ چگونگی برآوردن آن اندیشیدن؟

۵ - گنجی نهاده بجای (در نمونه‌ها: بپای) نادرست است: «نهاده در آن». لت دویم نیز نادرخور است: همای را شاید سایه افکندن بر دژ، نه پرّ همای! ۶ - حصن. ۷ - سخن سست است.

۸ - قارن به پیامبری می‌رود، و آوای کوس با پنهانی رفتن وی همخوان نیست. ۹ - در گفتار پسین سخن از دریا نمی‌رود.

سپه را بشیروی بسپرد و گفت / که: «من خویشتن را بخواهم نهفت
شوم سوی دژبان به پیغمبری / نمایم بدو مُهر و انگشتری
چو در دژ شوم، برفرازم درفش / درفشان کنم تیغ‌های بنفش
شما روی، یکسر سوی دژ نهید / چنانک اندر آید، دمید و دهید*»
سپه را به نزدیکی دژ بماند / به شیروی شیراوژن و، خود براند[1]
بیامد چو نزدیکی دژ رسید / سخن گفت و، دژدار، مُهرش بدید؛
چنین گفت ک:«ز نزد تور آمدم / نفرمود تا یکزمان دم زنم[2]
مرا گفت: شو پیش دژبان بگوی / که روز و شب آرام و خوردن مجوی[3]
کز ایدر درفش منوچهر شاه / سوی دز فرستد همی با سپاه[4]
تو با او به نیک و به بد یار باش / نگهبان دز باش و بیدار باش»[5]
چو دژبان، سخن را سراسر شنید / همان مُهر انگشتری را بدید،
همآنگه در دژ گشادند باز / بدید آشکارا، ندانست راز!
نگر تا سخنگوی دهقان چه گفت / که: «رازِ دل از کودک خود نهفت[6]
مرا و ترا بندگی پیشه باد / ابا پیشه‌مان نیز اندیشه باد»

✽

بنیک و ببد، هرچه شاید بدن / بباید همی داستان‌ها زدن ○

✽

چو دژدار و چون قارن رزمجوی / یکایک بروی اندر آورده روی[7]
یکی بدسگال و یکی ساده‌دل / سپهبد بمهر چاره آماده‌دل[8]
همی جُست آن روز تا شب زمان / نه آگاه‌دژدار زان بدگمان[9]
به بیگانه بر مِهر خویشی نهاد / بداد، از گزافه، سر و دژ بباد[10]

✽ – غریو برآورید و یورش کنید. ۱ – دوباره‌گویی رج ۲۰۰۰. ۲ – لت دویم سست می‌نماید.
۳ – آرام نجستن شاید، اما نخوردن نشاید. ۴ – ایدر کجا است؟ دژ است یا جای دیگر؟
۵ – **یک:** لت دویم: به نگهبان دژ که نشاید گفتن: نگهبان دژباش! **دو:** بیدارباش نیز در رج ۲۰۰۷ آمده‌بود.
٦ – سخن بی‌پیوند در این رج و رج پسین!
○ – چنین می‌نماید که نویسندگان شاهنامه ازاینکه، یکبار، یک پهلوان ایرانی، در نبرد؛ فریب و نیرنگ بکار می‌برد شرم‌زده‌اند، اما می‌بایستی داستان را چنانکه پیش آمده‌بود بازگویند!
۷ – «بروی اندر آورده روی» نادرست است: زیرا که چنین کار، نشان از نبرد دارد، بازآنکه آنان را با یکدیگر جنگی نبود!
۸ – لت دویُم پیوند با لت نخست ندارد.
۹ – **یک:** آنروز تا شب زمان جستن نادرست است، «آنروز تا شب شکیب (صبر) کرده» یا «آنروز شب را چشم داشت. (منتظر بود)». **دو:** لت دویم: نه آگاه بود درست است.
۱۰ – **یک:** مِهرِ خویشی، نادرخور است، **دو:** هنوز که سر و دژ را بباد نداده‌است.

چو بنمود شب رو به راهِ گریز　　برآورد خورشید ازو رستخیز[1]
چو شب روز شد، قارن رزمخواه　　درفشی برافراخت چون گِردِ ماه
خروشید و، بنمود یک یک نشان　　بشیروی و گردان و گردنکشان
چو شیروی دید، آن درفش یلی　　به کین روی بنهاد با پردلی[2]
در حصن بگرفت و اندر نهاد　　سران را ز خون بر سر افسر نهاد[3]
به یک دست قارن به یک دست شیر　　به سر گرز و تیغ آتش و آب زیر[4]
چو خورشید بر تیغ گنبد رسید　　نه آیین دژ بُد نه دژبان پدید[5]
نه دژ بود گفتی نه کشتی بر آب　　یکی دود دیدی سر اندر سحاب[6]
درخشیدن آتش و باد خاست　　خروش سواران و فریاد خاست[7]
چو خورشید تابان ز بالا بگشت　　چه آن دژ نمود و چه آن پهن دشت
بکشتند ازیشان فزون از شمار　　همی دود آتش برآمد چو قار
همه روی دریا شده قیرگون　　همه روی صحرا شده جوی خون[8]

تاخت بردن کاکوی

ازان جایگه قارن رزمخواه　　بیامد بنزد منوچهر شاه
بشاه نوآیین بگفت آنچه کرد　　وزآن گردش روزگار نبرد[9]
بر او بر، منوچهر کرد آفرین　　که: «بی تو مباد اسپ و کوپال و زین
چو ز ایدر برفتی بیامد سپاه　　نوآیین، یکی نامور، کینه خواه

---

۱ - سخن کودکانه، که درستِ آن در رج پسین می‌آید.

۲ - **یک:** درفش یلی نادرست است. **دو:** پُر دلی!! با یلی پساوا ندارد. شاهنامهٔ فلورانس «درفش کیی» که نادرست است، و در لت دویم «بنهاد مرد پیی» که از آن نادرست‌تر است. در نمونه‌های گونه‌گون با چنین سخن در لت نخست، برای لت دویم چنین آمده‌است، «بکین روی بنهاد با پر دلی» (از بدخوی)، همی روی نبود مرغ پیی!!؟ بهی روی بنهاد (بنمود) مرد پیی؛ بآهن «بپوشید سر پهلوی» و «بدو روی بنهاد از پی پیی»! که همهٔ این گفتارها نادرخور و ناسزاوار و بدآهنگ می‌نماید! تنها چند نمونه در لت نخست «درفش کیان» آورده‌اند که لت دویم در آنها چنین است. «همی روی بنهاد، زی پهلوان» که این سخن را نیز دو نادرستی همراه است! **یک:** منوچهر پیش‌از کیانیان بود. **دو:** «دژدار» از برای نیاز پساوا به «پهلوان» گردانده شده‌است که آن نیز نادرست است. (بنگرید به خالقی مطلق ۱۴۷-۱)

۳ - از درِ دژ چگونه خون فروریخت؟!　　۴ - آن «شیر» که بوده‌است که نامش در داستان نمی‌آید؟

۵ - «آیین دژ» چه باشد، رج ۲۰۲۸ چنین نمی‌گوید! و زمان ویرانی دژ را به گردش خورشید از «بالا بزیر» نشان می‌دهد.

٦ - چندباره‌گویی. روی سخن بخواننده می‌گردد و چنان می‌نماید که خواننده او را دیده‌است!

۷ - چون دژ و دژبان پدید نباشند، خروش سواران چه گزارش دارد؟

۸ - چون خون کشته شدگان بدریا ریزد، چرا بایستی آنرا قیرگون کند؟

۹ - آیین منوچهر، همان آیین فریدون است، و نو نشده‌است.

نبیره‌ی جهاندار ضحاک بود شنیدم که کاکوی ناباک بود[1]
یکی تاختن کرد با سدهزار سواران گردنکش و نامدار[2]
بکُشت از دلیران ما چند مرد که بودند شیران روز نبرد[3]
کنون سلم را رای جنگ آمده‌است چو کاکوی، یارش؛ بچنگ آمده‌است
یکی دیو جنگیش گویند هست کند رزم، ناباک، بازور دست[4]
هنوز اندر آورد نپسودمش به گرز دلیران نپیمودمش[5]
چو این بار، آید سوی ما به جنگ یکی برگرایم ببینمش سنگ»[6]
بدو گفت قارن که: «ای شهریار که آید؟ به پیش تو در کارزار
اگر همنبرد تو باشد پلنگ بدرّد بر او، پوست، از بادِ جنگ
کدام است کاکوی و کاکوی چیست هم‌آورد تو در جهان مرد کیست[7]
من اکنون بهُوش دل و پاک مغز یکی چاره سازم، بدین کار، نغز
کزین پس سوی ما ز دژ هوخت‌کنگ چو کاکوی دیگر نیاید به جنگ»[8]
چنین داد پاسخ بدو شهریار که: «دل را بدین کار غمگین مدار
تو خود رنجه گشتی بدین تاختن سپه بردن و کینه را ساختن
کنون گاهِ رزم من آمد فراز تو دم برزن* ای گُرد گردنفراز!»

*

بگفتند و، آوای شیپور و نای برآمد ز دهلیز پرده‌سرای؛
ز جوش سواران و آوای کوس هوا قیرگون شد زمین آبنوس[9]
تو گفتی که الماس جان داردی همان گرز و نیزه زبان داردی[10]
دهاده خروش آمد و دار و گیر هوا دام کرکس شد از پرّ تیر[11]
فسرده ز خون پنجه بر دست تیغ چکان قطرهٔ خون ز تاریک میغ[12]

۱ – «نبیره‌ی» شیوهٔ سخن فردوسی نیست و منوچهر، ضحاک را جهاندار نمی‌خواند.
۲ – سپاه سلم و تور سدهزار بود، و این سردار نیز سدهزار «نامدار» با خود دارد؟
۳ – سخن سست می‌نماید! چگونه یکسدهزار سپاهی در یک نبرد، تنها چند مرد را می‌کشند؟! ۴ – سخن ناهموار
۵ – **یک:** نپسودمش نادرست است، نپسوده‌اَم‌ش **دو:** لت دویم؛ سست است. ٦ – ...و لت دویم ناهموار
۷ – «کاکوی چیست» نادرست است: «کاکوی کیست» که آن نیز همراه با «کاکوی کدامست» نادرست می‌نماید.
۸ – دوباره از کنگدژهوخت ساختگی نام برده می‌شود.
* – دم برزدن، درنگ کردن (=استراحت کردن!) هنوز در تاجیکستان «دم گرفتن» بجای درنگ کردن، روا است.
۹ – **یک:** از آوای کوس هوا قیرگون... نمی‌شود. **دو:** باری اگر هوا قیرگون شود، زمین برنگ خاک، خواهد ماندن!
۱۰ – تو گفتی! جان داردی! زبان داردی!
۱۱ – **یک:** «خروش دهاده» درست است نه «دهاده خروش». **دو:** چون هنگامهٔ «دهاده» باشد که تیراندازیِ پیش‌از جنگ است: هنوز دو سپاه بیکدیگر نزدیک نشده‌اند که به هنگامهٔ «داروگیر» رسیده باشند!
۱۲ – **یک:** با تیراندازی پنجهٔ دست خونالود نمی‌شود. **دو:** لت دویُم: گزافهٔ سخت، زیرا که چون خون بر دستها یخ بسته‌بود، چگونه از ابر ←

تو گفتی زمین موج خواهد زدن / اُزان، موج بر اوج خواهد زدن[1]
برآمیخته یک بدیگر، سپاه / جهان گشت چون روی زنگی سیاه[2]
همانگه دمان گُرد کاکوی شیر / به پیش سپاه اندر آمد دلیر[3]
چو شاه منوچهر او را بدید / بکردار ببر دمان بردمید[4]
برون رفت کاکوی و بر زد غریو / برآویخت با شاه، چون نرّه دیو
تو گفتی دو پیل اند هردو، ژیان / گشاده بر و دست و، بسته میان[5]
یکی نیزه زد بر کمرگاه شاه / بجنبید بر سرش رومی کلاه[6]
زره تا، کمربند او بردرید / از آهن تنِ پاکش آمد پدید[7]
یکی تیغ زد شاه بر گردنش / همه چاک شد جوشن اندر تنش[8]
دو خونی برین گونه تا نیمروز / چو برگشته شد هور گیتی فروز[9]
همی چون پلنگان برآویختند / همه؛ خاک با خون، برآمیختند[10]
چو خورشیدِ گردان ز گنبد بگشت / بخون غرقه بد کوه و هامون و دشت
دل شاه در جنگ بر، گشت تنگ / بیفشارد ران و بیازید چنگ
کمرگاهِ کاکوی بگرفت خوار / ز زین برگرفت آن تن پیلوار
بینداخت؛ خسته، بران گرم‌خاک / بشمشیر کردش بر و سینه چاک
شد آن مرد تازی ز تیزی بباد / جز آن روز بد را ز مادر نزاد

*

چون او کشته شد، پشتِ خاورخدای / شکسته شد و، دیگر آمدش رای
تهی شد ز کینه، سر کینه‌دار / گریزان؛ همی رفت، سوی حصار
پس‌اندر°، سپاه و، منوچهر شاه / دمان و دنان برگرفتند راه
چنان شد ز بس کشته و خسته، دشت / که پوینده را، راه؛ دشوار گشت[11]

← بارانِ خون باریدن می‌گیرد؟

۱ - یک: تو گفتی **دو:** لت دویم سخن ناسزاوار

۲ - زمان‌کنش در لت نخست نادرست است. ۳ - برون رفتن کاکوی در رج ۲۰۵۹ آمده‌است.

۴ - شاهِ منوچهر! ۵- تو گفتی. ٦ -کلاهِ رومی!

۷ - دنبالهٔ سخن... کمربند، «کمربسته»، و «پرستار»، و «غلام» است؛

ای‌امیری‌که امیران جهانْتْ خاص و عام / بنده و مولای باشند و کمربند و غلام

در این سخن که سرودهٔ محمدِ وصیف سگزی است، کمربند =کمربسته با پاژنام بنده، مولا، غلام آمده است، بازآنکه در سخن افزودهٔ شاهنامه از کمربند، بجای کمر، یا میان‌بند؛ یاد شده است.

۸ - تیغی که بر گردن خورد، گردن را بُرد، نه آنکه جوشن را چاک کند.

۹ - خونی در فرهنگ ایرانی؛ قاتل است، یا کسیکه مرگ ارزان؛ شایسته مرگ است، و آیا منوچهر چنین بود؟

۱۰ - پیشتر برآویخته‌بودند. ° - «پسِ او» درست می‌نماید.

۱۱ - کشتگان؛ در پس، می‌افتند و راه برای گریزندگان باز است، و آنجا کشته‌ای نمی‌افتد.

۱۵۶ فریدون

پر از خشم و پر کینه سالارِ نَو   نشست از بَرِ چرمهٔ تیزرَو[1]
بیفکند برگستوان و، بتاخت   بگَردِ سیه چرمه اندر نشاخت[2]
رسید آنگهی تنگ بر شاه روم   خروشید ک:«ای مرد بیداد و شوم[3]
بکشتی برادر ز بهر کلاه   کله یافتی، چند پویی براه؟»[4]
کنون تاجت آوردم ای شاه و، تخت   ببار آمد آن خسروانی درخت[5]
ز تاج بزرگی گریزان مشو   فریدونْتْ گاهی بیاراست نو
درختی که پروردی آمد ببار   بیابی هم اکنون برش در کنار
چو در گور تنگ‌استوارت کنند   همه نیک‌وبد در کنارت کنند
اگر بار؛ خار است، خود کِشته‌ای!   أگر پرنیان است، خود رشته‌ای!»
همی تاخت اسپ اندرین گفت‌وگوی   یکایک بتنگی رسید اندر اوی
یکی تیغ زد بر، برِ گردنش   بدو نیمه شد خسروانی تنش
بفرمود تا سرْش برداشتند   به نیزه، بابر اندر افراشتند
بماندند لشکر شگفت اندر اوی   از آن زور و بازوی آن جنگجوی[6]

*

همه لشکر سلم، همچون رمه   که بپْراکَنَد؛ روزگارِ دمه؛
برفتند بیدل، گروها گروه   پراکنده در دشت و دریا و کوه
یکی پرخرد مرد پاکیزه مغز   که بودش زبان؛ پر ز گفتار نغز؛
بگفتند تا، زی منوچهر شاه   شود گرم و، باشد زبان سپاه
بگوید که: «گفتند: ما کهتریم   زمین جز بفرمان او نسپریم
گروهی خداوند بر چارپای،   گروهی خداوند کشت و سرای؛
سپاهی بدین رزمگاه آمدیم   نه بر آرزو کینه‌خواه آمدیم
کنون سربسر شاه را بنده‌ایم   دل و جان بمِهر وی آکنده‌ایم

---

۱ - مگر منوچهر تا آنزمان، سوار بر اسب تیزرو نبوده‌است؟

۲ - **یک:** در میانهٔ جنگ و تاختن، بدر کردن برگستوان از اسب؛ همان و... چند میدان؛ از دشمن بازپس‌تر ماندن؛ همان! **دو:** لت دویم هیچ گزارش ندارد، شاید بودن که افزاینده می‌خواسته‌است بگوید که منوچهر سوار بر اسب، برگستوان را از زیر خود بدر کشید (کاری که نشاید دربارهٔ آن اندیشیدن!) و آنرا پشت پای اسپ خویش افکند، و آن در میان گردِ تاخت اسپ، [نشانیده شد!؟] = میان گرد، ناپدید شد. سخنِ دروغِ گزافهٔ سست!

۳ - **یک:** آنگهی! **دو:** آنزمان نام «روم» روایی نیافته‌بود، و سلم، سلم بود.

۴ - اگر کلاه، تاج ایران است که سلم را هنوز؛ دست بدان نرسیده است، و اگر کلاه تاج روم است که فریدون بدو داده‌است.

۵ - تا رج ۲۰۸۴ گفتارِ درست و آراسته، که بر آن انگشت نمی‌توان نهادن، اما در آن هنگامهٔ گریز و ستیز؛ (که در گفتارهای افزوده آمده‌است) نه گفته آید، نه شنیده شود.

۶ - نام بردن منوچهر با پاژنامِ «آن جنگجوی» درست نیست، زیرا که همگان، منوچهر را می‌شناسند و چون «آن» بیاید ناشناسا (نکره) می‌شود!

گرش رای جنگ است و خون ریختن — نداریم نیروی آویختن
سران، یکسره پیش شاه آوریم — برِ او سرِ بیگناه آوریم
برانَند هرآن کام، کاو را، هوااست — برین بی‌گنه جان ما، پادشااست»

*

بگفت این سخن مرد بسیار هوش — سپهدار خیره بدو داد گوش[1]
چنین داد پاسخ که: «من کام خویش — بخاک افکنم، برکشم نام خویش
هرآن چیز کان نز ره ایزدیست — از اهریمنی، گر* ز دست بدیست؛
سراسر ز دیدار من دور باد — بدی را، تن دیو، رنجور باد
شما گر همه، کینه‌دار منید — اُگر دوستدارید و یار منید
-چو پیروزگر دادمان دستگاه — گنهکار پیدا شد از بیگناه-
کنون روز داد است و، بیداد، شد● — سران را، سر از کشتن، آزاد شد
همه مهر جویید و افسون کنید — ز تن آلت جنگ بیرون کنید»
خروشی برآمد ز پرده‌سرای — که: «ای پهلوانان فرخنده‌رای
ازین پس بخیره مریزید خون — که بخت جفاپیشگان○ شد نگون!»
ازآنپس همه جنگجویان چین — یکایک نهادند سر بر زمین[2]
همه آلت لشکر و ساز جنگ — ببردند نزدیک پور پشنگ[3]
سپهبد منوچهر بنواختشان — براندازه بر پایگه ساختشان[4]

نامهٔ منوچهر

بسوی فریدون

فرستاده‌ای را برافکند گُرد — سر شاه خاور مر او را سپرد[5]
یکی نامه بنوشت نزد نیا — پراز جنگ و پر چاره و کیمیا

---

۱ - **یک:** همین سخنان گفته شده‌بود. نه این سخن. **دو:** لت دویم سپهدار خیره، یا چیره هردو گونه نادرخور است.

* - گر: یا. ● - شد: رفت: بیداد ازمیان رفت. ○ - ستم‌پیشگان درست‌تر می‌نماید.

۲ - جنگجویان چین نبودند، سپاهیان سلم بودند. ۳ - دیگربار، منوچهر را؛ پور پشنگ می خوانند!

۴ - دنبالهٔ سخن

۵ - فرستاده را نباید؛ گُرد (=پهلوان) بودن! کارگزاران دیوان برید، چالاک بودند، نه پهلوان. **دو:** هنوز نامه نوشته نشده‌است، سر شاه خاور را بدو دادند؟

نخست آفرین کرد بر کردگار / دگر یاد کرد از شه نامدار[1]
:«سپاس از جهاندار پیروزگر / کزویست نیرو و هم زو؛ هنر
همه نیکویی زیر فرمان اواست / همه دردها زیر درمان اواست
کنون بر فریدون، ازو آفرین / خردمند و بیدار شاهِ زمین
گشایندهٔ بندهای بدی / همش رای و هم فرّهٔ ایزدی
بنیروی شاه، آن دو بند گران / گشادیم بر دست افسونگران*
سرانشان بریدم بشمشیر کین / بشستم بپولاد، روی زمین
من اینک پسِ نامه برسان باد / بیایم کنم هرچه رفته‌است، یاد»

*

سوی دژ فرستاد شیروی را / جهاندیده مرد جهانجوی را[2]
بفرمود ک :«آن خواسته برگرای / نگه کن همه هرچه یابی بجای
به پیلان گردونکش آن خواسته / بدرگاه شاه آور، آراسته»
بفرمود تا کوس رویین و نای / زدند و فروهشت پرده‌سرای[3]
سپه را ز دریا به هامون کشید / ز هامون سوی آفریدون کشید[4]

*

چو آمد بنزدیک تمّیشه باز / نیا را بدیدار او بُد نیاز
برآمد ز در، نالهٔ کرّنای / سراسر بجنبید لشکر ز جای
همه پشت پیلان به پیروزه تخت / بیاراست، سالار پیروزبخت[5]
چه با مهد زرّین به دیبای چین / به گوهر بیاراسته همچنین[6]
چه با گونه‌گونه درفشان درفش / جهانی شده سرخ و زرد و بنفش[7]
ز دریای گیلان چو ابر سیاه / دمادم بساری رسیدی سپاه[8]

---

۱ - **یک:** نام خداوند، در رج پسین می‌آید. **دو:** لت دویُم سست می‌نماید. آفرین بر فریدون، در رج ۲۱۱۷ می‌آید.

* - چاره‌گران، سپاهیان ایران.

۲ - سه رج سخن از مال و خواسته می‌رود...

۳ - کوس رویین! افزاینده رویینه‌خم را بکوس گردانید.

۴ - **یک:** نبرد در دریا، روی ننموده‌بود، که اکنون از دریا بسوی دشت و هامون بیایند! **دو:** آفریدون!

۵ - **یک:** پشت پیلان را نشاید تخت پیروزه نهادن، که یک پیل ویژه شاه است. **دو:** تخت را با چوب، سندل، آج، زر، شاید ساختن، و با پیروزه نشاید پرداختن.

٦ - «چه» در آغاز، «دیبای چین»... «همچنین»، همه نادرخوراند!

۷ - چه در آغاز! چون یک «چه» در آغاز آید یک «چه» دیگر که سخنی دیگر را باز نماید، بایسته است که در این گفتار نیامده‌است: «چه من، چه تو» یا «چه این، چه آن»...

۸ - **یک:** نبرد، در دریای گیلان رخ نداده‌بود. پیشتر سخن از آن رفته‌بود که سپاه را از دریا بسوی هامون کشید، و اکنون هنوز در دریااند! **دو:** پایتخت فریدون در «کوس» بود که آنسوی آمل، و در «نور» امروز جای دارد، نه در ساری.

چو آمد بنزدیک شاه آن سپاه   فریدون پذیره بیامد براه[1]
به گِردش سپاهی چو شیر یله   همه شیرمردان و مشکین کله[2]
پس پشت شاه اندر ایرانیان   دلیران و هریک چو شیر ژیان[3]
بپیش سپاه اندرون پیل و شیر   پس ژنده‌پیلان یلان دلیر[4]
درفش درفشان چو آمد پدید   سپاه منوچهر صف برکشید
پیاده شد از باره سالار نو   درختی نوآیین پر از بار نو
زمین را ببوسید و کرد آفرین   بر آن تاج و تخت و کلاه و نگین
فریدون بفرمود تا برنشست   بپرسید و بستَرد رویش بدست
پسآنگه سوی آسمان کرد روی   که: «ای دادگر داور راستگوی[5]
تو گفتی که من دادگر داورم   بسختی ستمدیده را یاورم[6]
همم داد دادی و هم داوری   همم تاج دادی هم انگشتری[7]
بفرمود پس تا منوچهر شاه   نشست از بر تخت زر با کلاه[8]
سپهدار شیروی با خواسته   به درگاه شاه آمد آراسته
بفرمود پس تا منوچهر شاه   ببخشید یکسر همه بر سپاه[9]

درگذشتن فریدون

چو این کرده شد، روز برگشت و بخت   بپژمرد برگ کیانی درخت[10]
کرانه گزید ازبرِ تاج و گاه   نهاده برِ خود سر هرسه شاه
همی هر زمان زار بگریستی   بدان شوربختی همی زیستی
به مویه درون هرزمانی بزار   چنین گفتی آن نامور شهریار[11]
که: «برگشت و تاریک شد روز من   ازین سه دل‌افروز دلسوز من[12]

---

۱ - سخن سست می‌نماید. برای پذیره، به پیش سپاه می‌روند، نه آنکه سپاه به پیش آید!
۲ - یَلَه (= آزاد)، با کُلَهْ (=کلاه) پساوا ندارد.
۳ - مگر آن سپاه یاد شده، ایرانی نبودند.
۴ - یلان دلیر را، پیش بایستی آمدن.
۵ - بر سخن انگشت نمی‌توان نهادن، مگر آنکه دنبالهٔ این گفتار نادرخور است.
۶ - تو گفتی برای خداوند؟ گمان (شک) بردن بدادگری او است!
۷ - افزاینده دریافت که نادرست گفته‌است، و در این رج آنرا بگونهٔ درست آراست.
۸ - پیش‌از اینها، تخت‌وتاج را به منوچهر داده‌بود.
۹ - «یکسر» و «همه» یکی است.
۱۰ - درختِ کیانی چگونه باشد؟
۱۱ - سخن سست است «هر زمانی» نادرست است.
۱۲ - برگشتنِ روز (= «بازگشتن روز»)، فرخندگی است نه تاریکی.

بزاری چنین کشته در پیش من / بکینه بکام بداندیش من [1]
هم از بدخویی هم ز کردار بد / به روی جوانان چنین بد رسد [2]
نبردند فرمان من لاجرم / جهان گشت بر هر سه تار و دژم» [3]
پراز خون دل و، پر ز گریه دو روی / چنین تا سرآمد بر او گفت‌وگوی
فریدون شد و، نام ازو ماند باز / برآمد برین روزگار دراز
همان نیکنامی به و راستی / که کرد ای پسر سود برکاستی [4]
منوچهر بنهاد تاج کیان / به زنّار خونین ببستش میان [5]
برآیین شاهان یکی دخمه کرد / چه از زرّ سرخ و چه از لاژورد [6]
نهادند زیر اندرش تخت آج / بیاویختند از برِ آج تاج [7]
بپدرود کردنش رفتند پیش / چنان چون بود رسم آیین و کیش
در دخمه بستند بر شهریار / شد آن ارجمند از جهان، زار وخوار
جهانا سراسر فسوسی و باد / به تو نیست مردِ خردمند شاد [8]

---

۱ – چنین کشته (= چو «این» کشته)؛ که را خواهد گفتن؟ که سه پسرش کشته شده‌بودند. ۲ – دنبالهٔ گفتار
۳ – ایرج که فرمان برده‌بود! ۴ – **یک:** «نیکنامی به» نادرست است، نیکنامی «بهتر» است. **دو:** لت دویم آشفته است.
۵ – **یک:** تاج کیان! **دو:** «ببستش» نادرست است: «ببست» اما چرا زنّار خونین که کین پدر را کشیده‌بود!
٦ – لت دویم سست است. ۷ – روشن نیست که این کارها را برای فریدون کرده‌است.
۸ – ایرانیان بر جهان افسوس (ریشخند) نمی‌کردند.

منوچهر

پادشاهی منوچهر

پسانگه یکی هفته، بگذاشتند   همه ماتم و سوگ او داشتند[1]
منوچهر یک هفته با درد بود   دو چشمش پر آب و، رخش زرد بود
به هشتم، بیامد منوچهر شاه   بسر بر نهاد آن کیانی کلاه[2]
همه جادویها به افسون ببست   بر او سالیان انجمن شد دو شست[3]
همه پهلوانان روی زمین   بر او یکسره خواندند آفرین[4]
چو دیهیم شاهی بسر برنهاد   جهان را سراسر همه مژده داد[5]
به داد و به آیین و مردانگی   به نیکی و پاکی و فرزانگی[6]
پسانگه چنین گفت؛ پیروز شاه*   که: «یزدان مرا داد این تاج و گاه»
«منم» گفت: «بر تخت، گردان سپهر   همم خشم و جنگ است و، هم داد و مهر[7]
زمین بنده و چرخ، یار منست   سرِ تاجداران شکار منست
همم دین و هم فرّهٔ ایزدی‌ست   همم نیکبختی و هم بخردی‌ست
شب تار جویندهٔ کین، منم!   همان آتش تیز برزین، منم![8]
خداوند شمشیر و زرّینه کفش   فرازندهٔ کاویانی درفش
فروزندهٔ میغ و برنده تیغ   بکین اندرون جان ندارم دریغ[9]
بدان را ز بد دست کوته کنم   زمین را بکین رنگ دیبه کنم[10]
که برتر ز دریا دو دست من است   دمِ آتش از برنشست من است°
ابا این هنرها یکی بنده‌ام   جهان آفرین را پرستنده‌ام

---

۱ – سخن از «یکهفته» در رج پسین می‌آید.   ۲ – **یک:** منوچهر بیامد، بکجا آمد؟ **دو:** کلاه کیانی.

۳ – سال، بر کسی انجمن نمی‌شود، پیشتر، در پادشاهی ضحاک، دراین‌باره سخن رفت. و از زمان فریدون «جادویی» در ایران برجای نمانده‌بود که با افسون بسته شود.   ۴ – برگرفته از رج ۲۲۰۵ است.

۵ – دیهیم! افزاینده فراموش کرده‌است که در رج افزوده خود (۲۱۶۶) کلاه کیانی بر سر منوچهر نهاده‌بود.   ٦ – دنبالهٔ گفتار.

* – این رج در نمونه‌های ل، ق، و، ب چنین آمده‌است چنین گفت پس راد پیروزشاه. ق: آن راد پیروزشاه، مسکو: زاد پیروزشاه، و از برابر هم نهادن همهٔ آنها سخن را چنین آراستم «پسانگه» بجای «پس آن راد».

۷ – «من» در رج پیشین آمده‌است، و دوباره گویی است.

۸ – افزاینده آذرِ «بُرزین مهر» را، بَرزین کرده‌است بدانروی که در شبهای تاریک «من همچون آتشی بر زین اسب می‌نشینم».

۹ – دو بخش لت نخست با یکدیگر همخوان نیستند، ابر را بر می‌فروزم... و برنده تیغ!   ۱۰ – لت دویم سست است.

○ – چون بر اسب سوار می‌شوم، آتش فروزان می‌شود.

براه فریدون فرّخ رویم ... نیامان کهن بود، گر ما نویم
همه دست بر روی گریان زنیم ... همه داستان‌ها ز یزدان زنیم[1]
هرآنکس که در هفت کشور زمین ... بگردد ز راه و، بتابد ز دین،[2]
نمایندهٔ رنج درویش را ... زبون داشتن مردم خویش را
برافراختن سر ز بیشی و گنج ... به درویش مردم نماینده رنج
همه نزد من سربه سر کافرند ... وز آهرمن بدکنش بترند
هرآن‌کس که او جز برین دین بُود ... ز یزدان و از مَنِشْ نفرین بُود
وزآن پس بشمشیر یازیم دست ... کنم سربسر کشور و مرز پست»[3]
همه پهلوانان روی زمین ... منوچهر را خواندند آفرین[4]
که: «فرّخ نیای تو این دید راه ... ترا داد شاهی و تخت و کلاه[5]
ترا باد جاوید، تخت ردان ... همان تاج و هم فرّه موبدان
دل ما یکایک بفرمان تست ... همان جان ما زیر پیمان تست»

*

جهان‌پهلوان سام بر پای خاست ... چنین گفت که:«ای خسرو داد و راست
ز شاهان مرا دیده بر دیدن است ... ز تو داد و از ما پسندیدن است[6]
پدر بر پدر شاه ایران تویی ... گزین سواران و شیران تویی
ترا پاک یزدان نگهدار باد ... دلت شادمان، بخت بیدار باد
تو از باستان یادگار منی ... بتخت کیی بر، نگار منی[7]
برزم اندرون شیر پاینده‌ای ... ببزم اندرون شید تابنده‌ای[8]
زمین و زمان خاک پای تو باد ... همان تخت پیروزه جای تو باد[9]
چو شستی به شمشیر هندی زمین ... به آرام بنشین و رامش گزین[10]
ازین پس همه نوبت ماست رزم ... ترا جای، تخت است و شادی و بزم

---

۱ –گریه در آیین ایران گناه بشمار می‌رفت.

۲ – این سخن نادرست نیست، اما پیوستهٔ سخنان بی‌پیوند و نادرست رج‌های پسین است. رج‌های ۲۱۸۲ تا ۲۱۸۶ پیوند میان رج ۲۱۸۱ و ۲۱۸۷ را ازمیان برداشته‌است که براه فریدون رویم، و هرکس که نه بر دینِ فریدون (کیش مهر) باشد... .

۳ – **یک:** برای یک‌کس، که بر این دین نباشد کشوری را پست می‌کنند؟ **دو:** لت نخست؛ «یازیم»، با «کنم» در لت دویُم همخوان نیست.

۴ – نخستین‌کس از پهلوانان که سخن میگوید سام جهان پهلوان است (رج ۲۱۹۳)، پس‌از وی پهلوانان گام برمی‌دارند (رج ۲۲۰۵).

۵ – سه رج، پیوسته بگفتار افزودهٔ پیشین. ۶ –لت نخست پریشان است. ۷ – تخت کیی

۸ – دنبالهٔ گفتار

۹ – [یادآوری مستانه و مرجانه اروند (الهی)] زمین را شاید خاکِ پای منوچهر بودن، اما زمان را نشاید.

۱۰ – **یک:** هنوز، هندیان از ایرانیان جدا نشده‌بودند. **دو:** و پس‌از بردن نام یزدان؛ بنگهداری منوچهر، و آرزوی «بخت بیدار باد»، از رج ۲۱۹۷ این سخنان افزوده و ناسزاوار است. زیرا که سخن با «بیدار باد» بپایان میرسد!

منوچهر ۱۶۵

شوم گِردِ گیتی برآیم یکی		ز دشمن به بند آورم اندکی[1]
مرا پهلوانی نیای تو داد		دلم را خرد هوش‌ورای تو داد»[2]
بر او آفرین کرد پس شهریار		بسی دادش از گوهر شاهوار[3]
چو از پیش تختش گرازید سام		پسش، پهلوانان نهادند گام
خرامید و شد سوی آرامگاه		همی گشت گیتی، به آیین و راه

۱ - گردِ گیتی برآیم یکی؟! از دشمن اندکی را ببند آورم؟! سخنان ناسزاوار.

۲ - **یکک:** در لت نخست؛ سخن آشکار راگفتن، چه سود دارد **دو:** لت دویم، نادرخور است.

۳ - باز، از گوهر یاد می‌شود، بویژه در سخنِ سست.

زال و رودابه

داستان
زال و رودابه

کنون پر شگفتی یکی داستان   بپیوندم از گفتهٔ باستان
نگه کن که مر سام را روزگار،   چه بازی نمود ای پسر گوش دار:[1]
نبود ایچ فرزند، مر سام را   دلش بود جویا، دلارام را
نگاری بُد اندر شبستان اوی   ز گلبرگ؛ رخ داشت، وز مشک؛ موی
از آن ماهش امّید فرزند بود   که خورشیدچهر و بَرُومند بود*
ز سام نریمان همو بار داشت   ز بار گران تنش آزار داشت[2]
ز مادر جدا شد در آن چند روز   نگاری، چو خورشید گیتی‌فروز
به چهره نکو بود، بر سانِ شید   ولیکن همه موی؛ بودش سپید!
پسر چون ز مادر بران‌گونه زاد   نکردند یک هفته بر سام یاد[3]
شبستان آن نامور پهلوان   همه پیش آن خُرد کودک، نَوان[4]
کسی سام یل را نیارست گفت   که: «فرزند، پیر آمد از خوب جفت»

*

یکی دایه بودش بکردار شیر   برِ پهلوان، اندر آمد دلیر
چو آمد برِ پهلوان مژده داد   زبان برگشاد آفرین کرد یاد[5]
که: «بر سام یل، روز؛ فرخنده باد   دل بدسگالان او کنده باد
پسِ پردهٔ تو در، ای نامجوی   یکی پورِ پاک آمد از ماهروی
تنش نقرهٔ پاک و رویش؛ بهشت   بر او بر، نبینی یک اندام زشت
از آهو همان، کَش سپید است موی   چنین بود بخش تو، ای نامجوی»!

*

فرود آمد از تخت سام سوار   بپرده درآمد سوی نوبهار○
چو فرزند را دید، مویش سپید   ببود از جهان، سربسر، ناامید

۱ - در لت نخست «نگه کن»، در پایان سخن «گوش دار» دوباره‌گویی است.   * - بَر اومند: برومند: میوه‌دار، باردار.
۲ - این سخن، در رج پیشین آمده‌است.   ۳ - این گفتار در رج ۲۲۱۷ آمده‌است.   ۴ - دنباله گفتار
۵ - دوباره‌گویی رج پیشین.   ○ - نوبهار: زن سام، مادر زال که بزیبایی چون بهارنو بود.

سوی آسمان سر برآورد، راست / ابا کردگار، او به پیکار خاست
که: «ای برتر از کژّی و کاستی / بهی زان فزاید که تو خواستی
اگر من گناهی گران کرده‌ام / اگر کیش اهریمن آورده‌ام
بپوزش، مگر کردگار جهان / بمن بر، ببخشاید اندر نهان!

۲۲۳۰ بپیچد همی تیره جانم ز شرم / بجوشد همی در دلم خون گرم
ازین بچّه چون بچّهٔ اهرمن / سیه پیکر و موی سر چون سمن¹
چو آیند و پرسند گردنکشان / چه گویم ازین بچّهٔ بدنشان؟!
چه گویم که این بچّهٔ دیو چیست / پلنگ دو رنگ است وگرنه پریست²
ازین ننگ بگذارم ایران‌زمین / نخوانم برین بوم و بر، آفرین»

۲۲۳۵ بفرمود پس، تاش؛ برداشتند / از آن بوم و بر، دور بگذاشتند
بجایی که سیمرغ را خانه بود / بدان خانه، آن خُرد بیگانه بود

*

نهادند بر کوه و گشتند باز / برآمد برین، روزگاری دراز
چنان پهلوان‌زادهٔ بیگناه / ندانست رنگ سپید از سیاه؛
پدر، مهر و پیوند، بفکند خوار / ستم* کرد، بر کودک شیرخوار!

*

۲۲۴۰ یکی داستان زد برین، شیر پیر / کجا بچّه را کرده بُد، سیر شیر
که: «گر من ترا خون دل دادمی / سپاس ایچ، بر سرت ننهادمی
که تو، خود مرا، ویژه، خونِ دلی / دلم بگسلد، گر ز من بگسلی»!

پناه دادن سیمرغ، زال را

چو سیمرغ را، بچّه شد؛ گُرْسنه / به پرواز بر شد، بلند، از بُنه
یکی شیرخواره، خروشنده دید / زمین را چو دریای جوشنده دید

۲۲۴۵ ز خاراش، گهواره و، دایه خاک / تن از جامه دور و، لب از شیر؛ پاک
بگِرد اندرش تیره خاک نژند / بسر بزش، خورشید، گشته بلند

---
۱ - سخن سست است، گفتارِ «از این بچه» در رج پسین می‌آید.
۲ - **یک**: «چه گویم» دوباره آمده‌است. **دو**: کودک نیز سپید رنگ بود نه دو رنگ.
* - نمونه‌ها «جفاء آورده‌اند، اما پیدا است که «ستم» بهتر می‌نماید.

پلنگش بدی کاشکی مام و باب — مگر سایه گستردش ز آفتاب [1]
فرود آمد از ابر سیمرغ و، چنگ — بزد، برگرفتش ازان گرم سنگ
ببردش دمان تا به البرزکوه — که بودش بدانجا کنام و گروه [2]
سوی بچّگان برد، تا بشکَرند — بدان نالهٔ زار او ننگرند

*

ببخشود، یزدان نیکی دهش — کجا؛ بودنی داشت، اندر بوش*
نگه کرد سیمرغ با بچّگان — بران خُردِ خون از دو دیده چکان
شگفتی بر او بر، فکندند مهر — بماندند خیره بر آن خوبچهر
شکاری که نازکترین برگزید — که بی‌شیر، مهمان؛ همی خون مزید
برین‌گونه تا روزگاری دراز — برآمد، چو دارنده بگشاد راز؛
چو آن کودک خرد پرمایه گشت — بر آن کوه بر، کاروانها گذشت [3]
یکی مرد شد، چون یکی زادسرو — بَرَش کوه سیمین، میانش چو غَرو
نشانش پراکنده شد در جهان — بد و نیک هرگز نمانَد نهان

آگاه شدن سام نریمان، از زال

به سام نریمان رسید آگهی — از آن نیک‌پی پورِ با فرّهی
شبی از شبان، داغْدل خفته بود — ز کار زمانه برآشفته بود
چنان دید، کز کشورِ هندوان — یکی مرد، بر تازی اسپی دوان [4]
ورا مژده دادی بفرزند اوی — بدان بُرز شاخِ بَرومند اوی [5]

*

چو بیدار شد، موبدان را بخواند — ازین در، سخن چندگونه براند
بدیشان بگفت آنچه در خواب دید — جز آن هرچه از کاردانان شنید [6]

---

۱ - سیمرغ که او را دیده و آهنگ بردنش برای خوردن دارد درمیان سخن نمی‌تواند چنین آرزویی برای وی بکند.

۲ - بردن در رج پسین می‌آید و دوبار «بردن» در یک گفتارِ پیوسته نادرست است، ویژه آنکه «بُرد» در لت پسین برای خوردن بچگان است که سخن را بپایان می‌رساند!

* - ازآنجاکه (خداوند) درتقدیر خویش (برای آن کودک) خویشکاری‌ها (وظایفی) مقدر کرده‌بود... بَوِش: بودنی: آنچه که باید روی دهد (=تقدیر).

۳ - سخن، پایان ندارد. کاروانها گذشت نیز نادرست است: «کاروانها می‌گذشتند».

۴ - کشور هندوستان هنوز پدیدار نشده‌بود.

۵ - دنبالهٔ گفتار.

٦ - **یک:** در رج پیشین همین سخن آمده است، **دو:** پس از خواب بیدرنگ، با موبدان انجمن کرده بود و کاردانان دیگر را ندیده بود که از سوی آنان سخنی بموبدان گوید.

«چه گویید؟» گفت: «اندرین داستان … خردتان برین هست؟ همداستان!»
هرآنکس که بودند پیر و جوان … زبان برگشادند بر پهلوان
که: «بر کوه و بر خاک، شیر و پلنگ … ز ماهی بدریا درون، تا نهنگ
همه بچّه را پرورانندهاند … ستایش بیزدان رسانندهاند
تو پیمان نیکیدهش بشکنی؟ … چنان بیگنه بچّه را بفکنی!
بیزدان، کنون؛ سوی پوزش گرای … که اویست بر نیکویی رهنمای»
چو شب تیره شد، رای خواب آمدش … از اندیشهٔ دل شتاب آمدش[1]
چنان دید در خواب کز کوه هند … درفشی برافراشتندی بلند[2]
غلامی پدید آمدی خوبروی … سپاهی گران از پسِ پشتِ اوی[3]
بدست چپش بر، یکی موبدی … سوی راستش، نامور بخردی[4]
یکی پیش سام آمدی زآن دو مرد … زبان را گشادی بگفتار سرد[5]
که: «ای مرد ناپاک و ناپاک رای! … دل و دیده شسته ز شرم خدای![6]
ترا دایه گر مرغ شاید همی! … پس این پهلوانی چه باید همی؟!
گر آهواست بر مرد، موی سپید … ترا، ریش و سر، گشت چون خِنگ بید*
پس از آفریننده بیزار شو … که در تنت هر روز رنگیست نو![7]
پسر، گر بنزدیک تو بود خوار … کنون هست، پروردهٔ کردگار[8]
کزو مهربانتر ورا دایه نیست … ترا خود بمِهر اندرون مایه نیست»
بخواب اندرون، برخروشید سام … چو شیر ژیان کاندر آید بدام![9]
چو بیدار شد، بخردان را بخواند … سراسر سپه را همه برنشاند[10]

*

بیامد دمان سوی آن کوهسار … که افکندگان را کُند خواستار○

---

۱ – اندیشه، از آنِ سر است نه از آنِ دل!

۲ – هِند را بلَند پساوا نیست. برخی نمونهها بجای بلند، «پَرَند» آوردهاند، که آن نیز چنین است.   ۳ – دنبالهٔ گفتار.

۴ – سام در خواب، چگونه دریافت که آنکه سوی راست آن غلام می‌آید بخرد است، و نامور است؟

۵ – کنش «آمدی» نادرخور است، زیرا که آن مرد، پیش سام «آمد».   ٦ – پیوسته بگفتار است.

* – گونهای اسب سپیدرنگ.   ۷ – پیوند درست با گفتار رج پیشین ندارد.

۸ – دو رج دنبالهٔ گفتار رج پیشین.   ۹ – «چون شیر ژیانی» باید.

۱۰ – برای آوردن فرزند، بایسته نمی‌نماید که همهٔ سپاه ایران را که زیر فرمان سام بودند، برنشانَد.

○ – **یک:** فلورانس و نمونههای ل، ق، لن ۲ و س ۲: «افکندگان را». در اندیشهٔ من این هردو نمونه را کمبود هست. **دو:** خواستار در زبان فارسی «کردنی» نیست، شدنی، یا بودنی است. **سه:** افکندگان نادرست است، زیرا که سام تنها زال را افکندهبود، افکنده خود را نیز «را» باید. با بررسی همه این نکتهها، و اینکه سام خود بدان کوهستان رفت سخن فردوسی چنین می‌نماید: **«که افکنده را خود شود خواستار»**.

داستان زال و رودابه ۱۷۳

سر اندر ثریا یکی کوه دید — که گفتی ستاره بخواهد کشید[1]
نشیمی ازو برکشیده بلند — که ناید ز کیوان بر او بر، گزند[2]
فرو برده از شیز و صندل عمود — یک اندر دگر بافته چوب اود[3]
بدان سنگ خارا نگه کرد سام — بدان هیبت مرغ و هول کنام
یکی کاخ بُد تارک اندر سماک — نه از دست و رنج و، نه از سنگ و خاک[4]
اَبَر آفریننده کرد آفرین — بمالید رخسارگان بر زمین[5]
که زآن سان در و کوه و مرغ آفرید — ز خارا سر اندر ثریا کشید[6]
بدانست کاو، دادگر داور است — توانا و از برتران برتر است[7]
رهِ برشدن جُست و کی بود راه؟ — دد و دام را بر چنان جایگاه!
همی گفت ک: «ای برتر از جایگاه — ز روشن‌روان و ز خورشید و ماه
گر این کودک از پشت پاک من است — نه از تخم بدگوهر اهریمن است
بدین، برشدن، بنده را دست، گیر — مرین پرگنه را تو اندرپذیر!»

*

چنین گفت سیمرغ با پورِ سام — که: «ای دیده رنجِ نشیم و کنام
پدر، سام یل، پهلوان جهان — سرافرازتر کس، میان مهان
بدین کوه، فرزندجوی آمده‌است — ترا نزد او آبِروی آمده‌است!
روا باشد اکنون که بردارمت — بی آزار نزدیک او آرمت»
بسیمرغ بنگر که دستان چه گفت — که: «سیر آمده‌ستی همانا ز جفت؟[8]
نشیم تو رخشنده گاه من است — دو پرّ تو فرّ کلاه من است»[9]
چنین داد پاسخ که: «گر تاج و گاه — ببینی و رسم کیانی کلاه[10]
مگر کاین نشیمت نیاید بکار — یکی آزمایش کن از روزگار![11]
ابا خویشتن بر یکی پرّ من — خجسته بود سایهٔ فرّ من[12]

---

۱ – فردوسی، نام تازی ستارگان را بکار نمی‌برد.

۲ – **یک:** اگر ترس از گزند از کیوان بوده باشد، پس چرا به بلندای کوه رفتن و به کیوان نزدیکتر شدن؟ **دو:** نشیم را می‌سازند؟ یا برمی‌کشند؟

۳ – **یک:** عمود را، بجای ستون در گفتار فردوسی، راه نیست. **دو:** برای اود؛ چوب بکار برد، و برای شیز و چندن نه!

۴ – **یک:** در رج پیشین، از کُنام یاد می‌شود، و اینجا کاخ. **دو:** سماک نام تازی ستاره‌ای در هفت اورنگ است، و فردوسی نام تازی ستارگان را در سخن بکار نمی‌گیرد.

۵ – ایرانیان، آفرین به یزدان را رودرروی فروغ و روشنایی بجای می‌آوردند و رخساره بر زمین نمی‌مالیدند.

۶ – دنبالهٔ سخن، و دوباره یادکرد از ثریا!

۷ – تازه خداوند را شناخت؟

۸ – **یک:** زال، جفتِ سیمرغ نبود، و پروردهٔ او بود **دو:** بنگر، نادرست.

۹ – هنوز زال کلاه بر سر ندارد، و کلاه را ندیده‌است!

۱۰ – رسم کیانی کلاه.

۱۱ – دنبالهٔ سخن

۱۲ – فرّ سایه ندارد.

گرت هیچ سختی بروی آورند / ور از نیک و بد، گفت‌وگوی آورند
بر آتش برافکن، یکی پرّ من / ببینی هم اندر زمان فرّ من [1]
که در زیر پرّت بپرورده‌ام / ابا بچّگانت برآورده‌ام [2]
هم آنگه بیایم چو ابری سیاه / بی‌آزارت آرم بدین جایگاه
فرامش مکن مهر دایه ز دل / که در دل مرا مهر تو دلگسل» [3]

*

دلش کرد پدرام و، برداشتش / گرازان، به ابر اندر افراشتش
ز پروازش آورد نزد پدر / رسیده بزیرِ برش، موی سر
تنش پیلوار و، رُخش چون بهار / پدر چون بدیدش، بنالید زار [4]
فرو برد سر پیش سیمرغ زود / نیایش همی بآفرین برفزود [5]
دل سام شد چون بهشت برین / بر آن پاک فرزند کرد آفرین
سراپای کودک همی بنگرید / همی تاج‌وتخت کیی را سزید
بر و بازوی شیر و خورشید، روی / دلِ پهلوان، دست؛ شمشیرجوی
سیه، مژه و دیدگان قیرگون / چو بُسّد لب و رخ همانند خون [6]
تنش را یکی پهلوانی قبای / بپوشید و از کوه بگذارد پای [7]
فرود آمد از کوه و بالای* خواست / یکی جامهٔ خسروآرای خواست
سپه؛ یکسره پیش سام آمدند / گشاده‌دل و شادکام آمدند [8]
تبیره‌زنان، پیش بردند پیل / برآمد یکی گرد، چون کوهِ نیل ○
خروشیدن کوس با کرّنای / همان زنگ زرّین و هندی درای [9]
سواران همه نَعره برداشتند / بدان خرّمی، راه بگذاشتند [10]
بشادی بشهر اندرون آمدند / ابا پهلوانی، فزون آمدند ●

---

۱ – «فرّ من» در این رج، با «چو ابری سیاه» در رج دویم پس‌ازاین همخوان نیست.
۲ – سخن، با رج‌های پیشین و پسین؛ پیوند ندارد.
۳ – بیشتر نمونه‌ها، این رج را ندارند، و لت دویُم آن پریشان و بی‌پایان است.
۴ – لت دویم با پیش و پس پیوند ندارد، در ۲۳۱۷، در گفتارِ درستِ شاهنامه رخ زال، به خون مانند شده‌است.
۵ – گفتار در این چهار رج میان رج‌های ۲۳۱۲ و ۲۳۱۷ جدایی افکنده‌است. ۶ – زال سپیدموی را شایستی مژگان سیاه داشتن!
۷ – جامه خواستن برای زال در رج پسین آمده‌است. * – بالای: اسب. ۸ – سپاهیان نزدیک سام بود.
○ – کوه نیلی رنگ. ۹ – پیوند و پایان ندارد. ۱۰ – بدان خرّمی نیز نادرخور است.
● – با یک پهلوان «سام» رفته‌بودند، و اکنون با دو پهلوان (سام و زال) باز می‌گشتند.

آگاه شدن منوچهر از کارِ سام و زال

یکایک بشاه آمد این آگهی   که: «سام آمد از کوه با فرّهی» [1]
بدان آگهی شد منوچهر شاد   بسی از جهان آفرین کرد یاد [2]
بفرمود تا نوذرِ نامدار   شود تازیان پیش سام سوار [3]
کند آفرین کیانی بر اوی   بدان شادمانی که بگشاد روی [4]
بفرمایدش تا سوی شهریار   شود، تا سخن‌ها کند خواستار [5]
ببیند یکی روی دستان سام   که بُد پرورانیده اندر کنام [6]
اُزان جا سوی زابلستان شود   بر آیین خسروپرستان شود [7]
چو نوذر برِ سام نیرم رسید   یکی نوجهان پهلوان را بدید [8]
فرود آمد از باره سام سوار   گرفتند مر یکدگر را کنار [9]
ز شاه و ز گردان بپرسید سام   ازیشان بدو داد نوذر پیام
چو بشنید پیغام شاه بزرگ   زمین را ببوسید سام سترگ [10]
دوان سوی درگاه بنهاد روی   چنان کش بفرمود دیهیم جوی [11]
چو آمد بنزدیکی شهر شاه   سپهبد پذیره شدش با سپاه [12]
درفش منوچهر چون دید سام   پیاده شد از باره، بگذارد گام [13]
منوچهر فرمود تا برنشست   مر آن پاکدل گُرد خسروپرست [14]
سوی تخت و ایوان نهادند روی   چه دیهیم‌دار و چه دیهیم‌جوی [15]

*

۱ – از اینجا بخشی بزرگ بشاهنامه افزوده شده‌است. این رج؛ استوار است، مگر آنکه بگفتار افزودهٔ پس‌از خود پیوسته‌است.

۲ – همچنین...

۳ – فرزند بزرگ شاه، (شاه آینده) را برای پیام رساندن به کسی، گسیل نمی‌کردند.

۴ – آفرین کیانی چگونه باشد؟

۵ – «سخن‌ها» نادرست است: «داستان» را خواستار شود.

٦ – «ببیند یکی» نادرست؛

۷ – لت دویم، نادرست است! مگر تنها؛ آن کسانی که بسوی سیستان می‌روند، بر آیین خسروپرستان‌اند!

۸ – **یک:** از جنبش نوذر سخنی بمیان نیامده‌بود که اکنون از رسیدنش داستان گویند! **دو:** نوجهان پهلوان نادرست است. جهان‌پهلوان سام است و شاید گفتن که او در آینده جای سام راگرفتن تواند، اما «نوجهان پهلوان». پاژنامی است که هرگز نبوده‌است.

۹ – دو رج سخن نادرست نیست، اما پیوسته بگفتار است.

۱۰ – سترگ! برای سام پهلوان؟ سترگ؛ لجوج و بی‌آزرم و شرم بود، لغت فرس.

۱۱ – **یک:** از میانهٔ راه چگونه دوان بسوی درگاه دوید. **دو:** دیهیم! **سه:** اگر بپذیریم که شاهان ایران باستان دیهیم داشته‌اند، منوچهر که دیهیم دارد، دیهیم جوی نمی‌تواند شدن!

۱۲ – سپهبد سام است، نه منوچهر.

۱۳ – پیاده شدن درست است، اما گام را «برمی‌دارند»، نه آنکه «می‌گذارند»!

۱۴ – **یک:** در چنین هنگام‌پرسش و مهربانی پیش می‌آید، پسان فرمان برنشستن می‌دهند. **دو:** مرآن، نادرست است.

۱۵ – **یک:** اکنون منوچهر دیهیم‌دار شد، و دیگران دیهیم‌جوی! چون چنین شود؛ همگان را؛ خواست، آنستکه دیهیم منوچهر را از او بگیرند!! **دو:** و دیهیم بدانزمان پدیدار نشده‌بود.

منوچهر بر گاه بنشست شاد — کلاه بزرگی بسر برنهاد[1]
بیک دست قارن بیک دست سام — نشستند روشندل و شادکام[2]
پس؛ آراسته، زال را پیش شاه — بزرّین عمود و به زرّین کلاه؛[3]
گرازان بیاورد سالار بار — شگفتی بماند اندر آن شهریار[4]
بران بُرزبالا و آن خوبچهر — تو گفتی که آرام جان است و مهر[5]
چنین گفت مر سام را شهریار — که: «از من، تو این را بزنهار دار[6]
بخیره میازارش از هیچ روی — بکس شادمانه مشو جز بدوی[7]
که فرّ کیان دارد و چنگ شیر — دل هوشمندان و آهنگ شیر»[8]
پس از کار سیمرغ و کوه بلند — اُزان تا چراخوار، شد ارجمند؛[9]
یکایک همه سام با او بگفت — هم از آشکارا هم اندر نهفت[10]
از افکندن زال بگشاد راز — که چون گشت با او سپهر از فراز[11]
: «سرانجام، گیتی ز سیمرغ و زال — پر از داستان گشت بسیار سال[12]
برفتم به فرمان گیهان خدای — به البرزکوه اندر آن زشت جای[13]
چو بر پهلوان آفرین خواندند — ابر زال زر زر برافشاندند[14]
نشست آنگهی سام با رود و جام — همی داد چیز و همی راند کام[15]
کسی کاو به خدمت سزاوار بود — خردمند بود و جهاندار بود[16]
براندازه‌شان خلعت آراستند — همه پایهٔ برتری خواستند[17]

---

۱ – کلاه بزرگی، نادرخور است. ۲ – پیوسته بگفتار است.

۳ – **یک:** زرین عمود، بجای گرز زرین... در هیچ زمان و هیچ کشور، گرز را که می‌باید آهنین باشد با زر نمی‌ساخته‌اند. **دو:** کلاه زرین ویژه پادشاه بوده‌است. ۴ – شگفتی بماند، نادرست است «در شگفتی بماند».

۵ – **یک:** رج پیشین، «اندر آن»، آمده‌بود، و اینجا «بر آن»، می‌آید! **دو:** تو گفتی... **سه:** آرام جان شاید، اما آرام مهر چگونه شاید بودن؟ ٦ – مگر سام را آهنگ کشتن یا ستم کردن به زال بوده‌است، که اکنون بزنهارش گیرد؟

۷ – **یک:** سخن چنین است: «بیهوده، او را میازار، بهیچ روی». چون بهیچ روی می‌آید، بیهده؛ بایسته نیست. و بر این بنیاد، بخش نخست گفتار چنین گزارش می‌شود: چون بایسته شود، وی را بیازار؟! **دو:** گزارش لت دویُم نیز چنین است که: با من نیز شادمان مباش!

۸ – **یک:** فر کیان... با آنکه زنجیرهٔ کیانیان بدانهنگام پدیدار نشده‌بود، اگر چنان نیز می‌بود پهلوانان فرّ کیان نداشتند. **دو:** چنگ شیر، برای پهلوانان نیکو می‌نماید، اما آهنگ شیر، درّندگی است و نه نیکو است.

۹ – «پس» در آغاز سخن، نشان از پیوند این رج با رج پیشین می‌نماید، بازآنکه این پیوند، گسسته می‌شود.

۱۰ – در نهفت، چیزی نبوده، و همه چیز آشکار بوده‌است. ۱۱ – رازی درمیان نبوده‌است تا گشاده شود.

۱۲ – این سخن، با رج‌های پیشین و پسین پیوند ندارد.

۱۳ – **یک:** بفرمان خداوند نرفته‌بود بدنبال خواب جانکاهی که دیده‌بود، برفت! **دو:** البرزکوه جایی زشت نیست!

۱۴ – هیچ پیوند با گفتار ندارد.

۱۵ – **یک:** آنگهی نادرست است. **دو:** تنها سام در پیشگاه منوچهر؛ با رود و جام می‌نشیند؟ و بکسان پیشکش می‌دهد؟

۱٦ – و این کسان را شایستی که جهاندار (پادشاه ایران) نیز بوده باشند!!

۱۷ – چون پایهٔ برتر (نه برتری) برای آنان خواستند، جهانداران را به کدام پایه بلند می‌کردند؟

⇐ جهاندیدگان را ز کشور بخواند　　سخنهای بایسته چندی براند
چنین گفت با نامور بخردان　　که: «ای پاک و هشیاردل موبدان!
چنین است فرمان هشیار شاه　　که لشکر همی راند باید براه
سوی کَرگساران● و مازندران　　همی راند خواهم سپاهی گران
بماند بنزد شما این پسر　　که همتای جان است و جفت جگر [1]
دل و جانم ایدر بماند همی　　مژه خون دل برفشاند همی [2]
بگاه جوانی و گندآوری　　یکی بیهده ساختم داوری [3]
پسر داد یزدان، بینداختم　　ز بیدانشی ارج نشناختم
گرانمایه سیمرغ برداشتش　　همان آفریننده بگماشتش [4]
بپرورد، تا شد چو سرو بلند　　مرا خوار بُد مرغ را ارجمند! [5]
چو هنگام بخشایش آمد فراز　　جهاندار یزدان بمن داد باز [6]
بدانید کاین زینهار من است　　بنزد شما یادگار من است! [7]
گرامیش دارید و پندش دهید　　همه راه و رای بلندش دهید» [8]
سوی زال کرد آنگهی* سام روی　　که: «داد و دهش گیر و فرجام جوی
چنان دان که زاولستان خان تست　　جهان سربسر زیر فرمان تست [9]
ترا خان و مان باد آبادتر　　دل دوستداران بتو شادتر○
کلید در گنجها پیش تست　　دلم شاد و غمگین به کم بیش تست» [10]
بسام آنگهی گفت زال جوان　　که: «چون زیست خواهم من ایدر نوان [11]
جدا پیشتر زین کجا داشتی　　مدارم، گر آمد گهِ آشتی [12]
کسی گر ز مادر گنهکار زاد　　من آنم، سزد گر بمانم ز داد [13]
گهی زیر چنگال مرغ اندرون　　چمیدن بخاک و مزیدن ز خون [14]

● - کَرگ: کرگدن. کرگسار: آنانکه کلاهخودی همانند شاخ کرگدن بر سر می‌نهادند.　　۱ - جفت جگرا سخن ناسزاوار
۲ - **یک:** همان سخن دوباره گفته می‌شود. **دو:** مژهٔ چه کس، شایسته بود که گوید؛ مژه‌ام!
۳ - هنوز گندآور است و جهان‌پهلوان است.　　۴ - همان، نادرخور است.
۵ - که را بپرورد؟ سخن درست چنین است که او را بپرورد.　　٦ - جهاندار یزدان [اورا] بمن باز داد.
۷ - گفتاری که پیش‌ازاین از زبان منوچهر افزوده شده‌بود.　　۸ - راه بلند، راگزارش نمی‌توان کردن.
* - در نمونه‌ها آنگهی آمده‌است که نادرست است و درست «آنزمان» است.
۹ - **یک:** اگر او فرزند سام است، پس زاولستان خانهٔ وی است، و چنان دان، در کار نیست! **دو:** فرمانِ «جهان زیر فرمان تست» را خداوند می‌تواند دادن، نه سام!
○ - این گفتار بس زیبا است، و ایکاش همهٔ پدران؛ بفرزندان و همهٔ استادان، بشاگردان خویش چنین می‌گفتند.
۱۰ - چون شاد «و» غمگین می‌آید، می‌باید که کم «و» بیش آید. نه کم بیش!　　۱۱ - آنگهی، نادرست است.
۱۲ - سخن ناهموار است.　　۱۳ - گر بمانم ز داد، نادرست است. درست: «اگر از داد بی‌بهره باشم».
۱۴ - اگر «زیر» است، پس «اندرون» چیست؟ بازآنکه دیده شد که سیمرغ بدو چنگال نزد و روی خاکش ننهاد، و کنار فرزندانش
←

کنون دور ماندم ز پروردگار   چنین پرورانَد مرا روزگار [1]
ز گل بهرهٔ من بجز خار نیست   بر این، با جهاندار پیکار نیست» [2]
بدو گفت: «پردختن دل سزاست   بپرداز و برگوی هرچه‌ت هواست!
ستاره‌شمر مرد اخترگرای   چنین زد ترا زاخترِ نیک، رای [3]
که ایدر ترا باشد آرامگاه   هم ایدر سپاه و هم ایدر کلاه [4]
گذر نیست بر حکم گردان سپهر   هم ایدر بگسترد بایدت مهر
کنون گِردِ خویش اندر آور گروه   سواران و مردانِ دانش‌پژوه
بیاموز و بشنو ز هر دانشی   که یابی ز هر دانشی رامشی
ز خورد و ز بخشش میاسای هیچ   همه دانش و داد دادن بسیچ»

*

بگفت این و برخاست آوای کوس   هوا قیرگون شد زمین آبنوس
خروشیدن زنگ و هندی درای   برآمد ز دهلیز پرده‌سرای [5]
سپهبد سوی جنگ بنهاد روی   ابا لشکر ساخته، جنگجوی
بشد زال با او، دو منزل براه   بدان، تا پدر، چون گذارَد؟ سپاه! [*]
پدر، زال را؛ تنگ در برگرفت   شگفتی خروشیدن اندر گرفت [6]
بفرمود تا بازگردد ز راه   شود شادمان سوی تخت و کلاه

*

بیامد پراندیشه، دستانِ سام   که تا چون زید؟ تا بود نیکنام
نشست از برِ نامور تخت آج   بسر برنهاد آن دل‌افروز تاج [7]
ابا یاره و گرزهٔ گاوسر   ابا تیغِ زرّین و زرّین کمر [8]
ز هر کشوری موبدان را بخواند   پژوهید، هرکار و هر چیز راند
ستاره‌شناسان و دین آوران   سواران جنگی و کین آوران [9]
شب و روز بودند با او بهم   زدندی همی رای بر بیش وکم [10]

← می‌داشت.

۱ – اکنون از پروردگار خود (پدر) دور ماندم، بازآنکه پروردگار زال، سیمرغ بود، نه سام.

۲ – دو رج سخن نیکست اما دنبالهٔ گفتار است.

۳ – **یک:** اخترگرای نادرست است؛ «اخترمار» که با «ستاره‌شمر» سخن دوباره می‌شود. **دو:** از اخترِ نیک «رای» نمی‌زنند، رای، آهنگ، (قصد، اراده) است.   ۴ – دو رج دنبالهٔ گفتار   ۵ – در شهر بوده‌اند، نه در پرده‌سرای.

* – برای آنکه بیاموزد که پدر، سپاه را چگونه رهنمایی می‌کند.

۶ – خروشیدن در این رج را، با «شادمان» در رج پسین همخوانی نیست.   ۷ – تخت آج، نامور نمی‌شود.

۸ – هیچکس در جهان تیغ زرین ندیده‌است که تیغ را می‌باید پولادین بودن!

۹ – **یک:** دین آور؟ دین آوران، پیامبران تازه خواهند بودن که دینهای تازه بیاورند! **دو:** کین آور چگونه باشد؟ کین را بایستی کشیدن، نه آوردن.   ۱۰ – زندی، نادرست است.

چـــنان گشت زال از بس آمـــوختن / کـه گــفتی ستاره‌ست زافـروختن[1]
بـــه رای و بــدانش بــجایی رسـید / کـه‌چون خـویشتن در جـهان کس ندید![2]
چـنین هـم هـمی گشت گـردان سپهر / ابـر ســام و بـر زال گسترده مـهر[3]

رفتن زال بسوی کابل

چنان بُـد کـه روزی چنین کـرد رای / کـه در پـادشاهی بـجنبد ز جـای
بـرون رفت بـا ویـژه گُـردان خـویش / کـه بـا او یکـی بـودشان رای و کـیش[4]
سـوی کشـور هـندوان کـرد رای / در کـابل و شـهر کشـمیر و مـای[5]
بـه هـر جـای، گـاهی بیاراستند / مـی و رود و رامشگـران خـواستند[6]
گشـاده در گـنج و افکـنده رنـج / بـر آیـین و رسـم سـرای سپنج[7]
ز زاول بـه کـابل رسـید آن زمـان / گـرازان و خـندان و دل شـادمان

*

یکـی پـادشا بـود، مـهراب نـام / زبـردست و بـا گـنج و گسترده کـام
بـبالا، بکـردارِ آزادسـرو / بـرُخ چـون بـهار و بـرفتن تـذرو
دل بـخردان داشت و مـغز ردان / دو کـتف یـلان و هشِ مـوبدان[8]
چـو آگـه شـد از کـارِ دستان سام / ز کـابل بـیامد، بـهنگامِ بـام○
ابـا: «گـنج و اسپان آراسـته / غـلامان و هـرگونه‌ای خـواسته[9]
ز دیـنار و یـاقوت و مشک و اَبـیر / ز دیـبای زربـفت و چـینی حـریر
یکـی تـاج پـرگوهر شـاهوار / یکـی تـوق زرّیـن زبـرجـدنگار»
چـو آمـد بـه دستان سام آگـهی / کـه مـهراب آمـد بـدین فـرهی
پـذیره شـدش زال و بـنواختش / بآیـین یکـی پـایگه سـاختش

---

۱ - گفتی! ۲ - برترین خودخواهی و اپرمنشی است که در فرهنگ ایران، بد شمرده شده‌است.

۳ - سام، رفته‌بود.

۴ - لت دویم ناهماهنگ و نادرخور است... زیرا که «رای» (آهنگ کاری را کردن) نزد هر کس بیک گونه است. و کیش ایرانیان نیز یگانه بوده‌است و بدانهنگام ایرانیان کیش مهر داشتند، و کیش را نشاید با رای همراه آوردن!

۵ - رای بسوی هندوستان نکرده‌بود، زیرا که در رج ۲۴۰۹ به کابل می‌رسد. ٦ - (می)خواستند باید.

۷ - گنج را با خویش همراه نمی‌برند، که درِ آن گشاده باشد. و سرای سپنج نیز بی‌رنج نیست.

۸ - **یک:** «و» در لت نخست آهنگ سخن را پریشان می‌کند، **دو:** نیز... دو کتف در لت دویُم، زیرا که کتف یکی است، و آن شانه است. **سه:** هُش موبدان نیز درست نمی‌نماید، زیرا که شاید کودکی آهنگر از هوش بلند، برخوردار بوده باشد. ○- بامداد.

۹ - سه رج سخن از حریر چینی و غلام و اسپ و درّ و گوهر و مشگ و ابیر و تاج و توغ...

سوی تخت پیروزه باز آمدند — گشاده‌دل و بزم‌ساز آمدند [1]
یکی پهلوانی نهادند خوان — که بنشست بر خوان او فرخان [2]
گسارندهٔ می، مَی آورد و جام — نگه کرد مهراب را، پور سام
خوش آمدش فرخنده دیدار اوی — دلش تیزتر گشت در کار اوی
چو مهراب برخاست از خوان زال — نگه کرد زال اندر آن برز و یال [3]
چنین گفت با مهتران زال زر — که: «زیبنده‌تر، زاین، که بندد کمر؟»

*

یکی نامدار از میان مهان — چنین گفت که:«ای پهلوان جهان
پسِ پردهٔ او یکی دختر است — که رویش ز خورشید روشنتر است
ز سر تا بپایش بکردار آج — برخ چون بهشت و ببالا چو ساج [4]
بر آن سفت سیمینش مشکین کمند — سرش گشته چون حلقهٔ پای‌بند [5]
رخانش چو گلنار و لب، ناردان! — ز سیمین برش رُسته دو ناردان [6]
دو چشمش بسان دو نرگس بباغ — مژه تیرگی برده از پرّ زاغ
دو ابرو بسان کمان تراز — بَر او، توز؛ پوشیده از مشک و ناز *
بهشتی‌ست سرتاسر آراسته — پرآرایش و دانش و خواسته»
برآورد مر زال را دل بجوش — چنان شد کزو رفت آرام و هوش

دل باختن زال به رودابه

شب آمد، پر اندیشه بنشست زال — بنادیده بر، گشت؛ بی‌خورد و هال ○

۱ – چون در رج پیشین پایگه، یا تختی بآیین برای مهراب، ویژه کردند، دوباره سوی تخت فیروزه «باز آمدن» نادرست می‌نماید.

۲ – از همین سخن افزوده، گفتاری ناشایست‌تر نمی‌توان دیدن: «خوان پهلوانی» چه باشد؟ خوانی که تنها یک‌کس بر آن می‌نشیند، و آن نیز کسی است بنام فرخان که هیچکس نام و نشان او را نمی‌داند؟

۳ – دو بار، نام بردن از «زال» در یک سخن نادرخور است، ویژه آنکه در رج پسین نیز از زال زر یاد می‌شود.

۴ – یکبار از «سرتابپایش» سخن می‌رود و یکبار از «بالایش» که هردو یکی است.

۵ – لت دویُم ناهماهنگ

۶ – **یک:** لبی که چون دانهٔ انار باشد، چگونه باشد؟ **دو:** پستانی که باندازهٔ دانهٔ انار باشد چه ارزش گفتن دارد؟ **سه:** «لب ناردان» با «دو ناردان» پساوا ندارد.

* – چوب توز، چوبیست که برگ‌برگ ازروی‌هم برداشته می‌شود و چون بس سبک است از آن برای ساختن تیردان و کمان‌دان سود می‌برده‌اند که سنگینی بر سنگینی جنگ‌افزار، افزوده نشود. در این سخن چون فردوسی ابروان رودابه را بکمان همانند کرده‌است، پوشش آنرا نیز، توزی از وسمهٔ مُشگ و غمزهٔ ناز پرداخته است!

○ – هال: آرامش.

داستان زال و رودابه ۱۸۱

چو زد بر سر کوه بر، تیغ، شید — چو یاقوت شد روی گیتی سپید[○]

*

درِ بار بگشاد دستان سام — برفتند گردان همه شادکام
در پهلوان را بیاراستند — چو بالای پُرمایگان خواستند[1]
برون رفت مهراب کابل‌خدای — سوی خانهٔ زالِ زابل‌خدای
چو آمد بنزدیکی بارگاه — خروش آمد از در که «بگشای راه!»[2]
بر پهلوان اندرون رفت گو — بسان درختی پر از بار نو[3]
دل زال شد شاد و بنواختش — از آن انجمن سر برافراختش
بپرسید کز: «از من چه بایدت؟ بخواه؛ — ز تخت و ز مُهر و ز تیغ و کلاه»[4]
بدو گفت مهراب: «ای پادشا — سرافراز و پیروز و فرمانروا؛
مرا آرزو در زمانه یکیست — که آن آرزو بر تو دشوار نیست
که آیی بشادی سوی خان من — چو خورشید روشن کنی جان من!»

*

چنین داد پاسخ، که: «این؛ رای نیست — بخانِ تو اندر، مرا جای نیست
نباشد بدین، سام، همداستان — همان شاه، چون بشنود داستان
که ما می گساریم و مستان شویم — سوی خانهٔ بت‌پرستان شویم[5]
جز این، هرچه گویی تو، پاسخ دهم — بدیدار تو رای فرّخ نهم»
چو بشنید مهراب کرد آفرین — به دل؛ زال را خواند ناپاکدین[6]
خرامان برفت ازبرِ تخت اوی — همی آفرین خواند بر بخت اوی
چو دستان سام ازپسش بنگرید — ستودش فراوان، چنانچون سزید
از آن کو، نه هم‌دین و هم‌راه بود — زبان از ستودنش کوتاه بود[7]
بر او هیچکس چشم نگماشتند — مر او را ز دیوانگان داشتند[8]

○ – یاقوت به همهٔ رنگها، و از آنمیان برنگ سپید هست.

۱ – اگر پهلوانان بپرده سرای زال بار یافتند، چگونه بالای (اسب) پرمایگان را پیش آوردند؟ ۲ – سخن پایان ندارد.

۳ – بر پهلوان (اندرون) رفت نادرست است.

۴ – **یک:** «چه باید» در لت نخست نادرست است: «چه بایدت؟» **دو:** مهراب خود مرزبان (شاه) کابل بود و زال نمی‌توانست بی‌دستوریِ منوچهر بدو تاج و تخت شهری دیگر را بدهد.

۵ – **یک:** «مستان» نادرست است: «مست». **دو:** پس‌از مَی نوشیدن، بخانهٔ بت‌پرستان روند؟ در بنداری نیز سخنی از بت‌پرستی مهراب نیامده‌است: «اما هذا فلا سبیل الیه بدون أمر الملک سام» اما بی‌فرمان سام راهی برای اینکار نیست.

۶ – چرا بایستی، کسی را که کار بفرمان پدر و شاه ایران میکند، ناپاکدین خواندن؟

۷ – «هم دین» با که نبود؟ باید در سخن آشکار باشد: ازآنجاکه او با ایرانیان همدین نبود... .

۸ – **یک:** هیچکس چشم نگماشتند نادرست است، هیچکس چشم نگماشت! روزِ پیش او را پهلوان و نیک می‌شمردند و امروز از ←

۱۸۲ منوچهر

چو روشن‌دل پهلوان را براوی — چنان گرم دیدند و با گفت‌وگوی؛[1]
مر او را ستودند؛ یک‌یک مهان — هم‌آن کز پس پرده بودش نهان
ز بالا و دیدار و آهستگی — ز بایستگی هم ز شایستگی
دل زال یکباره دیوانه گشت — خرد دور شد، عشق فرزانه گشت*

*

سپهدار تازی سر راستان● — بگوید برین بر، یکی داستان
که: «تا؛ زنده‌ام، چرمه جفت من است — خَم چرخ گردان نهفت من است○
آروسم■ نباید، که، رعنا شوم — بنزد خردمند رسوا شوم

*

از اندیشگان زال شد خسته‌دل — بر آن کار بنهاد پیوسته دل[2]
همی بود پیچان دل، از؛ گفت‌وگوی — مگر تیره گردد ازین، آبروی[3]
همی گشت یک‌چند بر سر سپهر — دل زال زر تا سر، آکنده مهر[4]

مهر پیوستن رودابه به زال

چنان بُد که مهراب، روزی پگاه — برفت و بیامد از آن بارگاه
گذر کرد سوی شبستان خویش — همی گشت بر گردِ بستان خویش

→ دیوانگان داشتندش؟ سخنی است درست، رودرروِی گفتار شاهنامه (در رج‌های ۲۴۱۰ و ۲۴۱۱).

۱ – دل روشن زال را چگونه دیدند؟

* – عشق، وزیر (= فرزین در شترنگ وزیر پادشاه است که در داستان شاهنامه همواره بگونهٔ فرزانه آمده‌است) زال گردید.

● – این سه رج بسیار پخته و هموار است، و می‌باید آنرا سخن فردوسی دانستن، اما «سپهدار تازی» در این سروده، گزارشی ندارد، و چنین است گزارش من: تاج در زبان پهلوی تاج (= تاگ) بدینگونه [illegible] نوشته می‌شود که آنرا «تاز» نیز می‌توان خواندن. از سویی در زبان پهلوی؛ «کسره»ای که دو نام رابیکدیگر پیوند می‌دهد، بگونه «ای» نوشته و خوانده می‌شد. «مرتی داناک» =مردِ دانا؛ «اسپی سپیت» = اسپ سپید؛ و این‌گونه هنوز در تاجیکستان و افغانستان، کردستان، سپاهان، روان است. بر این بنیاد، «تاجی سری راستان» درست می‌نماید، و از آنجاکه تاجی را «تازی نیز میتوان خواندن، گمان را بتازی بودن آن سپهدار کشانده است، زیراکه اگر از این لت گمان به پیامبر اسلام بریم. می‌دانیم که ایشان، همسر گزینی رابس نیکو (و سنّت پیامبر) شمرده‌اند، و با ایشان، کسی دیگر را در میان تازیان نمی‌توان سر راستان در شمار آوردن! این لت بگمان من می‌باید چنین خوانده شود: **«سپهدار، تاجِ سر راستان»** = سام، یا رستم!

○ – تا، زنده هستم، جفت من، اسپ من است، و آسمانهٔ (سقف) خانهٔ من، گنبد آسمان است (در میدان‌ها).

■ – آروس واژه‌ای است ایرانی از ریشهٔ «اَرِز» اوستایی بمعنی سپید و زیبا و راست. آروسم نباید: آروس برای من بایسته (لازم) نیست.

۲ – **یک:** اندیشگان نادرست است: «اندیشه» یا «اندیشهٔ بسیار». **دو:** این سخن در رج ۲۴۳۴ آمده‌است و دوباره‌گویی است.

۳ – پیچان دل کسی است که درد شکم گرفته باشد، و کدام گفت‌وگوی؟ هنوز گفت‌وگویی پیش نیامده‌است.

۴ – از دل زال، تا سرش پر از مهر... سخن کودکانه که کنش نیز ندارد (شد یا بود).

دو خورشید بود اندر ایوان اوی — چو سیندخت و رودابهٔ ماهروی [1]
بیاراسته همچو باغ بهار — سراپای پُر بوی و رنگ و نگار [2]
شگفتی به رودابه اندر، بماند — همی نام یزدان بر او بر؛ بخواند [3]
یکی سرو دید، از برش گِردِ ماه — نهاده ز اَنبرَ، بسر بر، کلاه
بدیبا و گوهر بیاراسته — بسان بهشتی پر از خواسته

*

بپرسید سیندخت، مهراب را — ز خوشاب بگشاد اُناب* را
که: «چون رفتی امروز و چون آمدی؟ — که کوتاه باد از تو دست بدی!
چه مردیست؟ این پیرسر، پورِ سام! — همی تخت یاد آیدش، گر● کُنام؟
خوی مردمی هیچ دارد همی؟ — پیِ نامداران سپارد همی؟»
چنین داد مهراب پاسخ بدوی — که: «ای سروِ سیمین‌برِ ماهروی!
بگیتی در، از پهلوانان گُرد — پیِ زالِ زر، کس نیارد سپرد! [4]
چو دست و عنانش بر ایوان، نگار — نبینی، نه بر زین چنو؛ یک سوار!
دل شیر نر دارد و زور پیل — دو دستش بکردارِ دریای نیل [5]
چو بر گاه باشد دُرافشان بود — چو در جنگ باشد سرافشان بود [6]
رخش پژمرانندهٔ ارغوان — جوانسال و بیدار و دولت جوان
بکین اندرون، چون نهنگ بلاست — بزین اندرون تیزچنگ اژدهاست [7]
نشانندهٔ خاک، در کین، بخون — فشانندهٔ خنجر آبگون [8]
از آهو؛ همان، کَش؛ سپیدست موی — بگوید سخن، مردم عیب‌جوی!
سپیدیِ مویش بزیبد همی — تو گویی که دلها فریبد همی» [9]

*

چو بشنید رودابه آن گفت‌وگوی — برافرُخت○ و گلنارگون کرد روی

---

۱ - چو در لت دویم ناکارآمد است. ۲ - دنبالهٔ گفتار است.

۳ - مهراب؛ پیشتر رودابه دختر خویش را دیده‌بود، و یکباره

* - اُناب: آناب: میوه‌ای ایرانی است و باید که با «الف» نوشته شود: لبانِ چون آناب را ازروی دندانهای چون مروارید خوشاب برگرفت و سخن گفت. ● - گر: اگر: (در اینجا): یا. ۴ - سپَرد را با گُرد پساوا نیست.

۵ - مهراب هنوز زور بازوی زال را ندیده و نیازموده‌است. ٦ - و نبرد زال را نیز ندیده‌است.

۷ - گفتار فردوسی، همه دربارهٔ چهر و پیکر و خودِ زال است و افزایندگان درباره جنگاوری او افزوده‌اند. این گفتار از دیگر داستانهای شاهنامه برگرفته شده‌است. ۸ - سخنِ سستِ بی‌بنیاد

۹ - بر که می‌زیبد؟ سخن چنین می‌باید بودن که سپیدی مویش بر او یا بر رُخش می‌زیبد!

○ - همه‌جا «برافروخت» آورده‌اند، اما اگر با این آوا که در تهران بر زبان میرود بخوانندش آهنگ سخن درهم میریزد، می‌باید آنرا بآوای خراسانیش خواندن، چنانکه نوشتم.

دلش گشت پر آتش از مهر زال ‌‌‌‌‌‌ ازو دور شد خورد و آرام و هال
چو بگرفت جای خرد، آرزوی ‌‌‌‌‌‌ دگر شد، بِرای و بآیین و خوی
وَرا پنج ترکِ* پرستنده● بود ‌‌‌‌‌‌ پرستنده و مهربان بنده بود
بدان بندگان خردمند گفت ‌‌‌‌‌‌ که: «بگشاد خواهم، نهان، از نهفت
شما یک‌بیک رازدار منید ‌‌‌‌‌‌ پرستنده و غمگسار منید[1]
بدانید هر پنج و، آگه بوید ‌‌‌‌‌‌ همه ساله با بخت همره بوید[2]
که: من عاشقم همچو بحر دمان ‌‌‌‌‌‌ ازو برشده موج تا آسمان![3]
پُراز مهر زال است، روشن دلم ‌‌‌‌‌‌ بخواب اندر، اندیشه زو نگسلم
همیشه دلم در غم مهر اوست ‌‌‌‌‌‌ شب و روزم، اندیشهٔ چهر اوست[4]
کنون این سخن را چه درمان کنید؟ ‌‌‌‌‌‌ چه گویید؟ و با من، چه پیمان کنید؟[5]
یکی چاره باید کنون ساختن ‌‌‌‌‌‌ دل و جانم از رنج پرداختن»

*

پرستندگان را شگفت آمد آن ‌‌‌‌‌‌ که بدکاری آید ز دختِ ردان[6]
همه پاسخش را بیاراستند ‌‌‌‌‌‌ چو اهریمن از جای برخاستند[7]
که: «ای افسر بانوان جهان ‌‌‌‌‌‌ سرافراز بر دختران مهان![8]
ستوده ز هندوستان تا بچین ‌‌‌‌‌‌ میان بتان در، چو روشن نگین[9]
ببالای تو، بر چمن سرو نیست ‌‌‌‌‌‌ چو رخسار تو بر سمن غرو نیست[10]
نگارِ رخِ تو ز قنوّج، رای ‌‌‌‌‌‌ فرستد همی سوی خاورخدای[11]

---

* – در همهٔ نمونه‌ها پنج ترکِ پرستنده آمده‌است، اما می‌دانیم که بدانهنگام، هنوز ترکان بسرزمین‌های آسیای میانی کوچ نکرده‌بودند. در شاهنامهٔ بنداری نیز از ترک نام برده نشده است «و کان لها خمس جوار یخدمنها»: «و او را پنج پرستنده بود که پرستاریش (خدمتش) می‌کردند... و بر این بنیاد سخن درست فردوسی چنین می‌نماید: **«ورا پنج دُخت پرستنده بود»**.

● – پرستنده: خدمتگار.

۱ – پس‌از سالها، این سخن گفتن ندارد، و روشن است.

۲ – لت دویُم با لت نخست پیوند ندارد.

۳ – **یک:** «بحر» در گفتار فردوسی جایی ندارد. **دو:** لت دویم با لت نخستین پیوند ندارد. سخن درست چنین می‌باید بودن که: من عاشقی هستم، چو دریای خروشانی که... .

۴ – دوباره‌گویی رج پیشین

۵ – بندِ (کنون) در رج پسین می‌آید.

٦ – از این رج تا رج ۲۵۱۸ یک گفتار ستیزه‌آمیز ازسوی پرستندگان افزوده شده‌است که هرچند از دیدگاه دستور و زبان نیز نادرستی دارد، اما از دیدگاه سنجش خرد نیز درخور انگشت نهادن است زیرا که جای این پرسش است که آیا پرستنده و بندهٔ زرخرید را یارای آن هست، که بر دخت مهراب کابل‌خدای پرخاش آوَرَد، و با بانگ بلند بر او بتازد و خودسرفرازد؟ و آیا از آن دختران که پس‌از گفتار رودابه: به آواز گفتند: ما بنده‌ایم /بدل مهربان و پرستنده‌ایم! بر می‌آید که چنین سخنان بخداوندگار خویش گویند؟

۷ – پاسخ (آراستنی) نیست (دادنی) است، همانند اهریمن از جای برخاستن را نیز گزارش نیست.

۸ – **یک:** افسر دختران جهان، شاید، نه بانوان جهان. **دو:** لت دویم پیوند درست ندارد... سرافرازترین دختران مهان.

۹ – **یک:** از هندوستان تا چین که گسترهٔ بزرگی نیست که آن دو کشور را یک مرز بیش نباشد! **دو:** نگین میان انگشتری زرین، یا سیمین جای می‌گیرد، نه میان دختران دیگر که هر یک از آنها نیز چون گوهراند.

۱۰ – سخن از دیگر جای شاهنامه است.

۱۱ – هنوز هندیان از ایرانیان جدا نشده‌بودند، که «رای» پادشاه آنان باشد و قنّوج =کنوج پدید آمده باشد.

ترا خود به دیده درون شرم نیست		پدر را بنزد تو آزرم نیست؟[۱]
که آن را که اندازد از بر پدر		تو خواهی که گیری مر او را به بر![۲]
که پروردهٔ مرغ باشد به کوه		نشانی شده در میان گروه[۳]
کس از مادران پیر هرگز نزاد		نه آنرا که زاید بباشد نژاد[۴]
چنین سرخ دو بسّد شیربوی		شگفتی بود گر شود پیرجوی[۵]
جهانی سراسر پر از مهرِ تست		به ایوانها صورتِ چهر تست[۶]
ترا با چنین روی و بالای و موی		ز چرخ چهارم خور، آیدت شوی،[۷]
چو رودابه گفتار ایشان شنید		چو از باد آتش دلش بردمید[۸]
بریشان یکی بانگ برزد بخشم		بتابید روی و بتابید چشم[۹]
وز آن پس بخشم و بروی دژم		به ابرو ز خشم اندر آورده خم[۱۰]
چنین گفت ک:«این خام گفتارتان		شنیدن ندارد نه پیکارتان[۱۱]
نه قیصر بخواهم نه فغفور چین		نه از تاجداران ایرانزمین[۱۲]
ببالای من پور سام است، زال		ابا بازوی شیر و با بُرز و یال[۱۳]
گرش پیرخوانی همی گرجوان،		مرا، او بجای تن است و روان»[۱۴]
پرستنده آگه شد از راز او		چو بشنید دل خسته آوازِ او[۱۵]

*

به آواز گفتند: «ما بنده‌ایم		به دل مهربان و، پرستنده‌ایم
نگه کن کنون تا چه فرمان دهی		نیاید ز فرمانِ تو جز بهی!
چو ما، سدهزاران، فدای تو باد		خرد ز آفرینش ردای تو باد![۱۶]

---

۱ - سخن استوار است اما دنباله گفتار است.

۲ - پدر، از «برِ خویش» برنینداخت، که از برِ مادرش گرفت و روی تخته سنگی انداختش... دنبالهٔ داستان فراموش شده‌است که همان را که افکنده‌بودند، با چه بزرگداشت و آزرم برگرداندند. ۳ - که، در آغاز سخن نادرخور است.

۴ - **یک:** میان لت نخست و لت دویم پیوندی درست نیست، چون بگونه «نه آنرا...»، در لت نخست نیز همیدون بایستی گفتن «نه هرگز کسی از مادر، پیر زاده شد، و نه آنرا که زاده شد...» **دو:** آنکه زاید، مادرِ زال است، نه خود زال. **سه:** زال از برترین نژاد برخوردار بوده‌است. ۵ - سخن زیبا است. ٦ - از گفتار فردوسی برگرفته شده‌است.

۷ - از داستانهای دیگر شاهنامه برداشته شده‌است. ۸ - لت دوئِم پیوند درست ندارد، چنانکه آتش از باد برمی‌دمد.

۹ - دنبالهٔ گفتار ۱۰ - در هر دو لت، خشم بکار رفته‌است.

۱۱ - لت دویم نیز می‌باید دو «نه» داشته باشد نه گفتار خامتان، و نه پیکارتان، شنیدن ندارد.

۱۲ - **یک:** رویداد زمان را رودابه یکی از تاجداران ایرانزمین (زال پادشاه سیستان) را می‌خواهد. **دو:** در آنزمان هنوز روم در گسترهٔ جهان پدیدار نشده‌بود. **سه:** زال از برترین نژاد برخوردار بوده‌است.

۱۳ - اگر تنها بدین ویژگی که گفته شده‌است، شوی می‌خواهد، بسا از پهلوانان دیگر، بازوی شیر و برز و یال دارند.

۱۴ - روی سخن به یک‌کس است، بازآنکه آنان پنج پرستنده بودند.

۱۵ - **یک:** پرستنده، یک‌کس است و آنان همه آگاه شده‌بودند. **دو:** آواز نیز «دلخسته» نشاید بودن.

۱٦ - **یک:** شگفت است که افزایندگان چگونه با شاهنامه بازی کرده‌اند، و اکنون یکباره سخن؛ دیگر می‌شود. **دو:** لت دویم را هیچ روی

←

سیه نرگسانت پر از شرم باد　　　رخانت پر از رنگِ آزرم باد![1]
اگر جادویی باید آموختن　　　به بند و فسون چشم‌ها دوختن؛
بپرّیم با مرغ و جادو شویم　　　بپوییم و، در چاره، آهو شویم
مگر شاه را نزد ماه آوریم　　　بنزدیک او پایگاه آوریم»[2]
لبِ سرخ، رودابه، پر خنده کرد　　　رخان معصفر سوی بنده کرد[3]
پرستندگان را چنین گفت ماه　　　که: «اینست روی و هم اینست راه[4]
که این گفته راگر شوی کاربند　　　درختی برومند کاری بلند[5]
که هر روز یاقوت بار آورد　　　برش بارتان برکنار آورد»[6]

→ نیست.　　۱ - این رج زیبا است، اما پیوسته بگفتار است.　　۲ - لت دویم سست است.

۳ - **یک:** لت دویم: معصفر واژه‌ای نیست که فردوسی بکار گیرد. **دو:** پنج پرستنده بودند، نه یک بنده!

۴ - دنبالهٔ داستان　　۵ - روی سخن به یک کس شد!

٦ - سخن سست در لت دویم پرستنده چندکس شد: «بارتان».

رفتن کنیزکان رودابه
به
دیدن زال زر

پرستنده برخاست از پیش اوی / بدان چاره بی‌چاره بنهاد روی [۱]
مه فَروَدین و سرِ سال بود / لبِ رود، لشکرگهِ زال بود
برفتند، هر پنج، تا رودبار / رخان چون گلستان و، گل در کنار
نگه کرد دستان ز تخت بلند / بپرسید ک:«آن گل‌پرستان کیند؟»
چنین گفت گوینده با پهلوان / که:«از کاخ مهراب، سروِ روان
پرستندگان را سوی گلستان / فرستد همی ماه کابلستان»
بنزد پریچهرگان رفت زال / کمان خواست از ترک و بفراخت یال [۲]
پیاده همی رفت* جویان شکار / خَشَنسار● بود اندر آن رودبار
کمان، تُرکِ گلرخ به زه برنهاد / به دست جهان‌پهلوان در نهاد [۳]
نگه کرد تا مرغ برخاست ز آب / یکی تیر انداخت اندر شتاب
ز پروازش آورد، گَردان؛ فرود / چکان خون و وشّی○ شده آب رود
به ترک آنگهی گفت: «ز آن سو گذر / بیاور تو آن مرغ افکنده سر [۴]
به کشتی گذر کرد ترک سترگ / خرامید نزد پرستنده ترک [۵]
پرستنده▣ با ریدکِ پهلوان / سخن گفت و بگشاد شیرین زبان
که این شیربازو، گو پیلتن / چه؟ مرد است و، شاه کدام انجمن!

۱ – پرستنده؛ یک کس شد.

۲ – **یک:** زال، بنزد پریچهرگان نرفت، که از آنسوی رود تیر انداخت. **دو:** ترکان هنوز بسرزمین‌های ایرانی نیامده‌بودند.

* –کنش همی رفت، نادرست می‌نماید زیراکه همی نشانهٔ پیوستگی کار است. و چنین می‌نماید که دستان ازپیش نیز، راه می‌رفته‌است، بازآنکه او ازروی تختِ بلند نگریسته‌بود. در اندیشهٔ من گفتار فردوسی چنین بوده‌است: «**پیاده برون رفت، جویان شکار**».

● – گونه‌ای مرغِ آبی، که در نامهٔ پهلوی خسرو قبادان و ریدک بگونهٔ خسنسار نیز آمده‌است.

۳ – **یک:** کمان را پیشتر بزه می‌کنند. **دو:** ترک گلرخ را چندان زور بازو نیست که کمان پهلوانی چون زال را زه بیفکند. **سه:** هنوز ترکان بایران نیامده‌اند.

○ – در همهٔ نمونه‌ها «وشّی» آمده‌است که درست نمی‌نماید، مگر شاهنامهٔ لیدن که «روشن» آورده و از خون، آب، روشن نمی‌شود، بگمان من «رنگین» درست است: «چکان خون و رنگین شده آبِ رود».

۴ – **یک:** ترک **دو:** آنگهی **سه:** «بیاور تو» نادرست است، «تو» در خودِکنشِ بیاور نهفته‌است.

۵ – **یک:** افزاینده، رودخانهٔ کنار کابل را ندیده‌است که گمان دارد می‌باید با کشتی از اینسوی بدانسوی رفتن! **دو:** پیشتر ترک گلرخ گفته‌بود که کودکی سیزده‌چهارده ساله بوده باشد، و اکنون ترک سترگ گردید که سی‌چهل ساله است!

▣ – اینجا؛ نام یک پرستنده درست است، زیراکه یکی از پرستندگان رودابه می‌پرسد.

که بگشاد زین‌گونه تیر از کمان   چه‌سنجد به پیش اندرش بدگمان؟*
ندیدیم زیبنده‌تر زین؛ سوار   به تیر و کمان بر، چنین کامکار»
پریروی● دندان بلب برنهاد   «مکن» گفت: «ازین‌گونه از شاه یاد!
شه نیمروز است فرزند سام   که دستانْش خوانند شاهان بنام!»
به گرد جهان گر بگردد سوار   ازین سان نبیند یکی نامدار»[1]
پرستنده با کودک ماهروی   بخندید و گفتش که: «چندین مگوی!
که ماهی است مهراب را در سرای   بیک سر، ز شاه تو، برتر؛ بپای
ببالای ساج است و همرنگ آج   یکی ایزدی بر سر از مشک، تاج
دو نرگس دژمّ و دو ابرو بخَم   ستونِ دو ابرو چو سیمین قلم
دهانش بتنگی، دلِ مستمند   سر زلف، چون حلقهٔ پای‌بند
دو جادوش پرخواب و پر آب روی   پر از لاله رخسار و پر مشک موی[2]
نفس را مگر بر لبش راه نیست   چنو در جهان نیز یک ماه نیست»[3]
پرستندگان هر یکی آشکار   همی کرد وصفِ رخ آن نگار
بدین چاره، تا آن لب لئل فام○   کنند آشنا با لبِ پورِ سام
چنین گفت با بندگان خوبچهر   که: «با ماه خوب است رخشنده مهر[4]
ولیکن بگفتن مگر روی نیست   بود کآب را ره بدین جوی نیست[5]
دلاور که پرهیز جوید ز جفت   بباید به آسانی اندر نهفت[6]
بدان تاش دختر نباشد ز بن   نباید شنیدنش تنگی سخُن[7]
چنین گفت مر جفت را بازِ نر   -چو بر خایه بنشست و بگشاد بر-[8]
کزین خایه گر مایه بیرون کنم   ز پشت پدر خایه بیرون کنم»[9]
ازیشان چو برگشت خندان، غلام   بپرسید ازو، نامور پور سام

* - «دشمن در برابر او چه ارزشی دارد؟» نمونه‌ها پیش اندرش و پیش اندرون، که نادرست می‌نماید، مگر نمونه‌های س، و ب که «به پیشش» آورده‌اند که سخن را بدآهنگ می‌کند. اندیشه مرا چنین ره می‌نماید که به پیشش درست است، و سخن فردوسی چنین بوده‌است: «چه سنجد به پیشش همی بدگمان؟»

● - پسرک پرستار.

۱ - سخن بی‌پیوند و سست

۲ - **یک:** روی پر آب: زیبا نباشد. **دو:** پر از لاله نادرست است و «چون لاله» درست. **سه:** دربارهٔ موی مشکینش در رج پیشین، سخن گفته آمد.

۳ - **یک:** دربارهٔ تنگی دهان رودابه در رج ۲۵۵۴ سخن رفته‌بود. **دو:** نفس را در گفتار فردوسی راه نیست: «دم». **سه:** لت دویم نیز پریشان و سست است.

○ - لئل، نامی ایرانی است و کان آن نیز در بدخشان است و بنادرست آنرا با «ع» نوشته‌اند.

۴ - پیوسته بگفتار افزودهٔ پسین.

۵ - سخن پریشان

٦ - سخن ناهموار و درهم! سخن از دلاور درمیان نبود!

۷ - در چنین سخنان، نخست می‌گویند، داستانی زده شده‌است که: و پسان داستان را می‌گویند، آنهم نه داستانی بدین پریشانی.

۸ - لت نخست با لت دویم پیوند ندارد. سخن چنین می‌نماید که بازِ نر، بر روی تخم‌ها می‌نشیند!

۹ - داستانِ بی‌ریشه و بن و نادرست، چون پیدا است که باز را دو فرزند بجهان می‌آید. یکی نر و دیگری ماده.

: «که بود این که با تو همی راز گفت … ببایدت با من همه باز گفت [1]

که از گفت او شاد و خندان شدی؟ … شکفته‌رخ و سیم‌دندان شدی؟» [2]

بگفت آنچه بشنید با پهلوان … ز شادی، دل پهلوان شد جوان

*

چنین گفت با ریدک ماهروی … که: «ز ایدر – پرستندگان را بگوی:

که: از گلستان یک زمان مگذرید … مگر با گل از باغ، گوهر برید!» [3]

درم خواست و دینار و گوهر ز گنج … گرانمایه دیبای زربفت، پنج [4]

بفرمود ک:«این نزد ایشان برید … کسی را مگویید و، پنهان برید [5]

نباید شدن‌شان – سوی کاخ باز … بدان، تا پیامی فرستم براز»

برفتند زی ماهرخسار پنج … ابا گرم گفتار و دینار گنج [6]

بدیشان سپردند گنجی‌گهر … پیام جهان‌پهلوان زال زر [7]

پرستنده با ماه دیدار گفت … که: «هرگز نماند سخن در نهفت؛ [8]

مگر آنکه باشد میان دو تن … سه تن نانهان است و چار انجمن [9]

بگو ای خردمند پاکیزه‌رای … سخن گر برازست با ما سرای» [10]

پرستنده گفتند یک با دگر … که: «آمد به دام اندرون شیر نر [11]

کنون کار رودابه و کام زال … به جای آمد و این بود نیک‌فال [12]

بیامد سیه‌چشم گنجور شاه … که بود اندر آن کار دستور شاه [13]

سخن هرچه بشنید از دلنواز … همی گفت پیش سپهبد براز [14]

چو از ترک بشنید زابل‌خدای … بیامد سوی باغ کابل‌خدای [15]

سپهبد خرامید تا گلستان … بر امّیدِ خورشیدِ کابلستان

---

۱ – پنج کس با وی سخن می‌گفتند، نه یک کس، و رازی درمیان نبوده‌است!

۲ – **یک:** و اینجا یک «که» دیگر می‌آید و سخن را سست می‌سازد. **دو:** این لت از داستان دختران کرمانی گرفته شده‌است:

همه دختران شاد و خندان شدند … گشاده رخ و سیم دندان شدند.

۳ – دخترکان به باغ نرفته‌بودند.

۴ – **یک:** «درم خواست و» آهنگ سخن را می‌شکند **دو:** «زربفت پنج» نادرست است.

۵ – در میان دشت، چگونه می‌توان چیزی را پنهان بردن. ٦ – ماهرخسار پنج نادرست است.

۷ – افزاینده را فراموشی گرفت که در افزوده‌های پیشین از گنج گهر سخن رفته‌بود.

۸ – پرستار زال پیامی ندارد که زال در رج ۲۵۷۳، گفته‌بود پیامی دارم (که خود آنرا با پرستندگان درمیان خواهد نهادن).

۹ – دنبالهٔ سخن ۱۰ – روی سخن بکیست؟! ۱۱ – پرستنده یک کس است... و گفتند؛ گروه است.

۱۲ – هنوز بجای نیامده‌است. ۱۳– پرستندهٔ ترک گلرخ گنجور و دستور شاه شد!

۱۴ – **یک:** سخن پریشان. دلنواز کیست؟ پیشتر پرستنده با ماه دیدار سخن گفته‌بود، اکنون سیه‌چشم پیام می‌آورد! **دو:** همی گفت در لت پسین نادرست است، بگفت. ۱۵ – **یک:** ترک! **دو:** باغ کابل‌خدای کجا است، اینجا اردوگاه زال است.

پریروی گلرخ بتان تراز* برفتند و بردند پیشش نماز
سپهبد بپرسید زیشان سخُن ز بالا و دیدار● آن سرو بن
ز گفتار و دیدار و رای و خرد بدان، تا به خوی وی، اندرخورد[1]
«بگویید با من یکایک سَخُن به کژّی نگر نفکنید ایچ بن[2]
اگر راستی‌تان بود گفت‌وگوی به نزدیک من‌تان بود آبروی[3]
وگر هیچ کژّی گمانی برم به زیر پی پیل‌تان بسپرم»[4]
رخ لاله‌رخ گشت چون سندروس به پیش سپهبد زمین داد بوس[5]
چنین گفت○ که: «ز مادر اندر جهان نزاید کس اندر میان مهان
به دیدار سام و به بالای اوی به پاکی دل و، دانش و رای اوی
دگر چون تو ای پهلوان دلیر بدین برز بالا و بازوی شیر
همی می چکد گویی از روی تو ابیرست گویی مگر بوی تو[6]
سدیگر چورودابهٔ خوبروی یکی‌سروِ سیم است با رنگ و بوی
ز سر تا بپایش گل است و سمن به سرو سهی بر، سُهیلِ یمن[7]
از آن گنبد سیم، سر بر زمین فرو هشته از گل، کمند از کمین[8]
بمشک و به اَنبرَ سرش بافته ز یاقوت و زُمرد بُنش تافته[9]
سر زلف و جعدش چو مشکین زره فکنده‌ست گویی گره بر گره
ده انگشت، برسانِ سیمین قلم بر او کرده از غالیه، سد رقم
بت آرای چون او نبیند، بچین بر او ماه و پروین کنند آفرین»

*

سپهبد پرستنده را گفت؛ گرم سخن‌های شیرین به آوای نرم
که: «اکنون چه چاره‌است؟ با من بگوی! یکی، راه جستن، بنزدیک اوی؛

---

* –شهری در نزدیکی کاشغر و ختن که به نادرست آنرا با «ط» نوشته‌اند. ● – دیدار: رُخ.

۱ – «دیدار» = رخ در رج پیشین آمده‌بود.

۲ – بگویید، دوباره‌گویی است. در رج ۲۵۸۶ «بپرسید» آمده‌بود. **دو:** «نگر» روی بیک کس دارد و «نفکنید» روی بچندکس.

۳ – گفت‌وگوی نادرخور است و راستی نیز...: اگر گفتارتان راست باشد.

۴ – دو بیت: سخن اندکی ناهموار، اما مگر زال می‌توانست دختركان پرستندهٔ کابلی را چون مردان گناهکار بزیر پای پیلان بیفکند؟

۵ – **یک:** در رج ۲۵۸۵ سخن از نمازبردن آمده‌بود، و زمین بوسیدن این لت دوباره‌گویی است. **دو:** باز... پرستندگان یک کس شد.

○ – در همهٔ نمونه‌ها چنین گفت آمده‌است که گفتارِ یک کس است، و بگمان من سخن فردوسی **«بگفتند»** بوده‌است.

۶ – دربارهٔ دختران چنین سخن شاید گفتن نه دربارهٔ پهلوان سیستان!

۷ – **یک:** سهیل یمن در آسمانِ گفتار فردوسی نمی‌گنجد. پیش‌ازاین از رخسار چون ماه او، بر سرِ سرو، سخن رفته بود.

۸ – سخت پرگره می‌نماید، از کدام گنبد سخن می‌رود؟ از سرِ او؟ که زر زیرِ گیسوانش دیده نمی‌شود، کمند از کمین چگونه باشد؟ روی رودابه که آشکار است و در کمین نیست... .

۹ – دو رج سخنان بیهوده دربارهٔ زلف رودابه افزودند و در رج پسین زلف رودابه آشکار می‌شود!

که ما را دل و جان پراز مهر اوست   همه آرزو، دیدن چهر اوست»
پرستنده گفتا: «چو فرمان دهی   گذاریم* تا کاخ سرو سهی
ز فرخنده رای جهان‌پهلوان   زگفتار و دیدار روشنروان
فریبیم و گوییم هرگونه‌ای   میان اندرون نیست وارونه‌ای
سر مشکبویش بدام آوریم   لبش، زی لب پورِ سام آوریم

*

خرامد مگر پهلوان با کمند   بنزدیک دیوارِ کاخ بلند
کند حلقه در گردن کنگره   شود شیر، شاد، از شکار بره»
برفتند خوبان و برگشت زال   دلش گشت با کام و شادی، همال [1]

بازگشتن کنیزکان بنزد رودابه

رسیدند خوبان بدرگاه کاخ   بدست اندرون هریک از گل دو شاخ [2]
نگه کرد دربان برآراست جنگ   زبان کرد گستاخ و دل کرد تنگ [3]
که: «بیگه ز درگاه بیرون شوید   شگفت آیدم تا شما چون شوید؟!» [4]
بتان پاسخش را بیاراستند   ، بتنگی دل از جای برخاستند، [5]
که: «امروز روزی دگرگونه نیست   بره گلان، دیوِ وارونه نیست
بهار آمد از گلستان گل چنیم   ز روی زمین شاخ سنبل چنیم» [6]
نگهبان در گفت ک: «امروز کار   نباید گرفتن بدان همشمار، [7]
که زال سپهبد به کابل نبود   سراپردهٔ شاه زابل نبود [8]
نبینید کز کاخ، کابل‌خدای   بزین اندر آرد بشبگیر پای؟ [9]
اگرتان ببیند چنین گل بدست   کند بر زمین‌تان هم آنگاه پست!» [10]
شدند اندر ایوان بتان تراز   نشستند و، با ماه؛ گفتند راز

* - بگذریم، برویم.   ۱ - لت دویم اندکی سست است. دل شاد می‌شود، همال نتواند شدن.
۲ - دو شاخ گل؟... در رج ۲۵۳۲ از گل در کنار آنان یاد شده‌بود.
۳ - آهنگ لت نخست پریشان است زیرا که «و» از میان دربان و برآراست افتاده‌است.
۴ - بیگه، پسین و غروبگاه است: در غم ما، روزها بیگاه شد! هنوز در تاجیکستان و افغانستان، بامداد را پگه و نزدیک بشام را بیگه می‌خوانند، کنیزکان بامدادان بیرون رفته‌بودند.   ۵ - لت دویم کنیزکان نشسته‌نبودند که برخیزند.
۶ - **یک:** پیوند با رج پیشین ندارد، سخن نیز سست است. شاخ سنبل را ازروی زمین نمی‌چینند. **دو:** چِنیم بجای چینیم.
۷ - سخن اندکی آشفته است.   ۸ - سخن را پیچانده‌اند.   ۹ - دنبالهٔ سخن
۱۰ - مگر دستهٔ گل بدست داشتن چه گناه بوده‌است که پادافرهٔ کشتن و با خاک پست کردن باشد؟

نهادند دیبا و گوهر به پیش — بپرسید رودابه از کم و بیش [1]

که: «چون بودتان کار با پور سام؟ — بدیدن بهست، ار، بآواز و نام؟» [2]

پریچهره هر پنج بشتافتند؛ — چو با ماه، جای سخن یافتند [3]

که: «مردیست برسان سروِ سهی — همش زیب و هم فرّ شاهنشهی

همش رنگ و بوی و همش فرّ و شاخ — سواری میان لاغر و، بر، فراخ، [4]

دو چشمش، چو دو نرگسِ قیرگون — لبانش چو بُسّد، رخانش چو خون

کف و ساعدش چون کف شیر نر — هیون‌ران و موبددل و شاه‌فر [5]

سراسر سپید است مویش برنگ — از آهو همین است و، این نیست ننگ

سر جعد آن پهلوان جهان — چو سیمین زره بر گل ارغوان

که گویی همی خود چنان بایدی — اگر نیستی، مهر نفزایدی! [6]

بدیدار تو داده‌ایمش نوید — ز ما بازگشته‌است، دل؛ پر امید

کنون چارهٔ کار مهمان بساز — بفرمای تا بر چه گردیم باز؟»

چنین گفت با بندگان سروبن — که: «گشتید دیگر، به رای و سخن! [7]

همان زال کاو مرغ پرورده بود — چنان پیرسر بود و پژمرده بود

بدیدار شد چون گلِ ارغوان — سهی قد و زیبارخ و پهلوان

رخ من به پیشش بیاراستید؟ — بگفتار و زان پس بها خواستید!»

همی گفت و لب را پراز خنده داشت — رخان همچو گلنار آکنده داشت

پرستنده با بانوی ماهروی — چنین گفت ک‌«ای اکنون ره‌چاره‌جوی!

که کامت برآمد، بیارای کار — بیا تا ببینی مهی در کنار [8]

که یزدان هرآنچه‌ت هوا بود، داد — سرانجام این کار فرخنده باد!»

یکی خانه بودش چو خرم بهار — ز چهر بزرگان بر او بر، نگار [9]

بدیبای چینی بیاراستند — تبق‌های زرّین بپیراستند [10]

عقیق و زمرد بر آن ریختند — می و مشک و اَنبرَ برآمیختند [11]

---

۱ – بپرسید نادرخور است: «بپرسیدشان». ۲ – دنبالهٔ گفتار

۳ – **یک:** پریچهر هر پنج نادرست است: «پریچهرگان» یا «پنج پریچهره». **دو:** بشتافتند، ناسزاوار است.

۴ – **یک:** «بوی» را دختران بکار میبرند. **دو:** سواری زال را ندیده‌بودند. ۵ – پیشتر از فرّ شاهی زال یاد شده‌بود.

۶ – لت دویم ناهماهنگ

۷ – شش رج با آنکه زیبا است، چون بداستان افزودهٔ پرخاش پرستندگان با رودابه بر می‌گردد افزوده است.

۸ – **یک:** که در آغاز این رج با که در آغاز رج پسین همخوان نیست. **دو:** ناگفته پیدا است که لت دویم سخت سست است.

۹ – این سخن زیبنده است، اما بگفتار پسین پیوند دارد.

۱۰ – **یک:** دیبای چینی... **دو:** آیا خانه پذیرایی دختر کابل‌خدای را تازه می‌باید آرایش دهند؟، و بشقاب‌ها و سینی‌ها از گرد بپیرایند؟

۱۱ – **یک:** عقیق و زمرد بر چه ریختند؟ در رج پیشین؛ سخن از «تبق‌ها» بود. **دو:** مشک و اَنبرَ را بوی خوش است، و آمیختن آن با می،

←

همه زرّ و پیروزه بُد جامشان — به روشن‌گلاب اندر آرامشان[۱]
بنفشه، گل و نرگس و ارغوان — سمن‌شاخ و سنبل بدیگر کران[۲]
از آن خانهٔ دخت خورشیدروی — برآمد همی تا بخورشید بوی![۳]

*

چو خورشید تابنده شد ناپدید — در هُجره بستند و گم شد کلید؛
پرستنده شد سوی دستان سام — که: «شد ساخته کار، بگذار گام!»[۴]
سپهبد سوی کاخ بنهاد روی — چنانچون بُود؛ مردمِ جفت‌جوی
برآمد سیه‌چشم گلرخ ببام — چو سرو سهی بر سرش ماهِ تام
چو از دور، دستان سام سوار — پدید آمد، آن دختر نامدار؛
دو بیجاده بگشاد و، آواز داد — که: «شاد آمدی ای جوانمرد! شاد
درود جهان‌آفرین بر تو باد — خَمِ چرخ گردان زمین تو باد!
پیاده بدینسان ز پرده‌سرای — نرنجیدَت؟ آن خسروانی دو پای!»[۵]

*

سپهبد کز آن گونه آوا شنید — نگه کرد و خورشیدرخ را بدید
شده بام از آن گوهر تابناک — به جای گل سرخ، یاقوت خاک[۶]
چنین داد پاسخ که: «ای ماه‌چهر — درودت ز من، آفرین از سپهر
چه مایه شبان دیده اندر سماک — خروشان بدم پیش یزدان پاک[۷]
همی خواستم تا خدای جهان — نماید مرا، چهرت؛ اندر نهان[۸]
کنون شاد گشتم به‌آواز تو — بدین خوب‌گفتار با ناز تو[۹]
یکی چاره راه دیدار جوی — چه پرسی تو بر باره و، من بکوی؟»[۱۰]

→ بهیچ روی با ترازوی خرد سنجیده نمی‌شود.

۱ - **یک:** جامشان نادرست است، و جامها درست است، اگر بشود، جام را با پیروزه ساختن! **دو:** لت دویم هیچ گزارشی ندارد. در گلاب روشن می‌خوابیدند، مگر گلاب تیره هم در جهان هست؟

۲ - اگر سخن درست می‌بود، می‌بایستی چنین باشد: در یک کران بنفشه و گل و نرگس و ارغوان بود و در کران دیگر...

۳ - کنش لت دویُم نادرخور است، درست آنستکه: برآمد...

۴ - شباهنگام همهٔ دروازه‌های شهر را می‌بستند، و پرستنده را چگونه شاید رفتن به سپاه زال؟

۵ - کنش بایسته ندارد.

۶ - سخن ناهموار و نادرست است... مگر بام کاخ پیشتر از «گل سرخ» ساخته شده‌بود، که اکنون با رودابه، بگونهٔ یاقوت درآمد؟!

۷ - **یک:** چند روز بیش نگذشته است که زال در اندیشهٔ رودابه بود، و چه مایه شبان، نادرست است. **دو:** سماک، و سماک اَعزَل و سماک رابع... را در گفتار فردوسی جای نیست.

۸ - سخن در این رج پایان ندارد، و رج پسین نیز که با «کنون» پیوند بدین رج می‌خورد، افزوده است!

۹ - بآواز تو نادرست است: «از شنیدن آواز تو». لت دویم نیز سست می‌نماید. نمونه‌های دیگر بجای «با ناز»، «دمساز» و «با یار» آورده‌اند که درست نمی‌نماید.

۱۰ - آیا این سخن درست می‌نماید؟ که پهلوان از دختری بر لب بام چارهٔ راه دیدار بجوید؟

سپهدار گفت و پریرخ شنود ... سر شَعرِ گلنار بگشاد زود[1]
کمندی گشاد او ز سرو بلند ... که از مشک زان سان نپیچد کمند[2]
خم اندر خم و مار بر مار بر ... بر آن غبغبش نار بر نار بر[3]
بدو گفت: «بر تاز و برکش میان ... برِ شیر بگشای و چنگ کیان[4]
بگیر این سیه گیسو از یک سوَام ... ز بهر تو باید همی گیسوَام»[5]
نگه کرد زال اندر آن ماهروی ... شگفتی بماند اندر آن روی و موی[6]
چنین داد پاسخ که: «این نیست داد ... چنین روز، خورشید روشن مباد[7]
که من دست را خیره بر جان زنم ... برین خسته دل تیزپیکان زنم»[8]

*

کمند از رهی بستد و داد خم ... بیفکند خوار و نزد ایچ دم
بحلقه درآمد سر کنگره ... برآمد ز بُن، تا بسر، یکسره
چو بر بام آن بارهٔ شست یاز ... برآمد، پریروی بردش نماز[9]
گرفت آن زمان دست دستان به دست ... برفتند هردو بکردار مست
فرود آمد از بامِ کاخ بلند ... بدست اندرونِ دستِ شاخِ بلند[10]
سوی خانهٔ زرنگار آمدند ... بدان مجلس شاهوار آمدند[11]
بهشتی بُد آراسته پر ز نور ... پرستنده بر پای و بر پیش هور[12]
شگفت اندرو مانده بُد زال زر ... بر آن روی و آن موی و بالا و فر
ابا یاره و تُوغ و باگوشوار ... ز دینار و گوهر چو باغ بهار[13]

---

۱ – **یک:** بیگمان اگر کسی از کوی سخن گوید از بام شنیده می‌شود و «پریرخ شنود» سخنی نابجا است. **دو:** «شَعر» تازی در گفتار فردوسی جای ندارد. **سه:** «شعر» نخ را گویند، و تازیان گیسوی زن را نیز شعر خوانده‌اند، و چنین، شیوهٔ سخن فردوسی نیست.

۲ – در لت دویم؛ چه کسی نپیچد؟ اگر سخن درست بود چنین می‌نمود «که نپیچند...».

۳ – میان لت نخستین و لت دویم هیچگونه پیوند نیست، بویژه که لت دوئم پیوند با سخنِ پسین را نیز می‌گسلد.

۴ – **یک:** کجا برتازد؟ تاختن همواره باید که، با پیشوند «به» همراه شود بتاز. **دو:** چنگ کیان چگونه باشد؟

۵ – **یک:** از یکسوام، چه باشد. اگر یکسوی گیسو است که باید بگوید بگیر این سوی گیسویم را. **دو:** لت دویم را با لت نخست هیچ پیوند نیست. **سه:** در افزوده‌های پسین (رج ۲٦۷۵) آمده‌است که بلندای بام شست یاز؟ بوده‌است، و کدام گیسو بدین درازی می‌شود؟

٦ – شگفتی بماند نادرست است: «ماند اندر شگفت».

۷ – **یک:** آنزمان شب بود. **دو:** آیا می‌شود که در روز، خورشید روشن نباشد؟ ۸ – گفتار بی سروبن و آشفته.

۹ – **یک:** بلندای بام شست یاز؟ بوده‌است! چنین بام در چنان زمان ساخته نشده‌بود. **دو:** «برآمد» در رج پیشین آمده‌بود.

۱۰ – شاخ بلند، نادرست است کاش سرو بلند گفته‌بود.

۱۱ – چون در لت نخست «سوی خانه...» آمد، در لت دویم «بدان مجلس» نشاید گفتن. **دو:** چون هنوز آنان ننشسته‌اند، از «مجلس» نشاید نام بردن.

۱۲ – زال را چشم برخسار رودابه است و بخانه نمی‌نگرد، چنانکه در رج پسین خواهد آمد، تا آن بهشت و پرستنده و هور را ببیند!

۱۳ – **یک:** باز، چشمِ افزاینده به یاره و گوشوار و توغ رودابه است. **دو:** دینار را در آرایش پیکر چگونه بکار می‌برده‌اند؟

دو رخساره چون لاله اندر چمن[1]   سر جعد زلفش شکن بر شکن[2]
همان زال با فرّ شاهنشهی   نشسته بر ماه با فرهی[3]
حمایل یکی دشنه اندر برش   ز یاقوت، رخشان سرِ افسرش[4]

*

همی بود بوس و کنار و نبید   مگر شیر، کاو گور را، نشکرید
سپهبد چنین گفت با ماهروی   که: «ای سرو سیمین برِ مشکموی[*]
منوچهر اگر بشنود داستان   نباشد بدین کار همداستان
همان سام نیرم برآرد خروش   کف اندازد و بر من آید بجوش!
ولیکن سرِ مایه جان است و تن   همه خوار گیرم، بپوشم کفن

*

پذیرفتم از دادگر داورم   که هرگز ز پیمان تو نگذرم
شوم پیش یزدان نیایش کنم   چو ایزدپرستان ستایش کنم[5]
مگر کاو، دلِ سام و شاهِ زمین   بشوید ز خشم و ز زنگارِ کین[6]

*

جهان‌آفرین بشنود گفتِ من   مگر کآشکارا شوی جفت من»[7]
بدو گفت رودابه: «من، همچنین   پذیرفتم از داورِ داد و دین
که بر من نباشد کسی پادشا   جهان‌آفرین، بر زبانم گوا؛
جزاز پهلوان جهان، زال زر   که با تخت و تاج است و با زیب و فر»

*

همی مهرشان هر زمان بیش بود   خرد دور بود، آرزو پیش بود
چنین تا سپیده برآمد ز جای   تبیره برآمد ز پرده‌سرای
پس آن ماه را، شید° پدرود کرد   برِ خویش تار و برش پود کرد

---

۱ – نمونه‌ها: «لاله اندر سمن» اما درست چنین می‌نماید: «لاله اندر چمن».   ۲ – سخن دوباره دربارهٔ موی و روی.
۳ – کنش «نشسته» کمبود دارد.
۴ – حمایل در سخن فردوسی راه ندارد. دشنه به چه کار دلبر و دلداده می‌آید؟ که از آن یاد کنند! کسیکه با کمند بیام خانهٔ دلبر می‌شود، افسر بر سر نمی‌نهد.
* – نمونه‌ها: «سرو سیمین پر رنگ بوی» «سیمین بر و رنگ و بوی» «سیمین بر مشکبوی» «سیمین بر خوبروی» «سیمین با رنگ و موی» «سیمین بر مشک روی» «سیمین بر مشک روی» «سیمین پر رنگ و بوی» (بنگرید به خالقی مطلق ۲۰۰–۱) اما پیدا است که هیچیک درست نیست و نگارنده، مشگ را از «مشگ بوی» یا «مشگ روی»، «موی» را از «رنگ و موی» برگزید و سخن را بدینگونه آراست.
۵ – «چون ایزدپرستان» نادرخور است، زیرا که زال ایزدپرست بوده‌است.   ٦ – وابسته به رج پیشین.
۷ – در رج پیشین سخن از آن آمد که یزدان دل شاه و سام را از کینه بشوید، و اگر چنین باشد، پس خداوند گفتار وی را شنوده‌است، و اینجا؛ دوباره گویی است.   ○ – خورشید: زال

*

ز بالا کمند اندر افکند زال — فرود آمد از کاخ فرّخ همال
بیامد همآنگه بجای نشست — ز می مانده مخمور و، از بوسه مست

رای زدن زال با موبدان
در کار
رودابه

چو خورشید تابان برآمد ز کوه — برفتند گردان همه همگروه[1]
بدیدند مر پهلوان را پگاه — اُز آن جایگه برگرفتند راه[2]
سپهبد فرستاد خواننده را — که خواند بزرگان داننده را[3]
چو دستور فرزانه با موبدان — سرافراز گردان و فرّخ ردان؛
بشادی برِ پهلوان آمدند — خردمند و روشنروان آمدند
زبان، تیز، بگشاد دستان سام — لبی پر ز خنده دلی شادکام[4]
نخست آفرین بر جهاندار کرد — که بختِ چنان خفته، بیدار کرد●
چنین گفت ک:«ز داور داد و پاک — دل ما پر امّید و ترس است و باک[5]
به بخشایش امّید و ترس از گناه — بفرمانها ژرف کردن نگاه[6]
ستودن مر او را چنانچون توان — شب و روز بودن به پیشش نوان[7]
خداوند گردنده خورشید و ماه؛ — روان را به نیکی نماینده راه؛
بدویست کیهان خرم بپای — همو داد و داور به هردو سرای[8]
بهار آرد و تیرماه و خزان — برآرد بر از میوه‌دار رزان[9]
جوان داردش، گاه با رنگ و بوی — گهش پیر بینی دژم کرده روی[10]
ز فرمان و رایش کسی نگذرد — پی مور بی او زمین نسپرد[11]

---

۱ – در رج ۲۷۰۶ سخن از آمدنِ آنان میرود. ۲ – سپاه، ایستاده بود، و بجایی نمی‌رفت که آنان براه روند!
۳ – چون گردان (= بزرگان) همه همگروه بسوی پرده‌سرای زالِ رفتند فراخواندان آنان درست نمی‌نماید.
۴ – زبان تیز با لب پرخنده همراه نیست. ● – بخت خفتهٔ زال را. ۵ – داورِ داد و پاک آمیزه‌ای درست نیست.
۶ – دوباره‌گویی دربارهٔ ترس.
۷ – **یک:** سخن کمبود دارد: او را چنانچون باید، نتوان ستودن. **دو:** شیون و مویه کردن در فرهنگ ایرانی گناه بوده‌است، چه رسد بآنکه در نزد خداوند بوده باشد. ۸ – خداوند؛ «داد» نیست که «دادار» است.
۹ – اگر از بهار و خزان یاد می‌شود می‌باید که از تابستان و زمستان نیز یاد شود، نه از تیرماه!
۱۰ – در لت نخست؛ کننده خداوند است، و در لت دویُم، جهان. ۱۱ – از گفتارهای شاهنامه است.

بدان گه که لوح آفرید و قلم ‌‌ ‌ بزد بر همه بودنی‌ها رقم [1]
جهان را فزایش ز جفت آفرید ‌ ‌ ‌ که از یک، فزونی نیاید پدید [*]
ز چرخ بلند اندر آمد سخن ‌ ‌ ‌ سراسر همین است، گیتی، ز بن [2]
زمانه بمردم شد آراسته ‌ ‌ ‌ اُزو ارج گیرد همی خواسته [3]
اگر نیستی جفت اندر جهان ‌ ‌ ‌ بماندی توانایی اندر نهان
اُ دیگر که بی‌جفت، دین خدای ‌ ‌ ‌ ندیدیم مردِ جوان را، بپای [●]
بویژه که باشد ز تخم بزرگ ‌ ‌ ‌ چو بی‌جفت باشد، بماند سترگ [○]
چه نیکوتر از پهلوان جوان ‌ ‌ ‌ که گردد بفرزند، روشنروان
چو هنگام رفتن فراز آیدش ‌ ‌ ‌ بفرزند، نوروز، باز آیدش
بگیتی بماند ز فرزند نام ‌ ‌ ‌ که این پور زال است و آن پور سام
بدو گردد آراسته تاج و تخت ‌ ‌ ‌ ازو رفته تخت و بدین مانده بخت [4]

*

کنون این همه، داستان من است ‌ ‌ ‌ گل و نرگس و بوستان من است
گزید این دلم دخت مهراب را ‌ ‌ ‌ ز دیده ببستم ره‌خواب را [5]
دل از من رمیده‌ست و صبر و خرد ‌ ‌ ‌ بگویید کـ:«این را چه اندر خورد؟» [6]
نگفتم من این تا نگشتم غمی ‌ ‌ ‌ بمغز و خرد در، نیامد کمی؟ [7]
همه کاخ مهراب مهر من است ‌ ‌ ‌ زمینش چو گردان سپهر من است [8]
دلم گشت با دختِ سیندخت رام ‌ ‌ ‌ چه گویید؟ باشد؟ بدین، رام، سام!
شود تیز گویی منوچهرشاه؟ ‌ ‌ ‌ جوانی گمانی برد، گر گناه [9]
چه مهتر، چه کهتر، چو شد جفت‌جوی ‌ ‌ ‌ سویِ دین و آیین نهاده‌ست روی [10]
بدین در، خردمند را جنگ نیست ‌ ‌ ‌ که هم راه دین است و، هم ننگ نیست [11]

۱ - لوح و قلم از گفتار فردوسی و چهار ترجمانِ شاهنامهٔ ابومنصوری نیست.

* - سپندمینو یا نیروی افزاینده که در برابر انگرَمینو (اهریمن) نیروی کاهنده کار می‌کند و جنبش جهان، ازکوشش این دو نیرو است.

۲ - **یک:** سخن اندرآمد، نادرست است. **دو:** چرخ بلند؟ یا بُن گیتی؟

۳ - سخن دربارهٔ جفت و خواست خداوند است، نه مردم و خواسته!

● - دینِ مردِ جوانِ بی‌جفت، هوسرانی می‌شود!

○ - سترگ: لجوج، بی‌آزرم و شرم. جوانان از خاندان بزرگان، چون بی‌جفت باشند به هرزه‌کاری و کامجویی روی میکنند و سترگ می‌شوند.

۴ - در لت نخست «او» فرزند است، و در لت دویم «او» پدر است!

۵ - «این دلم» درست نیست.

٦ - لت دویم پیوند درست با لت نخست ندارد.

۷ - **یک:** سخن سست **دو:** غمی، نادرست است.

۸ - کاخ مهراب، یا رودابه؟

۹ - **یک:** روی سخن با موبدان بود، و اینجا «گویی» می‌آید! **دو:** لت دویُم ناهماهنگ است. «گمانی» نیز نادرست است: «گمان برد».

۱۰ - کنش «شد» در لت نخست با «نهاده‌ست» در رج دویم همخوان نیست: چون کهتر یا مهتر جفت‌جوی «شود».

۱۱ - «هم هست» و «هم نیست» در لت دویم ناهمخوان‌اند.

چه گوید؟ کنون موبد پیش‌بین! ‌ ‌ ‌ چه رانند فرزانگان اندرین؟» [1]

*

ببستند لب موبدان و ردان ‌ ‌ ‌ سخن بسته شد، بر لبِ بخردان
که ضحاک، مهراب را بُد نیا ‌ ‌ ‌ دل شاه ازیشان پر از کیمیا [2]
گشاده سخن کس نیارست گفت ‌ ‌ ‌ که نشنید کس نوش با نیش جفت [3]
چو نشنید از ایشان سپهبد سخن ‌ ‌ ‌ بجوشید و رای نو افکند بن
که:«دانم که چون؛ این پژوهش کنید ‌ ‌ ‌ بدین رای، بر من نکوهش کنید
ولیکن، هر آن کاو؛ بود بَرمنش ‌ ‌ ‌ بباید شنیدن بسی سرزنش ●
مرا گر در این ره نمایش کنید ‌ ‌ ‌ اُزین بند، راه گشایش کنید؛
بجای شما آن کنم در جهان ‌ ‌ ‌ که با کهتران، کس نکرد؛ از مهان»
ز خوبی و از نیکی و راستی ‌ ‌ ‌ ز بد ناورم بر شما کاستی» [4]

*

همه موبدان پاسخ آراستند ‌ ‌ ‌ همه کام و آرام او خواستند
که: «ما؛ مر ترا، یک‌بیک بنده‌ایم ‌ ‌ ‌ به پیش، از شگفتی سرافکنده‌ایم
ابا آنکه مهراب ازین پایه نیست؛ ‌ ‌ ‌ بزرگ است و گُرد و، سبکمایه نیست
بَد آنست کز گوهر اژدهاست ‌ ‌ ‌ اُگر چند بر هندوان پادشاست [5]
اگر شاه را، بد نگردد گمان ‌ ‌ ‌ نباشد ازو ننگ بر دودمان!
یکی نامه باید سوی پهلوان * ‌ ‌ ‌ چنانچون تو دانی، بروشنروان
ترا خود خرد زانِ ما بیش‌تر ‌ ‌ ‌ روان و گمانت به اندیش‌تر [6]
مگر کاو یکی نامه نزدیک شاه ‌ ‌ ‌ فرستد، کند رای او را نگاه
منوچهر هم، رایِ سام سوار ‌ ‌ ‌ نگردانَد از ره، بدین مایه کار»

---

۱ – «گوید» در لت نخست با «رانند» در لت دویم همخوان نیست.

۲ – این گفتار دروغ را بشاهنامه افزوده‌اند که مهراب از دودمان ضحاک بود... چگونه می‌شود که کسی هزاران فرسنگ دور از بابل، از نژاد بابلیان بوده باشد؟ در داستان ایران چرایی این داستان را باز نموده‌ام. و در آیندهٔ شاهنامه نیز این روشن می‌شود! از دیدگاه سخن نیز، گفتار نادرست است! «ایشان» که باشند؟ اگر شاه آنان را دشمن می‌داشت چرا می‌باید که با مرزبانی مهراب در کابُل همرای بوده باشد؟

۳ – **یک:** اگر سخن گفته شود، گشاده نیز هست. **دو:** همرایی جهان را، همواره نوش، با نیش جفت می‌شود.

● – سخن در لت دویم اندکی لغزش دارد! نمونه‌های دیگر بجای بباید «نباید» و بجای شنیدن «شنیدش» آورده‌اند که باز همان سستی در آن راه دارد. در اندیشهٔ من واژهٔ «شنیدش» که در شاهنامه فلورانس و چهار پچین دیگر آمده‌است راهِ یافتنِ به سخن درست را می‌گشاید، و گفتار فردوسی را چنین می‌نمایاند: **«بباید شنیدنْش بس سرزنش».**

۴ – سخن بی‌پیوند

۵ – **یک:** مهراب؛ پادشاه کابل است نه شاه «ندوان. و هنوز، هندوستان پدید نیامده‌است. **دو:** این سخن میان رج‌های پیشین و پسین جدایی می‌افکند.

* – پهلوان: سام.

٦ – سخن سست است. روان و گمان به‌اندیش؟

نامهٔ زال بنزدیک سام

سپهبد نویسنده را پیش خواند　　دل آکنده بودش، همه؛ برفشاند
یکی نامه فرمود نزدیک سام　　سراسر نوید و درود و خرام
ز خطّ نخست آفرین گسترید　　بدان دادگر کاو جهان آفرید●
ازویست شادی و زویست زور　　خداوند کیوان و ناهید و هور[۱]
خداوند هست و خداوند نیست　　همه بندگانیم و، ایزد یکیست[۲]
اُزو باد بر سام نیرم درود　　خداوند شمشیر و کوپال و خود
چماننده چرمه* هنگام گَرد　　چرانندهٔ کرکس اندر نبرد◙
فزایندهٔ باد آوردگاه　　فشانندهٔ خون، بر اَبرِ سیاه
گرایندهٔ تاج و زرّین کمر　　نشانندهٔ شاه، بر تخت زر[۳]
بمردی هنر در هنر ساخته　　خرد؛ از هنرها، برافراخته
من او را بسان یکی بنده‌ام　　بمهرش روان و دل آکنده‌ام[۴]
ز مادر بزادم بران سان که دید　　ز گردون بمن بر، ستم‌ها رسید[۵]
پدر بود در ناز و خزّ و پرند　　مرا برده سیمرغ بر کوه هند[۶]
نیازم بدان کاو شکار آورد　　ابا بچّگان درشمار آورد[۷]

● – در نمونه‌های در دست این رج را چنین آورده‌اند: س، بخط بر؛ لن، ق ۲، لی، پ، آ: بخط از؛ ب: ز خطش! در لت دویم بجای بر آن: بدان. بجای کافرین: کو جهان، کو زمین، بجای آفرید: گسترید... که همه نادرست است. اما پیدا است که «آفرین بر خداوند» با خط نخست نادرست است، و پیش‌ازآن بر زبان می‌رود! نظامی عروضی سمرقندی در چهارمقاله دربارهٔ گفتار فردوسی چنین آورده‌است: «...و سخن را بآسمان علیّین برد و در عذوبت بماء معین رسانید، و کدام طبع را قدرت آن باشد که سخن را بدین درجه رسانَد که او رسانیده‌است. در نامهٔ[ای] که زال همی‌نویسد بسام نریمان، بمازندران، در آن حال که با رودابه دختر شاه کابل پیوستگی خواست کرد:

یکی نامه فرمود نزدیک سام　　سراسر درود و نوید و خرام
نخست از جهان آفرین یاد کرد　　که: «هم داد فرمود و هم دادکرد!

این سخن درست می‌نماید و می‌باید آنرا گفتار فردوسی دانستن!

۱ – گفتار دربارهٔ خداوند... شادی‌رودر رویِ زور؟　　۲ – خداوندِ نیست چگونه است؟

* – چرمه: یکی از نامهای اسب؛ بچپ و راستْ تازندهٔ اسب، بهنگام برخاستنِ گردِ نبرد.

◙ – آنکه درمیدان نبرد دشمنان را می‌کشد و کرکسان آسمان ازگوشت کشتگان می‌خورند.

۳ – سام هیچگاه پادشاهی رانپذیرفت و منوچهر را نیز او بر تخت زرین ننشانده‌بود، و این رج نیز در گفتار چهار مقاله نیامده‌است.

۴ – از این رج تا ۲۷۷۵ گله گزاریهای زال از سام آمده‌است، که با ستایشی که وی از پدر کرده‌است بهیچ روی همخوان نیست این رج نادرستی ندارد؛ مگر آنکه پیوند گفتار را در رج ۲۷٦۵ با رج ۲۷۷٦ می‌گسلد!

۵ – چه کس، برآنسان دید؟ آنسان که دیده، یا فرموده... لت دویُم، رویداد جهانرا، از گردون به زال بد نرسید، زیرا که سیمرغ او را پذیرفت و برکشید!　　٦ – پَرَند، با هِند پساوا ندارد.

۷ – نیاز درکار نبود، زیرا که سیمرغ او را با فرزندان خویش درشمار آورده‌بود.

۲۰۰ منوچهر

همی پوست از باد بر من بسوخت / زمان تا زمان خاک چشمم بدوخت [1]
همی خواندندی مرا پور سام / به اورنگ بر، سام و من در کُنام [2]
چو یزدان چنین راند اندر بوِش / بر آن بود چرخِ روان را رَوِش [3]
کس از داد یزدان نیابد گریغ / اُگرچه بپرّد بر آید بمیغ [4]
سنان گر بدندان بخاید، دلیر / بدرّد از آواز او چرم شیر [5]
گرفتار فرمان یزدان بود / اُگرچند دندانش سندان بود [6]
یکی کار پیش آمدم دل‌شکن / که نتوان نمودنْش بر انجمن
پدر گر دلیرست و نراژدهاست / اگر بشنود راز بنده رواست [7]
من از دخت مهراب گریان شدم / چو بر آتشِ تیز بریان شدم
ستاره، شبِ تیره، یار من است / من آنم! که دریا کنار من است
به رنجی رسیدستم از خویشتن / که بر من بگرید همی انجمن!
اگرچه دلم دید چندین ستم / نیارم زدن جز به فرمانْتْ دم [8]
چه فرماید؟ اکنون، جهان‌پهلوان! / گشاید؟ ازین رنج و سختی، روان!
سپهبد شنید آنچه موبد بگفت / که گوهر گشاده کند از نهفت [9]
ز پیمان نگردد؟ سپهبد پدر / بدین کار، دستور باشد مگر!
که: من دخت مهراب را جفت خویش / کنم، راستی را، به آیین و کیش
به پیمان چنین رفت پیش گروه / چو باز آوریدم ز البرزکوه؛
که: «هیچ آرزو بر دلت نگسلم / کنون اندرین است، بسته، دلم»

۱ – **یک:** «همی پوست» نادرست است. «پوستم» **دو:** از باد بر من بسوخت نادرست، «از باد می‌سوخت» **سه:** خاک؛ در دشتها از باد بلند می‌شود، نه در چکاد کوه بلند، که هیچگاه خاک بخود ندیده‌است.

۲ – **یک:** در آن کنام، چه‌کس او را پور سام می‌خواند؟ **دو:** «خواندندی» نادرست است: «می‌خواندند».

۳ – برگرفته از داستانهای دیگر شاهنامه.

۴ – سخن کودکانه... و اگر همهٔ آن داستان، داد بوده‌است، پس گله و مویه، از بهر چه بوده‌است؟

۵ – «گر» (= اگر)، را می‌باید در آغاز سخن آوردن: اگر دلیر[مردی] سنان را بتواند بدندان خاییدن [و] از آواز او.... و این گفتار بی‌پیوند و بی‌گزارش را چه پیوند بگفتار زال؟

۶ – لت دوئم با گفتار رج پیشین همراه نیست، زیرا که اینجا دندان را «سندان» نامیده‌است.

۷ – **یک:** فروداشتِ سام پهلوان با پاژنام اژدها. **دو:** و در دلیریِ او با آوردن «اگر»، در گمان شدن است!

۸ – **یک:** باز یادآوری ستم‌های پدر! **دو:** فرمان؛ در رجِ پسین می‌آید.

۹ – میان این گفتار و رج‌های پیشین و پسین، هیچ پیوند نیست.

رای زدن سام با موبدان

در کارِ زال

سواری بکردار آذرگشسپ ‌ ‌ ز کابل سوی سام شد بر سه اسپ
بفرمود و گفت: «ار بماند یکی ‌ ‌ نباید ترا دم زدن اندکی،[1]
بدیگر تو پای اندر آور، بروْ ‌ ‌ برین سان همی تاز تا پیشِ گَو»

*

فرستاده از پیش او باد گشت ‌ ‌ بزیراندرش چرمه پولاد گشت[2]
چو نزدیکی کرگساران رسید ‌ ‌ یکایک ز دورش سپهبد بدید[3]
همی گشت گِردِ یکی کوهسار ‌ ‌ چماننده یوز و رمنده شکار[4]
چنین گفت با غمگساران خویش ‌ ‌ بدان کار دیده سواران خویش[5]
که: «آمد سواری دمان زابلی ‌ ‌ چمان چرمهٔ زیر او کابلی[6]
فرستادهٔ زال باشد درست ‌ ‌ ازو آگهی جست باید نخست[7]
ز دستان و ایران و از شهریار ‌ ‌ همی کرد باید سخن خواستار»[8]
هم اندر زمان پیش او شد سوار ‌ ‌ بدست اندرون، نامهٔ نامدار[9]
فرود آمد و خاک را بوس داد ‌ ‌ بسی از جهان‌آفرین کرد یاد[10]
بپرسید و بستد ازو نامه سام ‌ ‌ فرستاده گفت آنچه بود از پیام[11]
سپهدار بگشاد از نامه بند ‌ ‌ فرود آمد از تیغِ کوهِ بلند[12]
سخن‌های دستان سراسر بخواند ‌ ‌ بپژمرد بر جای و خیره بماند

---

۱ – دو رج سخن کودکانه

۲ – **یک:** «باد گشت» سخنی درست نیست. چون باد برفت... **دو:** اسپ چگونه پولاد می‌شود؟ **سه:** یک اسب با او نبود که با سه اسپ، براه رفته‌بود!

۳ – سخن کودکانه، که اگر کرگساران یک کشور بوده باشد، چگونه شاید، در پایتخت، سواری را که نزدیک بکشوری می‌شود، ببینند؟

۴ – افزاینده در این سخن خواسته‌است که بر گفتار نادرست پیشین، روشنگری کند. سام، اسپ را بچپ و راست می‌تازانید... نیک است! شکار رمنده را با او که «چمانندهٔ یوز» بود همخوانی نیست.

۵ – سام چه غم داشت که در دشت نخچیرگاه، غمگسارش باید؟

٦ – شاید بودن که از جامهٔ آن سوار؛ دانند که او زابلی است، اما از کجا توانند شناختن اسپ او را که کابلی است؟... و مگر آن سوار را، سه اسپ نبوده‌است؟

۷ – فرستادهٔ زال است، نیک، آن فرستاده خود، آمده‌است تا آگهی آورد؛ و آگهی جستن از او در نخستین سخن، چه گزارش دارد؟

۸ – فرستادهٔ زابل، از همهٔ ایران و شهریار آگاهی نمی‌آورد.

۹ – بیدرنگ، سوار به سام رسید... نامهٔ نامدار چه باشد؟

۱۰ – اگر نیکست خاک را در برابر جهان پهلوان بوسیدن، یاد کردن از خداوند چه باشد؟

۱۱ – فرستاده را هیچ پیام نداده‌بودند.

۱۲ – پیشتر در سخنِ افزوده چنین آمده‌بود، که سام بر گردِ یکی کوهسار بدنبال نخچیر بود و اینجا، برفراز تیغ کوه است!

پسندش نیامد چنان آرزوی — دگرگونه بایستش او را بخوی[1]
چنین داد پاسخ که: «آمد پدید — سخن هرچه از گوهر بد سزید![2]
چو مرغ ژیان باشدش آموزگار — چنین کام دل جوید از روزگار!»[3]
ز نخچیر کآمد سوی خانه باز — بدلش اندر، اندیشه آمد دراز[4]
همی گفت: «اگر گویم: این نیست رای! — مکن داوری، سوی دانش گرای!
برِ شهریار، آن سرِ انجمن — شوم خام گفتار و پیمان شکن
اُگر گویم آری و کامت رواست — بپرداز دل را بدانچه‌ت هواست
ازین مرغ پرورده، و آن دیوزاد — چگونه برآید؟° چه باشد نژاد!»
سرش گشت از اندیشهٔ دل گران — نه‌خواب و نه آسوده گشت اندران[5]
سخن هرچه بر بنده‌دشوارتر — دلش خسته‌تر زان و، تن زارتر؛[6]
گشاده‌تر آن باشد اندر نهان — که فرمان دهد کردگار جهان![7]

*

چو برخاست از خواب، باموبدان؛ — یکی انجمن کرد و با بخردان[8]
گشاد آن سخن با ستاره‌شمر — که: «فرجام این، بر چه یابد گذر؟
دو گوهر چو آب و چو آتش بهم — برآمیختن، باشد از بُن ستم[9]
همانا که باشد بروزِ شمار — فریدون و ضحاک را کارزار[10]
از اختر بجویید و پاسخ دهید — همه کار و کردار فرخ نهید»

*

ستاره‌شناسان بروز دراز — همی ز آسمان، بازجستند؛ راز
بدیدند و، با خنده پیش آمدند — که: «دو دشمن، از بخت، خویش آمدند!»
به سام نریمان ستاره شمر — چنین گفت ک:«ای گُرد زرین کمر[11]

---

۱ - لت دویُم را با لت نخست، هیچ پیوند نیست. دگرگونه بایستش او را بخوی، هیچ گزارش ندارد.
۲ - **یک:** پاسخ که را داد؟ **دو:** اگر زال راگوهرِ بد است، همانا که گوهرش از سام است!
۳ - در پرورش مرغ ژیان زال را، گناهکار که بود؟... لت دویم پیوند با لت نخستین ندارد، مگر مرد، را مهر بزنی چون روده‌ابه پدیدار شود، گناهکار است؟...
۴ - **یک:** پیدا است که در نخچیرگاه بوده‌است. **دو:** جایگاه اندیشه در سر است نه در دل.
○- چگونه میوه‌ای پدیدار می‌شود: بر = میوه [فرزند].
۵ - لت دویُم ناهموار است.
۶ - بنده در این سخن کیست؟...
۷ - آن کدام سخن است که در نهان، گشاده‌تر باشد؟
۸ - **یک:** از خوابیدن سام سخن بمیان نیامده‌بود که از برخاستنش یاد شود. **دو:** در رج پسین از ستاره‌شمر یاد می‌شود نه از بخردان.
۹ - چون سام، داستان را با اخترماران درمیان نهاده‌است، شایسته نمی‌نماید که خود، از آمیختن این دوگوهر و ستمی که از آن فرامیرسد سخن گوید!
۱۰ - سخن بی‌پیوند با رج‌های پیشین و پسین، و همین رج نشان می‌دهد که آن سخنان که دربارهٔ نژاد مهراب و پیوند او با ضحاک آمده‌بود، بی‌پیوند است.
۱۱ - ستاره‌شناسان در این سخن یک‌کس است.

داستان زال و رودابه

ترا مژده! از دختِ مهراب و زال / که باشند هردو، بشادی همال؛
ازین دو هنرمند، پیلی ژیان / بیاید، ببندد بمردی میان
جهان زیر پا اندر آرد، بتیغ / نهد تختِ شاه ازبرِ پشتِ میغ
ببرّد پَیِ بدسگالان ز خاک / بروی زمین بر، نماند مغاک*
نه سگسار ماند نه مازندران / زمین را بشوید بگرز گران[1]
بخواب اندر آرد سرِ دردمند / ببندد درِ رنج و راهِ گزند
بدو باشد ایرانیان را امید / اُزو، پهلوان را، خرام و نوید!
پی بارهای کاو چماند بجنگ / بمالد بر آن، روی، جنگی پلنگ![2]
خُنُک پادشاهی که هنگام اوی / زمانه بشاهی برد نام اوی»[3]

*

چو بشنید گفتار اخترشناس / بخندید و پذرفت ازیشان سپاس[4]
ببخشیدشان بی‌کران زر و سیم / چو آرامش آمد بهنگامِ بیم[5]
فرستادۀ زال را پیش خواند / ز هرگونه با او سخن‌ها براند
بدو گفت: «با او بخوبی بگوی / که این آرزو را نبُد هیچ روی
ولیکن چو پیمان، چنین بُد نخست / بهانه نشاید، به بیداد جست!
من اینک بشبگیر ازین رزمگاه / سوی شهر ایران گذارم■ سپاه»
فرستاده را داد چندی درم / بدو گفت: «خیره، مزن هیچ دم»[6]
ببستند از آن کرگساران هزار / پیاده بخواری کشیدند زار[7]
دو بهره چو از تیره‌شب درگذشت / خروشان و جوشان بُبد کوه و دشت[8]
همان نالۀ کوس با کرنای / برآمد ز دهلیز پرده‌سرای[9]
سپهبد سوی شهر ایران کشید / سپه را بنزد دَهستان° کشید

*- در این باره، در پیشگفتار سخنی گسترده آورده‌ام! ایرانیان باستان، زمین دارای چاله و گودال و مغاک را که زیستگاه جانوران زیانکار (خستران) بود ستایش نمی‌کردند، و فرمان بر آن بود که می‌باید چنین زمین‌ها را هموار و پاک کنند، تا مرد پاک بر آن شخم زند و تخم بکارد، و جهان از آن کار آبادان شود! سخن شاهنامه چنین می‌گوید که با آسایش و آرامشی که آن فرزند (رستم) برای ایرانیان فراهم می‌آوَرَد، مغاک درسرتاسر ایرانزمین برجای نمی‌ماند!

۱ - این سخن پیوند رج‌های پیشین و پسین را می‌گسلد.

۲ - چرا در جنگ؟ اگر چنین است، پلنگ را می‌باید که هر جای که اسب او پای می‌نهد، رخ بر آن مالیدن!

۳ - گفتار دربارهٔ تخت شاه در رج ۲۸۲۴ گذشت، و با رج ۲۸۲۸ سخن بفرجام خویش می‌پیوندد.

۴ - ستاره‌شناسان بودَند نه یک ستاره‌شناس.

۵ - زر پرستی...

■ - بگذرانم.

۶ - لت دویُم را هیچ گزارش نباشد!

۷ - سخن یاوه،... که اگر سام را، پیشتر؛ پیروزی بر کشورِ کرگساران بوده است چرا می‌باید، اکنون که آرامش پدیدار گشته است یکهزار تن از آنانرا ببندند، و بخواری و زاری بسوی ایران بکشانند!

۸ - کوه و دشت را با سپاه چه کار؟

۹ - همان... گزارش ندارد.

° - دَهیستان: شهری بود بالای گرگان، کنار آمودریا، بدانهنگام که آمودریا (جیهون) به دریای مازندران می‌ریخت. چون گذر

←

*

فرستاده آمد بنزدیک زال ... ابا بخت پیروز و فرخنده فال
گرفت آفرین؛ زال بر کردگار ... بر آن بخشش و گردش روزگار[1]
درم داد و دینار درویش را ... نوازنده شد مردم خویش را[2]

آگاه شدن سیندخت،
از
شیفتگی زال و رودابه

میان سپهدار، با؛ سروبُن ... زنی بود گویا و شیرین سخن
پیام آوریدی سوی پهلوان ... هم از پهلوان؛ سوی سرو روان
سپهداژ دستان مر او را بخواند ... سخن هرچه بشنید با او براند
بدو گفت: «نزدیک رودابه رو ... بگویش که: ای نیکدل ماه نو!
سخن چون ز تنگی بسختی رسید ... فراخیش را زود بینی کلید
فرستاده باز آمد از پیش سام ... ابا شادمانی و فرّخ پیام!»
سبک پاسخ نامه زن* را سپرد ... زن از پیش او بازگشت و ببرد

*

بنزدیک رودابه آمد چو باد ... بدین شادمانی ورا مژده داد
پریروی، بر زن درم برفشاند ... بکرسی زر پیکرش برنشاند[3]
یکی شاره سربند پیش آورید ... شده تاروپود اندرو ناپدید[4]
همه پیکرش سرخ یاقوت و زر ... شده زرّ همه ناپدید از گهر[5]
یکی جفت، پرمایه انگشتری ... فروزنده چون بر فلک مشتری[6]
فرستاد نزدیک دستان سام ... بسی داد با آن درود و پیام[7]

← آمودریا بسوی دریاچه خوارزم شد، آن شهر نیز خودبخود کوچک شد، و در یورش مغولان، ویران گردید.

۱ – آفرین، «گرفتنی» نیست خواندنی است. ۲ – لت دویم نادرخور است.

* – «او را سپرد» درست می‌نماید. ۳ – زن نامه‌بر را بر کرسی زرپیکر نمی‌نشانند.

۴ – افزاینده نمی‌دانسته‌است که شاره، همان شال سر است که مردان بر گردِ سر می‌بستند، و هنوز در جنوب خراسان (و شمال خراسان اندک) بر سر می‌بندند. این شاره در کردستان، یزد و برخی استانها بگونهٔ کوچکتر هنوز کاربرد دارد.

۵ – و چون بر گرد سربسته می‌شود، نمیتوان در آن یاقوت و دیگر گوهرها را بافتن (می‌افزایم که در برخی جایها [شال زنانه] نیز کاربرد داشت). ٦ – باز، انگشتر و زر و گوهر... فردوسی بجای نام ایرانی اورمزد «مشتری» را به کار نمی‌برد!

۷ – درود، دادنی نیست.

زن از هُجره چون نزدِ ایوان رسید / نگه کرد سیندخت و، او را بدید
زن از بیم او؛ گشت چون سندروس / بترسید و روی زمین داد بوس[1]
پر اندیشه شد جانِ سیندخت ازوی / به آواز گفت: «از کجایی بگوی!
زمان تا زمان پیش من بگذری / به هجره درآیی بمن ننگری؟!
دل روشنم بر تو شد بدگمان / بگویی مرا تا زهی گر کمان؟*»
بدو گفت: «هستم یکی چاره‌جوی / همی نان فراز آرم از چند روی
بدین هجره؛ رودابه آرایه خواست / همان گوهران گرانمایه خواست
بیاوردمش افسری زرنگار / یکی هُقّه● پر گوهر شاهوار»
بدو گفت سیندخت: «بنماییم؟ / دل بسته؛ ز اندیشه بگشاییم؟»
«سپردم برودابه» گفت: «آن دو چیز، / فزون خواست اکنون بیارمش نیز»
«بها» گفت «بگذار▣ بر چشم من / یکی آب؛ زن بر سرِ خشم من»
«دِرم» گفت: «فردا دهد ماهروی / بها تا نیابم تو از من مجوی!»
همی کژّه دانست گفتار اوی / بیاراست دل را به پیکار اوی[2]
بیامد بجُستش بر و آستی / همی دید ازو کژّی و کاستی[3]

*

به خشم اندرون شد از آن زن غمی / به خواری کشیدش بروی زمی[4]
چو آن جامه‌های گرانمایه دید / هم از دست رودابه پیرایه دید[5]
در کاخ، بر خویشتن بر، ببست / از اندیشگان شد بکردار مست[6]
بفرمود تا دخترش رفت پیش / همی دست برزد برخسار خویش[7]
دو گل را به دو نرگس‌خوابدار / همی شست تا شد گلان آبدار[8]
برودابه گفت: «ای سرافراز ماه / گزین کردی؟ از ناز، بر گاه، چاه!

---

۱ – **یک:** اگر چهرهٔ زن برنگ سندروس در می‌آمد، شاید، خودش همانند سندروس چگونه تواند شدن؟ **دو:** روی زمین داد بوس، سخنی سست است.

* – یک داستان ایرانی: نیرویت از خود تست یا از آن دیگری؟ خود بنزد رودابه می‌آیی؟ یا دیگری ترا بنزد وی می‌فرستد!

● – هُقّه: واژه‌ای فارسی است که در زبان راجی آن را هُغّ می‌خوانند. جعبه: جایگاه کوچک نگاهداری چیزها، چون اکنون آنرا با ح می‌نویسند گمان بتازی بودن آن می‌رود. (بنگرید به فرهنگ راجی، حسین صفری، ۱۳۷۳، بنیاد نیشابور)

▣ – بگذار: نشان بده. ۲ – دل را آراستن برای پیکار نشاید. ۳ – از «کژی» دوباره سخن می‌رود.

۴ – **یک:** این سخن، پیوند رج‌های پیشین و پسین را می‌گسلاند. **دو:** «غمی» نادرست است.

۵ – افزاینده فراموش کرده‌بود که، یک جامه (شاره) بزن داده‌بود، و در این رج جامه‌ها و پیرایه در دست زن پیدا می‌شود.

۶ – **یک:** اندیشگان نادرست است. **دو:** درِ خانه را بر روی خود بستن شاید، اما در کاخ را که دروازه‌بان دارد، نتوان بر خویش بستن. **دو:** این سخن میان گفتار که پرسش از رودابه باشد، جدایی می‌افکند.

۷ – چون درِ «کاخ» را بر روی خویش بسته باشد، چگونه رودابه را تواند فرمودن که پیش وی برود؟

۸ – نرگس خوابدار در سرتاسر زمان، در زبان فارسی دری کاربرد نداشته‌است.

چه ماند؟ از نکو داشتن در جهان ... که ننمودمت، آشکار و نهان!
ستمگر چرا؟ گشتی ای ماهروی ... همه رازها پیش مادر بگوی!
که این زن ز پیش که؟ آید همی ... بنزدت ز بهر چه؟ پاید همی
سخن برچه‌سان است و این مرد کیست؟ ... که زیبای سربند و انگشتریست؟![1]
ز گنج بزرگ افسر تازیان ... به ما ماند بسیار سود و زیان؛[2]
بدین، نامِ بد دادخواهی بباد ... چو من‌زاده‌ام دخت هرگز مباد»[3]

*

زمین؛ دید رودابه و، پشت پای* ... فرو ماند از شرمِ مادر بجای
فرو ریخت از دیدگان آب مهر ... بخون دو نرگس بیاراست چهر[4]
بمادر چنین گفت ک:«ای پرخرد ... همی مهر، جان مرا بشکرد
مرا مادر؛ ار خود، نزادی ز بُن ... نرفتی ز من نیک، یا بد، سخن[5]
سپهدارِ دستان به کابل بماند ... چنین مِهر اویم بر آتش نشاند
چنان تنگ شد بر دلم بر، جهان ... که گریان شدم آشکار و نهان
نخواهم بُدن زنده، بی‌روی اوی ... جهانم نیرزد بیک موی اوی
بدان! کاو مرا دید و با من نشست ... به پیمان گرفتم دو دستش بدست●
فرستاده، شد نزد سام بزرگ ... بیاورد پاسخ به زال سترگ[6]
زمانی بپیچید و رنجور بود ... سخن‌های بایسته گفت و شنود[7]
فرستاده را داد بسیار چیز ... شنیدم همه پاسخ سام نیز[8]
بدست همین زن که کندیش موی ... زدی بر زمین و کشیدی بروی[9]
فرستاده، آرندهٔ نامه بود ... مرا پاسخ نامه این جامه بود»[10]

*

فروماند سیندخت زان گفت‌وگوی ... پسند آمدش زال را جفتِ اوی

---

۱ – «این مرد کیست» در این رج، همان گفتار پیشین است: «ز پیش که آید همی».

۲ – **یک:** سخن در لت نخست بی‌پیوند و نادرست است. **دو:** چگونه از گنج افسر تازیان، زیان برای کسی می‌ماند؟

۳ – **یک:** به چه؟ می‌باید گفته آید «بدینکار». **دو:** دیگر، هیچ‌گاه در زبان فارسی «من‌زاده» بجای فرزند؛ نیامده‌است! **سه:** «نام نیک» بر باد رفتن شایسته نیست نام بد که خود بر باد است.

*– رودابه، از شرم، سر فرو افکنده‌بود.

۴ – هر دو لت، یک سخن را بازمی‌نماید.

۵ – این گفتار پیوند رج‌های پیشین و پسین را می‌گسلد.

● – در لت نخست کننده (فاعل) زال است و در لت دویم به رودابه برمی‌گردد که درست نمی‌نماید. در اندیشهٔ من سخن چنین بوده‌است: **«به پیمان گرفته‌است دستم به دست».**

٦ – زال سترگ!

۷ – چه کس بپیچید و رنجور بود؟

۸ – بازگشت به گفتار افزودهٔ پیشین.

۹ – در برخی نمونه‌ها چند رج افزوده آمده‌است که سیندخت؛ زن را بروی می‌افکند و گیسوانش را می‌کشد و می‌زند.

۱۰ – جامه در گفتارهای افزوده آمده‌بود.

چنین داد پاسخ که: «این خُرد نیست — چو دستان، ز پرمایگان گرد نیست[1]
بزرگ است و پور جهان پهلوان — همش نام و هم رای وروشنروان[2]
هنرها همه هست و، آهو یکی — که گردد هنر، پیش او اندکی[3]
شود شاه گیتی بدین خشمناک — ز کابل برآرد بخورشید خاک[4]
نخواهد که از تخم ما بر زمین — کسی پای،خوار، اندر آرد بزین»؟[5]
رها کرد زن را و بنواختش — چنان کرد پیدا که نشناختش[6]

*

چنان دید رودابه را در نهان — کجا، نشنود پندِکس، در جهان
بیامد ز تیمار، گریان بخفت — همی پوست بر تنش گفتی بکُفت[7]

آگاه شدن مهراب از کار رودابه

بیامد ز درگاه، مهراب، شاد — کزو کرده بد زال، بسیار؛ یاد
گرانمایه سیندخت را خفته دید — رخش پژمریده، دل آشفته دید
بپرسید و گفتا: «چه؟ بودت بگوی — چرا؟ پژمرید آن چو گلبرگ روی»

*

چنین داد پاسخ به مهراب باز — که: «اندیشه اندر دلم شد دراز
ازین کاخ آباد و این خواسته — اُزین تازی اسپان آراسته
اُزین بندگان سپهبدپرست — اُزین باغ و این خسروانی نشست
اُزین چهره و سروبالای ما — اُزین نام و این دانش و رای ما
بدین آبداری و این راستی — زمان تا زمان آورَد کاستی
بناکام باید بدشمن سپرد — همه رنج ما* باد باید شمرد
یکی تنگ تابوت ازبهرِ ماست — درختی که تریاکِ او زهر ماست؛

---

۱ – **یک:** این خُرد نیست، بسنده نمی‌نماید «این، کاری خرد نیست». **دو:** در لت دویم نیز «گرد» ناهموار است، زیرا که گردان (بزرگان) همان پرمایگان‌اند، و می‌بایستی «کسی نیست» بیاید!

۲ – **یک:** لت دویم، کنش ندارد. **دو:** روشنروان «زنده» است؛ کسی که روانش روشن است، و با نام و رای همخوان نیست.

۳ – **یک:** سخن سست است: «(همه) گونه هنر (در وی) هست». **دو:** لت دویم بی‌بنیاد است... هنرهایش در برابر آن آهو اندک می‌نماید؟!

۴ – پیوند درست، با رج پیشین ندارد.

۵ – اگر چنین است، پس چرا مهراب و سیندخت، هنوز زنده‌اند؟!

٦ – این رج بدنبال آن سخنان افزوده‌است که سیندخت بر آن زن ستم کرده‌بود.

۷ – از خفتن سیندختْ در رج دویم پسین یاد می‌شود.

* – در همهٔ نمونه‌ها «رنج ما» آمده‌است که آنرا پیوند «را» باید، و پیدا است که سخن درست چنین است: «همه رنج را، باد باید شمرد».

بکِشتیم و دادیم آبش برَنج — بیاویختیم از برش تاج و گنج
چو برشد بخورشید و شد سایه‌دار — بخاک اندر آید سرِ مایه‌دار
بر اینست انجام و فرجام ما — بدان تا کجا باشد آرام ما!

*

به سیندخت مهراب گفت: «این سخن — نو آوردی و نو نگردد کهن●
سرای سپنجی بدینسان بود — خرد یافته، زو هراسان بود[1]
یکی اندر آید، دگر بگذرد — گذر نی، که چرخش همی بسپرد
بشادی و اندُه نگردد دگر — برین نیست پیکار؛ با دادگر»

*

بدو گفت سیندخت: «این داستان — بروی دگر برنه از باستان!
خردیافته موبد نیکبخت — بفرزند زد داستان درخت[2]
زدم داستان تا ز راه خرد — سپهبد بگفتار من بنگرد
فرو برد و سرو سهی داد خم، — ز نرگس گل سرخ راداد نم[3]
که گردون بسر بر چنان نگذرد — که ما را همی باید*، ای پرخرد!
چنان دان که رودابه را پور سام — نهانی نهاده‌است هرگونه دام
ببرده‌است، روشن دلِ او، ز راه — یکی چاره‌مان کرد باید نگاه
بسی دادمش پند و سودی نکرد — دلش خیره بینم همی، روی زرد»

*

چو بشنید مهراب برپای جَست — نهاد از برِ دستهٔ تیغ، دست
تنش گشت لرزان و رخ لاژورد — پر ازخون جگر، دل پر از باد سرد[4]
همی گفت⊡: «رودابه را رود خون — بروی زمین بر، برانم کنون»
چو آن دید سیدخت، برپای جست — کمر کرد بر گُردگاهش؛ دو دست[5]
چنین گفت کز کهتر اکنون یکی — سخن بشنو و گوش دار اندکی[6]
ازآن‌پس همان کن که رای آیدت — روان و خرد رهنمای آیدت»[7]

● – سخن کهن؛ نو نمی‌شود، و تو همین سخن کهن را بگونه‌ای نو آوردی!
۱ – نه چنین است و خردمند را از گردش کار جهان هراس پیش نمی‌آید.
۲ – سخن از داستان، در رج‌های پیشین و پسین می‌آید. ۳ – پیشتر از پژمردگی سیندخت سخن رفته‌بود.
* – چنانکه بایستهٔ ما است. ۴ – کسیکه دست بدستهٔ شمشیر می‌نهد باد سرد و تن لرزان ندارد.
⊡ – در همهٔ نمونه‌ها «همی‌گفت» آمده‌است و درست نمی‌نماید. بجای آن «بگفتا» یا **«چنین گفت»** را پیشنهاد می‌کنم.
۵ – «چو آن دید» نادرخور است: «چون آنرا شنید»، بهتر می‌نماید. ۶ – اندکی گوش داشتن درست نیست.
۷ – سخن استوار است، اما دنبالهٔ داستان است.

بپیچید و انداخت او را به دست / خروشی برآورد چون پیل مست[1]
«مرا» گفت: «چون دختر آمد پدید / ببایستش اندر زمان سر برید![2]
نکشتم، بگشتم ز راه نیا / کنون ساخت بر من چنین کیمیا[3]
پسر کو ز راه پدر بگذرد / دلیرش ز پشت پدر نشمرد[4]
نشان پدر باید اندر پسر / روا باشد ار کمتر آید هنر؟!
همم بیم جان است و هم جای ننگ / چرا بازداری سرم را ز جنگ؟[5]
اگر سام یل با منوچهر شاه / بیابند بر ما، برین، دستگاه[6]
ز کابل برآید بخورشید دود / نه آباد ماند نه کشت و درود»[7]
چنین گفت سیندخت با مرزبان / کزین در، مگردان بخیره، زبان
کزین، آگهی یافت سام سوار / به دل، ترس و تیمار، چندین مدار
وی از کرگساران، بدین؛ گشت باز / گشاده شده‌است،این سخن نیست راز»

*

چنین گفت مهراب کـ:«ای ماهروی / سخن هیچ با من بکژّی مگوی،
چنین خود، کی؟ اندر خورد با خرد / که مر خاک را باد فرمان برد*!»
مرا دل بدین نیستی دردمند / اگر ایمنی یابمی از گزند[8]
که باشد که پیوند سام سوار / نخواهد ز اهواز تا قندهار؟!»[9]
بدو گفت سیندخت کای سرفراز / بگفتارِ کژّم مبادا نیاز
گزند تو، پیدا، گزند من است / دل دردمند تو، بند من است
چنین است و، این نزد من شد درست / هم این بُد گمانی مرا، از نخست[10]
اگر باشد این، نیست کاری شگفت / کز آن بر دل اندیشه باید گرفت
هرآنگه که بیگانه، شد خویش تو / شود تیره، رایِ بداندیشِ تو●»
به سیندخت فرمود پس نامدار / که: «رودابه را، خیز؛ پیش من آر»
بترسید سیندخت از آن تیزمرد / که او را ز درد، اندر آرد بگَرد
بدو گفت: «پیمانْتْ خواهم نخست / که او را سپاری بمن تندرست»

---

۱ - انداخت او را بدست، درست نمی‌نماید، فردوسی همواره «افکند» می‌آورد.
۲ - «ببایستش» نادرست است و به «مرا» بازنمی‌گردد. درست «ببایستمش» است که هم به مرا برمی‌گردد، و هم بدختر.
۳ - سخن سست نیست اما دنبالهٔ داستان است. ۴ - دو رج، که هیچ پیوند با هم، و با داستان افزوده ندارند.
۵ - سیندخت او را از جنگ بازنداشته بود و تنها گفته‌بود که بسخنم گوش فرا ده.
۶ - منوچهرشاه و سام یل بر کابل چیره هستند و «اگر»، گمان پیش می‌آورد. ۷ - سخن استوار است، اما دنبالهٔ گفتار است.
* - زیرا که: باد از خاک فرمان نمی‌برد و همانا باد است که خاک را بر هوا می‌افشانَد! ۸ - سخن سست است.
۹ - سخن استوار است، اما اهواز و قندهار، در کنارهٔ ایران نیستند، و مرز؛ گسترده‌تر است.
۱۰ - گمانی نادرست است: «گمان». ● - چون با بیگانگان خویشی کنی، اندیشهٔ دشمنِ تو تیره می‌شود. بداندیش: دشمن.

زبـــان داد؛ ســیندخت را، نــامجوی — کــه: «رودابــه را بــد نــیارد بــروی»
بــدو گــفت: «بـنگر کـه شـاه زمـین — دل از مـا کـند زیـن سـخن پـر زکـین؛[1]
نـه مـاند بـر و بـوم و نـه مـام و بـاب — شــود پست رودابــه بــا رود آب»
چــو بشـنید سـیندخت سـر پـیش اوی — فــرو بــرد و بــر خــاک بـنهاد روی[2]

*

بــرِ دخــتر آمــد پــراز خـنده لب — گشــاده رخ روزگــون، زیــرِ شب○
همی مژده دادش کـه: «جـنگی پـلنگ — زگــور ژیــان، کــرد کــوتاه، چـنگ!
کـنون زود پـیرایه■ بگشـای و مـوی — بـه پـیش پـدر شو، بزاری بموی□»
بـدو گـفت رودابـه: «آرایـه چـیست؟ — بـجای سـرِ مـایه، بی‌مایه چیست*
روان مــرا پــور سـام است جـفت! — چــرا؟ آشکــارا؛ بــباید نــهفت!»

*

به پیش پدر شد چو خورشیدِ شرق — بـیاقوت و زر انـدرون گشـته غـرق
بــهشتی بُــد آراســته پــرنگار — چــو خــورشید تــابان بـخرّم بـهار
پــدر چــون ورا دیــده خـیره بـماند — جــهان‌آفرین را نــهانی بـخواند
بدو گفت که: «ای شسته مغز از خـرد! — ز بَـر گـوهران، ایـن کـی انـدرخورد؟
کـه بـا اهـرمن، جـفت گـردد پـری — کـه مـه تـاج بـادت مـه انگشـتری!»
چـو بشـنید رودابـه آن گـفت‌وگوی — دژم گشت و چـون زئـفران کـرد روی
سـیه مـیژه بـر نـرگسان دژم — فــرو خــوابـنید و نـزد هـیچ دم
پدر، دل پـراز خشـم و سـر پـر ز جـنگ — بــرون رفت غـرّان، بسـان پـلنگ
ســوی مــام شــد دخــتر دلشــده — رخــانِ مــعصفر بــه دُر آزده[3]
بــه یــزدان گــرفتند هــردو پــناه — هــم ایـن دلشـده مـاه و هـم پـیشگاه[4]

---

۱ – دو رج: پس‌از آرام شدن و زبان دادن، اینگونه گفتار، بسیارگویی است.

۲ – از زن شاه بدور است که زمین را نزدشویش ببوسد.

○ – رخ خورشیدگونش. زیر زلفِ چون شب سیاهش گشوده و خندان بود.

■ – همه نمونه‌ها پیرایه آورده‌اند، اما پیدا است که «آرایه» درست است، زیرا که پیراستن؛ زیباتر کردن چیزی با کم کردن از آنست، و آراستن زیبا کردن چیزی با افزودن برآنست. □ – مویه کن.

* – در برابر زال که برای من سرِ مایه است، آرایهٔ بیمایه چه ارزشی دارد؟

۳ – واژهٔ معصفر در فرهنگ واژه‌های فردوسی نیست. ۴ – پیشگاه را برای شاه بکار می‌برند نه برای زن شاه.

آگاه شدن منوچهر
از
کارِ زال

پس آگـــاهی آمـــد بشـــاه بـــزرگ ز مـــهراب و، دســـتانِ ســـامِ ســـترگ●
ز پـــیوند مـــهراب و از مـــهر زال وزآن نـــاهمالان گشـــته هـــمال[1]
ســـخن رفت هـــرگونه بـــا مـــوبدان بـــه پـــیش ســـرافـــراز شـــاه ردان[2]
چـــنین گـــفت بـــا بـــخردان شـــهریار کـــه: «بـــر مـــا شـــود، زیـــن، دژم، روزگـــار
چـــو ایـــران ز چـــنگال شـــیر و پـــلنگ بـــرون آوریـــدم بـــه رای و بـــجنگ[3]
نـــباید کـــه بـــر خـــیره، از عشـــق زال نـــهال ســـرافکـــنده، گـــردد هـــمال[4]
چـــو از دخت مـــهراب و از پـــور ســـام بـــرآیـــد یکـــی تـــیغ تـــیز از نـــیام
اگـــر تـــاب گـــیرد ســـوی مـــادرش ز گـــفتِ بـــد، آکـــنده گـــردد ســـرش؛
کـــند شـــهر ایـــران، پـــر آشـــوب و رنـــج بـــدو بـــازگردد مگـــر تـــاج و گـــنج!»

*

هـــمه مـــوبدان آفـــرین خـــواندند ورا خســـرو پـــاکـــدین خـــواندند
بگـــفتند کـــ:«ز مـــا تـــو دانـــاتری بـــه بـــایستها بـــر، تـــوانـــاتری
هـــمانا ســـخن بـــا خـــرد درخـــورد دل اژدهـــا را، خـــرد، بشکـــرد
بـــفرمود تـــا نـــوذر آمـــدْش پـــیش ابـــا ویـــژگان و بـــزرگان خـــویش[5]
بـــدو گـــفت: «رو پـــیش ســـام ســـوار بـــپرسش کـــه: چـــون آمـــد از کـــارزار؟[6]
چـــو دیـــدی بگـــویش کـــ:«زیـــن ســـو گـــرای ز نـــزدیک مـــا کـــن ســـوی خـــانه رای»[7]
هـــم آنگـــاه بـــرخـــاست فـــرزند شـــاه ابـــا ویـــژگان ســـر نـــهادش بـــراه[8]
ســـوی ســـام نـــیرم نـــهادند روی ابـــا ژنـــده‌پیلان پـــرخـــاشجوی[9]

● – اینجا واژهٔ «سترگ» (=لجوج و بی‌آزرم و شرم) کاربرد درست دارد، زیرا که کاری که وی کرده است از دیدگاه منوچهر ناشایسته بوده‌است.

۱ – هنوز که پیوندی رخ ننموده‌است.

۲ – این گفتار، در رجِ پسین آمده‌است.

۳ – چون ایران (را)

۴ – لت دویُم بی‌پیوند است.

۵ – **یک:** باز؛ فرستادن نوذر به پیامبری؟ **دو:** ویژگان و بزرگان نوذر، برادران او، و خودِ منوچهر در شمار می‌روند **سه:** چرا نوذر را می‌بایستی با بزرگان خویش بنزد سام رفتن. **چهار:** چون دیوان برید، فرمان شاه را بهمه جای کشور می‌رساند، فرستادن شهزادهٔ بزرگ، شگفت است.

٦ – سام سوار، خود بسوی پایتخت می‌آید، و «چون آمد» نادرخور است.

۷ – دنبالهٔ گفتار

۸ – لت دویُم «سر نهادش براه» و «سرنهادی» هر دو گونه نادرست است.

۹ – برای جنگ نرفته‌بودند که ژنده پیل پرخاشجوی با خویش ببرند.

رسیدن سام بنزد منوچهر

چو زین کار سام یل آگاه شد — پذیره سوی پور کی‌شاه شد[1]
ز پیش پدر نوذر نامدار — بیامد بنزدیک سام سوار[2]
همه نامداران پذیره شدند — ابا زنده‌پیل و تبیره شدند[3]
رسیدند پس پیش سام سوار — بزرگان، ابا نوذر نامدار[4]
پیام پدر، شاه نوذر بداد — بدیدار او سام یل گشت شاد[5]
نهادند خوان و گرفتند جام — نخست از منوچهر بردند نام[6]
پس از نوذر و سام و هر مهتری — گرفتند شادی ز هر کشوری[7]
چو بگشاد زیور به گیتی سپهر — بپوشید رخشنده دیدار مهر[8]
بشادی سرآمد شب دیرباز — چو خورشید رخشنده بگشاد راز[9]
خروش تبیره برآمد ز در — هیون دلاور برآورد پر[10]
سوی بارگاه منوچهر شاه — بفرمان او برگرفتند راه*
منوچهر چون یافت زو آگهی — بیاراست ایوان شاهنشهی
ز ساری و آمل برآمد خروش — چو دریای جوشان، برآورد؛ جوش
ببستند آذین و جوشنوران — ابا خَشت و با گرزهای گران
سپاهی که از کوه تا کوه، مرد — سپر در سپر بافته، سرخ و زرد
ابا کوس و با نای‌رویین و سنج — ابا تازی اسپان و پیلان و گنج
برین گونه لشکر پذیره شدند — بسی بادرفش و تبیره شدند[11]

*

چو آمد بنزدیکی بارگاه — پیاده شد و، برگشادند، راه
چو شاه جهاندار بنمود روی — زمین را ببوسید و شد پیش اوی

---

۱ – پور کی‌شاه؟ ۲ – پیشتر آمده‌بود. ۳ – پس‌از آمادگی پذیره شدن، نوذر براه می‌افتد!
۴ – بزرگان یاد شده. ۵ – بی هیچ‌پرسش و آیین پذیرایی، پیام داده شد.
۶ – **یک:** در میان راه خوان نهادند؟! **دو:** ایرانیان بهنگام خوراک، می نمی‌نوشیدند. ۷ – سخن بی پیوند
۸ – برای چه، از شب شدن، نام می‌آید، که در آن شب هیچ کار دیگر بجز دنبالهٔ خوردن و نوشیدن، انجام نگرفت.
۹ – باز بامداد شد، بی‌هیچ پدیدهٔ تازه.
۱۰ – **یک:** سام در اردوگاه بوده‌است نه در دربار: برآمد ز «در». **دو:** مگر سام تنها بود که با یک هیون، پر درآرد و بتازد؟
* – دنبالهٔ گفتار از رج ۲۸۴۱:

سپهبد سوی شهر ایران کشید — سپه را بنزدِ دَهستان کشید

۱۱ – بسی بادرفش و تبیره شدند، نادرخور است.

داستان زال و رودابه

منوچهر برخاست از تختِ آج　　ز یاقوت رخشنده بر سرْش، تاج؛
برِ خویش بر تخت بنشاختش　　چنانچون سزا بود بنواختش
وزآن کرگساران جنگ‌آوران　　اُزان نره‌دیوان مازندران[1]
بپرسید و، بسیار تیمار خوَرد　　سپهبد سخن یک‌بیک یاد کرد
که:«انوشه زی ای شاه و جاویدمان　　ز جان تو کوته، بدِ بدگمان[2]
برفتم بدان شهر دیوان نر　　نه دیوان، که شیران جنگی به پر[3]
که از تازی اسپان تگاورترند　　ز گردان ایران دلاورترند[4]
ز من چون بدیشان رسید آگهی　　ازآواز من مغزشان شد تهی[5]
بشهر اندرون نعره برداشتند　　ازآن‌پس همه شهر بگذاشتند
همه پیش من جنگجوی آمدند　　چنان خیره و پوی‌پوی آمدند
سپه جنب‌جنبان شد و روز تار　　پس اندر فراز آمد و پیش، غار
نبیره‌ی جهاندار سلم بزرگ　　به پیش سپه اندر آمد چو گرگ
جهانجوی را نام کاکوی بود　　یکی سروبالا نکوروی بود
سپاهی بکردار مور و ملخ　　نبد دشت پیدا نه کوه و نه شخ
چو برخاست زان لشکر گَشْن گَرد　　رخ نامداران ماگشت زرد
من این گرزِ یک زخم برداشتم　　سپه را هم آنجای بگذاشتم
چنان برخروشیدم از پشت زین　　که چون آسیا شد بریشان زمین
چو بشنید کاکوی آواز من　　چنان زخم کوپالِ سرباز من
بیامد بنزدیک من جنگ ساز　　چو پیل ژیان با کمندی دراز
مرا خواست کآرد به خمّ کمند　　چو دیدم خمیدم ز راه گزند
کمان کیانی گرفتم بچنگ　　به پیکان پولاد و تیر خدنگ
عنان تگاور برانگیختم　　چوآتش بدو بر تبر ریختم

---

۱ – افزاینده را کاربردِ «بپرسید» در رج پسین، روشن نبوده‌است (بپرسید، حالش را پرسید که هنوز در تاجیکستان پرسیدن بهمین روی کاربرد دارد) و چون چنین است این رج را افزوده است که دربارهٔ کارِ نرّه دیوان مازندران پرسید! بنگرید که سام از سوی کرگساران آمده‌است، نه مازندران.　　۲ – انوشه بزی و جاویدمان هردو یک سخن است.

۳ – سخن ناهماهنگ است، اگر شیران بالدار بوده‌اند، چرا با نام دیوان نر از آنان یاد می‌شود؟

۴ – اگر از گردان ایران دلاورتر بوده‌اند، پس چگونه سام برایشان پیروز گردید!

۵ – باز افزاینده خویش را ناچار دیده‌است که در برابر «بپرسیدِ» منوچهر یک پاسخ دراز بدهد که چگونه نبرد کردم... در این گفتار که از رج ۳۰۲۳ آغاز می‌شود، و به رج ۳۰۴۳ پایان می‌پذیرد، افزاینده! دوباره کاکوی را که بر دست منوچهر در جنگ با سلم، کشته شده‌بود، زنده کرده، این بار بر دست سام می‌کشدش، دروغی بدین بزرگی، آنهم پیش چشم منوچهر، و چون یاوه بودن این سخنان سخت آشکار است، از شکافتن یکایک واژه‌ها و رج‌ها چشم می‌پوشم، تا بگماز (می‌نوشی) منوچهر و سام و بزرگان ایران را، که در این بخش می‌آید، تلخ نگردانم.

چنان آمدم شهریارا گمان ... کزو کوه زنهار خواهد بجان
وی اندر شتاب و من اندر درنگ ... همی جستمش تا کی آید بچنگ!
چو آمد گهِ مرد جنگی فراز ... من از چرمه چنگال کردم دراز
گرفتم کمربند مرد دلیر ... ز زین برگسستم بکردار شیر
زدم بر زمین بر، چو پیل ژیان ... بدین آهنین دست و گُردی میان؟!
چو افکنده شد شاه زین گونه‌خوار ... سپه روی برکاشت از کارزار
نشیب و فراز و بیابان و کوه ... به هرسو شده مردمان هم گروه
چو بشنید گفتار سالار، شاه ... برافراخت تا ماه، فرّخ کلاه
می و مجلس آراست و شد شادمان ... جهان پاک دید از بدِ بدگمان [1]
به بُگماز کوتاه کردند شب ... بیاد سپهبد گشادند لب*

*

چو شب روز شد پردهٔ بارگاه ... گشادند و دادند زی شاه، راه
چنین گفت با سام، شاه جهان ... که:«ز ایدر برو با گزیده مهان
به هندوستان، آتش اندر فروز□ ... همه کاخ مهراب و کابل بسوز
نباید که او یابد از بد رها ... که او ماند از بچهٔ اژدها [2]
زمان تا زمان زو برآید خروش ... شود رام گیتی پر از جنگ و جوش [3]
هرآنکس که پیوستهٔ او بود ... بزرگان که در دستهٔ او بود [4]
سر از تن جدا کن زمین را بشوی ... ز پیوند ضحاک و خویشان اوی [5]
چنین داد پاسخ که:«ایدون کنم ... که کین از دل شاه بیرون کنم»
ببوسید تخت و، بمالید روی ... بران نامور مُهر و انگشت اوی
سوی خانه○ بنهاد سر، با سپاه ... بر آن بادپایانِ کوبنده راه

---

۱ - لت نخست را آهنگِ درست نیست.

* - جام نخست را بنام و شادی سپهبد نوشیدند (آیین می‌نوشیِ ایرانی را در داستان هفت‌پهلوان بخوانید) و ازآنجاکه جام نخست، همواره بیاد و نامِ شاه نوشیده می‌شد، شاه فرمان بنوشیدن آن بیاد سام داد، و سرفرازی برای وی پیش آورد!

□ - نمونه‌ها چنین آورده‌اند. اما سخن درست، چنین می‌نماید:

«به هندوستان اندر، آتش فروز»

۲ - لت دویم ناهماهنگ، از بچهٔ اژدها، یا خود اژدها؟

۳ - هیچگاه از مهراب خروش برنیامده‌بود، و سر بر فرمان سام و زال داشت.

۴ - لت دویُم ناهماهنگ

۵ - دنبالهٔ گفتار

○ - خانه: سیستان.

رفتن سام، بجنگ مهراب

به مهراب و دستان رسید آن سخُن — که شاه و سپَهبَد فکندند بُن
خروشان ز کابل برون رفت زال — فروهشته لفچ● و برآورده یال○
همی گفت: «اگر اژدهای دژم — بیاید که گیتی بسوزد به دَم،[1]
چو کابلستان را بخواهد پسود — نخستین سرِ من بباید درود»[2]
به پیش پدر شد پر از خون جگر — پر اندیشه دل، پر ز گفتار سر[3]
چو آگاهی آمد به سام دلیر — که آمد ز ره، بچهٔ نرّه شیر
همه لشکر از جای برخاستند — درفش فریدون بپیراستند[4]
پیاده شدن را چپیره شدند — سپاه و سپهبد پذیره شدند[5]
همه پشت پیلان برنگین درفش — بیاراسته سرخ و زرد و بنفش[6]

*

چو روی پدر دید، دستانِ سام — پیاده شد از اسب و بگذارد گام[7]
بزرگان پیاده شدند از دو روی — چه سالارخواه و چه سالارجوی[8]
زمین را ببوسید زال دلیر — سخن گفت با او پدر نیز، دیر[9]
نشست از برِ تازی اسپ سمند — چو زرّین درخشنده کوهی بلند[10]
بزرگان همه پیش اوی آمدند — به تیمار و، با گفت‌وگوی آمدند
که: «آزرده گشته‌است از تو پدر — رهِ پوزش آر و، مکِش هیچ سر!»
چنین داد پاسخ که: «زین باک نیست — مرا نیز، خود؛ جای، جز خاک نیست
پدر گر بمغز اندر آرد خرد — همانا سخن بر سخن نگذرد
اُگر برگشاید زبان را بخشم — من از شرمش، آب اندر آرم بچشم»*
چنین، تا بدرگاه سام آمدند — گشاده‌دل و شادکام آمدند[11]

● – لب‌های فروافتاده. ○ – پشت خم و سر به‌پیش انداخته. چنانکه شانه‌هایش از سر بلندتر می‌نمود (یال برافراشته).

۱ – هیچگاه فرزند، پدر خویش را اژدها نمی‌خواند. ۲ – دنبالهٔ گفتار است.

۳ – در لت دویم «سر» پر اندیشه می‌شود نه پر گفتار.

۴ – **یک:** در لت نخست برخاستند، نادرست است، آماده شدند. **دو:** درفش فریدون در پایتخت منوچهر است.

۵ – سپهبد (سام) به پذیره نیامده‌بود، و بزرگان نیز در گفتار آینده، پیش زال می‌آیند.

٦ – پشت پیل را به پالان و مهد می‌پوشند، نه با درفش. ۷ – پیاده شدن، همان گام بر زمین نهادن است.

۸ – **یک:** زال بتنهایی به پیشواز پدر رفته‌بود، و از سوی او کسی نبود که پیاده شود! **دو:** لت دویم نیز نادرست است!

۹ – «نیز» را در لت دویم کاربرد نیست، و چنین می‌نماید که بهنگام بوسیدن زمین از سوی زال، سام با او سخن میگفته‌است.

۱۰ – فروهشته لفچ و برآورده یال، را به کوه زرین درخشنده همانند نشاید کردن!

* – چشمان [او را] از شرم گریان سازم. ۱۱ – سخن از شادکامی در میان نبود.

*

فرود آمد از باره سام سوار
هم اندر زمان زال را داد بار

چو زال اندر آمد به پیش پدر
زمین را ببوسید و گسترد پر●

یکی آفرین کرد بر سام گرد
ز آب دو دیده همی گِل سپرد[1]

که: «بیداردل پهلوان شاد باد
روانش گرایندهٔ داد باد

ز تیغ تو الماس بریان شود
زمین روز جنگ از تو گریان شود

کجا دیزهٔ○ تو، چَمَد روز جنگ
شتاب آید اندر سپاهِ درنگ

سپهری کجا بادِ گرز تو دید؛
همانا ستاره نیارد■ کشید

زمین نسپرد شیر با داد تو
روان و خرد گشته بنیاد تو[2]

همه مردم از داد تو شادمان
ز تو، داد یابد زمین و زمان؛

مگر من! که از داد، بی‌بهره‌ام
اُگرچه به پیوند تو شهره‌ام!

یکی مرغ پرورده‌ام، خاک خورَد
بگیتی مرا نیست با کس نبرد

ندانم همی خویشتن را گناه
که بر من کسی را بدان هست راه

مگر آنکه؛ سام یل استم پدر
دگر؛ هست با این نژادم هنر

ز مادر بزادم بینداختی
بکوه اندرم جایگه ساختی[3]

فکندی به تیمار زاینده را
به آتش سپردی فزاینده را[4]

ترا با جهان آفرین بود جنگ
که از چه سیاه و سپید است رنگ؟[5]

کنون کم جهان آفرین پرورید
بمهرِ خدایی به من بنگرید[6]

ابا گنج و با بخت و گرز گران
ابا رای و با تاج و تخت سران[7]

نشستم به کابل، بفرمان تو
نگه داشتم رای و پیمان تو

که گر کینه جویی نیازارمت
درختی که کشتی به بار آرمت[8]

ز مازندران هدیه این ساختی
هم از کرگساران بدین تاختی؛

که ویران کنی خان آباد من
چنین داد خواهی همی؟ دادِ من!

من اینک، به پیش تو استاده‌ام
تن زنده، خشم ترا داده‌ام

به ارّه میانم بدو نیم کن
ز کابل، مپیمای با من سخُن»

● - زانو بر زمین زد و دامن قبایش از دو سو همانند بال و پر مرغان گسترده شد.
۱ - لت دویم نادرخور است.
○ - دِیزه یکی از نام‌های اسپ است در زبان فارسی. اما در اینجا کاربردِ «چرمه» با «چمد» خوشاهنگ‌تر است.
■ - یارستن: جرأت کردن.
۲ - سخن از دادگری سام در رج پسین می‌آید.
۳ - سام برای زال جایگه نساخته‌بود.
۴ - لت نخست بسیار زیبا است که مادر زال را گوید، اما لت دویم بی‌گزارش است.
۵ - این سخن پیش از این نیز آمده‌است.
٦ - لت دویم سست است.
۷ - سخن ناسزاوار است.
۸ - سخن پریشان است.

*

سپهبد چو بشنید گفتار زال ... برافراخت گوش و فرو برد یال*
بدو گفت که: «آری، چنین است راست ... زبان تو، بر راستی بر، گواست
همه کار من با تو بیداد بود ... دل دشمنان، بر تو بر، شاد بود
ز من آرزو خود همین خواستی ... بتنگی دل؛ از جای برخاستی[۱]
مشو تیز، تا چارهٔ کار تو ... بسازم کنون، نیز؛ بازار تو
یکی نامه فرمایم اکنون بشاه○ ... فرستم بدست تو ای نیکخواه!
سخن هرچه باید، بیاد آورم ... روان و دلش سوی داد آورم
اگر یار باشد جهاندار ما ... بکام تو گردد همه کار ما»
ببازو کند شیر همواره کار ... هر آن جایگه کو بیابد شکار»[۲]

نامهٔ سام نزد منوچهر شاه

نویسنده را پیش بنشاندند ... ز هر در سخن‌ها همی راندند[۳]
سر نامه کرد آفرین خدای ... کجا هست و باشد همیشه بجای
ازویست نیک و بد و هست و نیست ... همه بندگانیم و ایزد یکیست[۴]
هر آن چیز کو ساخت، اندر بَوِش□ ... بران است چرخ روان را، رَوِش
خداوند کیهان و خورشید و ماه ... اُزو آفرین بر منوچهر شاه
برزم اندرون، زهر تریاک‌سوز ... ببزم اندرون، ماه گیتی‌فروز
گراینده گرز و گشاینده شهر ... ز شادی، بهرکس؛ رساننده بهر
کِشندهٔ درفش فریدون بجنگ ... کُشنده، سرافراز، جنگی پلنگ[۵]
ز بادِ عمودِ تو کوه بلند ... شود خاک نَعل سرافشان سمند[۶]
همی از دل پاک و پاکیزه کیش ... به آبشخور آری همی گرگ و میش[۷]

---

* - این بار، سام؛ سر را به‌پیش می‌اندازد. ۱ - از این گفتار چیزی برنمی‌آید.
○ - می‌فرمایم [تا دبیران بنویسند].
۲ - اینجا، جای بازوی شیر نیست، که گره کار را اندیشه و گفتار می‌گشاید... باری شیر نیز با چنگ و دندانش شکار میکند نه با بازو!
۳ - لت دویم: کسی بجزاز سام چیزی بنویسندهٔ نامه نگفت، تا از «سخن راندند» یاد شود.
۴ - چگونه نیستی و بدی از خداوند تواند بودن؟ □ - بَویشْنْ (واژهٔ پهلوی): بَوِش: بودنی، تقدیر.
۵ - **یک:** درفش را درفشدار بجنبش درمی‌آورد، نه پادشاه! **دو:** لت دویم نیز برای پساوای لت نخستین آمده.
٦ - **یک:** عمود را بجای گرز در گفتار فردوسی راه نیست. **دو:** کوه بلند از بادگرز او خاک می‌شود؟ یا از نعل سمندِ سرافراز وی؟
۷ - دوبار واژهٔ «همی» در یک گفتار آوردن نادرست است.

*

یکی بنده هستم، رسیده بجای! بمردی، به شست، اندر آورده پای؛●
همی گَرد کافور گیرد سرم چنین داد خورشید و ماه، افسرم
ببستم میان را یکی بنده‌وار ابا جادوان ساختم کارزار[1]
عنان پیچ و اسپ‌افکن و گرزدار چو من، کس ندیدی، بگیتی سوار○
بشد آبِ گُردانِ مازندران چو من دست بردم بگرز گران[2]
چنان اژدهـا، کاو ز رودِ کَشَف برون آمد و کرد گیتی چو کف
زمین شهر تا شهر پهنای او همان کوه تا کوه بالای او
جهان را ازو بود دل پرهراس همی داشتندش شب‌وروز پاس
هوا پاک دیدم ز پرّندگان همان روی گیتی ز درّندگان[3]
ز تفّش همی پرّ کرکس بسوخت زمین، زیر زهرش همی برفروخت
نهنگ دژم برکشیدی ز آب به دم درکشیدی، ز گردون، عقاب[4]
زمین گشت بی مردم و چارپای جهانی مر او را سپردند جای
چو دیدم که اندر جهان کس نبود که با او همی دست یارد پسود؛[5]
بزور جهاندار یزدان پاک بیفکندم از دل همه ترس و باک[6]
میان را ببستم بنام بلند نشستم بران پیل‌پیکر سمند[7]
بزین اندرون گرزهٔ گاوسر ببازو کمان و بگردن سپر[8]
برفتم بسان نهنگ دژم مرا تیز چنگ و، ورا تیز دَم
مرا کرد پدرود هر کاو شنید که بر اژدها گرز خواهم کشید!
رسیدمْش دیدم چو کوهی بلند کشان موی سر، بر زمین، چون کمند
زبانش بسان درختی سیاه زَفَر* باز کرده فکنده براه
چو دو آبگیرش پراز خون، دو چشم مرا دید، غرّید و آمد بخشم

● – پای به شست‌سالگی نهاده‌ام. در این سخن، یک نماد زیبا نیز نهفته است از آنجا که «شست» غلّاب ماهیگیری نیز هست، و چون شست بکام ماهی فرو رود، بهیچ روی ماهی رها شدن نتواند، و به مردی پای را به شست آورده‌ام، نشان از آن می‌دهد که کارم بپایان رسیده‌است.

۱ – بنده‌وار!

○- لت دویم در نمونه‌ها «بگیتی چون من کس نبیند سوار»، «ندیدی سوار»، «نبیند بگیتی»... اما پیدا است که سخن درست چنین است: «چو من کس ندیده بگیتی سوار».

۲ – سخن را پیوند با رج‌های پیشین و پسین نیست.

۳ – **یک**: این سخن که پرنده و درنده را می‌سوخت و می‌کشت، در رج پسین آمده‌است. **دو**: دیدم در لت نخست نیز نابجا است.

۴ – از «دم» (=تف) و پرنده (=کرکس) سخن رفته‌است.

۵ – «کس نیست» درست است.

٦ – فروافکندن ترس از دل، نیاز بزور یزدان ندارد، که با یاد یزدان، کار؛ بساز می‌شود.

۷ – دنبالهٔ گفتار

۸- دنبالهٔ گفتار

* – زَفَر: پوزه، دهان اهریمنی، کنارهٔ لبان اهریمنی.

داستان زال و رودابه ۲۱۹

گمانی چنان بردم ای شهریار — که بارد مرا آتش اندر کنار [1]
جهان پیش چشمم چو دریا نمود — به ابر سیه، برشده تیره دود
ز بانگش بلرزید روی زمین — ز زهرش زمین شد چو دریای چین [2]
بر او برزدم بانگ برسان شیر — چنانچون بُود کار مرد دلیر
یکی تیر الماس پیکان، خدنگ، — بچرخ اندرون راندم، بیدرنگ
چو شد دوخته یک کران از دهانْش — بماند از شگفتی به بیرون، زبانش
هم اندر زمان، دیگری، همچنان — زدم بر دهانش، بپیچید از آن●
سدیگر زدم برمیانِ زَفَرْش — برآمد همی جوش خون از جگرْش
چو تنگ اندر آورد با من زمین — برآهختم آن گاوسر گرز کین [3]
بنیروی یزدانِ گیهان خدای — برانگیختم پیلتن را ز جای
زدم بر سرش گرزهٔ گاوچهر — بر او، کوه بارید گفتی، سپهر
شکستم سرش چون تن ژنده‌پیل — فرو ریخته زهر چون رود نیل [4]
بزخمی چنان شد که دیگر نخاست — ز مغزش زمین گشت با کوه، راست
کَشَف‌رود پر خون و زرداب گشت — زمین جای آرامش و خواب گشت

*

همه کوهساران پر از مرد و زن — همی آفرین خواندندی بمن [5]
جهانی بر آن جنگ نظاره بود — که آن اژدها زشت پتیاره بود [6]
مرا سام یک زخم ازان خواندند — جهان زرّ و گوهر برافشاندند [7]
چو زو بازگشتم، تن روشنم — برهنه بُد از نامور جوشنم [8]
فرو ریخت از باره برگستوان — اُزین هست، هرچند رانم زبان [9]
بران بوم تا سالیان بر نبود — جز از سوخته خاکِ خاور نبود [10]

---

۱ – **یک:** «گمانی» نادرست است. **دو:** نیز «ای شهریار» نابجا است زیرا که نامه بشهریار نوشته‌است، و پیش‌ازاین نام وی آمده‌است.

۲ – **یک:** بلرزید درست نیست، زیرا که اژدها، یکبار بانگ برنیاورده‌بود، و همواره بانگ می‌کرد: «می‌لرزید» **دو:** و نیز «شُد» در لت دویم: «شده‌بود».

● – همهٔ نمونه‌ها چنین آورده‌اند، اما پیدا است؛ **«که پیچید»** درست است.

۳ – **یک:** سخن ازگرز در رج ۳۱۵۰ می‌آید. **دو:** تنگ اندر آورد نادرست است.

۴ – **یک:** سخن سست است و گفتار دربارهٔ زخم (ضربهٔ) گرز در رج پسین می‌آید. **دو:** زهر از که ریخته‌بود؟

۵ – سخن نادرست است: «مردان و زنان که در آن کوهساران بودند».

٦ – دنبالهٔ گفتار.

۷ – دوبار واژه جهانی و جهان آمده‌است و نادرست است.

۸ – افزاینده را رای بر آن بوده‌است که بگوید جوشن من در آن جنگ، پاره گردید. بازآنکه در آن نبرد، چنانکه آمد؛ سام بود که تیر و گرز بر اژدها بارید، نه اژدها بر سام!

۹ – **یک:** اگر درست می‌بود می‌باید چنین بیاید «از باره‌ام نیز برگستوان فروریخت». **دو:** لت دویم بی پیوند.

۱۰ – کشف رود، در «خاور» ایران جای نداشت که در خراسان بود و هست!

۲۲۰ منوچهر

چنین و جز این هرچه بودیم رای　　سراسر سرآوردمی زیر پای[1]
کجا من چمانیدمی بادپای　　بپرداختی شیر درّنده، جای[2]
کنون چند سالست تا پشت زین　　مرا تختگاه است و اسپم، زمین
همه کرگساران و مازندران　　ترا راست کردم بگرز گران
نکردم زمانی بر و بوم یاد　　ترا خواستم راد و پیروز و شاد
کنون، آن برافراخته یال من　　همان زخم کوبنده کوپال من،[3]
بدان هم که بودم نماند همی　　بر و گُردگاهم خماند همی[4]
کمندی بینداخت از دست، شست　　زمانه مرا بازگونه ببست[5]

*

سپردیم نوبت، کنون، زال را　　که شاید* کمربند و کوپال را
یکی آرزو دارد اندر نهان　　بیاید، بخواهد؛ ز شاه جهان
یکی آرزو، کان به یزدان؛ نکوست　　کجا نیکویی زیر فرمان اوست!
همانا که با زال پیمان من　　شنیده‌ست، شاه جهانبان من[6]
که: «از رای او سر نپیچیم هیچ　　درین روزها کرد زی ما بسیچ![7]
به پیش من آمد پراز خون رخان　　همی چاکچاک آمدش ز استخوان●»

*

«مرا» گفت: «بر دارِ آمل کنی　　سزاتر که آهنگ کابل کنی!
چو پروردهٔ مرغ باشد بکوه　　نشانی شده در میان گروه؛
چنان ماه بیند به کابلستان　　چو سرو سهی بر سرش گلستان؛
چو دیوانه گردد نباشد شگفت　　از او، شاه را، کین نباید گرفت
کنون رنج مهرش بجایی رسید　　که بخشایش آرد، هرآن کَش بدید
ز بس درد کاو دید بر بیگناه　　چنان رفت پیمان، که بشنید شاه○
گُسی کردمش با دلی مستمند　　چو آید بنزدیک تخت بلند

۱ – **یک:** چنین نبرد، یکبار روی داده‌است و دیگر بار، نه! **دو:** «بودیم رای» نادرست است.

۲ – بگذشته نیازی نبود، هنوز نیز سام را چندان نیرو بود که با شیر بجنگد.

۳ – سخن را پایان و پیوند درست با رج پسین نیست.

۴ – **یک:** «نمانم همی» نادرست است. نمونه‌ها «نماند» و «نماندی». **دو:** چه چیز بروگردگاه او را می‌خماند؟ «خمیده» درست است.

۵ – «بازگونه» نه؛ که همچنان استوار است، کسی را که از آمل (پایتخت منوچهر) تا کابل بر روی اسپ می‌رود، چگونه می‌توان خمیده انگاشتن؟　* – شاید: شایسته است.　٦ – سخن از پیمان در رج ۳۱۷۹ خواهد آمد.

۷ – **یک:** گوینده چندکس شد «بیچیم» **دو:** لت دویم بی‌پیوند.　● – از لاغری آواز چکاچاک از استخوان‌هایش شنیده می‌شد.

○ – از آن دردها که از بکوه افکندن کشید، بی‌آنگه گناهی داشته باشد، من با او پیمانی بستم که دیگر ورا در هیچ کار نیازارم. و شاه، آن پیمان را شنیده‌است.

همان کن که با مهتری درخورد!	ترا خود؛ نیاموخت باید، خرد!»

*

چو نامه نوشتند و شد رای راست¹	ستد زود دستان و، بر پای خاست
چو خورشید سر سوی خاور نهاد	نخفت و نیاسود تا بامداد²
چو آن جامهٔ سوده بفکند شب	سپیده بخندید و بگشاد لب؛
بیامد، بزین اندر، آورد پای	برآمد خروشیدن کرّنای
بسوی شهنشاه بنهاد روی	ابا نامهٔ سام آزاده‌خوی³

۳۱۸۵

خشم گرفتن مهراب بر سیندخت

چو در کابل این داستان فاش گشت	سر مرزبان، پر ز پرخاش گشت
برآشفت و سیندخت را پیش خواند	همه خشم رودابه با او براند
چنین گفت که:«اکنون جزین رای نیست	ـ که با شاه گیتی مرا پای نیست ـ
که آرمت با دخت ناپاک تن	کُشَم زارتان بر سر انجمن!
مگر شاه ایران ازین خشم و کین	برآساید و رام گردد زمین
به کابل، که؟ با سام یارد چخید!	از آن زخم گرزش که یارد چشید؟»⁴

۳۱۹۰

*

چو بشنید سیندخت بنشست پست	دل چاره‌جوی اندر اندیشه بست
یکی چاره آورد از دل بجای	که بُد ژرف‌بین و فزاینده رای⁵
وزان پس دوان دست کرده بکش	بیامد بر شاهِ خورشید فش⁶
بدو گفت: «بشنو ز من یک سخُن	چو دیگر، یکی کامت آید، بکن!
ترا خواسته گر ز بهر تن است	ببخش و بدان کاین شب آبستن است⁷

۳۱۹۵

---

۱ ـ پیشتر، رای، راست شده‌بود، که نامه را بر بنیاد آن نوشتند! لَت دویُم سست است.
۲ ـ این دو رج، میانِ گرفتن نامه و بر اسپ نشستنِ زال، جدایی می‌افکند، و اندکی نیز سست است.
۳ ـ دربارهٔ نامه در آغاز این بخش، سخن آمده‌بود، و دوباره گویی است.
۴ ـ سخن سست است. و زخم (ضربه) گرز نیز چشیدنی نیست، کوفتن است ازسوی زننده، و خورنده در کوفتن کاری نباشد، و کوفته، شونده (= مفعول) است.   ۵ ـ چاره با اندیشیدن روی می‌نماید، نه آنکه از دل (بجای) آید.
۶ ـ سیندخت، در برابرِ مهراب بر زمین نشست، اکنون از کجا می‌دود، تا بنزد مهراب رسد؟
۷ ـ سخن از خواسته، در رج ۳۲۰۵ پیش می‌آید.

اگر چند باشد شبی، دیریاز — بر او، تیرگی هم نمانَد دراز
شود روز چون چشمه رخشان شود — جهان چون نگین بدخشان شود»[۱]
بدو گفت مهراب ک:«ز باستان — مزن در میان یلان، داستان
بگو آنچه دانی و جان را بکوش — اُگر، چادر خون بتن بر، بپوش!»[●]
بدو گفت سیندخت ک:«ای سرفراز — بَوَد، کِه‌ت، به خونم نیاید نیاز!
مرا رفت باید بنزدیک سام — زبان[□] برگشایم چو تیغ از نیام
بگویم بدو آنچه گفتن سزد — خرد خام گفتارها را پزد[۲]
ز من رنجِ جان و ز تو خواسته — سپردن بمن گنج آراسته»

*

بدو گفت مهراب: «کاینک کلید — غم گنج هرگز نباید کشید!
پرستنده و اسپ و تخت و کلاه — بیارای و با خویشتن بر براه[۳]
مگر شهر کابل نسوزد بما — چو پژمرده شد، برفروزد بما»[۴]
چنین گفت سیندخت ک:«ای نامدار — بجای روان، خواسته خوار دار[*]
نباید که چون من شوم چاره‌جوی — تو رودابه را سختی آری بروی
مرا از جهان اندُه جان اوست — یکی سخت پیمانت خواهم درست»[۵]
یکی سخت پیمان، ستَد زو، نخست — پسآنگه بجَلدی رهِ چاره جست

رفتن سیندخت بنزد سام

بیاراست تن را بدیبای زر — به درّ و بیاقوت پرمایه، سر!
پس از گنج مهراب بهر نثار — برون ریخت دینار چون سی‌هزار[۶]

---

۱ – نگین بدخشان! سه بار بکارگرفتن کنش «شود» نادرخور است. ● – یاآنکه ترا می‌کشم و تنت خونین می‌شود.

□ – «**سخن برگشایم**» درست می‌نماید. ۲ – لت دویُم بس نابهنجار است!

۳ – هنگام آراستن تخت و کلاه نیست.

۴ – **یک:** درست آنستکه: مگر شهر کابل، از برای ما نسوزد. **دو:** شهر پژمرده نشده‌است.

* – خوار گیرندهٔ خواسته. ای خوار گیرندهٔ خواسته.

۵ – **یک:** در نمونه‌های دیگر «کنون با توام روز پیمانِ اوست»، اما باید دانستن که «درست» در زبان پهلوی، و هم در زبان خراسانیان «دروست» خوانده می‌شود. **دو:** از «سخت پیمان» در رج پسین یاد می‌شود.

٦ – «دینار چون سی‌هزار» نادرست است از این رج، تا رج ۳۲۲۵، گفتارهای نادرست با شماره‌های نادرخور آمده‌است: پرستنده «پنجه»، آوریدند «سی»، پرستنده «شست»، جامها: پر از مشک و یاقوت و زر(؟) نمونهٔ دیگر «یکی پر زگوهر، یکی پر شکر(!)»، **چهل جامه** ←

سد اسپ گرانمایه با ساز زر / پرستنده، پنجه، بزرّین کمر
بزرّین ستام آوریدند سی / ز اسپان تازیّ و زِ پارسی
ابا توغ زرّین پرستنده شست / یکی جام زر هر یکی را بدست
پر از مشک و کافور و یاقوت و زر / ز پیروزه چندی و چندی گهر
چهل جامه دیبای پیکر به زر / ترازش همه گونه‌گونه گهر
ز زرّین و سیمین دو سد تیغ هند / جز آن سی به زهراب داده پرند
سد اشتر همه مادهٔ سرخ موی / سد استر همه بارکش، راه‌جوی
یکی تاج پرگوهر شاهوار / ابا توغ و با یاره و گوشوار
بسان سپهری یکی تخت زر / بر او ساخته چندگونه گهر
برش خسروی، بیست پهنای او / چو سه‌سد فزون بود بالای او
وز آن زنده‌پیلان هندی چهار / همه جامه و افکندنی کردند بار
چو شد ساخته کار، خود برنشست / چو گُردان، بمردی، میان را ببست
یکی ترگ رومی بسر بر، نهاد / یکی باره زیر اندرش همچو باد[1]
بیامد گرازان بدرگاه سام / نه آواز داد و نه برگفت نام
بکارآگهان گفت تا ناگهان / بگویند با سرفراز جهان؛
که: «آمد فرستاده‌ای کابلی / بنزد سپهبد یل زابلی
ز مهراب گرد آوریده پیام / بنزدِ سپهبد جهانگیر، سام»[2]

*

بیامد، برِ سام یل، پرده‌دار / بگفت و، بفرمود تا داد، بار
فرود آمد از اسپ سیندخت و، رفت / به پیش سپهبد خرامید، تفت
زمین را ببوسید و کرد آفرین / ابر شاه و بر پهلوان زمین
نثار و پرستنده و اسپ و پیل / رده برکشیده ز در تا دو میل؛
یکایک همی پیش سام آورید / سر پهلوان خیره شد، کان بدید
پراندیشه بنشست برسان مست / به کش کرده دست و سرافکنده پست؛
که: «جایی، کجا، مایه چندین بود / فرستادن زن چه آیین بود؟
گر این خواسته، زاو پذیرم همه / ز من گردد آزرده، شاه رمه●

← دیبا(!) پیکر بزر، نشاید بسان‌سپهری یکی تخت زر. به رش خسروی(؟) بیست پهنای او، چو سیسد فزون بود، بالای او! گمان دارم با این دروغ‌های بزرگ دفتر این سخنان را ببندیم بهتر است.

۱ – ترگ رومی!

۲ – این داستان در رج پیشین آمده‌است. زیرا که فرستادهٔ کابل، با پیام مهراب می‌آید.

● – در «آ» بجای پذیرم همه، پذیرم همی آمده‌است. و لتِ دویم نیز از آن بر دل شاه! شد غمی. واژهٔ «همه» در لتِ نخست نادرست ←

۲۲۴ منوچهر

اُگـــر بـــازگردانـــم از پـــیش، زال — بـــرآرد بکـــردار ســـیمرغ یـــال»!

*

بـرآورد سـر، گـفت، کـاین خواسته؛ — غـــلامان و پـــیلان آراســـته
شـــوید، و بگـــنجور دستان دهـید — بـنام مـهِ کـابلستان نـــهید°

*

پـریروی سیندخت بـر پـیش سام — زبـان کـرد گـویا و دل شـادکام
چـو آن هـدیه‌ها را پـذیرفته دیـد — رسـیده بـهی و، بـدی رفـته دیـد[1]
سـه بت‌روی بـا او بـه یـکجا بـدند — سـمن پـیکر و سـروبالا بـدند
گـرفته یکـی جـام هـریک بـه بـر — پـراز سـرخ یـاقوت و دُرّ و گـهر
بـه پـیش سـپهبد فـروریختند — هـمه یک بـدیگر بـرآمـیختند

*

چـو بـا پـهلوان، کـار بـرساختند — ز بـیگانه خـانه بـپرداخـتند؛
چـنین گـفت سیندخت بـا پـهلوان — کـه: «بـا رای تـو پـیر، گـردد جوان!
بـزرگان ز تـو دانش آمـوختند — بـه تـو تـیرگی‌ها بـرافـروختند[2]
بـه مِـهرِ تـو شد بسته، دست بـدی — ز گـرزت گشـاده، ره ایـزدی
گـنهکار گـر بـود مـهراب بـود — ز خـون دلش مِـژّه سیراب بـود[3]
سـر بـیگناهان کـابل چـه کـرد؟ — کـجا انـدر آورد بـاید بگَـرد![4]
پـرستنده و خـاک پـای تـو اَنـد — هـمه شـهر زنـده بـه رای تـو اَنـد![5]
از آن تـرس! کـاو هـوش و زور آفـرید — درخشـنده نـاهید و هـور آفـرید[6]
نـباید چـنین کـارش از تـو پسـند — میان را بـه خـون ریختن بـر مـبند!»*

→ می‌نماید، زیرا که اگر همه را نپذیرد، و بخشی از آنرا بپذیرد، باز «پذیرفتن» درکار است. در لت دویم نیز شاهِ رمه نادرست است. زیرا که همواره از شاه ایران با پاژنامِ شاه جهان، یا شاه زمین یاد می‌شود! نگارنده این گفتار را چنین آراست:

گر این خواسته، زاو پذیرم —همی — **ز من گردد آزرده شاهِ زَمی-**

○ – در شاهنامه بنداری لت دویم نیامده‌است: «فوقع له ان یسلموا تلک الهدایا و التحف الی خازِن ابنه دستان: ...که بسپارند این هدایا و پیشکشی‌ها را به گنجورِ پسرش، دستان!

۱ – سخن مست است.

۲ – کنش آموختند و برافروختند، در این رج با «شد» در رج پسین همخوان نیست.

۳ – مهراب را چه گناه سرزده بود؟

۴ – سر بیگناهان! نادرست است. سخن درست در رج ۳۲۷۸ می‌گذرد.

۵ – دنبالهٔ گفتار

٦ – از ناهید نشاید در کنار هور (= خورشید) با درخشندگی یاد کردن.

* – بنداری چنین آورده‌است: «فانّی تجوز المعدلة الفائضة، و الرحمة الشاملة ان یعاقب لاساءته مهراب الذی هو غرس نعمتک، و تراب قدمتک ولم یسلک منذ تصدی قدمک کابل غیر طریق طاعتک، ومنهج عبودیتک. نعم و إن کان قصد الملک لبلاده من أجل الدین فإن إلهنا و إلهکم واحد، لاخلاف بین الاطائفتین فیه، غیر ان قبلتنا التماثیل و الاصنام، و قبلتکم الشمس و النیران»

«...هر آنکس که از دادِ بهره رسان و مهربانی گستردهٔ تو سرکشد پادافرهٔ بدکاری خویش را می‌بیند. مهراب نهال کاشته شده خوبیهای تو و
←

*

بدو سام یل گفت: «با من بگوی؛ … هر آنچت بپرسم، بهانه مجوی:
تو مهراب را کهتری؟ گر همال؟ … مرآن دخت، او را کجا؛ دید زال؛
بروی و بموی و بخوی و خرد، … بمن گوی تا با که اندر خورد؟
ز بالا و دیدار و فرهنگ اوی … برآنسان که دانی، یکایک بگوی!»[1]
بدو گفت سیندخت ک:«ای پهلوان … سرِ پهلوانان و پشت گوان؛
یکی سخت پیمانت خواهم نخست … که لرزان شود زان بر و بوم و رُست
که از تو نیاید بجانم گزند … نه آن کس که بر من بُود ارجمند!
مرا کاخ و ایوان آباد هست … همان گنج و خویشان و بنیاد هست[2]
چو ایمن شوم هرچه گویی بگوی، … بگویم، بجویم بدین آبِروی[3]
نهفته همه گنج کابلستان … بکوشم رسانم به زابلستان[4]
جزین نیز هرچیز کاندر خورد … بیابد ز من مهترِ پرخرد.»
گرفت آن زمان سام، دستش بدست … همان عهد و سوگند و پیمان ببست

*

چو بشنید سیندخت، سوگندِ اوی … همان راست گفتار و پیوند اوی
زمین را ببوسید و، برپای خاست … بگفت آنچه اندر نهان بود راست
که: «من خویش ضحاکم ای پهلوان، … زن گُردْ مهراب روشنروان[5]
منم مام رودابهٔ ماهروی … که دستان، همی جان فشانَد بروی
همه دودمان پیش یزدان پاک … -شب تیره تا برکشد روز چاک-[6]
همی بر تو برخواندم آفرین … همان بر جهاندار شاه زمین[7]
کنون آمدم تا هوای تو چیست؟ … ز کابل ترا، دشمن و دوست کیست؟

← خاک گامهای تست و از آغاز فرمانروایی بر کابل راهی، بجزاز فرمانبرداری از تو نرفته‌است، و اگر خواست پادشاه از آهنگ جنگ سرزمین او بهانهٔ دین است. خدای ما و شما یکی است و دگر اندیشی میان دو تیره نیست، مگرآنکه ما را روی به پیکره و نگاره است، و شما را روی به خورشید و آتش».

از این گفتار بنداری، روشن است که نمونهٔ فارسی شاهنامه‌ای که در دست او بوده است نیز، از این لغزش که مهراب را از فرزندان ضحاک در شمار آورده‌اند، بدور نبوده است، بازآنکه در آینده خواهیم دیدن که سام به مهراب فرمان می‌دهد که پیمان زناشویی زال و رودابه را، بآیین وکیش، بندد، و از این سخن پیدا است که کیش مهراب نیز کیش مهر وکیش سام و منوچهر بوده‌است. در داستان ایران خواهم گشودن، که چرا منوچهر، با چنین کار همرای نبود!

۱ - **یک:** لت نخست این رج، دوباره‌گویی لت نخست از رج پیشین است. **دو:** «بگوی» در رج پیشین آمده‌بود.

۲ - پاسخ پرسش سام نیست. ۳ - پیشتر در رج ۳۲۶۳ همین سخن آمده‌بود.

۴ - دو رج برای سام که پیشکشی‌های سیندخت را برای خود نپذیرفته بود، سخن گفتن از گنج‌های نهفتهٔ کابلستان، نادرخور است.

۵ - سخن درست در رج پسین می‌آید که پیوند با ضحاک نیز در آن نیست. ٦ - سخن نادرست است و پایان ندارد.

۷ - «خواندم آفرین» نادرست است: «آفرین می‌خوانم».

اگر ما گنهکار و بدگوهریم بدین پادشاهی نه اندر خوریم،
من اینک به پیش تو ام مُستمند بکش! گر کشی، ور ببندی، ببند![1]
دل بی‌گناهان کابل مسوز کجا، تیره روز اندر آید بروز»*

*

سخن‌ها چو بشنید از او پهلوان زنی دید با رای و روشنروان
برخ چون بهار و، ببالا چو سرو میانش چو غرو و، برفتن تذرو[2]
چنین داد پاسخ که: «پیمانِ من درست است، اگر بگسلد جان من
بدین نیز همداستانم که زال ز گیتی، چو رودابه خواهد همال
شما گر چه از گوهری دیگرید همان تاج و اورنگ را درخوَرید[3]
چنین است گیتی و زین ننگ نیست ابا کردگار جهان جنگ نیست[4]
چنان آفریند که آیدش رای نمانیم و ماندیم با های‌های[5]
یکی برفراز و یکی در نشیب یکی با فزونی یکی با نهیب[6]
یکی از فزایش، شد آراسته ز کمّی دل دیگری کاسته[7]
یکی نامه با لابه و دردمند نوشتم بنزدیک شاه بلند
بنزد منوچهر شد زال زر چنان شد که گفتی برآورد پر!
به زین اندر آمد که زین را ندید همان نئل اسپش زمین را ندید[8]
بدین، زال را، شاه پاسخ دهد چو خندان شود، رای فرّخ نهد
که پروردهٔ مرغ بیدل شده‌ست از آب مژه پای در گِل شده‌ست[9]
اَروس ار به مهد اندرون همچو تست سزد گر بماند هر دو درست[10]
یکی روی آن بچهٔ اژدها مرا نیز بنمای و بستان بها»[11]
بدو گفت سیندخت: «اگر پهلوان کند بنده را شاد و روشنروان،
چمانَد، بکاخ من اندر، سمند سرم بر شود بآسمان بلند
به کابل چنو شهریار آوریم همه پیش او، جان؛ نثار آوریم»

*

۱ – اگر مستمند باشد، آمادگی مرگ را ندارد (مستمند: گله‌مند، شاکی). * – که روز روشنِ کابلیان به تیرگی کشیده شود.
۲ – برای زیبایی‌های تن سیندخت نبود، که در رج پیشین از روان روشن و رای او برانگیخته شده‌بود.
۳ – گوهر دیگر (افزاینده، در پرده نژاد ضحاک را برخ میکشد). ۴ – این رج با رج پیشین پیوند ندارد.
۵ – سخن بی سر و بُن. ٦ – پیوند ندارد. ۷ – همان گفتارِ رج پیش!
۸ – سخن سست است. که زمین را ندید چه باشد؟ مگر شاید که نُئل اسپ بر زمین نخورد!؟
۹ – پس از یاد کردن از پاسخ شاه، دنبالهٔ داستان بیدلیِ زال نادرخور است. ۱۰ – رودابه در مهد نیست، و در کابل است.
۱۱ – **یک:** بچهٔ اژدها. **دو:** کسی برای دیدار بها نداده‌است.

لب سام، سیندخت پرخنده دید … همه بیخ کین از دلش کنده دید
نَوَندی* دلاور بکردار باد … برافکند و مهراب را مژده داد
که: «ز اندیشهٔ بد مکن یاد هیچ … دلت شاد کن، کار مهمان پسیچ
من اینک پسِ نامه اندر، دمان … بیایم نجویم بره بر، زمان»
دگر روز چون چشمهٔ آفتاب … بجنبید و بیدار شد سر زخواب[1]
گرانمایه سیندخت بنهاد روی … بدرگاه سالار دیهیم جوی[2]
روارو برآمد ز درگاه سام … مِهِ بانوان خوانَدَنَش بنام●
بیامد برِ سام و بردش نماز … سخن گفت با او زمانی دراز[3]
به دستوری بازگشتن بجای … شدن شادمان سوی کابل‌خدای[4]
دگر ساختن کار مهمان نو … نمودن بداماد پیمانِ نو
ورا سام یل گفت: «برگرد و رَو … بگو آنچه دیدی به مهراب گو»
سزاوار او خلعت آراستند … ز گنج آنچه پرمایه‌تر خواستند
به کابل، دگر؛ سام را هرچه بود … ز کاخ و ز باغ و ز کشت و درود
دگر چارپایان دوشیدنی … ز گستردنی هم ز پوشیدنی[5]
به سیندخت بخشید و دستش بدست … گرفت و یکی نیز پیمان ببست⊡
پذیرفت مر دخت او زال را … خداوندِ ژوپین و کوپال را[6]
سرافراز گُردی و مردی دویست … بدو داد و گفتش که: «ایدر مه‌ایست
به کابل بباش و بشادی بمان … ازین پس مترس از بدِ بدگمان»□
شکفته شد آن روی پژمرده ماه … به نیکی اختری برگرفتند راه[7]

---

* – نَوَنَد: شتابنده، اسب تیزرو.
1 – چشمهٔ آفتاب جنبید؟!
2 – دیهیم... پهلوانان خود بدنبال تاج نبوده‌اند، و این پادشاهان بوده‌اند که تاج‌وتخت می‌جستند.
● – چون سیندخت آهنگ رفتن دارد، اسب بدرگاه می‌خوانند و پاژنام او را ببانگ بلند بر زبان می‌رانند پاژنام سیندخت از سوی سام پهلوان چنانست که خواندیم.
3 – افزاینده را آگاهی نیست که در رج پیشین، سیندخت آمادهٔ رفتن شده‌است یک شب را بروی گذراند (۳و ۳۳۰۲) تا دوباره او را بنزد سام فرستد!
4 – دنبالهٔ داستان در سه رج.
5 – پیدا است که چون کاخ را ببخشند گستردنی‌ها و پوشیدنی‌ها در آنست، و چون باغ و کشتزار را ببخشند چارپایان هم در آنست، و دوباره‌گویی ندارد.
⊡ – پیشتر در رج ۳۲۶۸ پیمان برای نیازردن کابلیان و دودمان سیندخت یاد شده بود، و این پیمان تازه که با «نیز» نموده می‌شود برای بخشیدن آنچه که در رج ۳۳۱۰ آمده‌بود، بسته شد.
6 – **یک:** پیشتر در رج ۳۲۸۲ همراهی خود را با پیوند زال و رودابه آشکار کرده بود. **دو:** ژوپین را ژوپین‌وران، یا نیزه‌دارانِ نگهبان بدست می‌گیرند، نه پهلوان سیستان.
□ – بدگمان: دشمن.
7 – **یک:** روی ماه سیندخت پیشتر شکفته شده‌بود. **دو:** در لت نخست از یک‌کس نام می‌رود، و در لت دویُم از چندکس (برگرفتند راه).

رسیدن زال، با نامهٔ سام،
بنزد منوچهر

پس آگاهی آمد سوی شهریار — که آمد ز ره، زالِ سامِ سوار
پذیره شدندش همه سرکشان — که بودند در پادشاهی نشان
چو آمد بنزدیکی بارگاه — سبک، نزد شاهش گشادند راه
چو نزدیک شاه اندر آمد زمین — ببوسید و بر شاه کرد آفرین[1]
زمانی همی داشت بر خاک؛ روی — بدو داد دل، شاهِ آزرمجوی
بفرمود تا رویش از خاکِ خشک — ستَردند و بر؛ وی فشاندند مشک

*

بیامد برِ تختِ شاه، ارجمند — بپرسید ازو شهریار بلند
که: «چون بودی ای پهلوِ زادمرد — بدین راه دشوار با باد و گرد؟»
«به فرّ تو» گفتا: «همه بهتریست — همه روزمان بزم و رامشگریست»[2]
ازو بستد آن نامهٔ پهلوان — بخندید و شد شاد و روشنروان
چو برخواند، پاسخ چنین داد باز — که: «رنجی فزودی بدل بر، دراز
ولیکن بدین نامهٔ دلپذیر — که بنوشت با درد دل، سامِ پیر
اگرچه مرا هست زین، دل؛ دژم؛ — برآنم که نندیشم از بیش و کم
بسازم، برآرم همه کام تو — گر اینست فرجام و آرام تو
تو یکچند ایدر بشادی بپای — که تا من بکارت زنم، نیک، رای»

*

ببردند خوالیگران خوان زر — شهنشاه بنشست با زال زر
بفرمود تا نامداران همه — نشستند بر خوانِ شاهِ رمه[3]
چو از خوان خسرو بپرداختند — بتخت دگر جام مَی ساختند
چو مَی خورده شد، نامور پور سام — نشست از برِ اسپِ زرین ستام
برفت و بپیمود بالای شب؛ — پر اندیشه دل، پر ز گفتار لب
بیامد بشبگیر، بسته کمر — به پیش منوچهر پیروزگر
بر او آفرین کرد شاه جهان — چو برگشت بستودش اندر نهان[4]

۱ – سخن از بوسیدن زمین در رج پسین می‌آید.
۲ – پیدا است که روزگارِ زال همه درد و اندوه و رنج بوده‌است.
۳ – دربارهٔ «شاه رمه» پیش‌ازاین سخن رفت.
۴ – بکجا برگشت؟

پرسیدن منوچهر، اختر زال را

از اخترماران

بفرمود تا موبدان و ردان   ستاره‌شناسان و هم بخردان
کنند انجمن پیش تخت بلند   ز کار سپهری پژوهش کنند
برفتند و بردند رنج دراز   که تا از ستاره چه یابند راز!
سه روز اندر آن کارشان شد درنگ   برفتند با زیج رومی به چنگ[1]
زبان برگشادند بر شهریار   که: «کردیم با چرخ گردان شمار[2]
چنین آمد از دادِ اختر پدید   که این آب، روشن؛ بخواهد دوید
ازین دخت مهراب و از پور سام   گَوی پُرمنش زاید و نیکنام
بُود زندگانیش بسیار مَر   همش زور باشد همش هوش و فر
همش برز باشد همش شاخ و یال   برزم و ببزمش نباشد همال
کجا؛ بارهٔ او کند موی، تر*   شود خشک، همرزم او را جگر
عقاب از برِ ترگ او نگذرد   سران جهان را بکس نشمرد
یکی برزبالا بود فرمند   همی شیر گیرد بخمّ کمند[3]
هوا را بشمشیر گریان کند   برآتش یکی گور بریان کند[4]
کمربستهٔ شهریاران بُود   به ایران پناه سواران بود»
چنین گفت پس شاه گردنفراز   که:«زین هرچه گفتید، دارید؛ راز!»
بدان تا بپرسد ازو چند چیز   نهفته سخن‌های دیرینه نیز[5]

آزمودنِ موبدان زال را

بخواند آن زمان زال را شهریار   کزو خواست کردن، سخن، خواستار

1 - زیج رومی!   ۲ - زبان برگشادن، بی‌آزرمی کردن و درشت سخن راندن است.

* - آنجا که اسب او (از دویدن بهنگام جنگ) خوی می‌ریزد و موی بر اندامش تر می‌شود... .

۳ - **یک:** فرّمند نادرست است: «فرهمند» **دو:** در رج ۳۳۴۷ دربارهٔ برزوبالای او سخن رفته‌بود.

۴ - **یک:** هوا، بشمشیر گریان نمی‌شود. **دو:** لت دویُم گزافهٔ لتِ نخست را می‌شکند.   ۵ - لت دویم سست می‌نماید.

*

نشستند بیداردل بخردان   همان زال با نامور موبدان
بپرسید مر زال را موبدی   از آن تیزهش، راهبر بخردی[1]
که: «از ده و دو تا سرو سهی   که رسته‌ست شاداب و با فرهی[2]
از آن هر یکی، برزده شاخ سی   نگردد کم و بیش در پارسی»![3]
دگر● موبدی گفت کای سرفراز   دو اسپ گرانمایه و تیزتاز
یکی زان، بکردار دریای قار   یکی چون بلور سپید آبدار
به رنجند و هردو شتابنده‌اند   همان یکدگر را نیابنده‌اند»

*

دودیگر چنین گفت کـ :«آن سی سوار   کجا بگذرانند بر شهریار
یکی کم شود، باز چون بشمرند   همان سی بُود راست، چون بنگرند»

*

سدیگر چنین گفت کـ :«آن مرغزار   که بینی پراز سبزه و پرنگار
یکی مرد، با تیز داسی بزرگ   سوی مرغزار اندر آید، سترگ
گیاه تر و خشک، می‌بدرود   اُگر لابه سازی سخن نشنود○

*

دگر گفت کـ :«آن برکشیده دو سرو   ز دریای با موج، برسانِ غَرو،
یکی مرغ دارد بریشان کنام   نشیمش به بامین بود، گه به شام*
ازین چون بپرّد، شود برگ؛ خشک   بران چون نشیند، دهد؛ بویِ مشک
ازین دو همیشه یکی آبدار   یکی پژمریده شده، سوگوار»[4]

*

۱ - نمونه‌های گونه‌گون تیزهش بخردی، راهبر بخردی، راه بین بخردی، راه بر بخردی، رای بر بخردی، هیچیک، راه بجایی نمی‌برند.

۲ - این بس است که گویند «ده و دو سرو سهی». اما این رج پیوسته برج افزودهٔ پیشین است، و افزوده بشمار می‌رود.

۳ - شاخ سی نادرست است.

● - در همهٔ نمونه‌ها که آن سه رج افزوده را، از شاهنامه درشمار آورده‌اند، این رج را با «دگر موبدی» آغاز کرده‌اند. بازآنکه چون از دودیگر پرسنده، در رج ۳۳۶۳ یاد می‌شود، این نخستین پرسنده است و من بر آن بنیاد، سخن را چنین آراستم: **«یکی موبدی...»**.

○ - «لابه سازی سخن نشنود» روی سخن، به «تو» است، بازآنکه همهٔ پرسش‌ها همگانی است، و بر این بنیاد سخن را چنین آراستم: اگر لابه سازند می‌نشنود.

* - در نمونه‌ها سخن بسیار است: ف: «نشیم این ببامین بود و آن بشام». س: «نشیمن بمغرب بود، گه بشام» لن، لی، ق ۲، ل ۲، ب: نشیم این (ق ۲: آن) بشامی (ل ۲، ب: بامی) بود، آن به بام (ل ۲، ب: بشام). بنداری نیز چنین آورده‌است: «شجرتان من بواسق الاشجار، ثابتتان فی بحر الزخار علی کلّ واحدة منهما وکر لطائر یصبح علی إحداهما، و یمسی علی الاخری»: دو درخت بلند، ایستاده در دریای پر آبخیز، و بر هریک از آن دو، پرنده‌ای آشیان می‌کند، بامداد بر یکی، و شامگاه بر دیگری! و بر بنیاد همهٔ این گفتارها، سخن را می‌باید چنین آراستن: **«نشیمش ببام، این بود، وان بشام»**.

۴ - دوباره‌گویی رج پیشین است. و درخت را نشاید سوگوار بودن.

بپرسید دیگر که: «بر کوهسار یکی شارسان یافتم استوار
خرامند مردم، از آن شارسان بگیرند، هامون یکی خارسان
بناها کشیدند سر تا بماه پرستنده گشتند و هم پیشگاه[1]
وزآن شارسان‌شان به دل نگذرد کس از یاد کردن سخن نشمرد[2]
یکی بومهِن[○] خیزد از ناگهان بر و بومشان پاک گردد نهان
بدان شارسان‌شان نیاز آورَد هم اندیشه‌های دراز آورَد!
به پرده دَرَست این سخن‌ها، بجوی به پیشِ ردان آشکارا بگوی!
گر این رازها آشکارا کنی ز خاک سیه مشک‌سارا کنی»[3]

*

زمانی در اندیشه شد زال زر برآورد یال و بگسترد پر[●]
ازآن‌پس، بپاسخ سخن برگشاد همه پرسش موبدان کرد یاد:
«نخست آن ده و دو درخت بلند که هریک همی شاخ سی، برکشند؛[4]
بسالی ده و دو بود ماه نو، چو شاه نو آیین اَبَر گاهِ نو[5]
به سی روز، مه را سر آید شمار برین سان بود گردش روزگار
دگر آنکه از اسپ دادی نشان به پیش شهنشاه گردنکشان،[6]
دوان هر دوان از پس یکدگر همی این بیابد مر آن را مگر[7]
دو اسپِ دونده، سپید و سیاه که مر یکدگر را نگیرند راه
شب و روز باشد که می‌بگذرد دمِ چرخ، بر ما، همی بشمرد
دودیگر چنین گفت کان سی سوار کجا بگذرانند بر شهریار
از آن سی سواران یکی کم شود بگاه شمردن همان سی بود
شمار مه نو برین گونه دان چنین کرد پیدا خدای جهان
نباشد سخن جز ز نقصان ماه که یک شب کم آید همی گاه‌گاه[8]

۱ -کنش در رج پیشین در زمان روان بود (بگیرند)، و اینجا زمان گذشته شد (کشیدند).

۲ -لت دویُم درهم است.

○ - بومهِن؛ کردی: بولرز، بلوچی: بوم‌چند، فارسی بوم‌لرز، زمین‌لرزه.

۳ -گزافه است که چگونه خاک سیه را مشک‌سارا، توان کردن؟

● -سر فرو برد و دست و شانه بدو سوی گشاده کرد.

۴ -پرسش دوازده درخت، افزوده بود، و پاسخش نیز افزوده است - شمار شاخ سی دوباره آمده‌است.

۵ - در هر سال «ماه نو» در گردش ماه، بیشتر از دوازده است،پرسش موبدان درباره دوازده ماه خورشیدی با گفتار برج‌های بره تا ماهی می‌آید.

٦ - سخن دربارهٔ دو اسپ بوده‌است، نه اسپ! این پاسخ در رج ۳۳۸۷ خواهد آمدن! «شهنشاهِ گردنکشان» نیز پاژنامی شایسته برای منوچهر بشمار نمی‌رود!

۷-لت دویم سست و درهمریخته است.

۸ -لت دویم بی‌پایان و پریشان. سخن تنها از نقصان ماه سخن نمی‌گوید؟ که از افزایش آن نیز آگاهی می‌دهد.

*

کنون از نیام این سخن برکشیم: دو بنِ سرو، کان مرغ دارد نشیم،
ز برج بره تا ترازو، جهان همی تیرگی دارد اندر نهان،
چو روی از ترازو بماهی نهاد جهان رادگرگونه گردد نهاد
دو سرو، آن دو بازوی چرخ بلند کزو نیمه شاداب و نیمی نژند
بر آن، مرغِ پرنده، خورشید دان جهان را ازو بیم و امّید دان

*

دگر شارستان بر سر کوهسار سرای درنگ است و جای شمار
همان خارسان چون سرای سپنج کزو ناز و گنج است و هم درد و رنج
همی دم زدن بر تو بر، بشمرد هم او پرورانْد هم او بشکرد[1]
بر آید یکی باد با زلزله ز گیتی بر آید خروش و وِله[2]
همه رنج ما مانده با خارسان گذر کرد باید سوی شارسان
کسی دیگر از رنج ما برخورد نپاید، بر او نیز هم بگذرد[3]
چنین رفت از آغاز یکسر سخن همین باشد و نو نگردد کهن[4]
اگر توشه‌مان نیکنامی بود روان‌ها بدان سو گرامی بود[5]
اُگر آز ورزیم و پیچان شویم پدید آید آنگه که بیجان شویم[6]
گر ایوان ما سر به کیوان بَر است ازان بهرهٔ ما یکی چادَر است[7]
که بر روی پوشند و بر سرشْ خاک همه جای بیم است و تیمار و باک[8]

*

بیابان و آن مرد با تیزداس گیای تر و خشک از او در هراس
تر و خشک یکسان همی بدرود اُگر لابه سازی سخن نشنود؛[9]
دروگر، زمان است و ما چون گیا همانش نبیره، همانش نیا
به پیر و جوان یک‌بیک ننگرد شکاری که پیش آیدش بشکرد°
جهان را چنین است ساز و نهاد که جز مرگ را کس ز مادر نزاد

۱ – سرای سپنج، دم زدن مردمان را می‌شمرد و در پایانِ شمارش می‌میرند. اما این گفتار در بند پسین بگونهٔ درست می‌آید.
۲ – مرگ مردمان همواره همراه باد و زمین‌لرزه نیست! ۳ – لت دویم سست است، «نیز هم» نادرست است.
۴ – نو، کهن نمی‌شود؟ نه چنین است که هر نو را، زمانهٔ کهن شدن باید! برداشت از گفتار مهراب، با سیندخت:
«بسیندخت مهراب گفت این سخن نو آوردی و نو نگردد کهن»
۵ – روان‌ها نادرست است: «روان ما».
۶ – **یک:** این گفتار سست بگونهٔ درست در رج ۳۴۰۲ آمده‌بود. **دو:** چه آز ورزیم و چه نورزیم، روزی مرگمان فرامی‌رسد.
۷ – سخن نادرست، اگر ایوان ما سر به کیوان می‌کشد... ۸ – دنبالهٔ گفتارِ سست
۹ – دوباره‌گویی رج ۳۳۶۷ است. ° – شکَردَن: پاره‌پاره کردن.

ازین در، در آید، بدان، بگذرد   زمانه بر او، دَم همی بشمرد،[1]

*

چو زال این سخن‌ها بکرد آشکار   ازو شادمان شد دل شهریار
بشادی یکی انجمن برشکفت   شهنشاه گیتی زهازه گرفت[2]
یکی جشنگاهی بیاراست شاه   چنانچون شب چارده چرخ ماه[3]
کشیدند می تا جهان تیره گشت   سر میگساران ز می خیره گشت
خروشیدن مردِ بالای‌خواه   یکایک برآمد ز درگاه شاه●
برفتند گردان همه شاد و مست   گرفته یکی دستهٔ گل بدست

*

چو بر زد، زبانه ز کوه، آفتاب   سر نامداران برآمد ز خواب؛
بیامد کمربسته، زال دلیر   به پیش شهنشاه چون نرّه شیر
بدستوری بازگشتن ز در   شدن نزد سالار فرّخ پدر
بشاه جهان گفت ک:«ای نیکخوی   مرا چهر سام آمده‌ست آرزوی؛[4]
چو بوسیدم این پایهٔ تخت آج   دلم گشت روشن بدین برز و تاج»[5]

*

بدو گفت شاه: «ای جوانمردِ گرد   یک امروز نیزت بباید شمرد»[6]
ترا بویهٔ دخت مهراب خاست   دلت راهش سام و زابل کجاست؟!»[7]

هنر نمودن زال در میدان

بفرمود تا سنج و هندی درای   بمیدان گذارند با کرنای[8]

---

۱ – چه کس در آید؟ سخن درست چنین می‌نماید.

۲ – **یک:** زهازه گفتن کار شاهان پایان هنگام ساسانیان بود. **دو:** گرفت نیز با شکُفت پساوا ندارد.

۳ – **یک:** شاه جشنگاه نمی‌آراید. **دو:** لت دویم بی‌پیوند و نادرست است.

● – ناگهان از درگاه شاه خروش مردان که اسپِ سران، و مهمانان را می‌خواستند برخاست.

۴ – **یک:** شاه جهان را نشاید «نیکخوی» نامیدن! **دو:** دستوری (اجازه) خواستن رج پیش همین سخن را می‌گوید.

۵ – **یک:** زال زمین را برابر شاه بوسیده‌بود، نه پایهٔ تخت را. **دو:** برز و تاج را نیز کنار یکدیگر نشاید آوردن.

٦ – «گُرد» را با «شمَرد» پساوا نیست.

۷ – لت دویم پریشان است. مجتبی مینوی نیز در یک گفتار یوبه را بجای «بویه» پیشنهاد کرده‌است و بر این بنیاد، در برخی نمونه‌ها «یوبه» آورده‌اند، و چنین واژه در زبانهای ایرانی پیشینه ندارد.

۸ – نام بردن تنها از سه ابزار شایسته نیست، از همه برتر کوس است که از آن نام بمیان نیامده‌است.

ابا نیزه و گرز و تیروکمان — برفتند گردان همه شادمان[1]
کمان‌ها گرفتند و تیر خدنگ — نشانه نهادند چون روز جنگ[2]
بتابید هر یک بچیزی عنان — بگرز و به تیغ و بتیر و سنان[3]
درختی گَشَن بُد بمیدان شاه — فراوان گذشته بر او سال و ماه[4]
کمان را بمالید دستان سام — برانگیخت اسپ و برآورد نام[5]
بزد بر میان درخت سهی — گذاره شد آن تیر شاهنشهی[6]
هم اندر تگِ اسپ یک چوبه تیر — بیفکند و بگذاشت بر نرد، شیر[7]
سپر برگرفتند ژوپین‌وران — بگشتند با خشت‌های گران[8]
سپر خواست از ریدک ترک زال — برانگیخت اسپ و برآورد یال[9]
کمان را بیفکند و ژوپین گرفت — بژوپین ز کار نو آیین گرفت[10]
بزد بر سه تا اسپر گیل‌وار — گشاد و بدیگر سو افکند، خوار[11]
به گردنکشان گفت شاه جهان — که: «با او که جوید نبرد از مهان؟[12]
یکی برگراییدش اندر نبرد — که از تیر و ژوپین برآورد گرد!»[13]
همه برکشیدند گردان سلیح — به دل خشمناک و زبان پرمزیح[14]
به آورد رفتند پیچان عنان — ابا نیزهٔ آبداده سنان[15]

۱ – در لت نخست؛ ابا نیزه و گرز... به رج پیشین بازمی‌گردد. بازآنکه در لت دویم چنین نیست.

۲ – روز جنگ «نشانه» در میدان نمی‌نهند.

۳ – اگر چنین باشد هیاهویی شگفت برمی‌خیزد، بازآنکه آزمایش زال درمیان بود.

۴ – درخت گشن، نادرست است: «درخت گشن شاخ».

۵ – نام را در جنگ برای ترساندن هماورد بر زبان می‌بردند، نه بهنگام نشانه‌زنی، که همگان نام ویرا می‌دانستند. **دو:** نام نیز «بر آوردنی» نیست، «گفتنی» است.

۶ – **یک:** درخت گَشَن شاخ، سرو نیست، و درخت سهی نیز درست نیست. **دو:** تیر شاهنشهی نبوده‌است که تیر زال بود. **سه:** سخن بگونه‌ای دیگر در رج پسین می‌آید.

۷ – چوبه، (تیرِ) شیر (زال) از نرد، (چوب درخت) گذاره کرد؟ چنین کار نشاید که تیری از تنهٔ درختی کهنسال بگذرد.

۸ – **یک:** اگر ژوپین وران‌اند، پس چرا ایشان را می‌باید با خَشت (تیر کوچک باندازهٔ یک بَدَست) بمیدان آیند؟ **دو:** خشت، گران نیست، و همواره در سخنان افزایندگان چنین می‌آید! خَشت سبکترین جنگ‌افزار است که سرنیزه دارد و در بُن آن چنبرهٔ کوچکی می‌سازند و زه بدان می‌بندند، و سرِ دیگرِ زه را با انگشت میانین می‌اندازند، آنگاه آنرا در میان انگشتان گرفته بسوی دشمن، یا جانور پرتاب می‌کنند، و چون زخم بدشمن زد بیدرنگ آنرا بسوی خود می‌کشند، و دوباره... .

۹ – ترک! رج پسین از ژوپین نام می‌رود، و در این سخن افزوده سپر درخواست می‌شود!

۱۰ – **یک:** کمان را پس‌از بکارگرفتن در قَربان (= کمانداان) می‌گذارند، و نمی‌افکنند، زیرا که کمان پهلوانی چون زال ویژهٔ خودِ او است، و نباید بدور افکنده شود. **دو:** لت دویم راگزارش نیست.

11 – سپر گیلی: سپری که گیلانیان با گونه‌ای ترکهٔ ملایم مانند سبد می‌ساختند که سبک بود و شمشیر نیز بر آن کارگر نمی‌نمود. سه سپر گیلی را با زخم ژوپین (نیزهٔ کوتاه) از هم گسستن نشاید، اما شاید که ژوپین آنها را سوراخ کند!

۱۲ – گردنکشان؟ یا مهان؟

۱۳ – شاید گفتن که از درخت و سپر گیلی گرد آورد، اما از تیر وُ ژوپین نشاید.

۱۴ – آنکه خشمناک باشد، زبانش «پر مزیح» نمی‌شود.

۱۵ – میدان نبرد نبود و اگر نیزهٔ آبداده سنان بهر یک از آنان می‌خورد، آنانرا می‌کشت.

برانگیخت زال اسپ و، برخاست گَرد   چنان شد که مرد اندر آمد بمرد[1]
نگه کرد تا کیست زیشان سوار   عنان‌پیچ و گردنکش و نامدار[2]
ز گَرد اندر آمد بسان نهنگ   گرفتش کمربند او بیدرنگ[3]
چنان‌خوارش از پشت زین برگرفت   که شاه و سپه ماند زو، درشگفت[4]
به‌آواز گفتند گردنکشان   که: «مردم نبیند کسی زین نشان[5]
هر آنکس که با او بجوید نبرد   کند جامه، مادر، بر او لاژورد[6]
ز شیران نزاید چنین نیز گُرد   چه گُرد از نهنگانش باید شمرد[7]
خنک سام یل، که‌ش چنین یادگار   بماند بگیتی، دلیر و سوار»[8]
بر او آفرین کرد شاه بزرگ   همان نامور مهتران سترگ[9]
بزرگان سوی کاخ شاه آمدند   کمربسته و با کلاه آمدند[10]
یکی خلعت آراست شاه جهان   کزان خیره گشتند یکسر مهان
چه از تاج پرمایه و تخت زر   چه از یاره و توُغ و زرّین کمر[11]
همان جامه‌های گرانمایه نیز   پرستنده و اسپ و هرگونه چیز
به زال سپهبد سپرد آن زمان   همه چیزها از کران تا کران

پاسخ منوچهر، بسام

پس آن نامه را شاه، پاسخ نوشت   شگفتی سخن‌های فرّخ نوشت
که: «ای نامور پهلوان دلیر   بهر کار پیروز، برسان شیر
نبیند چو تو نیز گَردان سپهر   برزم و ببزم و بِرای و بچهر
همان پور فرخنده، زال سوار   کزو ماند، اندر جهان یادگار

۱ – این رج نیز نشان نمی‌دهد که چگونه جنگاوران را بی‌آنکه از نیزه زخم رسد، مرد بمرد آمد!؟

۲ – **یک:** چون در رج پیشین، مرد، بمرد اندر خورد... پس؛ کار بپایان رسیده‌است، و دیگر جای آن نیست که از میان ایشان‌گردنکش و عنان‌پیچ برگزیند. **دو:** گیریم که عنان پیچان و گردنکشان را شناخت، از کجا داند که کدامیک از سپاهیان نامدارند؟

۳ – **یک:** نهنگ؛ از آب بر می‌آید، نه از گرد! **دو:** این سخن افزوده نشان می‌دهد که زال در آن هیاهو، نامدارترین گردنکش و عنان‌پیچ را بازشناخت و کمربند (کمربند = پرستار، غلام) او راگرفت. **سه:** گرفتش نادرست است، زیرا با «او» را همراه است و در یک سخن دوبار «او» بکار بردن شایسته نیست.

۴ – شاه و سپاه «ماندند» نه ماند.

۵ – بمردم نمی‌ماند، دشنام است نه ستایش و آفرین.

۶ – ایرانیان باستان در سوگ جامهٔ تیره نمی‌پوشیدند.

۷ – **یک:** مگر شیر را می‌باید مردِ گُرد زاییدن؟ **دو:** لت دویُم را سخن، نابهنجار است.

۸ – دنبالهٔ گفتار.

۹ – سخن دوباره... مهتران سترگ!

۱۰ – تنها بزرگان نبودند که بسوی کاخ رفتند، همگان را شاید گفتن.

۱۱ – سه رج افزوده تاج و تخت زر ویژهٔ شاهان است، هرگونه چیز، چه باشد، دوباره‌گویی چیزها.

رسید و بدانستم از کام او — همان خواهش و رای و آرام او [1]
برآمد هرآنچ آن، ترا کام بود — همان زال را، رای و آرام بود
همه آرزوها سپردم بدوی — بسی روز فرخ شمردم بدوی [2]
ز شیری که باشد شکارش پلنگ — چه آید جز از شیر شرزه بجنگ [3]
گُسی کردمش با دلی شادمان — کزو دور بادا بدِ بدگمان

*

برون رفت با فرّخی، زال زر — زگُردانِ لشکر برآورده سر *
نوندی برافکند نزدیک سام — که برگشتم از شاه، دل شادکام
ابا خلعت خسروانیّ و تاج — همان یاره و توغ و هم تخت آج [4]
چنان شاد شد زان سخن پهلوان — که با پیرسر، شد بنوّی جوان
سواری به کابل برافکند زود — به مهراب گفت: «آن کجا؛ رفته‌بود
نوازیدن شهریار جهان — اُزان شادمانی که رفت از مهان
من اینک چو دستان برِ من رسد — گذاریم هر دو چنان چون سزد» [5]
فرستاده تازان به کابل رسید — خروشی برآمد چنانچون سزید [6]
چنان شاد شد شاه کابلستان — ز پیوند خورشید زابلستان [7]
که گفتی همی جان برافشاندند — ز هر جای رامشگران خواندند [8]
بشادی زدند آنگهی دست زود — کز اندوه و غم هر کسی رسته‌بود [9]

*

چو مهراب شد شاد و روشنروان — لبش گشت خندان و دل شادمان؛
گرانمایه سیندخت را پیش خواند — بسی خوب گفتار با او براند
بدو گفت که:«ای جفتِ فرخنده‌رای — برافروخت از رایت این تیره جای
بشاخی زدی دست، کاندر زمین — بر آن، شهریاران کنند آفرین [10]
چنان هر کجا، ساختی از نخست — ببـاید مر این را سرانجام جست [11]

---

۱ - این سخنان در رج پسین آمده‌است.
۲ - «سپُردم» را با «شِمَردم» پساوا نیست.
۳ - پیوند با سخنان پیشین و پسین ندارد.
* - سربلندتر از بزرگان لشکر.
۴ - گداخویيِ افزایندگان!
۵ - **یک:** اینک را بجای اکنون گرفته‌است بازآنکه اینک، نشاندادن چیز، یا کسی از نزدیک است که در خراسان «اینَه» و در تهران ایناها[ش] می‌خوانند. **دو:** دوبار واژهٔ «من» در یک گفتار **سه:** کنش؛ گذاریم در لت دویم برای «من» در لت نخست ناهمخوان است.
٦ - سخن بی‌پیوند... افزاینده را می‌بایستی گفتن که فرستاده پیام را «به مهراب» رساند، و از آن آگهی... .
۷ - دنبالهٔ گفتار. پیوند خورشید کابلستان با که؟
۸ - شاه کابلستان در رج پیشین با جان برافشاندند در این رج همخوان نیست.
۹ - **یک:** آنگهی نادرست است. **دو:** دست زد زود را چه گزارش باشد؟ **سه:** لت دویُم سست و بی‌پیوند است.
۱۰ - سیندخت بشاخِ (درخت زال) دست نزده‌بود، این روداده بود که ویرا پسندیده‌بود.
۱۱ - گفتار بی سر و بن!

همه گنج پیش تو آراسته‌ست — اگر تخت آج است اگر خواسته‌ست»[1]
چو بشنید سیندخت برگشت باز — بر دختر آمد سراینده راز
همی مژده دادش بدیدار زال — که: «دیدی چنانچون بباید، همال
زن و مرد را از بلندی منش — سزد گر برآید سر از سرزنش[2]
سوی کام دل تیز بشتافتی — کنون هرچه جستی، همه یافتی»

*

بدو گفت رودابه: «ای شاه‌زن — سزای ستایش بهر انجمن!
من از خاکِ پای تو، بالین کنم — ز فرمانت، آرایش دین کنم
بکام تو گردد همه کار ما — سرآمد همان تیز بازار ما[3]
ز تو چشم اهریمنان دور باد — دل و جان تو، خانهٔ سور باد!»
چو بشنید سیندخت گفتار اوی — به آرایش کاخ بنهاد روی
جهان بوستان کرد از خرمی — بهشت برین کرد روی زمی[4]
بهار نو آورد در بوستان — که شادان شدندی ازو دوستان
بیاراست ایوان‌ها چون بهشت — گلاب و می و مشک و انبر سرشت
بساطی بیفکند پیکر بزر — زبرجد بر او بافته سربسر
دگر پیکرش درّ خوشاب بود — که هر دانه‌ای قطرهٔ آب بود
یک ایوان همه تخت زرّین نهاد — بآیین و آرایش چین نهاد
همه پیکرش گوهر آکنده بود — میان گهر نقش‌ها کنده بود
ز یاقوت مر تخت را پایه بود — که تخت کیان بود و پُرمایه بود
یک ایوان همه جامهٔ رود و می — بیاورده از پارس و اهواز و ری
بیاراست رودابه را چون بهشت — بخورشید بر، جادوی‌ها نوشت*
همه کابلستان شد آراسته — پراز رنگ و بوی و پراز خواسته
پذیره شدن را بیاراستند — ز کابل پرستندگان خواستند؛

---

۱ - دنبالهٔ گفتار ۲ - **یک:** «از منش بلند»، نه «از بلندی منش» **دو:** پیوند با سخنان پیشین و پسین ندارد.

۳ - بکام تو، یا بکام من؟ لت دویم؛ آشفته‌است، تیز بازار چه بود که سرآمد (بپایان رسید).

۴ - از این رج تا ۳۵۰۱ گزافه گویی‌های شگفت! [سیندخت] جهان را بوستان کرد از خرّمی، روی زمین را بهشت برین کرد، بهار نو آورد در بوستان! (شدندی، نادرست) دوباره ایوان را چون بهشت آراست. گلاب و می و مشک و انبر را باهم بسرشت (بارها دیدیم که این کار هیچ رویی ندارد و بهیچ کار نمی‌آید)، بساط (جامهٔ گستردنی؛ قالی) بگستراند که با زبرجد بافته شده‌بود(!) بساطی دیگر که با مروارید برآورده‌بود، در یکی از کاخها، تخت‌های زرین نهاد... (آیین و آرایش چین را نمی‌دانیم چگونه بوده‌است) آن تخت‌ها (گروه) پیکرش (یگانه) پر از گوهر بود، میان گوهرها؛ نگاره کنده شده‌بود، پایهٔ تخت‌ها، از یاقوت بود(؟!). تخت کیان! بود، یک کاخ را همه جامهٔ (فرش) رود (ساز) و می، قالیِ رود، و می چگونه شاید بودن؟ که آن رودها (سازها) یا می‌ها یا قالی‌ها را از پارس و اهواز و ری آورده بودند... خداوندا! ما را برهان از چندین یاوه گویی!

* - بر چهرهٔ چون خورشید رودابه؛ آرایش جادوانه کرد.

نشستند بر پیل، رامشگران — نهاده بسر بر، ز زر افسران[1]
کجا برفشانند مشک و آبیر — همان گسترانند خزّ و حریر[2]
فشاندند بر سر همه مشک و زر — که شد از گلاب و ز مَی خاک، تر

۱ – **یک:** افسر زرین ویژهٔ شاهان بوده‌است. **دو:** افسران نیز نادرست است: «رامشگران بر سر، افسر زرین نهاده بودند».
۲ – رامشگران که بر پیل نشسته‌بودند، با آنکه خویشکاریشان خنیاگری بود، از آن دست کشیده، از افراز پیل مشگ و ابیر برافشانند... و قالی خز و ابریشمین بگسترانند! از فراز پیل، چگونه؟ افزاینده می‌داند! آنانکه می‌بایستی مشک و ابیر بیفشانند، و خز و حریر بگسترانند، بر سر همگان مشگ و زر افشاندند، و ازگلاب و می خاک را تر کردند!!

رسیدن زال به سام

همی راند دستان گرفته شتاب ... چو پرنده مرغ و چو کشتی بر آب[1]
همه ره چو آتش همی راند زال ... نه خورد و نه خواب و نه آرام و هال
کسی را نبد ز آمدنش آگهی ... پذیره نرفتند با فرهی[2]
خروشی برآمد ز پرده‌سرای ... که: «آمد ز ره، زال فرخنده‌رای!»
پذیره شدش سام یل شادمان ... همی داشت اندر برش یک زمان*
فرود آمد از باره بوسید خاک ... بگفت آن کجا؛ دید و بشنید، پاک[3]
نشست از بر تخت، پرمایه سام ... ابا زال، خرّم‌دل و شادکام

*

سخن‌های سیندخت گفتن گرفت ... لبش گشت خندان، نهفتن گرفت[4]
چنین گفت ک :«آمد ز کابل پیام ... پیمبر زنی بود سیندخت نام
ز من خواست پیمان و دادم زبان ... که هرگز نباشم برو، بدگمان
ز هرچیز کز من بخوبی بخواست ... سخن‌ها بران، برنهادیم راست
نخست آنکه با ماه کابلستان ... شود جفت، خورشید زابلستان
دگر آنکه زی او بمهمان شویم ... بران دردها پاک درمان شویم
فرستاده‌ای آمد از نزد اوی ... که شد ساخته، کار پیوند جوی![5]
کنون چیست پاسخ فرستاده را ... چه گوییم مهراب آزاده را؟»

*

ز شادی چنان شد دل زالِ سام ... که رنگش سراپای شد لئل فام[6]
چنین داد پاسخ که: «ای پهلوان ... گرایدون که بینی به روشنروان؛
سپه ماند و ما به کابل شویم ... بگوییم و زین در●، سخن بشنویم»
بدستان نگه کرد فرخنده سام ... بدانست کاو را، ازین، چیست کام!
سخن هرچه از دخت مهراب نیست ... بنزدیک زال آن، جزاز خواب نیست
بفرمود تا زنگ و هندی درای ... زدند و گشادند پرده‌سرای
هیونی برافکند، گُردی دلیر ... بدان؛ تا شود پیش مهرابِ شیر

---

۱ - شتاب دستان، بگونهٔ زیباتر در رج پسین آمده‌است.
۲ - پذیره را با فرهی نمی‌روند.
* - پذیره در اندرون پرده‌سرای.
۳ - ...پس‌ازآنکه سام او را دربرگرفت، زال از اسپ پیاده شد... .
۴ - گفتار دربارهٔ سیندخت پس‌ازاین می‌آید.
۵ - **یک**: خود سیندخت فرستاده‌بود، فرستاده نداشت. **دو**: لت دوئم بی‌پیوند است.
۶ - رنگ رخ لئل‌فام می‌شود، نه سراپای.
● - در: فصل، باب در کتاب و گفتار. زین در: دراین‌باره.

بگوید که: «آمد سپهبد ز راه ابا زال و پیلان و چندی سپاه»

*

فرستاده تازان به کابل رسید خروشی برآمد چنانچون سزید
چنان شاد شد شاه کابلستان ز پیوندِ خورشید زابلستان[1]
که گفتی همی جان برافشاندند ز هرجای رامشگران خواندند[2]

گواه‌گیران رودابه و زال

بزد نای، مهراب و بربست کوس بیاراست لشکر چو چشم خروس
ابا ژنده‌پیلان و رامشگران زمین شد بهشت از کران تا کران
ز بس گونه‌گون پرنیانی درفش چه سرخ و سپید و چه زرد و بنفش[3]
چه آوای نای و چه آوای چنگ خروشیدن بوق و آوای زنگ[4]
تو گفتی مگر روز انجامش است یکی رستخیز است، گر رامش است[5]
همی رفت ازین‌گونه؛ تا پیشِ سام فرود آمد از اسپ و بگذارد گام
گرفتش جهان پهلوان در کنار بپرسیدش از گردشِ روزگار
شهِ کاولستان، گرفت* آفرین اَبر سام و، بر زال زر، همچنین
نشست از بر بارهٔ تیزرو چو از کوه سربرکشد ماه نو[6]
یکی تاج زرّین، نگارش گهر نهاد از برِ تارکِ زال زر

*

به کابل رسیدند خندان و شاد سخن‌های دیرینه کردند یاد
همه شهر ز آوای هندی درای ز نالیدن بربت و چنگ و نای[7]
تو گفتی در و بام رامشگر است زمانه بر آرایشی دیگر است[8]
بش و یال اسپان کران تا کران براندوده بر مشک و بر زعفران[9]
برون رفت سیندخت با بندگان میان بسته؛ چندی پرستندگان

---

۱ – افزاینده فراموش کرده‌است که همین سخن را در رج ۳۴۷۵ آورده‌بود.

۲ – مهراب شاد شد و جان برافشاند(ند) و خواند(ند)!

۳ – **یک:** «چه» در لت دویُم نادرخور است. **دو:** سخن پایان ندارد.

۴ – «چه» نابجا است.

۵ – **یک:** تو گفتی... **دو:** رستاخیز را نمی‌توان با رامش یکسان دانستن.

* – نمونه‌ها چنین آورده‌اند، و «بخواند آفرین» درست می‌نماید.

٦ – هنوز پیاده‌اند، و مهراب در رج پسین، تاج بر سرِ زال می‌نهد.

۷ – در این رج؛ همه شهر... آمده‌است.

۸ – **یک:** ...و در این رج! **دو:** تو گفتی!

۹ – باز از مشک و زعفران روی یال اسبان سخن می‌رود.

داستان زال و رودابه

۳۵۵۰
بکف، هر یکی را یکی جام زر / بدست اندرون، پر ز مشک و گهر[1]
همه سام را آفرین خواندند / پس آن جام گوهر برافشاندند[2]
بدان جشن هرکس که آمد فراز / شد از خواسته یک بیک بی‌نیاز[3]
بخندید و سیندخت را سام گفت / که: «رودابه را چند خواهی نهفت؟!»
بدو گفت سیندخت: «هدیه کجاست / اگر دیدن آفتابت هواست؟»[4]
چنین داد پاسخ به سیندخت، سام / که: «از من بخواه، آنچه آیدت کام»

*

۳۵۵۵
برفتند تا خانهٔ زرنگار / کجا* اندر آن بود، خرّم بهار
نگه کرد سام اندر آن ماهروی / یکایک؛ شگفتی بماند اندر اوی[5]
ندانست که‌ش چون ستاید همی! / بر او چشم را چون گشاید همی![6]
بفرمود تا رفت مهراب پیش / ببستند بندی به آیین و کیش
بیک تختشان شاد بنشاندند / عقیق و زبرجد برافشاندند

*

۳۵۶۰
سر ماه با افسر نامدار / سر شاه با تاج گوهر نگار[7]
بیاورد پس دفتر خواسته / یکی سخت گنج آراسته[8]
بر او خواند از گنجها هرچه بود / که گوش آن نیارست گفتی شنود
برفتند از آنجا بجای نشست / ببودند یک هفته با می بدست
از ایوان سوی باغ رفتند باز / سه هفته بشادی گرفتند ساز[9]
۳۵۶۵
بزرگان کشورش با دست بند / کشیدند بر پیش گاه بلند[10]

*

سر ماه نو، هرمزِ مهرماه● / بشد سام و، بر تخت بگزید، راه○
چنین گفت مر زال را که: «ای پسر / نگر تا نباشی جز از دادگر!
بفرمان شاهان دل آراسته / خرد را گزین کرده بر خواسته■

---

۱ - بکف آنان؟ یا بدست اندرون آنان؟ ۲ - چون چند پرستنده بودند می‌بایستی از «جامها» یاد شود، نه جام.
۳ - در آیین‌های پیوند... همگان پیشکشی می‌برند، نه آنکه خواسته‌ای بگیرند. ۴ - دو رج بی‌پایان! * - کجا: که.
۵ - شگفتی بماند، نادرست است: «شگفت‌زده شد...». ۶ - چون بدو نگاه کرده‌بود، گفتارِ لتِ دویم نادرخور می‌نماید.
۷ - افسر نامدار چه بوده باشد؟
۸ - افزاینده اینجا نیز، روی به خواسته کرده‌است، اما خوشبختانه زود بپایانش برده‌است.
۹ - **یک:** باغ و کاخ هر دو، یکجااند! **دو:** بشادی ساز گرفتن چیست؟
۱۰ - **یک:** بزرگانِ کشورِ که؟ **دو:** بزرگان دست‌بند نمی‌بستند. **سه:** چه چیز را کشیدند؟
● - روز نخست مهرماه.
○ - سام برفت و رنج راه را برگزید و از رامش تخت، خود را دور کرد.
■ - در کارها، خرد را بکار گیر، و مال و خواسته را رها کن.

همه ساله بربسته دست از بدی   همه روزه جُسته رهِ ایزدی
چنان دان که برکس نماند جهان   یکی بایدت، آشکار و نهان
براین پند من باش و مگذر از این   بجز بر ره راست، مَسپَر زمین
که من در دل ایدون گمانم همی   که آمد بتنگی، زمانم همی»
سپهبد سوی باختر° کرد روی   زبان گرمگوی و دل آزرمجوی
سر ماه سام نریمان برفت   سوی سیستان روی بنهاد، تفت[1]
ابا زال و با لشکر و پیل و کوس   زمانه رکاب ورا داد بوس[2]
عماریّ و پالان و هودج بساخت   یکی مهد تا ماه را در نشاخت[3]
چو سیندخت و مهراب و پیوند و خویش   سوی سیستان روی کردند پیش[4]
برفتند شادان دل و خوش منش   پر از آفرین لب، ز نیکی دهش[5]
رسیدند پیروز تا نیمروز   چنان شاد و خندان و گیتی فروز[6]
سپرد آن زمان پادشاهی به زال   برون برد لشکر بفرخنده فال[7]
سوی کرگساران شد و باختر   درفش خجسته برافراخت سر[8]
«شوم؛» گفت که:«آن پادشاهی جدا است   دل و دیده با من ندارند راست
منوچهر منشور آن شهر و بر   مرا داد و گفتا همی دار و خور[9]
بترسم ز آشوب بدگوهران   بویژه ز گردان مازندران»[10]
بشد سام یکزخم و بنشست زال   می و مجلس آراست و بفراخت یال[11]

رستم

بسی برنیامد بر این، روزگار   که رنگ اندر آمد، بخرم بهار
بهار دل افروز پژمرده شد   دلش را غم و رنج بسپرده شد[12]
شکم گشت فربیّ و تن شد گران   شد آن ارغوانی رخش، زئفران[13]

○ – باختر، در اوستا: آپاخِذْرِ، در پهلوی اپاختر: شمال.   ۱ – **یک:** در رج پیشین، روی بباختر کرده‌بود.
۲ – **یک:** سام؛ زال را پند داد و بدرود کرد. **دو:** روشن نیست که زمانه چگونه رکاب سام را بوسیده‌است! گزافه گویی بس نادرخور.
۳ – مگر سام عماری‌ساز و پالان‌دوز بود؟!   ۴ – «چو» آغاز، نادرست است.   ۵ – دنبالهٔ سخن
٦ – نبردی درمیان نبود، تا آنان پیروز شوند.   ۷ – سام؛ بدرود کرده و رفته‌بود.
۸ – افزاینده را بیاد افتاد که سام بسوی اپاختر می‌رود.   ۹ – سخن سست
۱۰ – سخن از کرگساران شد، و اینجا بویژه از گردان مازندران هراس برمی‌گیرد.
۱۱ – در انجمن می و رامش، یالِ برافراخته چه باشد؟ سخن نیز بدآهنگ است.   ۱۲ – لت دویم بی‌پیوند است.
۱۳ – **یک:** شکم زن باردار فربه نمی‌شود. فربه (= فْرَپیه) کسی است که پیه اندامش را بگیرد، و فرزند، پیه نیست! **دو:** در رج پیشین چنین
←

بدو گفت مادر که: «ای جان مام … چه بودت؟ که گشتی چنین زردفام!»
چنین داد پاسخ که: «من روز و شب … همی برگشایم بفریاد لب
همانا زمان آمدستم فراز … اُ زین بار بردن، نیابم جواز *
تو گویی بسنگ استم، آکنده پوست … اُگر آهن است آنکه نیز اندروست!»

*

چنین؛ تا گهِ زادن آمد فراز … بخواب و بآرام بودش نیاز
چنان بُد که یک روز، زو رفت هوش … از ایوان دستان برآمد خروش
خروشید سیندخت و بشخود روی … بکند آن سیه گیسوی مشکبوی
یکایک، بدستان رسید آگهی … که پژمرده شد، برگِ سرو سهی
ببالین رودابه شد زال زر … پراز آب؛ رخسار و خسته؛ جگر
همان پرّ○ سیمرغش آمد بیاد … بخندید و سیندخت را مژده داد

*

یکی مجمر آورد و آتش فروخت … اُزان پرّ سیمرغ لختی بسوخت [1]
هم اندر زمان تیره‌گون شد هوا … پدید آمد آن مرغ فرمانروا
چو ابری که بارانش مرجان بود … چه مرجان که آرایش جان بود [2]
ستودش فراوان و بردش نماز … بر او کرد زال آفرین دراز [3]
چنین‌گفت‌با زال؛ ک:«این غم چرا است؟ … بچشمِ هژبر اندرون، نم چرااست؟!
کزین سروِ سیمین برِ ماهروی … یکی کودک آید ترا؛ نامجوی
که خاک پیِ او ببوسد هُژبر! … نیارد گذشتن بسر بَرْش، ابر
اُز آوازِ او چرم جنگی پلنگ … شود چاک‌چاک و بخاید دو چنگ [4]
هر آن گُردکآواز کوپال او … ببیند بر و بازوی و یال او، [5]

← آمده‌بود که رنگ به بهار آمد، و چنین رنگ بجز رنگ زرد نیست، و اینجا دوباره‌گویی است.

* - این بار؛ مرا می‌کشد، و از آن زنده گذر نتوانم کردن.

○ - «**گفت سیمرغ**» درست می‌نماید.

۱ - آتش فروختنی نیست، افروختنی است.

۲ - **یک:** اگر باران مرجان؛ بر سر و روی مردمان و گیاهان ریزد، همه چیز را نابود می‌کند! **دو:** کنش بوَد؛ نادرست است، زیرا که آن کار درگذشته روی نموده‌بود، وکنش نیز بگونه گذشته شایست آمدن. **سه:** مرجان آرایش جان، چگونه تواند بودن؟ که خود، آرایش تن است!

۳ - **یک:** پرورانندهٔ زال را نشاید که فرزندخواندهٔ خویش را نماز بَرَد. **دو:** نماز؛ ویژهٔ مردمان است، زیرا که از ریشهٔ «نَم» اوستایی برابر با خم شدن آمده‌است، مردمان را شاید خم شدن در برابر یکدیگر، و مرغ را توان آن نیست. **سه:** آفرین دراز نیز نادرخور است: بسا آفرین خواند.

۴ - **یک:** «بخاید دو چنگ» به چرم جنگی پلنگ بازمی‌گردد، و نادرست است، درست چنان بود که گفته آید: پلنگ را چرم چاکچاک شود و چنگ را بخاید! **دو:** سخن از «آواز او» در رج ۳۶۰۸ می‌آید.

۵ - **یک:** آواز کوپال؛ دیدنی نیست. **دو:** اگر ببیند؛ به گُرد بازگردد نه بآواز کوپال. **دو:** اگر «ببیند» را پیوستهٔ لتِ دویم در شمار آوریم لت نخست؛ بی‌پایان می‌شود.

از آواز او انـــدر آیـــد ز پـــای   دل مـــرد جـــنگیِ پـــولاد خـــای
بـــه رای و خـــرد سـام سـنگی بُـود   بـــخشم انـدرون شـیر جـنگی بـود

*

بـــبالای ســـرو و بـــنیروی پـــیل   بـــه آورد خَشت افـکـــند بـــر دو مـــیل [1]
نـــباید بگـــیتی ز راه زهـش*   بـــفرمان دادارِ نـــیکی دهش
یکـــی مـــرد بینادلِ پـر فسون   بـــیاور، ابـــا خـــنجری آبگـــون
نـــخستین بـــه مـــی مـاه را مست کـن   ز دل بـــیم و انـــدیشه را پست کـن [2]
تـــو بـــنگر کـــه بینادل افسون کـند   بـــه صـــندوق، تـــا شیر بـیرون کـند [3]
شکـــافد تـــهیگاه ســـرو ســـهی   نـــباشد مـــر او را ز درد آگـــهی
اُزو بـــچهٔ شـــیر بـــیرون کشـــد   هـــمه پـهلوی مـاه در خـون کشـد
اُزانـــپس بـدوزد، کـجا؛ کـرد چـاک   ز دل؛ دور کـن، تـرس و تـیمار و بـاک
گـــیاهی کـــه گـویمت بـا شیر و مشک   بکـوب و بکـن هـرسه در سـایه خشک [4]
بســـای و بـــر آلای بـــر خســـتگیش   بـــبینی هـــمان روز پـــیوستگیش [5]
بـــر او مـــال از آن پس یکـــی پـرّ مـن   خـــجسته بـــود ســایهٔ فـرّ مـــن [6]
تـــرا زیـــن ســـخن شـاد بـاید بُـدن   بـــه پـــیشِ جـهاندار بـاید شـدن [7]
کـــه او دادت ایـــن خسروانـی درخت   کـــه هـــر روز نـو بشکـفانَدْتْ بـخت [8]
بـدین کـار، دل هـیچ غـمگین مـدار   کـــه شـاخ برومندت آمـد ببار!»
بگـــفت و یکـــی پـــر ز بـازو بکـند   فکـــند و بـــپرواز بـــرشد بـــلند [9]
بشـــد زال و آن پـــرّ او بـــرگرفت   بـرفت و بکـرد آنـچه گـفت، ای شگـفت [10]
بـــدان کـــار نـــظّاره شـد یک جـهان   هـــمه دل پـــر از خـون و خـسته روان [11]

*

۱ – خَشت را بدور پرتاب نمی‌کردند، و چنانکه پیشتر گذشت؛ میدانِ پرتاب خشت، دو یا سه گز بود. که باز، با زهِ بسته، بچنگ پرتاب کننده بازمی‌گشت!   * – از راه ویژهٔ زهدان زاده نمی‌شود.

۲ – مست کردن بیمار، در «کاردْ درمانیْ» (= جرّاحی) با پزشک است نه با زال!

۳ – **یک:** تو بنگر... نادرست است. **دو:** از شیر در (۳۶۱۶) یاد می‌شود.

۴ – **یک:** پزشک، خود گیاهان را می‌شناسد. **دو:** تا زال گیاه را بیابد و آنرا با شیر و مشک بیامیزد و آنرا در سایه(!) خشک کند، بیمار؛ سرِ زا رفته‌است!   ۵ – پس‌ازآنکه با شیر و مشک آمیخت؛ آنرا بساید!

۶ – اگر همان روز چاک شکم رودابه پیوسته می‌شود، پسان پر سیمرغ را بر آن مالیدن چه سود است؟!

۷ – خداوند را پیشگاه نیست که به پیش او روند.

۸ – دنبالهٔ گفتار. هنوز «درخت خسروانی» بجهان نیامده‌است و نمی‌توان با «این» از آن یاد کردن.

۹ – پر، در بال است، نه در بازو.   ۱۰ – **یک:** دنبالهٔ گفتار **دو:** ای شگفت، نادرخور است.

۱۱ – چگونه بکار شکافتن شکم یک بیمار همهٔ جهانیان می‌نگریستند؟

همی ریخت سیندخت از میژه خون — که کودک ز پهلو کی آید برون؟

رستمزاد

بیامد یکی موبد چَرْبدَست — مرآن ماهرخ را بمَی کرد مست
بکافید بی رنج؛ پهلوی ماه — بتابید مر بچّه را، سر ز راه
چنان بی‌گزندش برون آورید — که کس در جهان آن شگفتی ندید
یکی بچّه بُد چون گوی شیرفش — ببالا بلند و، بدیدارْ کش

*

شگفت اندرو مانده بُد مرد و زن — که نشنید کس بچّهٔ پیلتن[1]
همان درزگاهش فرو دوختند — بدارو، همه درد؛ بسپوختند
شبانروز مادر ز مَی خفته‌بود — ز مَی خفته و هوش ازو رفته‌بود[2]
چو از خواب بیدار شد سروبُن؛ — به سیندخت بگشاد لب؛ بر سخُن؛
بر او درّ و گوهر برافشاندند — ابر کردگار آفرین خواندند
مرآن بچّه را پیش او تاختند — بسان سپهری برافراختند[3]
بخندید از آن بچّه، سرو سهی — بدید اندرو، فرّ شاهنشهی
«برستم» بگفتا: «غم آمد به سر» — نهادند رستمش نام پسر[4]

*

یکی کودکی دوختند از حریر — ببالای آن شیرِ ناخورده شیر
درونِ وی، آکنده موی سمور — برُخ بر، نگاریده ناهید و هور
ببازوش بر، اژدهای دلیر — بچنگ اندرش داده چنگال شیر[5]
بزیر کش اندر، نگارِ سنان — بیک دست کوپال و دیگر عنان
نشاندندش آنگه بر اسپ سمند — بگِرد اندرش، چاکران نیز؛ چند

---

۱ - **یک:** شگفت اندرو مانده [بودند]. **دو:** این رج میان رج‌های پیشین و پسین جدایی می‌افکند.
۲ - **یک:** چند شبانروز؟ می‌بایستی گفتن یک شبانه‌روز. **دو:** لت دویُم سست می‌نماید.
۳ - **یک:** تاختند نادرست است: بردند... **دو:** چگونه کودک نوزاد را چون یک سپهر(؟) برافراختند؟
۴ - ریشه‌یابی نام رستم چنین نیست! رستم در زبان اوستایی (؟؟ اوستایی ؟؟) رَئودَستَهم: پیکربزرگ (نیرومند) است که برابر آن در زبان پهلوی رُستَهم و در زبان فارسی رستم خوانده می‌شود که گونه‌ای دیگر از آن تهمتن باشد! و بیگمان رودابه در آن زمان دور که زبان بگونهٔ اوستایی نزدیک بوده‌است، نام رستم را بدینگونه نادرست گزارش نمی‌توانست کردن!
۵ - **یک:** گیریم که بر بازوی آن پیکره، نگارهٔ اژدها کشیدند، چگونه نشان دادند که آن اژدها؛ دلیر است؟ **دو:** می‌توانستند گفتن که بجای چنگ او چنگ شیر بساختند.

چو شد کار یکسر همه ساخته   چنانچون ببایست پرداخته[1]
هیون تکاور برانگیختند   بفرمان بران بر، درم ریختند
یکی جشن کردند در گلستان   ز زاولستان تا به کابلستان[2]
همه دشت پر باده و نای بود   بهر کنج صد مجلس آرای بود
به زاولستان از کران تا کران   نشستند هر جای رامشگران
نبد کهتر، از مهتران، برفرود   نشسته چنانچون بوَد، تاروپود
پس آن پیکر رستم شیرخوار   ببردند نزدیک سام سوار

*

اَبَر سام یل موی برپای خاست   «مرامانَد این پرنیان» گفت: «راست!
اگر نیم از این پیکر آید تنش   سرش ابرساید زمین دامنش!»[3]
اُزانپس فرستاده را پیش خواست   درم ریخت تا بر سرش گشت راست[4]
بشادی برآمد ز درگاه کوس   بیاراست میدان چو چشم خروس[5]
مَی آورد و رامشگران را بخواند   بخواهندگان بر، درم برفشاند
بیاراست جشنی، که خورشید و ماه؛   نظاره شدند اندرآن بزمگاه[6]
پس آن نامه را سام پاسخ نوشت   بیاراست چون مرغزار بهشت
نخست آفرین کرد بر کردگار   بران شادمان گردش روزگار[7]
ستودن گرفت آنگهی زال را   خداوند شمشیر و کوپال را[8]
پس آمد بر آن پیکر پرنیان   که یال یلان داشت و فرّ کیان[9]
بفرمود که:«او را چنان ارجمند   بدارید، کز دَم، نیابد گزند
نیایش همی کردم اندر نهان   همی جُستم از کردگار جهان
که: «زنده ببیند، جهانبین من   ز تخم توگُردی بر آیین من
کنون شد مرا و ترا پشت راست   نباید جزاز زندگانیش خواست

*

۱ - ساخته و پرداخته هردو یکی است، و این سخن در رج پیشین نهفته‌بود که تا کار ساخته شده‌بود نمی‌توانستند بر اسپ سمندش نشاندن.
۲ - این چهار رج، میان دو رج ۳۶۴۶ و ۳۶۵۱ و میان داستان، جدایی می‌افکند.
۳ - **یک:** این پیکر، چرا می‌باید در آینده نیمه شود؟ **دو:** سخن نیز بس سست است.
۴ - اگر چنین باشد، فرستاده در میان درم‌ها می‌میرد!!
۵ - میان رج‌های پیشین و پسین جدایی می‌افکند.
٦ - جشن، یا بزمگاه؟ افزاینده «جشن» را نمی‌شناخته‌است که ستایش یزدان بوده باشد! و آنرا با بزم یکی دانسته‌است.
۷ - این رج استوار است، و از فردوسی است، اما از دیگر داستانهای شاهنامه بدینجا آورده شده‌است! اما چون به رج پسین که نادرست است پیوسته‌است افزوده بشمار می‌رود.
۸ - آنگهی نادرست است.
۹ - **یک:** پس آمد نادرخور است. **دو:** پیکره را شاید یال یلان داشتن، اما فرّ نمی‌شاید داشتن، آنهم فرّ «کیان». لت دویُم نیز بدآهنگ است.

فرستاده آمد چو باد دمان بر زال، روشندل و شادمان
چو بشنید زال این سخن‌های نغز بروشن روان اندر آورد مغز [۱]
بشادیش بر، شادمانی فزود برافراخت گردن بچرخ کبود
همی گشت چندی بسر بر، جهان برهنه شد آن روزگار نهان [۲]
برستم همی داد ده دایه، شیر کجا میشد، آن شیر پرمایه شیر [۳]
چو از شیر آمد سوی خوردنی شد از نان و از گوشت پروردنی [۴]
بُدی پنج مرده مر او را خورش بماندند مردم از آن پرورش [۵]
چو رستم بپیمود بالای هشت بسان یکی سرو آزاد گشت [۶]
چنان شد که رخشان ستاره بوَد جهان بر ستاره نظاره بوَد [۷]
تو گفتی که سام یل استی بجای ببالا و دیدار و فرهنگ و رای [۸]

۱ – چگونه مغزش را بروانِ روشنش آورد؟!　۲ – کدام روزگارِ نهان؟ مگر روزگار پنهان می‌شود؟

۳ – پساوای این گفتار نادرست است: شیر خوراکی šīr و شیر درنده šēr خوانده می‌شود. سخن مولوی را بیاد آورید که گفت این دو واژه در نوشتن یکی هستند (در خواندن دو گونه‌اند «کار نیکان را قیاس از خود مگیر /گرچه باشد در نوشتن؛ شِیر، شیر») از آنسوی سیر گیاهی šīr، و سیر شدن از خوراک šēr است، و این‌گونه آوا هنوز در بیشتر سرزمین‌های ایرانی از درّه یغناب و تاجیکستان... تا کردستانِ آنسوی مرز سلیمانیه و اربیل، بر زبان مردمان می‌رود. اکنون باید دانستن که پایان رج نخست شیر šīr است، و پایان لت دویم šēr، و از این دو پساوا بر نمی‌آید... اما در هیچیک از نمونه‌ها چنین نیامده‌است و نیز با «دایه شیر» پساوا ندارد. افزایندگان در برخی نمونه‌ها رج دویم را بدینگونه آورده‌اند: «که نیروی مرد است، سرمایه، شیر» (خالقی مطلق ۲۷۰–۱) در این لت نیز دو نادرخوری هست: **یک:** رستم هنوز کودک است، و مرد نیست. **دو:** سخن سست و ناهماهنگ است این سخن بدانهنگام درست می‌نمود که چنین سروده شود: «سرِ مایهٔ مردمانست؛ شیر»

۴ – **یک:** کس؛ از شیر بسوی خوردنی «نمی‌آید»، که او را از شیر؛ بازمی‌گیرند. **دو:** خوراک مردمان تنها گوشت و نان نیست. **سه:** پروردنی نادرست است که می‌باید چنین گفته شود چون پرورش او بنان و گوشت و و دیگر خوردنیها پیوست... .

۵ – دنبالهٔ همان گفتار　۶ – بالای هشت را پیمودن نادرست است: چون رستم به هشت‌سالگی رسید.

۷ – **یک:** کنش بوَد نادرست است: چونان ستارهٔ رخشان شد. **دو:** لت دویم را هیچ پیوند با لت نخست نیست. **سه:** جهان بر ستاره نظاره نیست، که شاید برخی از جهانیان بستار(گان) بنگرند. **چهار:** همواره چهره‌های درخشان را به خورشید و ماه همانند می‌کنند، نه بستارهٔ خُرد!

۸ – **یک:** تو گفتی نادرست است. **دو:** گزافه گویی چنانست که پیکر کودک هشت‌ساله را بسام جهان‌پهلوان همانند کرده‌اند. **سه:** از این که بگذریم، آیا می‌توان آن کودک را در فرهنگ و رای نیز همانند سام جهان‌پهلوان در شمار آوردن؟

آمدن سام بدیدن رستم

چو آگاهی آمد بسام دلیر   که شد پور دستان همانند شیر[1]
کس اندر جهان کودک نارسید   بدین شیرمردی و گردی ندید[2]
بجنبید مر سام را دل ز جای   بدیدار آن کودک آمدْش رای[3]
سپه را بسالار لشکر سپرد   برفت و جهاندیدگان را ببرد[4]
چو مهرش سوی پور دستان کشید   سپه را سوی زاولستان کشید[5]
چو زال آگهی یافت بربست کوس   ز لشکر زمین گشت چون آبنوس[6]
خود و گُردْ مهرابِ کابل‌خدای   پذیره شدن را نهادند پای[7]
بزد مهره بر جام و برخاست غَو   برآمد ز هر دو سپه‌دار و رَو[8]
یکی لشکر از کوه تا کوه مرد   زمین قیرگون و هوا لاژورد[9]
خروشیدن تازی اسپان و پیل   همی برشدآواز تا چند میل[10]
یکی ژنده پیلی بیاراستند   بر او تخت زرّین بپیراستند[11]
نشست از بر تخت بر، پورِ زال   ابا بازوی شیر و با کتف و یال[12]
بسر برش تاج و، کمر بر میان   سپر پیش و، در دست گرز گران[13]
چو از دور سام یل آمد پدید   سپه بر دو رویه رده برکشید[14]

---

۱ - از این رج یک داستان دراز برای دیدار سام از رستم افزوده شده است که بررسی می‌شود: همانند شیر، نادرست است، در چند نمونه بکردار شیر آمده‌است، اما در رج افزودهٔ ۳۶۷۵، از رستم هشت‌ساله، چنین یاد شده‌است: ببالا و دیدار و فرهنگ و رای... همانند سام است. بیگمان کودک هشت‌ساله هرچند که بنیرو باشد، همچون شیر نمی‌نماید، بویژه که در رج پسین از وی با نام کودک نارسید یاد می‌شود!

۲ - **یک:** این سخن با رج پیشین پیوند ندارد. **دو:** کودک نارسیده درست است. **سه:** گویندهٔ این سخن کیست؟

۳ - سخن استوار است، اما در میانهٔ داستان افزوده است.

۴ - سپه بسالار لشکر سپرده می‌شود؛ و سالار لشکر کسی جز سام نیست.

۵ - مگر از آغاز زادن رستم، بدو مهر نداشته‌است؟

۶ - در چنین رویدادها؛ با جنبش سپاه، آسمان؛ از گردِ بسیار سیاهرنگ می‌شود، برنگ آبنوس، و زمین را هیچ دگرگونی در رنگ پدید نمی‌آید. ۷ - **یک:** خود و گُرد مهراب نادرست است. **دو:** پای نهادن را گزارش نیست.

۸ - **یک:** پس‌از جنبش سپاه، مهره، بر جام نمی‌زنند، و مهره را می‌بایستی پیش‌از رفتن، برای آگاهی سپاه از جنبش بر جام زنند. **دو:** دار و رو نیز نادرست است گیرودار آنست که در هنگامهٔ نبرد می‌گویند؛ آنرا بگیر، اینرا بدار (= نگاه بدار).

۹ - میان لت نخست و لت دویم هیچ پیوند نیست.

۱۰ - **یک:** نیز در این رج اگر سخن با «از» آغاز شده‌بود، درست می‌نمود: از خروشیدنِ اسبان... **دو:** اسبان (گروه) و پیل (یگانه).

۱۱ - پیراستن تخت زرین، زدودن گردوخاک از روی آنست... و پیش‌از آراستن پیل چنین کار، انجام می‌پذیرد.

۱۲ - لت نخست درست می‌نماید، اما در لت دویم، سخن چنانست که گفته آید: اباگرز وشمشیر وکمند و... گویی که بازو وکتف و یال را با او بر پیل بار کرده‌اند! ۱۳ - تاج بر سر کودک هشت‌ساله؟

۱۴ - چون از دور سام یل پدیدار شد، این سپاه؛ سپاه زال را رده می‌بایستی کشیدن! چون آن سپاه بسوی اینان می‌آید، و درجنبش و رفتار رده نمی‌توان کشیدن.

داستان زال و رودابه ۲۴۹

فرود آمد از باره مهراب و زال ... بزرگان که بودند بسیار سال[1]
یکایک نهادند سر بر زمین ... اَبَر سام یل خواندند آفرین[2]
چو گل چهرهٔ سام یل بشکفید ... چو بر پیل بر، بچّهٔ شیر دید[3]
چنانش همی پیل پیش آورید ... نگه کرد با تخت و تاجش بدید[4]
یکی آفرین کرد سام دلیر ... که: «تهما! هژبرا! بزی شاد، دیر»[5]
بپرسید رستم ز تخت ای شگفت ... نیا را یکی نو ستایش گرفت[6]
که: «ای پهلوان جهان شاد باش ... ز شاخ تو ام من، تو بنیاد باش![7]
یکی بنده‌ام نامور سام را ... نشایم خور و خواب و آرام را[8]
همی پشت زین خواهم و درع و خود ... هم از تیر و ناوک فرستم درود[9]
به چهر تو ماند همی چهره‌ام ... چو آنِ تو باشد مگر زهره‌ام»[10]
اُزان پس فرود آمد از پیلِ مست ... سپهدار بگرفت دستش بدست[11]
همی بر سر و چشم او داد بوس ... فرو مانده پیلان و آوای کوس[12]
به گورابه اندر نهادند روی ... همه راه شادان و با گفت‌وگوی[13]
همه کاخ‌ها تختِ زرّین نهاد! ... نشستند و خوردند و بودند شاد[14]
برآمد برین بر، یکی ماهیان ... برنجی نبستند هرگز میان[15]
بخوردند باده به آوای رود ... همی گفت هریک بشادی سرود[16]

---

۱ – **یک:** مهراب و زال از باره فرود آمد[ند] اما دنبالهٔ داستان است. **دو:** لت دویم بس سست و ناهماهنگ است. **سه:** چون بزرگانِ بسیار سال فرود آیند، جوانان را بر روی اسب ماندن، شایسته است؟ ۲ – سخن درست و استوار است. اما دنبالهٔ داستان است.

۳ – همچنین

۴ – **یک:** چه‌کس پیل را پیش آورید (آورد)؟ **دو:** از لت دویم چنین برمی‌آید که سام چنین کرده‌است، و اکنون نگه [می]کند و با تخت و تاجش [می]بیند نادرست است. ۵ – آفرین خواندن چنان نیست که آرزوی دیرسالی برای کسی کنند.

٦ – **یک:** پرسیدن رستم سام را از روی تخت، چه شگفتی دارد؟ **دو:** ستایش نخستین رستم چه زمان انجام گرفته‌است که اکنون (یکی) ستایش نو را آغاز می‌کند.

۷ – **یک:** این؛ستایش نو نیست، آرزوی شادی نیا است. **دو:** بنیاد را که پیش‌ازاین بوده‌است نمی‌توان آرزو برای آینده کردن! «باش»!

۸ – سخن استوار است. اما پیوسته به گفتار است. ۹ – همچنین ۱۰ – زَهره با چهره پساوا ندارد.

۱۱ – این ستایش‌ها، همه می‌بایستی، پیاده؛ انجام گیرد.

۱۲ – **یک:** بوس (bōs) با کوس (kūs) پساوا ندارد. **دو:** اگر پساوا درست می‌بود، سخن درست چنین می‌باید بودن، که پیلان و کوس‌ها برجای ماندند: و سام بر سر و چهر رستم بوسه می‌زد. **سه:** کسیکه، دیگری را می‌بوسد، بوسه می‌زند، یا بوسه برمی‌گیرد، نه آنکه بوسه میدهد! ۱۳ – سخن استوار می‌نماید، اما پیوسته بگفتار است.

۱۴ – **یک:** چه‌کس در کاخ‌ها تخت زرین نهاد؟ **دو:** خرد چگونه داوری می‌کند که پیش‌از پذیره کاخ‌ها را آماده نکرده باشند و اکنون، پس‌از آمدن مهمان چنین کنند؟

۱۵ – **یک:** ماهیان بجای ماه‌ها، نادرست است. **دو:** چون یک ماه است، چگونه توان آنرا در گروه آوردن؟ «یکی ماهها»!!

۱٦ – بخوردند، نادرست است: «می‌خوردند».

۲۵۰ منوچهر

بیک گوشهٔ تخت دستان نشست دگر گوشه رستمش گرزی بدست[1]
بپیش اندرون سام گیهان گشای فروهشته از تاج پرِّ همای[2]
برستم همی از شگفتی بماند! بر او هر زمان نام یزدان بخواند[3]
بران باز و یال و آن سُفت و شاخ میان چون قلم، سینه و بر فراخ[4]
دو رانش چو ران هیونان ستبر دل شیر نر دارد و زور ببر[5]
بدین خوبرویی و این فرّ و یال ندارد کس از پهلوانان همال[6]
بدین شادمانی کنون مَی خوریم بمی جان اندوه را بشکریم[7]
که گیتی سپنج است برآرای و رو کهن شد یکی دیگر آرند نو[8]
بمی دست بردند و مستان شدند ز رستم سوی یاد دستان شدند[9]
همی خورد مهراب چندان نبید که جز خویشتن کس بگیتی ندید![10]
همی گفت: «نندیشم از زال زر نه از سام و نز شاه با تاج و فر!
من و رستم و اسپ شبدیز و تیغ نیارد بر او سایه گسترد میغ[11]
کنم زنده آیین ضحاک را بپی مشکسارا کنم خاک را»[12]
پر از خنده گشته لبِ زال و سام ز گفتار مهرابِ دل شادکام[13]

*

افزایندگان، بدرود سام را پس از داستان افزوده اینجا آورده‌اند، بازآنکه بدرود سام بهمان هنگام بازگشتن از کابل روی داده بود.

سر ماهِ نو، هرمز مهرماه بشد سام و بر تخت بگزید راه

---

۱ – **یک:** دستان می‌نشست درست است. **دو:** رستمش نادرست است: «رستم».

۲ – از شیوهٔ سخن افزاینده پیدا است که نمی‌دانسته‌است که شاهان و پهلوانان بر روی چه تخت می‌نشسته‌اند، و نمی‌دانسته‌است که تخت، همان کرسی، (یا صندلی امروزین) است، گمان او از تخت، همانا دو یا سه تخت بوده‌است که تا چند سال پیش، بر روی آبگیر (حوض) خانه‌ها می‌نهادند، و خانواده، بر روی آن می‌نشستند، و اینچنین سام را بر بالای تخت نشانده‌است، و در دو گوشهٔ روبروی آن، رستم و زال را!

۳ – بماند... نادرست است، چون کسیکه یکباره؛ دیگری را دیده باشد، در می‌ماند، در یک ماه، درست آنستکه گفته شود خیره می‌ماند، در می‌ماند... در شگفت مانده بود... **دو:** بخواند در لت دویم نیز همچنین نادرست است.

۴ – لت دویم را با لت نخستین پیوندِ درست نیست.

۵ – **یک:** گویا تازه، اندام رستم نمایانده می‌شود. **دو:** کنشِ «دارد» همهٔ پیوندها را بر هم می‌ریزد.

۶ – ...چنانکه «ندارد» در لت دویُم این رج. ۷ – سخن فردوسی است، برگرفته از دیگر داستانها.

۸ – **یک:** سخن پریشان **دو:** کهن شد نادرست است، چون یکی کهن شود... **سه:** دیگر نادرست است: دیگری [را].

۹ – تازه بیاد دستان افتادند؟! ۱۰ – پیشوند «همی» نادرست است... در یکی از بزمها: مهراب چندان مَی خورد!

۱۱ – **یک:** کدام اسپ شبدیز بوده‌است که تاکنون نام آن نیامده‌است؟ **دو:** بر چه؟ بر تیغ، یا رستم، یا شبدیز، یا خودش؟

۱۲ – داستان دروغین نژاد ضحاک در دودمان مهراب.

۱۳ – «گشته» نادرست است «پر از خنده شد» یا «پر از خنده می‌گشت».

چنین گفت مر زال را ک«ای پسر نگر تا نباشی جز از دادگر
بفرمان شاهان دل آراسته خرد راگزین کرده بر خواسته
همه ساله بربسته دست از بدی همه روز جسته ره ایزدی
چنان دان که بر کس نماند جهان یکی بایدت آشکار و نهان
برین پند من باش و مگذر ازین بجز بر ره راست مسپر زمین
که من در دل ایدون گمانم همی که آمد بتنگی زمانم همی»
دو فرزند را کرد پدرود و گفت که: «این پندها را نباید نهفت!»[1]
بر آمد ز درگاه زخم درای ز میدان خروشیدن کرنای[2]
سپهبد سوی باختر کرد روی زبان گرم‌گوی و دل آزرم‌جوی
برفتند با او دو فرزند او پر از آب رخ، دل پر از پند او
سه منزل برفتند و گشتند باز کشید آن سپهبد براه دراز[3]
وزان روی زال سپهبد به راه سوی سیستان باز برد آن سپاه[4]
شب و روز با رستم شیرمرد همی کرد شادیّ و هم باده خورد[5]

کشتن رستم زال پیل سپید را[6]

چنان بد که یک روز با دوستان همی باده خوردند در بوستان
خروشنده گشته در زیر و بم شده شادمان نامداران بهم
می لعل‌گون در به جام بلور بخوردند تا در سر افتاد شور
چنین گفت فرزند را زال زر که: «ای نامور پور خورشیدفر
دلیرانت را خلعت و یاره ساز کسی را که هستند گردنفراز»
ببخشید رستم بسی خواسته ز خوبان و اسپان آراسته
وزان پس پراگنده شد انجمن بسی خواسته یافته تن به تن

۱ – سخن نااستواری ندارد، اما همان است که در بدرود سام با زال در کابلستان گفته شد، و اینجا بنام دو فرزند باز گفته می‌شود.

۲ – درگاه سام در کابل یا در گورابه نبود.

۳ – **یک:** سه منزل برفتند، با برفتند رج پیشین همخوانی ندارد. **دو:** آن سپهبد نادرست است، «سپهبد».

۴ – **یک:** وز آنروی نادرست است، زیرا که زال از اینروی بازمی‌گردد. **دو:** «باز برد» نیز نادرخور است زیرا که وی سپاه را بسوی سیستان «بازمی‌آورد».

۵ – **یک:** رستم هشت‌ساله است نه شیرمرد **دو:** لت دویم، بس پست و ناهماهنگ است.

٦ – در این بخش نیز دو داستان افزوده بشاهنامه؛ ۱– داستان کشتن رستم، پیل سپید را، در کودکی. ۲– داستان رفتن رستم به کوه سپند، و گرفتن دژ، آن نیز در کودکی رستم، در بیشتر شاهنامه‌ها آمده است ازآنجاکه خالقی مطلق پیش‌از من این دو داستان را افزوده دانسته‌است، با یاد او و آزرم کوشش چندین ساله‌اش ازگزارش رج‌به‌رج این دو داستان، چشم پوشیدم.

سپهبد به سوی شبستان خویش / بیامد بران سان که بُد رسم و کیش
تهمتن همیدون سرش پرشتاب / بیامد گرازان سوی جای خواب
بخفت و بخواب اندر آمد سرش / برآمد خروشیدن از کشورش
که پیل سپید سپهبد ز بند / رها گشت و آمد به مردم گزند
وزو کوی‌وبرزن به جوش آمده‌ست / ز مُستی چنین سخت کوش آمده‌ست
تهمتن زخواب اندر آمد چو باد / ز مردم بپرسید و، کردند یاد
چو زان گونه گفتارش آمد به گوش / دلیری و گردی بر او کرد جوش
دوان رفت و گرز نیا برگرفت / برون آمد و راه اندر گرفت
کسانی که بودند بر درگهش / همه بسته کردند بر وی رهش
که: «از بیم اسپهبد نامور / چگونه گشاییم پیش تو در
شب تیره و پیل جَسته ز بند / تو بیرون شوی کی بود این پسند؟!»
تهمتن شد آشفته از گفتنش / یکی مشت زد بر بر و گردنش
بران سان که شد سرش مانند گوی / سوی دیگران اندر آورد روی
رمیدند از آن پهلو نامور / دلاور بیامد به نزدیک در
بزد گرز و بشکست زنجیر و بند / چنین زخم از آن نامور بد پسند
برون آمد از در بکردار باد / به دست اندرش گرز و، سر پر ز باد
همی رفت تازان سوی زنده پیل / خروشنده مانند دریای نیل
نگه کرد کوهی خروشنده دید / زمین زیر او پاک جوشنده دید
رمان دید ازو نامداران خویش / بران سان که بیند رخ گرگ، میش
تهمتن یکی نعره زد همچو شیر / نترسید و آمد برِ او دلیر
چو پیل دمنده مر او را بدید / بکردار کوهی برِ او دوید
برآورد خرطوم، پیل ژیان / بدان تا به پهلو رساند زیان
تهمتن یکی گرز زد بر سرش / که خم گشت بالای گُه پیکرش
بلرزید بر خود گُهِ بیستون / به زخمی بیفتاد خوار و زبون
بیفتاد پیل دمنده ز پای / تهمتن بیامد سبک باز جای
بخفت و چو خورشید از خاوران / برآمد بسان رخ دلبران
به زال آگهی شد که رستم چه کرد / ز پیل دمنده برآورد گرد
به یک گرز بشکست گردنش را / به خاک اندر افکند مر تنش را
سپهبد چو بشنید زیشان سخن / که چون بود ز آغاز کردار و بن
بگفتا: «دریغا چنان زنده پیل / که بودی خروشان چو دریای نیل

بسا رزمگاها که آن پیل مست   به حمله همه پاک برهم شکست
اگر چند در رزم پیروزگر   بُدی، به زوی رستم نامور»

رفتن رستم به دژکوه سپند

بفرمود تا رستم آمد برش   ببوسید با دست یال و برش
بدو گفت کای بچهٔ نرّه شیر   برآورده چنگال و گشته دلیر
بدین کودکی نیست همتای تو   به فرّ و به مردیّ و بالای تو
کنون پیش‌تر زانکه آواز تو   برآید وزان بگسلد ساز تو
به خون نریمان میان را ببند   برو تازنان تا به کوه سپند
یکی کوه بینی سر اندر سحاب   که بروی نپرّید پرّان عقاب
چهارست فرسنگ بالای کوه   پر از سبزه و آب و دور از گروه
همیدون چهارست پهناش بر   بسی اندرو مردم و جانور
درختانِ بسیار با کشت و رز   کسی خود ندیده‌ست ازین گونه مرز
ز هر پیشه کار و ز هر میوه‌دار   درو آفریده‌ست پروردگار
یکی راه بر وی دزی ساخته   بسان سپهری برافراخته
نریمان که گوی از دلیران ببرد   به فرمان شاه آفریدون گرد،
به سوی حصار دز آورد روی   وزان رای او گشت پردخته اوی
شب‌وروز بودی به رزم اندرون   همیدون گهی چاره گاهی فسون
سرانجام سنگی بینداختند   جهان را ز پهلو بپرداختند
سپه بی سپهدار گشتند باز،   هزیمت، برِ شاه گردنفراز
چو آگاهی آمد به سام دلیر   که شیر دلاور شد از بیشه سیر
خروشید بسیار و زاری نمود   همی هرزمان ناله‌ای برفزود
یکی هفته بودند با سوگ و درد   سر هفته پهلو سپه گرد کرد
به سوی حصار دز اندر کشید   بیابان و باره سپه گسترید
نشست اندر آن جا بسی سال و ماه   سوی بارهٔ دز ندانست راه
زدروازهٔ دز یکی تن برون   نه آمد همیدون نه شد اندرون
که حاجت نبدشان به یک پرّ کاه   اگر چند در بسته بُد سال و ماه
سرانجام نومید برگشت سام   ز خون پدر نارسیده به کام

کنون ای پسر گاه آنست چون   که سازم یکی چاره‌ای پرفسون

روی شاددل با یکی کاروان   بران سان که نشناسدت ساروان

تن خود به کوه سپند افکنی   بن و بیخ آن بدرگان برکنی

که اکنون نداند کسی نام تو   ز رفتن برآید مگر کام تو»

بدو گفت رستم که: «فرمان کنم   مر این درد را زود درمان کنم»

بدو گفت زال: «ای پسر گوش گیر   سخن هرچه گویم همه درپذیر!

برآرای تن چون تن ساروان   شترخواه از دشت، یک کاروان

به بار شتر در نمک دار وبس   چنان رو که نشناسدت هیچکس

که بار نمک هست آنجا عزیز   به قیمت از آن به ندارند چیز

چو باشد حصاری گران بر درش   بود بی‌نمکشان خور و پرورش

چو بینند بار نمک ناگهان   پذیره شوندت سراسر مهان

به بار نمک در نهان دار گرز   برافراخته پهلوی یال و برز»

*

چو بشنید رستم برآراست کار   چنانچون بود در خور کارزار

ز خویشان تنی چند با خود ببرد   کسانی که بودند هشیار و گرد

به بار شتر در سلیح گوان   نهان کرد پس نامور پهلوان

لب از چارهٔ خویش در خند خند   چنین تا به نزدیک کوه سپند

رسید و ز کُه دیدبانش بدید   به نزدیک سالار مهتر دوید

بدو گفت ک:«آمد یکی کاروان   به نزدیک دز با بسی ساروان

گمانم که باشد نمک بارشان   اگر پرسدی مهتر از کارشان»

فرستاد مهتر یکی رادوان   به نزدیکی مهتر کاروان

بدو گفت: «بنگر که تا چیست بار   بیا و مرا آگهی ده ز کار»

فرود آمد از دز فرستاده مرد   برِ رستم آمد بکردار گرد

بدو گفت ک:«ای مهتر کاروان   مرا آگهی ده ز بارِ نهان

بدان تا به نزدیک مهتر شوم   بگویم چنان چون ز تو بشنوم»

به پاسخ چنین گفت رستم بدوی   که: «رو نزد آن مهتر نامجوی؛

چنین گویش از گفتِ ما یک‌به‌یک   که: در بارشان‌ست یکسر نمک»

فرستاده برگشت و آمد فراز   به نزدیک آن مهتر سرفراز

«یکی کاروان است» گفتا: «تمام   نمک بارشان است این نیکنام!»

چو بشنید مهتر برآمد ز جای   لبش گشت خندان و نیکی‌فزای

داستان زال و رودابه

بفرمود تا در گشادند باز • بدان تا شود کاروان بر فراز
چو آگاه شد رستم جنگجوی • ز پشتی به بالا نهادند روی
چو آمد به نزدیک دروازه تنگ • پذیره شدندش همه بی‌درنگ
چو رستم به نزدیک مهتر رسید • زمین بوسه داد آفرین گسترید
۳۸۳۰ ز بار نمک برد پیشش بسی • همی آفرین خواند بر هر کسی
بدو گفت مهتر که: «جاوید باش • چو تابنده ماه و چو خورشید باش!
درآمد به بازار مرد جوان • بیاورد با خویشتن کاروان
ز هر سو بر او گرد شد انجمن • چه از کودک خرد و چه مرد و زن
یکی داد جامه یکی زرّ و سیم • خریدند و بردند بی ترس و بیم
۳۸۳۵ چو شب تیره شد رستم تیز چنگ • برآراست با نامداران جنگ
چو مهتر به باره درآورد روی • پس او دلیران پرخاشجوی
چو آگاه شد کوتوال حصار • برآویخت با رستم نامدار
تهمتن یکی گرز زد بر سرش • که زیر زمین شد سرِ مغفرش
همه مردم دژ خبر یافتند • سوی رزم بدخواه بشتافتند
۳۸۴۰ شب تیره و تیغ رخشان شده • زمین همچو لعل بدخشان شده
ز بس دار و گیرو ز بس موج خون • تو گفتی شفق ز آسمان شد نگون
تهمتن به گرز و به تیغ و کمند • سران دلیران سراسر بکند
چو خورشید از پرده بالا گرفت • جهان از ثری تا ثریّا گرفت
به دژ بر یکی تن نبُد زان گروه • چه کشته چه از رزم گشته ستوه
۳۸۴۵ دلیران به هر گوشه بشتافتند • بکشتند مر هر که را یافتند
تهمتن یکی خانه از خاره سنگ • برآورده دید اندر آن جای تنگ
یکی در ز آهن بر او ساخته • مهندس بر آن گونه پرداخته
بزد گرز و افکند در راز جای • پس آنگه سوی خانه بگزارد پای
یکی گنبد از ماه بفراشته • به دینار سرتاسر انباشته
۳۸۵۰ فرو ماند رستم چو زان گونه دید • ز راه شگفتی لب اندر گزید
چنین گفت با نامور سرکشان • که: «زین گونه هرگز که دارد نشان؟!
همانا به کان اندرون زر نماند • به دریا درون نیز گوهر نماند
کز این سان همی زر برآورده‌اند • در این جایگه در بگسترده‌اند»

نامه نوشتن رستم به دستان سام

یکی نامه بنوشت نزد پدر   ز کار و ز کردار خود دربه‌در
نخست آفرین بر خداوند هور   خداوند مار و خداوند مور
خداوند خورشید و ناهید و مهر   خداوند این برکشیده سپهر
ازو آفرین بر سپهدار زال   یل زابلی مهتر بی‌همال
پناه گوان پشت ایرانیان   فروزندهٔ اختر کاویان
نشانندهٔ شاه و ستانندهٔ گاه   روان گشته‌فرمانش چون هور و ماه
به فرمان رسیدم به کوه سپند   چه کوهی بسان سپهر بلند
به پایان آن گه فرود آمدم   هم آنگه ز مهتر درود آمدم
به فرمان مهتر برآراستم   برآمد بران سان که من خواستم
شب تیره با نامداران جنگ   به دز در یکی را ندادم درنگ
چه کشته چه خسته چه بگریخته   ز تن سازِ کینه فرو ریخته
همانا ز خروار پانسد هزار   بود نقرهٔ ناب و زرّ عیار
ز پوشیدنیّ و ز گستردنی   ز هرچیز کان باشد آوردنی
همانا ندارد شمارش کسی   ز ماه و ز روز ار شمارد بسی
کنون تا چه فرمان دهد پهلوان   که فرخنده‌تن باد و، روشن روان!
فرستاده آمد چو باد دمان   رسانید نامه بر پهلوان
چو برخواند نامه سپهدار گفت   که «بانامور آفرین باد جفت»
ز شادی چنان شد دل پهلوان   تو گفتی که خواهد شد از سرجوان
یکی پاسخِ نامه افکند بن   بگفته درود و، فراوان سخن
سر نامه بود آفرین خدای   دگر گفت کان نامهٔ دلگشای
به پیروزی و خرمی خواندم   ز شادی بر او جان برافشاندم
ز تو پور شایسته زین‌سان نبرد   سزد، زان که هستی‌هشیوار مرد
روان نریمان برافروختی   چو دشمنش را جان و تن سوختی
چو نامه بخوانی سبک برنشین   که بی‌روی تو هستم اندوهگین
از اشتر همانا هزاران هزار   به نزدت فرستادم از بهر بار
شتر بار کن زان که باشد گزین   پس آن‌گه به دز در زن‌آتش به کین
چو نامه به نزد تهمتن رسید   فرو خواند و زو شادمانی گزید
ز هرچیز کان بود شایسته‌تر   ز شهر و ز تیغ و کلاه و کمر

هم از لؤلؤ و گوهر شاهوار هم از دیبهٔ چین سراسر نگار،
گزید و فرستاد زی پهلوان همی شد به راه اندرون کاروان
به کوه سپند آتش اندر فگند که دودش برآمد به چرخ بلند
وزآن جای برگشت دل شادمان نهاده سر خویش زی پهلوان
چو آگاه شد پهلو نیمروز که آمد سپهدار گیتی‌فروز
پذیره شدن را چو برخاستند همه کوی و برزن بیاراستند
برآمد خروشیدن کرنای همان سنج با بوق و هندی‌درای
همی شد به راه اندرون زال زر شتابان به دیدار فرخ‌پسر
تهمتن چو روی سپهبد بدید فرود آمد و آفرین گسترید
سپهدار فرزند را در کنار گرفت و بفرمود کردن نثار
وزآن جا به ایوان دستان سام بیامد سپهدار جوینده کام
به نزدیک رودابه آمد پسر به خدمت نهاد از بسرِ خاک، سر
ببوسید مادر دو یال و برش همی آفرین خواند بر پیکرش
به مژده به نزدیک سام سوار فرستاده نامه یل نامدار
به نامه درون سربسر نیک و بد نموده بران پهلوان خِرد
همی داد با نامه هدیه بسی به نزد سپهدار کردش گسی
چو نامه برِ سام نیرم رسید رخانش ز شادی همی بشکفید
بیاراست بزمی چو خرم بهار ز بس شادمانی گو نامدار
فرستاده از خلعت و یاره داد ز رستم همی داستان کرد یاد
نوشت آنگهی پاسخ نامه باز به نزدیک فرزند گردنفراز
به نامه درون گفت کز شرزه شیر نباشد شگفتی که باشد دلیر
همان بچهٔ شیر ناخورده شیر ستاند یکی موبدی تیزویر
مر او را درآرد میان گروه چو دندان برآرد شود زو ستوه
ابی آنکه دیده‌ست پستان مام به خوی پدر بازگردد تمام
عجب نیست از رستم نامور که دارد دلیری چو دستان پدر
که هنگام گردی و گنداوری ازو شیر خواهد همی یاوری.
چو نامه بمُهر اندر آورد گُرد فرستاده را خواند، و او را سپرد
فرستاده آمد برِ زال زر ابا خلعت و نامهٔ نامور
وزو شادمان شد دل پهلوان ز کردار آن نورسیده جوان
جهان زو پرآشید شد یکسره ز روی زمین تا به برج بره

اندرز کردن منوچهر

منوچهر را سال شد بر دو شست — ز گیتی همی، بارِ رفتن؛ ببست
ستاره‌شناسان برِ او شدند — همی ز آسمان داستان‌ها زدند[1]
ندیدند روزش کشیدن دراز — ز گیتی همی گشت بایست باز[2]
بدادند ازان روز تلخ آگهی — که تیره شد این تخت شاهنشهی[3]
گهِ رفتن آمد بدیگر سرای — مگر نزد یزدان به آیدْش جای[4]
نگر تا چه باید کنون ساختن — نباید که مرگ آورد تاختن[5]
سخن چون ز داننده بشنید شاه — برسم دگرگون بیاراست گاه[6]
همه موبدان و ردان را بخواند — همه راز دل پیش ایشان براند
بفرمود تا، نوذر، آمدْش پیش — ورا پندها داد از اندازه بیش
که: «این تخت شاهی فسوس است و باد — بر آن، جاودان؛ دل نباید نهاد
مرا بر سدویست شد سالیان — برنج و بسختی ببستم میان[7]
بسی شادی و کام دل راندَم — برزم اندرون دشمنان ماندَم*
بجُستم ز سلم و ز تور سترگ — همان کین ایرج نیای بزرگ
به فرّ فریدون ببستم میان — به پندش مرا سود شد هر زیان
جهان ویژه کردم ز پتیاره‌ها° — بسی شهر کردم، بسی باره‌ها
چُنانم که گویی ندیدم جهان — شمار گذشته، شد اندر نهان

*

نیرزد همی زندگانی بمرگ — درختی که زهر آورد بار و برگ.[8]

---

۱ – چون مرگِ منوچهر فرارسیده‌بود، دیگر چه جای سخن و داستان زدنِ ستاره‌شناسان بود؟

۲ – **یک:** ندیدند روزش کشیدن دراز، نادرست است: «زندگیش را کوتاه دیدند». **دو:** پیوند لت نخست، با لت دویم؛ گسسته است.

۳ – **یک:** چون خودش، بارِ رفتن را بسته بود، اگر رفتنش تلخ بود، خود می‌دانست، و ستاره‌شناسان پس‌از او از آن داستان آگاه شدند! **دو:** تخت شاهنشهی تیره نشد، که پس‌از وی نیز، شاهی را بر آن؛ می‌باید نشستن!

۴ – همان سخن

۵ – کنش «نگر» روی بخواننده دارد.

٦ – **یک:** ستاره‌شناسان (گروه) بودند، و اینجا یگانه شدند: سخن چون زداننده... **دو:** لت دویم بی‌پیوند است. همهٔ این گفتارهای افزوده، اینجا پایان می‌یابد که در رج ۳۹۱۲ خود دریافته‌بود کهٔ خواهد رفتن، تازه موبدان و ردان را بنزد خویش می‌خواند!

۷ – سالیان نادرست است.

* – دشمنان را مانده (خسته) کردم.

° – پتیاره: مخالف، مخالف دین و آیین.

۸ – پیوند درخت با زندگانی گسسته است: زندگانی [که] درختی [است...]

ازآنپس که بردم بسی درد و رنج　　سپردم ترا تخت شاهی و گنج
چنانچون فریدون مرا داده بود　　ترا دادم این تاجِ شاه آزمود
چنان دان که خوردی و بر تو گذشت　　بخوشتر زمان، باز بایدت گشت
نشانی که ماند همی از تو باز　　برآید بر آن روزگاری دراز
نباید که باشد جز از آفرین　　که پاکی‌نژاد آورد پاک‌دین [1]
نگر تا نتابی ز دین خدای　　که دین خدای آورد پاک رای [2]
تو مگذار هرگز ره ایزدی　　که نیکی ازویست، هم زو بدی [3]
ازانپس بیاید ز توران سپاه　　نهند از برِ تخت ایران کلاه [4]
ترا کارهای درشت است پیش　　گهی گرگ باید بُدَن گاه میش [5]
گزند تو آید ز پور پشنگ　　ز توران شود کارها بر تو تنگ [6]
بجوی ای پسر چون رسد داوری　　ز سام و ز زال آنگهی یاوری [7]
اُزین نو درختی که از پشتِ زال　　برآمد کنون، برکشد شاخ و یال» [8]
ازو شهر توران شود بی‌هنر　　بکین تو آید همان کینه‌ور» [9]
بگفت و فرود آمد آبش بروی　　همی زار بگریست نوذر بر اوی
بی‌آنکه‌ش بدی هیچ بیماریی　　نه از دردها هیچ آزاریی [10]
دو چشم کیانی بهم برنهاد　　بپژمرد و برزد یکی سرد باد [11]
شد آن نامور، پرهنر شهریار　　بگیتی سخن ماند از او یادگار

۱ - **یک:** سخن در رج پیشین بپایان رسیده‌بود، و اینجا دوباره بدان پیوند داده شده، و نادرست است: لت دویُم آشفته است.
۲ - دوباره‌گویی رج پیشین، بگونه‌ای دیگر.　　۳ - **یک:** چند باره‌گویی **دو:** بدی از یزدان نیست.
۴ - **یک:** پیوند ندارد: «پس از آنکه نیکی و بدی از خداوند باشد، از توران، سپاه می‌آید!» **دو:** بر روی تخت ایران می‌نشینند نه آنکه کلاه بر آن می‌نهند!
۵ - لت دویم ناهماهنگ است، ازآنجاکه کارهای درشت در پیش دارد، می‌بایستی که همواره گرگ باشد، چون میش را یارای رو در رویی با درشتی نیست.　　٦ - چندباره گفتن. **یک:** توران **دو:** پور پشنگ.
۷ - **یک:** بهنگام جنگ توران، یاوری خواستن از زال، نادرخور است، و از سام می‌بایدش. **دو:** برخی نمونه‌ها جای یاوری لت دویم را اینجا آورده‌اند. باز نادرست است. زیراکه یاوری رسیدن از تورانیان به نوذر را می‌رساند. **سه:** آنگهی نادرست است.
۸ - دنبالهٔ گفتار　　۹ - **یک:** توران چگونه بی‌هنر می‌شود؟ **دو:** همان کینه‌ور کیست؟ سام است؟ زال، نودرخت رستم؟
۱۰ - سخن ناهموار　　۱۱ - چشم کیانی؟

نوذر

پادشاهی نوذر

چو سوگِ پدر شاه نوذر بداشت — ز کیوان کلاه کیی برفراشت [1]
بتخت منوچهر بر، بار داد — بخواند انجمن را و دینار داد [2]
برین بر نیامد بسی روزگار — که بیدادگر شد سرِ شهریار
ز گیتی برآمد بهر جای، غَو — جهان را کهن شد سر از شاهِ نَو
چو او رسم‌های پدر درنوشت — ابا موبدان وردان تیز گشت [3]
رهِ مردمی نزد او خوار شد — دلش بردهٔ گنج و دینار شد [4]

*

کدیور؛ یکایک سپاهی شدند — دلیران پرآوازِ شاهی شدند [5]
چو از روی کشور برآمد خروش — جهانی سراسر برآمد بجوش؛ [6]
بترسید بیدادگر شهریار — فرستاد، کس؛ نزد سام سوار
به سگسار و مازندران بود سام — فرستاد نوذر برِ او پیام [7]

نامه نوشتن نوذر بنزدیک سام

یکی نامه با لابه و دردمند — نویسنده از شهریار بلند [8]

---

۱ - کلاه کیی!

۲ - چون کسی بر تخت شاهی می‌نشست؛ بزرگان برای او پیشکشی می‌بردند نه آنکه شاه تازه «دینار»شان دهد!

۳ - **یک:** پیوند میان رج‌های پیشین و پسین را می‌گسلد. **دو:** بکارگیری «رسم» در آیین سخن فردوسی نیست. **سه:** پساوا ندارد! برخی استادان(!) گمان دارند که آنکه برای «گفتار» بکار می‌رود، نِوِشت است، و آنکه کردار دگرگونه است نِوَشت است، و در سخن خویش، همین گفتار افزوده بشاهنامه را گواه می‌آورند. آن استادان نمی‌دانند، که این هردو؛ یکی است و از ریشه «پَتِیشَ» باستانی برآمده‌است؛ همراه با پیشوند «نی». و هردو برابرند با پیچ امروزی و بر این بنیاد «نی‌پیشتن» پهلوی با پیچاندن و لوله کردن است که در فارسی بگونهٔ نوشتن درآمد که ریشهٔ روان آن نوردیدن است و از آنجا که در زمان باستان، نامه را پس‌از نگاشتن، در می‌نوردیدند، یا بهم می‌پیچیدند، تا بگونهٔ تومار در آید، نرم‌نرم کنش نوشتن جای نگاشتن را نیز گرفت، و هردو با یک آوا، یک کار را می‌رسانند.

۴ - ره مردمی چگونه خوار می‌شود؟ شایستی گفتن روش مردمی نزد او دگرگون گشت.

۵ - دو رج دوباره گویی.

۶ - دوباره گویی رج ۳۹۴۹.

۷ - از سگسار و مازندران لت نخست که بگذریم. نوذر؛ کس بنزد سام سوار فرستاده است، پس دوباره نام نوذر آوردن در لت دویم نادرست است.

۸ - «لابه» را می‌باید با «درد» همراه کردن، نه با دردمند!

نوشت و فرستاد نزدیک سام ‌‌ نخست از جهان‌آفرین برد نام[1]
خداوند کیوان و بهرام و هور ‌‌ که هست آفرینندهٔ پیل و مور[2]
نه دشخواری از چیز برترمنش ‌‌ نه آسانی از اندک اندر بوش[3]
همه با توانایی او یکی است ‌‌ اگر هست بسیار وگر اندکی‌ست[4]
کنون از خداوند خورشید و ماه ‌‌ درودِ روانِ منوچهر شاه[5]
ابر سام یل باد چندان درود ‌‌ که آید همی ز ابر، باران فرود[6]
مر آن پهلوان جهاندیده را ‌‌ سرافراز گُرد پسندیده را؛[7]
همیشه دل و هوش آباد باد ‌‌ روانش ز هر درد آزاد باد![8]
شناسد مگر پهلوان جهان ‌‌ سخن‌ها هم از آشکار و نهان[9]
که تا شاه، مژگان بهم برنهاد ‌‌ ز سام نریمان همی کرد یاد؛
همیدون مرا پشتگرمی بدوست ‌‌ که هم پهلوانست و هم شاهدوست[10]
نگهبان کشور بهنگام شاه* ‌‌ از او گشت رخشنده فرخ کلاه!
کنون پادشاهی پر آشوب گشت ‌‌ سخن‌ها ز اندازه اندر گذشت
اگر برنگیرد وی آن گرز کین ‌‌ ازین تخت، پَردَخت مانَد زمین

*

چو نامه برِ سام نیرم رسید ‌‌ یکی باد سرد از جگر برکشید[11]
بشبگیر هنگام بانگ خروس ‌‌ برآمد خروشیدن بوق و کوس
یکی لشکری راند از کرگسار ‌‌ که دریای سبز اندرو گشت‌خوار[12]
چو نزدیک ایران رسید آن سپاه ‌‌ پذیره شدندش بزرگان به راه[13]
چو ایرانیان آگهی یافتند ‌‌ سوی پهلوان تیز بشتافتند
پیاده همه پیش سام دلیر ‌‌ برفتند و گفتند، هرگونه، دیر

---

۱ – نامه را دبیر می‌نویسد، و شاه می‌فرستد. اما در این گفتار نویسنده و فرستنده هردو یکی هستند.
۲ – سخن، سست است، بویژه در لت دویم. ۳ – سخن نادرست است، در هردو لت.
۴ – **یک:** روشن نیست که «همه» چیست؟ **دو:** برابر بسیار، می‌باید «اندک» آید نه اندکی.
۵ – در لت نخست از سوی خداوند بسوی سام (رج پسین) درود فرستاده می‌شود، و در لت دویُم (درود) روان منوچهر.
٦ – **یک:** دوباره سخن از «درود» می‌رود. **دو:** سخن سخت مست است.
۷ – این رج شکستگی و نادرستی ندارد، اما به رج پسین پیوسته است.
۸ – روشن نیست که هوش مردمان را چگونه باید آباد بودن! ۹ – سخن پریشان
۱۰ – لت نخستین درست است، اما رج دویم بدوگونهٔ شاهدوست و شاهجوست نادرست و سست می‌نماید.
* – هنگام منوچهر. ۱۱ – سخن درست است، اما داستان نامه نادرست است که نوذر برای سام پیام فرستاده‌بود، نه نامه.
۱۲ – سام یل را برای پند دادن نوذر، همراهیِ چنان‌لشکر بزرگ؛ در کار نبوده است.
۱۳ – دنباله همان سخن افزوده است، و در رج پسین ایرانیان بسوی او می‌روند.

آشفتن شاهی ۲۶۵

ز بیدادی نوذر تاجور / که برخیره، گم کرد، راه پدر
جهان گشت ویران ز کردار اوی / غنوده شد آن بخت بیدار اوی
نگردد همی بر ره بخردی / ازو دور شد فرّهِ ایزدی
چه باشد؟ اگر، سام یل، پهلوان / نشیند برین تخت، روشنروان
جهان گردد آباد با داد اوی / مر او راست ایران و بنیاد اوی
همه بنده باشیم و فرمان کنیم / روان را بمهرش گروگان کنیم!

*

بدیشان چنین گفت سام سوار / که: «این کی پسندد ز من کردگار،
که چون نوذری از نژاد کیان / بتخت کیی بر، کمر بر میان [1]
بشاهی مرا تاج باید پسود؟! / محال است و این کس نیارد شنود [2]
خود این گفت یارد کس اندر جهان / چنین زهره دارد کس اندر نهان؟ [3]
اگر دختری از منوچهر شاه / بران تخت زرّین شدی، با کلاه [4]
نبودی جز از خاک بالین من / بدو شاد بودی جهانبین من [5]
دلش گر ز راه پدر، گشت باز / برین بر، نیامد زمانی دراز
هنوز آهنی نیست زنگار خورَد / که رخشنده، دشوار؛ شایدش کرد*
من آن ایزدی فره بازآورم / جهان را بمهرش نیاز آورم [6]
شما بر گذشته پشیمان شوید / بنوّی ز سر، بازْ پیمان شوید [7]
گر آمرزش کردگار سپهر / نیابید و از نوذرِ شاه، مهر [8]
بدین گیتی اندر، بود مِهر شاه / به برگشتن، آتش بود جایگاه»
بزرگان ز کرده پشیمان شدند / یکایک ز سر بازْ پیمان شدند [9]

*

۱ – نژاد کیان، تخت کیی که هنوز پدیدار نشده‌است.
۲ – این سخن را با رج پیشین پیوند نیست. اکنون که چون نوذری بر تخت «نشسته‌است»... .
۳ – دولت که هردو یک سخن را بازمی‌گوید، آنهم نادرست و بی‌پیوند.
۴ – بر آن تخت زرین شدی، نادرست است: «بر آن تخت زرین نشسته‌بود».
۵ – چرا بالش خاک؟ مگر با بر تخت نشستن شاهان، پهلوانان را بر خاک می‌بایستی خفتن؟
* – ایرانیان آهن را همواره با مالش خاکستر، پاک و رخشان نگاه می‌داشتند، و زنگارین ماندن آهن و همهٔ فلزها را گناه می‌شمردند.
٦ – سخن درست در رج پسین می‌آید.
۷ – رج ۴۰۰۵ داستان از آشتی کردن مهتران ایران با نوذر می‌گوید و این گفتار از پشیمانی آنان...
۸ – دو رج **یک:** این گفتار که بهم پیوسته می‌نماید، سخت از هم گسسته و سست است، چگونه است که اگر از مهر نوذر سربتابند، «در این گیتی مهر شاه» است؟ **دو:** برگشتن بکجا؟ **سه:** ایرانیان باستان باور نداشتند که دوزخ از آتش فراهم شده باشد.
۹ – دوباره‌گویی رج ۳۹۹۲ است.

چو آمد بدرگاه، سام سوار؛ پذیره شدش نوذر شهریار؛
به فرّخ پیِ نامور پهلوان جهان سربسر شد بنوّی جوان
بپوزش، مهان، پیش نوذر شدند بجان و بدل، ویژه کهتر شدند[1]
بَرافروخت نوذر ز تخت مهی نشست اندر آرام با فرهی
جهان پهلوان پیش نوذر بپای پرستنده او بود و هم رهنمای[2]
بنوذر درِ پندها برگشاد سخن‌های نیکو بسی کرد یاد
ز گُرد آفریدون و هوشنگ شاه همان از منوچهر زیبای گاه[3]
که گیتی بداد و دهش داشتند ببیداد بر، چشم نگماشتند[4]
دل او ز کژّی بداد آورید چنان کرد نوذر که او رای دید[5]
دل مهتران را بر او نرم کرد همه داد و بنیادِ آزرم● کرد
چو گفته شد از گفتنی‌ها همه به گردنکشان و به شاه رمه[6]
برون رفت با خلعت نوذری چه تخت و چه تاج و چه انگشتری[7]
غلامان و اسپان زرّین ستام پر از گوهر سرخ، زرّین، سه جام[8]

---

۱ - دو رج: مهان پوزش نبردند که در رج ۴۰۰۵، دیده می‌شود، سام، دل آنان را بنوذر نرم کرد.

۲ - پهلوان، پرستندهٔ کاخ شاه نیست.

۳ - **یک:** آفریدون، نادرست است. **دو:** پادشاه پادشاه است، و با پاژنام گُرد ازوی یاد نمی‌شود.

۴ - سخن نیکو است اما پیوسته بگفتار است.

۵ - **یک:** در برابر «داد»، «بیداد» می‌آید، نه کژّی! **دو:** نوذر بر روی تخت، هنوز کاری را بانجام نرسانده‌است که با «چنان کرد» از آن، یاد شود.

● - آزرم: احترام.

۶ - لت نخست، سست و بی‌پیوند است.

۷ - پیش از این یاد کرده نشد که برای سام «خلعت» آورده باشند، و اکنون یکباره با تاج و تخت، بیرون می‌رود!؟

۸ - دنبالهٔ همان گفتارهای پست

آگاهی یافتن پشنگ
از
مرگ منوچهر

برین نیز بگذشت چندی سپهر — نه با نوذر آرام بودش، نه مهر
پسآنگه ز مرگ منوچهر شاه — بشد آگهی تا بتوران سپاه[1]
ز نارفتن کار نوذر همان — یکایک بگفتند با بدگمان[2]
چو بشنید سالار توران، پشنگ — چنان ساخت، کاید بایران، بجنگ
یکی یاد کرد از نیا زادشم — هم از تور برزد یکی تیز دم[3]
ز کار منوچهر و از لشکرش — ز گردان و سالار و از کشورش[4]
همه نامداران کشورش را — بخواند و بزرگان لشکرش را
چو اَغریرث و گرسیوز و بارمان — چو کلباد جنگی هژبر دمان[5]
سپهبدْش چون ویسهٔ تیزچنگ — که سالار بُد بر سپاه پشنگ[6]
جهان پهلوان پورش افراسیاب — بخواندش بنزدیک و آمد شتاب[7]
سخن راند از تور و از سلم و گفت — که: «کین، زیر دامن نشاید نهفت!
کسی را کجا، مغز؛ خوشیده نیست — بر او بر، چنین کار پوشیده نیست
که با ما چه کردند ایرانیان! — بدی را ببستند یک‌یک میان»

*

کنون روز تندی و کین جُستن است — رخ از خون دیده، گهِ شستن است[8]
ز گفتِ پدر مغز افراسیاب — برآمد ز آرام و از خورد و خواب
به پیش پدر شد، گشاده زبان — دل آکنده از کین، کمر برمیان
که: «شایستهٔ جنگ شیران منم — هماورد سالار ایران منم

---

۱ – آگهی در رج دویم پسین بتوران و پشنگ میرسد. ۲ – «همان» در این گفتار نادرست است.
۳ – **یک:** «یکی، یاد از نیا کردن» درست نیست. «یاد از نیا کردن» درست است. **دو:** «از تور تیزدم زد» نادرست است. «بیاد مرگ تور آه کشید» سخن درست در این باره در رج‌های ۴۰۲۶ و ۴۰۴۸ آمده است. ۴ – دنبالهٔ همان گفتار است.
۵ – «چو» در آغاز سخن نادرست است. ٦ – سپهبد، سپهبد است، و نمی‌توان از وی با «چون ویسه» یاد کردن.
۷ – سخن در هم ریخته **یک:** «جهان پهلوان پورش» نادرست است: «پور جهان پهلوانش» **دو:** بخواندش نادرست است «را بخواند». **سه:** «آمد شتاب» نادرست است: «و وی با شتاب بدرگاهش رفت». ۸ – لت دویم نادرست است.

اگر زادشم تیغ برداشتی جهان را، بگرشاسپ، نگذاشتی
میان گر ببستی بکین آوری به ایران نکردی مگر سروری [۱]
کنون هرچه مانیده بود* از نیا ز کین جُستن و جنگ و از کیمیا؛
گشادنْش بر تیغ تیز من است گهِ شورش و رستخیز من است»
بمغز پشنگ اندر آمد شتاب چو دید آن سهی قدّ افراسیاب [۲]
بر و بازوی شیر و هم زور پیل اُزو سایه گسترده بر چند میل [۳]
زبانش بکردار برّنده تیغ چو دریا دل و کف چو بارنده میغ [۴]
بفرمود تا برکشد تیغ جنگ بایران شود با سپاه پشنگ

*

سپهبد چو شایسته بیند پسر سزد گر برآرد، بخورشید؛ سر

*

پس از مرگ باشد سر او بجای ازیرا پسر نام زد رهنمای [۵]
چو شد ساخته، کارِ جنگ‌آزمای بکاخ آمد اغریرثِ رهنمای
به پیش پدر شد پر اندیشه دل که اندیشه دارد همی پیشه دل [۶]
چنین گفت ک:«ای کاردیده پدر ز توران بمردی برآورده سر
منوچهر از ایران اگر کم شدست سپه را، سپر؛ سام نیرم شدست
چو گرشاسپ و چون قارن رزم‌زن جز این نامداران آن انجمن [۷]
تو دانی که با سلم و تور سترگ چه آمد ازان تیغ زن پیر گرگ [۸]
نیا، زادشم شاهِ تورانسپاه که ترگش همی سود، بر چرخِ ماه
ازین در، سخن، هیچگونه نراند بآرام بر، نامهٔ کین نخواند

---

۱ - **یک:** کین: آوردنی نیست، کشیدنی است. **دو:** لت دویم ناسخته است.

* - ل، لن، ب: مانده‌بود؛ س، و، لن: مانند بود؛ ف: مانیدْ بود؛ ق ۲، پ، ل ۳: مانده بود؛ لی: مان بنده‌بود؛ آ: نانیده‌بود: ل ۲: پاینده‌بود؛ س ۲: مان بود. (خالقی مطلق ۲۹۱-۱) نمونه‌ها چنانکه دیده می‌شود؛ سخت پریشان‌اند. و اندیشهٔ من چنین می‌نماید که بندِ بستهٔ این گفتار بیاری «لی» گشاده می‌شود. زیراکه اگر «بنده» در این نمونه؛ «بسته» بوده باشد، سخن چنین آراسته می‌گردد: **«کنون هرچه‌مان بسته بود از نیا»** در رج پسین پاسخ می‌یابد: «گشادنش با تیغ تیز من است». ۲ - مگر پدر افراسیاب پیشتر، او را ندیده‌بود؟

۳ - راستی را مگر شاید که سایهٔ کسی در چند میل بر زمین افتد؟

۴ - دنبالهٔ همان گفتار، دلِ دریاگونش چنانکه از زبان و بر و بازوی او سخن می‌رود، در این گفتار نمایانده نمی‌شود. و شاید که پدر از پیش آنرا دانسته باشد!

۵ - **یک:** پس‌از مرگ، سرِ کس برجای نمی‌ماند، که نامش برجای می‌ماند. **دو:** لت دویم سخت ناسخته‌است.

٦ - **یک:** چون بکاخ آمد، پس به پیش پدر شد، دوباره گویی است. **دو:** دل، کانون اندیشه نیست. **سه:** لت دویم سست است.

۷ - **یک:** «چو» نادرست است. **دو:** لت نخست را آهنگ درست‌نیست. **سه:** چون در لت نخست از دو کس یاد شده‌است، در لت دویم نشاید «جزین» گفتن: «جز آنان».

۸ - **یک:** از کدام تیغزن پیر گرگ؟... سلم و تور را؛ منوچهر کشت. **دو:** شایسته نمی‌نماید که نبیره از نیای خود با پاژنام «سترگ» یاد کند.

آشفتن شاهی ۲۶۹

اگر ما نشوریم بهتر بود کزین جنبش آشوب کشور بود»

*

پسر را چنین داد پاسخ پشنگ که: «افراسیاب آن دلاور نهنگ،
یکی نرّه شیر است روز شکار یکی پیل جنگی گهِ کارزار
ترا نیز، با او، بباید شدن به هر بیش و کم، رای فرّخ زدن
نبیره که کین نیا را نجست سزد گر نخوانی نژادش درست

*

چو از دامنِ ابر، چین کم شود؛ بیابان ز باران پراز نم شود؛
چراگاه اسپان شود کوه و دشت؛ گیاهان ز یال یلان برگذشت؛[1]
جهان سربسر، سبز گردد ز خوید؛ بهامون سراپرده باید کشید!
دَهستان و گرگان همه زیر نَئل بکوبید و، از خون کنید آب، لئل
سپه را همه سوی آمل برید دل شاد بر سبزه و گل برید
منوچهر از آن جایگه، جنگجوی بکینه سوی تور بنهاد روی
بکوشید با قارن رزم‌زن دگر گرد گرشاسپ زان انجمن[2]
مگر دست یابید بر دشت کین بران دو سرافراز ایران‌زمین
نیاکانِ ما را، روان؛ خَوش کنید دل بدسگالان پر آتش کنید»
چنین گفت با نامور، نامجوی که: «من خون، به کین، اندر آرم به جوی»[3]

آمدن افراسیاب بایرانزمین

چو دشت از گیا گشت چون پرنیان ببستند گردان توران میان

*

سپاهی بیامد ز ترکان چین هم از گرزداران خاور زمین[4]
که آن را میان و کرانه نبود همان بخت نوذر جوانه نبود[5]
چو لشکر بنزدیک جیهون رسید خبر نزد پور فریدون رسید

---

۱ – **یک:** کوه چراگاه نمی‌شود. **دو:** کنش «برگذشت»، نادرست است: برای «شود» در لت نخست... «گذرد» در لت دویم باید.
۲ – بس است که با سپاه ایران بکوشند نه تنها با قارن و گرشاسپ!
۳ – اندیشه و رفتار اغریرث راستگوی، چنین نبود، و چنان نکرد... روانش شاد باد.
۴ – **یک:** هنوز، ترک، در دامنهٔ سرزمین‌های ایرانی پدیدار نشده‌است. **دو:** در این زمان، توران را چون گذشته، با خاور – سلم – پیوستگی نیست و یکدیگر را فراموش کرده‌اند.
۵ – دنبالهٔ گفتار. لت دویم نیز سست است.

سپاه جهاندار بیرون شدند / ز کاخ همایون بهامون شدند[1]
براهِ دَهستان نهادند روی / سپهدارشان قارن رزمجوی
شهنشاه نوذر پسِ پشت اوی / جهانی سراسر پراز گفت‌وگوی
چو لشکر به پیش دَهستان رسید / چنان شد که خورشید شد ناپدید
سراپردهٔ نوذرِ شهریار / کشیدند بر دشت، پیش حصار
خود اندر دَهستان نیاراست جنگ / برین بر، نیامد زمانی درنگ؛
که افراسیاب اندر ارمان‌زمین / دو سالار کرد از بزرگان گزین؛
شماساس و دیگر خَزَروانِ گُرد / ز لشکر سواران بدیشان سپرد
ز جنگ‌آوران مرد چون سی هزار / برفتند شایستهٔ کارزار[2]
سوی زاولستان نهادند روی / ز کینه بدَستان نهادند روی
خبر شد که سام نریمان بمُرد / همی دخمه سازد وَرا زالِ گرد

*

از آن، سخت شادان شد افراسیاب / بدید آنکه بخت، اندر آمد بخواب[3]
بیامد چو پیش دَهستان رسید / برابر سراپرده‌ای برکشید[4]
سپه را که دانست کردن شمار / بر او چارسد بار بشمر هزار[5]
بجوشید گفتی همه ریگ و شخ / بیابان سراسر کشیدند نخ[6]
ابا شاه نوذر سد و چل هزار / همانا که بودند جنگی سوار[7]
بلشکر نگه کرد افراسیاب / هیونی برافکند هنگام خواب
یکی نامه بنوشت سوی پشنگ / که: «جُستیم گیتی و، آمد بچنگ
همه لشکر نوذر ار بشمریم / شکارند و در زیر پی بسپریم
دگر، سام؛ رفت ازپس شهریار / همانا نیاید بدین کارزار
ستودان همی سازدش زال زر / ندارد مر این جنگ را، پای و پر

---

۱ – سپاهیان ایران، در کاخ شاه زندگی نمی‌کردند.

۲ – **یک:** «مرد چون سی‌هزار» نادرست است. **دو:** جنگاوران خودشان رفتند، یا بهمراه دو سردار؟ اگر چنین است، سخن درست در لت دویم رج پیشین آمده‌است.

۳ – بخت ایرانیان. در بیشتر نمونه‌ها «اندر آمد ز خواب» آمده‌است که نادرست است. از خواب، برمی‌آید، نه اندر می‌آید!

۴ – این سخن بگونهٔ درست در رج ۴۰۸۹ می‌آید.

۵ – **یک:** جایگاه این سخن، اینجا نیست، و در آغاز سپه‌کشی چنین سخن را شاید گفتن! لت دویم را نیز سستی همراه است.

۶ – «نخ کشیدن» رده کشیدن سپاهیان است. چنانکه، رده به رده ریسمان را می‌کشیدند، و سپاهیان پشت آن نخ می‌ایستادند... امروز چنین کار، با خط‌کشی روی زمین انجام می‌دهند! اما در چنان جنگ که ریگ و شخ (سنگ) می‌جوشید سپاه را توان نخ‌کشیدن نبوده‌است.

۷ – شمار لشکر نوذر نیز همچون شمار لشکر افراسیاب گزافه است.

مرا بیم ازو بُد به ایران‌زمین   چو او شد ز ایران بجوییم کین [1]
همانا شماساس در نیمروز   نشسته‌ست با تاج گیتی‌فروز

*

بهر کار، هنگام جستن نکو است   زدن رای با مرد هشیار و دوست [2]
چو کاهل شود مرد هنگام کار   ازآن‌پس نیابد چنان روزگار [3]
هیون تکاور برآورد پر   بشد نزد سالار خورشید فر

رزم نخستین افراسیاب

سپیده چو از کوه سر برکشید   طلایه به پیش دَهِستان رسید
میان دو لشکر، دو فرسنگ بود   همه ساز و آرایش جنگ بود
یکی مرد بُد نام او بارمان   همی خفته را گفت بیدار مان
بیامد سپه را همه بنگرید   سراپردهٔ شاه نوذر بدید
بشد نزد سالار تورانسپاه   نشان داد از آن لشکر و بارگاه
اُزانپس بسالار بیدار گفت   که: «ما را، هنر؛ چند باید نهفت؟
بدستوری شاه، من؛ شیروار   بجویم ازان انجمن کارزار
ببینند پیدا ز من دستبرد   جز از من کسی را نخوانند گرد»

*

چنین گفت اغریرث هوشمند   که: «گر بارمان را، رسد زین؛ گزند
دل نامداران شکسته شود   برین انجمن، کار، بسته شود
یکی مردِ بی‌نام باید گزید   که انگشت ازآنپس، نباید گزید!» [4]
پر آژنگ شد روی پور پشنگ   ز گفتار اغریرث آمدْش ننگ
بروی دژم، گفت با بارمان   که: «جوشن بپوش و بزه کن کمان!
تو باشی بران انجمن سرفراز   به انگشت، دندان نیاید به گاز●»!

*

---

۱ - افراسیاب بهنگام آمادگیش برای جنگ از کسی بیم نداشت، که اکنون بی‌بیم شده باشد.

۲ - **یک:** رای زدن با هشیاران نکوست نه با دوستان، زیرا که شاید بودن که دوستی، هشیار نباشد. **دو:** این سخن را هیچ روی نیست، و گزارشی ندارد.

۳ - بی‌پیوند و ناسخته!

۴ - **یک:** گُزید را باگَزید پساوا نیست.

● - دندان را شاید، که انگشت را بگاز گیرد و با انگشت نمی‌توان دندان را بگاز گرفتن: ما؛ دلشکسته نمی‌شویم، و ایرانیان را دل می‌شکنند. نمونه‌های دیگر آورده‌اند: «بانگشت و دندان نیاید نیاز». که درست نمی‌نماید.

بشد بارمان تا بدشت نبرد سوی قارن کاوه آواز کرد
که:«زین لشکر نوذر نامدار که داری؟ که با من کند کارزار!»
نگه کرد قارن بمردانِ مرد از آن انجمن، تا که جوید نبرد!
کس از نامدارانْش پاسخ نداد مگر پیر گشته دلاور قباد
دژم گشت سالار بسیار هوش ز گفت برادر برآمد بجوش [1]
ز خشمش سرشگ اندر آمد بچشم از آن لشکر گشن و، بُد جای خشم! [2]
که چندان جوان مردم جنگجوی! یکی پیر جوید همی رزم اوی [3]

*

دل قارن آزرده گشت از قباد میان دلیران سخن برگشاد
که: «سال تو اکنون بجایی رسید که از جنگ، دستت بباید کشید
یکی مرد آسوده چون بارمان جوان و گشاده دل و شادمان [4]
سواری که دارد دل شیر نر همی برفرازد بخورشید سر
تویی مایه‌ور کدخدای سپاه همی بر تو گردد همه رای شاه
بخون گر شود لئل، موی سپید شوند این دلیران همه ناامید!»
نگه کن که با قارن رزم‌زن چه گوید قباد اندران انجمن [5]
چنین داد پاسخ مر او را قباد که: «این چرخ گردان، مرا داد داد
بدان ای برادر که تن، مرگ، راست سر رزم‌زَن، سودن ترگ، راست
ز گاه خجسته منوچهر باز از امروز بودم دل اندر نیاز [6]
کسی زنده بر آسمان نگذرد شکارست و مرگش همی بشکرد [7]
بجایی توان مُرد، کاید زمان بباید زمان، یکزمان؛ بیگمان

*

یکی را برآید بشمشیر هوش بدانگه که آید دو لشکر بجوش [8]
تنش کرکس و شیر درّنده راست سرش نیزه و تیغ برنده راست
یکی را به بستر برآید زمان همی رفت باید ز بُن، بیگمان!

۱ – سخن درست، در رج ۴۱۱۰ آمده‌است. ۲ – سردار سپاه ایران را در میدان نبرد، اشگ بچشم می‌آید؟
۳ – سخن سست بدنبال آن ۴ – **یک:** بارمان را با شادمان پساوا نیست. **دو:** سخن در این دو رج، با رج پسین پیوند ندارد.
۵ – روی افزاینده، بخواننده برمی‌گردد، بازآنکه قارن با قباد سخن می‌گفت.
۶ – «ازین روز»، «از امروزه»، «دل اندر نیاز»، «تن اندر نیاز» همه سخنان نادرخور است. اگر سخن درست می‌بود، می‌بایستی چنین گفته شود: «از گاه منوچهر نیازمند چنین روز بودم».
۷ – لت دویم را پیوند درست نیست: «شکاریم و مرگ همهٔ ما را می‌شکرد».
۸ – چند رج: سخنان نادرست نیستند، اما پیوسته بگفتار پیشین‌اند و اندکی سست می‌نمایند و میان گفتار مردانهٔ ۴۱۲۱ و جنبش مردانهٔ ۴۱۲۹، جدایی می‌افکنند.

رزم توران ۲۷۳

۴�125	اگر من رُوَم زین جهان فراخ / برادر بجای‌ست با برز و شاخ
	یکی دخمهٔ خسروانی کند / پس از رفتنم مهربانی کند
	سرم را بکافور و مشک و گلاب / تنم را بدان جای جاوید خواب
	سپار ای برادر، تو پدرود باش / همیشه خرد تار و تو پود باش»
	بگفت این و بگرفت نیزه بدست / بآوردگه رفت چون پیل مست
۴۱۳۰	چنین گفت با رزم‌زن، بارمان، / که: «آورد پیشم، سرت را، زمان¹
	نبایست آمد، که خود روزگار / همی کرد با جان تو کارزار!»
	چنین گفت مر بارمان را قباد / که: «یکچند گیتی مراد داد²
	بجایی توان مُرد کاید زمان / بباید زمان یک‌زمان بیگمان»³
	بگفت و بر انگیخت شبدیز را / نداد آرمیدن دل تیز را⁴
۴۱۳۵	ز شبگیر تا سایه گسترد هور / همی این بر آن، آن برین، کرد زور
	بفرجام پیروز شد بارمان / ز میدان جنگ اندر، آمد دمان
	یکی خشت زد بر شرینِ قباد / که بند کمرگاه او برگشاد⁵
	ز اسپ اندر آمد نگونسار سر / شد آن شیردل، پیرِ سالار سر
	بشد بارمان نزد افراسیاب / شکفته دو رخسار با جاه و آب

*

۴۱۴۰	یکی خلعتش داد کاندر جهان / کس از کهتران نستد آن از مهان⁶
	چو او کشته شد، قارن رزم‌جوی / سپه را بیاورد و بنهاد روی⁷
	دو لشکر بکردار دریای چین / تو گفتی که شد جنبان زمین⁸
	درخشیدن تیغ الماس‌گون / شده لَئل و آهار داده به خون⁹
	به گَرد اندرون همچو ابری پر آب / که شنگرف بارد بر او آفتاب¹⁰
۴۱۴۵	پر از نالهٔ کوس شد مغز میغ / پر از آب شنگرف شد جان تیغ¹¹

---

۱ - سخن ناهماهنگ نیست، اما سخنِ ناهماهنگ رج پسین پیوند دارد.   ۲ - دوباره‌گویی رج ۴۱۱۸ است.
۳ - دوباره‌گویی رج ۴۱۲۱ است.   ۴ - لت دویم، بی‌پیوند و ناسخته.   ۵ - جنگ پایان نرسیده‌بود.
۶ - میدان جنگ، جای دادن «خلعت» نیست؛ ولت دویم که بی‌پیوند و ناهماهنگ است، در همهٔ افزوده‌ها اینچنین آمده‌است.
۷ - سپ را کجا بیاورد؟ همگان در میدان جنگ بودند.   ۸ - لت نخستین را با لت دوئم پیوند نیست.
۹ - یک: بنگریم که پایان رزم قباد و بارمان هنگامی بوده است که خورشید، سایه گسترده بود، و اکنون در سایه، شمشیرها الماس‌گون می‌درخشند! دو: «درخشیدن، که کنش است، در لت دویم، نام شد... درخشیدن، لئل شد، درخشیدن را چگونه توان آهار دادن!
۱۰ - گَردِ آوردگاه در آغاز شب با ریختن شنگرف از آفتاب!
۱۱ - یک: میغ (ابر) رامغز نباشد. دو: دوباره‌گویی شنگرف. سه: جان تیغ که آهن بوده باشد، پر از آب شنگرف شد! چگونه توان در میان آهن، آب ریختن؟... باری شنگرف را آب نیست.

بهر سو که قارن برافکند اسپ — همی تافت آهن چو آذرگشسپ [1]
تو گفتی که الماس مرجان فشاند — چه مرجان که برگش همی جان فشاند [2]
ز قارن چو افراسیاب آن بدید — بزد اسپ و لشکر سوی او کشید [3]
یکی رزم تا شب برآمد ز کوه — بکردند و نامد دل از کین ستوه [4]
چو شب تیره شد قارن رزمخواه — بیاورد سوی دَهستان، سپاه
برِ نوذر آمد به پرده‌سرای — ز خون برادر، شده دل؛ ز جای
ورا دید نوذر، فرو ریخت آب — ازان میژهٔ سیر نادیده خواب
چنین گفت ک:«ز مرگ سام سوار — ندیدم روان را چنین سوگوار
چو خورشید بادا روان قباد! — ترا زین جهان جاودان بهره باد!
بپرورد و از مرگ‌مان چاره نیست — زَمی را جز از گور گهواره نیست» [5]

*

چنین گفت قارن که: «تا زاده‌ام — تن پر هنر مرگ را داده‌ام
فریدون نهاد این کله بر سرم — که بر کین ایرج زمین بسپرَم [6]
هنوز آن کمربند، نگشاده‌ام — همان تیغ پولاد ننهاده‌ام [7]
برادر شد، آن مردِ سنگ و خرد — سرانجامِ من هم برین بگذرد
انوشه بزی، زانکه امروز، جنگ — بجنگ اندر آورد پور پشنگ [8]
چو از لشکرش گشت لختی تباه — از آسودگان خواست چندی سپاه [9]
برویش بران گونه اندر شدم — که با دیدگانش برابر شدم [10]
یکی جادویی ساخت با من بجنگ — که با چشم روشن نماند آب و رنگ [11]
شب آمد جهان سربسر تیره گشت — مرا بازو از کوفتن خیره گشت [12]

---

۱ – **یک:** «بر افکند» نادرست است «برمی‌افکند». **دو:** آذرگشسب، آتشکدهٔ ارتشتاران در آذربایجان و کردستان است، و چگونه آهن، همانند آتشکده تابیده می‌شد؟

۲ – **یک:** تو گفتی... **دو:** لت دویم سخت نادرخور است.

۳ – **یک:** افراسیاب در میدان جنگ نبود **دو:** لشکر در همه جای میدان بود، و نمی‌شایست که همه سپاهیان را بسوی «او» بکشند.

۴ – **یک:** «یکی رزم» بی‌پایان است. **دو:** شب؛ دیر زمانیست که از کوه برآمده‌است، **سه:** «دل از کین، ستوه نیامد» نادرست است... «دلشان از کین تهی نشد».

۵ – چه کس بپرورد؟... گور، گهوارهٔ زمین نیست، که گهوارهٔ مردگانش شاید نامیدن.

٦ – فریدون، کلاه بر سر منوچهر نهاد.

۷ – **یک:** دنبالهٔ گفتار پیشین. **دو:** سخن، نادرست‌تر از این نیست، که کسی از هنگام فریدون، کمر خویش را نگشاده باشد، و از آنزمان شمشیر پولادین، را در هنگام خواب نیز بر زمین ننهاده باشد!

۸ – سخنِ بیخردانه، که جنگ را پورپشنگ (بجنگ؟) اندر آورد، و نوذر انوشه باشد.

۹ – **یک:** از لشکر افراسیاب کسی تباه نشد، که همه روز، قباد و بارمان می‌جنگیدند، و در پایان قباد کشته شد. **دو:** در گفتارهای افزوده نیز چنین سخنی نیامده‌است.

۱۰ – به «روی» کسی، «اندر» نمی‌شوند، که «روبرو می‌شوند».

۱۱ – با چشم، «آب و رنگ» نمی‌ماند، که چشم را «بینایی» می‌باید.

۱۲ – زمانِ بسیار از آمدن شب گذشته بود! **دو:** بازو را خیره شدن نشاید، مانده شدن و کوفته شدن شاید!

رزم توران ۲۷۵

تو گفتی زمانه سرآمد همی — هوا زیر خاک اندر آمد همی[۱]
ببایست گشتن از آن رزمگاه — که گرد سپه بود و شب شد سیاه»[۲]

*

برآسود پس، لشکر از هردو روی — برفتند، روز دگر؛ جنگجوی
رده برکشیدند ایرانیان — چنانچون بود ساز رزمِ گوان[۳]
چو افراسیاب آن سپه را بدید — بزد کوس رویین و صف برکشید[۴]
چنان شد ز گردسواران، جهان — که خورشید گفتی شد اندر نهان[۵]
دهاده برآمد ز هر دو گروه — بیابان نبود ایچ پیدا ز کوه
بران سان سپه برهم آویختند — چو رودروان خون همی ریختند[۶]
بهر سو که قارن شدی‌رزمخواه — فرو ریختی خون از آن رزمگاه[۷]
کجا خاستی گُرد افراسیاب — همی خون شدی دشت برسان آب[۸]
سرانجام نوذر ز قلب سپاه — بیامد به نزدیک اورزمخواه[۹]
چنان نیزه بر نیزه آویختند — سنان، یک بدیگر برآمیختند[۱۰]
که بر هم نپیچد بران گونه مار — شهان را چنین کی بود کارزار
چنین تا شب تیره آمد به تنگ — بر او چیره شد دست‌پور پشنگ[۱۱]
از ایران سپه، بیش‌تر، خسته شد○ — اُزان روی پیکار پیوسته شد
به بیچارگی روی برگاشتند — بهامون بر، افکنده بگذاشتند●
دل نوذر از غم پر از درد بود — که تاجش از اختر پر از گرد بود[۱۲]
چو از دشت بنشست آوای کوس — بفرمود تا پیش او رفت توس[۱۳]
بشد توس و، گستهم با او بهم — لبان پر ز باد و روان پر ز غم[۱۴]

۱ – **یک:** «زمانه سرآمد» نادرست است «زمانه بسر آمد». **دو:** سخن نادرخورتر از این نیست، که «هوا، زیر خاک اندر آید»!

۲ – باز شب شد!

۳ – رده کشیدن از هر سوی است، نه از یکسو.

۴ – افراسیاب، روز پیشین؛ سپه را دیده‌بود.

۵– هنوز «دهاده» از هر دو گروه برنیامده‌است چگونه خورشید زیر گرد رفت؟

٦ – لت نخستین با لت دویم، پیوند ندارد:«که».

۷ – قارن همواره در رزم بود، نه آنکه گاهگاه رزمخواه «بشود».

۸ – مگر افراسیاب، در میدان نبرد نشسته‌بود که گاهگاه برخیزد؟

۹ – دو رج: نوذر در میدان جنگ نبود که با افراسیاب در آویزد.

۱۰ – در میدان نبرد نیزه‌ها رابیکدیگر نمی‌آمیزند(!) که هر سوار، راکوشش بر آنست که سنان را بر تن، و بویژه بکمرگاهِ هماورد زند، تا بتواند ویرا از زین بردارد.

۱۱ – **یک:** شب به تنگ نمی‌آید. **دو:** اگر افراسیاب بر نوذر چیره شود می‌بایستی وی کشته شود، بازآنکه چنین نشد!

○– بیشترِ ایرانیان خسته (مجروح) شدند.

● – کشتگان، و خستگانِ ایرانسپاه را در دشت جنگ نهادند و گریختند.

۱۲ – سخن درست است، اما پیوسته بگفتار پسین است.

۱۳ – آوای کوس «از» دشت نمی‌نشیند.

۱۴ – «توس» کنندهٔ کار است و در پایان گستهم نیز کنندهٔ کار می‌شود... و اگر دو کننده داریم کنش نیز باید، برفتند، باشد.

بگفت آنکه در دل مرا درد چیست — همی گفت چندی و چندی گریست[1]
از اندرز فرخ پدر یاد کرد — پر از خون جگر، لب پر از بادِ سرد[2]
کجا گفته بودش که از ترک و چین — سپاهی بیاید به ایرانزمین
از ایشان ترا دل شود دردمند — بسی بر سپاه تو آید گزند[3]
ز گفتار شاه آمد اکنون نشان — فراز آمد آن روز گردنکشان[4]
کس از نامهٔ نامداران نخواند — که چندین سپه کس ز ترکان براند[5]
شما را سوی پارس باید شدن — شبستان بدر بردن و آمدن[6]
ازان جا کشیدن سپه را به کوه — بران کوه البرز بردن گروه[7]
از ایدر کنون زی سپاهان روید — ازین لشکر خویش پنهان روید[8]
ز کار شما دل شکسته شوند — برین خستگی نیز بسته شوند[9]
ز تخم فریدون مگر یک‌دو تن — برد جان ازین بی‌شمار انجمن[10]
ندانم که دیدار باشد جزین — یک امشب بکوشیم دست پسین[11]
شب و روز دارید کارآگهان — بجویید، هشیار، کار جهان[12]
ازین لشکر ار بد دهند آگهی؛ — شود تیره این فرّ شاهنشهی[13]
شما دل مدارید، بس مستمند — که بخشش چنین کرد چرخ بلند[14]
یکی را بجنگ اندر، آید زمان — یکی با کلاه مهی شادمان[15]
تن کشته با مرده یکسان شود — تپد یک زمان باز آسان شود[16]
بدادش مران پندها چون سزید — پس آن دست شاهانه بیرون کشید[17]
گرفت آن دو فرزند را در کنار — فرو ریخت آب از مژه شهریار[18]

۱ – لت دوئیم سست است. ۲ – روشن شد که آن رج‌ها که در گفتار منوچهر (رج‌های ۷–۳۹۳۶) آمده‌بود، افزوده بوده‌است.
۳ – «بسی بر سپاه تو» نادرست است زیرا که سپاه ایران؛ بشکست. ۴ – روز گردنکشان نادرخور است.
۵ – کنش در لت دویم ناهماهنگ است. کس از شاهنامه «نخوانده‌است»... «که ترکان چندین سپاه برانند»، و تورانیان ترک نبوده‌اند.
۶ – در لت نخست «باید شدن» (رفتن)، با: «بردن» و «آمدن» در لت دویم همخوان نیست. هیچیک از نمونه‌های دیگر نیز درست نیست: ل ۲: شبستان بیاورد و باز آمدن، ق: و نامدن! ۷ – اگر بسوی پارس می‌روند، البرزکوه در میانه چیست؟
۸ – **یک:** پس، از البرزکوه بسوی سپاهان رفتن!! **دو:** از این لشکر نیز نادرست است: «ازلشکر خویش».
۹ – **یک:** این رج با رج پیشین همبسته است، اما پیوند درست ندارد. [که] از کار شما... **دو:** لت دویم نادرخور.
۱۰ – آنان دلشکسته و خسته می‌شوند، تا از تخم فریدون یکی‌دو تن رهایی یابند؟!
۱۱ – بکوشیم دستِ پسین، بکوبیم دست پسین، هر دو نادرست است.
۱۲ – نادرست نیست، و از داستانهای دیگر از شاهنامه برگرفته شده‌است.
۱۳ – فرّ شاهنشهی نوذر با شکست از افراسیاب تیره شده‌است، و نیاز به آگهی بدِ آینده ندارد.
۱۴ – «بس» مستمند نادرست است. مستمند، مستمند است و بسیار و کم ندارد.
۱۵ – لت نخست را با لت دویم پیوندِ درست نیست؛ یکی در رنج... و یکی با «شادمانی»، نه شادمان.
۱۶ – «تپد یکزمان، باز آسان شود» نادرست است. ۱۷ – به کدامیک از آنان «داده»؟، دستِ شاهانه چه بوده باشد؟
۱۸ – شهریار، در پایان لت دویم ناسزاوار است، زیرا که همهٔ آن سخنان را شهریار گفته‌بود، و دوباره نام بردن کنندهٔ کار در پایان شایسته
←

بشد توس و، گستهم با او بهم رخان پر ز آب و،روان پر ز غم[1]

دیگر میدان رزم

ازآن‌پس بیاسود لشکر، دو روز سیوم چون برافروخت گیتی‌فروز
نبد شاه را روزگار نبرد به بیچارگی جنگ بایست کرد
ابا لشکر نوذر، افراسیاب چو دریای جوشان بُد و رود آب
خروشیدن آمد ز پرده‌سرای ابا نالهٔ بوق و هندی درای
تبیره برآمد ز درگاه شاه نهادند بر سر ز آهن کلاه[2]
به پرده‌سرای رد افراسیاب کسی را سر اندر نیامد بخواب[3]
همه شب همی لشکر آراستند همی تیغ و ژوبین بپیراستند[4]
زمین کوه تا کوه جوشنوران برفتند با گرزهای گران
نه، بُد کوه پیدا، نه ریگ و نه شخ ز دریا بدریا کشیدند نخ*
بیاراست قارن؛ بقلب اندرون که با شاه باشد سپه را ستون
چپ شاه گَرد تلیمان بخاست چو شاپور نستوه بر دست راست[5]
ز شبگیر تا خور ز گردون بگشت نه بُد کوه پیدا نه دریا نه دشت[6]
دل کوه گفتی بنالد همی زمین زیر اسپان بنالد همی[7]
چو شد نیزه‌ها بر زمین سایه‌دار شکست اندر آمد سوی مایه‌دار

*

چو آمد به بخت اندرون تیرگی گرفتند ترکان بر او چیرگی[8]
بر آن سو که شاپور نستوه بود پراکنده شد هرکه انبوه بود[9]

→ نیست. ۱ - دوباره‌گویی رج ۴۱۸۳ است. ۲ - سخنِ رجِ پیشین را دوباره افزوده‌اند.
۳ - چون روز شده‌است، خود، گاه خواب نیست. ۴ - دوباره شب شد!
* - جایگاه نبرد میانِ دو رود (دریا) بوده‌است که سپاهیان آنجا رَده کشیده بودند.
۵ - **یک**: گرد تلیمان برخاست؟ در میدان جنگ! در نمونهٔ دیگر «بخواست» آمده و «خروشیدن آمد» آنهم نادرست است. **دو**: چو شاپور... نادرست است. ٦ - گفتار رج ۴۱۳۵ را دوباره بگونه‌ای دیگر آورده‌اند.
۷ - کوه پیدا نبد، امادلش پیدا بود و «گفتی» که می‌نالد! در برخی پچین‌ها دل تیغ، که آن نیز نادرست است زیراکه بانگ چکاچاک تیغ از خود تیغ است نه از دل آن!
۸ - **یک**: چون شکست بسپاه نوذر افتاد... پس تورانیان چیره شدند، و دوباره‌گویی نمی‌خواهد. **دو**: «ترک» آنزمان در همسایگی ایران نبوده‌است. ۹ - لت دویم ناهموار... پیدا است که لشکریان همواره در انبوه‌اند و «هر که» نشاید! زیراکه یک کس، انبوه نمی‌شود.

همی بود شاپور، تا کشته شد — سرِ بختِ ایرانیان گشته شد[1]
از انبوه ترکان پرخاشجوی — به سوی دهستان نهادند روی[2]
چو نوذر فروهشت پی، در حصار — بر او بسته شد راه جنگ سوار
سواران بیاراست افراسیاب — که گیرد ز کار درنگی، شتاب[3]
شب و روز بُد بر گذرهاش جنگ — برآمد برین نیز چندی درنگ
یکی نامور ترک را کرد یاد — سپهبد کروخان ویسه نژاد[4]
سوی پارس فرمود تا برکشید! — سپاه از بیابان سر اندر کشید![5]
کزان سو بد ایرانیان را بنه — بجوید بنه مردم بد تنه[6]
چو قارن شنود آنکه افراسیاب — گسی کرد لشکر بهنگام خواب[7]
شد از رشگ جوشان و، دل کرد تنگ — برِ نوذر آمد بسان پلنگ
که: «توران شه آن ناجوانمرد مرد — نگه کن که با نامداران چه کرد!
سوی روی پوشیدگان سپاه — سپاهی فرستاد بی مر براه[8]
شبستان ما گر بدست آورند — بر این نامداران شکست آورند[9]
به ننگ اندرون سر شود ناپدید — به رزمِ کروخان بباید کشید[10]
ترا خوردنی هست و آب روان — سپاهی بمهر تو دارد روان[11]
همی باش و دل را مکن هیچ بد — که از شهریاران دلیری سزد[12]
کنون من شوم بر پی این سپاه — بگیرم بریشان ز هر گونه راه»[13]
بدو گفت نوذر که: «این رای نیست — سپه را چو تو لشکر آرای نیست[14]

---

۱ - سرِ بخت ایرانیان بهنگام شکست تیره شده‌بود. کُشته را نیز با گَشته پساوا نیست.

۲ - **یک:** ترک! **دو:** لت نخست را با لت دویم پیوند نیست.

۳ - **یک:** سواران سپاه پیش‌از جنبش آراسته می‌شوند. **دو:** این رج میان رج‌های پیشین و پسین جدایی می‌افکند.

۴ - ترک... پیران ویسه که سپهدار توران بود، هیچگاه خود را ترک نخواند. این نام ساختگی کروخان که نژاد از ویسه دارد، پیش‌از پدیدار شدنِ پیران، از کجا پیدا شد؟

۵ - اگر کروخان از دهستان بسوی پارس رَوَد، بسوی نیمروز می‌بایستی شدن، بازآنکه بیابان (خوارزم) رو به اپاختر (شمال) دارد!

٦ - لت دویم نادرخور و بی‌پیوند. «بُنه» را نیز با «تَنه» پساوا نیست.

۷ - سه رج: سخن ناهمواری ندارد؛ اما گسستگی آن در رج پسین نمودار می‌شود.

۸ - سپاه، هیچگاه روی‌پوشیدگان (زنان و دختران) ندارد زیرا که بهنگام جنگ کسی زن و فرزند را، با خویش بهمراه نمی‌برد.

۹ - پیشتر گفته شد که کروخان بسوی بنُه ایران رفته‌است؛ و اینجا از شبستان نام برده می‌شود.

۱۰ - کنش «شود» نادرست است: «در ننگ کسی را پروای سر نباشد».

۱۱ - لت دویم، سپاهی که شکست خورده و پراکنده گشته، چه مهری بنوذر تواند داشتن؟

۱۲ - نوذر که در آغاز شب گریسته‌است چگونه دل را بد نکند؟

۱۳ - **یک:** «رفتن بر پی» نادرست است «بدنبال آن سپاه رفتن» شاید. با «پی»، همواره «پی زدن» یا «پی گرفتن» می‌آید. **دو:** هر گونه راه نیز نادرخور است.

۱۴ - سخن استوار است، اما پیوسته بداستان است.

ز بهر بنه رفت گستهم و توس   بدانگه که برخاست آوای کوس[1]
بدین زودی اندر شبستان رسد   کند ساز ایشان چنانچون سزد[2]
نشستند بر خوان و می خواستند   زمانی دل از غم بپیراستند[3]
پسآنگه سوی خان قارن شدند   همه دیده چون ابر بهمن شدند[4]

*

سخن را فکندند هرگونه بن   بران برنهادند یکسر سخن[5]
که ما را سوی پارس باید کشید   نباید برین رای هیچ آرمید[6]
چو پوشیده رویان ایرانسپاه   اسیران شوند از بدکینه‌خواه[7]
که گیرد بدین دشت نیزه بدست   که را باشد آرام و جای نشست؟[8]
چو شیدوش و کشواد و قارن بهم   زدند اندرین رای بر بیش و کم[9]
چو نیمی گذشت از شب دیرباز   دلیران برفتن گرفتند ساز[10]
بدین روی، دژدار بُد گژدهم   دلیران بیدار، با او؛ بهم
ازان رویِ دژ، بارمان و سپاه   ابا کوس و پیلان، نشسته براه
کزو قارن رزم‌زن خسته بود   بخون برادر کمر بسته بود
برآویخت چون شیر با بارمان   سوی چاره جستن ندادش زمان
یکی نیزه زد بر میانبندِ اوی   که بگسست بنیاد و پیوند اوی
سپه سربسر دلشکسته شدند   همه یک ز دیگر گسسته شدند
سپهبد سوی پارس بنهاد روی   ابا نامور لشکر جنگجوی[11]

۱ – نوذر، خود؛ در افزوده‌ها بتوس و گستهم فرمان داد که بروند، تا از «فرزندان فریدون» نگهبانی کنند، و اکنون می‌گوید که برای «بنه» رفته‌اند. این پریشان‌گویی در چند گفتار، نشان از آن می‌دهد که، افزاینده «بنهٔ» سپاه را با «شبستان» یکی می‌داند.

۲ – ...زیرا که بیدرنگ در این رج شبستان را پیش می‌کشد. و لت دویم نیز نادرست است، زیرا که سازِ آن برهم نخورده‌بود.

۳ – **یک:** در هنگامهٔ جنگ؛ با چنان شکست، نوشیدن می؟ **دو:** و این چگونه پیراستنِ دل از غم است که بیدرنگ...

۴ – **یک:** از دیدگانش چون ابر بهمن اشگ می‌بارد. و ابر بهمن را باران نیست و برف است. **دو:** قارن در میدان نبرد «خانه» نداشت.

۵ – **یک:** از هر در سخن گفتن می‌شاید، اما «سخن را افکندن» نمی‌شاید! **دو:** پس و پیش این گفتار «سخن» آمده‌است که نادرست است.

٦ – دنبالهٔ گفتار

۷ – **یک:** باز پوشیده روی آنهم از ایرانسپاه! سخن چنین می‌نماید که سپاهیان ایران، از مردان و پوشیده‌رویان بهم پیوسته‌است. **دو:** «اسیران» نادرست است: «چون پوشیده‌رویان اسیر شوند».

۸ – اگر سرداران سپاه بدین بهانه از میدان جنگ بگریزند، پیدا است که کسی برجای نمی‌ماند تا بجنگد. و میدان نبرد جای آرامش نیست!

۹ – چو، در آغاز این رج.

۱۰ – و چو، در آغاز این رج، با هم همخوانی ندارند.

۱۱ – **یک:** باز سخن از پارس می‌رود! **دو:** یک لشکر؛ همگان نامور نیستند.

گرفتار شدن نوذر
بر دست
افراسیاب

چو بشنید نوذر که قارن برفت   دمان از پسش روی بنهاد تفت[1]
همی تاخت کز روز بد بگذرد   سپهرش مگر زیر پی نسپرد[2]
چو افراسیاب آگهی یافت زوی   که سوی بیابان نهادند روی*
سپاه انجمن کرد و پویان برفت   چو شیر، از پسش روی بنهاد، تفت[3]
چو تنگ اندر آمد برِ شهریار   همش تاختن دید و هم کارزار[4]
بدآنسان که آمد همی جست راه   که تا بر سر آرد سری بی‌کلاه[5]
شب تیره تا شد بلند، آفتاب   همی گشت با نوذر افراسیاب
ز گَرد سواران جهان تار شد   سرانجام نوذر گرفتار شد
خود و نامداران هزارودویست   تو گفتی که شان در جهان جای نیست[6]
بسی راه جستند و بگریختند   بدام بلا بر نیاویختند[7]
چنان لشکری را گرفته به بند   بیاورد با شهریار بلند[8]
اگر با تو گردون نشیند براز   هم از گردش او نیابی جواز[9]
همو تاج و تخت و بلندی دهد   همو تیرگیّ و نژندی دهد
بدشمن همی مانَد و هم بدوست   گهی مغز یابی ازاو، گاه پوست
سرت گر بساید به ابر سیاه   سرانجام خاک است ازاو جایگاه
اُزآن پس بفرمود افراسیاب   که: «از غار و کوه و بیابان و آب[10]

---

۱ – قارن بجایی نرفته‌بود مگر در همین افزوده‌ها، زیراکه وی پس از این با ویسه نبرد خواهد کرد!

۲ – پیل را شاید کسی را زیر پی سپردن، اما سپهر را پای نیست که چنین کند!

* – در همهٔ نمونه‌ها: «که سوی بیابان» آمده‌است که سخن را بسوی نوذر باز می‌گرداند، بازآنکه نوذر برای گریز؛ بسوی بیابانِ «خوارزم» نمی‌رود و بسوی ایران می‌گریزد. این سخن به افراسیاب و سپاه او بازمی‌گردد. که «از سوی بیابان» بدنبال نوذر روان می‌شود، و سخن را بدینگونه بایستی آراستن!: «از سوی بیابان نهادند روی»

۳ – «سپاه را انجمن کرده» و خود «دوان برفت» پیوند ندارد.

۴ – **یک:** تنگ آمدن دو سپاه، درست نیست. **دو:** لت دویم نادرخور است. و تاختن همراه با کارزار نیز نادرست می‌نماید، مگر آنکه نبرد بگونهٔ جنگ وگریز بوده باشد، که در آن نبرد چنین نبوده‌است!

۵ – این رج را هیچ گزارش نیست.

٦ – **یک:** خود و نامداران نادرست است. **دو:** «نامداران هزارودویست» نادرست است: «هزارودویست نامدار» **سه:** هزارودویست نامدار در یک سپاه نشاید، هر سپاه را چند نامدارست. **چهار:** تو گفتی.

۷ – دنبالهٔ سخن است.

۸ – **یک:** «چنان» نادرست است: «آنانرا با شهریار به بند کشید». **دو:** کجا بیاورد؟

۹ – دریغ و افسوس‌های افزودهٔ همیشگی در چهار رج.

۱۰ – **یک:** (از) غار و کوه و بیابان درست نیست، در غار درست است، و و تنها در نمونه خ ۱ چنین آمده‌است، اما گفتار پیوسته بداستان است. **دو:** در آب، چگونه بدنبال قارن بگردند!

بجویید تا قارن رزم‌زن … رهایی نیابد از آن انجمن»[1]
چو بشنید کو پیش ازآن رفته‌بود … ز کار شبستان برآشفته‌بود[2]
غمی گشت ازان کار افراسیاب … ازو دور شد خورد و آرام و خواب[3]
که قارن رها یافت از وی به جان … بران درد پیچید و شد بدگمان[4]
چنین گفت با ویسهٔ نامور … که: «دل سخت‌گَردان بمرگِ پسر[5]
که چون قارن کاوه جنگ آورد … پلنگ از شتابش درنگ آورد[6]
ترا رفت باید به پشت پسر … یکی لشکری ساخته پرهنر»[7]

نبرد قارن و ویسه
و
گریختن ویسه

بشد ویسه سالار تورانسپاه … ابا او یکی لشکر کینه‌خواه
ازان پیش‌تر کاو به قارن رسید … گرامیش را کشته افکنده دید[8]
دلیران و گردان تورانسپاه … بسی نیز با او فکنده براه[9]
دریده درفش و، نگونسار کوس … چو لاله کفن، روی چون سندروس[10]
ز ویسه به قارن رسید آگهی … که آمد به پیروزی و فرهی[11]
سوارانِ تازی سوی نیمروز … گُسی کرد و خود رفت گیتی‌فروز[12]
ز درد پسر ویسهٔ جنگجوی … سوی پارس چون باد بنهاد روی[13]
چو از کوه، قارن بهامون کشید … ز دست چپش لشکر آمد پدید

---

۱ – دنبالهٔ سخن ۲ – پس‌از فرمان دستگیری، این سخن نادرخور است.

۳ – «غمی» نادرست است، و درست نمی‌نماید که سپهدار پیروز، که پادشاه کشور دشمن را ببند کشیده‌است، از خورد و خواب و آرام گسسته باشد! دوباره‌گویی نام افراسیاب نیز نادرخور است.

۴ – **یک:** هنوز که بدنبالش می‌گردند... **دو:** «بدگمان»، دشمن است و چگونه و با که «بدگمان» شد؟ **سه:** رها یافت نادرست است: رها گشت. ۵ – لت دویم را، گزارش نیست.

۶ – سخن سست نیست اما پیوسته بداستان است و درست نمی‌نماید که سردار پیروز توران یکی از دشمنانش را به دلیری و پهلوانی بستاید.

۷ – «با لشکری» درست است نه «یکی لشکری»، چنانکه در لتِ درست پسین آمده‌است.

۸ – رسید نادرست است و «برسد» درست می‌نماید. ۹ – دنبالهٔ سخن

۱۰ – سپاهیان کشته و افکنده که درفش و کوس ندارند، و کفن نپوشیده‌اند. ۱۱ – ویسه هنوز پیروز نشده‌است.

۱۲ – خود بکجا رفت؟ که کسی پس از شکست، گیتی فروز، نمی‌شود!

۱۳ – در گفتار افزودهٔ پیشین افراسیاب ویسه را نیز بسوی پارس روانه کرد، بازآنکه قارن در دست چپ او بود!

ز گَرد، اندر آمد؛ درفش سیاه   سپهدار توران، به پیش سپاه
رده برکشیدند بر هردو روی   برفتند گردان پرخاشجوی

*

ز قلب سپه، ویسه آواز داد   که: «شد تاج و تخت بزرگی بباد!
ز قنّوج تا مرز کاولستان   همان تا در بُست و زاولستان
همه سر بسر، پاک در چنگ ما است   بر ایوان‌ها نقش اورنگ ما است*
کجا یافت خواهی تو آرامگاه؟   ازآن‌پس کجا!● شد، گرفتار، شاه!»

*

چنین داد پاسخ که: «من قارنم   گلیم اندر آب روان افکنم
نه از بیم رفتم، نه ازگفت‌وگوی   به پیش پسرِث آمدم جنگجوی
چو از کین او دل بپرداختم   کنون کین و جنگ ترا ساختم»
برآمد چپ‌وراست گَرد سپاه   نه روی هوا ماند روشن نه ماه[1]
سپه یک بدیگر برآویختند   چو رودروان خون همی ریختند[2]
برِ ویسه شد قارن رزمجوی   ازو، ویسه در جنگ، برکاشت روی
فراوان ز جنگ‌آوران کشته شد   به آورد چون ویسه سرگشته شد[3]
چو بر ویسه آمد ز اختر، شکن   نرفت از پسش قارن رزم‌زن
بشد ویسه تا پیش افراسیاب   ز درد پسر میژه کرده پر آب

---

* - وَیسه با این گفتار می‌خواهد که قارن را از رفتن پیروزمندانهٔ شماساس و خزروان بسوی زابل بترساند.   ● - کجا: که.

۱ - لت دویُم نادرخور است و نبرد نیز در شب روی ننموده‌است که گَرد، رخ ماه را بپوشاند!

۲ - یک بدیگر نادرست است، برآویختن نیز ویژهٔ دو پهلوان است که با یکدیگر کشتی می‌گیرند، همی‌ریختند نیز نادرخور است.

۳ - سخن پس و پیش است و ناهماهنگ با رج پسین. کُشته را نیز با گَشته پساوا نیست.

لشکرکشی شماساس و خَزَروان
به
سیستان

اُ دیگر که از شهر ارمان شدند   به کینه سوی زاولستان شدند[1]
شماساس کز پیش جیهون برفت   سوی سیستان، روی بنهاد، تفت
خزروان ابا تیغزن سی هزار   ز توران بزرگان خنجرگزار[2]
برفتند بیدار تا هیرمند   ابا تیغ و با گرز و بختِ بلند[3]
ز بهر پدر، زال؛ با سوگ و درد   به گورابه اندر، همی دخمه کرد
بشهر اندرون، گُردْمهراب بود   که روشنروان بود و، بی‌خواب بود
فرستاده‌ای آمد از نزد اوی   بسوی شماساس بنهاد روی

*

به پیش سراپرده آمد فرود   ز مهراب دادش فراوان درود
که: «بیداردل شاه تورانسپاه   بماناد تا جاودان با کلاه
ز ضحاک تازی است ما را نژاد   بدین پادشاهی نی‌ام سخت شاد[4]
به پیوستگی جان خریدم همی   جز این نیز چاره ندیدم همی
کنون این سرای و نشست من است   همان زاولستان بدست من است
از ایدر چو دستان بشد سوگوار   ز بهر ستودانِ سامِ سوار
دلم شادمان شد به تیمار اوی   برآنم که هرگز نبینمش روی
زمان خواهم از نامور پهلوان   بدان، تا فرستم هیونی دوان[5]
یکی مرد بینادل و پرشتاب   فرستم بنزدیک افراسیاب
مگر کز نهان من آگه شود   سخن‌های گوینده کوته شود

---

۱ – «و دیگر» باکنش «شدند» همخوان نیست، و سخنِ درست در رج پسین می‌آید.

۲ – **یک:** از شمار لشکر، پیشتر نیز در افزوده‌ها یاد شده‌بود (رج ۴۰۷۱). **دو:** سپاهیان از میان بزرگان برگزیده نمی‌شدند و چگونه می‌شود که در یک سپاه، سی هزار از بزرگان یک کشور گرد آیند؟

۳ – در رج پیش بزرگان خنجرگزار، اینجا با تیغ و گرز...

۴ – داستان افزودهٔ خویشی با ضحاک.

۵ – سخن سست نیست، اما «فرستم» در این رج، و «فرستم» دیگر در رج پسین آرایش سخن را درهم می‌ریزد، و از آنجا که رج پسین را (که نام افراسیاب در آن آمده‌است) نمی‌توان افزوده دانستن، بناچار این رج را کنار نهادم.

نثاری فرستم چنانچون سزا است — جز این نیز هرچ ازدرِ پادشا است
گرایدون‌که گوید بنزد من آی — جزاز پیش تختش نباشم بپای
همه پادشاهی سپارم بدوی — همیشه دلی شاد دارم بدوی
تن پهلوان را نیارم برنج — فرستمش هرگونه آکنده گنج

*

ازینسو دل پهلوان را ببست — اُزان سر، سوی چاره یازید دست
نوندی برافکند نزدیک زال — که پرّنده شو، بازکن پرّ و بال
بدستان بگو آنچه دیدی بکار — بگویش که: «از آمدن سر مخار[1]
که دو پهلوان آمد ایدر بجنگ — ز توران، سپاهی چو جنگی پلنگ
چو لشکر کشیدند بر هیرمند — به «دَستان»شان پای کردم ببند
گر از آمدن دم زنی یک زمان — برآید همه کامهٔ بدگمان!»

رسیدن زال
بیاری
مهراب

فرستاده نزدیک دستان رسید — بکردار آتش دلش بردمید
سوی گُردمهراب بنهاد روی — همی تاخت با لشکری جنگجوی
چو مهراب را پای بر جای دید — بسرش اندرون دانش و رای دید
بدل گفت کاکنون ز لشکر چه باک — چه پیشم خَزَروان چه یک مشت خاک

*

پسآنگه سوی شهر بنهاد روی — چو آمد به شهر اندرون نامجوی[2]
به مهراب گفت: «ای هشیوار مرد — پسندیده اندر همه کار کرد
کنون من شوم در شب تیره‌گون — یکی دست یازم بریشان بخون!
شوند آگه از من، که باز آمدم — دل آکنده و کینه‌ساز آمدم»
کمانی ببازو در افکند سخت — یکی تیر بر سان شاخ درخت[3]

---

۱ – سخن از لت دویم رج پیشین آغاز شده‌است، و «بدستان بگو» در این رج سخن دوباره در میانهٔ گفتار است.
۲ – **یک:** پیشتر، مهراب را پای برجای دیده‌است و پسان؛ سوی شهر روی می‌نهد؟ **دو:** دوباره؛ شهر!
۳ – گفتار درست کمان، در رج پسین می‌آید: با کمان چرخ.

نگه کرد تا جای گردان کجاست — خدنگی بچرخ اندرون راند راست*
بینداخت سه جای، سه چوبه تیر — برآمد خروشیدن دار و گیر!
چو شب روز شد انجمن شد سپاه — بران تیر کردند هر کس نگاه[1]

*

بگفتند که:«این تیر زال است و بس — نراند چنین، در کمان، تیر؛ کس»
شماساس گفت: «ار خَزَروان شیر — نکردی چنین نرم، گردن، بخیر●
نه مهراب ماندی نه لشکر نه گنج — نه از زال بودی بدین روز، رنج
نبودی مگر او چنین رزمخواه — که سازید بر ما کنون کینه‌خواه»[2]
خزروان چنین گفت که:«او یک تن است — نه اهریمن است و نه از آهن است
تو از جنگ او دل مدار ایچ تنگ؛ — هر آنگه که آرم من او را بچنگ!»[3]

*

چو خورشید تابان ز گنبد بگشت — خروش تبیره برآمد ز دشت[4]
بشهر اندرون کوس با کرّنای — خروشیدن زنگ و هندی درای
برآمد، سپه را بهامون کشید — سراپرده و پیل بیرون کشید
سپاه اندر آورد پیش سپاه — شد از گَرد، هامون؛ چو کوهی سیاه
خزروان دمان با عمود و سپر — یکی تاختن کرد بر زال زر[5]
عمودی بزد بر بر روشنش — گسسته شد آن نامور جوشنش[6]

---

* – کمان‌چرخ، کمانی بوده‌است بس بزرگتر از کمان دستی که زهِ آنرا با نیروی چرخ می‌کشیده‌اند و تیری بس بزرگ باندازهٔ نیزه در آن می‌نهادندو از راه دور بسوی‌لشکر دشمن، یا میان باروی‌شهر پرتاب می‌کردند، و این؛ نخستین یادکرد از کمان چرخ در جهان است که زمان آنرا با سنجه‌های ویژه که از دگرگونیهای زمین داریم، در «داستان ایران» روشن خواهم نمود (در این سنجش‌ها استاد و برادرم مانوئل بربریان، یاور بنیاد نیشابور است).

۱ – در همان زمانِ افکندنِ تیر می‌توانستند، دربارهٔ آن داوری کنند، و نیازی به برآمدن روز نبود.

● – این رج در نمونه‌ها به چند گونه آمده‌است از آن میان در لت نخست؛ ل: سر، س: سر، لن: ق، ق ۲، آ: تیز، لی: بنیز، و: بچیز، ب و س ۲: بتیز، پ: به نیز؛ ل ۲: شماسای گفتا بخراز نیز...، در لت دویم: به نیز، به چیز (خالقی مطلق ۱ ۳۱۱–۱) باز در لت نخست: خزروان میز (شاهنامه مسکو ۳۲–۲ زیرنویس). شاهنامه امیرکبیر: شماساس گفت ای خزروان شیر /نکردی چنین جنگ بر خیرخیر؛ شاهنامه قریب بهبودی: شماساس گفت ار خزروان شیر /نکردی چنین نرم گردن بخیر. پیداست که واژهٔ «سر» در شاهنامهٔ لندن، دگرگون شدهٔ «شیر» است، و واژه «خیر xēr را می‌توان گونه‌ای دیگر از hēr (هِیر) پهلوی دانست (بگونهٔ هزوارش) برابر با دارایی و مال و خواسته و سخن شماساس چنین است که: اگر خزروان برای خواسته و مال، گردن خم نمی‌کرد... پساوای شِر šēr نیز با خِر xēr درست است. این واژه یکبار در زبان زرتشتیان یزد در نام جشنی بنام هیرومبا (← هیر بر شما باد) بر جای مانده است اما در زبان مراغیان درهٔ الموت با کاربرد درست و آوای هِیر زنده‌است، و نیز در واژهٔ آمیختهٔ نُوهَر (← نوکیسه) آوای آن از هیر به «هَر» دگرگون شده‌است و بر این بنیاد گفتار فردوسی چنین بوده‌است: **«نکردی چنین نرم، گردن؛ به هیر»**.

۲ – **یک:** کینه‌خواه، با رزمخواه پساوا ندارد. **دو:** سخن سخت سست است. ۳ – سخن را پایان نیست.

۴ – نبرد را بهنگام سپیده‌دم می‌آغازند که هوا خنکتر باشد، نه پس از نیمروز... .

۵ – عمود بجای گرز، راه در سخنِ فردوسی نمی‌یابد. ۶ – همان

چو شد تافته شاه زاولستان   برفتند گردان کاولستان [1]
یکی گبر پوشید زال دلیر   بجنگ اندر آمد بکردار شیر [2]
بدست اندرون داشت گرز پدر   سرش گشته پر خشم و پر خون جگر [3]
خزروان بیامد همان کینه‌خواه   چو شیری خروشان به پیش سپاه [4]
هم آنگه برون رفت زال دلیر   به جنگ اندرون همچنان شرزه شیر [5]

*

چو دستان برانگیخت گَرد نبرد   هم‌آنگه برآمد خزروان چو گرد
بزد بر سرش گرزهٔ گاورنگ   زمین شد ز خونش چو پشتِ پلنگ
بیفکند و بسپرد و زو درگذشت   ز پیش سپاه اندر آمد بدشت
شماساس را، خواست، کاید برون   نیامد برون کش بخوشید خون [6]
بگرد اندرون یافت کلباد را   بگردن برآورد، پولاد را [7]
چو شمشیرزن، گرزِ دستان بدید   همی کرد ازو، خویشتن ناپدید [8]
کمان را بزه کرد زال سوار   خدنگی بدو اندرون راند خوار [9]
بزد بر کمرگاه کلباد بر   بر آن بند زنجیر پولاد بر [10]
میانش ابا کوههٔ زین بدوخت   سپه را به کلباد بر، دل بسوخت [11]
چو این دو سرافکنده شد در نبرد   شماساس شد بددل و روی زرد [12]
شماساس و آن لشکر رزم ساز   پراکنده از رزم گشتند باز
پس اندر، دلیران زاولستان   برفتند با شاه کاولستان [13]
چنان شد ز بس کشته در رزمگاه   که گفتی جهان تنگ شد بر سپاه
سوی شاه توران نهادند سر   گشاده سلیح و گسسته کمر

*

---

۱ – گردان کاولستان کجا رفتند؟   ۲ – پیشتر «جوشنِ» زال پاره شده‌بود، اینجا در میان داروگیر جنگ «گبر» می‌پوشد؟
۳ – لت نخست سست است.   ۴ – «همان کینه‌خواه» نادرست است.
۵ – در رج ۴۳۵۳ زال، بجنگ رفته‌بود... بکردار شیر. و اینجا دوباره بجنگ می‌فرستندش؟ همچنان شرزه شیر!
٦ – در گیر و دار نبرد، هماورد نمی‌خواهند! هماورد را پیش از نبرد می‌خواهند!
۷ – **یک:** این نخستین نبرد تورانیان نو (زمان پشنگ و افراسیاب) است، و چگونه زال، کلباد را در میان گرد می‌شناسد؟ **دو:** پولاد را نیز نادرست است «گرز را بگردن بر آورده‌بود».   ۸ – در رج پیشین گرز بر گردن داشت، و اینجا به شمشیرزن گردانده شد.
۹ – کمان را در میانهٔ جنگ بزه نمی‌کنند، و سردار سپاه را کمان نشاید و کمان‌وران پیادگان‌اند که پیش از نبردِ انبوه، بسوی دشمن تیر می‌افکنند.   ۱۰ – کمر (میان‌بند) رزمندگان، زنجیر نیست!!
۱۱ – این داستان را بیاد داشته باشید، تا کجا؛ افزایندگان نام دروغین کلباد را، دوباره بداستان اندر کنند!
۱۲ – این دو... را «شد» نمی‌شاید که باید؛ «شدند» بیاید.
۱۳ – این دو رج راستی در گفتار نیست، اما میان داستان در رج ۴۳٦۷ و ۴۳۷۰ جدایی می‌افکند.

شماساس چون در بیابان رسید ز ره قارن کاوه آمد پدید
که از لشکر ویسه برگشته بود بخواری گرامیش را کشته بود [1]
بهم بازخوردند هر دو سپاه شماساس با قارن کینه‌خواه [2]
بدانست قارن که ایشان که‌اند ز زاولستان تافته بر چه‌اند!
بزد نای رویین و بگرفت راه به پیش سپاه اندر آمد سپاه
ازان لشکر خسته و بسته، مرد بخورشید تابان برآورد گرد [3]
گریزان شماساس با چند مرد بجَستند از آن تیره گردِ نبرد

*

سوی شاه توران رسید آگهی کز آن نامداران، جهان شد تَهی
دلش گشت پر آتش از درد و غم دو رخ را بخون جگر داد نم
برآشفت و گفتا که: «نوذر کجاست؟ کزو، ویسه خواهد همی، کینه خواست!
چه چاره است جز خون او ریختن! یکی کینهٔ نو برانگیختن» [4]
به دژخیم فرمود که: «او را کشان ببر تا بیاموزد او سرفشان» [5]
سپهدار نوذر چو آگاه شد بدانست که‌ش، روز؛ کوتاه شد
سپاهی پراز غلغل و گفت‌وگوی سوی شاه نوذر نهادند روی
ببستند بازوش با بند تنگ کشیدندش از جای، پیش نهنگ*
به دشت آوریدندش از خیمه‌خوار برهنه سر و پای و برگشته کار [6]

*

چو از دور دیدش زبان برگشاد ز کین نیاکان همی کرد یاد
ز تور و ز سلم اندر آمد نخست دل و دیده از شرم شاهان بشست
بدو گفت: «هر بد که آید سزا است بگفت و برآشفت و شمشیر خواست
بزد گردن خسرو تاجدار تنش را بخاک اندر افکند، خوار!
شد آن یادگار منوچهر شاه تهی ماند، ایران ز تخت و کلاه
ایا دانشی مرد بسیار هوش همه چادر آزمندی مپوش [7]
که تخت و کله چون تو بسیار دید چنین داستان چند خواهی شنید

---

۱ – گَشته با کُشته پساوا ندارد. ۲ – دوباره‌گویی است.

۳ – لت نخست درست نمی‌نماید. زیرا لشکریان گریزنده را شاید خسته (مجروح) بودن، اما نشاید بسته بودن.

۴ – لت نخست آوای درست ندارد و سست می‌نماید.

۵ – دوبار «او» در یک گفتار، بکار رفته‌است. («او» در لت نخست و «او» در لت دویم)

* – او را بسته و کشان بنزد افراسیاب بردند. ۶ – زندانیان را در پرده و چادر جای نمی‌دادند.

۷ – پنج رج: دریغ و افسوس‌های همیشگی و یکنواختی!

رسیدی به جایی که بشتافتی   سرآمد کز و آرزو یافتی
چه جویی ازین تیره خاک نژند   که هم بازگردانَدت مستمند
که گر چرخ گردان کشد زین تو   سرانجام خاک است بالین تو

*

پس آن بستگان را کشیدند خوار   همی خواست هر یک، بجان زینهار
چو اغریرث پرهنر آن بدید   دل او ببر در، چو آتش دمید[1]
همی گفت چندین سر بیگناه   ز تن دور ماند بفرمان شاه![2]

*

پس اغریرث آمد بخواهشگری   بیاراست با نامور، داوری
که: «چندین سرافراز گُرد و سوار   نه با ترگ و جوشن، نه در کارزار
سزد گر نیاری به جان‌شان گزند   سپاری همیدون بمن‌شان، ببند
بریشان، یکی غار؛ زندان کنم   نگهدارشان، هوشمندان کنم
بساری بزاری برآرند هوش   تو ازخون بکِش دست و چندین مکوش»

*

گرفتار کشتن نه والا بود   نشیب است جایی که بالا بود[3]

*

ببخشید جان‌شان بگفتار اوی   چو بشنید، با درد گفتار اوی
بفرمودشان تا بساری برند   به غلّ و بمسمار و خواری برند
چو این کرده شد ساز رفتن گرفت   زمین زیر اسپان نهفتن گرفت
ز پیش دهستان سوی رَی کشید   از اسپان به رنج و به تگ خْوَی کشید
کلاه کیانی به سر برنهاد   به دینار دادن در اندر گشاد[4]

---

۱ - لت دویم اندکی سست است و دوباره نام اغریرث خواهد آمدن که نادرست است.

۲ - پیش از آمدن بخواهشگری (رج پسین) چگونه می‌تواند سخن گفتن!

۳ - **یک**: «نه والا بود» نادرست است: «خوب نیست»، «پسندیده نیست». **دو**: نشیب در برابر «بالا» نیست، که «نشیب» روبروی «فراز» جای دارد.

۴ - کلاه کیانی!

پادشاهی افراسیاب

پادشاهی افراسیاب
اندر ایرانزمین

بگستهم و توس آمد این آگهی — که تیره شد آن فرّ شاهنشهی
بشمشیر تیز آن سر تاجدار — بزاری بریدند و برگشت کار

*

بکندند موی و شخودند روی — از ایران برآمد یکی های‌وهوی
سرِ سرکشان گشت پر گردوخاک! — همه دیده پر خون، همه جامه چاک؛[1]
سوی زاولستان نهادند روی — زبان شاه‌گوی و، روان شاه‌جوی
برِ زال رفتند با سوگ و درد — رخان پر ز خون و، سران پر ز گرد
که: «زارا! دلیرا! شها! نوذرا! — گوا! تاجدارا! مها! مهترا!
نگهبان ایران و پشت مهان — سر تاجداران و شاه جهان
سرت افسر از خاک جوید همی — زمین خون شاهان ببوید همی*
گیاهی که روید از آن بوم و بر — نگون دارد از شرم خورشید، سر
همی داد خواهیم و زاری کنیم — بخون پدر سوگواری کنیم[2]
نشان فریدون بدو زنده بود — زمین ئیلِ اسپ ورا بنده بود[3]
بزاری و خواری سرش راز تن — بریدند با نامدار انجمن[4]
همه تیغ زهرآبگون برکشید — بکین جستن آیید و دشمن کشید![5]
همانا بدین سوگ ما بر، سپهر؛ — ز دیده ببارد همی خون، ز مهر[6]
شما نیز دیده پر از خون کنید — ز تن جامهٔ ناز بیرون کنید[7]
که با کین شاهان نشاید که چشم — نباشد پر از آب و، دل پر ز خشم»[8]

---

۱ – گفتار درست در رج دویم پسین می‌آید. * – از زمین بوی خون شاهان بر می‌آید. ۲ – داد خواستن از که؟

۳ – **یک:** نشان فریدون در گستهم و توس نیز بود. و نیز نشان را مردن و زنده بودن نشاید. **دو:** «زِنده» را با «بَنده» پساوا نیست. در برخی نمونه‌ها «نژاد فریدون» آمده‌است، و نژاد فریدون نیز در همهٔ ایرانیان روان بود و هست.

۴ – **یک:** پیوند با سخن پیشین ندارد. **دو:** نامدار انجمن با وی کشته نشد، بزرگان ایران را بزندان افکندند.

۵ – کَشید، باکُشید پساوا ندارد. لت دویُم نیز سخت سست است.

٦ – **یک:** سخن سست. **دو:** از «مهر» خون می‌بارد، یا از «سوگ»؟

۷ – در سیستان کسی با جامهٔ ناز نبود، که آنان نیز جنگیده بودند. ۸ – سخن اندکی سست می‌نماید.

۲۹۲ یاری اغریرث نیکخواه

همه انجمن زار و گریان شدند   چو بر آتش تیز بریان شدند
زبان داد دستان: «که تارستخیز   نبیند نیام مرا تیغ تیز [1]
چمان چرمه، در زیر، تخت من است   سنان؛ دار و، نیزه؛ درخت من است [2]
رکاب است پای مرا جایگاه   یکی ترگِ تیره، سرم را کلاه [3]
برین کینه آرامش و خواب نیست   همی چون دو چشمم بجوی آب نیست [4]
روان چنان شهریار جهان   درخشنده بادا میان مهان [5]
شما را به داد جهان آفرین   دل ارمیده بادا به آیین و دین [6]
ز مادر همه مرگ را زاده ایم   بر اینیم و گردن ورا داده ایم» [7]
ازانپس همه، کینه را ساختند   هیونی ز هر سو، برون تاختند [8]
فراز آوریدند، بیمر سپاه   ز شادی بریدند و، از بزمگاه

*

چو گُردان سوی کینه بشتافتند   بساری، سران، آگهی یافتند
ازیشان بشد خورد و آرام و خواب   پراز بیم گشتند ز افراسیاب
از آنان به اغریرث آمد پیام   که: «ای پُرمنش* مهتر نیکنام
بگیتی بگفتار تو زنده ایم   همه یک بیک مر ترا بنده ایم [9]
تو دانی که دستان به زاولستان   بجای است، با شاه کاولستان
چو برزین و چون قارن رزم‌زن   چو خرّاد و کشواد لشکرشکن؛ [10]
یلانند و با چنگ‌های دراز؛   ندارند از ایران، چنین؛ دست باز!
چو تابند، گُردان ازین، سو عنان   بچشم اندر آرند نوک سنان؛
ازان، تیز گردد رد افراسیاب   دلش گردد از بستگان پرشتاب
سرِ یک رمه مردمِ بیگناه   بخاک اندر آرد ز بهر کلاه
اگر بیند، اغریرث هوشمند   مر این بستگان را گشاید ز بند!
پراکنده گردیم گِردِ جهان   زبان برگشاییم پیش مهان [11]
به پیش بزرگان ستایش کنیم   همان پیش یزدان نیایش کنیم [12]

---

۱ – وابسته به گفتار پسین.   ۲ – سنان دار و درخت نیست. «سنان» سرِ نیزه است.   ۳ – سخن سست
۴ – **یک:** دنبالهٔ سخن. **دو:** و پهلوان را نشاید چنین گفتن!   ۵ – «چنان» در میان سخن، نادرخور است.
٦ – دل ارمیده یا ارمنده را ندانستم که چیست!   ۷ – گردن بمرگ داده‌ایم، یا گردن بمادر؟
۸ – سپاهیان زاولستان، پس از نبرد با شماساس و خزروان آماده بودند، و نیاز بگردآوری آنان نبود.
* – پرمنش: اندیشمند، کسیکه با اندیشهٔ بسیار بکارها می‌نگرد.
۹ – «زِنده» را با «بَنده» پساوا نباشد، و آنان نیز بندهٔ اغریرث نبوده‌اند.   ۱۰ – «چو» در آغاز درست نیست.
۱۱ – زبان برگشودن، دشنام دادن است...   ۱۲ – ...بازآنکه در این رج از ستایش نام می‌برند!

*

چنین گفت اغریرث پر خرد / که: «زین گونه گفتار، کی درخورد؟
ز من آشکار شود دشمنی / بجوشد سرِ مرد اهریمنی[1]
یکی چاره سازم دگرگونه زین / که با من نگردد برادر، بکین؛
گرایدون‌که دستان شود تیز چنگ / یکی لشکر آرد سوی ما بجنگ
چو آرد به نزدیک ساری رمه / بدستان سپارم شما را همه[2]
بپردازم آمل، نیایم بجنگ / سرم را ز نام، اندر آرم به ننگ!»

*

[بزرگان ایران ز گفتار اوی / بروی زمین برنهادند روی*]
[چو از آفرینش بپرداختند / نوندی ز ساری برون تاختند]
بپویید نزدیک دستان سام / بیاورد ازان نامداران پیام[3]
که: «بخشود بر ما، جهاندار ما / شد اغریرثِ پر خرد، یار ما
یکی سخت پیمان فکندیم بُن / بران برنهادیم بااو سخُن
کز ایران چو دستان آزاد مرد / بیاید بجوید ابا وی نبرد
گرانمایه اغریرث نیک‌پی / ز آمل گذارَد سپه را به ری
مگر زنده از چنگ این اژدها / تن یک جهان مردم آید رها!»[4]

*

چو پوینده در زاولستان رسید / سراینده نزدیک دستان رسید؛
بزرگان و نام‌آوران را بخواند / پیام یلان پیش ایشان براند
[ازانپس چنین گفت که:«ای سروران / پلنگان جنگی و گُندآوران●]

---

۱ – دشمنی را با اهریمنی پساوا نیست.

۲ – «گر» در رج پیشین با «چو» در این رج همخوان نیست زیرا که هر دو بند (قید شرطی)اند.

* – این گفتار درست نمی‌نماید، زیرا که بزرگان ایران برای اغریرث نیکخوی پیام فرستاده بودند و در نزد وی نبودند، تا سر بر زمین نهند... دودیگر آنکه بندیان زمان باستان که پای و دست و گردن در غُل و زنجیر داشتند نمی‌توانستند سر بر زمین گذارند! وسدیگر آنکه «آفرینش» کار خداوند است نه کار آن کسان که آفرین بر کسی می‌خوانند!
افزایندگان با این سخنان خواسته‌اند که پاسداری و سپاس ایرانیان را از کار اغریرث بنمایانند، و گفتار را ویران کرده‌اند! و اندیشهٔ من بر اینست که این دو رج در گفتار فردوسی یک رج بوده‌است بدینگونه:

بزرگان چون این آگهی یافتند / نوندی ز ساری برون تاختند

۳ – بیاورد نادرست است: «ببرد».

۴ – سخن نادرست که شمار بندیان ایران باندازه یک جهان مردمان نبوده‌است. رها نیز شدنی است نه آمَدَنی!

● – بنداری در این‌جا آورده‌است: «– واخبرهم بالحال، و قال: من یتکفل بهذا المهم الخطیر والامر العظیم؟» و آنان را آگاه کرد و گفت: کیست که این مهم و خطرناک و کار بزرگ را پذیرا باشد؟ اما در همهٔ نمونه‌ها، این دو رج کمابیش چنین آمده‌است، و سخن پریشان ←

[کدامست مردی کنارنگ دل / دلیری سیه کرده در جنگ، دل]
خریدار این جنگ و این تاختن / بخورشید، گردن برافراختن!»

*

ببر زد بران کار، کشواد، دست / «منم» گفت: «یازان، بدینکار؛ شست»
بر او آفرین خواند فرخنده زال / که: «خرّم بزی تا بُود ماه و سال!»

*

سپاهی ز گردان پرخاشجوی / ز زاول به آمل نهادند روی
چو از پیش دستان برون شد سپاه / خبر شد به اغریرث نیکخواه؛
همه بستگان را بساری بماند / بزد نای رویین و لشکر براند
چو کشواد فرخ بساری رسید / پدید آمد آن بندها را کلید[1]
یکی اسپ مر هر یکی را بساخت / ز ساری سوی زاولستان بتاخت[2]
چو آمد بدستانِ سام آگهی / که برگشت کشواد با فرهی[3]
یکی گنج ویژه بدرویش داد / سُراینده را جامهٔ خویش داد[4]
چو کشواد نزدیک زاول رسید / پذیره شدش زال زر چون سزید[5]
بران بستگان زال بگریست دیر / کجا مانده بودند در چنگ شیر[6]
پس از نامور نوذر شهریار / بسر خاک بر کرد و بگریست زار[7]
بشهر اندر آوردشان ارجمند / بیاراست ایوان‌های بلند[8]
چنان هم که هنگام نوذر بُدند / که با تاج و با تخت و افسر بُدند[9]
بیاراست دستان همه دستگاه / شد از خواسته بی‌نیاز آن سپاه[10]

→ می‌نماید و «کنارنگ دل» (استاندار دل یا دارندهٔ دل استاندار!) سخت نادرست می‌نماید چنانکه پهلوانان درستکار در جنگ و پادرزم، دل خویش را سیاه نمی‌کرده‌اند، که با دل پاک در برابر دشمن می‌جنگیدند!

در اینجا نیز چنین می‌اندیشم که در گفتار فردوسی، این دو رج، یک سخن بیش نبوده‌است و می‌توان آنرا چنین گفتن:

ازآنپس چنین گفت کای مهتران / کدامست گُردی ز جنگاوران؛
خریدار این جنگ........

۱ – کلید کدام بندها پدیدار شد... با رفتن اغریرث و پیش از رسیدن وی به آمل، همه بندیان آزاد شده‌بودند!

۲ – در لت نخست برای هر یک از بندیان آزاد شده، یک اسب «بساخت»(!) و در لت دویم، خود بتنهایی بسوی زابل بتاخت! درست آنستکه چون سپاه ایران بساری رسند، بندیان نیز بدانان پیوندند، نه آنکه آن راه دراز را تا سیستان بپیمایند، و بازگردند.

۳ – دنبالهٔ سخن   ۴ – گنج ویژه چه باشد؟

۵ – پذیره شدش به یک‌کس، بازمی‌گردد، و افزاینده سپاه بندیان را همراه کشواد کرده‌است.

۶ – دیرگریستن ناخوش می‌نماید.

۷ – لت دویم سخت سست می‌نماید... یکبار برای بندیان گریست، و پس از آن برای نوذر! گریه برای نوذر؛ پیش‌ازاین روی داده‌بود.

۸ – سپاه آماده نبرد است، و زال برای آنان ایوان‌های بلند می‌آراید؟

۹ – **یک:** پیوند با سخن پیشین ندارد. افزاینده را از این گفتار؛ رای آنست که بگوید، برای آنان همانند ایوان‌هایی که بهنگام نوذر داشتند، ایوان ویژه کرد!! **دو:** همهٔ آنان نیز تخت و تاج داشتند!! **سه:** تاج با افسر یکی است!   ۱۰ – دنبالهٔ سخن

کشتن افراسیاب
اغریرث نیک‌پی را

چو اغریرث آمد از آمل به ری	ازان کارها آگهی یافت «کی»°
بدو گفت ک:«این چیست کانگیختی؟	که با شهد، هَنزل* برآمیختی؛
نـفـرمـودمت کـای بـرادر بـکـش	که جـای خـرد نیست و هنگام هش!۱
بـدانش نـبـایـد سـرِ جـنگجوی	نـبـایـد بـجـنگ اندرون آبـروی۲
سـر مـرد جـنگی خـرد نـسپرد	کـه هـرگـز نـیامیخت کین با خـرد!»

٤٤٨٥

*

چنین داد پاسخ به افراسیاب	که: «لختی بـباید همی شرم و آب
هـر آنگه کـه‌ت آیـد بـبد دستـرس	ز یـزدان بـترس و مکن بـد بکس
که تـاج و کـمر چون تو بـیند بسی	نخواهد شدن رام بـا هـر کسی
دراز است دست فـلـک بـر بـدی	همه نـیکویی کـن اگر بـخردی۳
چو نـیکی کـنی، نـیک، آیـد بـرت	بـدی را، بـدی باشد انـدر خورت!»٤
یکی پـر زآتش یکی پـر خرد	خـرد بـا سـر دیـو کی درخـورد۵

٤٤٩٠

٤٤٩٥

*

سپهبد برآشفت چون پیل مست	بپاسخ، بشمشیر یـازید دست
میان بـرادر بـه دو نـیم کـرد	چنان سنگدل نـاهشیوار مـرد
چو از کـار اغریرث نـامدار	خـبر شد بـنـزدیک زال سـوار
چنین گفت ک:«اکنون سـرِ بخت اوی	شـود تار و، ویران شود تخت اوی»
بـزد نـای رویـین و بـربست کـوس	بـیاراست لشکر چـو چشم خروس۶
سپهبد سـوی پـارس بـنهاد روی	هـمی رفت پـر خشم و دل کـینه‌جوی۷

٤٥٠٠

° - کی بتنهایی، همان شاه است که در اوستا بگونه «کوی» آمده‌است، و اینجا سخن از دودمان کیانی نمی‌رود!

* - نام فارسی است بنگرید به پیشگفتار، بخش واژه‌های فارسی که بگونهٔ تازی نوشته می‌شود.   ۱ - لت دوییم ناسزاوار است!

۲ - همان سخن.   ۳ - گفتار درست در رج پسین می‌آید.   ٤ - دنباله گفتار.

۵ - یک: لت دوییم ناهماهنگ است. دو: «خِرَد» رانیز با «خورد» پساوا نیست.

۶ - یک: لشکر را در میدان جنگ همچون چشم خروس می‌آرایند... باری اگر نای را بنوازند، تازه هنگام بستن کوس بر پشت پیل یا شتر نیست، که هر دو اینکارها با هم آغاز می‌شود... دو: پس از نواختن نای و زدن کوس تازه هنگام آراستن سپاه نیست که می‌بایستی آرایش، پیش از آن بوده باشد. سه: از زدن نای در رج ٤٤٧٤ یاد شده‌بود.

۷ - چون افراسیاب در ری است، و جنگ نیز در ورامین روی می‌نماید زال را چه انگیزه تواند بودن که راه خویش را دور کند و بسوی

←

ز دریا به دریا همی مرد بود … رخ ماه و خورشید پر گرد بود[1]

*

چو بشنید افراسیاب این سخُن … که دستان جنگی چه افکند بُن[2]
بیاورد لشکر سوی خوار ری … بیاراست جنگ و بیفشارد پی
طلایه شب و روز در جنگ بود … تو گفتی که گیتی بر او تنگ بود[3]
مبارز بسی کشته شد بر دو روی … همه نامداران پرخاشجوی[4]

→ پارس رود، و از آنجا آهنگ ری کند، تا سپاهیان خویش را بیش بیازارد و رنج راه بیفزاید!

۱ - در راه زال و سپاه دریا نیز نبود، تا آنان از میان دو دریا بگذرند.

۲ - این سخنان بگونهٔ درست؛ در رج‌های ۴۵۶۳-۴۵۶۴ می‌آید.

۳ - **یک:** کار پیش‌آهنگ سپاه جنگ کردن نبود، که آنان پاسداری می‌کردند. **دو:** تو گفتی!

۴ - هنوز جنگ آغاز نشده، چرا می‌باید که از دو روی «مبارز» کشته شود؟

زَوْتهماسپ

پادشاهی زَوْ تهماسپ

شبی زال بنشست هنگام خواب — سخن راند بسیار از افراسیاب
هم از رزم‌زن نامداران خویش — اُزان پهلوانان و یاران خویش[1]
چنین گفت: «هرچند کز پهلوان — بُود، بخت؛ بیدار و، روشن؛ روان
بباید یکی شاه خسرونژاد — که دارد گذشته سخن‌ها بیاد!
بکردار کشتی است کار سپاه — هم‌ش باد و هم بادبان تخت شاه[2]
اگر داردی توس و گستهم فرّ — سپاه است و گردان بسیار مر[3]
نزیبد برایشان همی تاج و تخت — بباید یکی شاه بیدار بخت[4]
که باشد بدو فرّهٔ ایزدی — بتابد ز دیهیم او بخردی»[5]
ز تخم فریدون بجُستند چند — یکی شاه، زیبای تخت بلند
ندیدند جز پور تهماسپ، زو — که زور کیان داشت و فرهنگ گو[6]
بشد قارن و موبد و مرزبان — سپاهی ز بامین و از گرزبان[7]

*

یکی مژده بردند نزدیک زَو — که تاج فریدون بتو گشت نَو
سپهدار دستان و یکسر سپاه — ترا خواستند، ای سزاوار گاه[8]
چو بشنید زَو گفتهٔ موبدان — همان گفتهٔ قارن و بخردان[9]
بپذرفت شاهی و برخاست زَو — بیامد، نشست ازبر گاه نَو[10]
بشاهی برِ او آفرین خواند زال — نشست از برِ تختِ زر پنج سال[11]
کهن بود بر سال و، هشیار مرد — بداد و بخوبی جهان تازه کرد
سپه راز کار بدی باز داشت — که با پاک یزدان یکی راز داشت[12]

---

۱ – سخن سست می‌نماید. ۲ – لت دویُم سخت ناهموار است. ۳ – کنش «داردی» برای دوکس، نادرست است.
۴ – دنبالهٔ سخن ۵ – دنبالهٔ گفتار... دیهیم!... بخردی از دیهیم و تاج نمی‌تابد، که از مغز بر می‌آید.
۶ – **یک:** کیان... کیان را که «پادشاهانند»، بایسته نیست که زور بسیار داشته باشند! **دو:** فرهنگِ گو را، گزارش نمی‌توان کردن!
۷ – **یک:** کنش «بشد» برای سه‌کس ناشایست است. **دو:** بامین و گرزبان در پهنهٔ ایرانزمین شناخته نشد!
۸ – لت دویم، سست است. ۹ – همان، نادرخور است.
۱۰ – دوباره نام «زو» را آوردن درست نمی‌نماید. نام وی در همین گفتار در رج پیشین آمده‌بود.
۱۱ – هنوز روشن نیست که «زو» را چند سال پادشاهی خواهد بودن!
۱۲ – **یک:** کار بدی نادرست است: «کار بد». **دو:** سخن، دیدگاهی نیک از یک پادشاهیِ همراه با داد، می‌گوید، اما پیوند درست ندارد.

۳۰۰ پادشاهی زَو

گرفتن نیارست و بستن کسی وزان پس ندیدند کشتن بسی[1]
همان بُد که، تنگی بُد اندر جهان شده خشک، خاک و گیا را، دهان
نیامد همی زآسمان هیچ نم همی برکشیدند نان با درم*
دو لشکر بران گونه بُد هشت ماه بروی اندر آورده، رویِ سپاه[2]
نکردند یکْ روز جنگی گران نه روز یلان بود و رزم سران[3]
ز تنگی چنان شد که چاره نماند سپه را همی پود و تاره نماند[4]
سخن رفتشان یکْ بیکْ همزبان که: «از ماست بر ما، بدِ آسمان[5]»
ز هر دو سپه خاست فریاد و غَو فرستاده آمد بنزدیکْ زَو[6]
که: «گر بهر ما زین سرای سپنج نیامد بجز درد و اندوه و رنج[7]
بیا تا ببخشیم روی زمین سرایم یکْ بر دگر آفرین[8]»

*

سر نامداران تهی شد ز جنگ ز تنگی نبد روزگار درنگ
بران بر، نهادند، یکسر سخن که در دل ندارند، کین کهن
ببخشند گیتی بآیین و داد ز کار گذشته نیارند یاد
ز رودابه و شیر تا مرز تور ازان بخشِ گیتی ز نزدیکْ و دور[9]
روارو چنین تا بچین و ختن سپردند شاهی بدان انجمن[10]
ز مرزی کجا مرز خرگاه بود ازان زال را دست کوتاه بود[11]
وزین روی ترکان نجویند راه چنین بخش کردند تخت و کلاه[12]
سوی پارس لشکر برون راند زو کهن بود لیکن جهان کرد نو[13]

---

۱ – **یکْ:** هیچکس را یارای گرفتن و بزندان انداختن کسان نبود... **دو:** بسیار کسان را نمی‌کشتند، که کم می‌کشتند! و چگونه است که کشتن روا بود و بستن ناروا؟ * –گزارش این سخن شگفت در داستان ایران؛ بیاید.
۲ – سخن درست در رج هفتم پسین می‌آید. ۳ –لت دویُم سخت بی‌بنیاد است.
۴ – تاروپود را نمی‌توان از برای فراهم کردن پساوا؛ پود و تاره آوردن!
۵ – دولشکر رو در روی، نمی‌توانند با هم همزبان شوند!
٦ – **یکْ:** اگر از هر دو سپاه فریاد و غریو برآید، از هر دو سوی به سوی دیگر فرستاده می‌آید، نه تنها از سوی توران بسوی زَو! **دو:** فریاد در زبان پهلوی و فارسی، «یاری» است، نه غو بانگ و غوغا. ۷ – این رج وابسته به رج پسین است؛
۸ – بیا تا ببخشیم نادرست است، دو سپاهِ رو در رو، را می‌باید گفتن: «بیایید تا ببخشیم» این بخش کردن در رج ۴۵۳۷ بگونهٔ درست آمده‌است. ۹ – **یکْ:** جایگاه «شیر» در مرز ایران و توران، پیدا نیست. **دو:** لت دویم، سخت بی‌بنیاد است.
۱۰ – **یکْ:** ختن شهری ایرانی در توران است و به چین پیوند ندارد. **دو:** شاهی را به انجمن نمی‌سپرند! **سه:** کدام انجمن؟ ایران یا توران.
۱۱ – خرگاه را جُستیم و نیافتیم. ۱۲ – زمین را توان بخش کردن، و تخت و کلاه را نشاید.
۱۳ – **یکْ:** پایتخت زو، در پارس نبود، که خود؛ پارس هنوز پدید نیامده‌بود (بنگرید به داستان ایران. جایگاه پایتخت زو نیز در آن دفتر نمایانده می‌شود). **دو:** دوباره‌گویی لت نخست، از رج ۴۵۲۳.

سوی زاولستان بشد زال زر | جهانی گرفتند هر یک به بر [1]

*

پراز غلغلِ رعد شد کوهسار | زمین شد پراز رنگ و بوی نگار
جهان چون اَروسی رسیده، جوان | پراز چشمه و باغ و آب روان
چو مردم ندارد نهاد پلنگ | نگردد زمانه بر او تار و تنگ
مهان را همه انجمن کرد زَو | بدادار بر، آفرین خواند نَو
فراخی که آمد ز تنگی پدید | جهان‌آفرین داشت آن را کلید [2]
بهَر سو یکی جشنگه ساختند | دل از کین و نفرین بپرداختند
چنین تا برآمد برین سال پنج | نبودند آگه کس از درد و رنج [3]
ببُد بخت ایرانیان، کندرَو | شد آن دادگستر، جهاندار زَو

*

چنین تا برآمد برین روزگار | درخت بلاکینه آورد بار [4]
به ترکان خبر شد که زو، درگذشت | بران‌سان که بد، تخت بی‌کار گشت [5]
بیامد زخوار ری افراسیاب | ببخشید گیتی و بگذاشت آب [6]
نیاورد یک تن درود پشنگ | سرش پر ز کین بود و، دل پر ز جنگ [7]
دلش خود ز تخت و کله گشته بود | به تیمار اغریرث آغشته بود [8]
بدو روی ننمود هرگز پشنگ | شد آن تیغ روشن پر از تیره زنگ [9]
فرستاده رفتی به نزدیک اوی | بدو سال و مه هیچ ننمود روی [10]
همی گفت: «اگر تخت را سر بدی | چواغریرثش یار و درخور بدی [11]

---

۱ – **یک:** با پادشاهی زو، رفتن زال بزابلستان، شایستهٔ یادکرد نیست. **دو:** هر یک، یک جهان را ببر گرفتند؛ ناشایسته‌ترین سخن است.
۲ – سخن کودکانه... . ۳ – **یک:** سال پنج نادرست است. **دو:** «نبودند» برای «کس» نادرخور است.
۴ – در رج پسین چنین می‌آید که به ترکان(؟) آگاهی از مرگِ زو می‌رسد، و روشن است که پیش‌ازآن، و تا بدانهنگام که تورانیان بایران یورش نیاورده‌اند، «درختِ بلا» میوهٔ کینه ببار نمی‌آورد.
۵ – **یک:** آنزمان؛ ترک در همسایگی ایران نبود. **دو:** لت دویُم ناهماهنگ! برآنسان که پیش از آن بود، تخت بیکار نبود!
٦ – **یک:** افراسیاب بتوران رفته‌بود زیرا که جهان را میان خود بآیین و داد، بخش کرده بودند. **دو:** گیتی را چگونه بخش کرد؟ **سه:** از خواررِی (ورامین) چگونه گذر از آب کرد؟ کدام دریا؟ کدام رود؟
۷ – **یک:** این رج را هیچ پیوند با گفتار پیش و پس نیست. **دو:** درود؛ آوردنی نیست، گفتنی است. **سه:** سرِ چه‌کس پر کین بود؟ کس؟ یا پشنگ؟، نیز دل چه‌کس پر از جنگ بود؟ **چهار:** مگر، دل، پر از جنگ می‌شود؟
۸ – دل، چگونه از تخت و تاج برمی‌گردد؟ و نیز چگونه بتیمار، آغشته می‌شود؟
۹ – **یک:** همهٔ این گفتارها، دربارهٔ پشنگ بود، و چگونه پشنگ؛ خود، بخود، روی ننمود؟ **دو:** سخن از کدام تیغ می‌رود؟
۱۰ – افزاینده سخن نادرخور را چنین می‌بایستی گفتن: فرستادگان بنزدیک او (پشنگ) می‌رفتند و سال و ماه(؟) پشنگ بدیشان روی نمی‌نمود!
۱۱ – **یک:** پیدا است که «تخت» راسر نیست، که تخت را «پایه» است. **دو:** تازه،... در این رج، اندیشهٔ کژّهٔ افزاینده رخ می‌نماید که پشنگ از افراسیاب رنجیده است!

تو خون برادر بریزی همی　　ز پرورده مرغی گریزی همی[1]
مرا با تو تاجاودان کار نیست　　به نزد منت راه دیدار نیست»[2]

تازش دوبارهٔ افراسیاب
به ایرانزمین

پر آواز شد گوش ازین آگهی　　که بیکار شد تخت شاهنشهی
پیامی بیامد بکردار سنگ　　به افراسیاب از دلاور پشنگ
که: «بگذار جیهون و برکش سپاه　　ممان تا کسی برنشیند بگاه»!
یکی لشکری ساخت افراسیاب　　ز دشت سپیچاب تا رود آب[3]
که گفتی زمین شد سپهری روان　　همی بارد از تیغ گفتی روان[4]

*

یکایک بایران رسید آگهی　　که آمد خریدار تخت مهی
سوی زاولستان نهادند روی　　جهان شد سراسر پر از گفت‌وگوی[5]
بگفتند با زال چندی درشت　　که: «گیتی، تن‌آسان گرفتی بمشت
پس‌از سام، تا تو شدی پهلوان　　نبودیم یک روز، روشن‌روان
سپاهی ز جیهون بدینسو کشید　　که شد آفتاب از جهان ناپدید
اگر چاره دانی مر این را بساز　　که آمد سپهبد● بتنگی فراز»
چنین گفت با مهتران زال زر　　که: «تا من ببستم بمردی کمر[6]
سواری چو من پای بر زین نگاشت　　کسی تیغ و گرز مرا برنداشت[7]
بجایی که من پای بفشاردم　　لگام سواران شدی پاردم[8]
شب و روز در جنگ یکسان بُدم　　ز پیری همه ساله ترسان بُدم[9]

---

۱ – لت دویُم را چگونه گزارش توان کردن؟ مرغِ پرورده؟ افزاینده را رای آن بوده‌است که بگوید از زال که پروردهٔ سیمرغ است گریختی!

۲ – پشنگ در این سخن به افراسیاب می‌گوید: که تا پایان جهانم با تو کار نیست، اما بیدرنگ در رج ۴۵۶۳ بسوی وی پیام می‌فرستد!

۳ – روشن نیست که کدام رود آب است.　　۴ – گفتی... گفتی. روان از تیغ می‌بارد را نتوان گزارش کردن.

۵ – چون دشمن بایران یورش آورده‌است، این؛ درست نمی‌نماید که بزرگان ایران بسیستان روند، و راه را بر خود دراز کنند.

● – سپهبد توران؛ افراسیاب نزدیک شد.　　۶ – سخن درست است، اما پیوسته بگفتار پسین است.

۷ – برگاشتن: برگرداندن: سواری پای از روی زین برنگرداند! برای سوار شدن بر اسب می‌باید پای چپ را در رکاب چپ نهادن و پای راست را از روی زین گذراندن تا به رکاب راست برسد. و برگرداندن پای، پیاده شدن از اسپ است، اما گفتار لت دویم سخت سست است. مگر شمشیر زال تا چه اندازه گران بوده‌است که کسی را توان برداشتن آن نبوده باشد!

۸ – بفشاردَم را با پاردُم پساوا نیست.　　۹ – لت دویُم، دور از اندیشهٔ یک پهلوان است.

کنون چنبری گشت یال یلی / نتابد همی خنجر کابلی[1]
کنون گشت رستم چو سرو سهی / بزیبد بر او بر کلاه مهی[2]
یکی اسب جنگیش باید همی / گزین تازی اسپان نشاید همی[3]
بجوییم یکی بارهٔ پیلتن / بخواهم ز هر سو که هست انجمن[4]
بخوانم به رستم بر، این داستان / که هستی برین کار همداستان؟[5]
که: «بر کینهٔ تخمهٔ زادشم / ببندی میان و نباشی دژم!»
همه شهر ایران ز گفتار اوی / ببودند شادان دل و تازه روی
ز هر سو هیونی تکاور بتاخت / سلیح سواران جنگی بساخت[6]
برستم چنین گفت کـ :«ای پیلتن / ببالا، سرت برتر از انجمن
یکی کار پیش است و رنجی دراز / کزو بگسلد خواب و آرام و ناز
ترا نوز پورا گهِ رزم نیست / چه سازم که هنگامهٔ بزم نیست[7]
هنوز از لبت شیر بوید همی / دلت ناز و شادی بجوید همی[8]
چگونه فرستم به دشت نبرد / ترا پیش ترکان پر کین و درد[9]
چه گویی؟ چه سازم؟ چه پاسخ دهی؟ / که جفت تو بادا بهی و مهی»[10]
چنین پاسخ آورد رستم بدوی / که: «ای نامور مهتر نامجوی
همانا فراموش کردی ز من / دلیری نمودن به هر انجمن
ز کوه سپند و ز پیل ژیان / گمانم که آگاه بُد پهلوان
کنون گر بترسم ز پور پشنگ / نماند ز من در جهان بوی و رنگ[11]
زنان را از آن نام ناید بلند / که همواره در خوردن و خفتن اند»[12]
بدو گفت زال: «ای دلیر جوان / سر نامداران و پشتِ گوان[13]
ز کوه سپند و ز پیل سپید / فزودی و دادی دلم را نوید

---

۱ – «کنون»... در این رج.
۲ – با «کنون»... در این رج همخوان نیست. کلاه مهی، تاج شاهی است، و رستمِ جوان، پهلوان ایران خواهد بودن، نه تاجدار ایران شدن!
۳ – لت دویّم ناهماهنگ است. ۴ – انجمن اسپان؟
۵ – سخن نادرست نیست، اما، سخنی که هنوز زال از رستم نپرسیده‌است، و پاسخ آن روشن نیست، نمی‌تواند در رج پسین کشور ایران را شادمان سازد. ۶ – جنگ‌افزار سپاهیان را با تاختن اسپ بدینسو و آنسو، نمی‌سازند.
۷ – اگر چنین است، چرا سخن را باید پیش کشیدن؟
۸ – با یک شمارشِ ساده؛ از زمان هشت سالگی رستم، دو سال پادشاهی نوذر، یکسال پادشاهی افراسیاب در ایران، هشت ماه (یکسال) سپاهِ رو در رو، پنجسال پادشاهی زو، نه سال می‌گذرد، که افزون بر هشت، می‌بایستی رستم در اینزمان هفده ساله بوده باشد، که در زمان باستان، هفده سالگان در ردهٔ مردان بودند، پس چگونه از لبِ او شیر می‌بوید؟ ۹ – ترکان!
۱۰ – سه رج: سخن درست است، اما پیوسته است بگفتار پیل سپید و کوه سپند است که خود، افزوده است.
۱۱ – بوی و رنگ، ویژهٔ دختران است. ۱۲ – سخن رستم است که باینجا کشانده‌اند.
۱۳ – باز سه رج، یادکرد از داستان کوه سپند و پیل سپید.

همانا که آن رزمت آسان بدی — دلم زان سخن کی هراسان بدی
ولیکن ز ترکان افراسیاب — شب تیره من سر نیارم به‌خواب[1]
ترا گاه بزمست و آرام و رود — کشیدن می و پهلوانی سرود[2]
نه هنگام رزمست و جنگ و نبرد — برآوردن از خاک، بر ماه، گرد»[3]

*

چنین گفت رستم بدستان سام — که: «من نیستم مرد آرام و جام
چنین یال و این چنگ‌های دراز — نه زیبا بُود پروریدن بناز
اگر دشت کین آید و رزمِ سخت! — بود یار، یزدانِ پیروز بخت
ببینی که در جنگ من چون شوم — چو اندر پی ریزش خون شوم[4]
یکی ابر دارم بچنگ اندرون — که همرنگ آب است و بارانش خون[5]
همی آتش افروزد از گوهرش — همه مغز پیلان بساید سرش[6]
هر آنگه که جوشن ببر درکشم — زمانه برآرد سر از ترکشم[7]
هر آن باره کو زخم کوپال من — ببیند بر و بازوی و یال من[8]
نترسد ز عرّاده و منجنیق — نگهبان نباشد ورا جاثلیق[9]
چو من پیش دارم سنانم به جنگ — ببرّد ز خون دل پیل رنگ[10]
یکی باره باید چو کوه بلند — چنانچون من آرم بخمّ کمند
یکی گرز خواهم چو یک لخت کوه — گر آیند پیشم ز توران گروه؛
شکسته کنم من بدان پشت پیل — ز خون رود رانم چو دریای نیل
که روی زمین را کنم بی‌سپاه — که خون بارد ابر اندر آوردگاه»[11]

---

۱ – ترکان! ۲ – پیشتر سخن از آرام گذشت. ۳ – رزم و جنگ و نبرد یکیست.

۴ – **یک:** بکار گرفتن «من» پس از سخن. **دو:** لت دویم را با لت نخست پیوند درست نیست.

۵ – در زمان سخن گفتن، آن شمشیر در دستش نیست که بگوید «دارم بچنگ اندرون».

۶ – از گوهر آن که «سنگ پولاد» باشد. یا از نیروی بازوی رستم؟ لت دویم نادرخور.

۷ – برکشیدن جوشن... کاری نمی‌کند، ترکش را با جوشن پیوند نیست، اگر بپذیریم که از تیردان او تیر بیرون می‌آید... آنچه زمانه را بسر می‌برد، دست و بازوی پهلوان است نه ترکش او!

۸ – با کوپال به دیوار دژ نمی‌کوبند! افزاینده را از کاربرد کوپال؛ آگاهی نبوده‌است. و «باره» را توان دیدن نیست.

۹ – گذشته از سخن نادرخور **یک:** عرّاده نیست که می‌باید آنرا ارّاده خواندن، از ریشه رَتَ اوستایی = گردونه، با پیشوندِ پیش‌برندهٔ «اَر» گردونهٔ پیش‌رونده، واژه‌ای فارسی است، و در نیشابور هنوز بگونه «اَرّدَ» خوانده می‌شود. **دو:** اگر گردونه را بدیوار بکوبند نخست اسب آن وسپس خودِ ارّاده آسیب می‌بیند. **سه:** افزایندگان همواره منجنیق را با جاثلیق پساوا می‌آورند، که تازی شدهٔ «کاتولیک» بوده باشد، و در آنزمان‌های دور نه تنها کاتولیک و پروتستان در کار پدیدار نبود که کیش مسیحیت نیز پدیدار نبود!

۱۰ – اگر سنان بر دل پیل فرود آید، رنگ از خون دل پیل می‌رود؟

۱۱ – سخن در رج پیشین بپایان رسیده‌بود، و پیوند «که» در آغاز این رج نادرخور است!

گرفتن رستم، رخش را

چنان شد ز گفتار او پهلوان — که گویی برافشاند خواهد، روان
گله هرچه بودش به زاولستان — بیاورد و، لختی ز کاولستان
همه پیش رستم همی راندند — بر او داغ شاهان همی خواندند
هر اسپی که رستم کشیدی به پیش — بنه پشتش بیفشاردی دست خویش؛[1]
ز نیروی او پشت کردی بخم — نهادی بروی زمین بر، شکم
چنین تا ز کاول بیامد زرنگ — فسیله همی تاخت از رنگ رنگ[2]
یکی مادیان، تیز؛ بگذشت، خِنگ — برش چون برِ شیر و کوتاه‌لنگ*
دو گوشش چو دو خنجر آبدار — بر و یال فربه، میانش نزار●
یکی کرّه از پس ببالای او — سُرین و برش هم به پهنای او
سیه چشم و بور اَبرَش و گاو دُم — سیه خایه و تُند و پولاد سم
تنش پرنگار از کران تا کران — چو برگِ گلِ سرخ، بر زئفران
چو رستم بدان مادیان بنگرید — مر آن کرّهٔ پیلتن را بدید،[3]
کمند کیانی همی داد خم — که آن کرّه را بازگیرد ز رَم[4]
برستم چنین گفت چوپان پیر — که«ای مهتر اسپ کسان را مگیر!»

*

بپرسید رستم که: «این اسپِ کیست؟ — که از داغ، روی دو رانش تهیست!»○
چنین داد پاسخ که: «داغش مجوی — کزین هست هرگونه‌ای گفت‌وگوی؛
خداوند این را ندانیم کس — همی رخشِ رستمْش خوانیم و بس
سه سال است تا این، بزین آمدست — بچشمِ بزرگان، گزین آمدست
چو مادرْش بیند کمند و سوار — چو شیر اندر آید کند کارزار»

*

۱ – دو رج پیوسته بهم؛ اسب چون بخواهد که بر زمین نشیند، نخست پاهای خویش را خم کرده، پسانگاه دستهای خویش را خم می‌کند، تا بتواند بر زمین نشیند! و چون بر زمین نشیند بیکسوی لم می‌دهد و هیچگاه توان نهادن شکم بر زمین را ندارد.

۲ – سخن بی‌پیوند   * – کوتاه‌لِنگ: اسپی که گامهای نزدیک بهم برمی‌دارد و سوار را بی‌تکان و آسیب می‌برد: یُرغه.

● – در اندیشهٔ من سخن فردوسی چنین بوده‌است: **«بر و یالش فربه...»** زیراکه در لت نخست نیز از گوش(ش) یاد شده‌است.

۳ – این رج به رج پسین پیوسته‌است.   ۴ –کمند کیانی!

○ – تا چند گاه پیش اسبان، را با مُهری آهنین که نامِ خداوندِ آن داشت داغ می‌کردند، تا شناخته شود داغِ اسپ را بر روی ران او می‌نهادند، و داغ گوسفند را بر رخ او... .

بینداخت رستم کیانی کمند● سرِ اَبْرَش آورد ناگه، ببند
بیامد چو شیر دمان مادرش همی خواست کندن بدندان سرش
بغرّید رستم چو شیر ژیان کز آواز او، خیره شد مادیان
یکی مشت زد تیز بر گردنش کزان مشت برگشت لرزان تنش
بیفتاد و برگشت و بگذشت ازوی بسوی رمه، تیز بنهاد روی
بیفشارد ران، رستمِ زورمند بر او تنگ‌تر کرد خمّ کمند

*

بیازید چنگال گُردی بزور بیفشارد یک دست بر پشت بور[1]
نکرد ایچ پشت از فشردن تَهی تو گفتی ندارد همی آگهی[2]
بدل گفت ک :«این، برنشست من است کنون کار کردن، بدست من است!»
ز چوپان بپرسید ک :«این اژدها؛ بچندست و این را که داند بها؟»
چنین داد پاسخ که: «گر رستمی بر او، راست کن روی ایران زمی*
مر این را بر و بوم ایران بهاست برین بر، تو خواهی جهان کرد، راست»
لب رستم از خنده شد چون بُسد چنین گفتِ «نیکی ز یزدان سزد!»[3]

*

بزین اندر آورد گلرنگ را سرش تیز شد کینه و جنگ را
گشاده زنخ کردش و تیزتگ بدیدش که دارد دل و تاو و رگ[4]
کشد جوشن و خود و کوپال اوی تن پیلوار و بر و یال اوی[5]
چنان گشت اَبْرَش، که هر شب سپند همی سوختندش ز بیم گزند
چپ و راست گفتی که جادو شدست بآورد، تازنده آهو شدست[6]
سُرین گِرد و کَفْکْ‌افکن و دستکَش زَنَخ نرم و بینادل و گام خوَش
دل زال زر شد چو خرّم بهار ز رخش نو آیین و فرّخ سوار

● - کمند کیانی درست نمی‌نماید، اما در همهٔ نمونه‌ها چنین آمده‌است، مگر در شاهنامهٔ بنداری: «فرمی بالوهق فی عنقه»بگردنش کمند افکند... و بر این بنیاد می‌توان این سخن را چنین آراستن: **«بینداخت رستم بسویش کمند»**.

۱ - چنگال گردی در لت نخست با یک دست در لت دویم هماهنگ نیست.

۲ - **یک:** در چنین رویداد، اسپ پشت را «خم» میکند و «**تهی**» نمی‌کند. **دو:** تو گفتی.

* - در نمونه‌ها «برو»، و «بدو» آمده‌است، که **«بر او»** درست می‌نماید: «سوار بر او، ایران را...».

۳ - **یک:** لب بسّدین، چه باخنده، چه بی‌خنده سرخ است. **دو:** واژه نیز بُسّد است نه بُسَد.

۴ - اسپ، خود می‌باید گشاده زنخ باشد، و سوار نمی‌تواند او را چنان بار آوَرَد.

۵ - بدیدش در رج پیشین، باکشد در آغاز این رج همخوان نیست.

٦ - **یک:** گفتی... **دو:** چپ و راست جادو شدن راگزارش نیست.

در گنج بگشاد و دینار داد   از امروز و فردا نیامدش یاد[1]

لشکرکشیدن زال،
بسوی
افراسیاب

بزد مهره بر جام بر پشتِ پیل   ازان، برشد آواز، تا چند میل
خروشیدن کوس با کرنای   همان زنده پیلان و هندی درای[2]
برآمد ز زاولستان رستخیز   زمین، خفته را بانگ برزد که خیز![3]
به پیش اندرون رستم پهلوان   پسِ پشتِ او، سالخورده گوان[4]
چنان شد ز لشکر در و دشت و راغ   که بر سر نیارست پرّید، زاغ
تبیره زدندی همی شست جای   جهان را نه سر بود پیدا نه پای[5]
بهنگام بشکوفهٔ گلستان   بیاورد لشکر ز زاولستان[6]

*

ز زال آگهی یافت افراسیاب   برآمد ز آرام و، از خورد و خواب
بیاورد لشکر سوی خوارِ ری   بدان مرغزاری که بُد آب و نی
وز ایران بیامد، دَمادَم، سپاه   ز راه بیابان* سوی رزمگاه

*

ز لشکر به لشکر دو فرسنگ ماند   سپهبد• جهاندیدگان را بخواند
بدیشان چنین گفت کـ:«ای بخردان!   جهاندیده و کارکرده ردان؛
هم ایدر همی لشکر آراستیم   بسی سروری و مهی خواستیم[7]

---

۱ – زال زر، دستان سام، پدر رستم جهان‌پهلوان، خداوند نیمروزان و سرِ انجمن مهیستان ایران را نشاید که با گشودن در گنجش، گمان ناداری امروز و فردایش برود و یا نرود.

۲ – لت نخست را با لت دویُم، پیوند نیست.

۳ – لت دویم، گزافه گویی ناسزاوار.

۴ – **یک:** پیش اندرون نادرست است. **دو:** در آیین و فرهنگ ایرانی نیز زیبنده نیست که جوانی پیش از بزرگان برود!

۵ – نادرست است، و تبیره زنان را از برای آنکه شکوه آهنگِ آنان انگیزانندهٔ سپاهیان باشد، در یکجا گرد می‌آوردند.

٦ – **یک:** سخن نادرست است، زیرا که تورانیان برای گذشتن از بیابان خوارزم در خردادماه، یورش می‌آوردند. **دو:** بشکوفه گلستان نیز نادرست است زیرا که شکوفه از آنِ درختان میوه‌دار است نه از آن گل.

* – این بیابان، بیابان خوارزم نیست زیرا که چون زال از سیستان آهنگ رفتن برزمگاه در خوار و ورامین امروزی را دارد، می‌باید از بیابانِ دامغان و گرمسار بگذرد.

• – سپهبد ایران: زال.

۷ – **یک:** «هم ایدر همی» بدآهنگ است. **دو:** هنوز سرور نخواسته‌اند، با گفتار زال پژوهش برای یافتن «شاه» آغاز می‌شود.

پراکنده شد رای، بی‌تختِ شاه همه کار؛ بی روی و، بی‌سر سپاه
چو بر تخت بنشست فرخنده زو ز گیتی یکی آفرین خاست نو[1]
شهی باید اکنون ز تخم کیان بتخت کیی بر، کمر بر میان[2]
شهی کو به اورنگ دارد زمی که بی‌سر نباشد تن آدمی[3]
نشان داد موبد، بما، فرّخان یکی شاه با فرّ و بخت جوان
ز تخم فریدون یل، کیقباد که با فرّ* و بُرزست و با رای و داد»

*

برستم چنین گفت فرخنده زال که: «برگیر کوپال و بفراز یال[4]
برو تازیان تا به البرزکوه گزین کن یکی لشکر همگروه[5]
اَبَر کیقباد آفرین کن یکی مکن پیش او بر، درنگ اندکی[6]
بدو هفته باید که ایدر بَوی گه و بیگه از تاختن نغنوی[7]
بگویش که لشکر ترا خواستند همان تخت شاهی بیاراستند[8]
که درخورد تاج کیان جز تو کس نبینیم شاها تو فریادرس»[9]
تهمتن زمین را به مژگان برُفت کمر بر میان بست چون باد تفت[10]
کمر بر میان بست رستم چو باد بیامد گرازان، بر کیقباد[11]

---

۱ – آفرین نو در آنزمان کهن شده‌بود.

۲ – تخم کیان... مژده باد خواننده را که با آمدن کیقباد، دورهٔ کیانی آغاز می‌شود، اما کیقباد خود، بیدرنگ از تخمهٔ فریدون شمرده می‌شود (رج ۴۶۷۴) و این رج افزودهٔ پایانین است.

۳ – «شاهی که زمین یا جهان را به «تخت» داشته باشد» گزارشی ندارد.

* – «فرّ» دوباره آمده‌است، و شاید بودن «که با یال و برز است».

۴ – چون زال را روی سخن با بزرگان است، اکنون اگر بخواهد با رستم سخن گوید، پیوندی دیگر بایسته است؛ چنانکه: چون این سخنان را با بزرگان در میان نهاد، برستم چنین گفت... .

۵ – **یک:** بکدام بخش از البرزکوه؟ **دو:** دنبالهٔ سخن، چنین نمی‌گوید، و رستم بتنهایی می‌رود، نه با گروه.

٦ – درنگ بسنده است «پیش او درنگ مکن» و درنگ اندکی؛ سخن را نابهنجار می‌کند.

۷ – دنبالهٔ گفتار.

۸ – لشکر ترا «خواستند» نادرست است: لشکریان ترا خواستند!

۹ – تاج کیان... تا کیقباد بر تخت ننشیند سخن از تاج کیان گفتن، نادرخور است. و کیقباد هنوز شاه نشده‌است و بکار بردن «شاها» نادرخور است.

۱۰ – **یک:** برُفت، با تَفت، پساوا ندارد. **دو:** خالقی مطلق در زیرنویس (۳۳۹-۱) بر بنیاد نمونه‌های ل، لن، ق، لت دویم را چنین آورده‌است: «چو زال زر، این داستانها بگفت» که این نیز نادرست است، زیرا وی یک فرمان بیشتر برستم نداده‌بود و یاد از «داستانها» کردن نادرخور است.

۱۱ – در همان داستان افزوده نیز دیده می‌شود که رستم چو باد برِ کیقباد نمی‌رسد، که در میانه کار، داستانهای دیگر، رخ می‌دهد.

رفتن رستم به البرزکوه

برای
آوردن کیقباد

ز ترکان طلایه بسی بُد به راه　　رسید اندر ایشان یل صف‌پناه[1]
بر آویخت با نامداران جنگ　　یکی گرزهٔ گاوپیکر به چنگ
دلیران توران برآویختند　　سرانجام از رزم بگریختند
نهادند سر سوی افراسیاب　　همه دل پر از خون و، دیده پر آب
بگفتند وی را همه بیش و کم　　سپهبد شد از کار ایشان دژم
بفرمود تا نزد او شد قلون　　ز ترکان دلیری گوی پرفسون
بدو گفت: «بگزین ز لشکر سوار　　وز ایدر برو تا در کوهسار
دلیر و خردمند و هشیار باش　　به پاس اندرون نیز بیدار باش
که ایرانیان مردمی ریمن اند　　همی ناگهان بر طلایه زنند»
برون آمد از نزد خسرو قلون　　به پیش اندرون مردم رهنمون
سر راه بر نامداران ببست　　به مردان جنگی و پیلان مست
وزان روی رستم دلیر و گزین　　بپیمود زی شاه ایران‌زمین
یکی میل ره تا به البرزکوه　　یکی جایگه دید بس، با شکوه
درختان بسیار و آب روان　　نشستنگه مردم نوجوان
یکی تخت بنهاده نزدیک آب　　بر او ریخته مشک ناب و گلاب
جوانی بکردار تابنده ماه　　نشسته بران تخت بر سایه گاه
رده برکشیده بسی پهلوان　　به رسم بزرگان کمر بر میان
بیاراسته مجلسی شاهوار　　بسان بهشتی به رنگ و نگار
چو دیدند مر پهلوان را به راه　　پذیره شدندش ازان سایه گاه
بگفتند کای پهلوِ نامور　　نشایدت، زینجای کردن گذر
که: «ما میزبانیم و مهمان ما　　فرود آی ایدر به فرمان ما
بدان تا همه دستِ شادی بریم　　به یاد رخ نامور می‌خوریم»

۱ – از این رج تا رج ۴۷۷۰ داستان افزودهٔ رفتن رستم به البرزکوه و آوردن کیقباد است، و در آن گزافه سخن فراوان آمده‌است، و ازآنجاکه خالقی مطلق نیز آنرا افزوده می‌شمارد، بآزرمِ وی یکایک سخنان آن را نمی‌شکافم، و خوانندگان آگاه، خود، باسنجش با دیگر گزارش‌های من، چنان سخنان را در می‌یابند.

۳۱۰ کیقباد

تهمتن بدیشان چنین گفت باز — که: «ای نامداران گردنفراز
مرا رفت باید به البرزکوه — به کاری که بسیار دارد شکوه
نباید به بالین سرو دست ناز — که پیش است بسیار رنج دراز
سر تخت ایران ابی شهریار — مرا باده خوردن نیاید به کار
نشانی دهیدم سوی کیقباد — کسی کز شما دارد او را به یاد»
سرِ آن دلیران زبان برگشاد — که: «دارم نشانی من از کیقباد
گر آیی فرود و خوری نان ما — بپیروزی از روی خود جان ما
بگوییم یکسر نشان قباد — که او را چگونه‌ست رسم و نهاد»
تهمتن ز رخش اندر آمد چو باد — چو بشنید از وی نشان قباد
بیامد دمان تا لب رودبار — نشستند در زیر آن سایه‌دار
جوان از بر تخت خود برنشست — گرفته یکی دست رستم به دست
به دست دگر جام پر باده کرد — وز او نام مردان آزاده کرد
دگر جام بر دست رستم سپرد — بدو گفت ک: «ای نامبردار و گرد
بپرسیدی از من نشان قباد — تو این نام را از که داری به یاد؟»
بدو گفت رستم که: «از پهلوان — پیام آوریدم، به روشن‌روان
سرِ تخت ایران بیاراستند — بزرگان به شاهی ورا خواستند
پدرم آن گزین یلان سر به سر — که خوانند او را همی زال زر
مرا گفت: «رو تا به البرزکوه — قباد دلاور ببین با گروه
به شاهی بر او آفرین کن یکی — نباید که سازی درنگ اندکی
بگویش که گردان ترا خواستند — به شادی جهانی بیاراستند
نشان ار توانی و دانی مرا — دهی و به شاهی رسانی ورا»
ز گفتار رستم دلیر و جوان — بخندید و گفتش که: «ای پهلوان
ز تخم فریدون منم کیقباد — پدر بر پدر نام دارم به یاد»
چو بشنید رستم فرو برد سر — به خدمت فرود آمد از تخت زر
که: «ای خسرو خسروان جهان — پناه بزرگان و پشتِ مهان!
سرِ تخت ایران به کام تو باد — تن زنده پیلان به دام تو باد
نشستِ تو بر تخت شاهنشهی — همت سرکشی باد و هم فرهی
درودی رسانم به شاه جهان — ز زال گزین آن یل پهلوان
اگر شاه فرمان دهد بنده را — که بگشایم از بند گوینده را»
قباد دلاور برآمد ز جای — ز گفتار رستم دل و هوش و رای

گزینش کیقباد ۳۱۱

تهمتن همان گه زبان برگشاد / پیام سپهدار ایران بداد
سخن چون به گوش سپهبد رسید / ز شادی دل اندر برش برتپید
بیازید جامی لبالب نبید / به یاد تهمتن به دم درکشید
تهمتن همیدون یکی جام می / بخورد آفرین کرد بر جان کی
برآمد خروش از دل زیر و بم / فراوان شده شادی، اندوه کم
شهنشه چنین گفت با پهلوان / که: «خوابی بدیدم به‌روشن روان
که از سوی ایران دو باز سپید / یکی تاج رخشان بکردار شید
خرامان و تازان شدندی برم / نهادندی آن تاج را بر سرم
چو بیدار گشتم شدم پر امید / ازان تاج رخشان و باز سپید
بیاراستم مجلسی شاهوار / برین‌سان که بینی بدین مرغزار
تهمتن مرا شد چو باز سپید / ز تاج بزرگان رسیدم نوید»
تهمتن چو بشنید از خواب شاه / ز باز و ز تاج فروزان چو ماه
چنین گفت با شاه گنداوران / «نشان است خوابت ز پیغمبران
کنون خیز تا سوی ایران شویم / به یاری به نزد دلیران شویم»
قباد اندر آمد چو آتش ز جای / به بور نبرد اندرآورد پای
کمر بر میان بست رستم چو باد / بیامد گرازان پس کیقباد
شب و روز از تاختن نغنوید / چنین تا به نزد طلایه رسید
قلون دلاور شد آگه ز کار / چو آتش بیامد سوی کارزار
شهنشاه ایران چو زان گونه دید / برابر همی خواست صف برکشید
تهمتن بدو گفت ک:«ای شهریار / ترا رزم جستن نیاید به کار
من و رخش و کوپال و برگستوان / همانا ندارند با من توان»
بگفت این و از جای برکرد رخش / به زخمی سواری همی کرد پخش
قلون دید دیوی بجسته ز بند / به دست اندرون گرز، و بر زین کمند
بر او حمله آورد مانند باد / بزد نیزه و بند جوشن گشاد
تهمتن بزد دست و نیزه گرفت / قلون از دلیریش مانده شگفت
ستد نیزه از دست او نامدار / بغرّید چون تندر از کوهسار
بزد نیزه و برگرفتش ز زین / نهاد آن بن نیزه را بر زمین
قلون گشت چون مرغ بر بابزن / بدیدند لشکر همه تن به تن
هزیمت شد از وی سپاه قلون / به یکبارگی بخت بد را زبون
تهمتن گذشت از طلایه سوار / بیامد شتابان سوی کوهسار

۴۷۶۵ کجا بُد علفزار و آب روان / فرود آمد آن جایگه پهلوان
چنین تا شب تیره آمد فراز / تهمتن همی کرد هرگونه ساز
از آرایش جامهٔ پهلوی / همان تاج و آن یارهٔ خسروی
چو شب تیره شد پهلو پیشبین / برآراست با شاه ایران‌زمین
بنزدیک زال آوریدش بشب / بآمد شدن هیچ نگشاد لب

*

۴۷۷۰ نشستند یک هفته با رایزن / شدند اندر آن، موبدان انجمن
بهشتم، شد آراسته تخت آج / برآویختند از بر آج، تاج

کیقباد

پادشاهی کیقباد

کیقباد در اوستا «کوی کواتْ» و در پهلوی «کَیْ کَوات» خوانده شده است که به شاه سُلطان بوده باشد. و چنانکه در بخش پیشین گذشت بزرگان ایران در نشستن مهستان به پیشنهاد زالِ سپهدار نیمروز که در آن زمان سردار انجمن بود، یکی از شاهان سرزمین‌های ایرانی را به شاهی برگزیدند و او را شاهنشاه کیانی از آن زمان اعلام گردید. از این پس در شاهنامه از تاج و تخت کیان و کیِ کیانی... نام برده شده. سروده فردوسی است و لیکن شاهنامه ایست مگر آنکه سستی و قِدْمَتِ سِنی در سخنْ آشکار باشد.

بشاهی نشست از برش کیقباد	همان تاج شاهی بسر برنهاد [1]

*

	همه نامداران شدند انجمن	چو دستان و چو قارن رزمزن [2]
	چو کشواد و خراد و بُرزینِ گَو	فشاندند گوهر بران تاج نَو [3]
۴۷۷۵	قباد از بزرگان سخن بشنوید	پس افراسیاب و سپه را بدید [4]
	دگر روز، برداشت لشکر ز جای	خروشیدن آمد ز پرده‌سرای
	بپوشید رستم سلیح نبرد	چو پیل دمنده، برانگیخت گرد
	رده برکشیدند ایرانیان	ببستند، خون ریختن را، میان
	بیک دست، مهراب کاول خدای	دگر دست گژدهم جنگی بپای
۴۷۸۰	بقلب اندرون، قارنِ رزم‌زن	ابا گُرْدْ کشواد لشکرشکن
	پس پشتشان زال با کیقباد	بیک دست آتش، بیک دست باد *
	به پیش اندرون کاویانی درفش	جهان زو شده سرخ و زرد و بنفش [5]

---

۱ - در میدان جنگ تخت نبود و گفتار دربارهٔ بر تخت نشستن کیقباد در رج ۴۹۴۹ می‌آید.

۲ - چو همراه با نام پهلوانان؛ نادرست است.   ۳ - گوهر بر تاج نمی‌افشانند که زیر پای پادشاه می‌ریزند.

۴ - سخن بشنوید، نادرست است. و دیدن افراسیاب نیز که دو فرسنگ از سپاه ایران بدور است، سخنی نادرست است.

* - در یکدست شمشیر و در دست دیگر کمند.

۵ - درفش را پشت سرِ شاه، در پیش سپاه بر می‌افراشتند... پیش اندرون نیز نادرست است.

ز لشکر چو کشتی سراسر زمین ‌‌ کجا موج خیزد ز دریای چین[۱]
سپر در سپر بافته دشت و راغ ‌‌ درفشیدن تیغ‌ها چون چراغ[۲]
جهان سربسر گشت دریای قار ‌‌ برافروخته شمع ازو سدهزار[۳]
ز نالیدن بوق و بانگ سپاه ‌‌ تو گفتی که خورشید گم کرد راه[۴]
سبُک، قارن رزم‌زن کان بدید ‌‌ چو رعد از میان نتره‌ای برکشید[۵]
میان سپاه اندر آمد دلیر ‌‌ سپهداژ قارن، بکردار شیر
گهی سوی چپّ و گهی سوی راست ‌‌ بر آن گونه از هر سویی کینه خواست
بگرز و بتیغ و سنان دراز ‌‌ همی کشت از ایشان گو سرفراز[۶]
ز کشته زمین کرد مانند کوه ‌‌ شدند آن دلیران ترکان ستوه[۷]
سپهدار قارن چو باد دمان ‌‌ به کف تیغ تیز و به بازو کمان[۸]
شماساس را دید گرد دلیر ‌‌ که می برخروشید چون نرّه شیر[۹]
بیامد دمان تا برِ او رسید ‌‌ سبک تیغ تیز از میان برکشید[۱۰]
بزد بر سرش تیغ زهرآبدار ‌‌ بگفتا منم قارن نامدار[۱۱]
نگون اندر آمد شماساس گرد ‌‌ چو دید او ز قارن چنان دستبرد[۱۲]
چنین است کردار گردون پیر ‌‌ گهی چون کمان است و، گاهی چو تیر[۱۳]

نخستین نبرد رستم،
با افراسیاب

چو رستم بدید آنکه قارن چه کرد ‌‌ چگونه بُود سازِ جنگ و نبرد؛

۱ – اگر از سستی سخن درگذریم، یک کنش پیوند کم دارد: از جنبش لشکر زمین چون کشتی «شد».
۲ – چه کسان سپر در سپر بافته بودند؟ لت دویم را نیز پیوند درست با لت نخست نیست.
۳ – **یک:** رج پیشین درخشیدن تیغ‌ها به چراغ مانند بود، و اینجا به شمع! چنانکه جهان نیز قیرگون می‌نماید. ۴ – تو گفتی.
۵ – در رج پسین، نام قارن بدرستی آمده‌است و در اینجا پیشگویی است.
٦ – **یک:** چون یک سردار، بجنگ بیرون رود نمی‌تواند گرز و تیغ و سنان،... همه را در دست گیرد. **دو:** نیزه را می‌باید دراز بودن، اما سنان (نوک نیزه) نه چنین است. ۷ – ترکان.
۸ – کسیکه کمان بر بازو افکنده باشد، نمی‌تواند خوب شمشیر بزند... شمشیرزن را می‌باید، سپر در دست چپ گرفتن!
۹ – «شماساس گرد دلیر را دید» درست است و بدانگونه، از سخن چنین بر می‌آید که «شماساس را دید که گرد و دلیر است»، و این خود از پیش؛ پیدا بود. ۱۰ – سخن درست است اما دنبالهٔ گفتار است.
۱۱ – پهلوانان، نام را پیش از کشتن دشمن بر زبان می‌آورند، نه پس از آن.
۱۲ – شماساس را شاید از زخم قارن نگونسار شود، نه از «دیدن» دستبرد قارن! ۱۳ – دریغ‌های همیشگی!

رزم رستم با افراسیاب ۳۱۷

به پیش پدر شد، بپرسید ازوی   که: «با من، جهان‌پهلوانا بگوی
که افراسیاب، آن بداندیش مرد   کجا جای گیرد بروز نبرد؟
چه پوشد کجا بر فراز درفش   که پیداست تابان درفش بنفش [1]
من امروز بند کمرگاه اوی   بگیرم کشانش بیارم به روی» [2]

*

بدو گفت زال: «ای پسر گوش دار!   یک امروز، با خویشتن، هوش دار
که آن ترک در جنگ نرّ اژدهاست   دژ آهنگ و در کینه ابر بلاست [3]
درفشش سیاه است و خفتان سیاه   از آهنْش ساعد، از آهن کلاه
همه روی آهن گرفته بزر   درفشی سیه، بسته بر، خود، برا!*
ازو خویشتن را نگه دار، سخت   که مردی دلیر است و پیروزبخت»

*

بدو گفت رستم که: «ای پهلوان   تو از من مدار ایچ رنجه، روان
جهان آفریننده یار من است   دل و تیغ و بازو حصار من است»

*

برانگیخت پس، رخش؛ رویینه سُم   برآمد خروشیدن گاودُم
چو افراسیابش بهامون بدید   شگفتید از آن کودک نارسید
ز گردان بپرسید که :«این اژدها!   بدین‌گونه از بند گشته رها؛
کدام است؟ کاو را ندانم بنام!»   یکی گفت که :«این، پور دستان سام!
نبینی که با گرز سام آمدست   جوان است و جویای نام آمدست»

*

به پیش سپاه آمد افراسیاب   چو کشتی که موجش برآرد ز آب
چو رستم ورا دید بفشارد ران   بگردن برآورد گرز گران ●
چو تنگ اندر آورد با او زمین   فرو کرد گرز گران را بزین
به بند کمرْش اندر آورد چنگ   جدا کردش از پشت زین پلنگ

---

۱ – **یک:** اگر درفش بنفش افراسیاب دیده می‌شود، پرسیدن چرا؟ **دو:** همگان دانند که درفش تورانیان سیاه بوده‌است نه بنفش، و زال خود در رج ۴۸۰۵، همین را می‌گوید!   ۲ – پیش‌بینی کاری که هنوز پیش نیامده‌است.
۳ – **یک:** ترک! **دو:** جنگ و کینه را با هم در یک سخن بکار بردن نشاید.
* – درفشی کوچک و سه گوشه که بر نیزهٔ فرازِ کلاهخود می‌بستند.
● – در همهٔ نمونه‌ها «بر آورد» آمده‌است، و پیدا است که نادرست است، چرا که پهلوانی که گرز را پس‌از دیدن دشمن بگردن بر می‌آورد، بیدرنگ (در رج پسین) گرز را در زین فرو نمی‌کند. بدینگونه که من آراستم: **«بگردن برآورده گرزِ گران»**؛ سخن از آن می‌گوید که رستم که گرز گران بر گردن داشت، چون افراسیاب را بدید، گرز را از روی گردن برگرفت، و در زین فرو کرد!

۳۱۸ کیقباد

همی خواست بردنْش پیش قباد / دهد؛ روز جنگ نخستینش، داد؛
ز سنگ سپهدار و چنگ سوار / نیامد دوال کمر پایدار
گسست و بخاک اندر آمد سرش / سواران گرفتند گرد اندرش

*

سپهبد چو از چنگ رستم بجست / بخایید رستم همی پشت دست[1]
«چرا» گفت: «نگرفتمش زیرکش / همی بر کمر ساختم بند خوش»[2]
چو آوای زنگ آمد از پشت پیل / خروشیدن کوس بر چند میل[3]
یکی مژده بردند نزدیک شاه / که: «رستم بدرّید قلب سپاه
چنان تا برِ شاه توران رسید / درفش سپهدار شد ناپدید
گرفتش کمربند و بفکند خوار / خروشی ز ترکان برآمد بزار»[4]
ز جای اندر آمد چو آتش قباد / بجنبید لشکر، چو دریا ز باد
برآمد خروشیدن دار و کوب / درخشیدن خنجر و زخم چوب[5]
بران ترگ زرّین و زرّین سپر / غمی شد سر از چاک‌چاک تبر[6]
تو گفتی که ابری برآمد ز کنج / ز شنگرف نیرنگ زد بر ترنج[7]
ز گرد سواران دران پهندشت / زمین شش شد و آسمان گشت هشت[8]
هزاروسدوشست گرد دلیر / به یک زخم شد کشته چون نره شیر[9]
برفتند توران* ز پیش مغان / کشیدند لشکر سوی دامغان
اُزانجا به جیهون نهادند روی / خلیده دل و با غم و گفت‌وگوی
شکسته سلیح و، گسسته کمر / نه بوق و نه کوس و نه پای و نه سر

---

۱ - **یک:** کننده (فاعل) در آغازِ سخن، افراسیاب است و در پایان گفتار، رستم است! **دو:** «همی» نیز در لت دویم نابجا است زیرا که پشت دست را یکبار می‌خایند، نه همواره.
۲ - لت دویُم ناهموار و بی‌گزارش است.
۳ - لت دویم بی‌پایان است.
۴ - **یک:** ترکان! **دو:** کمربند، بنده و غلام است، و آنرا نشاید گرفتن.
۵ - **یک:** کوبیدن خروشیدن ندارد. **دو:** مگر آنان با چوب بجنگ یکدیگر رفته‌بودند؟
٦ - **یک:** بر کدام ترگ؟ **دو:** ترگ که زرین نمی‌شود! **سه:** سپر زرین که در برابر زخمِ گرز ایستایی ندارد؛ **چهار:** غمی نادرست است، مگر کاسه سر؛ غمگین می‌شود؟
۷ - **یک:** تو گفتی! **دو:** از سخن افزودهٔ آغاز داستان رستم و سهراب: لت دویم راگزارش نیست زیرا که نیرنگ (نی‌رنگ) در زبان فارسی «طرح نخستین نگارگران» یا گچی است که کارگران برای پی‌کنی ساختمان بر زمین می‌ریزند.
۸ - گزافه گویی
۹ - **یک:** گزافهٔ برتر، که با یک زخم (ضربه) تنها یک کس می‌میرد! **دو:** آنهم نه چون نره شیر افزاینده خواسته‌است بگوید که با یک زخم گرزِ «نره شیر»، اما سخن به هزار و سد و شست گرد، بازمیگردد، نه برستم! **سه:** کنش «شد» ناهمخوان است: «شدند».
* - در همهٔ نمونه‌ها «ترکان» آمده‌است، اما بنداری اینجا نیز از آنان با «اعیان التورانیه» یاد می‌کند.

گریختن افراسیاب
نزد پدرش پشنگ

به پیش پدر رفت، پور پشنگ — زبان پر ز گفتار و کوتاه؛ چنگ
بدو گفت که: «ای نامبردار شاه — ترا بود ازین جنگ جستن، گناه
دگر آنکه پیمان شکستن ز شاه — بزرگان پیشین، ندیدند راه
نه از تخم ایرج جهان پاک شد — نه زهرِ گزاینده، تریاک شد!
یکی چون رَوَد، دیگر آید بجای — جهان را نمانند بی‌کدخدای
قباد آمد و تاج بر سر نهاد — بکینه، یکی نو در، اندر گشاد
سواری پدید آمد از تخم سام — که دستانْش رستم نهادست نام
بیامد بسان نهنگ دژم — که گفتی زمین را بسوزد بدم
همی تاخت اندر فراز و نشیب — همی زد به گرز و به تیغ و رکیب[1]
ز گرزش هوا شد پر از چاک‌چاک — نیرزید جانم به یک مشت خاک[2]
همه لشکر ما بهم بردرید — کس اندر جهان، آن شگفتی ندید
درفش مرا دید بر یک کران — بزین اندر آورد گرز گران
چنان برگرفتم* ز زینِ پلنگ — که گفتی ندارم بیک پشّه سنگ
کمربند بگسست و بند قبای — ز چنگش فتادم نگون زیر پای[3]
بدان زور هرگز نباشد هژبر — دو پایش بخاک اندر و، سر به ابر[4]
سواران جنگی همه همگروه — کشیدندم از پیش آن لخت کوه
تو دانی که شاهی، دل و چنگ من! — بجنگ اندرون زور و آهنگ من![5]
بدست وی اندر یکی پشّه‌ام — وزان آفرینش پر اندیشه‌ام[6]
یکی پیلتن دیدم و شیرچنگ — نه هوش و نه‌دانش نه رای و درنگ[7]
عنان را سپرده بدان پیل مست — یکی گرزهٔ گاوپیکر به دست[8]
همانا که کوپال سیسدهزار — زندی بر آن تارک ترگ‌دار[9]

---

۱ – با گرز و تیغ شاید زدن، اما با رکاب کسی در میدان جنگ نمی‌تواند کسی را بزند (بکشد).

۲ – «پر از» چاکچاک نادرست است. * – چنان مرا برگرفت... .

۳ – در میدان جنگ قبا نمی‌پوشند که بند آن بگسلد.

۴ – رستم سوار بر اسب بود و پای بر زمین ننهاد. و بیگمان پهلوانی که اسپی درخورِ سواری خویش دارد، سرش بابر نمی‌رسد.

۵ – لت نخست درهم ریخته است: «تو که شاهی دل و چنگ مرا می‌شناسی»

۶ – **یک:** کنش نادرست است: یکی پشه بودم. **دو:** پشه با اندیشه پساوا ندارد. ۷ – گفتار در این رج پیوند با گفتار پیشین ندارد.

۸ – پیل مست: رخش برای پشنگ شناسا (معرفه) نبود که «بدان پیل مست» بیاورند.

۹ – **یک:** چنین داستان در میدان جنگ دیده نشد! **دو:** شمار نادرست است سیسد هزار کوپال!

گر از جای جنبان شود کوه خار　　بزین در بجنبید آن نامدار[1]
تو گفتی• که از آهنش کرده‌اند　　ز سنگ و ز رویش برآورده‌اند
چه روباه پیشش چه ببر بیان؟　　چه درنده شیر و چه پیل ژیان[2]
همی تاخت یکسان چو روز شکار　　ببازی همی آمدش کارزار
چنو گر بدی سام را دستبرد　　بتوران نماندی سرافراز گرد[3]
جزاز آشتی جستنت رای نیست　　که با او، سپاه ترا، پای نیست!
زمینی که جا آفریدون گرد　　بدانگه بتور دلاور سپرد[4]
بما داده بودند و بخشیده راست　　ترا کین پیشین نبایست خواست[5]
تو دانی که دیدن نه چون آگهی‌ست　　میان شنیدن همیشه تهی‌ست؟[6]
از امروز کاری به فردا ممان　　که داند؟ که فردا چه گردد زمان!

*

ترا جنگ ایران چو بازی نمود　　ز بازی سپه را درازی فزود[7]
نگر تا چه مایه ستام بزر　　همان ترگ زرّین و زرّین سپر[8]
همان تازی اسپان به زرّین لگام　　همان تیغ هندی به زرّین نیام
ازین بیش‌تر نامداران گرد　　قباد اندر آمد به‌خواری ببرد[9]
چو کلباد و چون بارمان دلیر　　که بودی شکارش همه نرّه شیر[10]
چو کلباد ویسه که قارن بکشت　　دل چرخ گردان بدو شد درشت[11]
شماساس کین توز لشکرپناه　　که قارن بکشتش به آوردگاه[12]
جزین نامداران کین سدهزار　　فزون کشته آمد گه کارزار[13]
بتر زین همه نام و ننگ شکست　　شکستی که هرگز نشایدش بست[14]
گر از من سر نامور گشته شد　　که اغریرث پر خرد کشته شد[15]

---

۱ – «کوه خار» چه باشد؟ کوه خارا در گمان افزاینده بوده‌است.

• – «تو گفتی» در این سخن درست است، زیرا که افراسیاب با پشنگ سخن می‌گوید.

۲ – «ببر بیان» در جهان دیده نشده‌است، هنوز نیز کسی نتوانسته‌است پوشش جنگی رستم «ببر بیان» را گزارش کند. و «ببر» را نمی‌توان «ببر بیان» خواندن.　۳ – سام را با تورانیان جنگی پیش نیامد.　۴ – آفریدون

۵ – لت دویُم با لت نخستین پیوند ندارد. و نیز هر دو لت را با رج پیشین پیوند درست نیست.

۶ – «میانِ شنیدن» چیست که تهی نیز باشد؟!　۷ – درازی سپه را ندانستم که چیست!

۸ – **یک:** دو رج سخن پایان ندارد. **دو:** سپر زرین را کارآیی نیست. نیام شمشیر را باید، ترگ زرین، در برابر زخم گرز تاب نمی‌آورد، و لگام اسپان را نیز چرمین باید!　۹ – نامداران گرد را «را» باید.

۱۰ – چو نادرست است. و برای دو کس‌کنش «بودی» بکار نمی‌آید.　۱۱ – چو... دوباره‌گوییِ کلباد.

۱۲ – پیوند گفتار بهم‌ریخته است.　۱۳ – **یک:** نامداران کین، گزارش ندارد. **دو:** فزون کشته «آمد» نیز نادرست است.

۱۴ – نام با ننگ رودرروی یکدیگرند، و نبردِ گذشته برای تورانیان ننگ بهمراه داشت نه نام.

۱۵ – گُشته را با کُشته پساوا نیست.

جوانی بُد و تنگی روزگار … من امروز را دی گرفتم شمار؟[1]
که پیش آمدندم همان سرکشان … پس پشت هر یک درفشی کشان؟[2]
بسی یاد دادندم از روزگار … دمان از پس و من دوان زار و خوار[3]
کنون از گذشته مکن هیچ یاد … سوی آشتی یاز با کیقباد[4]
گرت دیگر آید یکی آرزوی … به گرد اندر آید سپه چارسوی[5]
به یک دست رستم که تابنده هور … گه رزم با او نتابد به زور[6]
به روی دگر قارن رزم‌زن … که چشمش ندیده‌ست هرگز شکن[7]
سدیگر چو گشواد زرّین کلاه … که آمد به آمل ببرد آن سپاه[8]
چهارم چو مهراب کاول خدای … که دستور شاه است و زاول‌خدای»[9]

آشتی خواستن پشنگ از کیقباد

سپهدار توران دو دیده پر آب … شگفتی فروماند، ز افراسیاب
یکی مرد بیداردل برگزید … فرسته، بایران؛ چنانچون سزید
یکی نامه بنوشت از ننگ و آر … بر آن کرده سدگونه رنگ و نگار

*

بنام خداوند خورشید و ماه … که او داد بر آفرین دستگاه
اُزو، بر روان فریدون درود … کزو دارد این تخم ما، تار و پود
گر از تور بر ایرج نیکبخت … بَد آمد پدید، از پی تاج و تخت[10]
بران بر همی راند باید سخن … بباید که پیوند ماند به بن[11]
گر این کینه از تور آمد پدید … منوچهر؛ سرتاسر، آن کین کشید

۱ – گفتار بی‌پیوند!
۲ – درفش را «کشان» نمی‌برند که بر می‌افرازند... .
۳ – سخن بی‌پیوند. افراسیاب؛ دوان نگریخت که با اسپ گریخت.
۴ – سخن استوار است اما پیش از این در رج ۴۸۶۳ آمده‌بود.
۵ – اگر به «گِرد» او سپاه بیاید، نشاید از «چهارسوی» نام بردن. که خود دوباره‌گویی است.
۶ – گزافهٔ بی‌مانند.
۷ – **یک:** چشمش شکن ندیده نادرست است. **دو:** قارن و ایرانیان در جنگ پیشین از افراسیاب شکست خورده‌بودند.
۸ – پهلوان، زرین کلاه نیست.
۹ – **یک:** مهراب وزیر کسی نیست. **دو:** مهراب پادشاه کابل است نه زابُل.
۱۰ – **یک:** «بد پدید آمد» ناهماهنگ است: «بد رسید». **دو:** ایرج بیگناه بدبخت بود، نه نیکبخت!
۱۱ – «پیوند به بُن ماند» نادرست است.

بران هم که کرد آفریدون نخست … کجا راستی را به بخشش بجست[1]
سزد گر بداریم دل، هم بران … نگردیم از آیین و راه سران[2]
ز جیهون و تا ماورالنهر بر … که جیهون میانجیست اندر گذر[3]
بر و بوم ما بود هنگام شاه … نکرد اندرآن مرز ایرج نگاه[4]
همان بخش ایرج، ز ایرانزمین … بداد آفریدون و کرد آفرین[5]
ازان گر بگردیم و جنگ آوریم … جهان بر دل خویش تنگ آوریم
بود زخم شمشیر و خشم خدای … نیابیم بهره، بهر دو سرای[6]
اگر همچنان چون فریدون گرد … به تور و به سلم و به ایرج سپرد[7]
ببخشیم و زان پس نجوییم کین … که چندین بلا خود نیرزد زمین[8]
سراینده از سال چون برف گشت … ز خون یلان خاک شنگرف گشت[9]
سرانجام هم جز به بالای خویش … نیابد کسی بهره از جای خویش[10]
بمانیم روز پسین زیر خاک … سراپای کرباس و جای مغاک[11]
وگر آزمندی‌ست و اندوه و رنج … شدن تنگ دل در سرای سپنج[12]

*

مگر رام گردد بدین کیقباد؛ … سر مرد بخرد نگردد ز داد
کس از ما نبینند جیهون بخواب … اُز ایران نیایند ازین روی آب
مگر با درود و نَوید و پیام؛ … دو کشور شود زین سخن شادکام!»
چو نامه بمهر اندر آورد شاه … فرستاد نزدیک ایران سپاه[13]
ببردند نامه برِ کیقباد … سخن نیز از اینگونه کردند یاد

*

چنین داد پاسخ که: «دانی درست … که از ما نبُد پیشدستی نخست
ز تور اندر آمد نخستین ستم … که شاهی چو ایرج، شد از تخت، کم

---

۱ – **یک:** آفریدون! **دو:** تورانیان هیچگاه بخشش فریدون را درست و راست در شمار نیاوردند. ۲ – دنبالهٔ گفتار

۳ – **یک:** از جیهون تا ماوراءالنهر (ورارودان) یک گام بیش نیست، زیرا که جیهون مرزِ آن سرزمین است. **دو:** اگر جیهون یک سوی آنست چگونه میانجی تواند بودن؟

۴ – نادرست است، و مرز توران از بالای دریاچهٔ خوارزم بسوی شهر سپیجاب، تا دریاچهٔ ایسی کول بود (بنگرید به مرزهای ایران و توران بر بنیاد شاهنامه – بیژن شهیدی – بنیاد نیشابور ۱۳۷۶)

۵ – **یک:** بخش ایرج (از) ایرانزمین نبود که ایرانزمین بود. **دو:** آفریدون! ۶ – دو رج وابسته به رج پیشین.

۷ – دوباره از بخش زمین یاد می‌شود. ۸ – لت دویُم ناهموار است.

۹ – موی سرِ سراینده را شاید گفتن که چون برف شد، نه خودِ او را. ۱۰ – دنبالهٔ سخن

۱۱ – روز پسین زیر خاک نمی‌مانند... که روز پسین همگان زنده می‌شوند. ۱۲ – سخن درهم و پریشان

۱۳ – سخن درست در رج پسین آمده‌است.

آشتی‌خواهی پشنگ ۳۲۳

بدین روزگار اندر، افراسیاب / بیامد به تیزی و بگذاشت آب*
شنیدی که با شاه نوذر چه کرد / دل دام و دد شد پراز داغ و درد!
ز کینه به اغریرث پرخرد / نه آن کرد، کز مردمی درخوَرد![1]
ز کردار بد، گر پشیمان شوی / بنوّی°، ز سر، باز پیمان شوی
مرا نیست از کینه و آز، رنج / پسیچیده‌ام در سرای سپنج
شما را سپارم ازان رویِ آب / مگر یابد آرامش افراسیاب»

*

بنوّی یکی باز پیمان نوشت / به باغ بزرگی درختی بکشت[2]
فرستاده آمد بسان پلنگ / رسانید نامه به نزد پشنگ[3]
بنه برنهاد و سپه را براند / همی گرد بر آسمان برفشاند[4]
ز جیهون گذر کرد مانند باد / وزان آگهی شد برِ کیقباد[5]
که دشمن شد از پیش بی‌کارزار / بدان گشت شادان، دل شهریار[6]
بدو گفت رستم که: «ای شهریار / مجوی آشتی در گهِ کارزار
نبُد پیشتر آشتی را، نشان / بدین روز، گرزِ من آوردشان»

*

چنین گفت با نامور، کیقباد / که: «چیزی ندیدم نکوتر ز داد
نبیره‌ی فریدون فرخ، پشنگ / به سیری همی سر بپیچد ز جنگ[7]
ز زاولستان تا بدریای سند / نوشتیم عهدی ترا بر پرند[8]
تو شو، تخت، با افسر نیمروز / همی دار و می‌باش گیتی‌فروز
اُزانروی، کاول به مهراب ده / سراسر سنانت بزهر آب ده
کجا پادشاهی‌ست بی جنگ نیست / اُگرچند روی زمین تنگ نیست»

*

سرش را بیاراست با تاج زر / همان گُرده‌گاهش بزرّین کمر
ز یک روی گیتی مر او را سپرد / ببوسید روی زمین مرد گرد[9]

---

* – از آمودریا گذشت. ۱ – خِرَد را با خورَد پساوا نیست.

○ – بنوّی (= بتازگی) همان «از سر» است و هر دو یک سخن است، و گفتار فردوسی چنین می‌نماید: **«بخوبی، ز سر،...»**.

۲ – پیمان در رج پیشین آمده‌بود. ۳ – دنبالهٔ گفتار

۴ – سپاه پشنگ بهنگام گریز افراسیاب از ایران گریخته‌بودند، و بنه‌ای برای آنان نمانده‌بود که اکنون برنهند و سپاه را برانند. و پشنگ، خود، از پایتخت خویش نامه برای کیقباد فرستاده‌است! ۵ – همان سخن

٦ – چسان بی‌کارزار هستند؟ پس کارزار گذشته، چه بود؟ ۷ – سخن زیبا است، اما پایان ندارد.

۸ – «سِند» و «پَرَند» پساوا ندارند. ۹ – زابلستان را سپرده‌بود. ز یک روی گیتی، روشن نمی‌نماید که کجا است!

اُزانپس چنین گفت فرّخ قباد / که: «بی زال تخت بزرگی مباد
بیک موی دستان نیرزد جهان / که او ماندمان یادگار، از مهان» [1]
یکی جامهٔ شهریاری بزر / ز یاقوت و پیروزه تاج و کمر
نهادند مهد از بر پنج پیل / ز پیروزه رخشان بکردار نیل [2]
بگسترد زربفت بر مهد بر / یکی گنج کهش کس ندانست مر [3]
فرستاد نزدیک دستان سام / که: «خلعت مرا، زین؛ فزون بود کام
اگر باشدم زندگانی دراز / ترا دارم اندر جهان بی‌نیاز»

*

همان قارن نیو و کشواد را / چو بُرزین و خرّاد و پولاد را [4]
برافکند خلعت چنانچون سزید / کسی را که خلعت سزاوار دید [5]
درم داد و دینار و تیغ و سپر / کرا بود درخور، کلاه و کمر [6]
اُزانجا سوی پارس اندرکشید / که در پارس بُد گنج‌ها را کلید [7]
نشستنگه آنگه به استخر بود / کیان را بدان جایگه فخر بود [8]
جهانی سوی او نهادند روی / که او بود سالار دیهیم‌جوی [9]
به تخت کیان اندر آورد پای / به داد و به آیین و، فرخنده رای! ●
چنین گفت با نامور مهتران / که: «گیتی مرا از کران تا کران
اگر پیل با پشّه کین آورَد / همه رخنه در داد و دین آورَد
نخواهم بگیتی جز از راستی / که خشم خدای آورد کاستی
تن‌آسانی از داد و رنجِ تن است / کجا خاک و آب است گنج من است
سپاهی و شهری همه یکسرند / همه پادشاهی مرا لشکرند [10]
همه در پناه جهاندار بید / خردمند بید و بی‌آزار بید [11]
هرآنکس که دارد، خورید و دهید / سپاسی ز خوردن به من برنهید
هرآنکس کجا؛ باز ماند ز خورَد / نیابد همی توشه از کارکرد؛

---

۱ – سخن درست، در رج پسین آمد. ۲ – مهد را با چوب می‌سازند، نه با پیروزه.

۳ – **یک:** پنج پیل بود، اینجا یکی شد: «بگسترد زربفت برمهد». **دو:** اگر زربفت بگستردند پس گنج را کجا بار کردند؟

۴ – چو... . ۵ – چون رج پیشین افزوده شناخته شد، پس این گفتار نیز که بدان پیوسته است، افزوده است.

٦ – سخن چنین می‌نماید که آن کسان را که کلاه و کمر، درخور بود، درم و دینار و تیغ و سپر داد!!

۷ – کلید در گنج‌ها، همواره در دست و گردن گنجوران بوده‌است. ۸ – فخر... پساوای هموارهٔ استخر!

۹ – دیهیم بدانهنگام نبود، و وی نیز دیهیم جوی نبوده‌است، که ایرانیان خود، او را برگزیده بودند.

● – **تخت کیان آغاز می‌شود.** ۱۰ – یکسر را در لت نخست گزارش نیست.

۱۱ – **یک:** «بید» نادرست است. **دو:** بی‌آزاری را می‌توان فرمان دادن، اما خردمند بودن را نه.

چراگاهشان بارگاه من است　　چو آن‌کس که اندر سپاه من است»*
اُزان رفته نام‌آوران یاد کرد　　به داد و دهش گیتی آباد کرد

*

برین گونه سدسال، شادان بزیست　　نگر تا چنین در جهان شاه کیست؟[1]
پسر بُد مر او را خردمند چار　　که بودند ازو در جهان یادگار[2]
نخستین چو کاووس با آفرین　　کِیارش دوم بُد دگر کی پشین[3]
چهارم کجاآرشش بود نام　　سپردند گیتی بآرام و کام[4]
چو سد سال بگذاشت با تاج و تخت●　　سرانجام تاب اندر آمد ببخت
چو دانست کآمد بنزدیک، مرگ　　بپژمرد خواهد همی سبز برگ؛[5]
سرافراز کاووسِ کی را بخواند　　ز داد و دهش چند با او براند
بدو گفت: «ما برنهادیم رخت　　تو بسپار تابوت و بردار تخت
چنانم که گویی ز البرزکوه　　کنون آمدم شادمان با گروه[6]
چو تختی که بی‌آگهی بگذرد　　پرستندهٔ او ندارد خرد[7]
تو گر دادگر باشی و پاکدین　　ز هر کس نیابی جُزاز آفرین
اُگر آز گیرد سرت را بدام　　برآری یکی تیغ تیز از نیام؛
بدان، خویشتن؛ رنجه داری همی　　پس آنرا، بدشمن سپاری همی»
بگفت این و شد زین جهان فراخ　　گزین کرد، صندوق، بر جای کاخ
به سر شد کنون قصّهٔ کیقباد　　ز کاووس باید سخن کرد یاد[8]

* - این سخن باید چنین بوده باشد:

چراگاه او بارگاه من است　　چو آنکس که اندر سپاه من است

زیراکه «او» به هر آنکس رج پیشین بازمی‌گردد: هرآنکس که از کارِ خویش توشهٔ درخور نمی‌یابد، همانند سپاهیان من، روزی از بارگاه من بگیرد.　　۱ - **یک:** لت دویم سست می‌نماید. **دو:** سخن از سدسال در رج ۴۹۶۴ می‌آید.

۲ - هنوز کیقباد نمرده‌است که فرزندانش یادگار وی بوده باشند.

۳ - چو کاووس... نادرست است. اما افزاینده از اوستا آگاهی داشته‌است، و با اندکی دگرگونی نام فرزندان کیقباد را آورده‌است.

۴ - دنبالهٔ گفتار　　● - بگذاشت: بگذراند.　　۵ - در رج پیشین آمده‌بود، تاب به بخت اندرآمد.

٦ - کنون آمدم نادرست است: آمده‌ام.　　۷ - سخن بی‌گزارش　　۸ - سخن سست است.

کی کاووس

پادشاهی کاووس

*

آمدن رامشگری از مازندران نزد کاووس

درخت برومند چون شد بلند	گر ایدونک آید بر او بر، گزند[1]
شود برگ پژمرده و بیخ سست	سرش سوی پستی گراید نخست
چو از جایگه بگسلد پای خویش	بشاخ نو آیین دهد جای خویش
مر او را سپارد گل و برگ و باغ	بهاری بکردار روشن چراغ
اگر شاخِ بد خیزد از بیخِ نیک	تو با بیخ، تندی میاغاز ریک
پدر چون به فرزند مانَد جهان	کند آشکارا بر او بر، نهان
گر او بفکند فرّ و نام پدر	تو بیگانه خوانش مخوانش پسر
که را گم شود راه آموزگار	سزد گر جفا بیند از روزگار
چنین است رسم سرای کهن	سرش هیچ پیدا نبینی ز بن
چو رسم بدش باز داند کسی	نخواهد که مانَد به گیتی بسی
چو کاووس بگرفت گاه پدر	مر او را جهان، بنده شد، سربسر
ز هرگونه‌ای گنجِ آکنده دید	جهان سربسر پیش خود بنده دید[2]
همان تخت و هم توغ و هم‌گوشوار	همان تاج زرّین زبرجد نگار[3]
همان تازی اسپان آکنده یال؛	بگیتی ندانست کس را همال[4]
چنان بُد که در گلشن زرنگار	همی خورد روزی، می خوشگُوار
یکی تخت زرّین، بلورینش پای	نشسته بر او بسر، جهان کدخدای[5]
ابا پهلوانان ایران بهم	همی رای زد، شاد، بر بیش و کم؛

---

۱ – ده رج آغازین پادشاهی کاووس، با آنکه زیبا می‌نماید افزوده است، و آنرا یکجا می‌شکافم. درختی که گزند بیند بیخش سست نمی‌شود، و سرش خشک شده بالا می‌ماند، درخت را توان آن نیست که پای خویش از جای بگسلاند، درختی که خشک شود همه شاخه‌های آن خشک می‌شوند، اگر گل و برگ و «باغ!» می‌داشت که بشاخهٔ نو بسپارد، چرا خود، خشک شده بود؟، از بیخ نیک همواره شاخ نیک برمی‌خیزد تو... کیست که سخن رو به او می‌کند؟ این لت را نیز هیچکس نتوانسته‌است گزارش کردن... پسر پسر است و بیگانه نمی‌شود، مگر آنکه پسری بی‌فرّ بوده باشد. راه آموزگار گم نمی‌شود، سروین روزگار، روشن و هویدا است، «رسم» جهان بد نیست، و ما را شاید؛ گاه بد بودن.　　۲ – دوباره گویی.　　۳ – زیورهای شاهی است و نام بردن ندارد.

۴ – دنبالهٔ سخن با «همان».

۵ – این رج پیوند دو گفتار پیشین و پسین را می‌گسلد، و پس از می نوشی سخن از تخت بردن با گفتاری سست شایسته نمی‌نماید.

که رامشگری، دیو، زی پرده‌دار / بیامد که خواهد برِ شاه بار [1]
چنین گفت ک«از شهر مازندران / یکی خوشنوازم ز رامشگران [2]
اگر درخورم بندگی شاه را / گشاید برِ تخت او راه را» [3]
برفت از برِ پرده سالار بار / خرامان بیامد برِ شهریار
بگفتا که: «رامشگری بر در است / ابا بربت و، نغز رامشگر است»
بفرمود تا پیش او خواندند / برِ رودسازانْش بنشاندند *

*

ببَربَت چو بایست، برساخت؛ رود / برآورد مازندرانی سرود؛
ز: «مازندران، شهرِ ما؛ یاد باد / همیشه بر و بومش آباد باد
که در بوستانش همیشه گل است / بکوه اندرون، لاله و سنبل است
هوا خوشگوار و زمین پر نگار / نه گرم، و نه سرد و همیشه بهار [4]
نوازنده؛ بلبل، بباغ اندرون / گُرازنده؛ آهو، براغ اندرون
همیشه نیاساید از جُفت‌جوی ● / همه ساله، هرجای، رنگ است و بوی
گلاب است گویی بجویش روان / همی شاد گردد ز بویش، روان
دی و بهمن و آذر و فروَدین / همیشه پراز لاله بینی زمین
همه ساله خندان لب جویبار / بِهَر جای، بازِ شکاری بکار»
سراسر همه کشور آراسته / ز دیبا و دینار و از خواسته [5]
بتان پرستنده با تاج زر / همه نامداران بزرّین کمر [6]

*

چو کاووس بشنید از او، این سَخُن / یکی تازه اندیشه افکند بُن
دل رزمجویش ببست اندران □ / که لشکر کشد، سوی مازندران

۱ - **یک:** گفتار در اندرون کاخ شاهی است، و نشاید که کسی را که از بیرون می‌آید، نشان دهد! این سخن در ۴۹۹۵ آشکار می‌شود.
دو: مازندرانیان دیو نبوده‌اند، و این داستان را در «داستان ایران» شکافته‌ام. پیش از این نیز در پیشگفتار واژه‌نامه مازندرانی نشان داده‌ام که «دیو» در داستان هفتخوان دوین‌ها، یا بلندیهای کوه‌های مازندران است که ایرانیان برای افزودن آن بچراگاههای دشتها دچار دشواریهای فراوان شدند، و سرانجام پیروز گردیدند! «رامشگر دیو» سخت‌ترین خوارداشتِ تبرستانیان است که فرزندان فریدون‌اند، و نخستین پایتخت آریاییان (فریدون) و پس از او منوچهر در آن مرز بوده‌است. ۲ - سخن زیبا است اما پیوسته به رج پیشین و پسین است.
۳ - آهنگ لت نخست درهم‌ریخته‌است.
* - «رودساز» آمیزه‌ای نادرست است، و در پیشگفتار دربارهٔ آن سخن گذشت، و بجای آن بایستی «خوشنوازانْش» آید.
۴ - هوا خوشگوار (خوش گوارش) نیست.
● - جفتجوی: پرنده یا جانوری که بدنبال جفت خویش است! برای جفتگیری! از **عَمْعَق بخاری** است:
یک کوهسار، نترهٔ نخجیرِ جفتجوی / یک مَرغزار، ناله و افغانِ مُرغِ زار
۵ - کشور را با دیبا و دینار نمی‌توان آراستن که با سبزه و گل آرایش می‌پذیرد. ۶ - پرستنده تاج زرین بر سر ندارد.
□ - در همهٔ نمونه‌ها چنین آمده‌است و من سخن را چنین می‌دانم: «دل رزمجو را... .»

مازندرانی سرود ۳۳۱

چنین گفت با سرفرازان رزم — که: «ما سر نهادیم یکسر ببزم
اگر کاهلی پیشه گیرد دلیر — نگردد ز آسایش و کام، سیر
من از جمّ و ضحّاك و از کیقباد — فزونم بفرّ و ببخت و بداد[1]
فزون بایدم نیز از ایشان، هنر — جهانجوی باید، سرِ تاجور!»

*

سخن چون بگوش بزرگان رسید — از ایشان کس؛ آن رای، فرّخ ندید
همه زرد گشتند و پر چین بُروی* — کسی جنگ دیوان نکرد آرزوی
کسی راست، پاسخ، نیارست کرد — نهانی؛ روان‌شان پراز باد سرد
چو توس و چو گودرزِ کشواد و گیو — چو خرّاد و گرگین و رهام نیو[2]
بآواز گفتند: «ما کهتریم — زمین جز بفرمان تو نسپریم»

*

اُزانپس یکی انجمن ساختند — ز گفتار او، دل بپرداختند[3]
نشستند و گفتند با یکدگر — که: «از بخت، ما را چه آمد بسر!
اگر شهریار این سخن‌ها که گفت — به مَی خوردن اندر، نخواهد نهفت؛
ز ما و، ز ایران بر آید هلاك — نماند بدین بوم و بر آب و خاك[4]
که جمشید با فرّ و انگشتری — بفرمان او دیو و مرغ و پری[5]
ز مازندران یاد هرگز نکرد — نجست از دلیران دیوان نبرد[6]
فریدون پر دانش و پرفسون — مر این آرزو را نبُد رهنمون[7]
اگر شایدی بردن این بد بسر — بمردی و گنج و بنام و هنر[8]
منوچهر کردی بدین، پیشدست — نکردی برین بر، دل خویش پست[9]
یکی چاره باید کنون، اندرین — که این بد، بگردد، از ایرانزمین»

*

چنین گفت پس توس با مهتران — که: «ای رزم‌دیده، دلاور سران
مر این بند را، چاره اکنون، یکیست — بسازیم و این کار، دشوار نیست

---

۱ - این گفتار بگونهٔ درست در پاسخ کاووس به زال خواهد آمد. * - بُروی: ابرو. بروت: سبیل.
۲ - «چو» در آغاز سخن نادرست است. ۳- چگونه از گفتار او دل بپرداختند، که دربارهٔ گفتار او با یکدیگر سگالش میکنند.
۴ - آب و خاك از میان نمی‌رود.
۵ - **یک:** انگشتری و فرّ را که همه شاهان داشتند و ویژهٔ جمشید نبود. **دو:** دیو و پری... ۶ - دنبالهٔ گفتار
۷ - این آرزو را نکرد، یا نداشت - آرزو را رهنمون درست نیست.
۸ - این بد را بسر بردن نادرست است: «اینکار را بانجام می‌رساند!»
۹ - منوچهر آهنگ مازندران را نکرده‌بود که چنین کار را بر دلِ خویش «پست»؟ کند! همین سخن را بسنجیم که پایتخت منوچهر آمل بود، و آملیان دیو نبودند، و با مازندرانیان جنگ نداشتند (بنگرید به داستان ایران).

هیونی تکاور سوی زالِ سام ‌‌ ‌ببایدفرستاد و دادن پیام
که گر سر بگِل داری اکنون مشوی* ‌‌ ‌یکی تیز کن مغز و بنمای روی
مگر کاو گشاید لبِ پندمند ‌‌ ‌سخن بر دل شهریار بلند[1]
بگوید که این، اهرمن داد یاد ‌‌ ‌در دیو هرگز نباید گشاد[2]
مگر زالش آرد ازین گفته باز ‌‌ ‌اُگرنه سر آید نشیب از فراز»[3]
سخن‌ها ز هرگونه‌ای ساختند ‌‌ ‌هیونی تکاور برون تاختند

*

رونده همی● تاخت تا نیمروز ‌‌ ‌چو آمد برِ زال گیتی‌فروز
چنین داد از نامداران پیام ‌‌ ‌که: «ای نامور، باگهر، پور سام
یکی کار پیش آمد اکنون شگفت ‌‌ ‌کزآن برتر اندازه نتوان گرفت
بدین کار اگر تو نبندی کمر ‌‌ ‌نه تن ماند ایدر نه بوم و نه بر
یکی، شاه را، بر دل اندیشه خاست ‌‌ ‌بپیچیدش، اهریمن از راه راست
برنج نیاکانش از باستان ‌‌ ‌نخواهد همی بود همداستان
همی گنجِ بی‌رنج، بگزایدش ‌‌ ‌چَراگاه مازندران بایدش
اگر هیچ سر خاری از آمدن ‌‌ ‌سپهبد بزودی بخواهد شدن

*

همی رنج تو داد خواهد بباد ‌‌ ‌که بردی از آغاز با کیقباد![4]
تو با رستم شیر ناخورده سیر ‌‌ ‌میان را ببستی چو شیر دلیر[5]
کنون آن همه باد شد پیش اوی ‌‌ ‌بپیچید جان بداندیش اوی»[6]
چو بشنید دستان بپیچید سخت ‌‌ ‌تنش گشت لرزان بسان درخت[7]
همی گفت: «کاووس خودکامه مرد ‌‌ ‌نه گرم آزموده ز گیتی نه سرد؛[8]
کسی کاو بود در جهان پیش‌گاه ‌‌ ‌بر او نگذرد سال و خورشید و ماه[9]

---

* -اگر در گرمابه نشسته‌ای و گِلِ سر شوی بر سر نهاده‌ای، آنرا مشوی و بیا. (یک داستان کهن ایرانی)

۱ -لب پندمند زیبا نمی‌نماید. و نیز سخن را دل کسی نمی‌توان گشودن!

۲ - «این»، در لت نخست چیزی را نشان نمی‌دهد.

۳ -نشیبِ روزگار ایرانیان، از جایگاه بلندی که دارند، سر می‌رسد!

● - در همهٔ نمونه‌ها چنین آمده‌است، اما درست چنین می‌نماید: **«رونده برون تاخت»**.

۴ - سخن سست است. و زندگی زال با کیقباد آغاز نمی‌شود. رنج تو را نیز «را» باید.

۵ - رستم شیر ناخورده سیر نبود و پهلوان را نشاید شیر ناخورده سیر خواندن.

٦ - جان بداندیش او، جان دشمن او است، نه خودش. بداندیش: دشمن.

۷ - درخت؛ لرزان نمی‌شود شاخهٔ درخت لرزان می‌شود، آیا اینْ درست می‌نماید که پهلوان کشوری با شنیدن یک پیام لرزان شود؟ سخن درست در رج ۵۰۵۸ آمده‌است.

۸ - «همی» در همی گفت نادرست است، زیرا که سخن یکبار بر زبان رفته‌بود.

۹ - **یک:** رج پیشین ناتمام و پیوسته بدین رج بود، و اینجا سخن دگرگونه گشت. **دو:** لت دویم را چه گزارش باشد؟ افزاینده خواسته‌است ←

که مانده است کز تیغ او در جهان	نلرزند یکسر کهان و مهان[1]
نباشد شگفت ار به من نگرود	شوم خسته، گر پند من نشنود[2]
ور این رنج آسان کنم بر دلم	از اندیشهٔ شاه دل بگسلم؛[3]
نه از من پسندد جهان‌آفرین	نه شاه و نه گردان ایران‌زمین[4]
شوم گویمش هرچه آید ز پند	ز من گر پذیرد بود سودمند[5]
وگر تیز گردد گشاده‌ست راه	تهمتن هم ایدر بود با کلاه،[6]
چو بشنید دستان، بپیچید سخت	که شد زرد، برگِ کیانی درخت

5055

← بگوید که هنوز یکسال از پادشاهی کاووس نمیگذرد، اما آیا یک خورشید و ماه نیز براو نگذشته‌است؟

1 - این سخن نیز می‌بایستی بدنبال رج پیشین باشد، که سخن را بریده‌است، و سخن نیز بی‌پایه و ناهموار است.

2 - سخن سست است، و با نشنیدن پند، خستگی (جراحت) پیش نمی‌آید.

3 - ناهمواری این سخن در رج پسین روشن می‌شود...

4 - ...که همان شاهِ شایستهٔ‌سرزنش را در کنار خداوند، و گردان ایران درشمار می‌آورد.

5 - چه کس سودمند، خواهد بودن؟ شاه؟! این شاه در لت دویُم به ش = او در گویمش لت نخست بازمی‌گردد.

6 - لت نخست را با لت دویم پیوند نیست.

پند دادن زال

مر کاووس را

پر اندیشه بود آن شب دیریاز   چو خورشید، بنمود، تاج از فراز
کمر بست و بنهاد سر، سوی شاه   بزرگان برفتند با او براه
خبر شد به توس و به گودرز و گیو   برهام و گرگین و گردان نیو[1]
که دستان بنزدیک ایران رسید   درفش همایونش آمد پدید[2]
پذیره شدندش سران سپاه   سری کو کشد پهلوانی کلاه[3]
چو دستان سام اندر آمد به تنگ   پذیره شدندش همه بیدرنگ[4]
بر او سرکشان آفرین خواندند   سوی شاه با او همی راندند[5]
بدو گفت توس: «ای گو سرفراز   کشیدی چنین رنج راه دراز[6]
ز بهر بزرگان ایرانزمین   بر آسایش این رنج کردی گزین[7]
همه سربسر نیکخواه توایم   ستوده به فرّ کلاه توایم»[8]
ابا نامداران چنین گفت زال   که: «هرکس که او را نفرسود* سال؛
همه● پندِ پیرانش آید بیاد   ازآنپس دهد، چرخ گردانش، داد
نشاید که گیریم ازو پند باز   که از پند ما نیست خود، بی‌نیاز
ز پند و خرد گر بگردد سرش   پشیمانی آید ز گیتی برش»

*

به‌آواز گفتند: «ما با توایم   ز تو بگذرد، پند کس نشنویم[9]

---

۱ –بس بود که آگاهی ببزرگان ایران رسید، و اگر نام چند پهلوان برده می‌شود، می‌بایستی که از همهٔ آنها یاد کنند.

۲ –مگر دستان کجا بود، که نزدیک ایران رسد؟

۳ – **یک:** پهلوانی کلاه نادرست است. **دو:** لت دویم ناهماهنگ است. **سه:** کنش «کشد» نیز نادرست است: سری که کلاه پهلوانی «می‌کشید!» اگر می‌کشید را در خور داستان بدانیم!

۴ – دوباره «پذیره» بکار گرفته شده‌است.

۵ –پس از «آفرین» می‌باید که بسوی شاه روند، اما شیوهٔ سخن با بکار بردن «همی» در لت دویم چنانست که این هر دو کار، یکباره روی نموده‌است.

٦ – «رنج» لت دویم...

۷ – در لت دویُم این رج دوباره می‌آید.

۸ – **یک:** کلاه پهلوان فرّ ندارد. فرّ ویژه ایران، و شاهان ایران بوده‌است. **دو:** سخن پایان ندارد.

*– در نمونه‌ها؛ بفرسود، بپیمود نیز آمده‌است، اما سخن درست چنین می‌نماید: «نفرسوده»: «هر آنکس که جوان است، و پیر نشده‌است».

●.– پیوند «اگر» درست می‌نماید.

۹ – زال را رای پند دادن به بزرگان ایران نبود. در شاهنامه فلورانس چنین آمده‌است، و در برخی دیگر که: «ما کهتریم» پیدا است که ←

چو کاووس را دید، دستان سام / نشسته بر اورنگ بر، شادکام
بکَش کرد، دست و، سر افکند پست / همی رفت تا جایگاه نشست
چنین گفت ک:«ای کدخدای جهان / سرافراز بر مهتران و مهان[1]
چو تو تخت نشنید، و افسر ندید / نه چون بخت تو چرخ گردان شنید[2]
همه ساله پیروز بادیّ و شاد / سرت پر ز دانش دلت پر ز داد!»[3]
شه نامبردار، بنواختش / برِ خویش، بر تخت، بنشاختش
بپرسیدش از رنجِ راه دراز / ز گُردان و، از رستم سرفراز
چنین گفت مر شاه را زال زر / ک:«انوشه بزی شاد و پیروزگر
همه شاد و روشن، ببخت تواند / برافراخته سر، بتخت تواند»

*

اُزانپس یکی داستان کرد یاد / سخن‌های شایسته را درگشاد
که: «بر سر مرا روز، چندی گذشت / سپهر از برِ خاک، چندی بگشت
منوچهر شد زین جهان فراخ / ازو ماند ایدر بسی گنج و کاخ
همان زَو، ابا نوذر و کیقباد / چه مایه بزرگان که داریم یاد
ابا لشکر گَشن و گند آوران / نکردند آهنگ مازندران
که آن خانهٔ دیو افسونگر است / طلسم است و در بند جادو در، است[4]
مرآن را بشمشیر نتوان شکست / بگنج و بدانش نیاید بدست[5]
هم آن را به نیرنگ نتوان گشاد / مده رنج و گنجِ درم را به باد[6]
همایون ندارد کس آنجا شدن / اُز ایدر کنون رای رفتن زدن[7]
سپه را بدانسو نباید کشید / ز شاهان کس این، رای، هرگز ندید!

*

← بزرگان ایران، خود راکهتر شاه می‌شمردند، نه کهتر یک پهلوان دیگر... این سخن را نیز پساوای درست نیست.

۱ - بس است که کسی سرافراز بر مهتران باشد که بر مهان نیز سرافراز است. این رج در نمونه‌ها بگونه‌ای چند آمده‌است (بنگرید به خالقی مطلق ۹-۲)، لی: کهان، و: کهتران و مهان؛ س، لن، ق، ق ۲، پ، آ، لن ۲: سرافراز مهتر میان مهان. (آ: نهان، ق: از مهتران) ل ۲ سرافراز مهتر میان مهان. اما پیوسته به سخن افزودهٔ پسین است.

۲ - تخت گوش ندارد که بشنود و تاج را چشم‌نیست که ببیند!

۳ - دنبالهٔ گفتار

۴ - **یک:** مازندران بشاید گفتن که جایگاه دیوان (بلندیهای کوه‌های مازندران) است، اما نشاید گفتن که خانهٔ دیو است. **دو:** سرزمین؛ طلسم نمی‌شود. طلسم بندی است در کار، نه یک سرزمین بزرگ.

۵ - **یک:** سرزمین را چه کسی با شمشیر شکسته است؟ **دو:** چون سخن در لت نخست بپایان رسید، در آغاز این لت می‌بایستی «آن» یا «نیز» یا «همان» بیاید.

۶ - دنبالهٔ سخن

۷ - همایون داشتن، نادرست است. «کنون» در لت دویم نیز نادرخور است زیرا که لشکرکشی کاووس در همان زمان روی نمی‌دهد!

گر این نامداران ترا کهترند   چو تو بندهٔ دادگر داورند[1]
تو از خون چندین سر نامدار   ز بهر فزونی درختی مکار؛[2]
که بار و برش درد و نفرین بود   نه آیین شاهان پیشین بود»[3]
چنین پاسخ آورد کاووس باز   که: «ز اندیشهٔ تو نیَم بی‌نیاز
ولیکن مرا از فریدون و جم   فزونست مردیّ و فرّ و درم
همان از منوچهر و از کیقباد؛   که مازندران را نکردند یاد؛
سپاه و دل و گنجم افزون‌ترست   جهان زیر شمشیر تیز اندرست
چو بر دانشی، شد گشاده جهان   بآهن، چه داریم گیتی نهان؟[4]
شوم‌شان یکایک براه آورم   گر آیین شمشیر و چاه آورم[5]
اگر▣ کس نمانم بمازندران   اُگر▣ برنهم باژ و ساو گران
چنان زار و خوار اند بر چشم من   چه جادو و چه دیوان آن انجمن[6]
بگوش تو آید خود این آگهی   کزیشان شود روی گیتی تهی!
تو با رستم ایدر جهاندار باش   نگهبان ایران و بیدار باش[7]
جهان‌آفریننده یار من است   سر نرّه دیوان شکار من است
گرایدونکه یارم نباشی بجنگ   مفرمای، ما را بدین در، درنگ»

*

چو از شاه بشنید زال این سخُن   ندید ایچ پیدا، سرش را ز بُن
بدو گفت: «شاهیّ و ما بنده‌ایم   بدلسوزگی با تو گوینده‌ایم
اگر داد، فرمان دهی گر، ستم   به رایِ تو، باید زدن، گام و دم
از اندیشه، دل را بپرداختم   سخن، آنچه دانستم، انداختم*
نه مرگ از تن خویش بتوان سپوخت   نه چشم جهان، کس بسوزن بدوخت[8]
به پرهیز هم کس نَجَست از نیاز   جهانجوی ازین سه نیابد جواز[9]
رَوِشنِ جهان بر تو فرخنده باد   مبادا که پند من آیدْت باد
پشیمان مبادی ز کردار خویش   به تو باد روشن دل و دین و کیش»[10]

---

۱ – سخن درست است، اما پیوسته بگفتار پسین است.

۲ – **یک:** از خون کسان، درخت نمی‌کارند... تو با ریختن خون این نامداران... **دو:** درخت کاشتن «از بهر فزونی» است؟ یا «از خون چندین سر نامدار»؟   ۳ – لت دویم با لت نخست پیوند ندارد.   ۴ – کاربردِ «آهن» در این گفتار، روشن نیست.

۵ – شوم‌شان نادرست است: می‌روم و آنان را براه می‌آورم.   ▣ – کسی را نگذارم...   ▣ – ...و یا برنهم.

٦ – «چنان» لت نخست با «چه»، در لت دویُم همخوان نیست.

۷ – این سخن درست نیست، زیرا که رج ۵۱۲۸، ایران را به «میلاد» می‌سپارد!   * – انداختن: طرح کردن.

۸ – پیش‌بینی مرگ کاووس را رودرروی او نمی‌توان کردن!   ۹ – نیاز را چه پیوند با کاووس؟

۱۰ – این سخن بگونهٔ نیک در رج پیشین آمده‌است.

سبک شاه را زال پدرود کرد   دل از رفتن او پر از دود کرد[۱]

*

برون آمد از پیش کاووس شاه   شده تیره، بر چشم او، هور و ماه
برفتند با او بزرگان نیو   چو توس و چو گودرز و رهّام و گیو[۲]
به زال آنگهی گفت گیو: «از خدای   همی خواهم آنک او بود رهنمای[۳]
به جایی که کاووس را دسترس   نباشد ندارم مر او را به کس[۴]
ز تو دور باد آز و خشم و نیاز   مبادا به تو دست دشمن دراز[۵]
پس از کردگار جهان‌آفرین   به تو دارد امّید ایران‌زمین[۶]
ز بهر گوان رنج برداشتی   چنین راه دشوار بگذاشتی»
پسآنگه گرفتندش اندر کنار   ره سیستان را برآراست کار[۷]

لشکرکشیدن کی‌کاووس به مازندران

چو زال سپهبد ز پهلو برفت   دمادم سپه روی بنهاد، تفت[۸]
بتوس و بگودرز فرمود شاه   کشیدن بنه سرنهادن براه[۹]
چو شب روز شد، شاه و جنگ‌آوران   نهادند سر سوی مازندران
بمیلاد بسپرد ایران‌زمین   کلید در گنج و، تاج و نگین
بدو گفت: «گر دشمن آید پدید   ترا تیغ کینه نباید کشید
ز هر بد به زال و برستم پناه   که پشت سپاهند و زیبای گاه»

*

۱ – لت دویم سست است.   ۲ – چو...
۳ – **یک:** آنگهی نادرست است. **دو:** «او» در رج دویم با «خدا» در لت نخست هماهنگ نیست.
۴ – این سخن را هیچ گزارش نتوان کردن. افزاینده را رای بر آن بوده است که بگوید: از خدا می‌خواهم که رهنمای بجایی «باشدم» که [دور از] دسترس کاووس [باشم].
۵ – چه جای گفتن این سخنان با زال است؟ مگر او آز ورزیده است، یا خشم گرفته است؟   ۶ – دنبالهٔ سخن.
۷ – خرد نمی‌پذیرد که زال با پیمودنِ چند ماههٔ راه از سیستان به پایتخت (قزوین) بیدرنگ آهنگ بازگشت کند!
۸ – جنبش سپاه، دو رج پس‌تر روی می‌نماید.
۹ – توس سپاهبد ایران، سردار خراسان، گودرز سپهبد خوروَران (آذربایجان، کردستان، لرستان) کارشان بنه‌کشی نبوده است!

دگر روز برخاست آوای کوس — سپه را همی راند گودرز و توس[1]
همی رفت کاووس لشکرفروز — بزد گاه بر پیش کوه اسپروز[2]
بجایی که پنهان شود آفتاب — بدان جایگه ساخت آرام و خواب[3]
کجا جای دیوان دژخیم بود — بدانجایگه پیل را بیم بود[4]
بگسترد زربفت بر میش‌سار — هوا پر ز بوی ازمی خوشگوار[5]
همه پهلوانان فرخنده پی — نشستند بر تختِ کاووس کی[6]
همه شب می و مجلس آراستند — به شبگیر کز خواب برخاستند[7]
پراکنده نزدیک شاه آمدند — کمر بسته و با کلاه آمدند[8]
بفرمود پس گیو را شهریار — دوباره ز لشکر گزیدن هزار[9]
کسی کو گراید بگرز گران — گشایندهٔ شهر مازندران[10]
هرآنکس که بینی زپیروجوان — تنی کن که با او نباشدروان[11]
اُزان هرچه آباد بینی بسوز — شب آور، بجایی که باشی بروز[12]
چنین تا بدیوان رسد آگهی؛ — جهان کن سراسر ز دیوان تهی[13]
کمر بست و رفت از در شاه گیو — ز لشکر گزین کرد گردان نیو[14]
بشد تا در شهر مازندران — ببارید شمشیر و گرز گران[15]
زن و کودک و مردِ بادستوار — ندیدند از تیغ او زینهار[16]

---

۱ - می‌راند نادرست است: گودرز و توس «می‌راندند».

۲ - می‌باید در داستان گفته آید که می‌رفت، تا بکوه اسپروز رسید... .

۳ - «جا» در لت نخست با «جا» در لت دویُم هماهنگ نیست.   ۴ - باز دو بار واژهٔ «جای» در دو لت آمده‌است.

۵ - **یک:** شاید که افزاینده را پروای نام بردن، از تخت میش سار بوده‌است، و اگر چنین باشد بر روی آن زربفت نمی‌گسترانند. **دو:** چگونه هوا را بوی می خوشگوار توان بودن.   ٦ - دنباله سخن.

۷ - «مجلس» را توان آراستن، اما آراستن می چگونه تواند بودن؟

۸ - بزرگان؛ نمی‌توانند پراکنده، نزد شاه بروند. زیرا که چون پرده از پیش شاه بر می‌دارند، همگان را بایستی در پیشگاه بودن!

۹ - دوهزار را دو(باره) هزار خواندن، نادرست است. شیوهٔ شمردن ایرانی چنین بوده‌است: دوبار هزارهزار بار که دومیلیون باشد.

۱۰ - **یک:** سپاهیان را همه، گرایش بگرز گران بوده است. **دو:** لت دویم، پیوند با لت نخستین ندارد.

۱۱ - پیدا نیست که اینان که پیرو جوان هستند، کیانند! افزاینده را می‌بایستی گفتن، از مازندرانیان هرکس را از پیروجوان می‌بینی... .

۱۲ - ازان، از چه باشد؟، از همان پیران و جوانان؟ پس چگونه از آباد نام می‌برند! پس، از «آن» مازندران را خواهد گفتن، لت دویم سست است، اگر آباد جای را بسوزند، روشنتر می‌شود! شاید افزاینده را گمان بران بوده‌است که دود آن آسمان را شبگون می‌سازد! از دیدگاه خرد نیز فرمان نادرست است، زیرا که کاووس با سرود رامشگر برای دیدن زیباییهای مازندران برانگیخته شد، و خود نمی‌تواند فرمان سوختن آنجای را دهد.

۱۳ - لت نخست را با لت دویُم پیوند درست نیست چگونه باشد که از کشتار و سوختار بدیوان آگهی رسد، و پس‌ازآن دیوان را بکشند! پس آنانکه پیشتر کشته شده‌بودند، که بودند؟

۱۴ - در رج ۵۱۳۸ چنین آمده بود که بزرگان؛ کمربسته آمده‌بودند، پس چرا گیو، اکنون دوباره کمر می‌بندد؟

۱۵ - لت دویم نادرست است، بر کجا بارید؟ بر درِ شهر؟   ۱٦ - این رج از داستانهای اسفندیار برگرفته شده‌است.

همی کشت و غارت همی کرد شهر   بیالود بر جای تریاک زهر [1]
یکی چون بهشت برین شهر دید   پر از خرمی بر درش بهر دید [2]
به هر برزنی بر فزون از هزار   پرستار با توغ و با گوشوار [3]
پرستنده زین بیشتر با کلاه   بچهره بکردار تابنده ماه [4]
بهر جای گنجی پُر اکنده زر   بیک جای دینار و دیگر گهر [5]
بی اندازه گرد اندرش چارپای   بهشتی‌ست گفتی همیدون بجای [6]
بکاووس بردند از آن آگهی   ازان خرمی جای و آن فرهی [7]
همی گفت خرم زیاد آنکه گفت   که مازندران را بهشت است جفت
همه شهر گویی مگر بتکده‌ست   ز دیبای چین بر گل آذین زده‌ست [8]
بتان بهشتند گویی درست   بگلنارشان روی رضوان بشست [9]
چو یک هفته بگذشت ایرانیان   ز غارت گشادند یکسر میان [10]

*

خبر شد سوی شاه مازندران   دلش گشت پر درد و، سر شد گران
ز دیوان به پیش اندرش سنجه بود   که جان و دلش زان سخن رنجه بود●
بدو گفت: «شو نزد دیو سپید   -چنان رو که بر چرخ گردنده، شید-
بگویش که آمد بمازندران   بغارت، از ایران، سپاهی گران
جهانجوی کاووس‌شان پیشرو   یکی لشکری جنگ سازان نو [11]
کنون گر نباشی تو فریادرس   نبینی بمازندران، زنده؛ کس»

---

۱ - چنین سخنان دربارهٔ یک پهلوان ایرانی، خوارداشتِ فرهنگ ایران است، که هیچگاه ایرانیان را پروای چنین کشتار و غارت نبوده‌است، اما سخن نیز نادرست است همی کشت و غارت همی کرد شهر... مگر می‌شود که در همان زمان که مردمان را می‌کشند، غارت نیز بکنند؟...

۲ - یکباره، روی سخن برمی‌گردد.

۳ - مگر در برزن‌ها، دختران و پسران، با شمارِ هزار زندگی می‌کردند؟ آیا نمی‌شد که در برزنی کمتر یا بیشتر از یکهزار دختروپسر بوده باشد؟

۴ - زین بیشتر، چه اندازه بیشتر، «زین» (=از این) درست نیست «از آنان» می‌باید بودن.

۵ - **یک:** آیا گنج‌ها آشکار بودند؟ که پر از زر دیده شوند؟... گنج همواره پنهان است. **دو:** لت نخست گنج‌ها همه از دینار (زر) بود و در لت دویم یکی از زر و «دیگر» از گوهر بشمار آمد! **سه:** دیگر گهر نیز نادرست است: «دیگری [پر از] گوهر».

۶ - «گفتی همیدون بجای» درست نیست. ایدون = اینچنین است.

۷ - دو رج: کاووس فرمان ویران کردن و سوختن داده‌بود، و اکنون چگونه شد که درود می‌فرستد بکسی که گفت مازندران چون بهشت است!

۸ - بهشت، به بتکده دگرگون شد.

۹ - باز دوباره بتکده بهشت خوانده شد، همراه با بت! لت دویم نیز پریشان و بی‌گزارش است.

۱۰ - باز روی سخن برگشت به کشتار و سوختار!!

●- نمونه‌ها «پیش اندرون» و «پیش اندرش» آورده‌اند که درست نیست. بنداری چنین آورده‌است: «و کان عنده جنّی موصوف بدهاء و الذکاء، یسمی سنجه»: و در نزد او دیوی بود نامبردار به هوش و دانایی به نام سنجه. بر این بنیاد می‌توان این رج را چنین آراستن:

«ز دیوان به نزدیک او سنجه بود»

۱۱ - «جنگسازان نو» گزارش ندارد، اگر بزرگان لشکر در آن لشکرکشی بوده‌اند، نمی‌توان آنانرا «جنگساز نو» نامیدن!

*

چو بشنید پیغام، سنجه برفت ابا نامهٔ شاه و پیغام، تفت[1]
چنین پاسخش داد دیو سپید که: «از روزگاران مشو ناامید
بیایم کنون با سپاهی گران ببرّم پیَش را ز مازندران»
بگفت این و چون کوه برپای خاست سرش گشت، با چرخ گردنده راست

*

شب آمد یکی ابر شد تا بماه جهان گشت چون روی زنگی سیاه
چو دریای قار است گفتی جهان همه روشنایش گشته نهان[2]
یکی خیمه زد بر سر از دود قار سیه شد جهان چشم‌ها گشت تار[3]
ز گردون بسی سنگ بارید و خَشت پراکنده گشتند، ایران*، بدشت

*

چو بگذشت شب، روز نزدیک شد جهانجوی را چشم، تاریک شد[4]
ز لشکر دو بهره شده تیره‌چشم سر نامداران ازو پر ز خشم[5]
از ایشان فراوان تبه کرد نیز نبُد از بدِ بخت مانیده چیز[6]
چو تاریک شد چشم کاووس شاه بدآمد ز کردار او بر سپاه[7]
همه گنج تاراج و لشکر اسیر جوان دولت و بخت برگشت پیر[8]
همه داستان یاد باید گرفت که خیره نماید شگفت از شگفت[9]
سپهبد چنین گفت-چون دید رنج- که: دستور بیدار بهتر ز گنج![10]
بسختی چو یک هفته اندر کشید نیامد همی روشنایی پدید؛
به هشتم بغرّید دیو سپید که: «ای شاه بی‌بر، بکردار بید
همی برتری را بیاراستی چراگاه مازندران خواستی؟
همی نیروی خویش را پیل مست بدارد، نگردد ازو مور پست[11]

---

۱ – نامه‌ای در میان نبود. ۲ – چه کس گفت؟ ۳ – از دود قار، با نام دریای قار در رج پیشین، یاد شده‌است.

* – ایر: فروتن، پاژنام ایرانیان است که با پسوند پیوستگی (نسبت) «آن» کشور «ایر» و جایگاه ایر، ایران می‌شود، و با پسوند گروهِ (جمع) آن، ایرانیان! اینجا، ایران؛ ایرانیان است. ۴ – چون شب بگذرد، روز می‌آید، نه آنکه روز نزدیک می‌شود!

۵ – دوبهره از چند بهره؟ ٦ – لت دویُم پریشان است.

۷ – **یک:** چشم تاریک نمی‌شود، که کور می‌شود. **دو:** پیشتر از کوری کاووس سخن نیامده‌بود، که اینجا سخن با «چو» آغاز شود، **سه:** بد بر سپاه، از آغاز کار دیو سپید رسیده‌بود، نه پس از کور شدن کاووس.

۸ – **یک:** روشن نیست که کدام گنج بتاراج [رفت] و کدام لشکر اسیر [شد] کاووس که با گنج بمازندران نیامده‌بود. **دو:** بخت پیر شد درست است نه «بخت برگشت پیر»، زیرا که اگر پیر، [برگردد]، رُوی بجوانی می‌نهد! ۹ – لت دویم پریشان!

۱۰ – سخن درست است، اما پیوسته بداستان است.

۱۱ – گذشته از سستی گفتار، پیل را چون پای بر زمین نهد، پروای مور و دیگر جانداران نباشد.

چو با تاج و با تخت نشکیفتی   خرد را بدین‌گونه بفریفتی
کنون آنچه اندرخور کار تست   دلت یافت -آن آرزوها که جست-»

*

ازان نره دیوان خنجرگزار   گزین کرد جنگیِ ده‌ودو هزار
بر ایرانیان بر، نگهدار کرد   سر سرکشان پر ز تیمار کرد
سران را همه بندها ساختند   چو از بند و بستن بپرداختند[1]
خورش دادشان اندکی جان سپوز   بدان، تا گذارند؛ روزی، بروز
ازآنپس همه گنج شاه جهان   چه از تاج یاقوت و گرز گران[2]
سپرد آنچه دید از کران تاکران   به ارژنگ، سالار مازندران
«برِ شاه رو» گفت و: «او را بگوی   که ز اهریمن، اکنون، بهانه مجوی!
همه پهلوانان ایران و شاه   نه خورشید بینند؛ روشن، نه ماه!
بکشتن نکردم بر او بر، نهیب   بدان تا بداند فراز از نشیب
بزاری و سختی برآیدش، هوش   کسی نیز ننهد بدین کار گوش»[3]
چو ارژنگ بشنید گفتار اوی   سوی شاه مازندران کرد روی[4]
همی رفت با لشکر و خواسته   اسیران و اسبان آراسته[5]

پیام کاووس بنزدِ زال

ازآنپس جهانجویِ خسته جگر   برون کرد مردی، چو مرغی بپر
سوی زاولستان فرستاد زود   بنزدیک دستان و رستم درود
بگفتش که: «بر من چه آمد ز بخت   بخاک اندر آمد سر تاج و تخت
جگر خسته در چنگ اهریمنم   همی بگسلد زار، جان از تنم
چو از پندهای تو یاد آورم   همی از جگر، سرد باد آورم
نرفتم بگفتار تو، هوشمند؛   ز کم دانشی بر من آمد گزند
اگر تو نبندی بدین بد، میان   همه سود را، مایه باشد زیان!»

1 - **یک:** سران را همه «بندها» نادرست است. سران را بند ساختند. **دو:** در لت دویم بند و بستن هر دو یکی است.
2 -گنج شاه جهان را، تنهاگرز گران بود و تاج یاقوت؟ مگر می‌توان تاج را از یاقوت ساختن؟ 3 -لت دویُم راگزارش نباشد.
4 - دنبالهٔ داستان
5 - **یک:** «همی رفت» نادرست است: برفت. **دو:** لشکریان راکه ببند کشیده‌بودند و به زندان افکنده‌بودند!

۳۴۲ کیکاووس

*

چو پوینده نزدیک دستان رسید / بگفت آنچه دانست و دید و شنید
هم آن گنج و هم لشکر نامدار / بیاراسته چون گل اندر بهار [1]
همه چرخ گردان بدیوان سپرد / تو گویی که باد اندر آمد ببرد [2]
چو بشنید بر تن بدرّید پوست / ز دشمن نهان داشت آن، هم ز دوست [3]
بروشن دل از دور بدها بدید / که زین بر زمانه چه خواهد رسید [4]
برستم چنین گفت دستان سام / که: «شمشیر، کوته شد اندر نیام!
نباید کزین پس چمیم و چریم / اُگر خویشتن، تخت را پروریم●،
که شاه جهان در دم اژدهاست / به ایرانیان بر، چه مایه بلاست
کنون کرد باید ترا رخش زین / بخواهی به تیغ جهانبخش کین [5]
همانا که از بهر این روزگار / ترا پرورانید پروردگار [6]
نشاید بدین کار اهریمنی / که آسایش آریّ و گر دم زنی [7]
برت را به ببربیان سخت کن / سر از خواب و اندیشه پردخت کن
هرآنکس که چشمش سنان تو دید / که گوید که او زاروان آرمید [8]
اگر جنگ دریا کنی خون شود / از آوای تو کوه هامون شود [9]
نباید که ارژنگ و دیو سپید / بجان، از تو دارند؛ هرگز امید

*

بر و گردنِ شاه مازندران / همه خرد بشکن بگرز گران» [10]
چنین پاسخش داد رستم که: «راه / دراز است و من چون شوم؟ کینه‌خواه!»
«ازین پادشاهی بدان» گفت زال / :«دو راه است هر دو به رنج و وبال؛
یکی از دو راه* آنکه کاووس رفت / اُ دیگر که بالاش باشد، دو هفت

---

۱ – **یک:** دید و شنید در رج پیشین، می‌باید با «از» در این رج همراه باشد از آن گنج و آن... **دو:** بیاراسته نادرست است و درست چنین است: که آراسته بُد... .
۲ – اینجا نیز «را» بایسته است. همه را... بدیوان سپرد.
۳ – «بر تن درید» نادرست است:«پوست بر تن خویش درید».
۴ – لت نخست نادرخور است: «با دلِ روشن از دور، «بدها» را دیده‌بود».
● – نمی‌باید خویش را برای نشستن بر روی تخت بپروریم.
۵ – لت دویم را با لت نخست پیوند نیست: می‌باید که با تیغ (جهانبخش؟) کین خواهی.
٦ – «از بهر این روزگار» درست نیست: از بهر چنین روزگاران
۷ – کار اهریمنی، به که بازمی‌گردد؟
۸ – سخن سخت سست، سنان رستم را دوستان نیز می‌بینند!
۹ – اگر جنگ (با) دریا کنی درست است.
۱۰ – خُرد بشکن نادرست است. یا خُرد کن، یا بشکن.
* – در یکی از نمونه‌ها «دیرباز» آمده‌است که «دیریاز» درست می‌نماید: «یکی دیریاز، آنکه...».

پر از دیو و شیر است و پرتیرگی … بماند بدو چشمت از خیرگی[1]
تو کوتاه بگزین، شگفتی ببین … که یار تو باشد جهان‌آفرین!
اگرچه برنج است، هم بسپری … اَبَر رخش فرخ بران بگذری[2]
شب تیره تا برکشد روز، چاک … نیایش کنم پیش یزدان پاک[3]
مگر باز بینم سر و یال تو … بر و بازو و چنگ و کوپال تو[4]
اُگر هوش تو نیز بر دست دیو … برآید بفرمان کیهان خدیو؛[5]
تواند کسی این سخن بازداشت … چنان کو گذارد بباید گذاشت[6]
نخواهد همی ماند ایدر کسی … بخوانند، اگرچه بماند بسی[7]
کسی کاو جهان را بنام بلند … گذارد، برفتن نباشد نژند»
چنین گفت رستم بفرّخ پدر … که: «من؛ بسته دارم بفرمان، کمر!

*

ولیکن بدوزخ چمیدن بپای … بزرگان پیشین ندیدند رای[8]
همان از تن خویش نابوده سیر … نیاید کسی پیش درّنده شیر[9]
کنون من کمر بسته و رفته گیر … نخواهم جز از دادگر دستگیر[10]
تن و جان فدای سپهبد کنم … طلسم و دل جادوان بشکنم[11]
هرآنکس که زنده‌ست از ایرانیان … بیارم، ببندم کمر بر میان[12]
نه ارژنگ مانم نه دیو سپید … نه سنجه نه کولاد غندی نه بید[13]
بنام جهان‌آفرین یک خدای … که رستم نگرداند از رخش پای[14]
مگر دست ارژنگ بسته چو سنگ … فکنده بگردنش بر، پالهنگ[15]

---

۱ – سخن در لت دویم درهمریخته است.
۲ – نمونه‌ها گوناگون است و همه را، کمبود نمایان است:
اگرچه برنج است هم نگذرد (بگذری) … پی رخش فرخ بر این (بران، زمین) بسپرد
۳ – **یک:** تنها در یک شب، یا در همهٔ شبها؟! **دو:** یزدان را پیشگاه نیست.
۴ – **یک:** بجای برشمردن همهٔ اندامها، بس می‌نمود که گفته شود، ترا بازبینم! **دو:** گفتار این رج، باژگونهٔ رج چهارم پسین است.
۵ – «هوش» مرگ است، و مرگ برآمدن درست نیست و «جان بر آمدن» درست است.
٦ – کشته شدن بر دست دیو؛ «سخن» نیست: «از اینکار».
۷ – دنباله سخن
۸ – این سخن در برابر گفتارِ رجِ پیشین ایستاده‌است.
۹ – و نیز این سخنِ سست از کسیکه از تنِ خویش سیر نباشد، نیاید... .
۱۰ – نادرست: من [را] کمربسته و... .
۱۱ – «دل» با بی‌مهری شکسته می‌شود، و نمی‌توان شکستن آنرا با طلسم یکجا آوردن.
۱۲ – هرانکس [را].
۱۳ – سخن درست است اما پیوسته بگفتار پیشین است.
۱۴ – **یک:** اینجا سوگندی یاد می‌شود که برابرِ گفتار رج پیشین ایستاده‌است؛ آنجا ارژنگ و دیو سپید را کشته می‌خواهد... و
۱۵ – اینجا دست ارژنگ را مانند سنگ بسته می‌آورد.

سر و مغز کولاد در زیر پای　　　پی رخش برده زمین راز جای»[1]

۱ - **یک:** خالقی مطلق «اولاد» را بنام (تصحیح قیاسی) آورده‌است! که درست نمی‌نماید. **دو:** اگر سخن را پالایش دهیم، چنین می‌شود.
«سر و مغز کولاد را، پای رخش، برده زمین را «از جای؟»» چگونه می‌شود؟

هفتخوان رستم

هفت‌خوان رستم

بپوشید ببر و برآورد یال — بر او آفرین خواند بسیار، زال
چو رستم برخش اندر آورد پای — رُخَش رنگ بر جای و، هم دل بجای
بیامد پر از آب، رودابه، روی — همی زار بگریست دستان بر اوی [1]
بدو گفت ک:«ای مادر نیکخوی — نبگزیدم این راه بر آرزوی [2]
مرا در غم خود گذاری همی — به یزدان چه امّید داری همی [3]
چنین آمدم بخشش روزگار — تو جان و تن من به زنهار دار» [4]
به پدرود کردنْش رفتند پیش — که دانست که‌ش باز بینند بیش! [5]
زمانه بدینسان همی بگذرد — پی اش مرد دانا همی نشمرد [6]
هر آن روزِ بد کز تو اندر گذشت — بر آنی کزو گیتی آزاد گشت

*

برون رفت، از پَهلوِ نیمروز* — ز پیش پدر، گُردِ گیتی‌فروز
دو روزه، بیک روز، بگذاشتی — شب تیره را روز پنداشتی

*

بدینسان همی رخش بُبرید راه — به تابنده روز و، شبانِ سیاه [7]
تنش چون خورش جست، و آمد بشور — یکی دشت پیش آمدش پر ز گور
یکی، رخش را تیز بفشرد ران — تگِ گور شد، با تگِ او گران
کمند و پیِ رخش و رستم سوار — نیابد ازو دام و دد زینهار [8]
کمند کیانی بینداخت شیر — به حلقه‌ندر آورد گور دلیر
کشید و بیفکند گور آن زمان — بیامد برش چون هژبرِ دمان [9]

---

۱ - رودابه را شاید گریستن. اما از پهلوانی چون زال (دستان) چنین کار؛ بدور است.

۲ - نه چنین است، چنانکه در رج ۵۲۳۲ آمده‌است، و افزاینده به سخنان افزودهٔ خویش در رج ۵۲۳۳نگریسته‌است و چنین گفته‌است.

۳ - سخن نابسامان و دور از اندیشهٔ ایرانیان که همواره امید بیزدان داشته‌اند.

۴ - چگونه رودابه؛ جان و تن رستم را از راه دور بزنهار داشته باشد؟

۵ - **یک:** رستم سوار بر اسب شده‌بود و پیاده نبود، تا پیش روند. **دو:** «بیش» نادرست است «کش باز بینند» درست می‌نماید.

۶ - پندگویی‌های همیشگی. * - پَهْلَوْ: استان، بخش. ۷ - بجای «برید» «می‌برید» باید.

۸ - «نیابد»، زمان کنش در لت دویم درست نیست: «نمی‌یافت».

۹ - **یک:** بیفکند گور [را] - «آن زمان» سست است: آنگاه. **دو:** «گور» در این رج با «گور» رج پیشین همخوان نیست.

ز پیکان تیز آتشی برفروخت — بدو، خار و خاشاک چندی بسوخت
بر آن آتش تیز بریانْش کرد — ازآنپس که بی‌توش و بی‌جانش کرد [1]
بخورد و بینداخت زو استخوان — همین بود دیگ و همین بود خوان ●
لگام از سر رخش برداشت خوار — گیا دید و بگذاشت در مرغزار [2]
آبَر نیستان بستر خواب ساخت — درِ بیم را، جای ایمن شناخت

خوان نخست:

کشتن رخش، شیر را

در آن نیستان موضع شیر بود — که پیلی نیارستی آن نی پسود [3]
چو یک پاس بگذشت، درّنده شیر — بسوی کنام خود آمد دلیر
به نی بَر، یکی پیل را خفته دید — برِ او، یکی اسپ آشفته دید
نخست اسپ را گفت باید شکست — چو خواهم،سوارم خود آید بدست [4]
سوی رخش رخشان برآمد دمان — چو آتش بجوشید رخش، آنزمان
دو دست اندر آورد* و زد بر سرش — همان تیز دندان به پشت اندرش
همی زدنْش بر خاک تا پاره کرد — ددی را بران چاره بیچاره کرد [5]
چو بیدار شد رستم تیز چنگ — جهان دید، بر شیر درّنده تنگ
چنین گفت با رخش ک: «ای هوشیار! — که گفتت که با شیر کن کارزار؟
اگر کشته بودی تو در چنگ اوی — من این گرز و این مغفر جنگجوی [6]

۱ – سخن سخت سست می‌نماید، گور را بریان کرد. پس از آنکه او را بیجان کرد. افزاینده درنیافته‌است که فردوسی در رج پیشین از بریان کردن گور یادکرده‌است. آنجاکه میفرماید: بدو، خار و... «(برگور) چندی خار و خاشاک بسوخت».

● – چنین می‌نماید که لت دویم راکاستی‌ایست. دیگ و خوانِ چه‌کس؟ و بگمان من، سرود، چنین بوده‌است: همین بوذْش دیگ و همین بوذْش خوان:

بخورد و بینداخت زو استخوانْش — همین بوذش دیگ و همین بود خوانْش

۲ – رخش را پس از پیاده شدن رهاکردن شاید، نه پس از کباب کردن و خوردن گور.

۳ – **یک:** «موضع» در سخن فردوسی جایگاه ندارد. **دو:** مگر کار پیلان درودن (یا پسودن)، نی است؟

۴ – **یک:** اندیشهٔ شیر:، در داستان نمی‌آید. **دو:** لت دویُم سست است.

*- دست را اندر (= اندرون) آوردن نشاید، اما همهٔ نمونه‌ها چنین‌اند و اندیشه من چنین می‌نماید: «دودستش برآورد و زد بر سرش».

۵ – **یک:** شیر را هنوز، مرگ فرانرسیده‌بود، زیراکه در رج پسین‌ِرستم، جان را بر شیر درّنده، «تنگ» می‌بیند. **دو:** «لت دویم ازشیر شناسا (معرفه) نمی‌توان با نام دد«ی» یاد کردن، سخن نیز سست است.

٦ – **یک:** اگر کشته بودی یا کشته گشتی نادرست است: «اگر کشته شده بودی». **دو:** «مغفر»، جنگجوی نیست.

چگونه کشیدم به مازندران / کمند و کمان، تیر و گرز گران![1]
چرا نامدی نزد من با خروش؟ / خروش توام چون رسیدی به گوش،[2]
مرا، ایزد از بهرِ جنگ آفرید / ترا، ازدرِ زین و تنگ آفرید!
سرم گر ز خواب خوش آگه شدی / ترا جنگ با شیر کوته شدی!»[3]
چو خورشید برزد سر از تیره کوه / تهمتن ز خواب خوش آمد ستوه[4]
تن رخش بستَرد و زین برنهاد / ز یزدان نیکی دهش کرد یاد

خوان دویُم:

گذر؛ از بیابان خشک

یکی راه پیش آمدش ناگزیر / همی رفت بایست، بر خیرخیر
تنِ رخش و گویا زبان سوار / ز گرما و از تشنگی شد فگار
پیاده شد از اسپ و، ژوپین بدست / همی رفت پویان، بکردار مست

*

همی جست بر چاره جستن رهی / سوی آسمان کرد روی آنگهی[5]
چنین گفت ک:«ای داور دادگر / همه رنج و سختی، تو آری بسر[6]
گر ایدونکه خشنودی از رنج من / بدان گیتی آکنده شد گنج من؛[7]
بپویم همی تا مگر کردگار / دهد شاه کاووس را زینهار[8]
هم ایرانیان را ز چنگال دیو / رهانم بفرمانِ گیهان خدیو[9]
گنهکار و افکندگان تواند / پرستنده و بندگان تواند»[10]

*

---

۱ – دنبالهٔ سخن   ۲ – سخن بی‌پایان است.
۳ – سخن سست است سرم آگه شدی نادرست است: «اگر از خواب بیدار می‌شدم».
۴ – **یک:** تهمتن از خواب بیدار شده‌بود.
۵ – **یک:** سخن اگر درست می‌بود چنین بود: برای چاره جستن، راه را می‌جست. **دو:** رستم از راه نرفته‌است که برای گذر از هفتخوان به بیراهه رفته‌بود. **سه:** آنگهی نادرست است.   ٦ – سخن از بخشایش کردگار در رج ۵۲۹۳ می‌آید.
۷ – سخن از رهاندن ایرانیان است، نه از گنج آکندهٔ آن گیتی(!)
۸ – کننده در آغاز سخن رستم است: «بپویم» و در پایان خداوند است.   ۹ – دوباره از خداوند یاد می‌شود.
۱۰ – دنبالهٔ گفتار.

تن پیلوارش چنان تفته شد … که از تشنگی سست و آشفته شد[1]
بیفتاد رستم بر آنِ گرم خاک … زبان گشته از تشنگی چاک‌چاک؛[2]
همانگه یکی غُرمِ فَربی سُرین … بپیمود پیش تهمتن، زمین
ازان رفتنِ غُرمش، اندازه خاست* … بدل گفت ک:«آبشخورِ این، کجاست؟
هماناکه بخشایش کردگار … فراز آمدست اندرین روزگار!»
بیفشارد شمشیر، بر دست راست … بزور جهاندار برپای خاست[3]
بشد بر پی غُرم، تیغش بچنگ● … گرفته بدست دگر پالهنگ
بِرَه بر، یکی چشمه آمد پدید … چو غرم سُرووَر بدانجا رسید○؛

*

تهمتن سوی آسمان کرد روی … چنین گفت ک:«ای داور راستگوی
هرآنکس که از دادگر یک خدای … بپیچد، ندارد خرد را بجای!
بر این چشمه، جای پیِ میش نیست … همان غُرم دشتی، مرا خویش نیست
بجایی که تنگ اندر آید سَخُن … پناهت بجز پاک یزدان مکن»[4]
بران غرم بر، آفرین کرد چند … که:«از چرخ گردان مبادت گزند
گیاهِ در و دشت تو سبز باد … مبادا، ز تو؛ بر دلِ یوز، یاد!
ترا هر که یازد بتیر و کمان … شکسته کمان باد و، تیره روان»

*

که زنده شد از تو گوِ پیلتن … اُگرنه پُر اندیشه بود از کفن[5]
که در سینهٔ اژدهای بزرگ … نگنجد، بماند بچنگال گرگ[6]
شده پاره‌پاره بهر جا کشان … ز رستم بدشمن رسیده نشان[7]
روانش چو پردخته شد ز آفرین … ز رخش تکاور جدا کرد زین
همه تن بشستش بدان آب پاک … بکردار خورشید شد تابناک

---

۱ – **یک:** نمونه‌ها «گفته شد»، «تفته شد» (که پساوا ندارند)، «خفته شد» که بی‌گزارش است «چو این گفته شد» بی‌پیوند است. **دو:** سخن از تشنگی در رج پسین می‌رود. ۲ – از زبان (دهان) تشنه رستم پیش‌ازاین یاد شده‌بود.

* – در نمونه‌ها اندازه خاست: سنجید، قیاس کرد! ۳ – ژوپین دست رستم به‌شمشیر گردید.

● – در رج ۵۲۸۲ ژوپین در دست رستم بود، و سخن درست چنین می‌نماید: **«بشد بر پی غُرم ژوپین بچنگ»**.

○ – سرووَر: شاخدار. در نمونه‌ها، غرم دلاور، غرم دلارای، غرم سرافراز و غرم سراور، آمده‌است. واژهٔ سرووَر کهنترین گونه است و در «اوستا» نیز بهمین‌گونه آمده‌است.

۴ – **یک:** سخن را تنگ آمدن چگونه باشد؟ **دو:** روی سخن با خداوند بود، و اکنون به «تو» بازگشت!

۵ – رستم، خود، خویشتن را گو پیلتن نمی‌نامد و این رج و دو رج پسین میان رج پیشین و رج ۵۳۰۷ که پایان آفرین رستم است، جدایی می‌افکند. ۶ – سخن درهم و بیراه ۷ – دنبالهٔ گفتار

چو سیراب شد سازِ نخچیر کرد — کمر بست و ترکش پر از تیر کرد[1]
بیفکند گوری، چو پیل ژیان — جدا کرد ازو پای و چرم و میان[2]
چو خورشید تیزآتشی برفروخت — برآورد از آب و، برآتش بسوخت[3]
بپرداخت زآتش، بخوردن گرفت — بخاکْ استخوانش سپردن گرفت[4]
سوی چشمهٔ روشن آمد، بآب — چو سیراب شد کرد آهنگ خواب[5]
تهمتن برخش ستیزنده گفت — که: «باکس مکوش و مشو نیز جفت[6]
اگر دشمن آید سوی من بپوی — تو با دیو و شیران مشو جنگجوی»[7]
بخفت و بیاسود و نگشاد لب — چمان و چران رخش تا نیم شب

خوان سیُوم:

رزم رستم با اژدها

ز دشت اندر آمد یکی اژدها — کزو پیل هرگز نگشتی رها
بدان جایگه بودش آرامگاه — نکردی ز بیمش بر او، دیو؛ راه[8]
چو آمد، جهانجوی را خفته دید — برِ او یکی اسپ آشفته دید
پُر اندیشه شد، تا؛ چه آمد پدید! — که یارد؟ بدین جایگه آرمید!

*

نیارست کردن کس آنجا گذر — ز دیوان و پیلان و شیران نر[9]
همان نیز کامد نیابد رها — ز چنگ بداندیش نر اژدها[10]

---

۱ - این رج را با رج پیشین پیوند نیست. چون رخش را بشست در رج پیشین با چو سیراب شد در این رج همخوان نیست.

۲ - افزاینده از نزدیکترین بایسته‌های زندگی بدور بوده‌است... بهترین بخش تن جانوران برای کباب کردن همانا پای و ران آنان است، و رستم چرا می‌بایستی «پای» و «میان» را از گور جدا کند؟

۳ - **یک:** آتش چون خورشید نمی‌شود. **دو:** خورشید تیز چگونه باشد؟ **سه:** اگر خورشید را جداگیریم «تیز آتشی» ناهموار است. **چهار:** در داستان نیامده بود که گور را در آب افکند که اکنون از آبش برآوَرَد! **پنج:** گورِ سوخته را نشاید خوردن، که گور را می‌بایستی کباب کردن.

۴ - **یک:** از آتش بپردخت، از کار آتش پرداختن است نه کباب شدنِ گور. **دو:** و اگر بنیاد بر آن باشد که چیزی را از گور بخاک کنند، روده‌ها و جگر و سم او است...!

۵ - دنباله گفتار

۶ - کوشیدن؛ جنگیدن است، و جفت شدن؛ آمیزش تن است، و با هم در یک سخن نمی‌آیند!

۷ - «دیو» یگانه با «شیران» گروه، هماهنگ نیست.

۸ - راه «کردنی» نیست «جستنی» و «بردنی» و «رفتنی» است.

۹ - ز دیوان و پیلان... نادرست است «نه دیو و نه پیل...».

۱۰ - اژدها، خود خویشتن را بداندیش نتوان نامیدن.

۳۵۲ کیکاووس

سوی رخش رخشنده بنهاد روی   دوان، اسپ شد سوی دیهیم‌جوی *
تهمتن چو از خواب بیدار شد   سر پر خرد پر ز پیکار شد
بگردِ بیابان یکی بنگرید   شد آن اژدهای دُژَم ناپدید
ابا رخش، برخیره پیکار کرد   ازان، کاو سر خفته بیدار کرد [1]
دگر باره چون شد بخواب اندرون   ز تاریکی آن اژدها شد برون
ببالین رستم، تگ، آورد رخش   همی کند خاک و همی کرد پخش

*

دگر باره بیدار شد خفته مرد   برآشفت و رخسارگان □ کرد زرد
بیابان همه سربسر بنگرید   جزاز تیره شب، هیچ، دیگر ندید!
بدان مهربان، رخشِ بیدار گفت   که: «تاریکی شب نخواهی؟ نهفت! ○
سرم را همی بازداری ز خواب؟   به بیداری من گرفتت شتاب؟
گر این بار، سازی چنین رستخیز   سرت را ببرّم بشمشیر تیز
پیاده شوم سوی مازندران   کشم خَشت و کوپال و گرز گران!»

*

سِیوم ره بخواب اندر آمد سرش   ز ببربیان داشت پوشش برش
بغرّید باز اژدهای دُژم   همی آتش افروخت گویی بدَم
چراگاه بگذاشت، رخش آن زمان   نیارست رفتن، برِ پهلوان
دلش زان شگفتی بدو نیم بود!   که‌ش از رستم و اژدها بیم بود!

*

هم از مهر مهتر دلش نارمید   چو باد دمان نزد رستم دوید
خروشید و جوشید و برکند خاک   ز نعلش زمین شد همه، چاکچاک
چو بیدار شد رستم از خواب خوَش   برآشفت با بارهٔ دستکَش
چنان ساخت روشن، جهان‌آفرین   که پنهان نکرد اژدها را زمین

*

بدان تیرگی رستم او را بدید   سبک تیغ تیز ازمیان برکشید
بغرّید برسان ابر بهار   زمین کرد، پر آتشِ کارزار

---

* – **یک:** رستم پهلوان بود نه دیهیم‌جوی. **دو:** دیهیم در آن زمان پدیدار نشده‌بود، اما این رج پیوند گفتار است و نمی‌توان افزوده‌اش در شمار آوردن، بگمان من چنین بوده‌است: «...**سوی سالارجوی**». زیراکه رستم در پیِ پیداکردن و رهایی کاووس (= سالار) بود.

۱ – **یک:** «برخیره» بیهوده است، و اگر رخش وی را بیدار کرده باشد، پیکار او برخیره نتواند بودن، زیراکه رخش برای جان رستم ویرا بیدار کرده‌بود. **دو:** سر نیز بیدار نمی‌شود. مرد بیدار می‌شود.   □– «برخساره را» درست می‌نماید.

○ – سخن درست چنین می‌نماید: «...نخواهی تو خفت».

نبرد مازندران ۳۵۳

بدان اژدها گفت: «برگوی نام ... کزین پس نبینی تو گیتی بکام!
نباید که بی‌نام، بر دست من ... روانت برآید ز تاریک تن»!
چنین گفت دژخیم نرّ اژدها ... که: «از چنگ من کس نیابد رها
سد اندر سد این دشت° جای من است ... بلند آسمانش هوای من است
نیارد بسر بر، پریدن عقاب ... ستاره نبیند زمینش، بخواب!»
بدو اژدها گفت: «نام تو چیست ... که زاینده را بر تو باید گریست»
چنین داد پاسخ که: «من رستمم ... ز دستان و از سام و از نیرمم

*

به تنها یکی لشکر کشورم ... به رخشِ دلاور، زمین بسپَرَم»[1]
بر آویخت با او بجنگ اژدها ... نیامد بفرجام هم، زو رها[2]
چو زور تن اژدها دید رخش ... کزآنسان برآویخت با تاجبخش؛
بمالید گوش اندر آمد شگفت ... بکند اژدها را بدندان دو کفت[3]
بدرّید چرمش، بدندان؛ چو شیر ... بر او خیره شد پهلوان دلیر
بزد تیغ و انداخت از تن سرش ... فرو ریخت چون رود، خون از برش
زمین شد بزیر تنش ناپدید ... یکی چشمهٔ خون ازو بردمید
چو رستم بدان اژدهای دژم ... نگه کرد، برزد یکی تیز دَم[4]
بیابان همه زیر او بود پاک ... روان خونِ گرم از برِ تیره‌خاک[5]
تهمتن ازو، در شگفتی بماند ... فراوان همی نام یزدان بخواند[6]
بآب اندر آمد سر و تن بشست ... جهان جز بزور جهانبان نجست[7]
بیزدان چنین گفت ک:«ای دادگر ... تو دادی مرادانش و زور و فر[8]
که پیشم چه شیر و چه دیو و چه پیل ... بیابان بی‌آب و دریای نیل
بداندیش بسیار و گر اندکی‌ست ... چو خشم آورم پیش چشمم یکی‌ست»

○- همهٔ این دشت.

۱ -لشکر کشورم، کینه‌ورلشکرم، سست می‌نماید، و رهسپردن با اسپ (رخش) نیز کاری شگفت نیست.

۲ - **یک:** هنوز بفرجام نبرد نرسیده‌اند. **دو:** رها نیز «آمدنی» نیست، «شدنی» است.

۳ - **یک:** دندان در این رج با دندان در رج پسین **همخوان** نیست. **دو:** اندر (اندرون) آمدن نیز نادرست است. **سه:** شگفت نیز نادرخور است. **چهار:** **کتف**؛ شانه است، و دو کفت (= دو شانه؟) نمی‌توان گفتن. **پنج:** افزایندگان همواره بجای کتف، کفت آورده‌اند.

۴ - این رج و رج پسین دوباره‌گویی رج پیشین است.

۵ - همچنین

٦ - نام یزدان را بر آفرینش نیک یزدان می‌خوانند.

۷ -لت دویم پیوند، با لت نخست ندارد.

۸ -پیش‌تر از خواندن نام یزدان یاد شده‌بود. دو رج پسین نیز دنبالهٔ همین گفتار است.

خوان چهارم:

زن جادو

چو از آفرین گشت، پرداخته — بیاورد گلرنگ را، ساخته[۱]
نشست از برِ زین و ره برگرفت — خم منزل جادو اندر گرفت[۲]
همی راند پویان براه دراز — چو خورشید تابان بگشت از فراز؛
درخت و گیا دید و آب روان — چنانچون بُوَد جای مرد جوان؛
چو چشم تذروان یکی چشمه دید — یکی جام زرّین بر او پر نبید[۳]
یکی مرغ بریان و نان از برش — نمکدان و ریچار*، گِرد اندرش
خور جادوان بد چو رستم رسید — ازآواز او دیو شد ناپدید[۴]
فرود آمد از باره زین برگرفت — بمرغ و بنان اندر آمد شگفت[۵]
نشست از بر چشمه، فرخنده پی — یکی جام زر دید، پُر کرده می

*

ابا می، یکی نغز تنبور بود — بیابان، چنان خانهٔ سور بود
تهمتن مر آنرا ببر برگرفت — بزد رود و گفتارها درگرفت
که: «آوارهٔ بدنشان° رستم است — که از روز شادیش، بهره کم است
همه جای جنگ است میدان اوی — بیابان و کوه است بستان اوی
همه رزم با شیر و نرّ اژدها — ز دیو و بیابان نیابد رها[۶]
می و جام و بویا گل و مرغزار — نکردەست بخشش ورا کردگار

۱ – **یک:** گفتارهای پیشین؛ «آفرین» نبود. **دو:** رخش را از کجا بیاورد؟

۲ – «خم منزل»... گزارشی ندارد. و نیز «اندر گرفتن!».

۳ – **یک:** در رج پیشین از آب روان سخن رفته‌بود، پس نام بردن از چشمه درست نمی‌نماید. **دو:** هیچکس چشمه را بچشم تذرو مانند نکرده‌است. **سه:** جام پرشراب روی چشمه؟ *– ریچار: ترشی.

۴ – **یک:** خور جادوان نادرست است: خور نگاه = خْوَر نگاه که بزبان تازی آنرا خْوَرنَق خواندند: نقشِ خوَرنق است همه باغ و بوستان /فرش سبطرق است همه دشت و کوهسار، سرودهٔ عَمعق بخاری است. سطبرق در این گفتار، ستبرک = ستبر = کلفت است: فرش ستبر. **دو:** یک زن جادو، بیش نبود. **سه:** جادو یا دیو؟

۵ – مرغ و نان شگفتی ندارد، اما «اندر شگفت آمد» نادرست است.

○ – چنین می‌اندیشم که **«آوارهٔ بی‌نشان»** بوده باشد! زیرا که هیچکس، خود را بدنشان نمی‌خوانَد و بی‌نشانی رستم از آنست که **همواره** در جنگ و بیابان بسر می‌بَرَد چنانکه در رج‌های پسین آمده‌است.

۶ – گفتار لت نخست، پایان ندارد، نیابد رها در لت دویم نیز با لت نخست پیوند ندارد.

همیشه بجنگ نهنگ اندر است
اُگر با پلنگان بجنگ اندر است»[1]

*

بگوش زن جادو آمد سرود
همان چامهٔ رستم و زخم رود

بیاراست رخ را بسان بهار
-اُگر چند زیبا نبودش نگار-

بر رستم آمد پراز رنگ‌وبوی
بپرسید و، بنشست نزدیک اوی

تهمتن بیزدان نیایش گرفت
اَبَر آفرین‌ها فزایش گرفت

که در دشت مازندران یافت، خوان
می و جام، با مَیگسار جوان

*

ندانست کاو جادوی ریمن است
نهفته برنگ اندر، اهریمن است

یکی جام باده، بکف برنهاد
ز دادار نیکی دهش کرد یاد

چو آواز داد از خداوندِ مهر
دگرگونه‌تر گشت جادو، بچهر!

روانش گمان نیایش نداشت
زبانش توان ستایش نداشت[2]

سیه گشت چون نام یزدان شنید
تهمتن سبک، چون بدو بنگرید؛

بینداخت از باد، خَمّ در کمند*
سر جادو آورد، ناگه، ببند

بپرسید و گفتش: «چه چیزی بگوی!
بدانگونه که‌ت هست، بنمای روی»[3]

یکی گنده پیری شد اندر کمند
پر آژنگ و نیرنگ و بند و گزند

میانش بخنجر بدو نیم کرد
دل جادوان، ز او، پراز بیم کرد

---

۱ - دوباره گفتن... .

۲ - **یک:** لت دویم ناهمخوان است. زیرا که ستایش یزدان بر زبان زن جادو نرفته بود، که بر زبان رستم رفت! **دو:** این رج پیوند میان رج‌های پیشین و پسین را می‌گسلد.

* - **یک:** همهٔ نمونه‌ها بدین گونه آمده‌است «بینداخت از باد: خمّ کمند» تنها در نسک نگهداری شده در کتابخانه ملی پاریس چنین آمده‌است:« بینداخت از باد، خم در کمند».
این سخن درست‌تر می‌نماید. زیرا برای کسیکه در نزدیک هست کمند نمی‌اندازند، و همین بس که یک چنین کمند افکندن را می‌باید در هوا بچرخانند و بگردن وی بیفکنند. در چنین کار؛ خم در کمند می‌افتد. **دو:** اما خم در کمند انداختن، با دست و بازو بانجام می‌رسد، نه «از باد» و بر این بنیاد اندیشه چنین رهنمون می‌شود: «بینداخت چون باد، خم در کمند» = بیدرنگ خم در کمند افکند.

۳ - این سخن میان رج‌های پیشین و پسین جدایی می‌افکند، «چه چیزی» نیز نادرخور می‌نماید.

خوان پنجم:

گرفتار شدن اولاد بر دست رستم

اُز آنجا سوی راه بنهاد روی چنانچون بود مردمِ راهجوی
همی رفت پویان، بجایی رسید که اندر جهان روشنایی ندید
شب تیره چون روی زنگی سیاه ستاره نه پیدا نه خورشید و ماه[1]
تو خورشید گفتی ببند اندرست ستاره بخمّ کمند اندرست[2]
عنان رخش را داد و بنهاد روی نه افراز دید از سیاهی، نه جوی

*

اُز آنجا سوی روشنایی رسید زمین پرنیان دید؛ یکسر، ز خوید
جهانی ز پیری شده نوجوان همه سبزه و آبهای روان[3]
همه بر بَرَش جامه چون آب بود نیازش بآسایش و خواب بود
برون کرد ببرِبیان از برش بخوَی اندرون، غرقه بُد مغفرش
بگسترد هر دو برِ آفتاب به خواب و به آسایش آمد شتاب[4]
لگام از سر رخش برداشت خوار رها کرد بر خوید، در کشتزار
بپوشید چون خشک شد، خود و ببر گیا کرد بستر بسان هُژبر[5]
چو در سبزه دید اسپ را دشتوان* گشاده زبان شد، ژکان و دمان؛
سوی رستم و رخش بنهاد روی یکی چوب زد گرم بر پای اوی
چو از خواب بیدار شد پیلتن بدو دشتوان گفت ک:«ای اهرمن!
چرا اسپ بر خوید بگذاشتی؟ برِ رنجِ نابرده برداشتی!»

*

ز گفتار او تیز شد مرد هوش● بجَست و، گرفتَش یکایک، دو گوش

---

۱ – روز در تاریکی بود، نه آنکه شب آمده باشد. ۲ – تو گفتی... ستاره را در خمّ کمند نیز پرتوافشانی هست.

۳ – **یک:** دوباره‌گویی سخن پیشین است. **دو:** توان گفتن: «جهان پیرِ جوان شد» و از پیری نوجوان شده نادرست می‌نماید.

۴ – **یک:** کنش در لت دویم نادرست است: «آمدش شتاب» یا «شتاب آمدش». **دو:** چگونه بخواب و آسایشش شتاب آمد که بتیمار رخش می‌پردازد؟

۵ – از آنجا که گستردن ببر بیان در آفتاب افزوده‌بود، این رج نیز با آنکه استوار است افزوده بشمار می‌رود. * – دشت‌بان.

● – در همهٔ نمونه‌ها چنین است مگر در ل که بجای «تیز» «خیره» و در س و ق «تیره» و از هیچیک معنی روشنی برنمی‌آید. و نیز مردِ هوش؟ در بنداری چنین آمده‌است: «وضربَ بعَصا کانت معه علیٰ رِجله و آمرهُ ان یمسک فرسه عن الزرع» و با چوبی که با وی بود برپای او زد و فرمان داد که اسبش را از کشتزار دور کند. با نگرش به نوشتهٔ بنداری و واکهٔ «خ» در آغاز واژهٔ خیره در نمونهٔ ل؛ تنها بیک گونه می‌توان این سخن را باز نوشتن: **«ز کردار او رستم آمد بجوش»**.

بیفشرد و برکند هردو ز بن — نگفت از بد و نیک با او سخُن
سبک دشتوان گوش‌ها برگرفت — غریوان و مانده ز رستم شگفت

❋

بدان مرز، اولاد بُد پهلوان — یکی نامجویی دلیر و جوان
بشد دشتوان پیش او با خروش — پراز خون بر و دست و، کنده دو گوش
بدو گفت: «مردی؛ چو دیوی سیاه — پلنگینه جوشن، اُز آهن کلاه
همه دشت سرتاسر آهرمن است — وگر اژدها خفته در جوشن است[1]
برفتم که اسپش برانِم ز کِشت — مرا خود باسپ و بکِشته نَهِشت
مرا دید و برجَست و یافه نگفت — دو گوشم بکند و همانجا بخفت»

❋

چو بشنید اولاد برگشت زود — برون آمد از درد دل، همچو دود[2]
همی گشت اولاد در مرغزار — ابا نامداران ز بهر شکار[3]
چو از دشتوان آن شگفتی شنید — به نخچیرگه بر، پیِ شیر دید*
عنان را بتابید با سرکشان — بدانسو که بود از تهمتن نشان
چو آمد بتنگ اندرون جنگجوی — تهمتن سوی رخش بنهاد روی
نشست از برِ رخش و، رخشنده تیغ — کشید و بیامد چو غرّنده میغ
بدو گفت اولاد: «نام تو چیست؟ — چه مردیّ و شاه و پناه تو کیست؟●
نبایست کردن برین ره گذر — سوی نرّه دیوان پرخاشخر!»[4]
چنین گفت رستم که: «نام من ابْر — اگر ابر را، هست چنگِ هژبر
بگوش تو گر نام من بگذرد — دم و جان و خون دلت بفسرد
نیامد بگوشت بهیچ انجمن؟ — کمند و کمان گَوِ پیلتن![5]
هر آن مام کو چون تو زاید پسر — کفن‌دوز خوانَمْش اگر○ مویه‌گر
تو با این سپه پیش من رانده‌ای؟ — همی گَوْز بر گنبد افشانده‌ای»□

❋

۱ - به رج پیشین پیوند ندارد و کنش است در این رج نیز با برفتم رج پسین همخوان نمی‌نماید.

۲ - سخن بسی پریشان است. چگونه از درد دل، چون دود بیرون توان آمدن؟ **دو:** اولاد بکجا می‌رفت که برگشت؟

۳ - افزاینده دریافت که بایستی اولاد را به نخچیرگاه فرستد، تا از آنجا بازش گرداند!

* - اولاد ردپای شیر را دید، که رستم بوده باشد و برفت تا شیر شکار کند.

● - پرسیدن نام در میدان: آماده‌باش برای نبرد است.

۴ - اولاد را از کجا آگاهی رسیده‌بود که رستم بسوی دیوان می‌رود؟

۵ - پرسش دربارهٔ نام است، نه کمند و کمان.

○ - اگر: یا.

□ - نشانه از کارِ بی‌سود کردن، چون گردو روی گنبد نمی‌ماند و بزیر می‌غلتد.

۳۵۸ کیکاووس

نهنگ بلا برکشید از نیام   بیاویخت از پیش زین خمّ خام[1]
به یک زخم دو دو سرافکند خوار   همی یافت از تن به یک تن چهار[2]
چو شیر اندر آمد میان رمه   بکُشت، آنچه بودند پیشش، همه*
در و دشت شد پر ز گَرد سوار   پراکنده گشتند بر کوه و غار
همی گشت رستم چو پیلی دژم   کمندی به بازو درون شست خم[3]
به اولاد چون رخش نزدیک شد   بکردار شب، روز تاریک شد
بیفکند رستم کمند دراز   بخم اندر آمد سرِ سرفراز
از اسپ اندر آمد، دو دستش ببست   به پیش اندر افکند و خود برنشست[4]

*

بدو گفت: «اگر راست گویی سخُن   ز کژّی نه سر یابم از تو نه بُن؛
نمایی مرا، جای دیو سپید   همان جای کولاد غندی و بید؛
بجایی که بسته‌ست کاووس کی   کسی، کاین بدی را فکنده‌ست پی؛
نمایی و پیدا کنی راستی   نیاری به کار اندرون کاستی؛[5]
من آن پادشاهی، بگرز گران   بگردانم از شاه مازندران
تو باشی برین بوم و بر شهریار   ار ایدونکه کژّی نیاری بکار!»

*

بدو گفت اولاد: «دل را ز خشم   بپرداز و بگشای یکپاره● چشم
تن من مپرداز، خیره، ز جان   بیابی ز من، هرچه خواهی، همان؛
ترا خانهٔ بید و دیو سپید   نمایم، همان هر چه داری امید[6]
بجایی که بسته‌ست کاووس شاه   بگویم ترا یک به یک شهر و راه[7]

---

۱ - در رج ۵۴۳۹ رستم باولاد نزدیک می‌شود.

۲ - **یک:** و هنوز نزدیک نشد دو؛ دو سر می‌افکند. **دو:** لت دویُم را هیچ گزارش نباشد.

* - این رج در همهٔ نمونه‌ها پریشان می‌نماید: خالقی مطلق (۳۴-۲): «میان بره» که پساوای آن چنین است: همه رزمگه شد ز کشته خره؟! س، لن، ق ۲، لی، پ، و، آ، ب، لن ۲، ل ۳ رمه که پساوای آن در س، لن، ق ۲، لی، پ، آ، ب، لن ۲، لت دویم چنین است «بکشت آنکه بودند، پیشش همه»؛ شاهنامهٔ و: «بخون شسته شد رزمگاهش همه». ل ۲: «همه یکسره کشته شد یکسره». ل ۳: «همه رزمگه شد ز مردم خه(؟)»، و پیدا است که همهٔ این نمونه‌ها نادرستند، زیرا که **یک:** همه کشته نشده بودند و نخستینِ آنان اولاد است که با رستم همراه خواهد شد. **دو:** دور از خرد است که پهلوان ایران که برای رهایی کاووس و دیگر پهلوانان می‌رود، ایرانیان را برای هیچ بکشد! از برابر نهادن همه نمونه‌ها، گفتار فردوسی چنین می‌نماید: **«بگشتند از پیش رستم همه»** همهٔ آنانکه پیش رستم بودند برگشتند و گریختند و در رج پسین از گریز آنان؛ در و دشت پر گرد سواران می‌شود... .   ۳ - جای گردش نبود و گهِ رزم بود.

۴ - رستم در رج پسین، با او سخن می‌گوید... و نمیشود که دشمنش را بسته و به پیش انداخته از وی سخن پرسد.

۵ - نمایی دوباره آمد، سخن از راستی نیز در رج ۵۴۴۲ آمده‌است.

● - در برخی نمونه‌ها یکپاره و یکبار آمده‌است؛ یکپاره هنوز در گفتار خراسانیان بکار می‌رود: «یَک پَرَه»؛ کمی، پاره‌ای، اندکی.

٦ - دوباره گویی رج پیشین است. اندکی سست با «همان و هرچه»!   ۷ - همچنین

از ایدر بنزدیک کاووس کی — سد افکنده، بخشنده، فرسنگ، پی ●
اُز آنجا سوی دیو، فرسنگ، سد — بیاید یکی راه دشوار و بد [1]
میان دو صد چاهساری شگفت — به پیمانش اندازه نتوان گرفت [2]
میان دو کوه است، پر هول جای — نپرّد بران آسمان بر، همای
ز دیوان جنگی ده و دو هزار — به شب پاسبانند بر چاهسار [3]
چو کولاد غندی سپهدار اوی — چو بید و چو سنجه نگهدار اوی [4]
یکی کوه یابی مر او را به تن — بر و کتف و یالش بُوَد ده رَسَن [5]
ترا با چنین یال و دست و عِنان — گزارندهٔ گرز و تیغ و سنان
چنین برز بالا و این کارکرد — نه خوب است با دیو جستن نبرد
چو زو بگذری سنگلاخ است و دشت — که آهو بران ره نیارد گذشت [6]
چو زو بگذری رودِ آب است پیش — که پهنای او بر دو فرسنگ بیش [7]
کُنارنگ دیوی نگهدار اوی — همه نره دیوانِ پرخاشجوی [8]
وزان روی بزگوش تا نرم پای — چو فرسنگ سیسد کشیده سرای [9]
ز بزگوش تا شاه مازندران — رهی زشت و فرسنگ‌های گران [10]
پراکنده در پادشاهی سوار — همانا که هستند سیسد هزار [11]
ز پیلان جنگی هزار و دویست — کزیشان به شهر اندرون جای نیست [12]
نتابی تو تنها و، گر؛ ز آهنی — بسایدْتْ، سوهانِ اهریمنی

❋

● – این لت بچندگونه آمده‌است که همه نادرست می‌نمایند. بخشنده در زبان فارسی بخش‌کننده است و بدینگونه می‌توان سخن را گزارش کرد: بخش‌کنندهٔ راه (فرسنگ گذار) راه را یکسد فرسنگ پی افکنده‌است. یک نمونهٔ دیگر نیز در «شاهنامه فلورانس» آمده‌است:

از ایدر بنزدیک کاوس شاه — فزونست فرسنگ سیسد براه

که در آن، «فرسنگ سیسد» نادرست است: «سیسد فرسنگ».

۱ – **یک:** فرسنگ سد نادرست است: «سدفرسنگ». **دو:** راه نمی‌آید... پدیدار می‌شود، پیش می‌آید.

۲ – **یک:** لت نخست گزارش ندارد. **دو:** لت دویم نیز در همه نمونه‌ها چنین آمده‌است، و پیدا است که افزاینده «پیمایش» آورده بوده‌است.

۳ – در این رج چاهسار آمده‌است و در سخنِ پیشین دوسد چاهساری.

۴ – «چو» در آغاز سخن نادرست است.

۵ – تن کولاد، یا تن بید و سنجه؟ زیرا که پیکر کوه مانند، به هر سه آنان باز می‌گردد.

۶ – **یک:** چون جایگاه کاووس میان دو کوه ترسناک است از آن گذشتن و به دشت سنگلاخ رسیدن بایسته نمی‌نماید. **دو:** در لت دویم سنگلاخ به «راه» دگرگون می‌شود.

۷ – سخن پایان ندارد. و چنین رود در همهٔ جهان پیدا نمی‌شود.

۸ – لت دویم را با لتِ نخست پیوند نیست.

۹ – **یک:** هنوز؛ بزگوش نرسیده، از آنرویِ بزگوش سخن می‌گوید. **دو:** فرسنگ سیسد نادرست است. **سه:** «سرای» را در پایان سخن چه گزارش است؟ در برخی نمونه‌ها، بجای از جای، بتای، سرا، آمده‌است که همه نادرخور است.

۱۰ – دوباره، آنسوی بر گوش

۱۱ – همه نگهبانان دیو بودند، اکنون به «سوار» گردیدند!

۱۲ – دیو به پیل نیز نیاز دارد.

چنان لشکری پر سلیح و درم   نبینی ازیشان یکی را دژم»[1]
بخندید رستم ز گفتار اوی   بدو گفت: «اگر با منی، راه جوی!
ببینی کزین یک تنِ پیلتن   چه آید بران نامدار انجمن
بنیروی یزدان پیروزگر   ببخت و بشمشیر تیز و هنر
چو بینند پا و بر و یال من   بجنگ اندرون، زخم کوپال من؛
بدرّد پَی و پوست‌شان از نهیب   عنان را ندانند، باز، از رکیب
ازان سو کجا هست کاووس کی   مرا راه بنمای و بردار پی»

خوان ششم:

رسیدن رستم

بنزد کاووس و ایرانیان

نیاسود؛ تیره شب و، پاک روز   همی راند تا پیش کوه اَسْپرَوز[2]
بدانجا که کاووس لشکر کشید   ز دیوان جادو بدو بد رسید[3]
چو یک نیمه بگذشت از تیره شب   خروش آمد از دشت و بانگ جلب[4]
بمازندران آتش افروختند   بهر جای شمعی همی سوختند[5]
تهمتن به اولاد گفت: «آن کجاست   کش آتش برآید ز چپّ و ز راست؟»[6]
«درِ شهرِ مازندران است» گفت   :«که از شب دو بهره نیارند خفت[7]
سپهبد چو کولاد و ارژنگ و بید   همه پهلوانان دیو سپید[8]
درختی که دارد سر اندر سحاب   ستاره رده برکشیده طناب[9]

---

۱ – سخن، به رج پیشین پیوند ندارد. و روشن نمی‌نماید که دیو را با جنگ‌افزار و درم چکار است.

۲ – کنش نیاسود، با «همی‌راند» در لت دویُم همخوانی ندارد.   ۳ – دنبالهٔ سخن

۴ – **یک:** خروش و بانگ یکی است. **دو:** جَلَب نیز بانگ زدن بر اسپ برای راندن است، و بانگ جلب در خود دوباره «بانگ» دارد.

۵ – **یک:** کنش افروختند در لت نخست با همی‌سوختند در لت دویم همخوان نیست. **دو:** آتش، یا شمع. **سه:** بهر جای؟ یا بمازندران؟

٦ – **یک:** آن کجاست نادرست است: «آنجا کجاست». **دو:** لت دویم سست می‌نماید. **سه:** آتش «برآمدنی» نیست، «سوختنی» و «افروختنی» است.

۷ – **یک:** «درِ شهر» نادرست است: «شهر» **دو:** دو بهره از چند بهره؟ **سه:** یارای خوابیدن ندارند، نادرست است: «نمی‌خوابند».

۸ – **یک:** چو نادرست است. **دو:** این رج را با سخنان پیشین و پسین همخوان نیست.

۹ – **یک:** سحاب بجای «ابر» در آسمان سخن فردوسی جای ندارد. **دو:** لت دویم پیوسته به لت نخست نیست، و رده برکشیده طناب را هیچ گزارش نیست.

۳۶۱
نبرد مازندران

بدان جایگه باشد ارژنگ دیو — که هزمان برآید خروش و غریو[1]
بخفت آن زمان رستم جنگجوی! — -چو خورشید تابنده، بنمود روی-[2]
بپیچید اولاد را بر درخت — به خمّ کمندش درآویخت سخت[3]
بزین اندر افکند گرزِ نیا — همی رفت یکدل پر از کیمیا[4]
یکی مغفری خسروی بر سرش — خوی آلوده ببر بیان در برش[5]

*

به ارژنگ سالار بنهاد روی — چو آمد برِ لشکر نامجوی؛[6]
یکی نعره زد در میان گروه — که گفتی بدرّید دریا و کوه[7]
برون جَست از خیمه، ارژنگ دیو — چو آمد بگوشش از آنسان غریو[8]
چو رستم بدیدش برانگیخت اسپ — بیامد بکردارِ آذرگشسپ[9]
سر و گوش بگرفت و یالش دلیر — سر از تن بکندش بکردار شیر[10]
پر از خون سرِ دیو کنده ز تن — بینداخت زان سو که بود انجمن[11]
چو دیوان بدیدند کوپال اوی — بدرّیدشان دل ز چنگال اوی[12]
نکردند یاد از بر و بوم و رُست — پدر بر پسر بر، همی راه جست[13]
برآهیخت شمشیر کین پیلتن — بپردخت یکپاره[14] زان انجمن
چو برگشت پیروز و گیتی فروز — بیامد دمان تا بکوه اسپروز[15]
ز اولاد بگشاد خمّ کمند — نشستند زیر درختی بلند[16]

---

۱ - **یک:** پیش از گفته شد که آن، جای ارژنگ و بید و کولاد است. **دو:** هزمان، بجای هر زمان نادرست است.

۲ - **یک:** پیوند درست با رج‌های پیشین و پسین ندارد.

۳ - **یک:** بند بر اولاد یا راهنما بستن از پهلوانی چون رستم بر نمی‌آید، اما این بند را افزایندگان از داستان هفتخوان اسفندیار برگرفته‌اند. **دو:** هرآینه کسی را که با کمند از درخت «درآویزند»، می‌میرد! پس چگونه وی را توان رهنمایی خواهد ماندن! **سه:** اگر رستم را رای به بستن اولاد بود، می‌بایستی پیش از خوابیدن او را ببندد!

۴ - همی رفت در آغاز لت دویم افزوده است زیرا که رفتن بسوی ارژنگ در رج افزودهٔ ۵۴۹۱ نیز خواهد آمدن.

۵ - **یک:** رستم را همان خود بر سر بود که با خود آورده بود و نمی‌توان گمان بردن که در میانهٔ راه آنرا برداشته و خودی دیگر بر سر نهاده باشد. **دو:** لت نخست با واژهٔ «مغفر خسروی» با لت دویم با واژه «خوی آلوده» هماهنگی ندارد.

٦ - روی به ارژنگ نهاد؟ یا بمیان‌لشکر رفت؟

۷ - سخن زیبا است و برگرفته از گفتار فردوسی است.

۸ - مگر دیو نیز نیاز به پرده‌سرای دارد؟

۹ - دنبالهٔ گفتار

۱۰ - **یک:** سر و گوش که را؟ **دو:** چون سر و گوش کسی را بگیرند، نشاید که یال او را نیز بگیرند. **سه:** دلیر نیز نادرست است: دلیرانه و آنگاه یاد کردن از جهان پهلوان با پاژنام «دلیرانه» = همانند دلیران شایسته نمی‌نماید.

۱۱ - **یک:** لت نخست سست است. **دو:** او در میان انجمن دیوان بود، و بسوی انجمن نمی‌توانست افکندن.

۱۲ - رستم با کوپال خویش کار نکرده‌بود... اما افزاینده را پساوای چنگال بایسته می‌نمود!

۱۳ - از گفتار شاهنامه برگرفته شده‌است.

۱۴ - یکپاره: برخی، چندی

۱۵ - «بیاید» نادرست است: «برفت».

۱٦ - **یک:** داستان بند دروغین اولاد. **دو:** این رج میان رج‌های پیشین و پسین جدایی می‌افکند.

تهمتن ز اولاد پرسید راه　　بشهری کجا بود کاووس شاه[1]
چو بشنید ازو تیز بنهاد روی　　پیاده دوان پیش او راهجوی[2]
⇐ چو آمد به شهر اندرون، تاجبخش　　خروشی برآورد، چون رعد، رخش
بایرانیان گفت پس شهریار　　که: «بر ما سرآمد بدِ روزگار
خروشیدن رخشم آمد بگوش　　روان و دلم تازه شد زان خروش
بیامد هم اندر زمان پیش اوی　　یل دانش‌افروز پرخاشجوی
بنزدیک کاووس شد پیلتن　　همه سرفرازان شدند انجمن[3]
غریوید بسیار و بردش نماز　　بپرسیدش از رنج‌های دراز
گرفتش بآغوش کاووس شاه　　ز زالش بپرسید و از رنج راه
بدو گفت: «پنهان ازین جادوان　　همی رخش را کرد باید روان

*

گر آید بدیو سپید آگهی　　کز ارژنگ شد روی گیتی، تهی[4]
که نزدیک کاووس شد پیلتن　　همه نره دیوان شوند انجمن[5]
همه رنج‌های تو بی بر شود　　ز دیوان جهان پر ز لشکر شود[6]
تو اکنون ره خانهٔ دیو گیر　　به رنج اندر آور، تن و تیغ و تیر[7]
مگر یار باشدت، یزدان پاک　　سر جادوان اندر آری به خاک
گذر بایدت کرد اَبَر هفت کوه　　ز دیوان بهر جای بینی گروه
یکی غار پیش آیدت هولناک　　چنانچون شنیدم پراز بیم و باک
گذارت بران نره دیوان جنگ　　همه رزم را ساخته چون پلنگ[8]
به غار اندرون گاه دیو سپید　　کز اویند لشکر به بیم و امید[9]
توانی مگر کردن او را تباه　　که اویست سالار و پشت سپاه
سپه را ز غم چشم‌ها تیره شد　　مرا چشم در تیرگی خیره شد[10]

---

۱ – پیشتر از اولاد خواسته بود که وی را بشهری که کاووس در بند است رهنمون شود (رج ۵۴۷۵)، و همهٔ این گفتار دراز، افسانه‌پردازی، افزاینده بوده‌است که میان آن رج و رج ۵۵۰۲ جدایی می‌افکند!

۲ – **یک:** تیز بنهاد روی کمبود دارد: «بسوی شهر روی نهاد». **دو:** اگر رستم، با رخش دلاور، تیز براند، آیا در اندیشهٔ خواننده می‌گنجد که اولاد، را توان دویدن پیش رخش هست؟ اگر نه چنین است، تنها در گفتار خام افزاینده گنجیده‌است.

۳ – در رج پیشین «بیامد» آمده‌بود، و این دوباره‌گویی است.

۴ – **یک:** آگهی آید نادرست است: «آگهی رسد». **دو:** که (کز = که از) در این رج...

۵ – ...**یک:** با «که» آغاز این رج؛ همخوان نیست. **دو:** این رج میان گفتار در رج‌های پیشین و پسین جدایی می‌افکند.

٦ – سخن درست است، اما پیوسته بداستان است.　　۷ – تن را شاید به رنج آوردن اما تیغ و تیر را نشاید!

۸ – سخن؛ پایان و پیوند ندارد.　　۹ – این رج نیز چنین است: گاهِ دیو سپید (است).

۱۰ – چشم سپاهیان از غم تیره نشده‌بود که از دود چنین شد.

پزشکان که درمانش کردند امید — بخون دل و مغز دیو سپید[1]
چنین گفت فرزانه مرد پزشک — که چون خون او را بسان سرشک[2]
چکانی سه قطره بچشم اندرون — شود تیرگی پاک با خون برون»[3]
گو پیلتن جنگ را ساز کرد — ازان جایگه رفتن آغاز کرد[4]
به ایرانیان گفت: «بیدار بید — که من کردم آهنگ دیو سپید[5]
یکی پیل جنگیّ و چاره گر است — فراوان بگرد اندرش لشکر است[6]
گر ایدونکه پشت من آرد بخم — شما دیر مانید خوار و دژم[7]
وگر یار باشد خداوند هور — دهد مر مرا اخترِ نیک زور[8]
همان بوم و بر بازیابید و تخت — به بار آید این خسروانی درخت»[9]
وزان جایگه تنگ بسته کمر — بیامد پر از کینه و جنگ سر[10]
چو رخش اندر آمد بدان هفت کوه — برِ نرّه دیوان گشته گروه[11]
بنزدیکی غار بی بن رسید — به گرد اندرون لشکر دیو دید[12]

*

به اولاد گفت: «آنچه پرسیدمت — همه بر ره راستی دیدمت
کنون چون گهِ رفتن آمد فراز — مرا راه بنمای و بگشای راز»
بدو گفت اولاد: «چون آفتاب — شود گرم، دیو اندر آید بخواب
بر ایشان تو پیروز باشی بجنگ — کنون؛ یکزمان کرد باید درنگ
ز دیوان نبینی نشسته یکی — جز از جادوان پاسبان اندکی[13]
بدانگه تو پیروز باشی مگر — اگر یار باشدت پیروزگر»[14]
نکرد ایچ، رستم، برفتن شتاب — همی تا برآمد بلند آفتاب
سراپای اولاد بر هم ببست — بخمّ کمند آنگهی برنشست[15]
برآهیخت جنگی نهنگ از نیام — بغرّید چون رعد و برگفت نام[16]

---

۱ – در میان زندان، پزشکان را چگونه یارای رفتن بود. ۲ – دوباره از پزشک نام می‌رود. ۳ – دنبالهٔ سخن

۴ – در رج ۵۵۳۴ از اولاد، برای رفتن خواهد پرسید، در رج ۵۵۳۹ برفتن شتاب نمی‌کند. اما در این رج... ۵ – دنبالهٔ سخن

۶ – آگهیِ رستمِ تازه رسیده، از آنان بیشتر می‌نماید! ۷ – دنبالهٔ سخن

۸ – رستم را ببازوی خویش امید بود، نه به اختر نیک. ۹ – «این خسروانی درخت» چه باشد؟

۱۰ – هنوز آهنگ رفتن نکرده‌است. ۱۱ – رخش را توان آن نیست که یکباره «به هفت کوه» بیاید.

۱۲ – رخش آن لشکریان را دید! و نیز غار بی‌بن را؟... رستم هنوز آهنگ دیو سپید نکرده‌است (بنگرید به ۵۵۴۵)

۱۳ – پاسبانان را می‌باید ایستادن، نه نشستن!

۱۴ – دو رج پیش، پیروزی رستم، بی‌گمان پیش‌بینی شد، و اینجا با «اگر» همراه می‌شود.

۱۵ – **یک:** گیریم که در دیگر خوان‌ها رستم را بیم از گریز اولاد بود که وی را می‌بست، اینجا چرا؟ که پایان کار است! **دو:** «آنگهی» نادرست است. ۱۶ – هنوز بدیو سپید نرسیده‌است. نام گفتنش از برای چیست؟

۳۶۴ کیکاووس

میان سپاه اندر آمد چو گَرد — سران را سر از تن همی دور کرد [1]
نه اِستاد کس پیش او در، بجنگ — نه جُستند با او، یکی؛ نام و ننگ [2]
رهش باز دادند و بگریختند — به آورد با او نیاویختند [3]

خوان هفتم:

رزم رستم
با
دیو سپید

اُزان جایگه سوی دیو سپید — بیامد بکردار تابنده شید
بکردار دوزخ یکی غار دید — تن دیو، از تیرگی ناپدید*
زمانی همی بود، در چنگ، تیغ — نبُد جای دیدار و راه گریغ
ازان تیرگی جای دیده ندید — زمانی بران جایگه آرمید [4]
چو مژگان بمالید و دیده بشست● — دران جای تاریک، لختی بجُست
بتاریکی اندر یکی کوه دید — سراسر شده غار ازو ناپدید
برنگ شبه؛ روی و، چون شیر؛ موی — جهان پر ز پهنای و بالای اوی
سوی رستم آمد چو کوهی سیاه — از آهنش ساعد ز آهن کلاه [5]

*

ازو شد دل پیلتن، پرنهیب — بترسید کاید بتنگی، نشیب▣
برآشفت، برسان پیل ژیان — یکی تیغ تیزش بزد بر میان [6]
ز نیروی رستم ز بالای اوی — بیفتاد یک ران و یک پای اوی [7]

---

۱ – گزافه گویی ۲ – چرا؟ می‌باید آن گروه را از جنگ دور ایستادن؟
۳ – دنبالهٔ سخن... هنوز رستم آهنگ جنگ نکرده‌است.
* – نمونه‌ها: س، ق، ق ۲، لی، و، آ، ل ۲، ب، ل ۳ «تن جادو از تیرگی». پ: «بن چاه از» س ۲: «بن غار از» در اندیشهٔ من، می‌باید بجای (از)، (در) آوردن: «تنِ دیو در تیرگی ناپدید». ۴ – سخن پیشین باز گفته می‌شود.
● – با انگشتان، یا با پشت انگشت مالیدن به پلک‌ها برای بازتر شدن دید. بنداری آنرا ترجمه کرده‌است: «فمسح بالماء عینه» «با آب چشم خود را شست» و در آنجا آب نبود!
۵ – دیو را با کلاه و ساعد آهنین چکار؟ این لت از داستان نخستین جنگ رستم با افراسیاب برگرفته شده‌است.
▣ – نشیب و سرازیری نزدیک شود. ٦ – رستم در رج ۵۵٦۵ پس از بزمین زدن رستم خنجر می‌کشد.
۷ – **یک:** رستم، تیغ را بمیان دیو می‌زند، و یک ران و یک پای او بریده می‌شود؟ **دو:** افزایندهٔ سست‌اندیش، با خود نیندیشیده‌است که
←

نبرد مازندران ۳۶۵

بریده بر آویخت با او بهم — چو پیل سرافراز و شیر دژم[1]
همی پوست کند این از آن آن ازین — همی گل شد از خون سراسر زمین[2]
بدل گفت رستم، گر امروز؛ جان — بماند بمن، زنده‌ام جاودان![3]
همیدون بدل گفت دیو سپید — که از جان شیرین شدم ناامید
گر ایدونکه از چنگ این اژدها — بریده پی و پوست، یابم رها؛[4]
نه کهتر نه برترمنش مهتران — نبینند نیزم بمازندران

*

همی گفت ازین گونه دیو سپید — همی داد دل را بدین‌سان نوید[5]
تهمتن، بنیروی جان آفرین — بکوشید بسیار، با درد و کین
بزد دست و برداشتش، نرّه شیر — بگردن برآورد و افکند زیر!
فرو برد خنجر، دلش بر درید — جگرش از تن تیره بیرون کشید
همه غار یکسر تن کشته بود — جهان همچو دریای خون گشته بود[6]
بیامد ز اولاد بگشاد بند — به فتراک بر بست پیچان کمند[7]
به اولاد داد آن کشیده جگر — سوی شاه کاووس بنهاد سر
بدو گفت اولاد کـ :«ای نرّه شیر — جهانی بتیغ آوریدی بزیر
نشان‌های بند تو دارد تنم — بزیر کمند تو بد گردنم[8]
بچیزی که دادی دلم را امید — همی باز خواهد، امیدم؛ نوید»

*

بدو گفت رستم که: «مازندران — سپارم ترا از کران تا کران
ترا زین سپس بی‌نیازی دهم — بمازندران سرفرازی دهم[9]
یکی کار پیش است و رنج دراز — که هم با نشیب است و هم با فراز
همی شاه مازندران را ز گاه — بباید ربودن، فکندن به چاه
سر دیو جادو هزاران هزار — بیفکند باید به خنجر بزار[10]

→ چون یک ران از دیو فرو افتد، همان پای است، و یاد کردن از پای، دوباره‌گویی است.

۱ – کنش «برآویخت» در لت نخست پیوند به رستم دارد، و در لت دویم به رستم و دیو بازمی‌گردد.

۲ – نبرد در رج ۵۵۶۳ آغاز می‌شود، پس هنوز، خون بر زمین ریخته است.

۳ – کسی زنده بر آسمان نگذردا... (گفتار فردوسی)

۴ – چنانکه گذشت، هنوز پی و پوست او بریده نشده‌بود.

۵ – همان سخن پیشین است.

۶ – **یک:** غار را نمی‌توان، جهان درشمار آوردن. **دو:** کُشته را باگَشته پساوا نیست.

۷ – بند اولاد! بخوبی دیده می‌شود که باز کردن بند اولاد میان رج ۵۵۶۵: «جگرش از تنِ تیره بیرون کشید» و رج ۵۵۶۸: «باولاد داد آن کشیده جگر» جدایی افکنده‌است.

۸ – گردنش «زیرِ» کمند نمی‌توانست باشد.

۹ – چون از کران تا کران مازندران را به وی بخشد، بی نیازی و سرفرازی افزون بر آن چیست؟

۱۰ – **یک:** پس‌از کشتن دیو سپید، دیگر بریدن سرِ دیوان را چه نیاز است. **دو:** هزاران هزار، یک شمارِ ناپیدا است، با خنجر چنین کار ←

کیکاووس

ازآن پس مگر خاک را بسپرم | وگرنه ز پیمان تو نگذرم»

*

رسید آن زمان نزد کاووس کی | یل پهلوافروزِ فرخنده‌پی
چنین گفت ک: «ای شاه دانش‌پذیر | بمرگ بداندیش، رامش‌پذیر
5580 دریدم جگرگاه دیو سپید | ندارد بدو شاه* ازین پس امید
ز پهلوش بیرون کشیدم جگر | چه فرمان دهد شاه پیروزگر»

*

بر او آفرین کرد کاووس شاه | که: «بی تو مبادا نگین و کلاه
بدان مام، کاو چون تو، فرزند زاد | نشاید جزاز آفرین کرد یاد
مرا بخت ازین هر دو فرخ‌تر است | که پیل هژبر افکنم کهتر است»[1]
5585 به رستم چنین گفت کاووس کی | که: «ای گرد و فرزانه نیک‌پی[2]
به چشم من اندر چکان خون اوی | مگر باز بینم ترا نیز روی»[3]
بچشمش چو اندر کشیدند خون | شد آن دیدهٔ تیره خورشیدگون[4]
نهادند زیر اندرش تخت آج | بیاویختند از برِ آج تاج[5]
نشست از برِ تخت مازندران | ابا رستم و نامور مهتران[6]
5590 چو توس و فریبرز و گودرز و گیو | چو رهّام و گرگین و بهرام نیو[7]
برین گونه یک هفته با رود و می | همی رامش آراست کاووس کی[8]
بهشتم نشستند بر زین همه | جهانجوی و گردنکشان و رمه[9]
همه برکشیدند گرز گران | پراکنده در شهر مازندران[10]
برفتند یکسر بفرمان کی | چوآتش که برخیزد از خشک نی[11]
5595 ز شمشیر تیزآتش افروختند | همه شهر یکسر همی سوختند[12]
بلشکر چنین گفت کاووس شاه | که: «اکنون مکافاتِ کرده گناه[13]

→ انجام ناشدنی است. سه: بریدن بزار چگونه باشد. ___ * - شاه مازندران.

1 - از کدام هر دو؟ کاووس تنها از مادر رستم یاد کرده‌بود. ___ 2 - روی سخن با رستم بود، دوباره‌گویی است.

3 - داستان خون چکاندن.

4 - دیده روشن می‌شود و خورشیدگون نمی‌شود. اگر همگان کور شده بودند چه کسان «اندر کشیدند»؟

5 - در میان زندانِ غار، تخت آج از کجا آوردند؟

6 - **یک**: آن، تخت مازندران نبود که تخت شاه مازندران جایی دیگر است. **دو**: دیگران چگونه روی همان تخت نشستند؟

7 - «چو» همراه با نام در آغاز سخن نادرست است.

8 - افزاینده‌ای که در میان غار زندان تخت و تاج پیدا می‌کند، رود و رامشگر و می نیز فراهم می‌سازد.

9 - و اسب و گرز گران نیز بآنان می‌بخشد! ___ 10 - بنگرید به شمارهٔ پیش. ___ 11 - دنباله سخن

12 - **یک**: کدام شهر را؟ **دو**: همه با همی همخوان نیست. ___ 13 - دو رج: دنبالهٔ گفتار.

چنانچون سزا بُد بدیشان رسید	ز کشتن کنون دست باید کشید
بباید یکی مرد باهوش و سنگ	کجا، باز داند، شتاب؛ از درنگ
شود نزد سالار مازندران	کند دلش بیدار و مغزش گران»
بدین رای خشنود شد پور زال	بزرگان که بودند با او همال ¹
فرستادن نامه نزدیک اوی	برافروختن، جان تاریک اوی ²

5600

---

۱ - لت دویم را پیوند درست نیست.
۲ - چگونه است که در گفتار پیشین مغزش را با گفتارهای سخت گران می‌کنند، و در این رج جان تاریک او را روشن می‌سازند!!

نامه کیکاووس

بشاه مازندران

یکی نامه‌ای بر حریر سپید
بدان اندرون بیم و چندی امید

دبیر خردمند بنوشت خوب
پدید آورید اندرو زشت و خوب[1]

نخست آفرین کرد بر دادگر
: «کزو دید، پیدا بگیتی هنر○

خرد داد و گَردان سپهر آفرید
درشتیّ و تندیّ و مهر آفرید

بنیک و ببد دادمان دستگاه
خداوند گردنده خورشید و ماه

اگر دادگر باشی و پاکدین
ز هر کس نیابی جزاز آفرین

اُگر بدنهان باشی و بدکنش
ز چرخ بلند آیدت سرزنش

*

جهاندار اگر دادگر باشدی
ز فرمان او کی گذر باشدی[2]

سزای تو دیدی که یزدان چه کرد؟
ز دیو و ز جادو برآورد گرد!

کنون گر شدی آگه از روزگار
روان و خرد بادت آموزگار

همانجا بمان● تاج مازندران
بدین بارگاه آی، چون کهتران

که با جنگ رستم ندارید تاو
بده زود بر کام ما باژ و ساو[3]

اُگر گاه مازندران بایدت
مگر زین نشان راه بگشایدت[4]

اُگرنه چو ارژنگ و دیو سپید
دلت کرد باید ز جان ناامید

*

بخواند آنزمان شاه، فرهاد را
گزارندهٔ تیغ پولاد را

بدو گفت ک: «این نامهٔ پندمند
ببر سوی آن دیوِ جَسته ز بند»

چو از شاه بشنید فرهاد گرد
زمین را ببوسید و نامه ببرد[5]

---

۱ – **یک:** چگونه از «خوب»، در رج نخست «خوب و زشت» پدیدار می‌شود. **دو:** پساوا نیز ندارد.

○ – در همه نمونه‌ها «کزو دید پیدا بگیتی هنر» آمده‌است، و خود پیدا است که در همان زمان ندیده‌است و از پیش می‌دانسته‌است که پیدایش هنر بخواست خداوند است و سخن را بدینگونه آراستم: **«کزویست پیدا، بگیتی؛ هنر».**

۲ – دوباره‌گویی رج دویُم پیش از این. ● – بمان: بِنِه، بگذار.

۳ – **یک:** پیوند لت نخست با رج پیشین نادرست است... (چون) با جنگ رستم تاو ندارید... **دو:** لت دویم سست می‌نماید.

۴ – سخن پریشان و کودکانه. ۵ – سخن نادرست نیست اما پیوسته بگفتار پسین است.

به شهری کجاست پایان بُدند　　دلیران خنجرگزاران بُدند [1]
هم آن کس که بودند پا از دوال　　لقب‌شان چنین بود بسیار سال [2]
بدان شهر بُد شاه مازندران　　هم آنجا دلیران گنداوران [3]

*

چو بشنید کز نزد کاووس شاه　　فرستاده آمد سواری ز راه
پذیره شدن را سپاهی گران　　دلیران و شیران مازندران
ز لشکر یکایک همه برگزید　　اُزیشان هنر خواست، کاید پدید
چنین گفت: «امروز، مردانگی　　جدا کرد، نتوان، ز دیوانگی
همه راه و رسم پلنگ آورید　　سر هوشمندان بچنگ آورید» [4]

*

پذیره شدندش پراز چین، بُروی　　سخن‌شان نرفت، ایچ، بر آرزوی
یکی دست بگرفت و بفشاردش　　پی و استخوان‌ها بیازاردش
نگشت ایچ فرهاد را روی، زرد　　نیامد بر او، رنج پیدا، ز درد
ببردند فرهاد را نزد شاه　　ز کاووس پرسید و از رنج راه
پس آن نامه بنهاد پیش دبیر　　می و مشک انداخته بر حریر*
چو آگه شد از رستم و کار دیو　　پراز خون شدش دیده، دل؛ پر غریو

*

بدل گفت پنهان شود آفتاب　　شب آید بود گاه آرام و خواب [5]
ز رستم نخواهد جهان آرمید　　نخواهد شدن نام او ناپدید
غمی گشت ز ارژنگ و دیو سپید　　که شد کشته کولاد غندی و بید [6]
چو آن نامهٔ شاه یکسر بخواند　　دو دیده به خون دل اندر نشاند [7]
چنین داد پاسخ بکاووسِ کَی　　که بی آب، تیره است، در جام، مَی●

---

۱ – در جهان هیچکس نیست که از سست پای و نرم پای و دوال پا آگاهی داشته باشد. اما سست پای را چگونه توان خنجرگزاری است؟
۲ – افزاینده در این رج خواسته‌است که سست پایان رج پیشین راگزارش کند. سخن بی‌پیوند و سست. لت دویم: سست‌تر از لت نخست.
۳ – چگونه شاید که شاه مازندران در میان دوالپایان زندگی کند، که خود و سردارانش را همه، پای؛ بود!　　۴ – رسم!
* – در برخی نمونه‌ها «بیخته بر حریر» آمده‌است. انداختن، در زبان پهلوی هنداختن [illegible]، طرح کردن و رسم کردن است و بیشتر با نوشتن نامه سازش دارد. چون مشک بیخته بر حریر روان می‌شود و یکجا نمی‌ماند!
۵ – سخن را هیچ گزارش نتوان کردن.
٦ – **یک:** چگونه باشد که آگاهی از ارژنگ و دیو سپید، بشاه مازندران نرسیده باشد، و فرهاد چنین آگهی را نزد او برد! **دو:** سخن چنین می‌نماید که کولاد غندی و بید کشته شدند، و ارژنگ و دیو سپید، نه!
۷ – نامه را پیش از این خوانده بودند که شاه از کار آنان آگاه شده‌بود.
● – تو و سپاه تو، بی روبرو شدن با سپاه من، خویش رابرتر می‌پندارید، و برای خویش رنگ و بویی می‌انگارید!

مرا بارگه، زانِ تو برتر است   هزاران هزارم فزون لشکر است
بهر سو که بنهند زی جنگ روی   نماند بسنگ اندرون رنگ و بوی
بیارم کنون لشکری شیرفَش   برآرم شما را سر از خواب خُوَش»

*

ز پیلان جنگی هزار و دویست   که در بارگاه تو یک پیل نیست[1]
از ایران برآرم یکی تیره خاک   بلندی ندانند باز از مغاک[2]
چو بشنید فرهاد، زو، داوری   بلندیّ و تندیّ و گُنداوری
بکوشید تا پاسخ نامه یافت   عنان سوی سالار ایران بتافت
بیامد، بگفت آنچه دید و شنید   همه پردهٔ رازها بردرید
چنین گفت ک: «او ز آسمان برتر است   نه رای بلندش بزیر اندر است
ز گفتار من سر بپیچید نیز   جهان پیش چشمش نیرزد بچیز»

*

جهاندار مر پهلوان را بخواند   همه گفتِ فرهاد با او براند
چنین گفت کاووس را پیلتن   ک:«زین ننگ بگذارم این انجمن»[3]
چو بشنید رستم، چنین گفت باز   به پیش شهنشاه کهتر نواز
: «مرا برد باید برِ او پیام   سخن برگشایم چو تیغ از نیام[4]
یکی نامه باید چو بُرّنده تیغ   پیامی بکردار غرّنده میغ
شوم چون فرستاده‌ای نزد اوی   بگفتار، خون اندر آرم بجوی»
بپاسخ چنین گفت کاووس شاه   که: «از تو فروزد نگین و کلاه
پیمبر تویی، هم تو پیل دلیر   به هر کینه گه بر سرافراز و شیر»[5]

*

بفرمود تا رفت پیشش دبیر   سر خامه را کرد پیکان تیر
چنین گفت ک: «این گفتنِ نابکار   نه خوب آید از مردم هوشیار
اگر، سر کنی زین فزونی، تَهی   بفرمان گرایی بسان رهی؛
اُگرنه بجنگ تو لشکر کشم   ز دریا بدریا سپه برکشم
روان بداندیش دیوِ سپید   دهد کرکسان را بمغزت نوید

---

۱ - لت دویم نادرست است.   ۲ - لت دویم را با لت نخست، پیوند نیست.

۳ - آیین دربار شاهان چنان بوده‌است که چون نامه‌ای از پادشاه دیگر میرسید، بزرگان همه انجمن می‌کردند، و نامه بر شاه و آنان خوانده می‌شد! پس چگونه است که تهمتن از آغاز، ناآگاه از نامهٔ شاه مازندران است!

۴ - این سخن در رج ۵۶۵۳ نیز می‌آید.

۵ - سخن ناهماهنگ است، زیرا که تا آنزمان رستم به پیامبری نرفته‌بود که بدو گویند پیمبر تویی... .

رفتن رستم
بنزد
شاه مازندران

چو نامه بمهر اندر آورد شاه ‎ ‎ جهانجوی رستم بپیمود راه[1]
بزین اندر افکند گرز گران ‎ ‎ چو آمد بنزدیک مازندران؛[2]
بشاه آگهی شد که کاووس شاه ‎ ‎ فرستاده‌ای کرد، دیگر براه
فرستاده‌ای چون هژبرِ دژم ‎ ‎ کمندی بفتراک بر، شست خم[3]
بزیر اندرون باره‌ای گامزن ‎ ‎ یکی ژنده پیل است گویی بتن
چو بشنید، سالارِ مازندران ‎ ‎ ز گُردان گزین کرد، چندی سران
بفرمودشان تا چبیره* شدند ‎ ‎ هژبر ژیان را پذیره شدند
چو چشم تهمتن بدیشان، رسید ‎ ‎ به ره بر، درختی گَشَن شاخ دید
بکند و چو ژوپین بکف برگرفت ‎ ‎ بماندند لشکر ازاو در شگفت
بینداخت چون نزد ایشان رسید ‎ ‎ سواران بسی زیر شاخ آورید
یکی، دست بگرفت و بفشاردش ‎ ‎ همی آزمون را بیازاردش
بخندید ازو رستم پیلتن ‎ ‎ شده خیره زو چشم آن انجمن
بدان خنده اندر، بیفشارد چنگ ‎ ‎ ببردش ز دست و ز روی، آب و رنگ
همان استخوان‌هاش آزرده گشت ‎ ‎ رخ ارغوانیش چون زرده گشت[4]
بشد هوش از آن مرد رزم‌آزمای ‎ ‎ ز بالای اسپ اندر آمد به پای
یکی شد برِ شاه مازندران ‎ ‎ بگفت آنچه دید از کران تا کران
سواری که نامش کلاهور بود ‎ ‎ که مازندران زو پر از شور بود
بسان پلنگ ژیان بُد بخوی؛ ‎ ‎ نکردی بجز جنگ، هیچ آرزوی؛
پذیره شدن را فراپیش خواند ‎ ‎ بمردیش بر چرخ گردان نشاند[5]

---

۱ – در رج پسین براه می‌افتد، باز آنکه در این رج از راهِ پیموده یاد می‌شود.

۲ – گرز را به زین افکندن گزارش نیست: گرز را به فتراک زین می‌بندند.

۳ – سیزده رج داستان افزوده که دوباره‌گویی داستان کلاهور است و رُخِ ارغوانی فرستاده شاه را چون زرده(؟) نشان می‌دهد.

* – چبیره: آماده.

۴ – **یک:** پیدا است که در فشاردن دست، استخوان آرزده می‌شود، اما رُخ؛ چون «زرده» گشتن چه باشد؟ **دو:** آزرده را نیز با چون زرده پساوا نیست.

۵ – چگونه فرستاده‌ای را بر چرخ گردان توان نشاندن؟.

۳۷۲ کیکاووس

بدو گفت: «پیش فرستاده شو / هنرها پدیدار کن، نو بنو
چنان کن که گردد رُخَش پر ز شرم / بچشم اندر آرد، ز شرم، آب گرم»

*

بیامد کلاهور چون نرّه شیر / به پیش جهانجوی شیرِ دلیر
بپرسید، پرسیدنی چون پلنگ! / دژم‌روی و، زانپس بدو داد چنگ
بیفشارد چنگ سرافراز پیل / شد از درد، رویش بکردار نیل [1]
نپیچید و اندیشه، زو دور داشت / بمردی ز خورشید، منشور داشت [2]
بیفشارد چنگ کلاهور، سخت / فرو ریخت ناخن چو برگ از درخت
کلاهور با دست آویخته / پی و پوست• چو ناخن فرو ریخته
بیاورد و بنمود و با شاه گفت / که: «بر خویشتن درد نتوان نهفت
ترا آشتی بهتر آید ز جنگ / فراخی مکن بر دل خویش تنگ [3]
ترا با چنین پهلوان تاو نیست / اگر رام گردد*، به از ساو نیست
پذیریم و، از شهر مازندران / ببخشیم بر کهتر و مهتران [4]
چنین، رنج دشوار، آسان کنیم / به آید که جان را هراسان کنیم!»

*

تهمتن بیامد هم اندر زمان / بر شاه برسان شیر ژیان
چو سالار مازندرانش بدید / نوازید و بنشاندش چون سزید [5]
نگه کرد و، بنشاند اندر خُوَرش / ز کاووس پرسید و از لشکرش
بپرسیدش از راه و رنج دراز / که چون راندی در نشیب و فراز [6]
ازان پس بدو گفت: «رستم تویی؟ / که داری بر و بازوی پهلوی!» [7]
چنین داد پاسخ که: «من چاکرم / اگر چاکری را خود اندر خورم [8]
کجا او بود من نیایم بکار / که او پهلوان است و گرد و سوار» [9]

---

۱ - اگر رستم را رنگ روی، همرنگ نیل شود... .

۲ - ...چگونه بر خود نمی‌پیچد، و چگونه تواند، دست کلاهور را فشردن؟ لت دویم را نیز پیوند درست با لت نخست نیست، و نادرست است. • - پوست در زبان پهلوی [illegible] و نیز در خراسان و دیگر زبانهای ایرانی پُست با «اُکشیده» بر زبان می‌رود.

۳ - همین سخن بگونهٔ بهتر در رج پسین آمده‌است.

* - اگر با، باج و خراج و ساوی که به وی می‌پردازیم، رام شود، بهترین درمان را بکار بسته‌ایم.

۴ - **یک:** «از» شهر مازندران، در لت نخست با «بر کهتران و مهان همخوان نیست». **دو:** در کنار کهتر می‌باید از مهتر نام بردن، نه مهتران.

۵ - سخن درست در رج پسین می‌آید.

٦ - بپرسید دوباره، نادرست می‌نماید.

۷ - «تویی» با «پهلوی» پساوا ندارد.

۸ - سخن زا نادرستی نیست اما پیوسته بداستان است.

۹ - **یک:** چون «او پهلوان و گرد و سوار» بیاید، در برابر؛ از وی نیز می‌باید یاد شود. «... او پهلوانست و... من...» **دو:** رستم نیز پیاده نیامده‌بود که سواره بود.

نبرد مازندران ۳۷۳

بدو داد پس نامور نامه را / پیام جهانجوی خودکامه را[1]
بگفت آنکه شمشیر بار آورد / سر سرکشان در کنار آورد[2]
چو پیغام بشنید و نامه بخواند / دژم گشت و، اندر شگفتی بماند
برستم چنین گفت ک:«این جست‌وجوی! / چه باید همی خیره؟ وین گفت‌وگوی؛
بگویش که سالار ایران تویی / اگرچه دل و چنگ شیران تویی[3]
منم شاه مازندران با سپاه / بر اورنگ زرّین و بر سر کلاه[4]
مرا بیهده خواندن پیش خویش / نه راهِ کیان بد، نه آیین پیش
براندیش و تخت بزرگان مجوی / کزین در، ترا خواری آید بروی
سوی گاه ایران بپیچان عنان / اُگرنه زمانت سرآرد سنان
اگر با سپه من بجنبم ز جای / تو پیدا نبینی سرت را ز پای

*

تو افتاده‌ای بیگُمان در گمان / یکی راه برگیر و بفگن کمان[5]
چو من تنگ روی اندر آرم بروی / سر آید شما را همه گفت‌وگوی»[6]
نگه کرد رستم بروشنروان / بشاه و سپاه و رد و پهلوان
نیامدش با مغز، گفتار اوی / سرش تیزتر شد به پیکار اوی
تهمتن چو برخاست کاید براه / بفرمود تا خلعت آرند شاه
نپذرفت ازو جامه و اسپ و زر / که ننگ آمدش زان کلاه و کمر
برون آمد از شهر مازندران / سرش گشته بُد زان سخن‌ها گران
برون رفت از آنجا و ببرید راه / رسید او به نزدیک کاووس شاه[7]
چو آمد به نزدیک شاه اندرون / دل کینه‌دارش پر از جوش خون[8]
ز مازندران هرچه دید و شنید / همه کرد بر شاه ایران پدید
اُزانپس ورا گفت: «مندیش هیچ / دلیری کن و رزم دیوان بسیچ
دلیران و گردان آن انجمن / چنان دان که خوارند* بر چشم من»
چو رستم ز مازندران گشت باز / شه اندر زمان رزم را کرد ساز[9]

---

۱ - نامه، نامور نتواند بودن. ۲ - روشن نیست که «آنکه» کیست؟ ۳ - لت دویم پیوند درست ندارد.

۴ - دنباله گفتار... این دو رج پیوند رج ۵۷۰۳ را با رج ۵۷۰۶ می‌گسلانند.

۵ - **یک:** لت نخست نادرست نیست، «یکی راه برگیر» در لت دویم، روشن نیست. **دو:** گُمان را با کمان پساوا نیست.

۶ - دنبالهٔ سخن. ۷ - «او» در لت دویم نابجا است، زیرا که گفتار پیشین همه دربارهٔ رستم بود.

۸ - **یک:** نزدیک اندرون نادرست است. **دو:** سخن ناتمام است.

* - بنداری: ورجالهم احقر فی عینی من التراب. و بزرگانشان در چشم من از خاک کمترانند، و بر این بنیاد سخن چنین آراسته می‌شود:

«چنان دان که خاکند بر چشمِ من».

۹ - چون در رج پسین فرمان به بیرون کشیدن سراپرده از شهر را می‌دهد، پس نمی‌تواند در زمان؛ رزم را، ساز کرده باشد.

۳۷۴ کیکاووس

سراپرده از شهر بیرون کشید — سپه را همه سوی هامون کشید [1]
سپاهی که خورشید شد ناپدید — چو گرد سیاه از میان بردمید؛ [2]
نه دریا پدید و نه هامون و کوه — زمین آمد از پای اسپان ستوه [3]
همی راند لشکر برآنسان دمان — نجست ایچ هنگام رفتن زمان [4]

۱ – دنبالهٔ گفتار... سخن درست در رج ۵۷۳۵ آمده‌است.
۲ – پس و پیش گفته شد، و نادرست است.
۳ – یا زمین «ستوه شد»، «یا بستوه آمد».
۴ – پیوندی میان لت نخست با لت دویم نیست.

رزم کیکاووس با شاه مازندران

چو آگاهی آمد بکاووس شاه	که تنگ اندر آمد ز دیوان، سپاه¹
بفرمود تا رستم زال زر	نخستین بر آن کینه بندد کمر
بتوس و بگودرز کشوادگان	بگیو و بگرگین آزادگان²
بفرمود تا لشکر آراستند	سنان و سپرها بپیراستند³
ابر میمنه توس نوذر بپای	دل کوه پر نالهٔ کرّنای⁴
چو گودرز کشواد بر میسره	شده کوه آهن زمین یکسره⁵
سپهدار کاووس در قلبگاه	ز هر سو رده برکشیده سپاه⁶
به پیش سپاه اندرون پیلتن	که در جنگ هرگز ندیدی شکن!⁷

نبرد کاووس
با
شاه مازندران

← ۵۷۳۵ سراپردهٔ شهریار و سران	کشیدند بر دشت مازندران
یکی نامداری ز مازندران	بگردن برآورده، گرز گران⁸
که جویان بدش نام و جوینده بود	گرایندهٔ گرز و گوینده بود⁹
به دستوری شاه دیوان برفت	به پیش سپهدار کاووس تفت¹⁰
همی جوشن اندر تنش برفروخت	همی تفّ تیغش زمین را بسوخت¹¹

---

۱ - دو رج: هنوز سراپرده را بدشت مازندران نکشیده‌اند و گاهِ نبرد نیست.
۲ - گرگین آزادگان نادرست است. زیرا که همهٔ پهلوانان ایران «آزاده» بشمار میرفتند.
۳ - پیش از کشیدن سراپرده، لشکر؛ آراسته نمی‌شود.   ۴ - میان لت نخست ولت دویم پیوند دیده نمی‌شود.
۵ - «چو» همراه با نام در آغاز گفتار نادرست است.   ۶ - دنبالهٔ سخن   ۷ - پیش اندرون نادرست است.
۸ - سخن نادرست است، زیرا که نام وی در رج پسین می‌آید.   ۹ - گرایندهٔ گرز، «گوینده» نتواند بودن.
۱۰ - تاکنون همواره از وی با نام شاه مازندران یاد شده بود، و اینجا شاه دیوان!
۱۱ - هنوز جنگ ناکرده، چگونه با تفِ تیغ خود، زمین را برافروخت.

۳۷۶ کیکاووس

بیامد به ایران سپه برگذشت   بتوفید از آواز او کوه و دشت[1]
همی گفت: «با من که جوید نبرد   کسی کاو برانگیزد از آب گرد»[2]
نشد هیچکس پیش جویان برون   نه رگ‌شان بجنبید در تن نه خون[3]
به‌آواز گفت آن زمان شهریار   بگُردان هشیار و مردان کار[4]
که: «زین دیوتان سر چرا خیره شد؟   وز آواز او رویتان تیره شد!»[5]
ندادند پاسخ دلیران به شاه   ز جویان بپژمرد گفتی سپاه[6]
یکی برگرایید رستم عنان   بگردن برآورده رخشان سنان[7]
که: «دستور باشد مرا شهریار   شدن پیش این دیو ناسازگار»[8]
بدو گفت کاووس که:«این کار تست   از ایران نخواهد کس این جنگ جست»[9]
چو بشنید ازو این سخن پهلوان   بیامد بکردار شیر ژیان[10]
برانگیخت رخش دلاور ز جای   بچنگ اندرون نیزهٔ سرگرای[11]
به آوردگه رفت چون پیل مست   یکی پیل زیر اژدهایی به دست[12]
عنان را بپیچید و برخاست گرد   ز بانگش بلرزید دشت نبرد[13]
بجویان چنین گفت که:«ای بدنشان   بیفتاده نامت ز گردنکشان[14]
کنون بر تو بر، جای بخشایش است   نه هنگام آورد و آرایش است[15]
بگرید ترا آنکه زاینده بود   فزاینده بود و گراینده بود»[16]
بدو گفت جویان که:«ایمن مشو   ز جویان و از خنجر سر درو[17]
که اکنون بدرّد جگر مادرت   بگرید برین جوشن و مغفرت»[18]
چو آواز جویان برستم رسید   خروشی چو شیر ژیان برکشید[19]

---

۱ - چگونه بایران سپه برگذشت؟ از یکسوی سپاه بسوی دیگر سپاه گذشت؟ یا بمیان لشکر آمده از آنسوی گذشت؟ درست آنستکه: «برابر سپاه ایران ایستاد.»
۲ - «همی گفت»، درست نمی‌نماید: «چنین گفت».
۳ - خون جنبیدنی نیست.
۴ - دنباله سخن
۵ - لت نخستین پرسشی است، و لت دویم گزارش کار است.
۶ - سخن نادرست نیست، اما دنبالهٔ داستان است.
۷ - برگرفته از شاهنامه است.
۸ - سخن درست چنین بود که کاووس فرمان داد تا رستم نخستین جنگجو باشد، پس این داستان و دوباره رفتن رستم بنزد کاووس و دستوری خواستن، افزوده است.
۹ - دنبالهٔ همان گفتار
۱۰ - در لت دویم بیامد، کجا آمد؟
۱۱ - چنین پیدا است که بیامد بنزدیک رخش، و مگر تاکنون رستم پیاده بوده‌است؟
۱۲ - لت نخست از دیگر جایهای شاهنامه برگرفته شده و لت دویم، سخت نابهنجار است.
۱۳ - چون رستم را آهنگ نبردجویان بود، چرا می‌باید عنان را پیچیدن؟ و راه را دیگر کردن!
۱۴ - لت دویم، هنوز چنین کار، روی ننموده‌است.
۱۵ - لت دویم، جویان بدنبال آرایش نبود.
۱۶ - **یک:** «بگرید ترا» درست نمی‌نماید: «بر تو گرید»، زاینده بود نیز نادرست است «زاینده را بر تو باید گریست» که گفتار فردوسی است.
دو: افزایش تن از سوی خداوند است، نه از سوی مادر، یا پدر، اما چگونه مادر گراینده است و به چه گرایش دارد؟
۱۷ - «خنجر» سر را نمی‌درَوَد، و چنین کاربُرد، کار شمشیر است.
۱۸ - مادرِ رستم بر جوشن و کلاهخود او گرید؟ یا بر خودِ رستم!
۱۹ - دنبالهٔ گفتار

پسِ پشت او اندر آمد چو گرد / سنان بر کمربند او راست کرد[1]
بزد نیزه بر بند درع و زره / زره را نماند ایچ بند و گره[2]
ز زینش جدا کرد و برداشتش / چو بر بابزن مرغ برکاشتش[3]
بینداخت از پشت اسپش بخاک / دهان پر ز خون و، زره چاک‌چاک[4]
دلیران و گردان مازندران / شگفتی فروماندند اندران[5]
سپه شد شکسته‌دل و زردروی / برآمد ز آوردگه گفت‌وگوی[6]
بفرمود سالار مازندران / بدان نامداران و جنگ‌آوران[7]
که یکسر بتازید و جنگ آورید / همه رسم و راه پلنگ آورید»
برآمد ز هر دو سپه بوق و کوس / هوا نیلگون شد زمین آبنوس
چو برق درخشنده از تیره میغ / همی‌آتش افروخت از گرز و تیغ[8]
هوا گشت سرخ و سیاه و بنفش / ز بس نیزه و گونه‌گونه درفش[9]
زمین شد بکردار دریای قیر / همه‌موجش از خنجر و گرز و تیر[10]
دوان بادپایان چو کشتی برآب / سوی غرق دارند گفتی شتاب[11]
همی گرز بارید بر خود و ترگ / چو باد خزان بارد از بید، برگ[12]
یکی هفته دو لشکر نامجوی / بروی اندر آورده بودند روی[13]
بهشتم جهاندار کاووس شاه / ز سر برگرفت آن کیانی کلاه[14]
به پیش جهاندار کیهان خدای / بیامد همی بود گریان بپای[15]
ازآنپس بمالید بر خاک روی / چنین گفت: ای داور راستگوی؟![16]

---

۱ – دو سوارِ رودررو، از روبرو نیزه می‌زنند، و چگونه رستم می‌توانست از پشت جویان بدو یورش برد؟ پیدا است که اگر یکی از سواران را آهنگ یورش از پشت باشد، این بس است که سوار دیگر؛ سرِ اسب را بگرداند و رودرروی او بایستد.

۲ – «درع» تازی شدهٔ زره است، و «درع و زره» نام بردن از هر دو آنها نادرست است.

۳ – (بابزَن، سیخ کباب است) چون مرغ بربابزن، نه چو بربابزن مرغ.

۴ – چون او را بلند کرده باشد، دیگر بر پشت اسب نیست که از پشت اسب بخاکش اندازند.

۵ – دنبالهٔ گفتار

٦ – آوردگاه، آنجا بود که دو سوار نبرد کرده‌بودند، و از آنجا گفت‌وگوی برنیامده‌بود.

۷ – سه رج: دنبالهٔ داستان... تازه آوای بوق و کوس برمیآید، بدانروی که جنگ از این هنگام آغاز می‌شود.

۸ – از تیره میغ؟ یا از گرز و تیغ؟

۹ – درفش‌ها پیش از نبرد نیز برافراشته بودند.

۱۰ – سه رج پیش از آبنوسی شدن زمین سخن رفته‌بود.

۱۱ – گفتی...

۱۲ – «چو» در آغاز لت دویم نادرست است: چنانکه... .

۱۳ – در چنین جنگها که به نبرد تن‌بتن می‌رسد، جنگ یک هفته بدرازا نمی‌کشد، و تاکنون در شاهنامه چنین رویدادی رخ ننموده‌است، یک یا دو روز جنگ و از پسِ آن کناره‌گیری و آمادگی برای جنگ دیگر، یا شکسته شدنِ یکی از دو سپاه! رج ۵۷۸۸ جنگ را از بامداد تا تیره شدن آفتاب آورده‌است.

۱۴ – روشن شد که بیش از یک هفته نیز نبرد، دنباله دارد.

۱۵ – خداوند کجا بود که کاووس به پیش او آمد؟

۱٦ – نیایش ایرانی روی به فروغ و روشنایی دارد، داورِ راستگوی! خداوند را «راستگو» نامیدن در فرهنگ ایرانی نیست، زیرا که خداوند سرِ مایهٔ راستی است.

تو ای آفریننده‌ٔ داد و پاک / برین نره دیوان بی‌بیم و باک[1]

مرا ده تو پیروزی و فرهی / بمن تازه کن تخت شاهنشهی[2]

بپوشید ازآنپس بمغفر سرش / بیامد برِ نامور لشکرش[3]

خروش آمد و نالهٔ کرنای / بجنبید با پیل رستم ز جای[4]

سپهبد بفرمود تا گیو و توس / به پشت سپاه اندر آرند کوس[5]

چو گودرز با زنگهٔ شاوران / چو رهّام و گرگین جنگاوران[6]

گرازه همی شد بسان گراز / درفشی برافراخته هفت یاز[7]

چو فرهاد و خرّاد و برزین گو / برفتند با نامداران نو[8]

تهمتن به قلب اندر آمد نخست / زمین را به خون دلیران بشست[9]

چو گودرز کشواد بر میمنه / سلیح سپه برد و کوس و بنه[10]

از این میمنه تا بدان میسره / بشد گیو چون گرگ پیش بره[11]

ز شبگیر تا تیره شد آفتاب / همی خون بجوی اندر آمد چو آب

ز چهره بشد شرم و آیین مهر / همی گرز بارید گفتی سپهر[12]

ز کشته به هر جای بر توده کرد / گیاها به مغز سر آلوده کرد[13]

⇐ **چو رعد خروشنده شد بوق و کوس / خور اندر پسِ پردهٔ آبنوس**

ازآنسو که بد شاه مازندران / بشد پیلتن با سپاهی گران

زمانی نکرد او یله جای خویش / بیفشارد بر کینه‌گه پای خویش[14]

چو دیوان و پیلان پرخاشجوی / بروی اندر آورده بودند، روی[15]

برآورد آن گرز سالارکش / نه با دیو جان و، نه با پیل هش[16]

---

۱ – سخن سست خداوند را آفرینندهٔ داد شاید نامیدن، اما آفرینندهٔ پاک چه باشد: آفرینندهٔ پاکی. ۲ – دنبالهٔ سخن

۳ – نامور لشکر، نادرست است. ۴ – رستم هیچگاه در نبرد سوار بر پیل نشد.

۵ – کوس، را باید پیشاهنگ سپاه بودن تا بانگ آن سپاهیان را برافروزد.

٦ – «چو» همراه با نام در آغاز گفتار، نادرست است.

۷ – **یک:** با رج پیشین هماهنگی ندارد. **دو:** مگر گراز درفش بر می‌افرازد؟ ۸ – چوا!...

۹ – هشت روز از جنگ گذشته‌است و تهمتن برای نخستین بار بقلب سپاه دشمن اندر می‌شود.

۱۰ – **یک:** هیچگاه بنه را در بال‌لشکر جای نمی‌دادند، جایگاه بنه؛ پشت سپاه بود. **دو:** بُنه را با میمَنه پساوا نیست. **سه:** در آرایش پیشین سپاه (رج ۵۷۳۱) بال راست با توس بود و اینجا دگرگون گردید.

۱۱ – مگر چند میمنه در سپاه هست که چنین گفته آید؛ از این میمنه... **دو:** لت دویم سخت سست است... **سه:** تاکنون آنان دیو و جادو بودند، و اکنون «بره» گشتند؟ از آنجا که افزاینده را نیاز به پساوای میسره بود!

۱۲ – **یک:** آیین مهر «چهر» نمایان نیست که از چهره برود. **دو:** گفتی...

۱۳ – **یک:** چه کسی چنین کرد؟ **دو:** «گیاها» چه باشد؟ افزاینده نمی‌توانست، بجای آن؛ «گیاهان» آوردن؟

۱۴ – جای را «یله» (=آزاد، رها)، نمی‌توان کردن. **دو:** زمانی نکرد نیز نادرست است: «نکرد».

۱۵ – چون چنین است، افزاینده، ایرانیان را نیز که روبروی آنان بودند دیو و پیل خوانده‌است.

۱٦ – **یک:** پیدا نیست که چه کسی گرزِ سالارکُش را برآورده‌است. **دو:** سخن بی‌پایان، کنش ندارد. **سه:** گرز را چگونه باید بودن که

←

فکنده همه دشت خرتوم پیل ‌ ‌ ‌ همه کشته دیدند بر چند میل[1]
ازآنپس تهمتن یکی نیزه خواست ‌ ‌ ‌ سوی شاه مازندران تاخت راست[2]
یکی نیزه زد بر کمربند اوی ‌ ‌ ‌ ز کبر اندر آمد به پیوند اوی[3]
شد از جادوی، تنش، یک لخت کوه ‌ ‌ ‌ از ایران، بر او بر، نظاره گروه
تهمتن فروماند اندر شگفت ‌ ‌ ‌ سناندار، نیزه بدندان گرفت!*
رسید اندرو نیز کاووس شاه ‌ ‌ ‌ ابا پیل و کوس و درفش و سپاه
برستم چنین گفت ک:«ای سرفراز ‌ ‌ ‌ چه بودت که ایدر بماندی دراز؟»
بدو گفت رستم که: «چون رزم سخت ‌ ‌ ‌ ببود و، بیفروخت پیروز بخت
برخش دلاور سپردم عنان ‌ ‌ ‌ زدم بر کمربند گبرش سنان[4]
گمانم چنان بد که ازدلش خون ‌ ‌ ‌ کنون آید از کوههٔ زین برون[5]
برین گونه شد سنگ در پیش من ‌ ‌ ‌ نبود آگه از رای کم بیش من[6]
برین گونه، خارا؛ یکی کوه گشت ‌ ‌ ‌ ز جنگ و ز مردی بی اندوه گشت
بلشکرگهش برد باید، کنون ‌ ‌ ‌ مگر آید از سنگ خارا برون»[7]
ز لشکر هرآنکس که بُد زورمند ‌ ‌ ‌ پسودند چنگ، آزمودند بند

*

نه برخاست از جای سنگ گران ‌ ‌ ‌ میان اندرون شاه مازندران
گو پیلتن کرد چنگال باز ‌ ‌ ‌ بدان، آزمایش، نبودش نیاز
بران گونه آن سنگ را برگرفت ‌ ‌ ‌ کزو ماند لشکر، سراسر، شگفت
پیاده همی رفت، بر کتف؛ کوه ‌ ‌ ‌ خروشان پسِ پشتِ او در، گروه
ابر کردگار آفرین خواندند ‌ ‌ ‌ بر او زرّ و گوهر برافشاندند[8]
به پیش سراپردهٔ شاه برد ‌ ‌ ‌ بیفکند و ایرانیان را سپرد

*

← سالارکش بوده باشد، و دیگران را نکشد؟

۱ - **یک:** اگر همه دشت را خُرتوم پیلان پر کرده بود، پیکر پیلان، را کجا برده‌بودند؟ **دو:** چه کسان کشته دیدند؟

۲ - رستم پیشتر بسوی شاه مازندران رفته‌بود (۵۷۹۲).

۳ - **یک:** نیزه‌ای که بر میان بند میخورد، چگونه از گَبر که روی شانه‌ها و گردن را گرفته است فرود می‌رود؟ **دو:** «کمربند» در زبان فارسی، پرستار و غلام است، و «میان بند» درست است.

* - سناندار رستم نیز از شگفتی سر نیزه را بدندان گرفت.

۴ - دوباره؛ نادرستیِ کمربندِ گبر.

۵ - چگونه خون دل او از کوههٔ زین بیرون می‌آید؟ خداوندا! این چه ستم است که بر شاهنامه فردوسی روا کرده‌اند!

٦ - سخن درست در رج پسین می‌آید.

۷ - چند رج داستان بردن سنگ افزوده است. گزارش شگفت سنگ و ابر را، در داستان ایران دفتر دویم بخوانید.

۸ - در میدان جنگ و در چنان هیاهو، زرّ و گوهر در دسترس نبود.

بدو گفت: «ارایدونکه پیدا شوی   بگردی ازین تُنبل و جادوی
اُگرنه بگرز و بتیغ و تبر   ببرّم همه سنگ را سربسر»
چو بشنید، شد، چون یکی پاره ابر   بسر بزش پولاد و بر تنْش گبر
تهمتن گرفت آن زمان دست اوی   بخندید و زی شاه بنهاد روی
چنین گفت ک:«آوردم آن لخت کوه   ز بیم تبر شد ز چنگم ستوه»[1]
برویش نگه کرد کاووس شاه   ندیدش سزاوار تخت و کلاه
اُزان رنج‌های کهن یاد کرد   دلش خسته شد° سر پراز باد کرد
بدژخیم فرمود تا تیغ تیز   بگیرد، کند تنْش، را ریزریز
بلشکرگهش کس فرستاد زود   بفرمود تا خواسته هرچه بود[2]
ز گنج و ز تخت و ز درّ و گهر   ز اسپ و سلیح و کلاه و کمر
نهادند هرجای چون کوه کوه   برفتند لشکر همه همگروه
سزاوار هر کس ببخشید گنج   بویژه کسی که‌ش فزون بود رنج
ز دیوان هرآن‌کس که بد ناسپاس   وز ایشان دل انجمن پر هراس
بفرمودشان تا بریدند سر   فکندند جایی که بُد رهگذر*
اُزآنپس بیامد بجای نماز   همی گفت باداور پاک راز[3]
بیک هفته بر، پیش یزدان پاک   همی با نیایش بپیمود خاک
بهشتم در گنج‌ها کرد باز   ببخشید بر هر که بودش نیاز[4]
همی گشت یک هفته زین گونه نیز   ببخشید آن را که بایست چیز[5]
سیوم هفته چون کارها گشت راست   می و جام یاقوت ومیخواره خواست[6]
بیک هفته با ویژگان می به چنگ   به مازندران کرد زان پس درنگ[7]

---

۱ - از بیم تبر، یا از چنگ بستوه آمد؟   ○- خسته بُد درست می‌نماید.

۲ - چهار رج: خواسته و گنج و تخت و درّ و گوهر... که در میدان جنگ نمی‌توان بهمراهشان بردن!

* - گزارش شگفتِ این سخنان را در دفتر دویُم «داستان ایران» بخوانید.

۳ - دو رج: در اندیشهٔ ایرانی همه جا، جای نماز است و آمدن بجای نماز درست نیست.

۴ - کاووس؛ چگونه گنج‌های خود را بمازندران برده‌بود؟   ۵ - دنباله سخن، لت دویم دوباره‌گوییِ سست.

٦ - دست کم؛ جام یا قوتی راکس ندیده‌است. اگر گفته آید؛ جام یاقوت رنگ، نشان از رنگ «می» می‌کند که اندر آن است، اما در این سخن از «می» یاد شد، پسان «جام یاقوت» که هیچ گزارشی ندارد.

۷ - می را بچنگ نمی‌گیرند، و شاید که جام را بدست گیرند، نه بچنگ که چنین کار، از گرگ و پلنگ بر می‌آید.

بخشیدنِ کاووس مازندران را به اولاد

تهمتن چنین گفت با شهریار | که: «هرگونه‌ای مردم آید بکار
مرا این هنرها ز اولاد خاست | که هرسو؛ مرا، راه بنمود راست
بمازندران دارد اکنون امید | چنین دادمش راستی را نوید
کنون خلعت شاه باید نخست | یکی عهد و شهری بر او بر، درست
که تا زنده باشد بمازندران | پرستش کنندش همه مهتران»
چو بشنید گفتار خسروپرست | ببر زد جهاندارِ بیدار، دست*
ز مازندران مهتران را بخواند | ز اولاد چندی سخن‌ها براند[1]
چنین گفت که: «این بر شما پادشاه | که چونان ندیده‌ست خورشید و ماه»[2]
از اسپان تازی به زرّین ستام | ز شمشیر هندی به زرّین نیام[3]
ز دیبای رومی زبرجد نگار | اُزان زنده پیلان جنگی چهار
نهاده بریشان همه تخت زر | به زر اندرون برنشانده گهر
سپرد آن زمان تخت شاهی بدوی | اُز آنجا سوی پارس بنهاد روی

بازآمدن کاووس به شهر ایران و رفتن رستم بسیستان

چو کاووس در شهر ایران رسید | ز گرد سپه شد هوا ناپدید
برآمد همی تا بخورشید جوش | زن و مرد شد پیش او با خروش[4]
همه شهر ایران بیاراستند | می و رود و رامشگران خواستند
جهان سربسر نو شد از شاه نو | از ایران برآمد یکی ماه نو

---

* – دست بسینه زدن، نشان فرمانبرداری است. کاووس فرمان رستم را پذیرفت.
۱ – «چندی سخن‌ها» نادرست است.
۲ – **یک:** «این» در لت نخست با «آن» (در چونان) در لت دویم همخوان نیست. **دو:** مگر اولاد که بود که خورشید و ماه تاکنون همانندش را ندیده‌بودند. **سه:** سخن نیز بی‌پایان است.
۳ – چهار رج: اسپ وگنج و دینار و دیبای رومی! و... سخنان نادرخور.
۴ – **یک:** جوش تا خورشید برنمی‌رود. **دو:** زن و مرد را (شدند) باید!

۳۸۲
کیکاووس

چو بر تخت بنشست پیروز و شاد　　در گنج‌های کهن برگشاد
ز هر جای روزی‌دِهان را بخواند　　بدیوانِ دینار دادن نشاند
برآمد خروش از در پیلتن　　بزرگان لشکر شدند انجمن
همه شادمان نزد شاه آمدند　　بدان نامور پیشگاه آمدند

＊

تهمتن بیامد بسر بر کلاه　　نشست از برِ تخت، نزدیک شاه
سزاوارِ او شهریار زمین　　یکی خلعت آراست با آفرین [1]
یکی تخت پیروزهٔ میش‌سار　　یکی خسروی تاج گوهرنگار
یکی دست زربفت شاهنشهی　　ابا یاره و توغ و با فرهی
سد از ماهرویان زرّین کمر　　سد از مشک مویان با زیب و فر
سد از تازی اسپان، بزرّین ستام　　سد اشتر سیه‌موی و زرین لگام
همه بارشان دیبه خسروی　　ز چینیّ و رومیّ و زِ پهلوی
ببردند سد بدره دینار نیز　　ز رنگ و ز بوی و ز هرگونه چیز
ز یاقوت، جامی پر از مشکِ ناب　　ز پیروزه دیگر یکی، پر گلاب
نوشته یکی نامه‌ای بر حریر　　ز مشک و ز انبر ز اود و اَبیر
سپردش به سالار گیتی‌فروز　　بتوی همه کشور نیمروز
چنان کز پس عهد کاووس شاه　　نباشد بران تخت، کس را کلاه
مگر نامور رستم زال را　　خداوند شمشیر و کوپال را
بر او آفرین کرد کاووس شاه　　که: «بی‌تو مبیناد کس پیشگاه*
دل تاجداران بتو گرم باد　　روانت پراز شرم و آزرم باد»
فرو جست رستم ببوسید تخت　　بسیج گذر کرد و بربست رخت [2]
خروش تبیره برآمد ز شهر　　ز شادی رسیده، بهر جای، بهر
بشد رستم زال و بنشست شاه　　جهان کرد روشن، بآیین و راه
بشادی برِ تخت زرّین نشست　　همی جور و بیداد را در ببست [3]
زمین را ببخشید بر مهتران　　چو باز آمد از شهر مازندران [4]

۱ – از اینجا دوازده رج در یوزه‌گری‌های افزایندگان. تخت از پیروزه نمی‌توان کردن. تاج شاهی به پهلوان نمی‌توان دادن... زربفت شاهنشهی، توغ چگونه با فرّهی تواند بودن! سد از ماهرویان (نادرست) ماهروی مشکموی نیز هست، و چگونه آنانرا از هم جدا کردند؟ سد از اسپ سد اشتر سیه‌موی(!!؟) دیبای خسروی راکس نشنوده‌است. دیبای رومی! دیبای پهلوی!... هرگونه چیز، جام یاقوتی (؟) جام پیروزه‌ای (؟) دبیره با مشک و انبر و ابیر! سپردش...

* – پیشگاه پادشاهی بی تو مباد، یا کسی را مبیناد!

۲ – بسیج رفتن کردن شاید، اما رخت را در بارگاه شاه نمی‌بندند!

۳ – دوباره‌گویی رج پیشین.

۴ – از مازندران پیشتر، بازآمده‌بود.

به توس آن زمان داد اسپهبدی — بدو گفت: «از ایران بگردان بدی»[۱]
پس آنگه سپاهان به گودرز داد — ورا کام و فرمان آن مرز داد[۲]
وزان پس به شادی و می دست برد — جهان را نموده بسی دستبرد[۳]
بزد گردن غم به شمشیر داد — نیامد همی بر دل از مرگ یاد[۴]
زمین گشت پر سبزه و آب و نم — بیاراست گیتی چو باغ ارم[۵]
توانگر شد از داد و از ایمنی — ز بد بسته شد دست اهریمنی[۶]
بگیتی خبر شد که کاووس شاه — ز مازندران بستد آن تاج و گاه[۷]
بماندند یکسر همه زین شگفت — که کاووس شاه این بزرگی گرفت[۸]
همه پاک با هدیه و با نثار — کشیدند صف بر در شهریار[۹]
جهان چون بهشتی شد آراسته — پراز داد و آکنده از خواسته
سرآمد کنون رزم مازندران — به پیش آورم جنگ هاماوران

---

۱ – توس پیش از آن سپاهبد ایران بوده‌است. لت دویم سست و کودکانه است.
۲ – **یک:** نیز گودرز از پیش سپاهبد خوروران بوده‌است. **دو:** کامِ آن مرز را دادن، چه باشد؟
۳ – دستبرد بجهان زدن، دزدی است!
۴ – هیچکس را پیش از آمدن مرگ، یاد از مرگ نمی‌آید.
۵ – باغ ارم را در گفتار فردوسی جای نیست. سخن درست در رج ۵۸۸۵ آمده‌است.
٦ – چه‌کس توانگر شد؟ شاه؛ پیش از آن نیز توانگر بود، اگر از دادِ او مردمان ایمن شدند که می‌باید کنش سخن؛ (شدند) باشد!
۷ – از مازندران، یا از شاه مازندران؟
۸ – سخن سست
۹ – دریوزگی افزایندگان

گشتن کاووس

برگرد

جهان

ازآنپس چنین کرد کاووس، رای ‌ ‌ ‌ که در پادشاهی بجنبد ز جای
از ایران بشد تا بتوران و چین ‌ ‌ ‌ گذر کرد زان پس، بمُکران زمین
ز مکران شد آراسته تا زره ‌ ‌ ‌ میان‌ها ندید ایچ رنج از گره●
پذیرفت هر مهتری باژ و ساو ‌ ‌ ‌ نکرد آزمون گاو، با شیر، تاو*
چنین هم، گرازان به بربر شدند ‌ ‌ ‌ جهانجوی، با تخت و افسر شدند[1]
شهِ بربرستان بیاراست جنگ ‌ ‌ ‌ زمانه دگرگونه‌تر شد برنگ[2]
سپاهی بیامد ز بربر برزم ‌ ‌ ‌ که برخاست از لشکر شاه بزم[3]
هوا گفتی از نیزه چون بیشه شد ‌ ‌ ‌ خور از گَرد اسپان جفاپیشه شد[4]
ز گَرد سپه هور شد ناپدید ‌ ‌ ‌ کس از خاک، دست و عنان را ندید[5]
برزخم اندر آمد همی فوج فوج ‌ ‌ ‌ برآنسان که برخیزد از آب موج[6]
چو گودرز، گیتی بران گونه دید ‌ ‌ ‌ ز کوهه عمود گران برکشید[7]
بزد اسپ با نامداری هزار ‌ ‌ ‌ ابا نیزه و تیرِ جوشن‌گذار[8]

● – با آشتی به پیش می‌رفتند؛ بسوی دریا، و بایسته نمی‌نمود که زره بپوشند و کمر بر میان ببندند.

* – چنانکه گاو را تاب جنگیدن با شیر نیست، آنان نیز با سپاه ایران نجنگیدند.

۱ – آیا همهٔ سپاهیان با تخت و افسر رفتند؟ کنش در این سخن چنین داوری میکند، بازآنکه تنها کاووس بود که جهانجوی بود، و با تخت و افسر بود.

۲ – **یک:** نخستین جنگ کاووس (کاسپ، کاسیت، کاسیان) با بخش‌های پیرامون ایران، نبرد او با شاه هاماوران بوده است که با رج ۵۹۱۴ آغاز می‌شود که از آن با رُستنِ خار، در گوشهٔ گلستان یاد شده است، و اگر اینجا نیز جنگی روی می‌داد، می‌بایستی با چنین یادکردی، بدان برخورد شود. **دو:** گفتارهای پسین نیز ساختگی بودن میدان نبرد را نشان میدهد. **سه:** جنگ بربر، با ایران همزمان با نبرد هاماوران بوده است. **چهار:** لت دویم «دگرگونه (تر) شد برنگ»، نادرست است: «رنگ زمانه دگرگون شد».

۳ – **یک:** چون سپاه کاووس به بربر رفته‌بود، نشاید گفتن که سپاه از بربر آمد! **دو:** سپاهی که بجنگ رفته‌است با بزمش چه کار است که بربریان بزم آنان را از میان بردارند!

۴ – تاکنون هیچ سرایندهٔ ایرانی از جفاپیشگی خورشید سخن نگفته‌است که خورشید را همواره ستوده‌اند!

۵ – دوباره‌گویی لت پیشین است.

٦ – چون سخن از فوج فوج سپاهیان است، کنش یگانه درست نمی‌نماید؛ «می‌آمدند».

۷ – عمود، بجای گرز!

۸ – **یک:** چون دو سپاه، بهم نزدیک شوند، جای برای تیروکمان نیست... تیروکمان پیش از بهم رسیدن سپاهیان از راه دورتر بکار گرفته

←

بر آویخت و بدرید قلب سپاه — دمان از پس اندر همی رفت شاه[1]
تو گفتی ز بربر سواری نماند — بگرد اندرون نیزه‌داری نماند[2]
بشهر اندرون هر که بد سالخوَرد — چو برگشته دیدند باد نبرد[3]
همه پیش کاووس شاه آمدند — جگر خسته و پر گناه آمدند[4]
که ما شاه را چاکر و بنده‌ایم — همه باژ را گردن افکنده‌ایم[5]
بجای درم زرّ و گوهر دهیم — سپاسی ز گنجور بر سر نهیم[6]
ببخشود کاووس و بنواختشان — یکی راه و آیین نو ساختشان[7]
اُزان جایگه بانگ سنج و درای — بر آمد ابا نالهٔ کرّنای[8]
بتوفید گیتی چو لشکر براند — بروز اندرون، روشنایی نماند
چو آمد برِ شهر بربر گذر — سوی کوه قاف آمد و باختر[9]
چو آگاهی آمد بریشان ز شاه — نیایش کنان برگرفتند راه[10]
پذیره شدندش همه مهتران — بسر برنهادند باژ گران[11]
چو فرمان گزیدند، بگرفت راه — بی‌آزار رفتند شاه و سپاه[12]
سپه را سوی زاولستان کشید — بمهمانیِ پور دستان کشید[13]
ببُد شاه یکماه در نیمروز — گهی رود و می خواست، گه باز و یوز
برین بر، نیامد بسی روزگار — که بر گوشهٔ گلسِتان رُست خار

← می‌شد. **دو:** تیروکمان جنگ‌افزار پیادگان بود، نه سواران! **سه:** گودرز عمود (گرز) را برکشید، و در میان راه گرز به نیزه و تیر (بی‌کمان) گردانده شد!

۱ – «از پس اندر» نادرست است، از پس (او) می‌رفت.

۲ – تو گفتی... در میدان جنگ چون دو سپاه، بیکدیگر رسند، نیزه کاربرد ندارد، و جای گرز، یا شمشیر است.

۳ – دنبالهٔ گفتار

۴ – سالخوردگان را چه گناه بوده‌است، که «پر گناه» بیایند!

۵ – دنبالهٔ گفتار

٦ – هنوز، درم پدید نیامده بود.

۷ – «راه و آیین نو» چه بوده‌است؟

۸ – دنبالهٔ داستان

۹ – باختر: اپاختر پهلوی و اپاخِذرِ اوستایی، همان شمال است که جایگاه دیو سرما است. بنداری این واژه را مغرب ترجمه کرده‌است، زیرا که در زمان وی، بهنگام یورش مغولان از سوی راست، ایرانیان را دست چپ و راست فراموش کرده شده‌بود! قاف؛ نیز، قفقاز است که از آنجا بسوی باختر می‌توان رفتن، و بربریان در قفقاز نمی‌زیستند و در خورروران بودند نزدیک مصر، چنانکه اکنون نیز گروهی از آنان در الجزایر می‌زیند، و آنجا فرزندانشان در آموزشگاه‌ها زبان بربری را نیز می‌آموزند.

۱۰ – دنبالهٔ گفتار

۱۱ – بسر برنهادند، نادرست است... شاید گفتن: «بگردن گرفتند...» و شگفتا که اگر افزاینده چنین می‌گفت، آهنگ سخن نیز برهم نمی‌خورد، و سخن درست نیز گفته‌بود... اما افزایندگان را پروای درستی و نادرستی نبوده‌است. و نمی‌اندیشیدند که هیچکس باژ را بر سر خویش نتواند نهادن!

۱۲ – **یک:** راه، گرفتنی نیست... پیمودنی است. **دو:** لت دویم سخن از آن می‌گوید که آزاری از بربریان بشاه و سپاه ایران نرسید! بازآنکه افزاینده را رای بر این نبوده‌است و خواسته بگوید از شاه و سپاه بآنان آزار نرسید.

۱۳ – دو رج؛ افزاینده آگاهی ندارد که از قفقاز و اپاختر، تا نیمروز چه اندازه راه است، و برای یک ماه میهمانی نشاید، چندین کوه و دشت و رود را پیمودن و یکسال در راه بودن!

رزم کاووس
با
شاه هامـــاوران

خـــور از آزمـــایش نـــیابد جـواز   نشیب آیـدش چـون شـود بـرفراز
چـــو شـــد کـــار گیتی بـدان راستی   پـــدید آمـــد از تـــازیان کـــاستی[۱]
یکـــی بـــا گـــهر مـرد بـا گـنج و نـام*   درفشـی بـرافـراخت از مـصر و شـام
ز کـــاووس کـــی، روی بـــرگاشتند   دِر کـــهتری، خـــوار بگـــذاشتند
چـــو آمـــد بشـــاه جـهان آگـهی   کـــه انـــباز دارد بشـــاهنشهی
بـــزد کـــوس و بـــرداشت از نـــیمروز   ســـپه شـاددل شـاه گـیتی‌فروز[۲]
هـــمه بـــر ســـپرها نـــبشتند نـــام   بـــجوشید شـــمشیرها در نـــیام[۳]
ســـپه را ز هـــامون بـــدریا کشـید   بـــدانســو کـــجا؛ دشـمن آمـد پـدید

*

بـــی انـــدازه کشـــتی و زورق بســـاخت   بـــرآشـــفت و بـــر آب لشکـر بـتاخت[۴]
هـــمانا کـــه فـــرسنگ بـــودی هـــزار   اگـــر راه را پـــای کـــردی شـــمار[۵]
هـــمی رانـــد تـــا در مـــیان ســه شـهر   ز گـــیتی بـــرین گـــونه جـویند، بـهر[۶]
بـــدست چـپش مـصر و، بـربر بـراست   زره در مـــیانه بـر آن سـو کـه‌خـواست[۷]
بـــه پـــیش انـــدرون شـــهر هـــاماوران   بـــهر کشـوری در، ســـپاهی گـــران[۸]
خـــبر شـــد بدیشان کـه کـاووس شـاه   بـــرآمـــد ز آب زره بـــا ســـپاه

۱ – مردان مصر و شام تازی نبودند، و چنانچه از همین داستان برمی‌آید، آنان پیوستهٔ بایران بوده‌اند که در آنزمان خویش را از ایران جدا کرده‌اند، در بارهٔ پیوستگی مصریان به ایران، بنگرید به داستان ایران.

* – در همهٔ نمونه‌ها باگنج و نام، باگنج و کام، با ننگ و نام آمده‌است، بنداری می‌گوید: «انه خرج رجل من العرب الأصیل یسمی دُربیس من نواحی الشام و المصر» همانا سرکشی کرد مردی از عرب (چون در زمان بنداری در سرزمین مصر و شام مردمان عرب زبان بوده‌اند وی واژهٔ عرب را بشاهنامه افزوده است) اصیل، بنام دُربیس از سرزمین‌های مصر و شام! و بر این بنیاد، این رج را بایستی چنین نوشت: «**یکی باگهر مرد، دُربیس نام**». و دربارهٔ دُربیس بنگرید به داستان ایران دفتر دویُم. این نام یکبار دیگر در داستان سیاوخش بگونهٔ دگرگون شده آمده‌است. بهنگام، آنرا برمی‌رسیم.

۲ – بر رسیدیم که مهمانی نیمروز، درست نبوده‌است.

۳ –شمشیر، در نیام نمی‌جوشد! و بیرون از نیام جهان را بجوش و خروش در می‌آوَرَد.

۴ – **یک:** بهنگام نشاندن لشکریان بر کشتی که هزاران فرسنگ دور از میدان جنگ‌اند، برآشفتن روی ندارد. **دو:** سپاه را بر آب تاختن چگونه باشد؟

۵ – برداشت نادرست از رج ۶۱۰۶، ولشکرکشی رستم بهاماوران است.

۶ –لت دویم را با لت نخست هماهنگی و پیوند نیست.

۷ – **یک:** زره، آب دریای پیوسته به فراخکرت (اقیانوس پیرامون جهان است، در بالای دریای سرخ) نه شهر. **دو:** و چگونه آب زره را چنان در میانه نهاد که می‌خواست؟

۸ – **یک:** شهر هاماوران در این سخن، جای آب زره راگرفت. **دو:** پیوند سپاهیان آن کشورها، با لت نخست چیست؟ **سه:** «پیش اندرون» نادرست است.

خبر شد بدیشان که کاووس شاه بـرآمد ز آب زره با سپاه
هماو از گشتند یک با دگر سپه را سوی بربر آمد گذر[1]
یکی گشت چندان سر تیغ زن به بربرستان درشدند انجمن[2]
سپاهی که دریا و صحرا و کوه شد از نعل اسپان ایشان ستوه[3]
نه بُد شیر درّنده را خوابگاه نه گور ژیان یافت بر دشت راه[4]
پلنگ از بر سنگ و ماهی در آب هم اندر هوا ابر و پرّان عقاب[5]
همی راه جستند و کی بود راه دد و دام را بر چنان رزمگاه[6]
چو کاووس لشکر بخشکی کشید کس اندر جهان کوه و صحرا ندید[7]
جهان گفتی از تیغ و از جوشن است ستاره ز نوک سنان روشن است[8]
تو گفتی زمین شد سپهر روان همی بارد از تیغ هندی روان[9]
ز بس خود زرّین و زرّین سپر بگردن برآورده رخشان تبر[10]
ز مغفر هوا گشت چون سندروس زمین سر بسر تیره چون آبنوس[11]
بدرّید کوه از دَمِ گاودُم زمین آمد از سمّ اسپان به خم[12]
ز بانگ تبیره به بربرستان تو گفتی زمین گشت لشکرستان[13]
برآمد ز ایران سپه بوق و کوس برون رفت گرگین و فرهاد و توس[14]
اُزان سوی گودرز کشواد بود چو گیو و چو شیدوش و میلاد بود[15]
فکندند بر یال اسپان عنان بزهر آب دادند نوک سنان[16]

۱ – بربرستانِ باستان بسیار دور از دریا بوده‌است، بازآنکه اگر آنان را؛ رای نبرد با کاووس بود، می‌بایستی به کرانهٔ دریای سرخ آیند. این چهار رج برگرفته از داستان نبرد رستم است با آن سه کشور، و جنگ کاووس، تنها با هاماوران بود که سرکشی کرده‌بود، و در پایان نبرد نیز دیده می‌شود که تنها شاه هاماوران شمشیر می‌افکند و آشتی می‌جوید!

۲ – برداشت کودکانهٔ یک افزایندهٔ دیگر از رج پیشین. چون از تیغزن سخن می‌رود، با سرِ او کار نیست که ببازوی وی می‌نگرند. اما «سر تیغزنان یکی شد» را چه گزارش است؟

۳ – بر بنیاد گفتهٔ افزایندگان؛ سه سپاه بود، نه یک سپاه.

۴ – سخن نادرست نیست اما دنبالهٔ داستان است.

۵ – دنبالهٔ گفتار، با گزافهٔ بسیار.

٦ – دنباله سخن

۷ – در رج ۵۹۲۸ لشکر کاوس، بخشکی رسیده‌بود.

۸ – **یک:** گفتی... **دو:** لت دویم را گزارش نیست.

۹ – تو گفتی، از تیغ، خون شاید ریختن سرودست و پیکر همچنین! اما روان از آن نمی‌ریزد!

۱۰ – **یک:** نه خود، و نه سپر، هیچیک را نمی‌شایست با زر ساختن، زیرا که زر را تاب زخمِ گرز نیست. **دو:** خودها و سپرها، تبر بگردن برآورده‌بودند!

۱۱ – اگر بر بنیاد رج پیشین مغفرها زرین بود، چرا هوا را برنگ سندروس درآورد!

۱۲ – **یک:** زمین را چگونه خمیدن شاید؟ **دو:** خَم را با دُم پساوا نیست.

۱۳ – جای نبرد در بربرستان نبود. سخن نیز سخت سست می‌نماید.

۱۴ – گرگین و فرهاد و توس، برون (رفتند). برون رفت نادرست است.

۱۵ – **یک:** در رج پیشین روشن نشد که آن پهلوانان از کدام سو رفتند که اینان، از آن سوی رفته باشند روشن است که آنان بسوی سپاه دشمن رفته‌اند، و اینان را نیز باید بهمان سو رفتن! **دو:** اینجا نیز برای سه پهلوان کنش «رفت» بکار گرفته شده‌است که درست نیست. **سه:** «چو» نادرست است.

۱٦ – آغاز یورش را، زمان برای زهر آب دادن سنانها نیست که آنرا می‌بایستی پیش از جنبش سپاه بانجام رساندن!

کیکاووس ۳۸۸

۵۹۴۵ چو بر کوههٔ زین نهادند سر	خروش آمد و چاک‌چاک تبر ۱
تو گفتی همی سنگ آهن گَنَد	وگر آسمان بر زمین برزنند ۲
بجنبید کاووس در قلبگاه	سپاه اندر آمد به پیش سپاه
جهان گشت تاری سراسر ز گرد	ببارید شنگرف، بر لاژورد
تو گفتی هوا ژاله بارد همی	بسنگ اندرون لاله کارد همی ۳
۵۹۵۰ ز چشم سنان آتش آمد برون	زمین شد بکردار دریای خون
سه لشکر چنان شد از ایرانیان	که سر؛ باز نشناختند از میان ۴

*

نخستین سپهدار هاماوران	بیفکند شمشیر و گرز گران
غمین گشت و از شاه زنهار خواست	بدانست کان، روزگار بلاست ۵
به پیمان که از شهر هاماوران	سپهبد دهد ساو و باژ گران
۵۹۵۵ ز اسپ و سلیح و ز تخت و کلاه	فرستد بنزدیک کاووس شاه ۶
چو این داده باشد بر او بگذرد	سپاهش بر و بوم او نسپرد ۷
ز گوینده بشنید کاووس کی	برین گفته‌ها پاسخ افکند پی
که: «یکسر همه در پناه منید	پرستندهٔ تاج و گاه منید»

بزن خواستن کاووس سودابه دختر شاه هاماوران را

ازآن‌پس بکاووس، گوینده گفت	که: «او دختری دارد اندر نهفت
۵۹۶۰ که از سرو، بالاش زیباتر است	ز مشک سیه بر سرش افسر است

---

۱ - سر بر کوههٔ زین نهادن، از برای نیزه زدن است، پس هنگام چاک‌چاک تبر نیست.
۲ - یک: تو گفتی... دو: آسمان (را).
۳ - تو گفتی... افزایندهٔ سست سخن، گفتار زیبای شاهنامه را در رج پیشین بدین‌گونه دوباره آورده‌است اما از هوای گردآلود، ژالهٔ روشن چگونه تواند باریدن! و در میان «زمین» (که از آن گرد برخاسته‌است و بی‌گمان زمین خاکی است) چگونه لاله بر «سنگ» کاشته می‌شود!!!
۴ - داستان سه لشکر، افزوده بشاهنامه است، چنانکه پیشتر گفته شد، و اینجا نیز دیده می‌شود که بهنگام شکست، تنها هاماوران شکست می‌پذیرد. اما، سر را از پای باز نمی‌شناسند، نه از «میان»!!
۵ - یک: چون شمشیر افکند، خود نشانهٔ زنها خواهی است. دو: لتِ دویم را پیوند درست با لت نخست نیست.
۶ - تخت و کلاه خود را بفرستد؟
۷ - سخن کودکانه

ببالا بلند و، به گیسو کمند — زبانش چو خنجر، لبانش چو قند[1]
بهشتی‌ست آراسته پرنگار — چو خورشید تابان بخرّم بهار
نشاید که باشد جزاز جفتِ شاه — چه نیکو بود شاه را؛ جفت، ماه»

*

بجنبید کاووس را دل ز جای — چنین داد پاسخ که اینست رای
گزین کرد شاه از میان گروه — یکی مردِ بیدارِ دانش‌پژوه
گرانمایه گُردی، ز ناماوران — بفرمود تا شد بهاماوران[2]
بگویش که: «پیوند ما در جهان* — بجویند کارآزموده مهان
که خورشید، روشن، ز تاج من است — زمین پایهٔ تخت آج من است
هرآنکس که در سایهٔ من پناه — نیابد، ازو کم شود پایگاه
کنون با تو پیوند جویم همی — رخ آشتی را بشویم همی[3]
پس پردهٔ تو یکی دختر است — شنیدم که گاه مرا درخوَر است
که پاکیزه تخم است و پاکیزه تن — ستوده بهر شهر و هر انجمن[4]
چو داماد یابی، چو پورِ قباد — چنان دان که خورشید، دادِ تو داد»

*

بشد مردِ بیدارِ روشنروان — بنزدیک سالار هاماوران
زبان کرد گویا و دل کرد گرم — بیاراست لب را بگفتار نرم
ز کاووس دادش درود و خرام — ازآنپس بگفت آنچه بود از پیام[5]
چو بشنید سالارِ هاماوران — دلش گشت پر درد و، سر شد گران
همی[□] گفت: «هرچند کاو پادشاست — جهاندار و پیروز و فرمانرواست
مرا در جهان خود یکی دختر است — که از جان شیرین گرامی‌تر است
فرستاده را گر کنم سرد و خوار — ندارم پی و مایهٔ کارزار

1 - **یک:** در رج پیشین هم از بالا و هم از گیسوان آن دختر سخن رفت، و این دوباره‌گویی است. **دو:** زبان چون خنجر تیز زن، روان مرد را می‌کاهد. **سه:** چه سود از قندی که با نوک تیز خنجر در کام مرد رود؟

۲ - برای خواستاری گردان را نمی‌فرستند که همان مرد بیدار دانش‌پژوه درست می‌نماید.

* - در همه نمونه‌ها چنین آمده‌است، اما پیوند با رج پیشین ندارد. سخن درست چنین می‌نماید:

(که) گوید که پیوند ما در جهان — بجویند کارآزموده مهان

۳ - رخ آشتی را شستن، همانا کین آوردن است.

۴ - **یک:** «که» پیوند دهندهٔ آغازین، با «که» گاه مرا درخور است، همخوان نیست. **دو:** پاکیزه‌تن چگونه باشد؟ مگر دیگر دختران را تن پاکیزه نبوده‌است، که تنها این یک دختر را بداشتن تنِ پاک بستایند! چگونه در هر شهر و هر انجمن «ستوده» است که کاووس را تاکنون از وی آگاهی نبوده‌است!

۵ - دربارهٔ «خرام» بنگرید به پیشگفتار.

□ - در نمونه‌ها «همی گفت» آمده‌است، اما پیدا است که «**بدل گفت**» درست است.

همان به که این درد را نیز چشم ‌ بپوشیم و از دل بشوییم خشم»

*

چنین گفت با مرد شیرین‌سَخُن ‌ که: «سر نیست این آرزو را، نه بُن [1]
همی خواهد از من، گرامی دو چیز ‌ که آن را سدیگر ندانیم نیز
مرا پشتگرمی بُد از خواسته ‌ به فرزند بودم دل آراسته
بمن زین سپس جان نماند همی ‌ اُگر شاه ایران ستاند همی؛
سپارم کنون هرچه خواهد بدوی ‌ نتابم سر از رای و فرمان اوی»
غمین گشت و سوداوه را پیش خواند ‌ ز کاووس با او سخن‌ها براند
بدو گفت که: «ز مهتر سرفراز ‌ که هست از مهی و بهی بی‌نیاز
فرستاده‌ای چرب گوی آمده‌ست؛ ‌ یکی نامهٔ خواستاری بدست
همی خواهد از من که بی‌کام من ‌ ببرّد دل و خواب و آرام من
چه گویی کنون و هوای تو چیست؟ ‌ بدین کار بنگر که رای تو چیست؟»

*

بدو گفت سوداوه: «گر چاره نیست ‌ ازو بهتر، امروز؛ غمخواره نیست
کسی کاو بود شهریار جهان ‌ بر و بوم خواهد همی از مهان
ز پیوند با او، چرایی دژم؟ ‌ کسی نشمرد، شادمانی؛ بغم!»

*

بدانست سالار هاماوران ‌ که سوداوه را، آن، نیامد گران
فرستادهٔ شاه را پیش خواند ‌ اُزان نامدارانش برتر نشاند [2]
ببستند بندی بر آیین خویش ‌ برآنسان که بود آن زمان دین و کیش [3]
بیک هفته سالار هاماوران ‌ همی ساخت، آن کار، با مهتران
بیاورد پس خسرو خسته‌دل ‌ پرستنده سیسد، عماری چهل [4]
یکی لشکر آراسته چون بهشت ‌ تو گفتی که روی زمین لاله کشت [5]
هزار اشتر و، اسپ و استر هزار ‌ ز دیبا و دینار کردند بار [6]

---

۱ – اگر این آرزو را سر و بن نداند، چرا می‌بایستی آن را با نماینده کاووس در میان گذارد؟ و نیز چرا می‌بایستی که بی‌درنگ با آن همرای شود؟ از اینجا پنج رج آمده‌است که پیوند شایسته ندارد و سخن درست همانست که در رج ۵۹۸۷ می‌آید.

۲ – از کدام نامداران؟ سخن درست آن بود که: «از نامداران هاماورانش برتر نشاند!»

۳ –کیش هاماوران، (هیتیت‌ها) با ایرانیان یگانه بوده‌است، و بر این بنیاد است که رج ۶۰۰۹ از آیین و کیش یگانه نام برده می‌شود. در سنگنوشته‌های بُغازکوی، که نشانی آن با نشانی کشور هاماوران همخوان است از یک آشتی میان جنگاوران سخن رفته‌است که ایزدان «وارونَ» و «میترَ» و «نَستْیَ» نگهبان پیمان آنند، و این نامها هر سه آریایی‌اند، نشان دهندهٔ کیش یگانهٔ هاماوران و ایران‌اند!

۴ – پرستنده سیسد در عماری چهل نادرست است.

۵ – تو گفتی

۶ – **یک:** استر هزار... گزافهٔ بی‌مانند، سه هزار اسپ و استر و اشتر بار دینار و دیبا؟ **دو:** هاماوران را ابریشم نبود.

عماری بماه نو آراسته — پس پشت و پیش اندرون خواسته [1]

*

چو آمد بنزدیک کاووس شاه — دلارام، با زیب و با فرّ و جاه
ز هودج برآمد یکی ماه نو — چو آراسته ماه، بر گاه نو
برخساره بر، کرده از گل نگار — فروهشته از غالیه*، گوشوار
دو یاقوت خندان، دو نرگس دژم — ستونِ دو ابرو چو سیمین قلم
نگه کرد کاووس و خیره بماند — بسوداوه بر، نام یزدان بخواند
یکی انجمن ساخت از بخردان — ز بیداردل، پیرسر، موبدان
سزا دید سوداوه را جفت خویش — ببستند بندی بر آیین و کیش

به بند افکندن شاه هاماوران کاووس را

غمین بُد دل شاه هاماوران — ز هر گونه‌ای چاره جست اندران
چو یک هفته بگذشت، هشتم پگاه — فرستاده آمد بنزدیک شاه
که گر شاه بیند°، بمهمانِ من — بیاید خرامان، به ایوان من
شود شهر هاماوران ارجمند — چو بینند، رخشنده گاهِ بلند
بدینگونه با وی همی چاره جست — نهان، بند او بود، دل نادرست [2]
مگر شهر و دختر بماند بدوی — نباشدْش بر سر، یکی باژجوی [3]

*

بدانست سوداوه رای پدر — که با سور، پرخاش دارد بسر
بکاووسِ کی گفت کـ :«ین رای نیست — ترا خود بهاماوران جای نیست
نباید که با سور، جنگ آورند — ترا بی‌بهانه بچنگ آورند
ز بهر من است این همه گفت‌وگوی — ترا زین شدن، اندُه آید بروی»

1 – پیش اندرون نادرست است. خواسته را نیز پس از آروس می‌برند.
* – بناگوش زیبا و خوشبوی او را گوید.
○ – اگر کاووس را نگرش بر آن باشد که... . اگر کاووس همرای باشد.
۲ – **یک:** چاره جست در رج ۶۰۱۰ آمده‌بود، و اینجا دوباره‌گویی است. **دو:** دل نادرست (و در نمونهٔ دیگر؛ رایش درست) گزارش درست ندارد.
۳ – **یک:** پیوسته برج پیشین است. **دو:** باژجوی کسی است که در اندیشهٔ گرفتن باژ باشد، بازآنکه کاووس باژخواه است.

۳۹۲ کیکاووس

*

ز سوداوه گفتار باور نکرد — نمی‌داشت زیشان، کسی را بمرد!
بشد با دلیران و گنداوران — بمهمانیِ شاه هاماوران
یکی شهر بُد شاه را، شاهه نام — همه ازدرِ° سور و آرام و کام
بدان شهر بودش سرای و نشست — همه شهر،سرتاسر آذین ببست [1]
چو در شاهه شد شاه گردنفراز — همه شهر، بردند پیشش نماز
همه گوهر و زئفران ریختند — بدینار، انبر برآمیختند [2]
بشهر اندر، آوای رود و سرود — بهم برکشیدند چون تاروپود [3]
چو دیدش سپهدار هاماوران — پذیره شدش پیش با مهتران [4]
ز ایوان سالار تا پیش در — همه درّ و یاقوت بارید و زر [5]
ز زرّین تبق‌ها گهر ریختند — بسر مشک و انبر همی بیختند [6]
بکاخ اندرون تخت زرّین نهاد — نشست از برِ تخت، کاووس، شاد
همی بود یک هفته با می بدست — خوش و، خرّم آمدْش جای نشست
شب و روز، بر پای، چون کهتران — میان بسته بُد شاه هاماوران

*

گشادند گُردان لشکر، میان — پرستنده بر پیش ایرانیان [7]
بدینگونه تا یکسر ایمن شدند — ز چون و چرایِ نهیب و گزند
همه گفته بودند و آراسته — سگالیده از جای برخاسته [8]
ز هاماوران بربر آگه شدند — سگالش چنین بود و همره شدند [9]
شبی بانگ بوق آمد و تاختن — کسی را نبُد آرزو، ساختن*
ز بربرستان چون بیامد سپاه — بهاماوران شاددل گشت شاه [10]

○ - ازدر: شایسته. ۱ - لت دویم را پیوندِ شایسته نیست.

۲ - گوهر با زئفران، و دینار با انبر آمیخته نمی‌شود. ۳ - پیوند با رج‌های پیشین و پسین ندارد.

۴ - پیدا است که شاه هاماوران را می‌بایستی به بیرون شهر برای پذیره رود، نه آنکه پس از دیدنش به پذیره رود!!

۵ - **یک:** زر و درّ و یاقوت را چه کسی ریخت؟ در این سخن ریزنده، خود زر و درّ و یاقوت است. **دو:** چون تنها از درّ و یاقوت نام برده شده‌است پیدا است که دیگر گوهرها در آن جای ندارند.

٦ - و اینجا که از گوهر یاد می‌شود و افسانهٔ بیختن مشک و انبر پیش می‌آید که سخت نادرست است!

۷ - لت نخست چنان می‌نماید که ایرانیان بمهر هاماورانیان استوار شدند و میان‌ها را گشودند... و لت دویم، سخن را بسوی هاماورانیان می‌کشاند! ۸ - سخن باز نمی‌نماید که چه گفته‌بودند؟

۹ - افزاینده باز بربران را انباز کار هاماوران کرده است، بازآنکه اگر این سخن درست می‌بود، می‌بایستی بسا پیش‌ازآن به بربرستان آگهی می‌رساندند، تا آنان راه دور را پیموده، بهنگام، خویش را بهاماوران برسانند... سخن افزاینده چنین می‌نماید که بربران در همان شهر می‌زیسته‌اند. * - ساختن: آماده شدن برای جنگ، ایرانیان آمادهٔ نبرد نبودند.

۱۰ - یکشبه از بربرستان سپاه بهاماوران رسید؟!

گرفتند ناگاه کاووس را   همان گیو و گودرز و هم توس را
چه گوید درین مردم پیش‌بین   چه دانی تو ای کاردان اندرین [1]
چو پیوستهٔ خون نباشد کسی   نباید بر او بودن ایمن بسی [2]
بود نیز پیوسته خونی که مهر   ببرد ز تو تا بگرددت چهر [3]
چو مهر کسی را بخواهی پسود   بباید به سود و زیان آزمود [4]
چنین است گیهان ناپاک رای   به هر باد خیره بجنبد ز جای [5]
چو کاووس بر خیرگی بسته شد   بهاماوران رای پیوسته شد؛ [6]
یکی کوه بودش سر اندر سحاب   برآوردهٔ ایزد از قعر آب [7]
یکی دژ برآورده از کوهسار   تو گفتی سپهرستش اندر کنار [8]
بدان دژ فرستاده کاووس را   همان گیو و گودرز و هم توس را [9]
همان مهتران دگر را به بند   ابا شاه کاووس در دژ فکند [10]
ز گردان نگهبان دژ شد هزار   همه نامداران خنجرگزار [11]
سراپردهٔ او بتاراج داد   به پرمایگان بدره و تاج داد [12]

*

برفتند پوشیده رویان دو خیل   عماری یکی در میانش جُلیل
که سوداوه را، باز جای آورند   سراپرده را زیر پای آورند
چو سوداوه پوشیدگان را بدید   بتن جامهٔ خسروی بردرید
بمشکین کمند اندر آویخت چنگ   به فندق گلان را بخون داد رنگ [13]

---

۱ –پرسش در دولت از دوکس شده‌است. **دو:** پرسش لتِ دویم از «کاردان» است، که بجز خواننده نمی‌تواند بودن، و از کجا روشن که خواننده، کاردان نیز بوده باشد.

۲ – نادرست است، زیراکه همهٔ مردمان جهان ازیکدیگر ایمن‌اند و پیوستهٔ خون نیز نیستند، و بسا پیوستگان خون باشند که در جهان تشنهٔ خون هم گردند.

۳ – همین گفتار را افزاینده نیز میگوید، پس آن سخن رج دویم بر بنیاد گفتهٔ خودش نادرست است.

۴ –مهر، پسودنی (لمس کردنی) نیست.

۵ – **یک:** جهان را در این میان چه گناه، که همواره بر یک پایهٔ داد و آیین خویش می‌گردد، ورای ناپاک ندارد. **دو:** چه کسی تاکنون دیده‌است که جهان را با وزش باد، جنبش خیزد؟

٦ – **یک:** لت نخست پریشان است، بر خیرگی بسته شد، راگزارش نیست. **دو:** لت دویم بی‌پایان است.

۷ – که را یک کوه بود؟... (بودش!) سخن چنین می‌نماید که شاه هاماوران را کوهی بود.... و این نادرست است، زیراکه بایستی گفتن درکشور هاماوران کوهی بود.... .

۸ – **یک:** تو گفتی! **دو:** سپهر در کنار دژ نادرست است: «گویی سر بر سپهر بلند داشت»

۹ – دوباره‌گویی رج ۶۰۳۹ است.

۱۰ – همان در آغاز این رج با «همان» در آغاز لت دویم رج پیشین همخوان نیست.

۱۱ – **یک:** گردان، با (شد) نادرست است: (شدند). **دو:** خنجرگزار، در گفتار امروز چاقوکش است و چنین کسان نامدار نمی‌شود.

۱۲ – **یک:** کاووس راسراپرده نبود که بتاراجش دهند، زیراکه وی بمهمانی شاه هاماوران آمده‌بود. **دو:** بدره را شاید میان سپاهیان پخش کردن، اما تاج را نشاید! زیراکه یک تاج را نمی‌توان و نمی‌باید به چندکس دادن، چون تاج، از درِ شاه است.

۱۳ –لت نخست درست است، اما لت دویم رالغزش پیدا است «به» فندق (ناخن) گلان (دو رخ) را «به» خون، داد رنگ... نادرست است

←

بدیشان چنین گفت ک :«این کار کرد؛ — ستوده ندارند، مردان مرد
چرا روز جنگش نکردند بند — که جامش؛ زره بود و تختش؛ سمند*
سپهدار چون گیو و گودرز و توس — بدرّید دل‌تان ز آوای کوس[1]
همی تخت زرّین کمینگه کنید — ز پیوستگی دست کوته کنید»[2]
فرستادگان را سگان کرد نام — همی ریخت خونابه بر گُل مدام[3]
«جدایی نخواهم ز کاووس» گفت: — «اُگر مر ورا خاک باشد نهفت
چو کاووس را بند باید کشید — مرا بی‌گنه سر بباید برید»[4]

*

بگفتند گفتار او با پدر — پراز کین شدش سر، پراز خون؛ جگر
به بندش فرستاد نزدیک شوی — جگرخسته از غم، بخون شسته روی
نشستش بیک خانه با شهریار — پرستنده او بُد، همو غمگسار

آمدن تورانیان و تازیان
به
ایران

چو بسته شد آن شاه دیهیم‌جوی — سپاهش به ایران نهادند روی[5]
پراکنده شد در جهان آگهی — که گم شد ز پالیز، سرو سهی
چو بر تخت زرّین ندیدند شاه — بجُستن گرفتند هر کس، کلاه●
ز توران و از دشت نیزه‌وران — ز هر سو بیامد سپاهی گران

→ (با) ناخن رخان را بخون رنگین کرد و روشن نیست که رنگ رخ از ناخن است، یا از خون!... فردوسی در گفتار خویش بهنگام تیره‌روزی فرنگیس چنین آورده‌است: «بنفندق گل ارغوان را بخست».

* – در نمونه‌های گوناگون؛ جامش، جامه‌ش؛ تختش. و بجای تختش! دامش، جایش، جامش... (بنگرید به خالقی مطلق ۷۹-۲) و از آنجا که نمی‌توان زره را جام و تخت بشمار آورد. در برخی نمونه‌ها «جامه‌ش زره بود» آمده‌است که آهنگِ سخن را پریشان می‌سازد! من پیشنهاد می‌کنم که این رج را چنین بخوانیم: «که جامش سپر بود و تختش سمند»: بجای جام؛ در دست، سپر داشت، و بجای تخت؛ بر اسپ نشسته‌بود.

۱ – **یک:** سپهدار (او) می‌باید. **دو:** لت دویم پیوند ندارد.

۲ – لت دویم، سخت سست می‌نماید. افزاینده را رای بر آن بوده‌است که بگوید پیوند خویش را از یاد برده‌اید.

۳ – لت دویم سست است.

۴ – در سخن پیشین میگوید که جدایی از کاووس نمی‌خواهم، و با او بزندان اندر می‌شوم، پس گفتار لت دویم نادرست است.

۵ – **یک:** دیهیم جوی... **دو:** کار بدین آسانی نیست که هاماورانیان، سپاهیان شکستهٔ ایران را که نه شاه دارند و نه سردار، آزاد گذارند، تا بایران شوند!! سخن درست؛ در رج پسین می‌آید.

● – هرکس تاج شاهی بر سر نهاد.

گران لشکری ساخت افراسیاب — برآمد سر از خورد و آرام و خواب[۱]
برآشفت افراسیاب آن زمان — برآویخت با لشکر تازیان[۲]
بجنگ اندرون بود لشکر سه ماه — بدادند سرها ز بهر کلاه[۳]
از ایران برآمد ز هر سو خروش — شد آرامْ گیتی، پراز جنگ و جوش

*

چُنین است رسم سرای سپنج — همه از پی آز، ورزند رنج[۴]
سرانجام نیک و بدش بگذرد — شکارست و مرگش همی بشکرد
شکست آمد از تور بر تازیان — ز بهر فزونی سرآمد زیان[۵]
سپاه اندر ایران پراکنده شد — زن و مرد و کودک همه بنده شد[۶]

یاری‌خواهی ایرانیان
از
رستم

همه دژ گرفتند ز ایران پناه — به ایرانیان گشت گیتی سیاه[۷]
دو بهره سوی زاولستان شدند — بخواهش برِ پور دستان شدند*
که: «ما را ز بدها، تو باشی پناه — چو گم شد سرِ تاج کاووس شاه!
دریغ است ایران که ویران شود — کنام پلنگان و شیران شود
همه جایِ جنگی سواران بدی — نشستنگه شهریاران بدی[۸]
کنون جایِ سختی و رنج و بلاست — نشستنگه تیزچنگ اژدهاست[۹]

---

۱ – از این سخن در رج پیشین یاد شده‌بود. ۲ – آنزمان، بهنگام ساختنِ لشکر... نمی‌توانست با تازیان درآویزد.

۳ – **یک:** دنباله همان گفتار. **دو:** از لت دویم چنین بر می‌آید که همهٔ تورانیان و همهٔ تازیان کشته شدند.

۴ – دو رج: دریغ‌های همیشگی.

۵ – چون کننده کار (فاعل) تور است زیان هم بدانان باز می‌گردد. بازآنکه چنین نبود.

٦ – همه بنده (شدند) درست است.

۷ – **یک:** سخن پریشان... درست چنین می‌نمود. ایرانیان (در) دژها، پناه گرفتند. **دو:** دوبار ایران را در یک سخن بکار گرفتن نادرست است.

* – دو بهره، از چند بهره؟ افزایندگان گفتار فردوسی را نیز بخواست خویش دگرگون کرده‌اند! چون سخن از دو بهره می‌رود، از هر چند بهره که باشند، نمی‌توانند در زابلستان جای گیرند. در اندیشهٔ من گفتار فردوسی چنین بوده‌است: «گروهی سوی زاولستان شدند». زیرا که بنداری نیز از دو بهره یاد نکرده‌است! وگفته‌است: «و التجا اکثر الایرانیین الی زابلستان»: «بیشتر ایرانیان پناه به زابلستان بردند» و روشن است که چنان کار، شدنی نیست. ۸ – بدنبال نام ایران نمی‌توان «همه» آوردن. سخن را نیز پایان نیست.

۹ – سخن نادرست نیست، اما چون پیوسته به رج پسین است، و آن سخن نیز با «کنون» آغاز می‌شود دو بندِ زمان (قید زمان) در یک

←

کسی کز پلنگان بخورده‌ست شیر ــ بدین رنج ما را بود دستگیر [1]
کنون چاره‌ای باید انداختن● ــ دل خویش ازین رنج پرداختن»
ببارید رستم ز چشم آب زرد ــ دلش گشت پر خون و، جان پر ز درد [2]
چنین داد پاسخ که: «من با سپاه ــ میان بسته‌ام جنگ را، کینه‌خواه
چو یابم ز کاووس شاه آگهی ــ کنم شهر ایران ز توران تهی»
چو آگاهی آمد ز کاووس شاه ــ ز بند کمینگاه و کار سپاه [3]

*

سپه را یکایک ز کابل بخواند ــ میان بسته بر جنگ و لشکر براند [4]
یکی مردِ بیدار جوینده راه ــ فرستاد نزدیک کاووس شاه [5]
بنزدیک سالار هاماوران ــ فرستاد گُردی ز ناماوران
یکی نامه بنوشت با گیر و دار ــ پراز گرز و شمشیر و پر کارزار
که: «بر شاه ایران کمین ساختی ــ به پیوستگی در، بد انداختی○
نه مردی بُوَد چاره جستن بجنگ ــ نرفتن براهِ دلاور پلنگ؛
که در جنگ هرگز نسازد کمین ــ اگر چند باشد دلش پر ز کین⊡
اگر شاه کاووس یابد رها ــ تو رستی ز چنگ و دَمِ اژدها
اُگر نه بیارای جنگ مرا ــ بگردن بپیمای هنگ□ مرا
همانا شنیدی تو از مهتران ــ که چون کرده‌ام جنگ مازندران» [6]

*

چو پیغام بشنید و نامه بخواند ــ ز کردار او، در شگفتی بماند [7]
چنین داد پاسخ که: «کاووس کی ــ بهامون دگر نسپرد نیز پی [8]
تو هرگه که آیی به بربرستان ــ نبینی مگر تیغ و گرز گران [9]
همین بند و زندانت آراسته‌ست ــ اگر رایت این آرزو خواسته‌ست [10]

→ سخن ناهموار می‌نماید. ۱ - افزاینده خواسته‌است بگوید که رستم شیر پلنگ خورده‌است، و چنین نیست.
● - انداختن: طرح کردن است. ۲ - رستم پهلوان را نشاید گریستن، آنهم بجای اشک درخشان، آب زرد، ریختن.
۳ - **یک:** آگهی کاووس شاه، به ایران آمده‌بود. **دو:** بند کمینگاه نادرخور است، زیرا که آنان کاووس را بفریب و نیرنگ گرفته‌بودند.
۴ - **یک:** مگر سپاهیان ایران همه در کابل بوده‌اند؟ **دو:** لت دویم سست است.
۵ - سخن درست است، اما فرستادهٔ رستم در رج ۶۱۲۹ بسوی کاووس می‌رود! ○ - در پیوند طرحی بد ریختی.
⊡ - پلنگ هرگز برای شکار کمین نمی‌کند. □ - پالهنگ، افسار. ٦ - «شنیده‌ای» بجای «شنیدی» باید.
۷ - چرا شگفتی؟ یک نامه بر روال همهٔ نامه‌ها است، و اگر شگفتی دارد چرا آمادهٔ جنگ می‌شود.
۸ - پای، نمی‌سپرد، نادرست است، که زمین زیر پای سپَرده می‌شود. ۹ - تو (نیز) هرگه...
۱۰ - چرا به بربرستان؟ نامه بسوی شاه هاماوران نوشته شده‌است و پاسخ نیز چنانکه افزاینده می‌نماید از سوی او برستم فرستاده شده‌است و سخنی درباره بربرستان میان آن دو نرفته‌است.

بیایم بجنگ تو من با سپاه — برین گونه جوییم آیین و راه»[1]
چو بشنید پاسخ گو پیلتن — دلیران لشکر شدند انجمن[2]
سوی ژرف دریا بیامد بجنگ — که بر خشک بر، بود ره؛ با درنگ
بکشتی و زورق سپاهی گران — بشد تا سر مرز هاماوران[3]
به تاراج و کشتن بیاراستند — از آزرم دلها بپیراستند[4]
چو سالار هاماوران زان سپاه — شد آگاه و از رستم کینه‌خواه
ببایست ناکامش* آمد به جنگ — نبد روزگار فسون و درنگ
چو بیرون شد از شهر خود با سپاه — بر او روز، همچون شب آمد سیاه[5]
چپ و راست لشکر بیاراستند — بجنگ اندرون نامور خواستند[6]
گو پیلتن گفت جنگی منم — به آوردگه بر، درنگی منم»[7]
برآورد گرز گران را به دوش — برانگیخت رخش و برآمد خروش[8]
چو دیدند لشکر بر و یال اوی — بچنگ اندرون گرز و کوپال اوی
تو گفتی که دل‌شان برآمد ز تن — ز هولش پراکنده شد انجمن[9]
همان شاه با نامور سرکشان — ز رستم چو دیدند یک‌یک نشان[10]
گریزان بیامد به هاماوران — ز پیش تهمتن سپاهی گران
چو بنشست سالار با رایزن — دو مرد جوان خواست از انجمن[11]

---

۱ – **یک:** آهنگ را نیز برهم نمی‌زند و درست؛ نیز می‌نماید، اما در همهٔ نمونه‌های در دست، پیوسته به بربرستان رج پیشین است. **دو:** «بیایم» در لت نخست با «بجوییم» در لت دویُم همخوان نیست. ۲ – چون رستم شنید... «دلیران را انجمن کرد» نه «شدند انجمن».

۳ – سخن درست در رج پیشین آمد که «سوی ژرف دریا بیامد بجنگ»، و چون چنین باشد بیگمان با کشتی و زورق توانند رفتن و این رج دوباره‌گویی است. لت دویم را نیز پیوند درست نیست، چون تنها از رستم سخن می‌گوید: (بشد)، و از سپاه همراه وی یاد نمی‌کند. نمونه‌های در دست نیز چنین‌اند (بنگرید به خالقی مطلق ۸۳-۲): بشد تا درِ مرزِ... رسیدند نزدیک...، بشد تا درِ شهرِ... برفتند هر سوی.

۴ –لشکر ایران از راه دریا بمرز هاماوران رسیده‌است، چگونه شاید که در کنارِ آب پیاده نشده، بتاراج و کشتن بپردازند؟...

* – او را بایستی بناکام به جنگ رفتن.

۵ – **یک:** کسیکه پیغام‌های درشت برستم داده‌است، و هنوز نیز جنگ را آغاز نکرده‌است، چرا می‌باید در شهر خود، روز روشن را سیاه بیند؟ **دو:** آمد سیاه نیز نادرست است: «سیاه شد».

٦ – در جنگ، داوخواه (واژه فارسی است. داو: میدان، پهنهٔ بازی یا جنگ: امروز بگونهٔ نیمه تازی، داوطلب می‌خوانیم) به پیش می‌رود، و از سپاه رویرو هماورد (مبارز) می‌خواهد، نه آنکه از دو سوی نامور بخواهند!

۷ – روشنتر از این چیست؟ که رستم جنگی بوده‌است و گفتن نمی‌باید!

۸ –گرز و کوپال، هر دو را نمی‌توان در یک دست گرفتن (در این رج گرز گران در دست رستم است و در رج پسین گرز و کوپال!) گرز برای یورش به گروه است، و کوپال برای زخم زدن به یک کس بکار می‌رود.

۹ – سخن گزافه که یک‌لشکر با دیدن یک پهلوان ناشناس همه راهِ‌گریز در پیش گیرند.

۱۰ – شاه و سرکشان... در این رج و سپاهی گران در رج پسین... اگر سپاهیان همه با هم گریخته‌اند، می‌بایستی گفتن که: «شاه و سپاه...».

۱۱ – **یک:** برای کارهای گران، مرد جوان نمی‌خواهند که کار آزمودگان را می‌فرستند. **دو:** «از انجمن» چه باشد؟

بدان، تا فرستد هم اندر زمان / بمصر و ببربر چو باد دمان[1]
یکی نامه هر یک بچنگگ اندرون / نوشته بدرد دل از آبِ خون[2]
که: «زین پادشاهی بدان، نیست دور / بهم بود نیک و بد و جنگ و سور[3]
گر ایدونکه باشید با من یکی / ز رستم نترسم بجنگ اندکی[4]
اُ گرنه بدان پادشاهی رسد / دراز است بر هر سویی دستِ بد»[5]
چو نامه بنزدیک ایشان رسید / که رستم بدین مرز لشکر کشید[6]
همه دل پر از بیم برخاستند / سپاه دو کشور بیاراستند[7]
نهادند سر، سوی هاماوران / زمین کوه گشت از کران تا کران[8]
سپه کوه تا کوه صف برکشید / پی مور شد بر زمین ناپدید[9]
⇐ چو رستم چنان دید نزدیک شاه / نهانی برافکند مردی براه
که: «شاه سه کشور برآراستند / برزم من از جای برخاستند[10]
اگر جنگ* را من بجنبم ز جای / ندانند سر را، بدین کین، ز پای؛
نباید کزین کین، بتو بد رسد / که کار بد از مردم بد، سزد
مرا تخت بربر نیاید بکار / اگر به رسد بر تن شهریار»[11]
فرستاده بشنید و آمد دوان / بنزدیک کاووس کی شد نهان[12]
پیام تهمتن همه باز راند / چو بشنید کاووس خیره بماند[13]
چنین داد پاسخ که: «مندیش ازین / نه گسترده از بهر من، شد زمین

---

۱ – پیوند این رج با رج پسین؛ گسسته‌است دیگر سخن آنکه چگونه در یک سپاه گریزان، سالار، با رایزنان می‌نشیند؟ (رج پیشین) و پایان سخن آنکه سپاه رستم (رج ۶۱۰۶) از دریا بهامون می‌آید، و همهٔ این داستان افسانه و افزوده است.

۲ – **یک:** نامه بچنگگ اندرون ناشایست است نامه را در دست می‌گیرند نه بچنگگ. **دو:** با درد دل؟ یا با آب خون؟!

۳ – **یک:** (این) پادشاهی نه، (زین) پادشاهی (ازان) نه (بدان). **دو:** در لت دویم کنشِ «بود» همخوان نیست لت نخست نیست.

۴ – **یک:** (با من) نه (باما). (یکی) نه (همراه) یا (یار)... **دو:** اندکی نمی‌ترسم را چنین توان گزارش کردن...: «بسیار می‌ترسم!»

۵ – چه چیز بدان پادشاهی می‌رسد؟ نامه به یک کشور نوشته نشده‌بود که سوی دو کشور مصر و بربر فرستاده شده‌بود.

۶ – «بدین» در لت دویم برابر است با کشور «بربر» برای بربریان، و کشور «مصر» برای مصریان. بازآنکه رستم بهاماوران لشکری کشد!

۷ – برای «دو کشور» بکار بردن «همه» نادرست است. ۸– دنبالهٔ گفتار

۹ –شگفت‌ترین گفتار... که پی مور، همواره بر زمین ناپدیدار است!

۱۰ – نخست از جای برخاستن باید، پسانگاه رزم را آراستن.

* –افزایندگان چون رج پیشین را بشاهنامه افزودند، پیوند [که] آن رج را بسخنِ افزوده دادند، دریافتند که در این رج «که» نباید، و آنرا زدودند و این رج را بی‌پیوند کردند. اما چون آن رج افزوده در شمار رفت، این پیوند را بایستی بدین گفتار شاهنامه آوردن:

«(که) گر جنگ را من بجنبم ز جای».

۱۱ – **یک:** بازگویی رج پیشین. **دو:** اگر پیروز شود تنها «بربر» نیست که شکست می‌یابد که بر بنیاد افزوده‌ها مصر و هاماوران نیز همراه آنند... . **سه:** میدان جنگگ در هاماوران است نه بربرستان!

۱۲ – «فرستاده پنهان شد» چه باشد! افزاینده را رای بر آن بوده‌است که بگوید: فرستاده نهانی بنزدیک کاووس رفت و پنهانی بازگشت!!

۱۳ – چرا می‌باید خیره ماندن کاووس؟

چنین بود تا بود گردان سپهر … که با نوش زهرست و با جنگ مهر[1]
وُ دیگر که دارنده یار من است … بزرگی و مهرش حصار من است[2]
تو رخش درخشنده را ده عنان … بیارای گوشش به نوک سنان[3]
ازیشان یکی زنده اندر جهان … ممان آشکارا نه اندر نهان»[4]
فرستاده پاسخ بیاورد زود … بر رستم زال زر شد چو دود[5]
تهمتن چو بشنید گفتار اوی … بپیچید و، زی جنگ، بنهاد روی

رزم رستم با سه شاه
و
گشادن کاووس را از بند

دگر روز لشکر بیاراستند … درفش از دو رویه بپیراستند[6]
بهاماوران بود سد زنده پیل … یکی لشکری ساخته بر دو میل[7]
از آوای گردان بتوفید کوه … زمین آمد از نعل اسپان ستوه[8]
تو گفتی جهان سر به سر آهن است … وگر کوه البرز در جوشن است[9]
پس پشت پیلان درفشان درفش … بگِرد اندرون سرخ و زرد و بنفش[10]
بدرّید چنگ و دل شیر نر … عقاب دلاور بیفکند پر[11]
همی ابر بگداخت اندر هوا … برابر که دید ایستادن روا[12]
سپهبد چو لشکر بهامون کشید … سپاهِ سه شاهِ سه کشور بدید؛[13]

---

۱ – سخن نادرست است: «گاه نوش و مهر است، و گاه زهر و جنگ».
۲ – در دژ شاه هاماوران؛ بسته ببند، چگونه تواند گفتن که خداوند یار من است، و من در دژ او آسوده‌ام!
۳ – چون در نبرد، نیزه را بکار گیرند، سنان با گوش اسپ همتراز نمی‌شود که دستهٔ نیزه از میان دو گوش اسپ می‌گذرد، و سنان را دو گز پیشتر از گوشها باید داشتن.
۴ – **یک:** گزافهٔ نادرست، و نادرخور بفرهنگ ایرانی، زیرا که هرگاه، شاهی در جنگ شکست می‌خورد، سپاهیان بزنهار می‌آمدند و بجان می‌رستند! **دو:** سخن در لت دویم نابهنجار است ممان آشکارا، نه اندر نهان نادرست است: «نه در آشکار، نه در نهان». **سه:** اگر بتوان «آشکار» را گزارش کردن، نهان را چه گزارش است؟
۵ – دنبالهٔ سخن
۶ – (پیراستن درفش، گردوخاک را از روی آن زدودن است)، و آیا درفش را در میدان جنگ می‌پیرایند؟ و نیز آیا شایسته است که درفش یک کشور را پلید و خاک آلوده نگاه دارند؟
۷ – بهاماوران؟ یا در سپاه هاماوران.
۸ – **یک:** کنش «بتوفید» نادرست است: «می‌توفید». **دو:** آمد ستوه نادرست است: «بستوه آمد».
۹ – تو گفتی... .
۱۰ – درفش در دست پهلوانان درفشدار بود، نه پسِ پشت (در دنبالِ) پیلان.
۱۱ – کنش «بدرّید» و «بیفکند» نادرست است: «می‌درید» و «می‌افکند».
۱۲ – سخن نابهنجار کودکانه.
۱۳ – لت دویم را سخن، نابسامان است. بس بود که گفته آید: سپاه سه کشور را بدید! زیرا که شاهان بهنگام جنگ پشت سپاه جای داشتند، ←

۴۰۰ کیکاووس

چنین گفت با لشکر سرفراز — که از نیزه مژگان مدارید باز
بش و یال بینید و دیگر عنان — دو دیده نهاده به نوک سنان[1]
اگر سد هزارند و ما سدسوار — فزونیِ لشکر نیاید بکار[2]

*

برآمد درخشیدن تیغ و خَشت — تو گفتی هوا بر زمین لاله کشت[3]
ز خون، دشت گفتی میستان شدست — ز نیزه هوا چون نیستان شدست[4]
بریده ز هر سو سر ترگ دار — پراکنده خفتان همه دشت و غار[5]
جهان‌پهلوان رخش را تیز کرد — ز خونِ فرومایه، پرهیز کرد
یکی تاخت، اندر پی شاه شام — بینداخت از باد، خمّیده خام
چنانش به حلق اندر افکند گرد — که گفتی خم اندر میانش فسرد[6]
ز زین برگرفتش بکردار گوی — چو چوگان، که زخم اندر آید بدوی
بیفکند و فرهاد دستش ببست — گرفتار شد نامبردار شست![7]
ز خون خاک دریا شد و دشت کوه — ز بس کشته افکنده از هر گروه[8]
شه بربرستان بچنگ گراز — گرفتار شد با چهل رزم ساز[9]
ز کُشته زمین گشت، با کوه، راست — به هاماوران، شاه؛ زنهار خواست
به پیمان که کاووس را با سران — برِ رستم آرد ز هاماوران
سراپرده و گنجِ تاج و گهر — پرستنده و تخت و زرّین کمر![10]
برین برنهادند و برخاستند — سه کشور سراسر بیاراستند[11]

→ و دیده نمی‌شدند.

۱ – پس از تیراندازی، آغاز نبرد با نیزه است و برای نیزه زدن، سواران را می‌باید خم شدن بر روی اسپ، تا نیزهٔ هماورد بر کلاه‌خودِ آنان خورد و میانشان را ندرد، و در چنین یورش می‌باید که چشم‌ها را از میان دو گوش و از فراز یال اسپ؛ بدشمن دوختن، و نوک نیزهٔ خویش را بر میان دشمن نشانه رفتن، تا بتوانند آنرا بمیان دشمن زدن! و این همانست که در فرمان رستم آمده‌است، «از نیزه، مژگان مدارید باز» بر این بنیاد بش و یال دیدن اسپ درست است، اما عنان رانگریستن نادرست!

۲ – برگرفته از سخن فردوسی: «سیاهیِ لشکر نیاید بکار /یکی مرد جنگی به از سد سوار».

۳ – **یک:** تو گفتی. **دو:** خَشت با کِشت، پساوا ندارد.

۴ – یورش با رستم خواهد بودن و پیش از آن، دشت میستان نمی‌شود. رستم نیز چنانکه خواهد آمد، بدنبال شاه رفت و با سپاهیان جنگ نینگیخت.

۵ – نه هنوز!

٦ – **یک:** اگر کمند بر گردن او پیچد، پس چرا در میان وی فسرد (یخ زد). **دو:** «گُرد»، با «فسَرد» پساوا ندارد.

۷ – **یک:** نامبردار شست نادرست است. **دو:** با کمندی که رستم بر شاه شام می‌افکند، چگونه شست نامبردار دیگر گرفتار می‌شوند؟ **سه:** گرفتار (شد) برای شست کس نادرست است: «شدند» **چهار:** چون در آن رستاخیز نبرد، سواری با کمند بر زمین افتد، جان در تن اوی نمی‌ماند که فرهاد(؟) دستش را ببندد!!

۸ – از بسیاری خون، خاک را همانند دریا شدن؛ شاید! اما دشت را، چگونه کوه شدن، باید؟

۹ – هیچگاه ازگرازه! با نامِ گراز یاد نشده‌است.

۱۰ – در یوزه گری افزاینده، که در این رج پایان نیز ندارد.

۱۱ – چگونه سه کشور دور از هم را بیاراستند؟

فرستاد و مر شاه را آورید   بدو داد، گاهش، چنانچون سزید[1]
چو از دژ رها کرد کاووس را   همان گیو و گودرز و هم توس را[2]
سلیح سه کشور سه گنج سه شاه   سراپردهٔ لشکر و تاج و گاه[3]
سپهبد، جز این، خواسته هرچه دید   به گنج سپهدار ایران کشید[4]
بیاراست کاووس خورشیدفر   به دیبای رومی یکی مهد زر[5]
ز پیروزه پیکر ز یاقوت گاه   گهر بافته با جلیل سیاه[6]
یکی اسپ رهوار زیر اندرش   لگامی بزر آزده، بر سرش[7]
همه چوب بالاش از اود تر   بر او بافته چند گونه گهر[8]
بسوداوه فرمود، کاندر نشین   نشست و بخورشید کرد آفرین[9]
بلشکرگه آورد او را ز شهر   ز گیتی بدین گونه جویند بهر[10]
سپاهش فزون شد ز سیسد هزار   زره‌دار و برگستوانورَ سوار[11]
بر او انجمن شد ز بربر سوار   ز مصر و ز هاماوران سدهزار[12]
بیامد گران لشکری بربری   سواران جنگ‌آور و لشکری[13]

*

فرستاده شد نزد قیصر ز شاه   سواری که اندر نوردید راه[14]

---

۱ - **یک:** پیش سخن شدن؛ برای رج پسین، آنهم، بس ناهماهنگ و نادل‌نشین! **دو:** چگونه هنوز به ایران نرسیده، تخت او را به او داد؟ تخت کاووس در ایران بود. **سه:** سخن چنین می‌نماید که تخت او رابدستش دادند، و او را می‌بایستی تخت را بکاخ بردن!

۲ - یک گفتار دراز. پیمان رها کردن کاووس در رج ۶۱۶۵ آمده‌بود، و بنزد رستم آورند، اگر چنین شود، همه سپاهیانِ در بند را می‌بایستی آوردن نه تنها گودرز و توس و گیو را.

۳ - **یک:** گنج شاهان، را بگنج ایران کشیدن شاید، اما جنگ‌افزار سپاهیان را از گرانی و انبوهی نشاید بایران بردن. **دو:** افزاینده، از برای پساوا، تاج و گاه شاهان، پس از چادرِ سپاهیان در شمار می‌آورد.

۴ - چون سرداری پیروز شود، به آنچه که می‌بیند بسنده می‌کند. و جز این خواسته را در کجا دیده‌بود؟

۵ - روم هنوز، در جهان پدیدار نشده‌بود که از دیبای دروغینش یاد کرده شود.

۶ - و مگر، «مهد» را از ابریشم می‌سازند؟ پیکر مهد، از چوب است نه از پیروزه، و «گاه» در مهد، همان مهد است نه چیز دیگر... جُلیل سیاه چگونه بوده باشد؟، و اگر پیش از این از پیروزه و یاقوت نام برده شده‌بود، یاد کردن از «گهر» چگونه شاید؟

۷ - هیچگاه «مهد» را بر روی اسپ نمی‌نهادند، زیرا که اسپ سرکش است و بیم آنست که مهد را بر زمین زند، مهد را همواره بر پشت خر، یا استر می‌بستند، آنهم دو مهد را در دو سوی!

۸ - «چوب بالا» را ندانستم که چه بوده باشد!... و بازگهر درگهر! چشمِ افزایندهٔ تیره‌روز را از گهر سیری نباشد!

۹ - اگر بانوی شاه را خواهند بردن، بدو فرمان نمی‌دهند... اندر نشستن و نشست باهم همخوان نیست. چه‌کس بخورشید آفرین کرد؟ کاووس، یا سودابه؟

۱۰ - **یک:** این لت در نمونه‌های خالقی مطلق به ۹ گونه آمده‌است که همه بدینسان؛ گزارش ندارند (خالقی مطلق ۸۹-۲-زیرنویس ۱۵). **دو:** سودابه در شهر نبود و در زندان و دژ بود. لت دویم را با لت نخست پیوندِ درست نیست.

۱۱ - چگونه در کشور بیگانه سیسدهزار سوار (با اسب) گرد آمد؟ آنانکه با کشتی بهاماوران رفته‌بودند! آیا این شمار اسپ را نیز با خود بهمراه برده‌بودند؟

۱۲ - میان بربر و مصر و هاماوران پیوند «و» بایسته است.

۱۳ - **یک:** دوباره‌لشکر بربر. **دو:** واژهٔ‌لشکری دوباره‌گویی است.

۱۴ - در آنزمان روم به پیدایی نیامده‌بود.

بفرمود کز نامداران روم / کسی کو بنازد بران مرز و بوم [1]
جهاندیده باید عناندار کس / سنان و سپر بایدش یار بس [2]
که آیند ایدر همه ساخته / سنان‌ها به پروین برافراخته [3]
چنین لشکری باید از مرز روم / که آیند با من به آباد بوم [4]
⇐ پس آگاهی آمد ز هاماوران / بدشت سواران نیزه‌وران
که رستم بمصر و به بربر چه کرد / بران شهریاران بروز نبرد! [5]
دلیری بجُستند گرد و سوار / عنان پیچ و مردافکن و نیزه‌دار
نوشتند نامه؛ یکی شاهوار / سخن‌های شایسته و آبدار
که: «ما شاه را چاکر و بنده‌ایم / به فرمان و رایش همه زنده‌ایم
چو از کرگساران بیامد سپاه / که جویند گاه سرافراز شاه [6]
دل ما شد از کار ایشان بدرد / که دل‌شان چنین بد چرا یاد کرد [7]
همی تاج او خواست افراسیاب / ز راه خرد، سرْش گشته بتاب
برفتیم با نیزه‌های دراز / بر او تلخ کردیم آرام و ناز
ازیشان و از ما بسی کشته شد / زمانه بهر نیک و بد گشته شد [8]
کنون کآمد از کار او آگهی / که تازه شد آن تخت شاهنشهی
همه نامداران شمشیرزن / برین کینه گه بر، شدیم انجمن
چو شه برگراید ز بربر عنان / بگردن برآریم یکسر سنان [9]
زمین کوه تا کوه پر خون کنیم / ز دشمن بیابان چو جیهون کنیم»
فرستاده تازی برافکند و رفت / به بربرستان روی بنهاد و تفت [10]

نامهٔ کاووس
به
افراسیاب

چو نامه برِ شاه ایرانِ رسید / بر آن گونه گفتار بایسته دید

۱ – لت دویم سست است. ۲ – سپاهی که تنها از سنان و سپر برخوردار باشد، بجنگ چگونه تواند رفتن؟
۳ – «که» پیوند میان سخن پیشین و این رج را می‌گسلاند. ۴ – دنبالهٔ گفتار ۵ – رستم در هاماوران جنگید.
۶ – از توران بایران سپاه آمده‌بود، نه از کرگساران. ۷ – دنبالهٔ همان گفتار همراه با سخن سست در لت دویم.
۸ – کُشته را با گَشته پساوا نیست. ۹ – باز سخن از بازگشت کاووس از بربر می‌رودا
۱۰ – «فرستاده تازی»، نادرست است، نمونه‌های دیگر «فرستاده را باره افکند و رفت»، نادرست‌تر!

بازگشت کاووس بایران

ازیشان پسند آمدش کار کرد   به افراسیاب آن زمان نامه کرد
که: «ایران بپرداز و بیشی مجوی   سرِ ما شد از تو، پراز گفت‌وگوی
ترا شهر توران بسنده‌ست خْوَد   بخیره همی دست یازی ببد
فزونی مجوی ار شدی بی‌نیاز   که درد آردت پیش و، رنج دراز
ترا کهتری کار بستن نکوست   نگه داشتن بر تن خویش پوست
ندانی که ایران نشستِ من است؟   جهان سربسر زیر دست من است!
پلنگ ژیان گرچه باشد دلیر   نیارد شدن پیش چنگال شیر»

*

چو آگاهی آمد به افراسیاب   سرش پر ز کین گشت و، دل پر ز تاب
فرستاد پاسخش که: «این گفت‌وگوی   نزیبد جز از مردم زشتخوی[1]
ترا گر سزا بودی ایران، همان   نیازت نبودی بهاماوران[2]
چنین گفت که: «ایران دو رویه مراست   بباید شنیدن سخن‌های راست
که: تور فریدون نیای من است   همه شهر ایران سرای من است!
اُ دیگر ببازوی شمشیرزن   تهی کردم از تازیان انجمن
به پیغام بستانم از کوه، تیغ   عقاب اندر آرم ز تاریک میغ[3]
کنون آمدم جنگ را ساخته   درفش درفشان برافراخته[4]

*

فرستاده برگشت مانند باد   سخن‌ها، بکاووسِ کی کرد یاد
چو بشنید کاووس گفتار اوی   بیاراست لشکر به پیکار اوی
بشد تیز، با لشکر خوزیان   بر آن سود جستن، سر آمد زیان!
بجنگش بیاراست افراسیاب   بگردون همی خاک برزد ز آب
جهان کر شد از نالهٔ بوق و کوس   زمین آهنین شد هوا آبنوس
ز زخم تبرزین و ز بس ترنگ   همی موج خون خاست از دشت جنگ[5]
سرِ بخت گُردان افراسیاب   بدان رزمگاه اندر آمد بخواب

---

۱ - «گفت‌وگوی» نه، «این گفتار» درست است.

۲ - **یک:** بیشتر نمونه‌ها مازندران آمده‌است مگر لی، پ، آ. بنداری نیز مازندران آورده‌است. **دو:** «همان» پیوند گفتار را می‌گسلد، سخن افراسیاب از رج پسین آغاز می‌شود.

۳ - شاید بود که با پیغام فرستادن بکسان از آنان چیزی بستاند، اما چگونه تیغ از کوه می‌ستاند؟ و چگونه شاهینان آسمانی با پیام وی از ابرها بزیر می‌آیند؟

۴ - افراسیاب در ایران بود و بجایی نرفت! که کنش «آمدم» را بکار گیرد! این کاووس بود که می‌بایستی بایران رود.

۵ - ترنگ! نمونه‌های دیگر جرَنگ؟

دو بهره ز توران سپه کشته شد / سر سرکشان پاک برگشته شد[1]
سپهدار چون کار زان گونه دید / بی‌آتش بجوشید همچون نبید
به آواز گفت: «ای دلیران من / گزیده پیلان، نرّه شیران من
شما را ز بهر چنین روزگار / هم پروراندیدم اندر کنار
بکوشید و همپشت جنگ آورید / جهان را به کاووس تنگ آورید
یلان را به ژوپین و خنجر زنید / دلیرانشان سر به سر بشکنید
همان سگزی رستم شیردل / که از شیر بستد به شمشیر دل
بود کز دلیری به بند آورید / سرش را به دام گزند آورید
هر آن کس که او را به روز نبرد / ز زین پلنگ اندر آرد به گرد
دهم دختر خویش و شاهی ورا / بسر آرم سر از برج ماهی ورا»
چو ترکان شنیدند گفتار اوی / سراسر سوی رزم کردند روی

رزم پیلسم با چهار گرد از پهلوانان ایران

دلیری که بُد نام او پیلسم / گوی کی نژادی چو شیر دژم
بیامد به نزدیک افراسیاب / سرش را سوی جنگ جستن شتاب
چنین گفت با شاه ترکان که: «من / همی سرفرازم به هر انجمن
چه خاک است پیشم چه توس دلیر / چه گیو و چه گستهم و رهّام شیر
چه بهرام و چه زنگهٔ شاوران / گرازه که هست او ز جنگاوران
اگر شاه فرمان دهد همچو شیر / میان دلیران درآیم دلیر
کنم افسر نامداران به گرد / سرانشان ببرّم به تیغ نبرد»
بدو گفت شاه: «ای دلیر و جوان / سر نامداران و پشت گوان
بدین رزم فرخنده بادت شدن / به پیروزی و کام باز آمدن»
چو بشنید گفتار او پیلسم / بغرّید مانند رویینه‌خم
سوی قلب ایران سپه شد چو گرد / ز پرخاش برخاست گرد نبرد
ز باد اندر آمد به گرگین رسید / خروشی چو شیر ژیان برکشید

---

۱ – **یک:** در چند نمونه، در اینجا داستان رزم پیلسم با چهار پهلوان ایرانی آمده‌است. بازآنکه در زمان نبرد هماوران هنوز نام پیران در داستان توران پیش نیامده‌است چه رسد به پیلسم برادر وی. **دو:** برگشتن سر و بخت در رج پیشین آمده‌است. در ترجمهٔ بنداری نیز این بخش نیامده‌است و خالقی مطلق نیز این را افزوده می‌داند و بر این بنیاد، مرا نیز پروای گزارش آن نیست.

یکی تیغ زد بر سر اسپ اوی	تگاور درآمد ز بالا به روی
چو آن دید گستهم رزم آزمای	بکردار آتش برآمد ز جای
بتندی بیامد برِ پیلسم	خروشید مانند رویینه خم
یکی نیزه زد بر کمربند اوی	که نیزه شکست و نشد بند اوی
یل نامور ترک پیروزگر	بدید آنکه نیزه نبُد کارگر
یکی تیغ زد بر سر ترگ اوی	روبودش ز سر ترگ مانند گوی
چو از میمنه زنگهٔ شاوران	بدید آن دل و زور گنداوران
به یاری بیامد برِ گستهم	ورا دید زان گونه گشته دژم
برهنه سرش نیزه بشکسته خوار	فرومانده بیچاره در کارزار
یکی حمله آورد بر پیلسم	چو پیل سرافراز و شیر دژم
بپذرفت حمله دلاور نهنگ	درآمد بدو تیغ هندی به چنگ
بزد تیغ و برگستوان کرد چاک	سر بارگی اندر آمد به خاک
دلاور بیفتاد و دامن زره	برآورد و زد بر کمر بر گره
ز قلب سپه گیو چون بنگرید	جهان پیش چشم یلان تیره دید
به یاری بیامد برِ هر سه یار	برآویخت با پیلسم هرچهار
دلاور نشد هیچ گونه ز رنگ	میان دلیران درآمد به جنگ
گهی تیغ زد گاه گرز گران	چنین تا فروماند دست سران
چو پیران ز قلب سپه بنگرید	برادرش را با دلیران بدید
برانگیخت باره دمان و دنان	خروشان و جوشان چو شیر ژیان
چنین گفت با گیو کـ:«ای نامدار	شما را هنر نیست در کارزار
کزین گونه جوقی بکردار شیر	به جنگ اندر آیند با یک دلیر»
بگفت این و بر سرکشان حمله برد	ز لشکر برآمد یکی دار و برد
وزان روی رستم بکردار باد	به پیلان توران سپه درفتاد
به تیغ و به کوپال و گرز گران	بیفکند توران سپه را سران
گریزنده شد پیلسم ز اژدها	بدانست کز وی نیابد رها
چو افراسیاب این شگفتی بدید	که از رزمگه ترک شد ناپدید
بشد تیز با لشکر سوریان	بدان سود جستن سرآمد زیان

*

⇐ رَوشنِ زمانه چو زان‌گونه دید	از آنجا سوی شهر توران کشید
دلش خسته و کشته لشکر دو بهر	همی نوش جست از جهان یافت زهر

آراستن کاووس
جهان را

بیامد سوی پارس، کاووس کی — جهان را بشاهی نو افکند پی
بیاراست تخت و بگسترد داد — بشادی و رامش، در اندر گشاد
فرستاد هر سو یکی پهلوان — جهاندار و بیدار و روشنروان
بمرو و نشاپور و بلخ و هری — فرستاد بر هر سوی لشکری[1]
جهانی پر از داد شد یکسره — همی روی برتافت گرگ از بره[2]
ز بس گنج و زیبایی و فرهی — پریّ و دد و دام گشتش رهی[3]
مهان پیش کاووس کهتر شدند — همه تاجدارانش لشکر شدند[4]
جهان پهلوانی برستم سپرد — همه روزگار بهی زو شمرد
یکی جای کرد اندر البرزکوه — که دیو اندران رنجها، شد ستوه[5]
بفرمود کز سنگ خارا کنند — دو خانه بر او هر یکی ده کمند[6]
بیاراست آخر بسنگ اندرون — ز پولاد میخ و ز خارا ستون[7]
ببستند اسپان جنگی در اوی — هم استر عماری‌کش راهجوی[8]
دو خانه دگر ز آبگینه بساخت — زبرجد به هرجایش اندر نشاخت[9]

---

۱ - **یک:** آنزمان؛ نام نیشابور رَیْوَنتَ، و پس از آن رِیوَند، در شاهنامه «ریونیز» بوده‌است و نام نشاپور در زمان ساسانیان بدان شهر داده شد. **دو:** چگونه به «هر سو» پهلوانی فرستاد، که چهار شهر نامبرده همه در سوی خراسانند؟

۲ - سخن نادرست نیست، اما این سه رج با رج پیشین، میان رج‌های ۶۲۷۸ و ۶۲۹۲ جدایی می‌افکند.

۳ - در گمان نمی‌آید که پری و دد، رهی کسی شوند.

۴ - لت دویُم گزارش ندارد.

۵ - لت دویم سست و بی‌پیوند است، کدام رنج‌ها؟

۶ - کجای خانه ده‌کمند بود؟ دراز، پهنا، یا بلندا؟ شاهنامه فلورانس: «دو خانه پر از دانه اندر کنند» که گزارش ندارد. نمونه‌های دیگر را در خالقی مطلق (۹۳-۲،زیرنویس ۳۳) ببینید.

۷ - از این رج چیزی بر نمی‌آید. چون خانه را با سنگ خارا ساخته باشند. ستون آن نیز خاره سنگ خواهد بودن، و نام بردن دوباره از خارا، درست نمی‌نماید.

۸ - **یک:** و افزایندهٔ دیگر، اسپان جنگی را اندر آن می‌بندد. پرسش چنین است؛ که اگر بشود که در خانهٔ ده‌کمندی همهٔ اسپان شاه را ببندند؟ دیگر اسپان کشور و سپاه، می‌باید در همهٔ کشور پراکنده باشند. **دو:** در برابر «اسپان» می‌باید «استران» آوردن، «هم» نیز کاربرد ندارد... اسپان و استران را در آن ببستند. پرسش دیگر آنست که آیا آراستن جهان بر دست کاووس، بساختن آخور اسپان پایان می‌یابد؟

۹ - **یک:** اگر خانه‌ای آبگینه‌ای (شیشه‌ای) بسازند، از گوهرها، تنها زبرجد است که بر آن (بنشانند)؟ **دو:** چون گوهر را در چیزی دیگر بنشانند. واژهٔ درست فارسی آن «آژدن» یا «آجیدن» است نه نشاختن. **سه:** «هرجای» در لت دویم، کجا را تواند نمودن، همه جا؟ پس هر جای نادرست است، و اگر جایی ویژه چون آسمانه (سقف) یا در و پنجره بوده است، می‌باید نام آنرا آوردن!

چنان ساخت جای خرام و خورش — که تن یابد از خوردنی پرورش[1]
دو خانه ز بهر سلیح نبرد — بفرمود کز نقرهٔ خام کرد[2]
یکی کاخ زرّین ز بهر نشست — برآورد و بالاش داده دو شست[3]
یکی جایگه ساخت، بر خدِّ راست — که نه تیر؛ بفزود و نه دی؛ بکاست[*]
نبودی تموز ایچ پیدا از دی — هوا انبرین بود و بارانش می[4]
همه ساله روشن بهاران بدی — گلش چون رخ غمگساران بدی[5]
ز درد و غم و رنج، دل دور بود — بدی را تن دیو، رنجور بود
بخواب اندر آمد سر روزگار — ز خوبیّ و از داد آموزگار[6]
برنجش؛ گرفتار، دیوان بدند — ز پادافرهِ او غریوان بدند[7]

پرواز کاووس بر آسمان

چنان بُد که ابلیس، روزی پگاه — یکی انجمن کرد پنهان ز شاه
بدیوان چنین گفت ک:«امروز کار — برنج و بسختی‌ست با شهریار
یکی دیو باید کنون، چربدست — که داند ز هرگونه با او نشست
شود، جان کاووس؛ بیره کند — بدیوان بر، این رنج، کوته کند
بگردانْدش سر ز یزدان پاک — فشاند بر آن فرّ زیباش خاک

---

۱ – در همه خانه‌ها، از شیشه‌ای و خانه سنگی و پوشالی، چون خوراک؛ نغز بوده باشد، تن را از آن، پرورش می‌رسد.
۲ – نقرهٔ خام؛ بگونهٔ آزاد و در اندازه‌های کوچک پیدا می‌شود، و نمی‌توان با آن، خانه ساختن! آنهم باز، دو خانه، برای جنگ‌افزارهای کشور! افزاینده را می‌بایستی چنین خانه را با پولاد ساختن تا؛ خواننده را باورِ آن آسانتر باشد.
۳ – **یک:** بلندی یکسدوبیست گزی (نزدیک به ۱۳۰ متر) در سازه‌های باستانی پیدا نشده‌است، چنین خانه را در پهنا و درازا چه اندازه زر بکار رفته‌بود؟ **دو:** اگر خانه‌های آبگینه برای خورش و پرورش بود، پس همان خانه‌ها، جایگاه نشست نیز بود، و خانهٔ دوباره را نمی‌شاید ساختن، یا نام بردن. آنچه که ساختن آن در زمان کاووس برای وی، و همهٔ ایرانیان سرفرازی ببار آورد در رج پسین آمده‌است.
* – ...و آن «زوله گاه» (رصدخانه) است در خدّ (خط) راست (استوا): که بلند و کوتاه شدن روز و شب نداشت، و از آنجایگاه دانشمندان ایرانی را توانِ آن بود که هردو نیمکرهٔ زبرین و زیرین آسمان را زیر نگرش داشته باشند. (بنگرید به داستان ایران دفتر دویم، هنگام کاسیان).
۴ – افزاینده را چون توان دریافتن چنان کار بزرگ نبوده‌است باران می بر سرِ نشینندگان آن خانه فروریخته است. تا آنرا شگفت‌تر بنمایاند.
۵ – **یک:** دوباره... **دو:** رخ غمگساران را رنگ زرد است، نه سرخ.
٦ – چون روزگار را، سر بخواب اندر آید، مرگِ جهان فرا می‌رسد.
۷ – پیش‌ازاین از پادافرهی که کاووس بر دیوان روان کرده‌بود سخنی نیامده‌بود که اکنون بنام یک کارِ آشنا (معرفه) از آن یاد شود.

شنیدند و بر دل گرفتند یاد / کس از بیم کاووس پاسخ نداد [1]
یکی دیو دُژخیم برپای خاست / چنین گفت کـ:«ـاین چربدستی مرا است»

*

غلامی بیاراست از خویشتن / سخنگوی و شایستهٔ انجمن
همی بود، تا یکزمان؛ شهریار / ز پَهلَو برون شد، ز بهر شکار
بیامد برِ او زمین بوس داد / یکی دستهٔ گل بکاووس داد
چنین گفت کـ:«ـین فرّ زیبای تو* / همی چرخ گردان سزد جای تو
بکامِ تو شد روی گیتی همه / شبانیّ و، گردنکشان چون رمه
یکی کار ماندهست، کاندر جهان / نشان تو هرگز نگردد نهان:
چه دارد همی؟ آفتاب از تو راز! / که چون گردد؟ اندر نشیب و فراز
چگونهست؟ ماه و، شب و روز چیست؟ / برین گردش چرخ سالار کیست؟»
دل شاه ازان دیو بیراه شد / روانش ز اندیشه کوتاه شد [2]
گمانش چنان شد که گردان سپهر / ز گیتی مر او را نمودهست چهر [3]
ندانست کاین چرخ را مایه نیست / ستاره فراوان و ایزد یکیست [4]
همه زیر فرمانش بیچاره اند / که با شورش و جنگ و پتیاره اند [5]
جهان آفرین بی‌نیاز است ازین / ز بهر تو باید سپهر و زمین [6]

*

پر اندیشه شد جان آن پادشا / که تا چون شود؟ بی پر، اندر هوا!
ز دانندگان، پس؛ بپرسید شاه / کـ:«ـزین خاک چند است؟ تا چرخ ماه!»
بفرمود پس تا بهنگام خواب / برفتند سوی نشیم عقاب [7]
از آن بچه بسیار برداشتند / بهر خانه‌ای بر، دو، بگذاشتند

---

۱ – **یک:** چون در رج پسین یکی از دیوان بدو پاسخ می‌دهد، پس این سخن افزوده است. **دو:** «بر دل گرفتند یاد» را نیز گزارشی نیست.

* – نمونه‌ها «کاین فرّ زیبا» «کز بخت زیبا» «کز فر زیبا» آورده‌اند، و من می‌اندیشم که سخن فردوسی چنین بوده‌است: **«با فر زیبا»**: (= با فرّ زیبایت، چرخ گردان سزاوار آنست که تو بر آن جای گیری). بنداری نیز چنین می‌گوید: «انک بهذه السلطنة و الجلالیة تستحق ان تکون سماء تحتک، و الفلک تختک» همانا که ترا با چنین پادشاهی و بزرگواری، شایسته‌است که آسمان را بزیر آوری و تخت بر فراز چرخ گردون نهی».

۲ – **یک:** نه چنین است، که با این سخن بیشتر وی را باندیشه اندر نشاند. **دو:** کوتاه شدن روان را ندانستم که چگونه است!

۳ – هنوز چنین نشده‌است.

۴ – سخن روشن نیست. **یک:** کاین چرخ نادرست است: «چرخ را» و چرخ را مایه نیست گزارش ندارد.

۵ – ستارگان را چه جنگ بایکدیگر است؟ ٦ – تو... کیست؟

۷ – چهار رج: **یک:** پرورش جوجهٔ شاهین افزوده است، زیرا که آنان در خانه، و با خوردن کباب‌بره و جوجه کباب تن‌پرور و کندپرواز می‌شدند، شاهین را برای زورمند شدن؛ آسمان بلند و کوهستان سرفراز؛ بایسته است. **دو:** در میان جانوران، تنها کفتار و کرکس مردارخواری میکنند و پادشاه آسمان، شاهین را بهیچ روی، رویِ مردارخواری نیست.

پرواز کاووس بر آسمان ۴۰۹

همی پروراندیدشان سال و ماه   بمرغ و کباب بره چند گاه
چو نیرو گرفتند هر یک چو شیر   بدان سان که غرم آوریدند زیر
ز اودِ□ قماری یکی تخت کرد   سر درزها را، بزر؛ سخت کرد
به پهلوش بر، نیزه‌های دراز   ببست و بران گونه بر، کرد ساز[1]
بیاویخت از نیزه ران بره   ببست اندر اندیشه، دل یکسره[2]
ازآنپس عقاب دلاور، چهار   بیاورد و بر تخت بست استوار
نشست از برِ تخت، کاووس کی   به پیش اندرون*، خسروی جام می
چو شد گرسنه تیز پرّان عقاب   سوی گوشت کردند یکسر شتاب[3]
ز روی زمین تخت برداشتند   ز هامون به ابر اندر، افراشتند
بدان حد که شان بود نیرو بجای   سوی گوشت کردند آهنگ و رای[4]
شنیدم که کاووس شد بر فلک   همی رفت تا بر رسد بر ملک[5]
دگر گفت ازان رفت بر آسمان   که تا جنگ سازد به تیر و کمان[6]
ز هر گونه‌ای هست آواز این   نداند بجز پرخرد راز این[7]
پریدند بسیار و ماندند باز   چنین باشد آن‌کس که گیردش آز[8]
چو با مرغ پرّنده نیرو نماند   غمین گشت و پرها بخوی درنشاند؛
نگونسار گشتند ز ابر سیاه   کشان از هوا نیزه و تخت شاه
سوی بیشهٔ شهر چین آمدند○   به آمل به روی زمین آمدند
بجای بزرگیّ و تخت نشست   پشیمانی و درد بودش بدست!
نکردش تباه از شگفتی جهان   همی بودنی داشت اندر نهان[9]

□ - چوب اود، نامی تازی نیست که آن را با «ع» می‌نویسند.   ۱ - «بر آنگونه بر کرد ساز» گزارش ندارد.

۲ - **یک:** دل را به اندیشه پیوند نیست. اندیشه از آنِ سر است. **دو:** اندیش را پیش از آن می‌بایستی کردن و تخت و پرواز را آراستن!

* - به پیش اندرون نادرست است، «**بدست اندرش**» درست می‌نماید.

۳ - چهار شاهین بودند، وکنش «شدند» بایسته است.

۴ - **یک:** میان رج‌های ۶۳۳۰ و ۶۳۳۶ جدایی می‌افکند. **دو:** «بدان حدّ» در اندازهٔ گفتار فردوسی نیست.

۵ - سخن پریشان است و مَلک، هیچگاه در سخن فردوسی نیامده‌است.

۶ - جنگ با که سازد؟ جنگ نیز ساختنی نیست، «کردنی» است.

۷ - آوازه یکی است... کاووس بآسمان پرواز کرد.

۸ - **یک:** لت دویم را سخن استوار نیست. **دو:** سخن چنان می‌نماید که هر آنکس که آز ورزد (نه گیردا) بسیار می‌پرد و باز می‌ماند!!

○ - برخی نمونه‌ها بینه شهر چین آمده‌است. و چنین بیشه شناخته نشد، اما چرا از بیشهٔ شهر چین و آمل با هم نام می‌رود؟ راز آن در داستان ایران گشاده شده‌است.

۹ - اگر «بودنی» (=تقدیر) بخواست خداوند است، پس جهان را در آن دستی نیست، و این سخن نیز درست نمی‌نماید که جهان او را تباه نکرد!

سیاووش زو خواست کاید پدید   ببایست لختی چمید و چرید[1]
همی کرد پوزش ز بهر گناه   مر او را همی جست هر سو سپاه[2]

آوردن پهلوانان
کاووس را

خبر یافت زو رستم و گیو و توس   برفتند با لشکری گشن و کوس[3]
برستم چنین گفت گودرز پیر   که: «تا کرد مادر مرا سیر شیر[4]
همی بینم اندر جهان تاج و تخت   کیان و بزرگان بیدار بخت
چو کاووس نشنیدم اندر جهان   ندیدم کسی از کهان و مهان
خرد نیست او را نه دانش نه رای   نه هوشش بجای‌ست و نه دل بجای»
رسیدند پس، پهلوانان بدوی   نکوهشگر و تیز و پرخاشجوی
بدو گفت گودرز: «بیمارستان   ترا، جای، زیباتر از شارستان
بدشمن دهی، هر زمان جای خویش   نگویی بکس، بیهده رای خویش*
سه بارت چنین رنج و سختی فتاد   سرت ز آزمایش نگشت اوستاد
کشیدی سپه را بمازندران   نگر تا چه سختی رسید اندر آن[5]
دگر باره مهمان دشمن شدی   شمن بودی او را برهمن شدی[6]
بگیتی جزاز پاک یزدان نماند   که منشورِ تیغ ترا برنخواند
بجنگ زمین سربسر تاختی!   کنون بآسمان نیز پرداختی؟
پس‌از تو، بدین، داستانی کنند   که: شاهی برآمد بچرخ بلند
که تا ماه و خورشید را بنگرد   ستاره، یکایک همی بشمَرَد!

*

همان کن که بیدار شاهان کنند   ستاینده و نیکخواهان کنند»

---

۱ - دنبالهٔ گفتار... لت دویم را پیوند درست با لت نخست نیست، و زیست را تنها چمیدن و چریدن در کار نیست، زیرا که چنان زیستن ویژهٔ جانوران است که اندیشه و دانش و خردشان نیست.   ۲ - هنوز ایرانیان در جست‌وجوی او نبودند.

۳ - برای سه کس، کنش یگانه بکار رفته‌است (خبر یافت).

۴ - چهار رج: برداشتی از سخنان گودرز است در انجمن مهیستان ایران، دربارهٔ کاووس (در داستان سهراب).

* - رای و آهنگ و اندیشهٔ خویش را با انجمن مهیستان ایران در میان نمی‌نهی.

۵ - «نگر» در لت دویم کاربرد درست ندارد: «دیدی»...   ۶ - لت دویم راگزارش نیست.

پرواز کاووس بر آسمان ۴۱۱

جز از بندگی پیش یزدان مجوی … مزن دست در نیک و بد، جز بدوی،[۱]
چنین داد پاسخ که: «از راستی؛ … نیاید بکار اندرون، کاستی
همه داد گفتی و، بیداد نیست … ز فام* تو جان من آزاد نیست»
فرو ماند کاووس و تشویر خورد … ازان نامداران روز نبرد[۲]
بپیچید و اندر عماری نشست … پشیمانی و درد بودش بدست[۳]
چو آمد بر تخت و گاه بلند … دلش بود زان کار، مانده نژند
چهل روز بر پیش یزدان بپای … بپیمود خاک و بپرداخت جای[۴]
همی ریخت از دیدگان آب زرد … همی از جهان‌آفرین یاد کرد[۵]
ز شرم از در کاخ بیرون نرفت … همی پوست گفتی بر او بر بکفت[۶]
همی ریخت از دیده پالوده خون … همی خواست آمرزش رهنمون[۷]
ز شرمِ دلیران، مَنِش کرد؛ پست … خرام و درِ بار دادن ببست●
پشیمان شد و درد بگزید و رنج … نهاده ببخشید بسیار گنج[۸]
همی رخ بمالید بر تیره خاک … نیایش‌کنان پیش یزدان پاک[۹]
چو بگذشت یک چند، گریان؛ چنین … ببخشود بر وی، جهان آفرین
یکی دادِ نو ساخت اندر جهان … که تابنده شد بر کهان و مهان
جهان گفتی از داد دیبا شده‌ست … همان شاه بر گاه زیبا شده‌ست[۱۰]
ز هر کشوری نامور مهتری … که بر سر نهادی بلند افسری،[۱۱]
به درگاه کاووس شاه آمدند … وزان سرکشیدن براه آمدند[۱۲]

۱ – برای کار بد، نمی‌باید دست در یزدان زدن(؟!)

* – «فام» در زبان پهلوی «اپام» و در زبان فارسی «اوام» و «وام» است.

۲ – کاووس پاسخ بگودرز داد، و پذیرفت هرآنچه را که گودرز گفت! پس، فروماندن در کارش نبود.

۳ – مرد را، در مهد نشستن سرشکستگی نمود. زیرا که مهد ویژهٔ زنان یا بیماران بود.

۴ – **یک:** «بپیمود خاک» = خاک را اندازه گرفت... سزاوار نیست.

۵ – **یک:** آب زرد، بجای اشک درخشان بر چهره! **دو:** لت دویُم بازگویی رج پیشین.

۶ – سخن درست در رج ۶۳۶۹ آمده‌است. ۷ – آب زرد، دگرگونه شد، به خونِ پالوده!

● – مردمان بدو گونه به پیشگاه شاه می‌رسیدند، نخست «بار دادن» بود که بزرگان کشوری همگان بدیدار شاه می‌رفتند، و شاه نیز با هریک از آنان که بایسته‌بود سخن می‌گفت. دیگر دیدارهای دوستانه بود که شاه، کسی را بسوی آنکسان که خواهان دیدارشان بود گسیل می‌کرد، و آنان بهمراه فرستاده، بدربار می‌رفتند. چنین کار «خرام» نامیده شد... و در داستان رستم و اسفندیار بگونه‌ای گسترده، این گونهٔ مهمان فراخواندن را، خواهیم دیدن! و سخنِ کوتاهِ فردوسی، نشان از چنین شیوهٔ زیست پیشینیان را در خود دارد. گونه‌ای دیگر از بار دادن «بار همگانی» بوده‌است که در میدان روی میداد، و همگان می‌توانستند شاه را ببینند، و با وی سخن بگویند.

۸ – سخن از پشیمانی، بهنگام گفتار با پهلوانان رفت. ۹ – چندبار از چنین نیایش بشیوهٔ انیرانی سخن می‌رود؟

۱۰ – جهان دیبایی چگونه تواند بودن؟ ۱۱ – افسر بلند، ویژهٔ پادشاه بوده‌است.

۱۲ – تاکنون داستانی از سرکشی آنان نیامده‌بود که اکنون از راه آمدنشان داستان آید!

زمانه چنان شد که بود از نخست — به آب وفا روی خسرو بشست [۱]
همه مهتران کهتر او شدند — پرستنده و چاکر او شدند [۲]
کجا پادشا دادگر بود و بس — نیازش نیاید به فریادرس [۳]
بدین داستان گفتم آنکم شنود — کنون رزم رستم بباید سرود [۴]

۱ - **یک:** آب وفا راکس گزارش نکرده‌است. **دو:** با چنین آب رُخ را شستن، چگونه تواند بودن؟
۲ - دوباره‌گویی دو رج پیشتر.
۳ - کجا؛ پادشا دادگر (باشد) درست است.
۴ - رزم رستم بتنهایی نیست، و پهلوانان دیگر ایران نیز بهمراه وی جنگیدند.

نبرد هفت پهلوان

*

چه گفت آن سراینده مرد دلیر — که ناگه برآویخت با نرّه شیر[۱]
که گر نام مردی بجویی همی — رخ تیغ هندی بشویی همی؛[۲]
ز بدها نبایدت پرهیز کرد — که پیش آیدت روز ننگ و نبرد[۳]
زمانه چو آمد بتنگی فراز — هم از تو نگردد به پرهیز باز[۴]
چو همره کنی جنگ را با خرد — دلیرت ز جنگ‌آوران نشمرد[۵]
خرد را و دین را رهِ دیگرست — سخن‌های نیکو به بند اندرست[۶]
کنون از ره رستم جنگجوی — یکی داستان است با رنگ و بوی[۷]

*

شنیدم که روزی گوِ پیلتن — یکی سور کرد، ازدرِ انجمن
بجایی، کجا؛ نام او بُد نِوند — بدو اندرون کاخ‌های بلند؛
کجا آذرِ مهرِ برزین، کنون — بدانجا فروزد همی، رهنمون[۸]
بزرگان ایران بدان بزمگاه — شدند انجمن، نامور، یک سپاه
چو توس و چو گودرز کشوادگان — چو بهرام و چون گیو آزادگان[۹]
چو گرگین و چون زنگهٔ شاوران — چو گستهم و خرّاد جنگ‌آوران[۱۰]

---

۱ – آن مرد کیست؟ بسیار کسان بوده‌اند که ناگهان با شیر رودررو شده‌اند.　۲ – تیغ هندی را «رخ» نیست، تیغه است و لبه.

۳ – از بد(ها) نادرست است. از پیشامدهای بد، رویگردان نباید بودن.

۴ – «زمانه (هنگام مرگ) چون بتنگی رسد، از تو باز نمی‌گردد»: نادرست است. چون اگر بازگردد، تو زنده می‌مانی.

۵ – سخن نادرست است... نه بر آیین اندیشهٔ فردوسی:

چو جان را بدانش بیاموخت مرد — سزاوار گرد و بجنگ و نبرد

و نه بر آیین کهن ایرانی: «پرسید دانا از مینوی خرد، که: خرد به (است) یا هنر (جنگاوری) یا بهی (نیکی) مینوی خرد پاسخ داد که: خرد که او را بهی نباشد، خرد مپندار، و هنر (جنگاوری) که او را خرد همراه نباشد، هنرش مپندار» از نامهٔ باستانی مینوی خرد.

این سخن از یک گفتار افراسیاب در کشتن افراسیاب اغریرث را؛ برگرفته شده‌است که نشان از فرهنگ انیرانی دارد:

سر مرد جنگی، خرد نسپرد — که هرگز نیامیخت کین، با خرد

٦ – این سخن نیز از پیشگفتار داستان اکوان دیو برداشته شده‌است.　۷ – «از ره رستم جنگجوی» چگونه راهی باشد؟

۸ – «نوند» شاهنامه در دبیرهٔ پهلوی، گونه‌ای دیگر از ریوند است، و آذربرزین‌مهر در کوهستان ریوند، فروزان بود این سخن را می‌باید از شاهنامهٔ پهلوی پیش از ترجمه بفارسی دانستن، که رهنمون یا موبد، آتش را در آنجا برمی‌افروزد. این رج را یک افزاینده با آگاهی از ایران باستان بشاهنامه افزوده است مگر آنکه در زمان فردوسی آن آتشکده نیز خاموش بوده‌است.

۹ – «چو» نادرست. تنها گیو نبوده که آزاده بود، همگان آزاده بودند.

۱۰ – «چو» نادرست. چنگاوران نادرست است، «جنگاور» تنها خرّاد نبود که جنگاور باشد.

۴۱۴ کیکاووس

چو برزین گردنکش تیغ زن   گرازه کجا بُد سر انجمن[1]
ابا هریک از مهتران مردِ چند*   یکی لشکری نامدار، ارجمند
نیاسود یکتن، زمانی ز کار   ز چوگان و تیر و نبید و شکار

*

بمستی چنین گفت یک روز گیو   برستم، که: «ای نامبردار نیو
گرایدونکه رای شکار آیدت   اُیوز دونده بکار آیدت
بنخچیرگاهِ رد افراسیاب   بپوشیم تابان رخِ آفتاب!
ز گرد سواران و از یوز و باز   فرازیدن نیزه‌های دراز[2]
بگورِ تکاور کمند افکنیم   به شمشیر بر شیر بند افکنیم[3]
بدان دشت توران شکاری کنیم   که اندر جهان یادگاری کنیم»[4]
بدو گفت رستم که: «بی کام تو   مبادا گذر، تا سرانجام تو●
سحرگه بدان دشت توران شویم   ز نخچیر و از تاختن نغنویم»[5]
ببودند یکسر، بر این؛ همسخُن   کسی رای دیگر نیفکند بُن

*

سحرگه چو از خواب برخاستند   بران آرزو رفتن آراستند[6]
برفتند با یوز و با باز و مهد   گرازنده و شاد، تا رود شهد
بنخچیرگاه رد افراسیاب   بیک دست ریگ و بیک دست آب
دگر سو سرخس و بیابانش پیش   گله گشته بر دشت، آهو و میش[7]
تلی هر سویی مرغ و نخچیر بود   اُگر کشته، گر؛ خستهٔ تیر بود
ز خنده نیاسود لب، یک زمان   ببودند روشندل و شادمان[8]
بیک هفته زین گونه با می به دست   گهی تاختن، گه خرام و نشست
بهشتم تهمتن بیامد پگاه   یکی رای شایسته زد با سپاه

---

۱ – **یک:** «چو» نادرست. **دو:** افزاینده برای نیاز به پساوای «تیغزن»، گرازه فرزند گیو را در برابر پدر و پدربزرگش گودرز؛ پهلوان پیر ایران و توس سپهسالار ایران و رستم، با پاژنام «سرِ انجمن» خوانده‌است!!

* – پیدا است که باید آنرا مردِ چند: مردی چند خواندن. این پسوند یگانه‌ساز، در زبان پهلوی بگونهٔ اِکشیده خوانده می‌شد، چنانکه در خراسان بزرگ هم اکنون بر زبان میرود: مردِ آمد = مردی آمد.   ۲ – (از) گرد سواران و (از) نیزهٔ دراز...

۳ – ...نمی‌توان شیر را با شمشیر، بند (کردن).

۴ – به چندان زمان، (یک) شکار (شکاری) انجام نخواهد گرفت. راه توران چندان نزدیک نبوده‌است که سپیده‌دم برخیزند و بدان دشت توران برسند.   ●– تازنده هستی، گذرِ زمان بی‌کام تو مباد!

۵ – چون بامداد برخیزند، بیدرنگ بدشت توران نمی‌رسند.   ٦ – از «رفتن» در رج پسین سخن میرود.

۷ – **یک:** بیابانش، بیابان (آن) نادرست است، زیرا که بیابان از آنِ شهر سرخس نیست. **دو:** میان رج‌های پیشین و پسین جدایی می‌افکند.

۸ – **یک:** نخچیرگران را نشاید که بهنگام آختن و تیراندازی... خنده بر لب داشته باشند. **دو:** لب نادرست است: «لبانشان».

که: «از ما، به افراسیاب این زمان ... همانا رسید آگهی، بیگمان!
بباید طلایه به ره بر، یکی! ... که چون آگهی یابد او اندکی؛[1]
یکی تاختن سازد، آید بجنگ ... کند دشت نخچیر، بر یوز؛ تنگ»

*

گرازه، بزه برنهاده؛ کمان ... بیامد بر آن کار، بسته میان
سپه را که چون او نگهدار بود ... همه چارهٔ دشمنان خوار بود
بنخچیر و خوردن نهادند روی ... نکردند کس، یادِ پرخاشجوی

آگاه شدن افراسیاب

از آمدن پهلوانان ایران بنخچیرگاه

پس آگاهی آمد به افراسیاب ... ازیشان، شب تیره؛ هنگام خواب
ز لشکر، جهاندیدگان را بخواند ... ز رستم بسی داستان‌ها براند
اُ زآن هفت گُردِ سوارِ دلیر ... که بودند هریک بکردار شیر
که: «ما را بباید کنون ساختن ... بناگاه، بردن یکی؛ تاختن
گر این هفت یل را بچنگ آوریم ... جهان؛ پیش کاووس، تنگ آوریم

*

بکردار نخچیر باید شدن ... بناگاه لشکر بر ایشان زدن»[2]
گزین کرد شمشیرزن سی هزار ... همه رزمجو از در کارزار[3]
چنین گفت با نامداران جنگ ... که: «ما را کنون نیست جای درنگ»[4]
براه بیابان برون تاختند ... همه جنگ را گردن افراختند
ز هر سو فرستاد بی‌مر، سپاه ... -بر آن سرکشان- تا بگیرند «راه»
گرازه چو گَرد سپه را بدید ... بیامد سپه را همه بنگرید

---

۱ - اندکی آگهی نادرست است، آگهی بایستی روشن و همه سویه باشد.
۲ - آگهی از توران، به پهلوانان ایران نمی‌رسد که آنان بکردار نخچیر بیرون شوند و خویش را از ایرانیان بپوشانند!
۳ - کسی با سی‌هزار شمشیرزن به نخچیر بیرون نمیرود!
۴ - دنبالهٔ سخن

بدید آنکه شد روی گیتی سیاه　　درفش سپهدار توران سپاه[۱]
از آنجا چو باد دمان بازگشت　　ابا نَشره و بانگ وآواز گشت[۲]
بیامد دمان تا بنخچیرگاه　　تهمتن همی خورد می، با سپاه[۳]
چنین گفت با رستم شیرمرد　　که: «برخیز و از خرّمی بازگرد
که چندان سپاه است، کاندازه نیست　　ز لشکر، بلندی و پستی، یکیست

*

درفش جفاپیشه افراسیاب　　همی تابد از گرد، چون آفتاب،[۴]
چو بشنید رستم بخندید سخت　　بدو گفت: «با ماست پیروزبخت!
تو از شاه توران چه ترسی چنین　　ز گرد سواران تورانزمین[۵]
سپاهش فزون نیست از سدهزار　　عنان پیچ و برگستوانوَر سوار
بدین دشت کین بر، گر از ما یکی‌ست　　همی جنگ ترکان بچشم اندکی‌ست[۶]
شده هفت گرد سوار انجمن　　چنین نامبردار و شمشیرزن[۷]
یکی باشد از ما، و زیشان هزار　　سپه را چه باید؟ گرفتن شمار!
برین دشت اگر ویژه تنها منم　　که بر پشت گلرنگ در جوشنم[۸]
چنو کینه‌خواهی بیاید مرا　　از ایران سپاهی نباید مرا[۹]
تو؛ ای میگسار، از می زابلی　　بپیمای تا سر، یکی بلبلی*»
بکف برنهاد آن درخشنده جام　　نخستین ز کاووسِ کی، برد نام
که: «شاه زمانه مرا یاد باد　　همیشه بر و بومش آباد باد»
تهمتن دگر جام را داد بوس　　چنین گفت ک:«این باد، بر روی توس!»
سران جهاندار برخاستند　　ابر پهلوان خواهش آراستند°
که ما را بدین جام می جای نیست　　به می با تو ابلیس را پای نیست

۱ – **یک:** لت دویم را با لت نخست هماهنگی نیست. **دو:** بدید در لت نخست، با «بدید» در رج پیشین هماهنگ نیست.

۲ – تو گفتی　　۳ – **یک:** دوباره گویی باد دمان. **دو:** با کدام سپاه؟

۴ – درفش افراسیاب سیاه بوده است، و نشاید که در میان گرد، چون آفتاب بتابد.

۵ – لت نخست با لت دویم پیوند ندارد.

۶ – **یک:** یکی است، از رج دویُمِ پسین؛ بگونهٔ نادرست برگرفته شده‌است. **دو:** اندکیست، نادرست است. **سه:** بچشمِ چه کس؟

۷ – پیوند درست ندارد!　　۸ – در آنزمان که میان آنان سخن می‌رود. رستم در جوشن نبود!

۹ – **یک:** چنو = چون او (افراسیاب)، بازآنکه روشن است افراسیاب تنها نیامده‌است. **دو:** دوباره نام سپاه همراه است.

* – گونه‌ای ساغر دهانه تنگ که بهنگام ریختنِ مِی چون بلبل بانگ می‌کرد.

○ – آیین می‌نوشی ایرانیان بوده‌است که نخستین جام را بنام و یاد شاهنشاه می‌نوشیده‌اند؛ دودیگر، جام را بیاد سپهدار خراسان؛ سدیگر، سپهدار نیمروز؛ چهارم، سپهدار خووران، و ازآنپس جام‌ها بنام ناماوران همان انجمن پیموده می‌شد، و خواهش پهلوانان از رستم بدانروی است که چون جام نخست را بیاد شاهنشاه نوشید، بجام دویم بنام توس (سپاهبد خراسان) رسید... اگر بخواهد بنام همهٔ آنان می بنوشد، هم، چنین کار؛ زمان می‌برد و تورانیان فرا می‌رسند، و هم رستم را مستی پیش می‌آید، و توانِ نبرد را از او می‌گیرد!

می و گرز یکزخم و میدان جنگ ‌‌ ‌ جز از تو کسی را نیامد به چنگ[1]
می زابلی سرخ در جام زرد ‌ ‌ ‌ تهمتن بروی زواره بخورد●
زواره چو ساغر بکف برنهاد ‌ ‌ ‌ هم از شاه کاووسِ کی، کرد یاد
بخورد و ببوسید روی زمین ‌ ‌ ‌ تهمتن بر او بر، گرفت* آفرین
که جامِ برادر برادر خورد ‌ ‌ ‌ هژبر آنکه او، جام مَی بشکرد

*

چنین گفت پس گیو با پهلوان ‌ ‌ ‌ که: «ای نازش شهریار و گوان
شوم، ره بگیرم به افراسیاب ‌ ‌ ‌ نمانم که آید بدین روی آب
سر پل بگیرم به افراسیاب ‌ ‌ ‌ بدارمش زان سوی پل یک زمان[2]
بدان، تا بپوشند گردان سلیح ‌ ‌ ‌ که بر ما سرآمد نشاط و مزیح»
بشد تازیان تا سر پل دمان ‌ ‌ ‌ بزه بر نهاده، دو زاغ کمان
چنین تا بنزدیکی پل رسید ‌ ‌ ‌ درفش جفاپیشه○ آمد پدید
که بگذشته بود او ازین روی آب ‌ ‌ ‌ به پیش سپاه اندر، افراسیاب[3]

*

تهمتن بپوشید ببربیان ‌ ‌ ‌ نشست از بر ژنده پیل ژیان
چو در جوشن افراسیابش بدید ‌ ‌ ‌ تو گفتی که هوش از دلش برپرید[4]
ز چنگ و بر بازو و یال او ‌ ‌ ‌ بگردن برآورده کوپال او[5]
چو توس و چو گودرز نیزه گذار ‌ ‌ ‌ چو گرگین و چون گیو گرد وسوار[6]
چو بهرام و چون زنگهٔ شاوران ‌ ‌ ‌ چو فرهاد و برزین جنگ‌آوران[7]
چنین لشکری سرفرازان جنگ ‌ ‌ ‌ همه نیزه و تیغ هندی بچنگ[8]
همه یکسر از جای برخاستند ‌ ‌ ‌ بسان پلنگان بیاراستند[9]
بدان گونه شد گیو در کارزار ‌ ‌ ‌ چو شیری که گم کرده باشد شکار[10]

---

۱ – میدان جنگ... بچنگ نمی‌آید.

● – بدانهنگام، زواره برادر رستم سپهدار نیمروز بود. و رستم با یادکرد زواره نشان داد که رای آن دارد که جامها را باآیین، تا پایان بنوشد! ‌ * – «بخواند آفرین» درست می‌نماید. ‌ ۲ – در رج پیشین از بستن راه بر افراسیاب سخن رفته‌بود.

○ – ستم‌پیشه درست‌تر می‌نماید!

۳ – پادشاه هیچگاه پیش سپاه نمی‌ایستاده است، چنانچه در رج ۶۴۷۴ نیز از نرم راندن او در پس لشکر سخن می‌آید.

۴ – تو گفتی! ‌ ۵ – پس از پریدن هوش؟ ‌ ۶ – چو... ‌ ۷ – چو...

۸ – دنبالهٔ گفتار... از تیغ هندی سخن بسیار رفته‌است، اما این نخستین بار است که از نیزهٔ هندی نیز یاد می‌شود.

۹ – تازه برخاسته‌اند؟ پیش‌تر، از سوار شدن رستم نیز سخن رفته‌بود!

۱۰ – شیری که شکار راگم کرده باشد، به پیرامون می‌نگرد، و نمی‌جنگد.

پس و پیش هر سو همی کوفت گرز — دو تا کرد بسیار بالای برز[۱]
رمیدند ازو رزمسازان چین — بشد خیره سالار توران‌زمین[۲]
ز رستم بترسید افراسیاب — نکرد ایچ، بر کینه جستن، شتاب
پس لشکر اندر، همی راند گرم — گوان را ز لشکر همی خواند نرم
ز توران فراوان سران کشته شد — سر بخت گردنکشان گشته شد[۳]
چو شد تیره دیدار توران سپاه — به گردون برافراخت رستم کلاه[۴]
ز پیران بپرسید افراسیاب — که: «این دشت رزمست گر جای‌خواب؟[۵]
گه رزم جستن دلیران بدیم — سگالش گرفتیم و شیران بدیم[۶]
کنون دشت، روباه بینم همی — سر از رزم کوتاه بینم همی[۷]
ز گُردان توران شُنیده تویی — جهاندیده و رزم‌دیده تویی[۸]
عنان را بتندی یکی برگرای — برو تیز و زیشان بپرداز جای[۹]
چو پیروزگر باشی، ایران ترا است — تن پیل و چنگال شیران ترا است»[۱۰]
چو پیران ز افراسیاب این شنید — چو از باد آتش دلش بردمید[۱۱]
بپیچید با نامور ده هزار — ز توران دلیران خنجرگزار[۱۲]
چو آتش بیامد برِ پیلتن — کزو بود نیروی جنگ و شکن[۱۳]
تهمتن بلب اندر آورد، کف — تو گفتی که بستد، ز خورشید؛ تف[۱۴]
برانگیخت اسپ و برآمد خروش — برآنسان که دریا برآید بجوش[۱۵]
سپر بر سر و تیغ هندی بمشت — ازان نامداران دو بهره بکشت[۱۶]
نگه کرد افراسیاب از کران — چنین گفت با نامور مهتران[۱۷]

---

۱ – **یک:** با کوبیدن گرز، سرها را شاید شکستن، و بالا را نتوان دو تا کردن. **دو:** «کرد» در لت دویم با «همی‌کوفت» در لت نخست همخوان نیست. ۲ – رزمسازان چین همراه افراسیاب نبودند.

۳ – هنوز افراسیاب نرم می‌راند، پس دو سپاه، بیکدیگر نرسیده‌اند که فراوان سران توران کشته شوند.

۴ – دنبالهٔ همان گفتار، با همان داوری. ۵ – همان گفتار... آنان نرم نرم به ایرانیان نزدیک می‌شوند. ۶ – دنباله

۷ – همچنان

۸ – این نخستین بار است که پیران در سپاه توران، دیده می‌شود، و بر این بنیاد هنوز چندان نام‌آور نیست، و افراسیاب را هم ترس برداشته بود، وگمانش بران بود که تورانیان روباه‌اند، چگونه است که از پیران می‌خواهد که بیک گراییدنِ عنان، ایرانیان را از جای توان پرداختن؟

۹ – بنگرید به شمارهٔ پیشین.

۱۰ – پس از پیروزی بر ایران تن پیل و چنگ شیر پیدا می‌کند؟ سخن درست چنان است که چون ترا پیکر پیل و چنگ شیر است بجنگ ایرانیان رو!

۱۱ – **یک:** این شنید، نادرست است: «این سخن را شنید». **دو:** لت دویم ناهماهنگ است... چنانکه از باد، آتش بر می‌دمد، دلش بردمید.

۱۲ – ده هزار سوار، همه «نامور» نیستند، که سپاهیان ساده‌اند. ۱۳ – دنبالهٔ گفتار ۱۴ – تو گفتی...

۱۵ – جوشش دریا، از انگیزش رخش بود پدیدار شد؟ یا از خروش مردمان؟

۱۶ – **یک:** گزافهٔ سخت. **دو:** دو بهره از چند بهره؟ سواران همراه پیران ده هزار کس بوده‌اند، و اگر دو بهره از سه بهره باشد، ششهزار و شش‌سد و شست تن را بیکباره توان کشتن؟ ۱۷ – افراسیاب، پسِ لشکر بود، نه در کران آن. دو رج پیوسته بدان.

نبرد هفت پهلوان ۴۱۹

که: «گر تا شب این جنگ هم زین‌نشان　　میان دلیران و گردنکشان
بماند، نماندسواری بجای　　نبایست کردن بدین رزم رای»

*

بپرسید کـ:«الکوس جنگی کجاست؟　　که چندان همی رزم شیران بخواست!
بمستی، همی گیو را خواستی!　　همه جنگ با رستم آراستی!
همیشه از ایران بُدی یادِ اوی　　کجا شد؟ چنان آتش و باد اوی!»
به الکوس رفت آگهی زین سَخُن　　که سالار توران چه افکند بُن

*

همانگه برانگیخت، شبرنگ را　　به خون شسته بد، بیگمان چنگ را
برون رفت با او ز لشکر سوار　　ز مردان جنگی ده و دو هزار[1]
همه با سنان سرافشان شدند　　ابا جوشن و گرز و خفتان شدند[2]
زواره پدیدار بد جنگجوی　　بدو تیز الکوس بنهاد روی[3]
گمانی چنان برد کاو رستم است　　بدانست کز تخمه نیرم است[4]

*

زواره برآویخت با او بهم　　چو پیل سرافراز و شیر دژم
سنان‌های هردو، بدو نیم گشت　　زواره ز الکوس پر بیم گشت
بزد دست و تیغ از میان برکشید　　ز گَرد سران شد زمین ناپدید
یلان را همه تیغ، در هم شکست　　سوی گرز بردند چون باد، دست
درانداخت الکوس گرزی چو کوه　　که از زخمِ آن، شد زواره؛ ستوه
بزین اندر از زخم، بی‌توش گشت　　بخاک اندر افتاد و بیهوش گشت

*

فرود آمد الکوس تنگ از برش　　همی خواست از تن بریدن سرش[5]
چو رستم، برادر؛ بران‌گونه یافت　　بکردار آتش سوی او شتافت
به الکوس برزد یکی بانگ تند　　کجا دست شد سست و شمشیر کند[6]

1 – دوازده هزار... برون رفت نادرست، و رفتند درست است. چگونه وی با دوازده هزار سوار بیرون رفت، بازآنکه بتنهایی نبرد کرد!
2 – سنان، سرافشان نتواند بودن که کار سنان سوراخ کردن میان است... آن شمشیر است که در دست زورآوران، سرافشان می‌نماید.
3 – الکوس کنندهٔ کار (فاعل) است و در آغاز، نام وی برده شده‌بود، و دیگربار، در پایان گفتار نشاید نامش را آوردن!
4 – از کجا دانست که زواره از نژاد نریمان است؟
5 – در هیاهوی نبرد، پیاده شدن همان، و کشته شدن همانست... چون الکوس دید که زواره از اسب بر زمین افتاد، چرا می‌بایستی سرِ او را نیز بریدن؟... و سرِ خویش را نیز با چنین کار بباد دادن!
6 – دست و شمشیرِ (چه‌کس، کند شد؟)

چو الکوس آوای رستم شنید دلش گفتی از پوست آمد پدید[1]
بزین اندر آمد بکردار باد ز مردی بدل در، نیامدش یاد[2]
بدو گفت رستم که: «چنگال شیر نپیموده‌ای! زان شدستی دلیر»
زواره بدرد، از برِ زین نشست پر از خون تن و، تیغ مانده به دست[3]
برآویخت الکوس با پیلتن بپوشید بر زینِ توزی کفن[4]
یکی نیزه زد بر کمربند اوی ز دامن نشد دور پیوند اوی[5]
تهمتن یکی نیزه زد بر برش بخون جگر غرقه شد مغفرش
به نیزه همیدون ز زین برگرفت دو لشکر بمانده بدو، در شگفت
زدش بر زمین همچو یک لخت کوه پراز بیم شد، جان توران گروه

*

برین همنشان هفت گُرد دلیر کشیدند شمشیر برسان شیر
پسِ پشتِ ایشان دلاور سران نهادند بر کتف گرز گران[6]
چنان برگرفتند لشکر ز جای که پیدا نیامد همی سر ز پای
بکشتند چندان ز جنگاوران که شد خاک، لئل، از کران تا کران
فکنده چو پیلان بِهر جای بر چه با تن، چه از تن جدا گشته سر[7]
به آوردگه جایِ گشتن نبود سپه را، رهِ برگذشتن نبود

گریختن افراسیاب، از رزمگاه

تهمتن برانگیخت رخش از شتاب پسِ پشتِ جنگاور افراسیاب

---

۱ – لت دویم سست می‌نماید. دل از سینه برون می‌آید نه از پوست.

۲ – **یک:** افزایندگان الکوس پیاده شده را سوار کردند! **دو:** لت دویم ناهماهنگ با گفتار است. از مردی یاد نکردن چگونه باشد؟

۳ – بیگمان آنکس که زخم گرز بر سرش خورده باشد، نمی‌تواند، با فروافتادن از اسپ، هنوز شمشیر را در دست نگاه داشته باشد.

۴ – روشن نیست که چگونه بر زینِ توزی کفن پوشاند، و از چه پوشاند.

۵ – **یک:** نیزهٔ الکوس، پیش از این در نبرد با زواره شکسته شده‌بود. **دو:** لت دویم راگزارش نیست.

٦ – بجز از هفت گُرد دلیر، سران دلاور دیگر در میدان نبودند که پشت ایشان را بگیرند.

۷ – چرا کشتگان را به پیل همانند کردن؟ لت دویم هماهنگی ندارد... از این رج چنین گفتار بر می‌آید: بر زمین افکند(گان) چون پیلانِ با تن(؟) یا پیلان بی‌سر!

چنین گفت با رخش کـ:«ای نیک یار! مکن سستی اندر گه کارزار [1]
که من شاه را بر تو، بیجان کنم بخون سنگ را رنگ مرجان کنم [2]
چنان گرم شد رخش آتش‌گهر که گفتی برآمد ز پهلوش، پر [3]
ز فتراک بگشاد رستم کمند همی خواست کآرد میانش ببند
به ترگ اندر افتاد، خمّ دوال سپهدار توران، بدزدید یال
اُ دیگر که زیر اندرش، بادپای بکردار آتش برآمد ز جای
بجَست از کمندِ گوِ پیلتن دهن خشک و از رنج، پر آب؛ تن

*

ز لشکر هر آنکس که بُد جنگساز دو بهره نیامد بخرگاه باز [4]
اگر کشته بودند اگر خسته تن گرفتار در دست آن انجمن [5]
ز پرمایه اسپان بزرّین ستام ز ترگ و ز شمشیر زرّین نیام [6]
جزین هرچه پرمایه‌تر بود نیز به ایرانیان ماند بسیار چیز [7]
میان، بازنگشاد کس، کشته را نجُستند مردان برگشته را [8]
بدان دشت نخچیر باز آمدند ز هر نیکوی بی‌نیاز آمدند [9]
نوشتند نامه بکاووس شاه ز توران و از دشت نخچیرگاه
اُزان کز دلیران نشد کشته کس زواره ز اسپ اندر افتاد و بس
بدان دشت فرخنده بر، پهلوان دو هفته همی بود، روشنروان [10]
اُزانپس بدرگاه شاه آمدند بدیدار فرّخ کلاه آمدند
چنین است رسم سرای سپنج یکی زو تن آسان، دگر زو به رنج [11]
بر این و بر آن، روز هم بگذرد خردمند مردم چرا غم خورد
سخن‌های این داستان شد به بُن ز سهراب و رستم سرایم سخُن

۱ – سخن بس زیبا و دل‌انگیز است، اما چون پایانش درست نمی‌نماید، افزوده است، زیرا که رخش با شتاب بدنبال افراسیاب می‌تاخت و از شتاب رخش در رج پیشین یاد شده بود.
۲ – **یک:** رستم، افراسیاب را شاه نمی‌خوانَد. **دو:** از کجا که اگر خون افراسیاب بر زمین ریزد، بر روی سنگ ریزد، که آنرا برنگ مرجان درآورد؟ ۳ – گفتی...
۴ – **یک:** دو بهره (نیامدند) درست است. **دو:** لشکر افراسیاب خرگاه نداشت! آنان از توران برای جنگ آمدند، و از ره، بسوی جنگ شتافتند. ۵ – ایرانیان کسی را به بند نکشیدند! ۶ – دنبالهٔ گفتار. ۷ – دنبالهٔ همان گفتار.
۸ – کُشته را باگَشته پساوا نیست.
۹ – در یوزه‌گری افزاینده!! **یک:** بنگرید که از ایران، هفت پهلوان در آن نبرد جنگیدند، که هر یک؛ شاهِ بخشی از ایران بودند... آیا در خورِ شاهانِ ایران بود؟ که از تن گشتگان یا اسبان، چیزی برای خویش بگشایند! **دو:** سپاهیان ساده را چه به ستام و ترگ و نیامِ زرین!
۱۰ – تنها رستم نبود، که هفت پهلوان ایران همه با هم بودند. ۱۱ – سه رج پندگویی‌های همواره.

داستان رستم و سهراب

اگر تندبادی برآید ز کنج / به خاک افکند نارسیده ترنج [1]
ستمکاره خوانیمش ار دادگر؟ / هنرمند دانیمش ار بی‌هنر؟ [2]
اگر مرگ داد است بیداد چیست؟ / ز داد این همه بانگ‌وفریاد چیست؟ [3]
ازین راز جان تو آگاه نیست / بدین پرده اندر ترا راه نیست [4]
همه تا درِ آز رفته فراز / به کس بر نشد این درِ راز باز [5]
به رفتن مگر بهتر آیدش جای / چو آرام یابد به دیگر سرای [6]
دم مرگ چون آتش هولناک / ندارد ز برنا و فرتوت باک [7]
درین جای رفتن نه جای درنگ / بر اسپ فنا گر کشد مرگ تنگ [8]
چنان دان که داد است و بیداد نیست / چو داد آمدش جای فریاد نیست [9]
جوانیّ و پیری به نزدیک مرگ / یکی دان چو ایدر بُدن نیست برگ [10]
دل از نور ایمان گر آکنده‌ای / ترا خامشی به که تو بنده‌ای [11]

---

۱ - کُنج را با تَرنج پساوا نیست... چه کسان در این کار، زمان نهاده‌اند، تا این سخن افزوده بگفتار فردوسی را، بگونه‌ای گزارش کنند. از میان آنان استاد روانشاد... «ماهیار نوابی» بود که کُنج را کَنج خوانده بود، و آنرا «کَنگ افراسیاب» درشمار آورده‌بود... بدینسان که اگر تندبادی از کنگدژ برآید و ترنجی نارسیده را بر زمین افکنَد! **یک:** تندباد، تنها از کنگ بر نمی‌آید، و از هر جای دیگر شاید برآمدن! **دو:** نه تنها تورانِ باستان را ترنج نبوده است که سمرقند و بخارا و تاشکند (تاجیکستان زبَرین) و خجند و شومان و بدخشان (تاجیکستان زیرین) را نیز... هنوز از پسِ هزاران سال، درخت ترنج نیست.

۲ - باد، نه ستمکار است، نه هنرمند.

۳ - **یک:** بیداد در این لت، از زبانزد «داد (و) بیداد» برآمده‌است، برابر با غریو و بانگ! بازآنکه این زبانزد، در آغاز «داد، بیداد» بوده است که هنوز نیز بهمین آوا بر زبان می‌رود، در برابر لت است با (داد=قانون، بیداد=ظلم شد). **دو:** فریاد در زبان پهلوی و هم فارسی برابر است با «یاری»، و واژه‌های آمیخته فریادخواه، فریادبخش... در شاهنامه آمده‌است و هنوز نیز در زبان فارسی بفریادم برس = بیاریم بیا، و فریادرسِ یاری دهند... روان است، اما در این گفتار همراه با بانگ آمده‌است که نادرست است.

۴ - **یک:** «تو» که باشد؟ منِ خواننده! **دو:** دوبار در یک سخن «تو» آوردن روا نباشد.

۵ - این داوری که همه تا درِ «آز» رفته(اند) درست نیست، بسا کسان، که آز را را در جان و روانشان جای نیست!

۶ - **یک:** چه کس؟ جای بهتر پیدا می‌کند؟ **دو:** «آیدش جای» گزارش ندارد. **سه:** در رج پیشین؛ سخن از همه بود، و در دنبالهٔ گفتار، یگانه گشت: آیدش آید اورا.

۷ - دنبالهٔ گفتار

۸ - لت نخست پریشان؛ در این جای رفتن (که درنگ در آن نیست) لت دویم نیز... مرگ، تنگِ اسب را نمی‌کشد، چون مرگ نمی‌رود که سوار بر اسبِ تنگ بسته شود، ما هستیم که میرویم، پس مردمان را باید تنگ اسبِ مرگ را بستن.

۹ - **یک:** لت نخست بی‌لغزش است. **دو:** لت دویم، باز فریاد را بجای غریو و بانگ آورده‌است.

۱۰ - **یک:** جوانی و پیری را (را) می‌باید. **دو:** «یکی دان» نادرست است: «یکسان در شمار آور».

۱۱ - «ایمان» را در سخن فردوسی جای نیست؛ «گروش، باور». لت دویم نیز سست است، و دوبار «تو» در آن آمده‌است.

بر این کار یزدان ترا راز نیست — اگر جانْت با دیو انباز نیست[1]
به گیتی در آن کوش چون بگذری — سرانجام نیکی برِ خود بری[2]

آغاز داستان

ز گفتار دهقان یکی داستان — بپیوندم از گفتهٔ باستان
ز موبد بدینگونه برداشت یاد — که رستم یکی روز، از بامداد
غمین بُد دلش، سازِ نخچیر کرد — کمر بست و ترکش پر از تیر کرد
سوی مرز توران چو بنهاد روی — چو شیر دژاگاه نخچیرجوی[3]
چو نزدیک شهر سمنگان رسید — بیابان سراسر پراز گور دید
برافروخت چون گل، رخِ تاجبخش — بخندید و از جای برکند؛ رخش
بتیر و کمان و بگرز و کمند — بیفکند بر دشت نخچیرِ● چند
ز خار و ز خاشاک و شاخ درخت — یکی آتشی برفروزید سخت
چو آتش پراکنده شد، پیلتن — درختی بجُست، ازدرِ بابزن*
یکی نرّه‌گوری بزد بر درخت — که در چنگ او پرّ مرغی نَسَخت
چو بریان شد از هم بکند و بخَورد — ز مغزاستخوانش برآورد گرد
بخفت و برآسود از روزگار — چمان و چران رخش؛ در مرغزار

*

سواران توران تنی هفت، هشت — بران دشت نخچیرگه برگذشت[4]
پی اسپ دیدند در مرغزار — بگشتند گرد لب جویبار[5]
چو بر در دشت بر، رخش را یافتند — سوی بند کردنْش بشتافتند
گرفتند و بردند پویان بشهر — همی هر کس از رخش، جستند بهر○
چو بیدار شد رستم از خواب خوَش — بکار آمدش بارهٔ دستکش؛

۱ – سخن درهم... افزاینده را رای بران بوده‌است که بگوید: ترا (از) رازِ کارِ یزدان آگاهی نیست.

۲ – نیکی برِ خود بری نادرست است: «نیکی را با خود بری». ۳ – دوبار «چو» در یک گفتار، سزاوار نمی‌نماید!

● – نخچیرِ چند = نخچیری چند. «ی یگانه» (= یای وحدت) در سخن خراسانیان هنوز، بهمین آوا بر زبان می‌رود.

* – بابزَن: سیخِ کباب. ۴ – **یک:** یا تنی هفت یا تنی هشت. **دو:** هفت یا هشت سوار بردشت (برگذشتند) نه برگذشت.

۵ – لب جویبار سخت نادرست است. زیرا که «بار» = کنار، در سه واژهٔ آمیخته هنوز دیده می‌شود دریابار = کنارِ دریا–رودبار = کنار رود (ساحل رود) جویبار (کنار جوی) و بر این بنیاد لبِ جویبار، لبِ کنارِ جوی است، و نادرست است.

○ – رخش را با مادیان‌ها آمیزش دادند، تا کرهٔ پیلتن زایند.

غمین گشت چون بارگی را نیافت — سراسیمه سوی سمنگان شتافت
همی گفت کاکنون پیاده دوان — کجا پویم از ننگ تیره روان[1]
چه گویند گردان که اسپش که برد — تهمتن بدین‌سان بخفت و بمرد[2]
کنون رفت باید به بیچارگی — سپردن بغم دل بیکبارگی[3]
کنون بست باید سلیح و کمر — بجایی نشانش بیابم مگر
همی رفت زین‌سان پر اندوه و رنج — تن اندر عنا و دل اندر شکنج[4]

رسیدن رستم،

بشهر سمنگان

چو نزدیک شهر سمنگان رسید — خبر زو، بشاه و بزرگان رسید؛
که: «آمد پیاده، گَوِ تاجبخش! — بنخچیرگه، زو رمیده‌ست رخش»!
پذیره شدندش بزرگان و شاه — کسی کاو بسر بر، نهادی کلاه[5]
بدو گفت شاه سمنگان: «چه بود؟ — که؟ یارست با تو، نبرد آزمود!
بدین شهر ما نیکخواه توایم — ستاده بفرمان و راه توایم
تن و خواسته، زیر فرمان تست — سرِ ارجمندان و جان، آنِ تست»

*

چو رستم بگفتار او بنگرید — ز بدها گمانیش کوتاه دید[6]
بدو گفت: «رخشم بدین مرغزار — ز من دور شد بی لگام و فسار
کنون تا سمنگان نشانِ پی است — از آنجا، کجا؛ جویبار و نی است
ترا باشد، ار بازجویی، سپاس! — بباشم بپاداش، نیکی شناس
وراید و نکه ماند ز من ناپدید — سران را، بسی، سر بخواهم برید»
بدو گفت شاه: «ای سرافراز مرد — نیارد• کسی، با تو، این کارکرد
تو مهمان من باش و تندی مکن — بکام تو گردد سراسر سخن
یک امشب به می شاد داریم، دل — وز اندیشه؛ آزاد داریم، دل

---

۱ - **یک:** «پیاده» را بایسته نیست که «دوان» نیز بوده باشد،... نیز پویان. **دو:** چه جای ننگ است؟ که خداوند مردمان را پیاده آفریده است!
۲ - میان لت نخست با لت دویم، پیوندِ درست نیست.
۳ - سخن سست
۴ - «عنا»! در سخن فردوسی نیست.
۵ - لت دویم را با لت نخست همخوانی نیست.
۶ - «بنگرید» نادرخور است،... و «گمانیش» نادرست است.
● - نیارد. جرأت نمی‌کند. یارستن جرأت کردن، پرواداشتن.

نماند پیِ رخشِ فرّخ، نهان چنان بارهٔ نامور در جهان!»
تهمتن بگفتار او شاد شد روانش از اندیشه آزاد شد
سزا دید، رفتن سوی خان او شد، از مژده شادان، بمهمان او *

*

سپهبد بدو داد، در کاخ، جای همی بود بر پیش او بر، بپای
ز شهر و ز لشکر مهان را بخواند سزاوار، با او، بشادی نشاند
گسارندهٔ باده و رودساز سیه‌چشم و گلرخ بتان تراز [1]
نشستند با رودسازان○ بهم بدان؛ تا تهمتن نباشد دژم
چو شد مست و، هنگام خواب آمدش همی از نشستن شتاب آمدش
سزاوار او، جای آرام و خواب بیاراست، بنهاد مشک و گلاب

آمدن تهمینه
دخت شاه سمنگان
ببالین رستم

چو یک بهره از تیره شب درگذشت شباهنگ بر چرخ گردان بگشت،●
سخن گفته آمد، نهفته؛ براز درِ خوابگه نرم کردند باز
یکی بنده، شمعی معنبر بدست خرامان بیامد ببالین مست [2]
پسِ پرده اندر یکی ماهروی چو خورشید تابان پراز رنگ و بوی
دو ابرو کمان و دو گیسو کمند ببالا بکردارِ سروِ بلند
روانش خرد بود و تن جان پاک تو گفتی که بهره ندارد ز خاک [3]
از او؛ رستم شیردل، خیره ماند بر او بر، جهان‌آفرین را بخواند
بپرسید رستم که: «نام تو چیست؛ چه جویی؟ شب تیره کام تو چیست؟»

*

* - شادمان از مژدهٔ پیدا شدن رخش بمهمانی او رفت (شد).
۱ - **یک:** این رج پیوند میان رج‌های پیشین و پسین را می‌گسلد. **دو:** از «رودساز» در رج پسین بگونهٔ درست یاد شده‌است.
○- پیشتر یاد کرده‌ام که «خوشنوازان» درست است.
● - یکی از ستارگان آسمان که شباهنگ نامیده می‌شود، و پس‌از نیمه شب از خمِ چرخ گردان (از فراز آسمان) می‌گذرد و روی بخوروَران می‌نهد.
۲ - شمع معنبر!
۳ - **یک:** «روان» دیده نمی‌شود که بتوان آنرا با «خرد» سنجیدن. **دو:** تو گفتی.

چنین داد پاسخ که: «تهمینه‌ام / تو گویی دل از غم؛ بدو نیمه‌ام
یکی دخت شاه سمنگان منم / ز پشت هژبر و پلنگان منم[1]
بگیتی ز خوبان مرا جفت نیست / چو من زیر چرخ کبود اندکیست[2]
کس از پرده بیرون ندیده مرا / نه هرگز کس آوا شنیده مرا[3]
بکردار افسانه از هرکسی / شنیدم همی داستانت بسی
که از شیر و دیو و نهنگ و پلنگ / نترسیّ و هستی چنین تیز چنگ
شب تیره تنها بتوران شوی / بگردی در آن مرز و هم بغنوی[4]
بتنها یکی گور بریان کنی / هوا را بشمشیر گریان کنی
چو گرز گران، اندر آری بچنگ / بدرّد دل شیر و چرم پلنگ
برهنه چو تیغ تو بیند عقاب / نیارد بنخچیر کردن شتاب
نشانِ کمند تو دارد هژبر / ز بیم سِنان تو، خون بارد ابر

*

چنین داستانها شنیدم ز تو / بسی لب بدندان گزیدم ز تو
بجُستم همی کتف و یال و برت / بدین شهر، کرد ایزد، آبشخوَرت!
ترا ام کنون، گر بخواهی مرا! / نبیند همی مرغ و ماهی مرا!
یکی آنکه بر تو چنین گشته‌ام / خرد را ز بهر هوا کشته‌ام[5]
اُدیگر که از تو مگر کردگار / نشاند یکی پورم اندر کنار[6]
مگر چون تو باشد بمردیّ و زور / سپهرش دهد بهر، کیوان و هور[7]
سدیگر که اسپت بجای آورم / سمنگان همه زیر پای آورم»[8]
چو رستم برآنسان پریچهره دید / ز هر دانشی نزد او بهره دید[9]
اُدیگر که از رخش داد آگهی / ندید ایچ فرجام جز فرّهی[10]
بفرمود؛ تا موبدی پر هنر / بیاید، بخواهد ورا، از پدر

---

۱ - **یک:** «یکی دخت» نادرست است: دختر شاه سمنگان منم. **دو:** هژبر (یگانه) و پلنگان (گروه) همخوان نیستند.
۲ - **یک:** «خوبان» را برای دختران بکار می‌برند نه برای مردان. **دو:** (اندکیست) با جفت نیست همخوان نیست، زیرا که اگر جفت نیست، پس چنو زیر چرخ کبود (هیچکس) نیست، نه اندک است. ۳ - نمی‌شود که هیچکس، آوای تهمینه را نشنیده باشد!
۴ - **یک:** تا آنزمان، رستم بتوران نرفته‌بود. **دو:** لت دویم نیز سست است.
۵ - **یک:** میان لت نخست با لت دویُم، پیوند نیست. **دو:** گشته‌ام را با کُشته‌ام پساوا نیست.
۶ - میان «یکی آنکه بر تو چنین گشته‌ام» با «نشاند یکی پورم اندر کنار» هیچ پیوند نیست.
۷ - کیوان را که یکی از ستارگان گروه خورشیدی است با خورشید نمی‌توان سنجیدن!
۸ - دختری را که هرگز از پرده برون دیده نشده‌است، چگونه توان آنست که رخش را پیدا کند؟
۹ - تهمینه از کدام دانش، با رستم سخن گفت؟ ۱۰ - تهمینه از رخش آگهی نداد، امید داد!

بشد دانشومند، نزدیک شاه — سخن گفت از پهلوان سپاه [1]
خبر چون بشاهِ سمنگان رسید — از آن شادمانی دلش برتپید
بخشنودی و رای و فرمان اوی — بخوبی بیاراست پیمان اوی ●

*

چو انباز او گشت با او براز — ببود آن شب تیره، تا دیر باز؛
ز شبنم شد آن غنچهٔ تازه پر — اُیا، هُغَهٔ لئل شد، پر ز دُر
بکام صدف قطره اندر چکید — میانش یکی گوهر آمد پدید

*

چو خورشید تابان ز چرخ بلند — همی خواست افکند رخشان کمند؛
ببازوی رستم یکی مهره بود — که آن مهره اندر جهان شهره بود
بدو داد و گفتش که: «این را بدار — اگر دختر آرد ترا، روزگار
بگیر و بگیسوی او بر، بدوز — بنیک اختر و فال گیتی فروز
ورایدونکه آید ز اختر پسر — ببندش ببازو، نشانِ پدر
ببالای سام نریمان بود — بمردی و خوی کریمان بود [2]
فرود آرد از ابر پرّان عقاب — نتابد بتندی بر او آفتاب» [3]
همی بود آن شب بَرِ ماهروی — همی گفت از هر سخن پیش اوی [4]

*

چو خورشید، رخشنده شد بر سپهر — بیاراست روی زمین را بمهر
پریچهر، گریان از او، باز گشت — ابا اندُه و درد، انباز گشت
برِ رستم آمد گرانمایه شاه — بپرسیدش از خواب و آرامگاه
چو این گفته شد، مژده دادش برخش — از او شادمان شد، دلِ تاجبخش
بیامد بمالید و زین برنهاد — شد از رخش، رخشان و؛ از شاه شاد
بیامد سوی شهر ایران چو باد — اُز این داستان کرد بسیار یاد [5]

---

۱ - **یک:** رستم پهلوان سپاه سمنگان نبود، جهان پهلوان بود. **دو:** سخن درست در رج پسین می‌آید.
● - پیمان؛ پیمان همسری؛ گواه‌گیران، عقد! ۲ - کریمان را در سخن فردوسی جای نیست. ۳ - دنبالهٔ سخن
۴ - **یک:** همی بود نادرست است! در لت دویُم نیز. **دو:** در رج ۶۶۴۰ سخن از برآمدن آفتاب رفت، و در این رج دوباره از شب سخن می‌رود!
۵ - «بیامد» در آغاز این رج با «بیامد» در آغاز رج پیشین ناهمخوان است.

زادن سهراب

از مادر

چو نه ماه بگذشت بر دختِ شاه — یکی پورش آمد چو تابنده ماه
تو گفتی گوِ پیلتن رستم است — اگر سام شیر است و گر نیرم است [1]
چو خندان شد و چهره شاداب کرد — ورا نام، تهمینه؛ سهراب کرد
چو یک ماهه شد همچو یک سال بود — برش چون برِ رستم زال بود [2]
چو سه ساله شد، زخم چوگان گرفت — به پنجم دلِ تیر و پیکان گرفت*
چو ده ساله شد، زان زمین کس نبود — که یارست، با او، نبرد آزمود

*

برِ مادر آمد بپرسید ازوی — بدو گفت، گستاخ،: «با من بگوی!
که من چون ز همشیرگان برترم — همی باسمان اندر آید سرم [3]
ز تخم کی‌ام؟ وز کدامین گهر — چه گویم؟ چو پرسد کسی؛ از پدر!
گر این پرسش از من بماند نهان — نمانم ترا زنده اندر جهان»

*

بدو گفت مادر که: «بشنو سخن — بدین، شادمان باش و تندی مکن
تو، پورِ گوِ پیلتن، رستمی — ز دستان سامیّ و از نیرمی
ازیرا سرت ز آسمان برترست — که تخم تو، زان نامور گوهرست
جهان‌آفرین تا جهان آفرید — سواری چو رستم نیامد پدید»
چو سام نریمان به گیتی نبود — سرش را نیارست گردون پسود، [4]

*

یکی نامه از رستم جنگجوی — بیاورد و، بنمود پنهان، بدوی
سه یاقوت رخشان به سه مهره زر — از ایران فرستاده بودش پدر [5]
بدو گفت: «افراسیاب این سخُن — نباید که داند ز سر تا به بُن
پدر گر شناسد که تو زین نشان — شده‌ستی سرافراز و گردنکشان•

---

۱ - تو گفتی... آنان از کجا سام، یا نریمان را دیده‌بودند، که کودک را بآنان همانند می‌کردند.

۲ - **یک:** «یکسال» درست نیست: «یکساله». **دو:** گزافه سخن تا بکجا؟ که برِ کودک یکماهه را به برِ رستم زال مانند می‌کنند!

* - دلاوریش بجایی رسید که تیروکمان بدست گیرد.

۳ - کدام همشیره؟ گمان افزاینده همسالان بوده‌است.

۴ - گردون را یارای پسودن سر سام نبود؟

۵ - لت دویم برهمریخته می‌نماید.

• - همهٔ نمونه‌ها بجز از **لی** که سرافراز و گردنکشان است، سرافرازِ گردنکشان آورده‌اند، بازآنکه هنوز سهراب در میان گردنکشان سرافراز نبوده‌است. گردنکشان: کسیکه گردن خویش را ببالا می‌کَشد؛ کشانندهٔ گردن، گردنکش.

چو داند، بخوانَدْش نزدیک خویش — دل مادرت گردد از درد؛ ریش»

*

چنین گفت سهراب کـ :«اندر جهان — کسی این سخن را ندارد نهان!
بزرگان جنگاور از باستان — ز رستم زنند این زمان داستان
نبرده نژادی که چونین بُود — نهان کردن از من چه آیین بُود؟
کنون من ز توران و جنگاوران — فراز آورم لشکری بیکران
برانگیزم از گاه کاووس را — از ایران ببرّم پیِ توس را
برستم دهم تاج و تخت و کلاه — نشانمْش بر گاهِ کاووس شاه
از ایران، بتوران شوم جنگجوی — ابا شاه، روی اندر آرم بروی
بگیرم سر تخت افراسیاب — سرِ نیزه بگذارم از آفتاب[1]
چو رستم پدر باشد و من پسر — نباید بگیتی، کسی تاجور
چو روشن بود روی خورشید و ماه — ستاره چرا برفرازد کلاه؟»[2]
ز هر سو سپه شد بر او انجمن — که هم با گهر بود و هم تیغزن[3]

فرستادن افراسیاب هومان و بارمان را بنزد سهراب

خبر شد بنزدیک افراسیاب — که: «افکند سهراب کشتی بر آب[4]
هنوز از دهن بوی شیر آیدش — همی رای شمشیر و تیر آیدش[5]
زمین را بخنجر بشوید همی — کنون رزم کاووس جوید همی[6]
سپاه انجمن شد بر او بر، بسی — نیاید همی یادش از هر کسی[7]
سخن بین درازی چه باید کشید — هژبر نر آمد ز گوهر پدید»[8]

---

۱ – تخت را، سر نباشد. ۲ – لت دویم کودکانه است. ۳ – لت دویم سست است.

۴ – **یک:** آگاهی به افراسیاب در رج ۶۶۹۰ می‌رسد. **دو:** هنوز سهراب، براه نرفته، چگونه کشتی بر آب جیهون می‌افکند؟

۵ – این رج را با رج پیشین پیوند نیست.

۶ – **یک:** زمین را با خنجر شستن گزارشی نیست. **دو:** لت دویم نیز بی‌پیوند است: آهنگ رزم با کاووس کرده‌است.

۷ – **یک:** دنبالهٔ همان داستان است. **دو:** هر (کسی) نادرست است: هرکس.

۸ – افزاینده «به این» را ناچار «بین» گفته‌است، در نمونه‌های دیگر: «زین» که آنهم نادرست است. و، ب: «باین» که آهنگ سخن را می‌شکند!

کیکاووس ۴۳۰

۶۶۹۰	چو افراسیاب آن سخن‌ها شنید	خوش آمدش و خندید و شادی گزید
	بگردان لشکر، سپهدار گفت	که این راز باید، که ماند؛ نهفت
	ز لشکر گزید او دلاور سران	سپهبد چو هومان و چون بارمان¹
	ده و دو هزار از دلیران گرد	گزیده سپاهی، بایشان سپرد²
	چنین گفت کاین چاره اندر جهان	بسازید و دارید، اندر نهان³
۶۶۹۵	چو روی اندر آرند، هر دو؛ بروی	تهمتن بود بیگمان جنگجوی
	پدر را نباید که داند پسر	که جوشد دل؛ از مهر و، جان؛ از گهر—
	مگر کان دلاور گوِ سالخورد	شود کشته بر دست این شیرمرد
	ازآنپس بسازید سهراب را	ببندید یک شب بر او خواب را»

*

	برفتند بیدار دو پهلوان	بنزدیک سهراب روشن‌روان
۶۷۰۰	به پیش اندرون هدیهٔ شهریار	ده اسپ و ده استر بزین و ببار⁴
	ز پیروزه تخت و زیبیجاده تاج	سر تاج، زر، پایهٔ تخت، آج⁵
	یکی نامه با لابه و دلپسند	نوشته بنزدیک آن ارجمند
	که: «گر تخت ایران بچنگ آوری	زمانه برآساید از داوری
	از این مرز تا آن، بسی راه نیست	سمنگان و ایران و توران یکیست⁶
۶۷۰۵	فرستمت چندانکه باید سپاه	تو بر تخت بنشین و بر نه کلاه
	بتوران چو هومان و چون بارمان	دلیر و سپهبد، نبُد این زمان●
	فرستادم اینک، بفرمان تو	که باشند یکچند مهمان تو
	اگر جنگجویی تو، جنگ آورند	جهان بر بداندیش تنگ آورند

---

۱ - **یک**: کنندهٔ کار (فاعل) افراسیاب است، و نام او در آغاز آمده‌است و آوردن «او» در لت نخست، برای دویّم بار، نابجا است. **دو**: چو هومان... نادرست است.   ۲ - دلیر و گرد، هر دو یکی است. **دو**: یک سپاه را نشاید که همگان گرد بوده باشند!
۳ - در رج ۶۶۹۱ این سخن، که پنهان نگاه داشتن از سهراب است، آمده‌بود.   ۴ - پیش اندرون، نادرست است.
۵ - تخت از فیروزه نشاید ساختن، و تاج با بیجاده نتوان پرداختن! و تخت سر ندارد.
۶ - **یک**: «تا آن» چه باشد؟ **دو**: لت دویّم را چه گزارش است؟ اگر همه یکیست پس نبرد از برای چیست؟
● - بکار گرفتن «چون» پیش از نام، تنها در چنین سخن درست است، زیراکه در لت دویّم افزوده شده‌است چون هومان و چون بارمان کسی دلیر و سپهبد نباشد.

آمدن سهراب به ایران
و
گرفتن دژ سپید را

به سهراب، آگاهی آمد ز راه ز هومان و، از بارمان و، سپاه
پذیره بشد با نیا همچو باد سپه دید چندان دلش گشت شاد [1]
چو هومان ورا دید با یال و کفت فرو ماند هومان ازو در شگفت [2]
بدو داد پس نامهٔ شهریار ابا هدیه و اسپ و استر به بار
جهانجوی چون نامهٔ شاه خواند ازان جایگه، تیز؛ لشکر براند
کسی را نبد پای با او بجنگ اگر شیر پیش آمدش گر پلنگ [3]
دژی بود، کش؛ خواندندی سپید بدان دژ بُد ایرانیان را امید
نگهبان دژ رزمدیده هجیر که با زور و دل بود و بادار و گیر [4]
هنوز آن زمان گستهم خرد بود به خُردی گراینده و گرد بود [5]

*

چو سهراب؛ نزدیک آن دژ رسید هجیر دلاور، سپه را بدید
نشست از برِ بادپایی چو گرد ز دژ رفت پویان، بدشت نبرد
چو سهرابِ جنگاور او را بدید برآشفت و شمشیر کین برکشید
ز لشکر برون تاخت برسانِ شیر به پیش هجیر اندر آمد دلیر
چنین گفت با رزم دیده هجیر که: «تنها بجنگ آمدی؟ خیرخیرا!
چه مردیّ و نام و نژاد تو چیست؟ که زاینده را بر تو باید گریست!»
هجیرش چنین داد پاسخ که: «بس! بجنگت نباید مرا، یار؛ کس
هجیر دلیر و سپهبَد منم سرت را هم اکنون ز تن برکنم

*

فرستم بنزدیک شاه جهان تنت را کنم زیر گل در نهان» [6]

---

۱ – لت دویم بی‌پیوند است... «چون چندان سپاه دید». ۲ – از «هومان» دوبار یاد شده‌است، که نادرخور است.
۳ – پیدا است که با دوازده هزار سپاهی، شیر و پلنگ را یارای پیش سهراب آمدن نبوده‌است.
۴ – «دار و گیر» بهنگام جنگ بر زبان می‌رود؛ دشمن را بگیر و نگاهدار. و در میان دژ کسی را دار و گیر نباشد!
۵ – از چه روی، کسیرا که روشن نیست ببزرگی نیز رسد، نام شاید بردن؟ در برخی از نمونه‌ها این سخن نیامده‌است.
۶ – **یک:** باید روشن شود که (سرش) را می‌فرستد. زیرا که در رج پیشین، سخن بپایان رسیده‌بود و یک پیوند، در این رج بایسته می‌نماید: آنرا... . **دو:** ایرانیان تن مرده را در خاک پنهان نمی‌کردند، بدانروی که خاکِ پاکِ جهان، آلوده بخون و ریم نشود.

بخندید سهراب از این گفت‌وگوی* — به آوردِ او تیز بنهاد روی
چنان نیزه بر نیزه انداختند — که از یکدگر بازنشناختند[1]
یکی نیزه زد بر میانش هجیر — نیامد سنان اندرو جایگیر
سنان بازپس کرد، سهراب شیر — بُنِ نیزه زد بر میان دلیر
ز زین برگرفتش بکردار باد — نیامد همی زو بدلْش ایچ یاد[2]
ز اسپ اندر آمد نشست از برش — همی خواست از تن بریدن سرش
بپیچید و برگشت بر دست راست — غمین شد ز سهراب و زنهار خواست
رها کرد ازو جنگ و زنهار داد — چو خشنود شد پند بسیار داد[3]
ببستش به بند آنگهی رزمجوی — بنزدیک هومان فرستاد اوی[4]

*

بدژ در، چو آگه شدند از هجیر — که او را گرفتند و بردند اسیر
خروش آمد و نالهٔ مرد و زن — که کم شد هجیر اندر آن انجمن[5]
چو آگاه شد دختر گژدهم — که سالار آن انجمن گشت کم[6]
زنی بود برسانِ گُردی سوار — همیشه، بجنگ اندرون؛ نامدار
کجا؛ نام او بود گُردآفرید — که چون او نیامد ز مادر پدید
چنان ننگش آمد ز کار هجیر — که شد لاله برگش بکردار قیر
بپوشید درع سواران جنگ — نبود اندر آن کار جای درنگ[7]
نهان کرد گیسو بزیرِ زره — برافکند بندِ زره را گره
فرود آمد از دژ بکردار شیر — کمر بر میان، بادپایی بزیر[8]
به پیش سپاه اندر آمد چو گَرد — چو رعد خروشان یکی ویله کرد
که: «گُردان کدامند سالار کیست؟ — ز گُندآوران جنگ را؛ یار کیست؟»

*

* – در نمونه‌ها؛ زین، کین، از این آمده‌است، و پیدا است که «زان گفتِ اوی (= از گفتار او)» درست است.

۱ – **یک:** نیزهٔ نخست را هجیر زد. **دو:** در لت دویم، سخن سخته نیست.

۲ – دو رج؛ **یک:** سهراب را که سرِ نیزهٔ هماورد را می‌گیرد و با بن نیزه بر میان او می‌زند، پروای کشتن هجیر نبود... زیرا که می‌خواست او را زنده نگاه بدارد، تار اهنمای وی گردد. **دو:** این دو رج میان رج‌های پیشین و پسین جدایی می‌افکند.

۳ – **یک:** «رها کرد... چنگ» نادرست است: «از او دست برداشت». **دو:** لت دویُم مگر میدان نبرد جایگاه پند دادن است؟ آنهم پند بسیار!

۴ – آنگهی نادرست است.

۵ – «از آن انجمن» درست است، نه «اندر آن انجمن».

٦ – این رج با رج پسین پیوند ندارد.

۷ – **یک:** از «درع» که تازی شدهٔ «زرهِ» فارسی است، در رج پسین یاد می‌شود. **دو:** درع سواران جنگ نیز سخنی نادرست است.

۸ – چون در رج پیشین، سخن از گره افکندن بر بند زره آمد، پس میان را بسته بود بمیدان آمد، و دوباره یاد کردن از آن درست نمی‌نماید.

چو سهراب شیراوژن او را بدید   بخندید و لب را بدندان گزید
چنین گفت ک:«آمد دگر باره،گور   بدامِ خداوند شمشیر و زور»
بپوشید خفتان و بر سر نهاد   یکی ترگ چینی بکردار باد[1]
بیامد دمان پیش گُردآفرید   چو دُختِ کمندافکن او را بدید،
کمان را بزه کرد و بگشاد بر   نبد مرغ را پیش تیرش گذر[2]
به سهراب بر تیر باران گرفت   چپ و راست جنگ سواران گرفت[3]
نگه کرد سهراب و آمدش ننگ   برآشفت و تیز اندر آمد بجنگ[4]
سپر بر سر آورد و بنهاد روی   بنزدیک آن دختر جنگجوی[5]
چو سهراب را دید گُردآفرید   که برسانآتش همی بردمید[6]
کمان را بزه بر، ببازو فکند   سمندش برآمد به ابر بلند[7]
سر نیزه را سوی سهراب کرد   عنان و سنان را پراز تاب کرد*
برآشفت سهراب و شد چون پلنگ   چو بدخواه او چاره‌گر بُد بجنگ؛●
عنان برگرایید و برکاشت اسپ   بیامد بکردار آذرگشسپ[8]
زدوده سنان آنگهی در ربود   درآمد بدو هم بکردار دود[9]
بزد بر کمربند گُردآفرید   زره بر برش یک‌بیک بردرید[10]
ز زین برگرفتش بکردار گوی   چو چوگان به زخم اندر آید بدوی[11]
چو بر زین بپیچید گردآفرید   یکی تیغ تیز از میان برکشید[12]

---

۱ – مگر در آن زمان اندک، سهراب خود خفتان و زره را بر، گشوده‌بود؟ که دوباره‌اش پوشیدن بایست!

۲ – **یک:** آیین جنگ دو پهلوان چنان بود که نخست؛ با نیزه آغاز می‌کردند. **دو:** لت دویم نابجا است زیرا که پیش از آنکه تیر بیفکند، می‌باید تیراندازی او را ستودن. نه پس از افکندن تیر. **سه:** کمان را پیش از رفتن بمیدان «بزه» می‌کنند.

۳ – «چپ و راست جنگ سواران گرفت» گزارشی ندارد. سخن درست در رج ۶۷۵۷ آمده‌است: عنان را تاباندن، تاختن اسپ است بچپ و راست، در گفتار درست فردوسی!

۴ – پیشتر، «دمان» بجنگ گُردآفرید آمده بود و دوباره نشاید از «تیز بجنگ اندر آمدن او» سخن آید.

۵ – پس از چندان تیرباران، تازه سپر بر سر می‌گیرد؟ آنهم در برابر تیراندازی که مرغ را از هوا بزیر می‌کشد!

۶ – دید در لت نخست را، در لت دویم «بر می‌دَمَد» باید.
۷ – کمان را روی بازو افکندن، دست سوار را از هر کار بازمیدارد!

* – اسب را بچپ‌وراست می‌تاخت، تا هماورد نداند که سرنیزهٔ او بکجا خواهد خوردن، و هماورد نیز نتواند که سنان را بر میانِ او راست کند!

● – همان به چپ‌وراست رفتن گُردآفرید، چاره‌گری خوانده می‌شود. زیرا که سوار، با چنان کار از نیزهٔ هماورد نیز می‌گریزد!

۸ – **یک:** «عنان را برگراییدن» گزارش ندارد. **دو:** برکاشت اسپ برگرداندن اسب و گریختن است، بازآنکه سهراب هنوز در میدان نبرد بود.
۹ – **یک:** آنگهی نادرست است. **دو:** رونویسی کودکانه از رج پیشین است.

۱۰ – کمربند بجای کمر و میان‌بند.

۱۱ – شاهنامه در سخنِ پسین می‌گوید که گردآفرید، بر روی زین بود، و افزاینده پیش از آن می‌گوید که او را بکردار گوی از زین برگرفت!!
۱۲ – لت نخست را با لت دویم پیوند نیست... گردآفرید را چرا بایستی بر زین پیچیدن.

بزد نیزهٔ او بدو نیم کرد — نشست از بر اسپ و برخاست گرد*

*

به آورد با او بسنده نبود — بپیچید ازو روی و، برکاشت زود
سپهبد عنان اژدها را سپرد — بجنگ از هوا روشنایی ببرد[1]
چو آمد خروشان به تنگ اندرش — بجنبید و برداشت خود از سرش[2]
رها شد ز بنده زره، موی اوی — درفشان چو خورشید شد روی اوی
بدانست سهراب، کاو؛ دختر است — سر و موی او، ازدرِ افسرست
شگفت آمدش گفت: «از ایران سپاه — چنین دختر آید به آوردگاه!●
سواران جنگی بروز نبرد — چگونه؟ به ابر اندر آرند گرد!»

*

ز فتراک بگشاد پیچان کمند — بینداخت، وآمد میانش به بند
بدو گفت کـ:«ز من رهایی مجوی! — چرا جنگ جویی؟ تو ای ماهروی!
نیامد به دامم بسان تو گور — ز چنگم رهایی نیابی، مشور!»

*

بدانست، کاویخت، -گردآفرید○- — مر آن را، جزاز چاره، درمان ندید
بدو روی بنمود و گفت: «ای دلیر! — میان دلیران بکردار شیر
دو لشکر نظاره برین جنگ ما! — برین گرز و شمشیر و آهنگ ما!
کنون من گشاده، چنین؛ روی و موی — سپاه؛ تو گردد، پراز گفت‌وگوی!
که: «با دختری او بدشت نبرد — بدینسان به ابر اندر آورد گرد!
نهانی بسازیم بهتر بود! — خرد داشتن، کارِ مهتر بود
ز بهر من آهو ز هر سو مخواه — میان دو صف برکشیده سپاه[3]
کنون لشکر و دژ بفرمان تست — نباید برین آشتی جنگ جست»
دژ و گنج و دژبان سراسر تراست — چو آیی بدان ساز کت دل هواست»[4]

*

* - برای زدن شمشیر پا در رکاب بر اسپ ایستاد، و چون نیزه را بدو نیم کرد، دوباره بر زین نشست!

۱ - جنگی در میان نبود -گردآفرید می‌گریزد. و سهراب از پسش می‌تازد.

۲ - اگر چنان بگردآفرید نزدیک بود که کلاهخودِ ویرا از سرش برگرفت، نیاز به کمندافکندنش نبود! (بنگرید به رج ۶۷۷۲) می‌توانست او را در آغوش کشیده از اسپ بردارد!

● - همه نمونه‌ها چنین‌اند، و این لت، بدینگونه، پیوندی با سخن پسین ندارد؛ سخن درست چنین است: **«چنین دُخت؛ ار آید»**: (اگر) از سپاه ایران، دختری اینچنین بآوردگاه آید، سواران جنگی...) ، ○ -گردآفرید دانست که سهراب دل به گیسوی او آویخته‌است.

۳ - **یک:** آهو بر سهراب آورد تا ویرا به دست بازداشتن از خود برانگیزاند. **دو:** دو سپاه رده نکشیده بودند، زیرا که ایرانیان در دژ سپید بودند نه در دشت آوردگاه.

۴ - دوباره‌گویی رج پیشین.

چو رخسار، بنمود سهراب را — ز خوشاب بگشاد، انّاب را؛*
یکی بوستانی بد اندر بهشت — ببالای او سرو، دهقان نکشت[1]
دو چشمش گوزن و دو ابرو کمان — تو گفتی همی بشکفد هر زمان[2]
ز گفتار او مبتلا شد دلش — برافروخت گنج بلا شد دلش[3]
بدو گفت ک:«اکنون؛ ازین برمگرد — که دیدی مرا روزگار نبرد
بدین بارهٔ دژ، دل؛ اندر مبند — که این نیست برتر، ز ابر بلند
بپای آورد زخم کوپال من — نراند کسی نیزه بر یال من»[4]
عنان را بپیچید گردآفرید — سمند سرافراز در دژ کشید

*

همی رفت و سهراب با او بهم — بیامد بدرگاه دژ گژدهم[5]
در باره بگشاد، گردآفرید — تن خسته و بسته در دژ کشید[6]
در دژ ببستند و غمگین شدند — پر از غم دل و، دیده خونین شدند[7]
زِ آزار گردآفرید و هجیر — پر از درد بودند، برنا و پیر[8]
چنین گفت گژدهم، کای شیرزن — پر از غم بد از تو، دلِ انجمن[9]
که هم رزم جستی، هم افسون و رنگ — نیامد ز کار تو، بر دوده ننگ»[10]
بخندید بسیار گردآفرید — بباره برآمد سپه بنگرید
چو سهراب را دید بر پشت زین — چنین گفت ک:«ای شاه توران و چین
چرا رنجه گشتی چنین، بازگرد — هم از آمدن، هم ز دشت نبرد»[11]
بخندید و با او به افسوس گفت — که «توران، از ایران نیابند جفت[12]

* - لبان چون آناب خویش را ازروی مرواریدهای خوشاب دندانهای خویش بگشاد.

۱ - **یک:** لت دویم نادرست است: «نکشته‌بود». **دو:** چگونه بالای او را؛ نشسته بر اسب سنجید؟

۲ - **یک:** چشمِ همسان گوزن را ندانستم چه باشد! افزاینده را رای آن بوده‌است که بگوید دو چشمش بسان چشم گوزن بود، که آن نیز سست است، زیرا که چشم زیبا را بچشمِ آهوان مانند می‌کنند. **دو:** تو گفتی.

۳ - دنبالهٔ گفتار.

۴ - **یک:** پیوندِ درست میان این رج و رج پیشین نیست...: «که زخم کوپال من (آنرا) بپای آورد». **دو:** هیچگاه برای ویران کردن یک دژ، از کوپالِ سفالین بهره نمی‌بردند! **سه:** نیزه را بر یال راندن نیز سخنی است که تنها در همین گفتار آمده‌است!

۵ - چون گردآفرید، عنانرا بپیچید، روشن میشود که سهراب با وی همراه نرفته‌است. پس لت دویم نادرخور است.

٦ - **یک:** رونویسی از رج ٦٧٩١ است، بازآنکه آنجا، ازگردآفرید، باشکوه وسرفرازی یاد می‌شود، و اینجا از خستگی و بستگی! **دو:** گردآفرید نه خسته (مجروح) شد، و نه بسته!

۷ - غمگین شدن پس‌از بستنِ دروازهٔ دژ؟ اگر غم بود، پیش‌از آنهم بود!

۸ - دوباره، از درد سخن می‌رود، بازآنکه گردآفرید، خود؛ بسیار بخندید. رج ٦٧٩٨

۹ - اگر بر بنیاد رج ٦٧١٧ گژدهم در آنزمان خُرد بوده‌است، چگونه تنهاکس که بنمایندگی از همهٔ مردمان دژسپید باگردآفرید سخن می‌گوید گژدهم است؟

۱۰ - رزم «جستنی» است، اما «افسون و رنگ» بکار بردنی است.

۱۱ - «بازگرد از آمدن» درست نیست.

۱۲ - بخندید در این رج با بخندید پیشین هماهنگ نیست.

چنین بود و، روزی نبودت ز من   بدین درد، غمگین مکن خویشتن [1]
همانا که تو خود ز ترکان نه‌ای   که جز بافرین بزرگان نه‌ای [2]
بدان زور بازوی و آن کتف و یال   نداری کس از پهلوانان همال [3]
ولیکن چو آگاهی آید بشاه   که آمد گروهی ز توران سپاه [4]
اگر لشکر شاه جنبد ز جای   همان با تهمتن ندارید پای [5]
نماند یکی زنده از لشکرت   ندانم چه آید ز بد بر سرت [6]
دریغ آیدم کاین چنین یال و سفت   همی از پلنگان بیابد نهفت [7]
ترا بهتر آید که فرمان کنی   رخِ نامور، سوی توران کنی
نباشی بس ایمن به بازوی خویش   خورَد گاو نادان ز پهلوی خویش»
چو بشنید سهراب ننگ آمدش   که آسان همی دژ به چنگ آمدش [8]
بزیر دژ اندر، یکی جای بود   کجا دژ بدان جای بر پای بود [9]
به تاراج داد آن همه بوم و رُست   به یکبارگی دست بد را بشست [10]

*

چنین گفت ک:«امروز بیگاه گشت   ز پیکارمان دست کوتاه گشت
برآرم بشبگیر ازین باره گَرد   که بینید، آسیبِ روزِ نبرد!

نامهٔ گژدهم
به
کیکاووس

چو برگشت سهراب، گژدهم پیر*   بیاورد و بنشاند مردی دبیر

---

۱ – بخندید در این رج با بخندید پیشین هماهنگ نیست. ۲ – در آنزمان ترک در همسایگی ایران نداشتیم.
۳ – سخن چنین می‌نماید که گردآفرید را باور برآنست که سهراب برترین پهلوانان جهانست! و ایرانیان را هیچگاه چنین باوری نبود، زیرا که رستم را جهان پهلوان می‌خواندند! ۴ – «آگاهی آید» نادرست است و «آگاهی رسد».
۵ – دوباره نام شاه! «همان» در لت دویم نیز نادرخور است. ٦ – دنبالهٔ گفتار
۷ – لت دویم گزارش ندارد. از چنگ پلنگان یا از شکم پلنگان؟ پلنگ هیچگاه مردار خوار نبوده و نیست.
۸ – هنوز دژ بچنگ سهراب نیامده‌است، و زمان کنش نادرست است: بآسانی می‌توانست دژ را بگیرد.
۹ – سخن روشن نیست، اگر پایهٔ دیوار بوده باشد، زیرِ خاک است و دیده نمی‌شود، و هر آینه ستون باشد زیرِ دژ نتواند بودن.
۱۰ – **یک:** افزاینده آن جای را بوم = زمین و رُست = روستا نامید. **دو:** «دست بد را شستن»، برابر با بدی نکردن است.
* – این رج در نمونه‌های گوناگون چنین آمده‌است: چو سهراب برگشت. چو او (چنو) بازگردید، چو او رفت دژدار... پیشتر گژدهم را
←

یکی نامه بنوشت نزدیک شاه — برافکند پوینده مردی براه
نخست آفرین کرد بر کردگار — نمود آنگهش، گردش روزگار[1]
که: «آمد برِ ما سپاهی گران — همه رزمجویان و، گنداوران
یکی پهلوانی به پیش اندرون — که سالش ز دُو هفت ناید فزون[2]
ببالا ز سرو سهی برترست — چو خورشید تابان به دو پیکرست[3]
برش چون برِ پیل و بالاش برز — ندیدم کسی را چنان دست و گرز[4]
چو شمشیر هندی بچنگ آیدش — ز دریا و از کوه ننگ آیدش[5]
چو آواز او رعد غرنده نیست — چو چنگال او تیغ برنده نیست[6]
هجیر دلاور، میان را ببست — یکی بارهٔ تیزتگ برنشست
بشد پیش سهراب رزم‌آزمای — بر اسپش ندیدم فزون زان، بپای؛
که بر هم زند مژّه را جنگجوی — گر آید ز بینی سوی مغز بوی●!
که سهرابش از پشت زین برگرفت — برش مانده زان بازو اندر شگفت[7]
درست است و اکنون بزنهار اوست — پر اندیشه جان، از پَیِ کار اوست
سواران ترکان بسی دیده‌ام — عنان‌پیچ زین‌گونه نشنیده‌ام[8]
مبادا که او در میان دو صف — یکی مرد جنگاور آرد به کف[9]
بران کوه بخشایش آرد زمین — که او اسپ تازد بر او روز کین[10]
عنان‌دار چون او ندیده‌ست کس — تو گویی که سام سوارست و بس
بلندیش بر آسمان رفته گیر — سر بخت گُردان همه خفته گیر[11]
اگر خود شکیبیم یک چند نیز — نکوشیم و دیگر نگوییم چیز[12]
اگر دَم زند شهریار زمین — نراند سپاه و نسازد کمین؛
سرِ بختِ گردان، همه خفته گیر — جهان، از سر تیغش آشفته گیر

← کودکی نموده‌بودند، پسان گژدهم گردآفرید را دلداری و پشت‌گرمی می‌دهد، و اکنون افزایندگان او را «پیر» می‌خوانند... با برابر نهادن همهٔ نمونه‌ها، این لت؛ در گفتار فردوسی چنین می‌نماید: **«چو برگشت سهراب، دژدار پیر...»**.

۱ – مرد پوینده نامه را برد، و اکنون آفرین بر کردگار خوانده می‌شود.

۲ – **یک:** پیش اندرون نادرست است. **دو:** سال نیز «آمدنی» نیست.

۳ – گفتار زیبا است، اما پیوسته به رج پیشین است.

۴ – «بالاش برز» نادرست، زیرا که بالا همان برز است.

۵ – نویسندهٔ نامه از کجا میداند که اگر شمشیر هندی بچنگ آورد....

٦ – دنبالهٔ گفتار است.

● – یا آنکه از بینی، بسوی مغز بوی برسد!... بنگریم که ایرانیان باستان پی بدین نکتهٔ دانشی برده بودند، که بوی را بینی در نمی‌یابد و مغز آنرا در می‌یابد.

۷ – سخن درست در رج ٦٨٢٦ آمده‌است.

۸ – ترک!

۹ – آرد بکف نادرست است آرد بچنگ.

۱۰ – زمین بر کوه بخشایش آرد را چه گزارش باشد؟

۱۱ – **یک:** گزافه! کسی که کنار گردآفرید می‌تاخت و کمند بر میان او افکند، چگونه بلندیش (را) بر آسمان رفته توان گرفتن! سخن بی‌مایه است. **دو:** «رفته را با خفته» پساوا نباشد.

۱۲ – این گفتار بی‌پیوند و ناهماهنگ و بی‌پایان است.

دژ و بـــاره گـیرد کـه خـود زور هست　　نگـــیرد کســی دست او را بـــدست[1]
کـه ایــن بـاره را نـیست پـایاب اوی　　درنگـــی شـــود شـیر، ز اشـتاب اوی»[2]

*

چـــو نـامه بـمُهر انـدر آمـد، بشب　　فـــرستاده بـــرجَست و، نگشـاد لب
بــزیر دژ انـــدر، یکـــی راه بـــود　　کـــزان راه، دشـمن نـه آگـاه بـود
بـــنه بـــرنهاد و ســر انـدر کشید　　بـــدان راهِ بـــی‌راه، شـــد نـاپدید
ســوی شــهر ایـران نـهادند روی　　ســپردند آن بـــارهٔ دژ بـــدوی[3]

*

چـو خـورشید بـرزد سر از تیره کوه　　مـــیان را بـــبستند تـــوران گـروه
ســپهدار ســهراب نـیزه بـدست　　یکـــی بـارکش بـاره‌ای بـرنشست*
ســوی بـاره آمـد یکـی بـنگرید　　بـــه بـاره درون بس کســی را نـدید[4]
بـــیامد، در دژ گشـــادند بـــاز　　نـــدیدند در دژ یکـــی رزمســاز
بـــفرمان هـــمه پـیش اوی آمـدند　　بـــجان هـــرکسی چـاره‌جوی آمـدند

*

اُ زانســـو چـــو نـــامه بـخسرو رسید　　غمین شد دلش، کـان سخن‌ها شنید
گـــرانـــمایگان را ز لشکـــر بـخوانـد　　اُزیـــن داســـتان چـندگونه بـــرانـد[5]
بـــزرگان لشکـــر هـــمه بـیش و کـم　　نشســـتند بـــا شـــاه ایـران بـــهم[6]
چـو تـوس و چـود گـودرز گشواد و گیو　　چـــو گـــرگین و بـــهرام و فـرهاد نـیو[7]
چـنین گـفت بـا پـهلوانـان بـراز°　　کـه: «ایـن کـار گـردد بـما بـر، دراز
بـــرین ســان کـه گـژدهم گـوید هـمی　　از انـــدیشه دل را بشـــوید هـــمی[8]

۱ - **یک:** «خود زور هست» نادرست است «که خود زور آنرا دارد». **دو:** لت دویم سخن کودکانه است، چگونه کسی دست سهراب را نتواند در دست گرفتن؟　　۲ - اِشتاب بجای شتاب هیچگاه نیامده‌است.

۳ - **یک:** «بدوی» در پایان سخن، روشن نمی‌نماید. اگر در آغاز سخن نام سهراب آمده‌بود درست می‌نمود. **دو:** گریختند، نه آنکه دژ را بسهراب سپرده باشند!

* - نمونه‌ها چنین‌اند: «یکی بارکش باره‌ای» «یکی تیزتگ باره» «یکی بارهٔ تیزتگ» «بر آن بارهٔ بارکش» «بر آن بارگی بارکش» که هیچیک درست نیست. بارهٔ بارکش خر و استر و یابو است و پهلوان یک کشور را نشاید بر آن نشستن. «یکی بارهٔ تیزتگ» کمبود دارد: (بر) یکی بارهٔ تیزتگ، از کنار هم نهادن همهٔ نمونه‌ها پیدا است که در این لت واژه‌ای فروافتاده‌است و پیشنهاد من چنین است: «اَبَر بارهٔ تیزتگ برنشست». زیرا که سپهسالار را بارهٔ ویژه است و بر هر باره سوار نمی‌شود که بتوان «یکی باره‌ای...» آوردن.

۴ - سخن درست در رج پسین می‌آید.

۵ - یک داستان بیش نبوده‌است، و چندگونه راندن نادرست است، و خود، چندگونه راندن، چگونه باشد؟!

٦ - «کم» چگونه باشد؟　　۷ - «چو» نادرست.

○ - برای آگاه شدن بکارِ انجمن راز بنگرید به «حقوق جهان در ایران باستان» نوشتهٔ من.

۸ - دل را از اندیشه شستن برابر است با آسوده گشتن!

۶۸۵۵ چه سازیم و درمان این کار چیست؟ از ایران هماورد این مرد کیست؟»

*

بر آن بر، نهادند یکسر، که گیو بزابل شود نزد سالار نیو

نامهٔ کیکاووس

به

رستم زال

نشست آنگهی رای زد با دبیر / که کاری گزاینده بد ناگزیر[1]
یکی نامه فرمود پس شهریار / نوشتن بر رستمِ نامدار
نخست آفرین کرد بر پهلوان / که: «بیداردل باش و روشنروان
دل و پشتِ گُردان ایران تویی / بچنگال و نیروی شیران تویی[2]
گشایندهٔ بَند هاماوران / ستانندهٔ مرز مازندران[3]
ز گرز تو خورشید گریان شود / ز تیغ تو ناهید بریان شود[4]
چو گَردِ پیِ رخش تو نیل نیست / هماورد تو در جهان پیل نیست[5]
کمند تو بر شیر بند افکند / سنان تو کوهی ز بن برکند[6]
تویی از همه بد به ایران پناه / ز تو برفرازند گردان کلاه[7]
گزاینده کاری نو، آمد به پیش / کز اندیشهٔ آن، دلم گشت ریش
نشستند گردان به پیشم بهم / چو خواندیم آن نامهٔ گژدهم[8]
چنان دان که اندر جهان جز تو کس / نباشد به هر کار فریادرس*
چنین رای دیدند، گُردانِ نیو / که پیش تو آید گرانمایه گیو
چو نامه بخوانی بروز و بشب / مکن داستان را، گشاده؛ دو لب
مگر با سواران بسیارهوش / ز زاوُل برانی، برآری خروش
بر آن سان که گژدهم زو یاد کرد / نباشد جز از تو وَرا همنبرد»[9]

*

۱ – **یک:** با دبیر، رای نمی‌زنند که رای را با بزرگان می‌زنند فرمانِ نوشتن بدو می‌دهند! **دو:** آنگهی! **سه:** کاری گزاینده (بُد) نادرست است کاری گزاینده (پیش آمد).
۲ – لت دویم نادرخور است.
۳ – سخن پایان ندارد.
۴ – گزافه...
۵ – سخن از داستانی دیگر برگرفته شده‌است.
٦ – **یک:** هر کمند، بر شیر بند تواند افکندن! **دو:** کوهی نادرست است: «کوه را».
۷ – «پناه ایرانیان نه از همه بد «به ایران پناه».
۸ – نامهٔ گژدهم برای رستم شناسا (معرفه) نیست و «آن نامه» نادرست است.
* – نمونه‌ها: «بهر کاره، «بهر حال»... اما پیدا است که سخن فردوسی «بدین کار» بوده‌است، از آنجا که این کار بس بزرگ می‌نموده‌است.
۹ – از کار، در نامه یاد نشده‌است، و نام از سهراب، یا جنگ او نیامده است، و این گفتار چنین می‌نماید، و نادرست است. کاووس بی‌آنکه بگوید چه کار در پیش است، رستم را بیاری فرا می‌خواند.

رستم و سهراب ۴۴۱

به گیو آنزمان گفت: «برسان دود　　عنان تکاور بباید پسود
نباید چو نزدیک رستم شوی　　بزابل بمانی، اُگر، بغنوی!
اگر شب رسی، روز را؛ بازگرد　　بگویش که: تنگ اندر آمد نبرد»

*

ازو نامه بستَد، بکردار باد　　برفت و نکرد ایچ آرام، یاد
چو نزدیکی زاولستان رسید　　خروش طلایه بدستان رسید
نهادند بر سر، بزرگان؛ کلاه　　تهمتن پذیره شدش با سپاه
پیاده بشد گیو و گردان بهم　　هرآنکس که بر زین بد از بیش‌وکم [1]
ز اسپ اندر آمد گو نامدار　　از ایران بپرسید و از شهریار [2]
ز ره سوی ایوان رستم شدند　　ببودند و، یکپاره* دم برزدند
بگفت آنچه بشنید و، نامه بداد　　ز سهراب چندی سخن کرد یاد

*

تهمتن چو بشنید و نامه بخواند　　بخندید از آن کار و خیره بماند
که: «مانندهٔ سامِ گُرد از مهان　　سواری پدید آید اندر جهان؛
از آزادگان این نباشد شگفت　　ز توران چنین یاد نتوان گرفت [3]
من از دخت شاه سمنگان یکی　　پسر دارم و باشد او کودکی [4]
هنوز آن گرامی نداند که جنگ　　توان باز کردن بهنگام جنگ [5]
فرستاده‌ام زرّ و گوهر بسی　　برِ مادر او بدست کسی [6]
چنین پاسخ آمد که آن ارجمند　　بسی برنیاید که گردد بلند [7]
همی می خورد با لب شیربوی　　شود بیگمان زود پرخاشجوی [8]
بباشیم یک روز و، دم برزنیم　　یکی بر لب خشک، نم برزنیم
اُزآنپس گرائیم نزدیک شاه　　بگُردان ایران نماییم راه
مگر بخت رخشنده بیدار نیست　　اُگرنه چنین کار دشوار نیست [9]
چو دریا، بموج؛ اندر آید ز جای　　ندارد دمِ آتش تیز، پای
درفش مرا چون ببیند ز دور　　دلش، ماتم آرد؛ بهنگام سور
بدین تیزی، اندر نیاید بجنگ　　نباید گرفتن، چنین، کار تنگ

---

۱ – گردان، پیاده (شدند).　　۲ – این سخن نیز بدان پیوسته است.　　* – یکپاره؛ کمی، اندکی.
۳ – «یاد نتوان گرفت» نادرست است.　　۴ – دخت شاه سمنگان، تورانی نبود.　　۵ – سخن بی‌پیوند است.
٦ – افزاینده را، یادِ افزوده‌های پیشین زنده می‌شود، اما اینجا از بسی زر و گوهر یاد میکند، بازآنکه آنگاه، از «سه یاقوت رخشان به سه مهر، زر» یاد کرده بود!　　۷ – دنبالهٔ سخن　　۸ – همان
۹ – مگر بخت رخشنده بیدار (نباشد) درست است. و چنین داوری با گفتار رج پسین که رستم خویش را پیروز می‌داند، همخوان نیست.

*

به می دست بردند و مستان شدند / ز یاد سپهبد، بدستان شدند○
دگر روز، شبگیر هم؛ بر خمار / بیامد تهمتن برآراست کار
ز مستی هم آن روز باز ایستاد / دویُم روز رفتن نیامدش یاد[1]
سدیگر سحرگه بیاراست می / نیامد ورا، یادِ کاووس کی
بروز چهارم برآراست گیو□ / چنین گفت با گُردسالارِ نیو
که: «کاووس؛ تند است و هشیار نیست / هم این داستان بر دلش خوار نیست
غمین بود ازین کار و، دل پرشتاب / شده دور ازو خورد و آرام و خواب
به زاولستان گر درنگ آوریم / زَمی، باژ پیکار و، جنگ آوریم»*
بدو گفت رستم که: «مندیش ازین / که با ما نشورد کس اندر زمین»

*

بفرمود تا رخش را زین کنند / دم اندر دمِ نای رویین کنند
سواران زابل شنیدند نای / برفتند با ترگ و جوشن ز جای

خشم گرفتن کاووس
بر رستم

گرازان بدرگاه شاه آمدند / گشاده دل و نیکخواه آمدند
چو رفتند و بردند پیشش نماز / برآشفت و پاسخ نداد ایچ باز
یکی بانگ برزد به گیو از نخست / پسانگاه شرم از دو دیده بشست
که: «رستم که باشد؟ که فرمان من! / کند پست و پیچد ز پیمان من!
بگیر و ببر زنده بر دار کن / اُزو نیز، با من مگردان سخن»

*

ز گفتار او گیو را دل بخست / که بردی؟ سوی او، بدانگونه؛ دست!
برآشفت با گیو و با پیلتن / فروماند؛ خیره، همه انجمن
بفرمود پس توس را، شهریار / که: «رو، هردو را زنده برکن● به دار!»

○ – آیین می‌نوشی ایرانیان را در نبرد هفت پهلوان بخوانید.
۱ – آن روز، همان روز دویُم بود، و دوباره گفتن آن نابجا است.
□ – گیو، خویش را بجامهٔ رزم آراست و آمادگی رفتن نمود.
* – زمین (جهان) را بسوی پیکار ره می‌نماییم.
● – در همهٔ نمونه‌ها چنین آمده، اما پیدا است که «برکش بدار» بوده‌است.

خـود از جـای بـرخـاست کـاووس کـی بـرافـروخت بـرسان آتش ز نـی

*

بشـد تـوس و دست تـهمتن گـرفت بـدو مـانده پـرخـاشجویان شگـفت
کـه از پـیش کـاووس بـیرون بَـرَد مگـر، کـاندر آن تـیزی؛ افسون بَـرَد
تـهمتن بـرآشـفت بـا شـهریار کـه: «چـندین مـدار آتش انـدر کـنار!
هـمه کـارت از یکـدگر بـدتر است تـرا شـهریاری نـه انـدر خـوَر است
تـو سـهراب را زنـده بـر دار کـن! بـرآشـوب و، بـدخواه را، خـوار کـن»
بـزد تـند یک دست بـر دست تـوس تـو گـفتی ز پـیل ژیـان یـافت کـوس[1]
ز بـالا نگـون انـدر آمـد بسـر بـر او کـرد رسـتم بـتندی گـذر[2]
بـدر شـد بـخشم، انـدر آمد● بـرَخش «منم» گـفت: «شیراوژن و تـاجبخش!
چـه خشـم آورد؟ شـاه کـاووس کـیست؟ چـرا دست یـازد بـمن تـوس کـیست؟[3]
زمـین بـنده و رخش، گـاه مـن است نگـین گـرز و مـغفر کـلاه مـن است[4]
شب تـیره از تـیغ رخشـان کـنم بـه آوردگـه بـر سـر افشـان کـنم[5]
سـر نـیزه و تـیغ یـار مـن انـد دو بـازو و دل شـهریار مـن انـد[6]
چـه آزاردم او نـه مـن بـنده‌ام یکـی بـندهٔ آفـریننده‌ام»[7]
بایـرانـیان گـفت: «سـهراب گـرد بـیاید، نـماند○ بـزرگ و نـه، خُـرد
شـما هـرکسی چـارهٔ جـان کـنید خـرد را بـدین کـار پـیچان کـنید
بایـران نـبینید ازیـن‌پس مـرا شـما را؛ زمـین، پـرّ کـرکس؛ مـرا»

۱ – **یک:** تو گفتی... نادرخور است. **دو:** کننده (فاعل) رستم است و در رج دویم به توس باز می‌گردد.
۲ – **یک:** توس، سوار بر باره نبود که از (بالا) بسر اندر آید. **دو:** این رج پیوند میان رج‌های پیشین و پسین را می‌گسلاند.
● – اندر (= اندرون) آمدن برخش درست نیست و همهٔ نمونه‌ها چنین آورده‌اند. گفتار درست چنین می‌نماید: «**بدر شد بخشم و برآمد برخش**».
۳ – سخن را پیوند درست نیست: «کاووس کیست که بر من خشم آورد».
۴ – ایرانیان زمین را بزرگ می‌دانستند... اگرچه؛ شاید بودن که افزایندهٔ نخستین گفته باشد، زمین بستر و... و پچین‌برداری دیگر، آنرا به «بنده» گردانده باشد.
۵ – سخن را با گفتار، پیوند نیست.
٦ – دوباره از تیغ سخن می‌رود. لت دویم سخن کودکانه است، این سخنان، بگونهٔ درست در رج ٦٩٦١ آمده‌است.
۷ – کاووس آزار نرسانید، فرمان بمرگ او داد.
○ – در نمونه‌ها چنین آمده‌است، اما پیدا است که سخن درست چنین است: «بیاید، نه؛ ماند بزرگ و نه؛ خُرد».

رایزنی
در
انجمن مهیستان ایران

غمین شد دلِ نامداران همه   که رستم شبان بود و ایشان رمه
بگودرز گفتند ک:«این کار تست   شکسته، بدست تو گردد درست
سپهبد جزاز تو سخن نشنود   همی بخت ما، زین سپس، بغنود
بنزدیک آن شاه دیوانه رَو   اُزین در سخن یاد کن، نَو بنَو»

*

سخن‌های چرب و دراز آوری   مگر بخت گم بوده بازآوری»[1]
سپهدار گودرز کشواد رفت   بنزدیک خسرو خرامید، تفت
بکاووس کی گفت: «رستم چه کرد؟   کز ایران برآوردی امروز گرد!
چو او رفت و آید سپاهی بزرگ   ابا پهلوانی دلیر و سترگ؛[2]
که داری؟ که با او بدشتِ نبرد!   شود، برفشاند بر او، تیره گرد!
یلان ترا، سربسر گژدهم   شنیده‌ست و دیده‌ست از بیش و کم
همی گوید آن روز هرگز مباد   که با او، سواری؛ کند رزم یاد
کسی را که جنگی* چو رستم بود   بیازارد او را، خرد کم بود»

*

چو بشنید گفتار گودرز، شاه   بدانست، کاو؛ دارد آیین و راه
پشیمان بشد زان، کجا گفته‌بود   به بیهوده، با وی بر آشفته‌بود
به گودرز گفت: «این سخن در خوَرست   لب پیر، با پند، نیکوترست
خردمند باید دل پادشا   که تیزیّ و تندی نیارد بها
شما را بباید برِ او شدن   بخوبی بسی داستانها زدن
سرش کردن از تیزیِ من تهی   نمودن بدو، روزگار بهی»

*

چو گودرز برخاست از پیش اوی   سوی پهلوان، تیز؛ بنهاد روی

---

۱ – نه تنها سخن چرب و دراز در کار نبود، که گودرز که بدانزمان سردار انجمن مهیستان ایران بود، از انجمن فرمان گرفت که سخنان تند و کوتاه با کاووس گوید، و گفتار گودرز، در آینده نشان از همین تندی دارد.

۲ – «پهلوانی» نادرست است، زیرا که پهلوان سپاه توران شناخته شده‌بود.

* – بجز از نمونه‌های لن و پ که «مردی» آورده‌اند، دیگر نمونه‌ها چنین است، و جنگی را «ای» یگانه‌ساز باید (جنگی‌ای = جنگیی) که آهنگ سخن را بر هم می‌ریزد. در اندیشهٔ من سخن چنین بوده‌است: **«کسی را که گُردی چو رستم بود».**

برفتند با او سران سپاه — پسِ رستم اندر، گرفتند راه
چو دیدند، گِردِ گوِ پیلتن — همه نامداران شدند انجمن
ستایش گرفتند بر پهلوان — که: «جاوید بادیّ و روشنروان
جهان سربسر زیر پای تو باد — همیشه سرِ تخت جای تو باد[1]
تو دانی که کاووس را، مغز نیست — بتیزی* سخن گفتنش، نغز نیست
بجوشد، همانگه پشیمان شود — بخوبی ز سر○، باز پیمان شود
تهمتن گر آزرده گردد ز شاه — مر ایرانیان را نباشد گناه!
هم او؛ زان سخن‌ها، پشیمان شده‌ست — ز تندی بخاید همی پشت دست»

*

تهمتن چنین پاسخ آورد باز — که: «هستم ز کاووس کی بی‌نیاز
مرا تخت؛ زین باشد و، تاج؛ ترگ — قبا جوشن و، دل نهاده بمرگ
چرا دارم از خشم کاووس باک؟ — چه کاووس پیشم، چه یک مشت خاک
سرم گرد سیر و، دلم کرد بس — جز از پاک یزدان نترسم ز کس»[2]

*

ز گفتار، چون سیر شد تهمتن — چنین گفت گودرز با پیلتن
که: «شهر و دلیران و لشکر، گمان؛ — بدیگر سخن‌ها برند، این زمان[3]
کزین تور، ترسنده شد سرفراز — بگویند از این گونه هر کس، براز[4]
که چونان که گژدهم داد آگهی — همه بوم و بر کرد باید تهی[5]
چو رستم همی زو بترسد بجنگ — مرا و ترا نیست جای درنگ[6]
از□ آشفتن شاه و پیکار اوی — ندیدم بدرگاه بر، گفت‌وگوی
ز سهراب یل رفت یکسر سخُن — چنین پشت بر شاه ایران مکُن
چنین برشده نامت اندر جهان — بدین بازگشتن، مگردان نهان
اُ دیگر که تنگ اندر آمد سپاه — مکن تیره، برخیره، این تاج و گاه»[7]

---

۱ – تخت جای پادشاه است.

* – نمونه‌ها: بتیزی، بتندی، بگرمی، بپیری! اما درست چنین می‌نماید: «ز تیزی» (= از تیزی که دارد، سخن نغز نتواند گفتن).

○– دوباره.

۲ – **یک:** «سر»، سیر نمی‌شود. **دو:** پیدا است که رستم را پیش از آن نیز، از کاووس، ترس نبوده‌است. **سه:** دلم کرد بس را نیز گزارش نیست.

۳ – گُمان را با زمان پساوا نیست.

۴ – نمونه‌ها همه؛ ترک آورده‌اند، بازآنکه سمنگانیان ترک نبوده‌اند، که در آنزمان تورانیان نیز...

۵ – این سخن را پیوند باگفتار گودرز نیست.

٦ – مر او ترا... کیستند؟ روی سخن گودرز در همان زمان با رستم بوده‌است!!

□– چون چهار رج پیشین را افزوده در شمار آوریم. سخن را در ۶۹۶۴، با این رج پیوند «که» باید: **«کز آشفتن شاه پیکار اوی»**.

۷– این سخن در رج بگونه دیگر آمده‌بود.

بُرستم بر، این داستانها بخواند   تهمتن چو بشنید، خیره بماند؛
بدو گفت: «اگر بیم دارد دلم   نخواهم که باشد ز تن بگسلم»[1]
از آن ننگ برگشت و آمد براه   گرازان و پویان بنزدیک شاه

*

چو شه، مر وَرا، دید برپای خاست   بسی پوزش اندر گذشته بخواست
که: «تندی مرا گوهرست و سرشت   چُنان رُست شاید که یزدان بکشت *
اُزین ناسگالیده بدخواهِ نو   دلم گشت باریک، چون ماه نو
بدین چاره جستن، ترا خواستم   چو دیر آمدی، تیزی آراستم
چو آزرده گشتی تو ای پیلتن   پشیمان شدم، خاکم اندر دهن!»
بدو گفت رستم که: «گیهان تراست   همه کهترانیم و فرمان تراست
کنون آمدم، تا چه فرمان دهی!   روانت ز دانش مبادا تهی»
بدو گفت کاووس ک:«امروز، بزم   گزینیم و، فردا بسازیم رزم»
بیاراست● رامشگهی شاهوار   شد ایوان بکردار باغ بهار

لشکر کشیدن کاووس
بجنگ
سهراب

دگر روز فرمود تا گیو و توس   ببستند شبگیر، بر پیل؛ کوس
در گنج بگشاد و روزی بداد   سپه برنشاند و بُنه برنهاد
سپردار و جوشنوران سدهزار   شمرده بلشکرگه آمد سوار[2]
یکی لشکر آمد ز پهلو به دشت   که از گرد ایشان هوا تیره گشت[3]
سراپرده و خیمه زد بر دو میل   بپوشید گیتی به نئل و به پیل[4]
هوا نیلگون گشت و کوه آبنوس   بجوشید دریا ز آواز کوس[5]

---

۱ – سخن بی‌پیوندِ بی‌بنیاد!   * – شایسته است که چنان بدرَوید، که یزدان کاشته‌است.

● – پیدا است که کاووس، خود، نمی‌آراید، و در همهٔ نمونه‌ها چنین آمده‌است: پیشنهاد من چنین است: **«بفرمود رامشگهی...»**.

۲ – «سپردار و جوشنوران» نادرست است: «سپرداران و جوشنوران».

۳ – پس از سپرداران و جوشنوران، لشکری دیگر بدشت آمد؟

۴ – **یک:** سپاهِ آمادهٔ جنبش سراپرده و (خیمه) نمی‌زند. **دو:** سنجشی سخت نادرخور است که نئل اسپان را با پیلان همانند، و در یک رده آورده‌اند.   ۵ – کدام دریا؟ ایرانیان در پایتخت (قزوین) بوده‌اند!

همی رفت منزل بمنزل، سپاه شده روی خورشید تابان، سیاه
درخشیدن خشت و ژوپین ز گرد چو آتش پس پردهٔ لاجورد[۱]
ز بس گونه گونه سنان و درفش سپرهای زرّین و زرّینه کفش[۲]
تو گفتی که ابری برنگ آبنوس برآمد ببارید زو سندروس[۳]
جهان را شب و روز پیدا نبود تو گفتی سپهر و ثریّا نبود[۴]
ازین سان بشد تا در دژ رسید بشد خاک و سنگ از جهان ناپدید[۵]
خروشی بلند آمد از دیده گاه بسهراب گفتند ک :«آمد سپاه!»
چو از دیده، سهراب آوا شنید بباره برآمد سپه بنگرید[۶]
بانگشت لشکر بهومان نمود سپاهی که آن را کرانه نبود[۷]
چو هومان ز دور آن سپه را بدید دلش گشت پر بیم و دم درکشید[۸]
بهومان چنین گفت سهراب گرد که: «اندیشه از دل بباید سترد[۹]
نبینی تو زین لشکر بیکران یکی مرد جنگیّ و گرزی گران[۱۰]
که پیش من آید به آوردگاه! گر ایدون‌که یاری دهد هور و ماه؛[۱۱]
سلیح است بسیار و مردم بسی سرافراز و نامی نبینی کسی[۱۲]
کنون من ببخت رد افراسیاب کنم دشت را همچو دریای آب»[۱۳]
به تنگی نداد ایچ سهراب، دل فرود آمد از باره شاداب دل[۱۴]

---

۱ – چون از جنبش سپاه سخن رفت، دوباره بازگشتن به چگونگی آرایش سپاه، نادرست است.

۲ – سپر زرین نه بوده است و نه بکار می‌آید! کفش زرین را، نگهداران درفش کاویان می‌پوشیدند نه همهٔ سپاهیان.

۳ – **یک:** دوباره سخن از آبنوس می‌آید. **دو:** تو گفتی.

۴ – **یک:** تو گفتی... **دو:** «ثریا» را در آسمانِ سخنِ فردوسی جای نیست، و فردوسی همواره نامهای ایرانی ستارگان را در گفتار می‌آورد. **سه:** از میان چندان اختر درخشان آسمان، نام ثریا را همراه با سپهر آوردن نابجا است.

۵ – **یک:** رج پسین چنین نمی‌گوید. که اگر دیده‌بان، از دور نشان از سپاه ایران می‌دهد، آنان بدین زودی بدروازه و دژ نمی‌توانستند رسیدن! **دو:** سخن دروغ! که خاک و سنگ را چگونه از جهان ناپدید کردن، توان؟

۶ – **یک:** «سپه بنگرید» نادرست است: «سپه را بنگریست». **دو:** دیده = دیدگاه برفراز بارهٔ دژ نبوده‌است که برفراز بلندترین کوهِ نزدیک بدژ بوده‌است، و از فراز (بالای) دژ نمی‌توانستند سپاه را بخوبی دیدن، چنانکه از دیدگاه می‌دیدند.

۷ – دنبالهٔ گفتار

۸ – بر بنیاد این گفتار، هومان را نیز از فراز بارهٔ دژ، توانِ دیدن سپاه ایران نبود، تا از آن، بیم در دل خویش جای دهد.

۹ – افزایندگان و ویراستاران امروز، هیچیک نمی‌دانسته‌اند که «ستَرد» و ستَردن را نمی‌توان با گُرد هماوا دانستن. و «ستُرد» نوشته‌اند که نادرست است.

۱۰ – آیا می‌توان باورداشتن؟ که سهراب، از آن راه دور، گرزهای ایرانیان را دیده، و دانسته‌است که هیچ گرز گران در ایرانسپاه نیست!

۱۱ – گرز به پیش سهراب آید؟ یا مرد؟ چگونه هور و ماه یاری می‌دهند؟ سخن را پایان نیست.

۱۲ – **یک:** افزاینده، زود نادرستی خویش را پیراست و از جنگ‌افزار فراوان سپاه ایران یاد کرد. **دو:** اما ناراستی خویش را در لت دویم نشان داد که سهراب؛ از راهِ دور در می‌یابد که در سپاه ایران، کسی نامبردار نیست!!

۱۳ – دنبالهٔ سخن

۱۴ – **یک:** «بتنگی نداد سهراب دل» سخنی نادرست است: «سهراب دلتنگ نشد». **دو:** «شاداب دل» سخنی نادرست است... «شاداب».

یکی جام می خواست از میگسار — نکرد ایچ رنجه دل از کارزار [۱]

کشته شدن ژنده رزم،
بر دست رستم

اُزان سو سراپردهٔ شهریار — کشیدند بر دشت پیش حصار [۲]
ز بس خیمه و مرد و پرده‌سرای — نماند ایچ بر دشت و بر کوه جای [۳]
چو خورشید گشت از جهان ناپدید — شب تیره بر دشت، لشکر، کشید [۴]
تهمتن بیامد بنزدیک شاه — میان بستهٔ جنگ و، دل؛کینه‌خواه [۵]
که: «دستور باشد مرا تاجور — از ایدر شوم بی‌کلاه و کمر [۶]
ببینم که این نوجهاندار کیست؟ — بزرگان کدامند و، سالار کیست؟» [۷]
بدو گفت کاووس ک: «این کار تست — که بیداردل بادی و تندرست» [۸]
تهمتن یکی جامهٔ ترک‌وار — بپوشید و آمد نهان تا حصار [۹]
پیاده چو نزدیکی دژ رسید — خروشیدن و بانگ ترکان شنید [۱۰]
بدان دژ درآمد تهمتن دلیر — چنانچون سوی آهوان، نرّه شیر [۱۱]
تو گفتی همه تخت سهراب بود — بسان یکی سرو شاداب بود [۱۲]
دو بازوش مانند ران هیون — برش چون برِ پیل و، چهره چو خون [۱۳]
ز ترکان به گرد اندرش سد دلیر — جوان و سرافراز چون نرّه شیر [۱۴]
پرستار پنجاه بسا دستبند — به پیش دل افروز تخت بلند [۱۵]
همی یک بیک خواندند آفرین — بران برز بالا و تیغ و نگین [۱۶]

---

۱ – در رج پیشین از «تنگی دل» سخن رفت، و در این از «رنج دل».

۲ – چون سخنانِ «اینسو» نادرست و افزوده در شمار آمد، «از آنسو» نیز نادرست و افزوده است.   ۳ – دنبالهٔ گفتار.

۴ – سخن زیبا است و از داستانهای شاهنامه برگرفته شده‌است اما پیوند بگفتار پسین دارد. که خود، افزوده است.

۵ – نیمه شب، رستم را آهنگ جنگ چگونه باشد که «میان بستهٔ جنگ» است؟   ٦ – بیدرنگ رستم، بی‌کلاه و کمر می‌شود!

۷ – **یک:** جهاندار پادشاه است، و نو جهاندار، پادشاه نو. بازآنکه سهراب پهلوان است نه شاه. **دو:** مگر سهراب در بیابان نشسته‌است که رستم از دور او را ببیند و بسنجد!   ۸ – دنبالهٔ گفتار

۹ – **یک:** ترک!؟... **دو:** پسوند «وار» بجای همانند پسوندیست تازه که در سخن کهن همانند ندارد.

۱۰ – **یک:** از بیرون دژ آوای اندرونیان بگوش نمی‌رسد. **دو:** ترک!   ۱۱ – چگونه از دروازهٔ بستهٔ دژ، درون رفت؟

۱۲ – **یک:** تو گفتی! **دو:** افزاینده را می‌بایستی گفتن که سهراب بر روی تخت نشسته‌بود، آنگاه افزودن که سهراب باندازه تخت می‌نمود.

۱۳ – از؛ دو بازوی چون ران هیون... بَرَش چون بر پیل می‌گذریم، اما چهره چو خون نادرست است.

۱۴ – ترک... جوان بودن آنان شاید اما، شیر؛ سرافراز نیست... .   ۱۵ – «پرستار پنجاه» نادرست.

۱٦ – «خواندند آفرین» نادرست است: «آفرین می خواندند».

همی بود رستم بدانجا، ز دور ... نشستش همی دید و مردان سور[۱]
ببایسته کاری برون رفت ژند ... گَوی دید بر سان سرو بلند[۲]
بدان لشکر اندر چنو کس نبود ... بر رستم آمد بپرسید زود
«چه مردی؟» بدو گفت: «با من بگوی! ... سوی روشنی آی و بنمای روی»[۳]
تهمتن یکی مشت بر گردنش ... بزد تیز و بر شد روان از تنش
بدان جایگه خشک شد ژنده رزم ... سرآمدْش رزم و سرآمدش بزم[۴]
زمانی همی بود سهراب دیر ... نیامد به نزدیک اوژنندِ شیر[۵]
نگه کرد سهراب تا ژنده رزم ... کجا شد؟ که جایش تهی شد ز بزم[۶]
برفتند و دیدندش افکنده خوار ... برآسوده از بزم و از کارزار[۷]
خروشان از آن جای بازآمدند ... شگفتی فرومانده از کار زند[۸]
به سهراب گفتند: «شد زنده‌رزم ... سرآمد بر او روز پیکار و بزم»
چو بشنید سهراب برجست زود ... بیامد برِ زند برسان دود[۹]
ابا چاکر و شمع و خنیاگران ... بیامد ورا دید مرده چنان[۱۰]
شگفت آمدش سخت و خیره بماند ... دلیران و گردنکشان را بخواند[۱۱]
چنین گفت ک:«امشب نباید غنود ... همه شب سر نیزه باید پسود![۱۲]
که گرگ اندر آمد میان رمه ... سگ و مرد را دید، گاهِ دمه[۱۳]
اگر یار باشد جهان‌آفرین ... چو نعل سمندم بساید زمین[۱۴]
ز فتراک زین برگشایم کمند ... بخواهم از ایرانیان کین زند»[۱۵]
بیامد نشست از برِ گاه خویش ... گرانمایگان را همه خواند پیش[۱۶]

---

۱ – **یک:** «همی بود» نادرست است، «زدور» نادرست‌تر! افزاینده را می‌بایست گفتن که «رستم، دور از آنان بود» یا «دور از آنان ایستاده‌بود». **دو:** «سور» در اوستا «سئوَر» مهمانی هنگام روز (ناهار درگویش اینسوی مرز چاشت و درگویش آنسوی مرز [افغانستان و تاجیکستان])... بازآنکه آن هنگام، شب بوده است. **سه:** «مردان سور» نیز سخت نادرست است چنانکه بگویند، مردان ناهار، یا مردانِ شام!: «انجمن سور».

۲ – دو رج «ژِنده رزم را، اگر از لشکریان سهراب بود، نمی‌بایستی اندیشیدن: «بدان لشکر»! که او را می‌بایستی چنین اندیشیدن: «اندر لشکر ما» یا «بدین لشکر» همانندِ (این مرد) کسی نیست!

۳ – دو رج: این دو رج را نادرستی در سخن نیست، اما پیوستهٔ داستان است. ۴ – دوباره‌گویی رج پیشین.

۵ – **یک:** لت نخستین بی‌بنیاد است. **دو:** ژنده رزم که پیشتر، به «ژند» نامبردار شده‌بود، این‌جا ژند شیر شد!

٦ – سخن پیشین بازگفته می‌شود. ۷ – «افتاده» بجای «افکنده»

۸ – ژند به «زند» برگشت... و در همهٔ نمونه‌ها چنین است. ۹ – بیامد در این رج، با بیامد در رج پسین همخوان نیست.

۱۰ – **یک:** چاکر یگانه، با شمع و خنیاگران (گروه) همخوان نیست. **دو:** نام شمع را در کنار چاکران و خنیاگران آوردن نابجا است.

۱۱ – بیگمان، دلیران و گردنکشان همراه سهراب بوده‌اند. ۱۲ – دنبالهٔ گفتار

۱۳ –گفتاریست بس زیبا، اما دنبالهٔ داستان است.

۱۴ – نئل اسپ، همواره بر زمین است، همان شبانگاه که سهراب سخن می‌گوید نیز نئل او بر روی زمین است!

۱۵ – ژنده رزم را نمی‌توان «زند» خواندن. ٦۱ –گرانمایگان با وی همراه بودند.

که گر کم شد از تخت من زندرزم — نیامد همی سیر جانم ز بزم[1]
چو برگشت رستم بر شهریار — از ایران سپه گیو بُد پاسدار[2]
بره بر، گو پیلتن را بدید — بزد دست و تیغ از میان برکشید
یکی برخروشید چون پیل مست — سپر بر سر آورد و بگشاد دست
بدانست رستم، کز ایران سپاه — بشب، گیو باشد طلایه براه[3]
بخندید و زانپس فغان برکشید — طلایه چو آواز رستم شنید[4]
بیامد پیاده بنزدیک اوی — چنین گفت ک: «ای مهتر جنگجوی![5]
پیاده کجا بوده‌ای؟ تیره شب» — تهمتن بگفتار بگشاد لب[6]
بگفتش به گیو آن کجا کرده بود — چنان شیرمردی که آزرده بود[7]
ازان جایگه رفت نزدیک شاه — ز ترکان سخن گفت و از بزمگاه[8]
ز سهراب و از برز بالای اوی — ز بازوی و کتف و بر و پای اوی[9]
که هرگز ز ترکان چنین کس نخاست — بکردار سرو است بالاش راست[10]
به توران و ایران نماند بکس — تو گویی که سام سوارست و بس[11]
اُزان مشت بر گردن زندرزم — کزان پس نیامد به رزم و به بزم[12]
بگفتند و پس رود و می خواستند — همه شب همی لشکر آراستند[13]

نشان جستن سهراب
از
هجیر

⇐ چو افکند خور، سوی بالا کمند — زبانه برآمد ز چرخ بلند؛

---

۱ – **یک:** پیشتر گفته بود که امشب نباید غنود... و همه شب سرِ نیزه باید پسود!، و اکنون رای بزم را دارد. **دو:** «سیر نیامد» نادرست است: «سیر نشد». ۲ – سه رج: سخن ناهموار نیست، و از چند داستان دیگر شاهنامه برگرفته شده‌است.

۳ – «بدانست» نادرست است، از آنجا که رستم بهنگام تاریکی روانهٔ دژ شد، او را پیشتر می‌باید دانستن، که کدام پهلوان فرمانده طلایهٔ سپاه ایران است. و «میدانست» ۴ – پس‌از خنده، فغان برکشیدن، کارِ جهان پهلوان است؟

۵ – از این گفتار پیدا است که افزاینده گمان دارد که «طلایه» یک کس است: «پیاده بیامد» بازآنکه طلایه یک گروه از سپاهیانند که یک فرمانده دارند.

٦ – دنبالهٔ گفتارِ نادرست، زیرا که پاسداران هوشیار را می‌بایستی بهنگام رفتنِ رستم از او آگاهی داشته، راه را بر وی گشاده باشند!

۷ – **یک:** «بگفتش به گیو» نادرست است؛ یا «بگفت بگیو» یا «بگفتش» بی‌نام بردن از گیو. **دو:** شیرمرد را کشته‌بود. و نیازرده بود!

۸ – ترکان ۹ – دنبالهٔ گفتار ۱۰ – ترکان ۱۱ – بیدرنگ «توران»

۱۲ – لت نخست را پایان نیست. ۱۳ – رود و می را بالشکر آراستن چه پیوند است؟

بپوشید سهراب، خفتان جنگ — نشست از بر چرمهٔ مُشک رنگ*
یکی تیغ هندی به چنگ اندرش — یکی مغفر خسروی بر سرش[1]
کمندی به فتراک بر، شست خم — خم اندر خم و، روی؛ کرده دژم
بیامد یکی بُرز بالا گزید — بجایی که ایرانیان را بدید
بفرمود، تا رفت پیشش، هجیر — بدو گفت: «کژّی نباید ز تیر
نشانه نباید که خم آورد — چو پیچان شود، زخم کم آورد[2]
به هر کار در، پیشه کن راستی — چو خواهی که نگزایدت کاستی[3]
سخن هرچه پرسم همه راست گوی! — متاب از ره راستی، هیچ؛ روی!

*

سپارم بتو گنج آراسته — بیابی بسی خلعت و خواسته[4]
ور ایدون‌که کژّی بود رای تو — همان بند و زندان بود جای تو»[5]
هجیرش چنین داد پاسخ که: «شاه — سخن هرچه پرسد از ایران سپاه
بگویم همه آنچه دانم بدوی — بکژّی چرا بایدم گفت‌وگوی؟»[6]
نبینی جز از راستی پیشه‌ام — بکژّی نیاید خود اندیشه‌ام»[7]
بدو گفت ک:«ز تو بپرسم همه — ز گردنکشان و ز شاه و رمه[8]
همه نامداران آن مرز را — چو توس و چو کاووس و گودرز را
ز بهرام و از رستم نامدار — ز هرکت بپرسم بمن، برشمار
بگو کان سراپردهٔ هفت رنگ — بدو اندرون خیمه‌های پلنگ[9]
به پیش اندرون بسته سد زنده پیل — یکی مهد پیروزه بر سان نیل[10]
یکی بُرز، خورشید پیکر، درفش — سرش ماه زرّین غلافش بنفش
بقلب سپاه اندرون، جایِ کیست؟ — ز گُردان ایران ورا نام چیست؟»
بدو گفت ک:«آن شاه ایران بُود — بدرگاه او پیل و شیران بُود»

*

اُزانپس بدو گفت: «بر میمنه — سوارانِ بسیار و پیل و بنه[11]

---

*- اسپ سیاهرنگ.

۱ - و تیغ هندی را بهنگام نبرد در دست می‌گیرند، نه بهنگام پژوهش در کار سپاه!

۲ - در رج پیشین از راستیِ تیر سخن گفت... نشانه که خم نمی‌شود.

۳ - سخن نادرست نیست اما در رج پسین از زبان فردوسی آمده‌است.

۴ - این رج را با رج پیشین پیوندی در میان باید... (اگر) راست بگویی... سپارم بتو... .

۵ - دنبالهٔ همان گفتار است.

٦ - دنباله گفتار

۷ - دوباره‌گویی

۸ - سه رج: پرسش‌های پسین را اینجا پیش می‌شمارد.

۹ - در میان سراپرده، خیمه(!) زدن کاریست نادرخور.

۱۰ - **یک:** پیش اندرون نادرست است. **دو:** اگر یکسد زنده‌پیل پیش سراپرده بسته باشند، چگونه، در اندرون آن تخت را می‌توان دیدن.

۱۱ - میمَنه را با بُنه پساوا نیست و در لشکرگاه، بال راست و بال چپ نیست و بالها را در میدان رزم، آرایش می‌دهند.

۴۵۲ کیکاووس

سراپرده‌ای بر کشیده سیاه — زده گردش اندر، ز هر سو سپاه [1]
بگرد اندرش خیمه ز اندازه بیش — پس پشت پیلان و، بالاش پیش [2]
زده پیش او پیل‌پیکر درفش — به در بر، سواران زرّینه کفش» [3]
چنین گفت کان توسِ نوذر بود — درفشش کجا؛ پیل پیکر بود [4]
بپرسید کـ:«آن سرخ پرده‌سرای — سواران بسی، گِردش اندر، بپای
یکی شیرپیکر درفشی بزر — درفشان و اندر میانش گهر!»
چنین گفت کـ:«آن فرّ آزادگان — سپهدار گودرزِ کشوادگان»

*

بپرسید کـ:«آن سبز پرده‌سرای — یکی لشکری گَشْن پیشش بپای
یکی تختِ پرمایه اندر میان — زده پیش او اختر کاویان [5]
در آن برنشسته یکی پهلوان — ابا فرّ و با سفت و یال گوان [6]
ز هر کس که برپای پیشش بر است — نشسته به یک رش سرش برتر است [7]
یکی باره پیشش ببالای اوی — کمندی فروهشته تا پای اوی [8]
همی هر زمان برخروشد همی — تو گویی که دریا بجوشد همی [9]
بسی پیل برگستوان‌دار پیش — همی جوشد آن مرد بر جای خویش [10]
نه مردست ز ایران ببالای اوی — نه بینم همی اسپ همتای اوی [11]
درفشی پدید اژدها پیکر است — بر آن نیزه بر، شیر زرّین سر است» [12]
چنین گفت کـ:«از چین یکی نیکخواه — بنوّی رسیده‌ست نزدیک شاه»
بپرسید نامش ز فرّخ هجیر — بدو گفت: «نامش ندارم به ویر
بدین دژ بُدم من، بدان روزگار — کجا؛ او بیامد برِ شهریار»

*

۱ - سیاه را با سپاه پساوا نیست. ۲ - دنبالهٔ گفتار. ۳ - توس دارندهٔ درفش کاویان بود.
۴ - دوباره‌گویی دربارهٔ درفش پیل پیکر.
۵ - اختر کاویان نادرست است، و درفش کاویان همراه رستم نبوده‌است که توس نوذران، نگهبان درفش ایران بوده‌است.
٦ - **یک:** «بر نشستن» در زبان فارسی سوار بر اسب شدن است، نه بر روی تخت نشستن! **دو:** در آن برنشسته نیز نادرست است، و از بیرون پرده‌سرای، اندرون آن دیده نمی‌شود، تا (فرّ) و یال و سفت او را دریابند! ۷ - سخن نادرست و درهمریخته است.
۸ - چگونه، بالای آن پهلوانِ نشسته را با بالای اسپ سنجیدن توانست. و برابر دانستن!
۹ - خروش را به تندر و توفان؛ توان ماننده کردن و به دریا نتوان همانند کردن. و از رده دور خروش بگوش سهراب چون رسید؟!
۱۰ - لت دویم در رج پیشین آمده‌بود!
۱۱ - **یک:** هنوز همهٔ مردان ایران را ندیده‌است که با بالای آن نشسته بسنجد. **دو:** «اوی» پایان سخن نیز به همان مرد (رستم) باز می‌گردد: *اسپی همتای رستم نمی‌بینم!!* ۱۲ - *سخن را پیوند بایسته نیست.*

غمین گشت سهراب را دل از آن   که جایی ز رستم نیامد نشان[1]
نشان داده بود از پدر، مادرش   همی دید و دیده نبد باورش[2]
همی نام جست از زبان هجیر   مگر کان سخن‌ها شود دلپذیر[3]
نبشته بسر بر، دگرگونه بود!   ز فرمان نه کاهد، نه خواهد فزود

*

ازآن‌پس بپرسید: «کز مهتران   کشیده سراپرده‌ای بر کران»
سواران بسیار و پیلان بپای   برآید همی نالهٔ کرنای[4]
یکی گرگ‌پیکر درفش از برش   برآورده از پرده زرّین سرش»[5]
بدو گفت ک:«آن پور گودرز، گیو   که خوانند گردان ورا گیوِ نیو

*

ز گودرزیان مهتر و بهتر است   به ایرانیان، بر دو بهره سر است»[6]
بدو گفت: «زان سو که تابنده شید   برآید، یکی پرده بینم سپید
ز دیبای رومی، به پیشش سوار   رده برکشیده فزون از هزار[7]
پیاده سپردار و نیزه وران   شده انجمن لشکری بیکران[8]
نشسته سپهدار بر تخت آج   نهاده بران آج کرسیِ ساج[9]
ز هودج فروهشته دیبا جلیل   غلام ایستاده رده خیل‌خیل[10]
بر خیمه نزدیک پرده‌سرای   یکی ماه‌پیکر درفشی بپای»[11]
بدو گفت ک:«و را فریبرز دان   که فرزند شاه است و تاج گوان»
بپرسید ک:«ان سرخ پرده‌سرای   بدهلیز، چندی پیاده، بپای
بگِرد اندرش سرخ و زرد و بنفش   ز هرگونه‌ای برکشیده درفش

*

۱ – هنوز سهراب از چند سراپرده و درفشِ دیگر نپرسیده‌است، و شایستی که پدر را در دیگر سراپرده‌ها بازیابد.
۲ – سخن زیبا است اما رستم را در میان پرده‌سرای ندیده‌بود.
۳ – **یک:** نام جست نادرست است: نام پرسید. **دو:** مگر آنکه از هجیر پاسخی دلپذیر شنَود.
۴ – لت دویم را با لت نخست پیوند نیست.   ۵ – لت دویم راگزارش نیست.
٦ – **یک:** پور بزرگ گودرز است، اما بهتر را نشاید آوردن. **دو:** لت دویم پریشان است.
۷ – دیبای رومی! افزاینده را رای بر آن بوده‌است که بگوید پرده‌سرای سپید از دیبای روم دوخته شده. اما سخن چنان می‌نماید که سوارانِ رده برکشیده از دیبای رومی‌اند!   ۸ – «نیزه‌وران» را «سپرداران» باید.
۹ – بر روی تخت آج، یک کرسی دیگر چگونه باشد؟
۱۰ – **یک:** پهلوانِ نشسته بر تخت را به هودج چکار؟ **دو:** میدان جنگ است و جای سپاه نه جای غلام. **سه:** اگر غلام نیز می‌بود می‌بایستی چنین آید: غلامان... .
۱۱ – خیمه... اگر «برِ» خیمه است، پس «نزدیک» پرده‌سرای چه باشد؟ و مگر خیمه و پرده‌سرای، دو چیزِ جدا از هم‌اند؟

درفشی پسِ پشت، پیکر گراز — سرش ماه زرّین، ببالا دراز»[1]
چنین گفت ک:«و را گرازه‌ست نام — که در جنگ شیران نتابد لگام
هشیوار و از تخمهٔ گیوکان — که بر درد و سختی نگردد ژکان»[2]

*

نشانِ پدر جست و، با او نگفت — همی داشت آن راستی در نهفت!

*

تو گیتی چه سازی که خود ساخته‌ست — جهاندار ازین کار پرداخته‌ست[3]
زمانه نبشته دگرگونه داشت — چنان کاو گذارد ببـاید گذاشت[4]
دگر باره پرسید ازان سرفراز — از آن، که‌ش بدیدار او بُد نیاز!
ازان پردهٔ سبز و مرد بلند — اُزان اسپ و آن تاب داده کمند[5]
بپاسخ هَجیر سپهبَدْش گفت — که: «از تو؛ سخن را، چه باید نهفت؟
گر از نام چینی بمانم همی — از آنست کاو را ندانم همی!»

*

بدو گفت سهراب ک:«این نیست داد! — ز رستم نکردی سخن هیچ یاد
کسی کاو بُود پهلوان جهان — میان سپه در، نماند نهان
تو گفتی که بر لشکر او مهترست — نگهبان هر مرز و هر کشورست»[6]
چنین داد پاسخ مر او را هَجیر — که: «شاید بُدن، کان گوِ شیرگیر؛
کنون رفته باشد به زاولستان — که هنگام بزم است در گلستان»
بدو گفت سهراب ک:«ین خود مگوی! — که دارد سپهبد سوی رزم روی؛
برامش نشیند جهان‌پهلوان! — بر او بر، بخندند پیر و جوان!

*

مرا با تو امروز پیمان یکیست — بگوییم و گفتار ما اندکیست
اگر پهلوان را نمایی بمن — سرافراز باشی بهر انجمن
ترا بی‌نیازی دهم در جهان — اُگر داری این راز، اندر نهان؛
ور ایدون که این راز، داری ز من — گشاده بپوشی بمن بر، سخن[7]

---

۱ - ببالا دراز، سست می‌نماید.   ۲ - لت دویم ناهموار است... بر درد ژکیدن (=غر زدن)؟
۳ - **یک:** گمان ندارم هیچکس را در جهان پروای آن باشد که گیتی را بسازد. **دو:** روی سخن با «تو» درست نیست.
۴ - «زمانه» را در زبان فارسی، دو کاربرد است **یک:** عمر. **دو:** اجل، و نوشته و بخش (تقدیر) با زمانه نیست.
۵ - «از آن» دوبار آمده‌است در یک سخن.   ۶ - چنین سخنی نگفته‌بود... همهٔ جهانیان می‌دانستند.
۷ - دوباره‌گویی رج پیشین است و میان رج‌های پیشین و پسین جدایی می‌افکند.

سرت را نخواهد همی تن بجای — میانجی کن اکنون بدین هردو، رای!*
نبینی که موبد به خسرو چه گفت — بدانگه که بگشاد راز از نهفت[۱]
سخن، گفت: ناگفته چون گوهرست — کجا ناپسوده، بسنگ اندرست[۲]
چو از بند و پیوند یابد رها — درخشنده مُهری بود با بها»[۳]
چنین داد پاسخ هَجیرش که: «شاه● — چو سیر آید از تخت و مُهر و کلاه؛
نَبَردِ کسی جوید اندر جهان — میان کهان و میان مهان؛
که او ژنده‌پیل اندر آرد بگَرد — گریزد از او شیر، روز نبرد
کسی را که رستم بود همنبرد — سرش ز آسمان اندر آید بگَرد![۴]
نخواهد که با او به صحرا بود — هماورد اگر کوه خارا بود[۵]
تنش زور دارد به سد زورمند — سرش برتر است از درخت بلند[۶]
چنو خشم گیرد به روز نبرد — چه همرزم او ژنده پیل و چه مرد[۷]
هماورد او بر زمین پیل نیست — چو گرد پی رخش او نیل نیست»[۸]
بدو گفت سهراب: «از آزادگان؛ — سیه بخت، گودرز کشوادگان؛
کجا؛ چون ترا خواند باید، پسر — بدین رای و این دانش و این هنر!
تو مردان جنگی کجا دیده‌ای؟ — که بانگِ پیِ اسپ، نشنیده‌ای!
که چندین ز رستم سخن بایدت — زبان بر ستودنش بگشایدت[۹]
ارش بینم آنگاه آیدت یاد — که دریا خروشان بگردد ز باد[۱۰]
از آتش ترا بیم، چندان بُود — که دریا بآرام جُنبان بُود
چو دریا بموج اندر آید ز جای — ندارد دمِ آتشِ تیز، پای
سر تیرگی اندر آید بخواب — چو تیغ از میان برکشد آفتاب»

*

بدل گفت ناکار دیده هَجیر — که گر من نشان گوِ شیرگیر[۱۱]
بگویم بدین ترکِ با زوردست — چنین یال و این خسروانی نشست؟!![۱۲]

---

* – با رای خویش یکی از این دو کار را برگزین، یا مرگ، یا بی‌نیازی!

۱ – کدام موبد؟ کدام خسرو؟ سخن را، روی بکیست؟ ۲ – وابسته به رج پسین است.

۳ – گوهر را از میان سنگ بیرون کشند «مُهر» نمی‌شود. ● – سهراب را گوید.

۴ – این گفتار در رج پیشین نهفته‌بود، و دوباره‌گویی است. ۵ – سخن بی‌پیوند و سست. ۶ – همچنین

۷ – لت دویم نابرابر است. زیرا آنکس که پیل را بزیر می‌آورد، بیگمان با یک مرد آسانتر می‌جنگد!

۸ – از داستانهای شاهنامه برگرفته‌است.

۹ – **یک:** «که» در آغاز این سخن با «که در آغاز» لت دویم رج پیشین. همخوان نیست. **دو:** لت دویم، پریشان است.

۱۰ – با «دیدن» چنین نمی‌شود که با نبرد با وی می‌توان دیدن و سنجیدن. ۱۱ – وابسته برَج پسین. ۱۲ – ترک

ز لشکر کند جنگ او ز انجمن   برانگیزد این بارهٔ پیلتن [1]
بدین زور و این کتف و این یال اوی   شود کشته رستم بچنگال اوی [2]
از ایران نیاید کسی کینه‌خواه   بگیرد سر تخت کاووس شاه [3]
چنین گفت موبد که مردن بنام   به از زنده، دشمن بدو شادکام [4]
اگر من شوم کشته بر دست اوی   نگردد سیه روزِ چون آب جوی [5]
چو گودرز و هفتاد پور گزین   همه پهلوانان با آفرین [6]
نباشد به ایران، تن من مباد   چنین دارم از موبد پاک یاد؛ [7]
که چون برکنند از چمن بیخِ سرو   سزد گر گیا را نبوید تذرو [8]
بسهراب گفت «این چه آشفتن است؟   همه با من از رستمت گفتن است!
نباید ترا جُست با او نبرد!   برآرد به آوردگاه از تو گرد!
همی پیلتن را بخواهی شکست؟   همانا که آسان نیاید به دست» [9]
چو بشنید، گفتارهای درشت   نهان کرد ازو روی و، بنمود پشت
ببالا زدش تند یک پشت دست   بیفکند و آمد به جای نشست [10]
بپوشید خفتان و بر سر نهاد   یکی خود چینی، بکردار باد [11]
ز تندی بجوش آمدش خون برگ   نشست از بر بارهٔ تیزتگ [12]
خروشید و بگرفت نیزه بدست   به آوردگه رفت چون پیل مست
کس از نامداران ایرانسپاه   نیارست کردن بدو در، نگاه [13]
ز پای و رکیب و ز دست و عنان   ز بازوی و ز آب داده سنان [14]
ازآنپس دلیران شدند انجمن   بگفتند ک :«اینت گو پیلتن [15]
نشاید نگه کردن آسان بدوی   که یارد شدن پیش او جنگجوی؟» [16]

۱ – ازلشکر؟، یا از انجمن.   ۲ – دنبالهٔ سخن

۳ – اگر رستم کشته شود، و تخت کاووس نیز بدست سهراب افتد، دیگر ایرانیان چرا بایستی کینه‌خواه بیایند... که کشته شوند.

۴ – از داستانهای شاهنامه است.   ۵ – لت دویم، کودکانه است.   ٦ – وابسته رجِ پسین

۷ – گودرز و هفتاد پور گزین (نباشد) نادرست است: «نباشند».   ۸ – دنبالهٔ گفتار

۹ – لت دویم نادرست   ۱۰ – بکدام بالا؟ بیفکنند (که را؟)

۱۱ – **یک:** سهراب پیشتر با خفتن بدان برز بالا رفته‌بود:

بپوشید سهراب؛ خفتان جنگ   نشست از برِ چرمهٔ مشگ رنگ

دو: پس «خودِ چینی» نیز از اندیشهٔ افزایندگان برخاسته است.   ۱۲ – دو لت را با هم پیوند نیست.

۱۳ – وابسته به رجِ پسین   ۱۴ – پای و رکیب و دست و عنان (او) می‌باید.

۱۵ – **یک:** اینت واژه‌ای نادرست است، در نمونه‌های آ، ول «کاینک» آورده‌اند، که آن نیز درست نیست، زیرا که سهراب از آنان دور بوده‌است و «آنک» می‌بایستی گفتن. **دو:** بزرگان یک سپاه که در بالها و میان و ساقهٔ لشکر از یکدگربس دورند نمی توانند بیدرنگ انجمن کنند.   ۱٦ – بکوه البرز نیز می توان آسان نگریستن!

رستم و سهراب 457

از آنجا خروشید سهراب گرد — همی شاه کاووس را برشمرد [1]
چنین گفت با شاه آزادمرد — که: «چون است کارت بدشت نبرد؟
چرا کرده‌ای نام کاووس کی؟ — که در جنگ نه تاو داری نه پی! [2]
تنت را برین نیزه بریان کنم — ستاره بدین کار گریان کنم [3]
یکی سخت سوگند خوردم به بزم — درآندم کجا کشته شد ژنده‌رزم [4]
کز ایران نمانم یکی نیزه‌دار — کنم زنده کاووس کی را به دار [5]
که داری از ایرانیان، تیزچنگ؟ — که پیش من آید، بدین دشتِ جنگ!»
همی گفت و می‌بود جوشان بسی — از ایران ندادند پاسخ کسی [6]
خروشان بیامد به پرده‌سرای — به نیزه درآورد بالا ز جای [7]
خم آورد زان پس سنان کرد سیخ — بزد نیزه برکند هفتاد میخ [8]
سراپرده یک بهره آمد ز پای — ز هر سو برآمد دم کرنای [9]
رمید آن دلاور سپاه دلیر — بکردار گوران ز چنگال شیر [10]
غمین گشت کاووس و آواز داد — کزین نامداران فرخ نژاد [11]
یکی نزد رستم برد آگهی — کزین ترک شد مغز گُردان تهی [12]
ندارم سواری ورا همنبرد — از ایران نیارد کس این کار کرد [13]
بشد توس و پیغام کاووس برد — شنیده سخن پیش او برشمرد [14]
بدو گفت رستم که «هر شهریار — که کردی مرا ناگهان خواستار [15]

---

۱ – از آنجا، نادرست است، زیرا که پیشتر گفته آمد، سهراب بدشت نبرد رفت. ۲ – چه پیوند میان نام و توانِ جنگیدن است؟

۳ – **یک:** تن با نیزه پاره می‌شود و بریان نمی‌شود. **دو:** ستاره را (را) باید. ۴ – پیوسته بداستان افزودهٔ ژنده‌رزم است.

۵ – دنبالهٔ گفتار، اگر سوگند خورده بود که کاووس را زنده بدار کند، چرا پیشتر از بریان کردن او سخن گفت؟

۶ – همی گفت و می‌بود، نادرست است.

۷ – **یک:** پرده‌سرای شاه را پشت سپاه، یکی دو فرسنگ دورتر، بر بالای تپه یا کوهی برپا می‌کردند، که از آنجا شاه را توانِ دیدنِ همهٔ میدان جنگ باشد، و فرمان خویش را با پیک‌ها بسرداران رساند. پرده‌سرای آنچنان نبود که میخ و رسنِ آن میان میدان باشد و سهراب آنرا با نیزه پاره کند! **دو:** بالا چیست، که از جای درآورده شود؟

۸ – **یک:** نیزه را کرد سیخ زشت‌ترین و نادرخورترین سخن است از برای کسیکه با نیزه یورش می‌بردا **دو:** سنان را چگونه خم توان کردن؟ سیخ کردن چیست؟ در برخی نمونه‌ها ستیخ آورده‌اند، که آنرا نیز گزارشی نیست. **سه:** با یک نیزه چگونه هفتاد میخ را توان کندن؟... هرچند که زننده بنیرو باشد، یک رسن را پاره تواند کردن... گزافه برتر و بدتر از این نمی‌شود.

۹ – **یک:** سخن نادرست: «یک بهرِ سراپرده بپای آمد». **دو:** تورانیان را شاید، که بشادی فروافتادن سراپرده بشادی، کرنای نوازند، اما ایرانیان هرگز چنین نمی‌کردند... و «از هر سو» چنین می‌نماید.

۱۰ – **یک:** دلاور، دلیر است و نمی‌توان هر دوی آنها را با هم آوردن. **دو:** سپاه دلاور، چون گوران (رمید) درست نیست، و گروه را باید با (رمیدند) همراه کردن. ۱۱ – دنبالهٔ داستان

۱۲ – **یک:** چون پرده‌سرای شاه در میانهٔ میدان باشد، آیا پهلوان را کجا، جای است که می‌باید برایش پیام فرستادن؟ **دو:** ترک.

۱۳ – دنبالهٔ داستان ۱۴ – بر شمردن: دشنام دادن، و کسی را بزشتی نام بردن است.

۱۵ – دنبالهٔ گفتار

۴۵۸ کیکاووس

گهی جنگ بودی گهی ساز بزم   ندیدم ز کاووس جز رنج رزم»[1]
بفرمود تا رخش را زین کنند   سواران بُروها پر از چین کنند[2]
ز خیمه نگه کرد رستم به دشت   ز ره گیو را دید کاندر گذشت[3]
نهاد از بر رخش رخشنده زین   همی گفت گرگین که «بشتاب هین!»[4]
همی بست بر باره رهّام تنگ   ببرگستوان بر زده توس چنگ[5]
همی این بدان آن بدین گفت: «زود»   تهمتن چو از خیمه آوا شنود؛[6]
بدل گفت ک: «این کار اهریمن است   نه این رستخیز از پیِ یک تن است[7]»

*

[بزد دست و پوشید ببربیان   ببست آن کیانی کمر بر میان[8]]
[نشست از بر رخش و بگرفت راه   زواره نگهبان گاه و سپاه]
درفشش ببردند با او بهم   همی رفت پرخاشجوی و دژم[9]
چو سهراب را دید با یال و شاخ   برش چون بر سام جنگی فراخ
بدو گفت از ایدر به یکسون شویم●   وز آوردگه، سوی هامون شویم
بمالید سهراب، کف را به کف   به آوردگه رفت از پیش صف
برستم چنین گفت ک: «اندر گذشت!   ز من جنگ و پیکار سوی تو گشت
از ایران نخواهی دگر یار کس   چو من با تو باشم به آورد، بس

---

۱ - مگر کاووس تا آنزمان رستم را ببزم فرانخوانده‌بود؟ و مگر رستم برای انجمن سور بمیدان جنگ آمده‌بود؟

۲ - در نبرد تن بتن میان دو پهلوان، دیگر سواران را کاری نیست که چین بر ابرو آورند.

۳ - خیمه! این نیز شگفت است که در میدان نبرد پهلوان یکی از دو سپاه برای نبرد هماورد بخواهد، پهلوان سپاه روبرو، هنوز در پرده‌سرای خویش نشسته باشد!

۴ - گیو، سپهسالار لرستان، زین بر رخش می‌نهد؟، گرگین، سپهدار گرگان و دَهستان، شتابش می‌دهد؟

۵ - رهام سپهدار بلوچستان و پشتونستان تنگ اسب را می‌بندد؟ توس سپهسالار ایرانسپاه، برگستوان را آرایش می‌دهد؟... سنجشِ خرد اینجا بکار می‌آید! **یک:** در روز جنگ، اسپان را از سپیده دم زین می‌کنند و آماده نگاه می‌دارند. **دو:** در یک سپاه که دو میل پهنای رده‌های ایستادهٔ آنست، گیو، از توس یا رهام دو میل یا یک میل دورند، و چگونه همهٔ آنان یکجا گرد می‌آیند، تا کاری را که پایکاران می‌کنند، و از بامداد می‌بایستی که انجام داده باشند، بانجام رسانند؟

٦ - دنبالهٔ داستان افزوده و رستم که می‌باید پیش از همه در میدان باشد، در خیمه(!) نشسته‌است.

۷ - دوبار واژهٔ «این» را در یک سخن نباید بکار گرفتن!

۸ - در همهٔ نمونه‌ها، این رج را با رج پسین چنین آورده‌اند. این پیداست که در میدان جنگ میان را ازپیش می‌بندند. نه بهنگام رفتن، و آنگاه دو پهلوان به «راه» نمی‌روند که روبروی یکدیگر می‌روند و پسان اگر درفش ویرا با او می‌بردند. شناخته می‌شد و من سخن را در یک رج بدینگونه آراستم:

بزد دست و پوشید ببربیان   نشست از برِ رخش، پس، پهلوان

۹ - اگر درفش رستم را با او بهمراه می‌بردند، که شناخته می‌شد!

● - این گفتار در نمونه‌ها، آشفته و دگرگون است و تنها در نمونهٔ قاهره، بدینسان آمده‌است که درست می‌نماید! «سو» در تاجیکستان هنوز بگونهٔ «سون» بر زبان می‌رود!

به آوردگه بر ترا جای نیست / ترا خود بیک مشت من پای نیست[1]
ببالا بلندی و با کتف و یال / ستم یافت یالت ز بسیار سال»[2]
نگه کرد رستم بدان سرفراز / بدان چنگ و یال و رکیب دراز[3]
بدو گفت: «نرم، ای جوانمرد گرم / زمین سرد و خشک و، سخن گرم و نرم[4]
به پیری بسی دیدم آوردگاه / بسی بر زمین پست کردم سپاه[5]
تبه شد بسی دیو در چنگ من / بهرسو که بودم ندیدم، شکن[6]
نگه کن مرا تا ببینی بجنگ / اگر زنده مانی مترس از نهنگ[7]
مرا دید در جنگ دریا و کوه / که با نامداران توران گروه[8]
چه کردم؟ ستاره گوای من است / بمردی جهان زیر پای من است»[9]
چو آمد ز رستم چنین گفت‌وگوی / بجنبید سهراب را دل بر اوی[10]
بدو گفت ک:«از تو بپرسم سخن / همه راستی باید افکند بن[11]
من ایدون گمانم که تو رستمی! / گر از تخمهٔ نامور نیرمی»[12]
چنین داد پاسخ که: «رستم نی‌ام / هم از تخمهٔ سام نیرم نی‌ام»[13]
که او پهلوان است و من کهترم / نه با تخت و گاه و نه باافسرم»[14]
از امید، سهراب شد ناامید / برو تیره شد رویِ روزِ سپید[15]

---

۱ – **یک:** رج پیشین، پیمان آوردگاه می‌نهد، و آنگاه بیدرنگ سخن گفتن از آنکه، تو در آوردگاه جای نداری. **دو:** گزافه گویی (رجز خوانی) بجای خود، اما آن، چنان نمی‌تواند بودن که به جهان پهلوان گویند که در برابر یک مشتِ من پایدار نخواهی بودن؟

۲ – پیوند میان لت نخست با لت دویم «مگر آنکه» یا «اما» است که دیده نمی‌شود.

۳ – دنبالهٔ گفتار

۴ – لت دویم را با لت نخست پیوند نیست.

۵ – دنبالهٔ گفتار

۶ – دنباله گفتار

۷ – میان «نگه کن مرا» با لت دوئم پیوند نیست.

۸ – مرا دیده‌اند باید، اگر دریا و کوه را دیدهٔ دیدن باشد!

۹ – جنگ‌ها در روز، روی داده‌اند، و بدانگاه ستاره در آسمان دیده نمی‌شد!

۱۰ – گفت‌وگوی «آمدنی» نیست، پسانگاه گفت‌وگوی میان دو کس روان می‌شود. یکی می‌گوید و دیگری می‌شنود، پسان آن دیگری می‌گوید و این یک می‌شنود... سخن یک کس را نمی‌توان «گفت‌وگوی» در شمار آوردن.

۱۱ – دنبالهٔ گفتار

۱۲ – چنین سخن و گمان، از سوی کسی است که گفته بود جای تو، آوردگاه نیست و در برابر یک مشتِ من پایدار نیستی!

۱۳ – دنبالهٔ سخن

۱۴ – سخن سست است.

۱۵ – از امید، ناامید شدن، در سخن فارسی نیامده‌است.

رزمِ پدر و فرزند!

بـه آوردگـه رفت نـیزه بـه کـفت — هـمی مـانده از گـفتِ مـادر شگـفت![1]
یکـی تـنگ مـیدان بـپرداخـتند○ — بـه کـوتاه نـیزه* هـمی تـاختند
نـماند ایـچ بـر نـیزه، بـند و سنان — بـچپ بـاز بـردند هـر دو، عـنان●
بـه شـمشیر هـردو بـرآویـختند — هـمی ز آهـن، آتش فـرو ریـختند
بـزخـم انـدرون تـیغ شـد ریـزریز — چـه زخـمی کـه پـیدا کـند رسـتخیز![2]
گـرفتند زان‌پس عـمود گـران — غـمی گشت بـازوی گـنداوران[3]
ز نـیرو عـمود انـدر آورد خـم — دمـان بـادپایان و، گُـردان دژم[4]
ز اسـپان فـرو ریـخت بـرگستوان — زره پـاره شـد بـر مـیان گـوان
فـروماند اسپ و دلاور سـوار — یکـی را نـبُد چـنگ و بـازو بکـار
تن از خوَی پر آب و، هـمه کـام؛ خـاک — زبـان گشـته از تشـنگی چاک‌چاک

*

زمـانی ز هـم ایسـتادند دور — پـر از تـاب بـاب□ و، پـراز درد پـور!

*

جـهانا شگـفتی ز کـردار تست — هم از تـو؛ شکسـته، هـم از تـو؛ درست
از آن دو یکـی را نـجنبید مـهر — خـرد؛ دور بُـد، مـهر؛ نـنمود چـهر

*

هـمی بـچّه را بـاز دانـد، سـتور! — چـه مـاهی بـدریا، چـه در دشت گـور!

۱ – سهراب، بتنها، بآوردگه نرفت، که هر دو بمیدان رفتند.
○ – پرداختنِ میدان، هموار کردن آن و زدودن خار و خاشاک و سنگ از آنست.
* – کوتاه نیزه همان خَشت است که پیش از این دربارهٔ آن سخن گفتم، و بدینروی است که در رج پسین از «بند» و سنانِ آن یاد می‌شود.
● – از آنجا که جنگاوران، با دست راست جنگ می‌کردند، لگامِ اسب در دست چپ آنان بود، و چون رای بازگشتن داشتند، لگام را با دست چپ بسوی چپ گرداندن آسانتر بود، پس هر دو، بسوی چپ گرداندند، و پشت بیکدیگر کردند.
۲ – لت دویم، ناهماهنگ است.
۳ – عمود بجای گرز! بازو را نیز شاید مانده شدن و کوفته شدن اما بازو غمگین نمی‌شود.
۴ – افزاینده را چندان آگاهی از ابزارهای رزم نبوده‌است که دستهٔ گرز را برای سبک‌تر بودن، از چوب می‌پرداختند و دستهٔ چوبین خم بر نمی‌دارد، که می‌شکند، و این داوری در بسا از افزوده‌های شاهنامه دیده می‌شود!
□ – «پدر پر ز تاب و،...» درست می‌نماید.

ندانـــد هـمی مـردم، از رنـجِ آز یکـــی دشـمنی را، ز فـرزند بـاز

*

همی گـفت رسـتم کـه: «هـرگز نهنگ نـدیدم کـه آیـد بـدینسان بـجنگ[۱]
مـراخـوار شـد جـنگ دیـو سـپید ز مـردی شـد امـروز دل نـامید[۲]
جـوانـی چـنین نـاسپرده جـهان نـه گُـردی نـه نـام‌آوری از مـهان[۳]
بـه سـیری رسـانیدم از روزگـار دو لشکـر نـظاره بـدین کـارزار[۴]
چـو آسـوده شـد بـارهٔ هـر دو مـرد ز آورد و از بـند و نـنگ و نـبرد[۵]
بـزه بـرنهادند هـر دو کـمان جـوانـه هـمان، سـالخورده هـمان![۶]
ز تـیر و ز پـیکان هـوا تـیره گشت جـهان از شگـفتی هـمی خـیره گشت[۷]
زره بـود و خـفتان و بـبر بـیان ز کـلک و ز پـیکانش نـامد زیـان[۸]
غـمی شـد دل هـر دو از یکـدگر گـرفتند هـر دو دوال کـمر[۹]
تـهمتن کـه گـر دست بـردی بسـنگ بکـندی ز کـوه سـیه روز جـنگ[۱۰]
کـمربند سـهراب را چـاره کـرد کـه بـر زیـن بـجنباند انـدر نـبرد[۱۱]
مـیان جـوان را نـبود آگـهی بـماند از هـنر دست رسـتم تـهی[۱۲]
دو شـیراوژن از جـنگ سـیر آمـدند هـمه خسـته و گشـته دیـر آمـدند[۱۳]
دگـر بـاره سـهراب گـرز گـران ز زیـن بـرکشید و بـیفشارد ران[۱۴]
بـزد گـرز و آورد کـتفش بـه درد بـپیچید و درد از دلیـری بـخورد[۱۵]
بـخندید سـهراب و گـفت: «ای سـوار بـه زخـم دلیـران نـه‌ای پـایدار[۱۶]
بـبه رزم انـدرون رخش گـویی خـر است دو دست سـوار از هـمه بـتّر است[۱۷]
اگـرچـه گـوی سـروبالا بـود جـوانـی کـند پـیر، کـانا بـود»[۱۸]

---

۱ – رستم را هیچگاه نبرد با نهنگ نبوده‌است که چنین داوری کند! ۲ – دل (من)=دلم درست است.

۳ – دنبالهٔ گفتار ۴ – جایی دور از لشکر گزیده بودند و هیچکس بدان میدان (نظاره!) نبود.

۵ – لت دویم راگزارش نیست: «آورد و بند و ننگ و نبرد!»

۶ – **یک:** جوانه نادرست است. در زبان روستاییان جوانه به گاو جوانِ تازه بکارگرفته یا آماده کار می‌گویند. **دو:** کمان را پیش از آمدن بمیدان جنگ بزه می‌کردند نه از پس چندان نبرد! ۷ – دنبالهٔ سخن

۸ – **یک:** سخن چنین می‌نماید که تنها سهراب تیر می‌افکند و رستم ایستاده بود. **دو:** کلک نوک خامه (قلم است).

۹ – در میانهٔ نبرد، دل را جای غمی (=غمگین) شدن نیست.

۱۰ – در لت دویم، (آنرا) بکندی، باید!... باری سنگ را از کوه کندن کاری دشوار نیست.

۱۱ – **یک:** «چاره کردن» نادرست است. **دو:** کمربند غلام و پرستار است: «میان‌بند». ۱۲ – دنبالهٔ سخن

۱۳ – «سیر آمدن» نادرست است: «سیر شدند». لت دویم را سخن، سست است. ۱۴ – گرزِ آنان که «خم» آورده‌بود!

۱۵ – دروغِ پسین ۱٦ – چون درد را بر خود هموار کرده بود، و هیچ بازتاب نشان نداده‌بود، بزخم دلیران پایدار نیست!

۱۷ – **یک:** اگر سهراب، رخش را شناخته‌بود، پس رستم را نیز می‌بایستی شناختن! **دو:** لت دویم راگزارش نیست.

۱۸ – این سخن را با رج‌های پیشین و پسین پیوند نیست.

بمُستی رسید این از آن، آن از این　　چنان تنگ شد بر دلیران زمین؛
که از یکدگر روی برکاشتند　　دل و جان به اندوه بگذاشتند
تهمتن بتوران سپه شد بجنگ　　بدانسان که نخچیر بیند پلنگ[1]
میان سپاه اندر آمد چو گرگ　　پراگنده گشت آن سپاه بزرگ[2]
بایران سپه رفت سهراب گرد　　عنان بارهٔ تیزتگ را سپرد[3]
بزد خویشتن را به ایران سپاه　　ز گرزش بسی نامور شد تباه[4]
دل رستم اندیشه‌ای کرد بد　　که کاووس را بیگمان بد رسد[5]
ازین پرهنر ترک نوخاسته　　بخفتان بر و بازو آراسته[6]
بلشکرگه خویش تازید زود　　که اندیشهٔ دل ازان گونه بود[7]
میان سپه دید سهراب را　　چو می لئل کرده به خون، آب را[8]
سر نیزه پرخون و خفتان و دست　　تو گفتی ز نخچیر گشته‌ست مست[9]
غمین گشت رستم چو او را بدید　　خروشی چو شیر ژیان برکشید[10]
بدو گفت ک:«ای ترک‌خونخواره مرد!　　از ایران‌سپه جنگ با تو که کرد؟[11]
چرا دست، بربد پساوی، همه؟　　چو گرگ اندر آیی میان رمه!»[12]
بدو گفت سهراب: «توران سپاه　　ازین رزم بودند هم، بیگناه[13]
تو آهنگ کردی بدیشان نخست　　کسی با تو پیکار و کینه نجست»[14]
بدو گفت رستم که: «شد تیره، روز　　چو پیدا کند تیغ، گیتی‌فروز[15]
برین دشت هم دار و هم منبرست　　روَشن جهان زیر تیغ اندرست[16]
گر ایدون که شمشیر با بوی شیر　　چنین آشنا شد تو هرگز ممیر[17]
بگردیم شبگیر با تیغ کین　　تو رو، تا چه خواهد جهان‌آفرین[18]
برفتند و روی هوا تیره گشت　　ز سهراب گردون همی خیره گشت[19]

---

۱ – رستم چون «پلنگ» بسپاه توران «آخت»... .　　۲ – ...و چون «گرگ» بمیان سپاه «آمد» سخن ناهمخوان است.
۳ – دنبالهٔ گفتار　　۴ – **یک:** دوباره گویی... **دو:** گرز سهراب خم برداشته بود!!　　۵ – چنین اندیشه، بد نیست.
٦ – ترک... خفتان، بازو را نمی‌آراید.
۷ – لت دویم نیز سست می‌نماید.
۸ – **یک:** «چون می یا «چون لئل». **دو:** مگر در میدان جنگ، آب هم بود؟
۹ – **یک:** سرنیزه، شاید که پرخون باشد، اما دست که از سرنیزه دور است خونین نمی‌شود، و خفتان که دورتر است! **دو:** تو گفتی.
۱۰ – غمین شدن در میدان جنگ؟...　　۱۱ – ترکِ خونخواره؟　　۱۲ – دنبالهٔ گفتار
۱۳ – «تورانسپاه از این رزم بودند هم بیگناه» نادرست است: «تورانسپاه نیز (در) این رزم گناه نداشتند!»
۱۴ – دنبالهٔ سخن　　۱۵ – دنباله سخن
١٦ – منبر؟! کجای آن دشت منبر تازی بود؟... چند هزار سال پس از آن زمان منبر پدید آمد.
۱۷ – شمشیر با (بوی شیر؛) در نمونه‌های دیگر: «و بازوی شیر» «باروی شیر»... همه سست و نادرست است، و تو هرگز ممیر نادرست‌تر از آن.　　۱۸ – شمشیر، کین ندارد.　　۱۹ – لت دویُم بی‌گزارش است... به همان روز نبود.

تو گفتی ز جنگش سرشت آسمان ‌‌‌‌ نیارامد از تاختن یک زمان[1]
اُگر باره زیر اندرش آهن است ‌‌‌‌ شگفت‌روان است و رویین‌تن است[2]
چو سهراب آمد سوی لشکرش ‌‌‌‌ میان سوده از بند و آهن، برش
بهومان چنین گفت ک:«امروز هور ‌‌‌‌ برآمد، جهان گشت، پر جنگ و شور

*

شما را چه کرد آن سوار دلیر ‌‌‌‌ که یال یلان داشت و آهنگ شیر»[3]
بدو گفت هومان که: «فرمان شاه ‌‌‌‌ چنان بُد کز ایدر نجنبد سپاه[4]
همه کار ما سخت ناساز بود ‌‌‌‌ بآورد گشتن چه آغاز بود[5]
بیامد یکی مرد پرخاشجوی ‌‌‌‌ بدین لشکر گشن بنهاد روی[6]
تو گفتی ز مستی کنون خاسته‌ست ‌‌‌‌ اُگر جنگ با یک تن آراسته‌ست»[7]
چنین گفت سهراب ک:«او زین سپاه ‌‌‌‌ نکرد از دلیران کسی را تباه؟[8]
از ایرانیان من بسی کشته‌ام ‌‌‌‌ زمین را بخون دل آغشته‌ام![9]
کنون خوان همی باید آراستن ‌‌‌‌ بباید بمی غم ز دل کاستن»[10]
اُزان روی رستم سپه را بدید ‌‌‌‌ سخن راند با گیو و گفت و شنید[11]
که امروز سهراب رزم‌آزمای ‌‌‌‌ چگونه بجنگ اندر آورد پای![12]
چنین گفت با رستم گُرد گیو ‌‌‌‌ ک:«زان گونه هرگز ندیدیم نیو[13]
بیامد دمان تا به قلب سپاه ‌‌‌‌ ز لشکر برِ توس شد کینه‌خواه[14]
که او بود بر زین و نیزه بدست ‌‌‌‌ چو گرگین فرود آمد او برنشست[15]
بیامد چو با نیزه او را بدید ‌‌‌‌ بکردار شیر ژیان بردمید[16]
عمودی خمیده بزد بر برش ‌‌‌‌ ز نیرو بیفتاد ترگ از سرش[17]

---

۱ – **یک:** تو گفتی... آسمان را در کارِ سرشت تن، کاری نیست. **دو:** لت دویم را با لت نخست پیوند درست نیست.
۲ – سخن از پهلوان سهراب است نه آهنین بودنِ بارهٔ وی! لت دویم، سخت نادرست و سست است.
۳ – **یک:** شما را چه کرد نادرست است: با شما یا بر شما چه کرد. **دو:** لت دویم بدآهنگ است.
۴ – گفتار هومان، پاسخ سهراب نیست. ‌‌ ۵ – سخن درهم ریخته. بویژه در لت دویم. ‌‌ ٦ – سخن درهم ریخته.
۷ – تو گفتی... «خاسته» نادرست است: «برخاسته». مگر جنگ با یک تن آراستن، آسان است؟ ‌‌ ۸ – دنبالهٔ سخن
۹ – زمین را بخونِ دلِ چه کس آغشته بود؟ «خونِ دلشان». ‌‌ ۱۰ – اندیشهٔ بی‌پیوند!
۱۱ – «سخن راند» و «گفت» هر دو یکی است! در برخی نمونه‌ها «چندی شنید» آمده‌است که آن نیز نادرست است چون سخنِ افزودهٔ پسین دربارهٔ چگونگی نبرد سهراب است تنها گفتن رستم بسنده می‌نماید. ‌‌ ۱۲ – سخن؛ تنها از رستم است.
۱۳ – چگونه شاید اندیشیدن؟ که گیو نیز، سهراب را برتر از رستم داند؟
۱۴ – تا قلب سپاه آمد، و هفتاد بند چادر کاووس را پاره کرد، و از توس کینه نخواست!
۱۵ – سخن آشفته... توس سپهسالار ایرانسپاه است، و پاسدار نیست که پس از پیاده شدنِ گرگین سوار اسب شود و نیزه بدست پاسبانی کند!
۱٦ – سخن چنانست که سهراب با نیزه آمده‌است، بازآنکه در رج پیشین نیزه را در دست توس می‌نمایاند.
۱۷ – **یک:** افزاینده این بار بیاد آورد که دستهٔ گرز سهراب خمیده بود و با همان (عمود خمیده) توس را بزد در برخی نمونه‌ها چنین

نتابید با او، بتابید روی   شدند از دلیران بسی جنگ‌جوی [1]
ز گُردان کسی مایهٔ او نداشت   جز از پیلتن پایهٔ او نداشت [2]
هم آیین پیشی نگه داشتیم   سپاهی بر او ساده بگماشتیم؟ [3]
سواری نشد پیش او یکتنه   همو تاخت از قلب تا میمنه» [4]
غمی گشت رستم ز گفتار اوی   برِ شاه کاووس بنهاد روی [5]

✽

چو کاووس کی، پهلوان را بدید   برِ خویش، نزدیک جایش گزید
ز سهراب، رستم، زبان برگشاد*   ز بالا و برزش همی کرد یاد
که: «کس در جهان کودک نارسید   بدین شیرمردی و گُردی ندید
ببالا ستاره بساید همی   تنش را زمین برگراید همی [6]
دو بازو و رانش ز ران هیون   همانا که دارد ستبری فزون [7]
به گرز و به تیغ و به تیر و کمند   ز هر گونه‌ای آزمودیم بند
سرانجام گفتم که من پیش ازین   بسی گرد را برگرفتم ز زین [8]
گرفتم دوالِ کمربند اوی   بیفشاردم سخت پیوند اوی [9]
همی خواستم کش ز زین برکنم   چو دیگر کسانش بخاک افکنم [10]
گر از باد جنبان شود کوهسار   بجنبید بر زین بر، آن نامدار [11]
چو فردا بیاید به دشت نبرد   بکُشتی همی بایدم چاره کرد
بکوشم، ندانم که پیروز کیست!   ببینیم تا رای یزدان بچیست؟

✽

← آمده‌است: «عمودی شتابان» که آن نیز نادرست است. **دو:** «ز نیرو» نادرست است «ز نیروی او».

۱ – توس از او روی برتافت... و بسیار دلیران ایران بجنگ وی رفتند! و چنین نشاید.

۲ – «مایهٔ او نداشت» نادرست است: «توان جنگیدن با او را نداشت».

۳ – سخن بی‌پیوندِ درهم ریختهٔ بی‌بنیاد. آیا آیین پیشین چنان بود که یک سپاه را برابرِ یک کس بجنگ بفرستند؟

۴ – سخن چنین می‌نماید که چندتن با هم، به نبرد سهراب می‌رفتند، و این نیز سخن نادرست است زیرا که پیش از این، از یک سپاه سخن رفته‌بود.   ۵ – غمی نادرست است.

* – زبان برگشادن، دشنام دادن است، و در همهٔ نمونه‌ها چنین آمده‌است پیدا است که گفتار فردوسی **«سخن برگشاد»** بوده‌است.

۶ – **یک:** گزافه... لت دویم «تنش را زمین برگراید» چه باشد؟

۷ – بازوی هرکس، از رانِ او نازکتر است، و هر دو را نمی‌توان باران هیون برابر دانستن، و از آن نیز ستبر دانستن.

۸ – سخن نادرست... که رستم پیش از آن، همه را با نیزه و شمشیر و گرز بر زمین افکنده‌بود نه با کشتی گرفتن. برگرفتم نیز نادرست است: «برگرفته‌ام».   ۹ – چون دوال کمر راگیرند، (پیوند)... [مهره‌ها] را در دست ندارند که بفشارند.

۱۰ – همان گفتار

۱۱ – افزایندهٔ دروغ پیمای بیاد ندارد که کار رستم و سهراب در نبرد نخستین به کشتی گرفتن نرسید... و این دروغ، درست، پیش از رج پسین است که رستم گوید؛ فردا بکشتی چارهٔ کار را خواهم کردن!

کزویست پیروزی و فرّ و زور   هم او آفرینندهٔ ماه و هور»[1]
بدو گفت کاووس: «یزدان پاک   دل بدسگالت کند چاکچاک
من امشب به پیش جهان‌آفرین   بمالم رخ خویشتن بر زمین[2]
کزویست پیروزی و دستگاه   بفرمان او تابد از چرخ ماه[3]
کند تازه این بار کام ترا   برآرد به خورشید نام ترا»[4]
بدو گفت رستم که: «با فرّ شاه   برآید همه کامهٔ نیکخواه»
بلشکرگه خویش بنهاد روی   پر اندیشه جان و، دلش چاره‌جوی[5]
زواره بیامد خلیده روان   که چون بود امروز بر پهلوان؟[6]
ازو خوردنی خواست رستم نخست   پس آنگه ز اندیشگان دل بشست[7]
سپه را دو فرسنگ بد در میان   گشادن نیارست یک تن میان[8]
چنین راند پیشِ برادر سخن   که: «بیداردل باش و، سستی مکن[9]
بشبگیر چون من به آوردگاه   روم پیش آن ترکِ آوردخواه[10]
بیاور سپاه و درفش مرا   همان تخت و زرّینه کفش مرا[11]
همی باش بر پیش پرده‌سرای   چو خورشید تابان برآید ز جای[12]
گر ایدون که پیروز باشم بجنگ   به آوردگه بر، نسازم درنگ[13]
اُگر خود، دگرگونه گردد سخن   تو زاری میاغاز و تندی مکن[14]
مباشید یک تن بدین رزمگاه   مسازید جستن سوی رزم راه[15]
یکایک سوی زاولستان شوید   از ایران بنزدیک دستان شوید[16]

---

۱ – پیوند درست، میان دو لت نیست. ۲ – ایرانیان در نیایش یزدان روی به فروغ می‌کردند، و رخ بر زمین (نمی‌مالیدند).

۳ – تنها ماه می‌تابد؟ و خورشید و ستارگان نمی‌تابند؟ اما افزاینده را پساوای «دستگاه» بایسته بوده‌است، و چنین کرده‌است.

۴ – کام برآورده می‌شود، تازه نمی‌شود!

۵ – لت دویم پیوند درست ندارد: «سرش کینه‌جوی» نیز نادرست است زیرا که کین از آنِ دل است! «بدل جنگجو» نیز نادرست می‌نماید.

٦ – چرا، زواره را بایستی روانِ خلیده بوده باشد؟ که آنانرا از نبرد آگاهی نبوده‌است. «چون بود» در لت دویم نیز نادرست است. چگونه گذشت؟

۷ – **یک:** گمان ندارم که پرستاران یک پهلوان بزرگ پس از بازگشت وی، خوراک نیاورند، و او را ناچار کنند که خود خوراک خواهد. **دو:** و از اندیشه دل بشست، نادرست است: دل از اندیشه بشست. ۸ – پیوند با گفتار پیشین و پسین ندارد.

۹ – فرمان به بیداردلی برادر سخن راندن نیست. ۱۰ – ترک!

۱۱ – **یک:** پیمان بران بود که برای دو هماورد. یار نیاید! **دو:** تخت را بمیدان بدان چه روی دارد؟ **سه:** کفش زرّینه ویژهٔ توس نگهبان درفش کاویان بوده‌است.

۱۲ – سخن دگرگون گشت. همی باش! «خورشید از (جای) برآید» هیچگاه در سخن فارسی بکار نرفته‌است.

۱۳ – دنبالهٔ گفتار ۱۴ – زاری و تندی، رودررویِ‌اند، و با هم رخ نمی‌نمایند.

۱۵ – لت دویم نابهنجار است، جَستن مسازید، یا جُستن مسازید، هر دو نادرست است.

۱٦ – مگر زاولستان کجا است که آنانرا می‌باید نخست به زاولستان روند، آنگاه از ایران بنزد زال دستان شوند!

تو خرسند گَردان دل مادرم — چنین کرد یزدان قضا بر سرم[1]
بگویش که: تو دل بمن درمبند — که سودی ندارَدت بودن نژند[2]
⇐ کس اندر جهان جاودانه نماند — ز گردون مرا خود بهانه نماند
بسی شیر و دیو و پلنگ و نهنگ — تبه شد بچنگم بهنگام جنگ[3]
بسی باره و دژ که کردیم پست — نیاورد کس دست من زیر دست[4]
درِ مرگ را آن بکوبد که پای — به اسپ اندر آرد، بجنبد زجای!
اگر سال گردد فزون از هزار — همین بود خواهد سرانجام کار[5]
چو خرسند گردد به دستان بگوی — که از شاه گیتی مبر تاب روی[6]
اگر جنگ سازد تو سستی مکن — چنان رو که او رانَد از بُن سخن[7]
همه مرگ راییم پیر و جوان — بگیتی نماند کسی جاودان»
ز شب نیمه‌ای گفتِ سهراب بود — دگر نیمه آرامش و خواب بود

---

۱ – سخن پریشیده‌است، قضا کردن نادرست است. شاهنامه فلورانس «چنین راند گردنده چرخ از برم» باز نادرست است که چرخ، بر سر می‌چرخد، نه «می‌راند» نمونه‌های دیگر چنین راند یزدان قضا... و قضا در سخن فردوسی دیده نمی‌شود.
۲ – دنبالهٔ گفتار
۳ – دیده نشد که رستم بجنگ نهنگ رود! و یا بهنگام جنگ به نبرد با شیر و پلنگ پردازد.
۴ – «من» به «ما» دگرگون می‌شود «کردیم».
۵ – سالِ چه کسی؟ سخن روی بمادر دارد و در رج پسین نیز چنین است، پس می‌باید از سالِ رستم، بگونهٔ «سالِ من» سخن رود.
۶ – در این سخنان افزوده خود بزواره فرمان می‌دهد که به میدان جنگ و کاووس شاه پشت کن و برو، پس چگونه از دستان می‌خواهد که پشت بشاه نکند؟
۷ – دنبالهٔ سخن

نبرد رستم و سهراب

بار دوئم

اُزان روی سهراب با انجمن   همی مَی گسارید با رودزن[1]
بهومان چنین گفت کاین شیرمرد   که با من همی گردد اندر نبرد[2]
ز بالای من نیست بالاش کم   به رزم اندرون دل ندارد دژم[3]
بر و کتف و یالش همانند من   تو گویی که داننده برزد رسن[4]
نشانهای مادر بیابم همی   بدان نیز لختی بتابم همی[5]
گمانی برم من که او رستم است   که چون او بگیتی نبرده کم است[6]
نباید که من با پدر جنگ‌جوی   شوم، خیره روی اندر آرم به روی»[7]
بدو گفت هومان که: «در کارزار   رسیده‌ست رستم به من اند بار[8]
شنیدم که در جنگ مازندران   چه کرد آن دلاور به گرز گران[9]
بدین رخش ماند همی رخش اوی   ولیکن ندارد پی و پخش اوی»[10]

*

چو خورشید تابان برآورد پر   سیه زاغ پرّان، فروبرد سر
تهمتن بپوشید ببربیان   نشست از برِ ژنده پیلِ ژیان
کمندی به فتراک بربست شست   یکی تیغ هندی گرفته به دست[11]
بیامد بدان* دشت آوردگاه   نهاده بسر بر ز آهن کلاه

---

۱ – **یک:** با انجمن یا با رودزن؟ سخن درست آن بود که بگوید با انجمن –بر آواز رامشگران– مَی خورد. «رودزن» واژه‌ای نادرست است: «رود نواز». از اینجا ده رج در شاهنامه مسکو آمده‌است که در بیشتر نمونه‌ها از آنمیان شاهنامه فلورانس پس از دیدار رستم و سهراب می‌آید.

۲ – **یک:** کان شیرمرد، درست است. **دو:** همی گشت درست است. سخن بدینسان، هنوز رستم و سهراب را در میدان نبرد نشان می‌دهد.

۳ – دنباله گفتار   ۴ – سخن بس زیبا است اما دنبالهٔ گفتار است.

۵ – سهراب را با هومان، دربارهٔ پدر، سخن نشاید گفتن!   ٦ – همچنین   ۷ – دنباله گفتار

۸ – **یک:** تاکنون، هیچگاه هومان در نبرد، با رستم روبرو نشده است. **دو:** رسیده‌است رستم بمن نیز نادرست است: «رستم را دیده‌ام»، «با رستم روبرو شده‌ام».   ۹ – «به گرز گران» نادرست است. «باگرز گران».

۱۰ – پی و پخش چه باشد؟ پایان افزوده‌های شاهنامه مسکو.

۱۱ – **یک:** کمند رستم راگویند که شست یاز بوده‌است، و چون «کمندی» گفته آید، دانسته‌های پیشین را می‌پوشاند. **دو:** شست چه؟ **سه:** تیغ را بهنگام نبرد راست میگیرند، نه بهنگام رفتن بمیدان نبرد.

* – در نمونه‌ها بدان، بران آمده‌است و نگارنده «سوی» را، براست می‌دارد: **«بیامد سوی دشت آوردگاه»**.

همه تلخی از بهر بیشی بود / مبادا که با آز خویشی بود[1]

*

بپوشید سهراب خفتان رزم / سرش پر ز رزم و، دلش پر ز بزم
بیامد خروشان بدان دشت جنگ / بچنگ اندرون گرزهٔ گاو رنگ[2]
ز رستم بپرسید، خندان دو لب / -که گفتی که با او بهم بوده شب-
که: «شب، چون بُدت؟ روز، چون خاستی؟ / ز پیکار، بر دل، چه آراستی؟
ز کف بفکن این گرز و شمشیر کین / بزن جنگ و بیداد را بر زمین[3]
بیا تا نشینیم هر دو بهم / بمَی تازه داریم روی دژم
به پیش جهاندار، پیمان کنیم / دل از جنگ جستن، پشیمان کنیم[4]
بمان، تا کسی دیگر آید برزم / تو با من بساز و بیارای بزم!
دل من همی بر تو مهر آورد / همی آب شرمم بچهر آورد
همانا که داری ز گردان نژاد! / کنی؟ پیش من، گوهر خویش یاد!»

*

بدو گفت رستم که: «ای نامجوی / نبودیم دی، خود بدین گفت‌وگوی
ز کشتی گرفتن سخن بود دوش / نگیرم فریب تو، زین در مکوش![5]
نه من کودکم، گر تو هستی جوان / به کشتی، کمر بسته دارم میان!
بکوشیم و فرجامِ کار آن بُود / که فرمان و، رایِ جهانبان بُود!
بسی گشته‌ام در فراز و نشیب / نی‌ام مردِ گفتار و بند و فریب!»

*

بدو گفت سهراب، که:«ز مرد پیر / نباشد سخن، زین نشان، دلپذیر
مرا آرزو بُد که در بسترت / برآید بهنگام، هوش؛ از برت
کسی کز تو ماند ستودان کند / بپرد روان تن به زندان کند[6]

---

۱ - سخن با رج‌های پیشین و پسین پیوند ندارد.

۲ - **یک**: گرز گاوچهر یا گاوسر، درست است نه گاورنگ. **دو**: گرز را نیز همانند تیغ بهنگام بدست میگیرند.

۳ - جنگ و بیداد را فراموش کردن شاید، و بر زمین زدن نشاید.

۴ - خداوند را پیشگاه نیست و لت دویم نیز نادرخور است.

۵ - چنین پیمان میان آنان نرفت! سخن چنین بود:

بمُستی رسید این از آن، آن از این / چنان تنگ شد بر دلیران زمین
که از یکدگر روی برکاشتند / دل و جان باندوه بگذاشتند

سخن دربارهٔ کشتی، میان رستم و کاووس رفته‌بود:

چو فردا بیاید بدشت نبرد / بکُشتی همی بایدم چاره کرد

۶ - پیوند رج‌های پیشین و پسین راگسسته است. سخن نیز سخت سست است.

اگر هوش تو زیر دست منست — بفرمان یزدان پساییم دست!»

*

از اسپان جنگی فرود آمدند — هشیوار با گبر و خود آمدند[1]
ببستند بر سنگ، اسپ نبرد — برفتند هردو، روان پر ز درد
به کشتی چو شیران برآویختند — ز تن‌ها خوی و خون فروریختند
بزد دست، سهراب، چون پیل مست — برآوردش از جای و بنهاد پست
بکردار شیری که بر گور نر — زند چنگ و گور اندر آید بسر
نشست از بر سینهٔ پیلتن — پراز خاک، چنگال و روی و دهن
یکی خنجر آبگون برکشید — همی خواست از تن، سرش را برید
نگه کرد رستم، بآواز گفت — که: «این راز، باید گشاد، از نهفت
دگرگونه‌تر باشد آیین ما — جز این باشد آرایش دین ما[2]
کسی کاو به کشتی نبرد آورد — سر مهتری زیر گَرد آورد؛
نخستین که پشتش نهد بر زمین — نبرّد سرش، گرچه باشد بکین
گرش بار دیگر بزیر آورد — ز افکندنش نام شیر آورد»[3]
بدین چاره از چنگ آن اژدها — همی خواست یابد ز کشتن رها[4]

*

دلیرِ جوان سر بگفتار پیر — بداد و ببود این سخن دلپذیر
رها کرد زو دست و آمد بدشت — چو شیری که بر پیش آهو گذشت[5]
همی کرد نخچیر و یادش نبود — ازآنکس که با او نبرد آزمود[6]
همی دیر شد تا که هومان چو گرد — بیامد بپرسیدش از همنبرد[7]
بهومان بگفت آن کجا رفته‌بود — سخن هرچه رستم بدو گفته‌بود[8]
بدو گفت هومانِ گرد: «ای جوان — بسیری رسیدی همانا ز جان[9]

---

۱ - **یک:** همین سخن در رج پسین بگونهٔ درست می‌آید. **دو:** در کشتی نیز گبر و خود بایسته نیست.

۲ - **یک:** دگرگونه‌تر نادرست است: «دگرگون»، «دیگر». **دو:** آرایش دین چگونه است؟ **سه:** دین؟ یا آیین؟

۳ - لت دویم نابهنجار است.

۴ - لت دویم پیوند درست ندارد: همی خواست که از دست او «رهایی یابد» یا «رها شود».

۵ - «رها کرد، زو، دست» نادرست است، «دست از وی بازداشت». کنش در لت دویم نیز نادرخور است: «چون شیری که از آهو پیشتر می‌گذرد».

۶ - در میدان نبرد، میان دولشکر بزرگ نخچیر کجا بود؟ در چنان هنگامه، همهٔ جانوران از دشت می‌گریزند.

۷ - «همی دیر شد، تا که» نادرست است.

۸ - **یک:** لت دویم، بازگویی لت نخست است. **دو:** اگر سهراب می‌دانست که همنبردش رستم است، که با وی نمی‌جنگید!

۹ - دنبالهٔ گفتار

دریغ این بر و بازو و یال تو　　میان یلی چنگ و کوپال تو[۱]
هژبری که آورده بودی به دام　　رها کردی از دام و شد کار خام[۲]
نگه کن که زین بیهده کار کرد؛　　چه آرد به پیشت بدیگر نبرد»[۳]
بلشکرگه خویش بنهاد روی　　بخشم و پر از غم، دل از کار اوی[۴]
نکو گفت ازاین‌روی، آموزگار　　که:«دشمن مدار ارچه خُردست خوار»[۵]

*

چو رستم ز دست وی آزاد شد　　بسان یک تیغ پولاد شد
خرامان بشد سوی آب روان　　چنانچون شده●، بازیابد روان
بخورد آب و روی و سر و تن بشست　　به پیش جهان‌آفرین شد نخست[۶]
همی خواست پیروزی و دستگاه　　نبود آگه از بخشش هور و ماه
که چون رفت خواهد، سپهر، از برش!　　بخواهد ربودن کلاه از سرش!

*

اُزان آبخور شد به جای نبرد　　پر اندیشه بودش دل و، روی؛ زرد
همی تاخت سهراب چون پیل مست　　کمندی ببازو کمانی بدست[۷]
گرازان و بر گور نشره‌زنان　　سمندش جهان و جهان را کنان[۸]
همی ماند رستم ازو در شگفت　　ز پیکارش اندازه‌ها برگرفت[۹]
چو سهراب شیراوژن او را بدید　　ز باد جوانی دلش بردمید[۱۰]
چنین گفت ک:«ای رَسته از چنگ شیر　　جدا ماندی از زخم شیر دلیر!»[۱۱]

---

۱ - **یک:** میان یلی، چنگ... نادرست است. **دو:** کوپال که دریغ ندارد، هزاران از آن را می‌سازند:
شاهنامهٔ خالقی مطلق (۱۸۳-۲) چنین آورده‌است:

دریغ این بر و، برز بالای تو　　رکیب دراز و یلی پای تو

که در این سخن نیز «یلی پای» نادرست است، و رکاب دراز نیز همچون کوپال، دریغ ندارد

۲ - سخن درست است اما پیوسته بگفتار است.　　۳ - همچنین

۴ - خشم و غم در کنار یکدیگر نمی‌آیند.

۵ - لت نخست نادرست است. لت دویم نیز شایسته نمی‌نماید زیرا که همنبرد سهراب، خرد نبوده‌است.

● - شده: رفته، مُرده.

٦ - چون نخست آب خورد، سر و تن را بشست، نمی‌توانست نخست (به پیشِ) جهان آفرین رود! و جهان آفرین را پیشگاه نیست.

۷ - سوار، را نمی‌شاید کمند بازو افکند و کمان در دست گیرد، چون هر دوان بیکار می‌مانند، هر بار یکی از آندو را بکار گرفتن باید!

۸ - **یک:** سهراب بدشت نبرد می‌آید، و گور در میانهٔ میدان چگونه پدیدار می‌شود؟ **دو:** جهان را کنان، نادرست است در نمونه‌های دیگر: «دمان و جهان را کنان» «زمین و زمان را کنان!» که همه نادرست‌اند.

۹ - **یک:** «همی ماند» نادرست است «مانده بود». **دو:** «اندازه برگرفتن»، سنجیدن امروزین باشد! اما «اندازه‌ها برگرفت» نادرست است.

۱۰ - سخن نادرست نیست، اما پیوسته به رج پسین است.

۱۱ - **یک:** دوبار نام شیر در یک سخن نادرست است. **دو:** از چنگ شیر؟ یا زخم شیر؟

کشته شدن سهراب

بر دست

رستم

دگر باره اسپان ببستند سخت / بسر بر همی گشت، بدخواه بخت!
به کشتی گرفتن نهادند سر / گرفتند هردو دوال کمر

*

هرآنگه که خشم آورد بختِ شوم / شود سنگ خارا بکردار موم
سرافراز سهراب بازور دست / تو گفتی سپهر بلندش ببست![1]
بغرّید رستم، بیازید چنگ / گرفت آن بر و یال جنگی پلنگ
خم آورد پشت دلیر جوان / زمانه بیامد، نبودش توان
زدش بر زمین بر، بکردار شیر / بدانست کاو هم نمانَد بزیر
سبک تیغ تیز از میان برکشید / برِ پور بیداردل، بردرید!!
بپیچید و زانپس یکی آه کرد / ز نیک و بد اندیشه کوتاه کرد

*

بدو گفت ک:«این بر من، از من، رسید / زمانه بدست تو دادم کلید*
تو زین؛ بیگناهی، که این کوژ پشت / مرا برکشید و، بزودی بکُشت
ببازی به کوی اند همسال من / به ابر اندر آمد چنین یال من[2]
نشان داد مادر مرا از پدر / ز مِهر اندر آمد روانم بسر[3]
هر آنگه که تشنه شدستی به خون / بیالودی آن خنجر آبگون[4]
زمانه به خون تو تشنه شود / بر اندام تو موی دشنه شود[5]
کنون گر تو در آب ماهی شوی / اُگر چون شب اندر سیاهی شوی؛
اُگر چون ستاره شوی بر سپهر / ببرّی ز روی زمین، پاک، مهر؛
بخواهد هم° از تو پدر کین من / چو بیند که خِشت است بالین من!

---

۱ – تو گفتی.   * – زمانه: اجل. کلید زندگی مرا بدست تو داد.
۲ – **یک:** «همسال» نادرست است «همسالان». **دو:** یال سهراب به ابر (اندر نیامد) که بخاک رسید!
۳ – «روان» نشاید «به سر اندر» آمدن.   ۴ – «تشنه شدستی» نادرست است: «تشنه شدی» یا «تشنه شوی».
۵ – پیوند ندارد.
○ – نمونهٔ دیگر: «هم از تو بخواهد». واژهٔ هم در این لت نادرخور می‌نماید. اندیشه چنین رهنمون می‌شود:
«بخواهد پدر از تو، خود، کین من»

از این● نامداران و گردنکشان — کسی هم بَرَد، سوی رستم؛ نشان
که سهراب کشته‌ست و افکنده خوار — همی خواست کردن، ترا خواستار!»

*

چو بشنید رستم، سرش خیره گشت — جهان پیش چشم اندرش تیره گشت
بپرسید زآنپس که آمد بهوش — بدو گفت با ناله و با خروش
بگو تا چه؟ داری ز رستم نشان — که گُم باد نامش ز گردنکشان!»
که رستم منم، کَم مماناد نام — نشیناد بر ماتمم، پورِ سام!
بدو گفت: «ارایدونکه رستم تویی! — بکشتی مرا خیره، بر بد خویی
ز هر گونه بودم ترا رهنمای — نجنبید یک ذرّه مهرت ز جای!

*

چو برخاست آواز کوس از درم — بیامد پراز خون؛ دورخ، مادرم
همی جانش از رفتن من بخَست — یکی مهره بر بازوی من ببست
مرا گفت ک :«ین از پدر یادگار — بدار و، ببین تا کی آید بکار!
کنون کارگر شد، که بیکار گشت! — پسر پیش چشم پدر، خوار گشت

*

کنون بند بگشای از جوشنم — برهنه نگه کن تن روشنم»
ببازوم بر، مهرهٔ خود نگر — ببین تا چه دید؟ این پسر از پدر!
چو بگشاد خفتان و آن مهره دید — همه جامه بر خویشتن بردرید
همی گفت کای کشته بر دست من! — دلیر و ستوده به هر انجمن![1]
همی ریخت خون و همی کند موی — سرش پر زخاک و، پراز آب، روی
بدو گفت سهراب، ک :«این بدتریست — که بر کردهٔ خود نباید گریست
ازین، خویشتن کشتن، اکنون چه سود؟ — چنین رفت و، این بودنی کار بود!»

*

چو خورشید تابان ز گنبد بگشت — تهمتن نیامد بلشکر ز دشت؛
ز لشکر بیامد هشیوار بیست — که تا اندر آوردگه، کار چیست؟[2]
دو اسپ اندر آن دشت بر پای بود — پر از گرد و رستم نه بر جای بود[3]

● – در همهٔ نمونه‌ها «از این» آمده‌است. اما سهراب نامداران و گردنکشان سپاه ایران را از دور می‌نماید، که آنان... و درست «آن» است.

۱ – سخن پایان ندارد.

۲ – هشیوار بیست نادرست است، در رج ۷۴۶۰ سخن درست آمده‌است که یک سوار را برای آگاهی بفرستند.

۳ – رستم و سهراب نیز همانجای بودند.

رستم و سهراب ۴۷۳

گو پیلتن را چو بر پشت زین / ندیدند گردان بران دشت کین [1]
گمان‌شان چنان بُد که او کشته شد / سرِ بخت ایرانیان گشته شد [2]
بکاووس کی تاختند آگهی / که تخت مهی شد ز رستم تهی! [3]
ز لشکر برآمد سراسر خروش / زمانه یکایک برآمد بجوش [4]
بفرمود کاووس تا بوق و کوس / دمیدند و آمد سپهدارِ توس [5]
از آنپس بلشکر چنین گفت شاه / که: «ز ایدر هیونی سوی رزمگاه
بتازید تا کار سهراب چیست؟ / که بر شهر ایران بباید گریست!
اگر کشته شد رستم جنگجوی / از ایران، که؟ یارد شدن پیش اوی!
بانبوه زخمی بباید زدن / برین رزمگه بر، نشاید بُدن»

*

چو آشوب برخاست از انجمن● / چنین گفت سهراب با پیلتن
که: «اکنون، که روز من، اندر گذشت / همه کار توران، دگرگونه گشت
همه مهربانی بران کن که شاه / سوی جنگ توران نراند سپاه
که ایشان، ز بهر مرا، جنگجوی / سوی مرز ایران نهادند روی
بسی روز راداده بودم نوید / بسی کرده بودم ز هر در امید [6]
نباید که بینند، رنجی براه / مکن جز بنیکی، بر ایشان نگاه»

*

نشست از برِ رخش رستم چو گرد / پراز خون رخ و، لب پراز باد سرد
بیامد به پیش سپه با خروش / دل از کردهٔ خویش با درد و جوش
چو دیدند ایرانیان روی اوی / همه برنهادند بر خاک، روی
ستایش گرفتند بر کردگار / که او زنده باز آمد از کارزار [7]
چو زان گونه دیدند° پُر خاک سر / دریده بر و جامه، خسته جگر
به پرسش گرفتند که:«این کار چیست؟ / ترا دل، بدین گونه؛ از بهر کیست؟»
بگفت آن شگفتی که خود کرده بود / گرامی پسر را بیازرده بود

---

۱ - بزمین می‌نگریستند و رستم را با اشگ و آه می‌دیدند!　　۲ - کُشته راگَشته پساوا نیست.

۳ - **یک:** «آگهی تاختن» نادرست است: «آگهی بردند»، «آگهی رساندند». افزاینده تاختند را از «بتازید» رج ۷۴۶۱ برگرفته‌است. **دو:** «تخت مهی از رستم تهی شد» نادرست است زیرا که کاووس بر تخت مهی می‌نشیند! شاید گفتن که «رستم -از تخت مهی!- کم شد».

۴ - زمانه بر روال خویش، آرام‌آرام میگذرد، و بجوش نمی‌آید.

۵ - در بوق شاید دمیدن و بر کوس نشاید چنین کردن.　　● - چون از سوی لشکر ایران بانگ بلند شد.

٦ - «امید کردن» نادرست است.　　۷- «او» در این رج با «او» در رج پیشین همخوان نیست.

○ - دیدنذش درست می‌نماید.

۴۷۴ کیکاووس

همه برگرفتند با او خروش / نماند آن زمان با سپهدار، توش
چنین گفت با سرفرازان که: «من / نه دل دارم امروز، گویی، نه تن
شما جنگ توران مجویید کس / همین بَد که من کردم امروز بس»
چو برگشت ازان جایگه پهلوان / بیامد بر پورِ خسته روان[1]
بزرگان برفتند با او بهم / چو توس و چو گودرز و چون گستهم[2]
همه لشکر از بهر آن ارجمند / زبان برگشادند یکسر ز بند[3]
که: «درمان این کار یزدان کند / مگر کاین سخن بر تو آسان کند!»[4]
یکی دشنه بگرفت رستم بدست / که از تن ببرّد سر خویش، پست
بزرگان بدو اندر آویختند / ز مژگان همی خون فروریختند[5]

*

بدو گفت گودرز ک:«اکنون چه؟ سود / که از روی گیتی بر آری تو دود!
تو بر خویشتن، گر کنی سد گزند / چه؟ آسانی آید بدان ارجمند
اگر ماند او را بگیتی، زمان / بماند، تو بی رنج با او بمان!
اُگر زین جهان، آن جوان، رفتنی‌ست / بگیتی نگه کن که جاوید کیست؟
شکاریم یکسر همه پیش مرگ / سری زیر تاج و سری زیر ترگ»

*

بگودرز گفت آن زمان پهلوان / ک:«ز ایدر برو زود، روشنروان
پیامی ز من پیش کاووس بر / بگویش که: ما را چه آمد بسر!
بدشنه جگرگاه پور دلیر / دریدم، که رستم مماناد دیر!
گرت هیچ یاد است، کردار من / یکی رنجه کن دل، بتیمار من
ازان نوشدارو که در گنج تست / کجا خستگان را کند تندرست؛
بنزدیک من با یکی جام می / سزد گر فرستی هم اکنون به پی
مگر کو ببخت تو بهتر شود / چو من پیش تخت تو، کهتر شود»
بیامد سپهبد بکردار باد / بکاووس یکسر پیامش بداد[6]
بدو گفت کاووس ک:«از انجمن / اگر زنده ماند چنان پیلتن[7]

---

۱ - این رج برج پسین است پیوسته است.

۲ - «چو» نادرست است، پس رج پیشین نیز که بدین رج پیوسته است افزوده بشمار می‌رود.

۳ - «زبان برگشادن»، سرزنش کردن باشد. ۴ - لت دویُم سخن از «سخن» نیست، از کشته شدن پورجوان است.

۵ - کار با آویزش درست نشد، که با پندِ گودرز پیر انجام پذیرفت.

۶ - رفتن گودرز سرتاپای افزوده است، زیرا که خود در رج ۷۵۰۷ برستم می‌گوید «خود باید بروی...».

۷ - «از انجمن» نادرست است: «در انجمن».

شود پشت رستم بنیرو ترا — هلاک آورد بیگمانی مرا[1]
اگر یک زمان زو به من بد رسد — نسازیم پاداش او جز به بد[2]
کجا گنجد او در جهان فراخ — بدان فرّ و آن برز و آن یال و شاخ؟[3]
شنیدی که او گفت کاووس کیست — گر او شهریار است پس توس کیست؟[4]
کجا باشد او پیش تختم بپای — کجا راند او زیر فرّ همای»[5]
چو بشنید گودرز برگشت زود — بر رستم آمد بکردار دود[6]

❋

بدو گفت: «خوی بد شهریار — درختی‌ست هَنزَل، همیشه ببار ●
ترا رفت باید بنزدیک اوی — که روشن کنی جان تاریک اوی
بفرمود رستم که تا پیشکار — یکی جامه افکند بر جویبار[7]
جوان را بران جامهٔ زرنگار — بخواباند و آمد بر شهریار[8]
گو پیلتن، سر سوی راه کرد — کس آمد پسش زود و، آگاه کرد
که: «سهراب شد زین جهان فراخ — همی از تو تابوت خواهد نه کاخ!
پدر جُست و برزد یکی سرد باد — بنالید و مژگان بهم برنهاد!»

❋

پیاده شد از اسپ رستم چو باد — بجای کُله، خاک بر سرنهاد
همی گفت زار: «ای نبرده جوان — سرافراز و از تخمهٔ پهلوان*
نبیند چو تو نیز خورشید و ماه — نه خود و نه جوشن نه تخت و کلاه
که را آمد این پیش کامد مرا! — بکشتم جوانی به پیران سرا[9]
نبیره‌ی جهاندار سام سوار — سوی مادر از تخمهٔ نامدار
بریدن دو دستم سزاوار هست — جزاز خاک تیره مبادم نشست

---

۱ - **یک:** «بنیرو ترا» نادرست است. **دو:** «تُرا» را نیز با «مَرا» پساوا نیست.

۲ - پاداش پس از بد رسیدن را چرا به پیش از آن آوردن؟

۳ - **یک:** روشن نیست روی این سخن بکیست؟ برستم است که او تاکنون پهلوان و فرمانبردار بوده‌است. **دو:** مگر زیستن با چنان یال و برز... پیش از آن نبود، که پس از آن نگنجد؟

۴ - لت دویم راگزارش چنین است که توس می‌باید پادشاه باشد، و رستم چنین سخن نگفته است. گفتار رستم چنین بود که:
چو خشم آورم شاه کاووس کیست؛ — چرا؟ دست یازد بمن، توس کیست؟

۵ - **یک:** سخن سست که سالها، پیش تخت کیقباد و کیکاووس برپای بوده‌است و رستم نیز پهلوان ایران بود. **دو:** فرّ همای نیز نادرخور است. در برخی نمونه‌ها پرّ همای آمده‌است، و زیستن زیر پرّ همای را بکار کاووس چه پیوند است؟

٦ - دنبالهٔ گفتار

● - درخت هَنزَلی است که همواره میوهٔ (تلخ) دارد!

۷ - رستم، نزدیک سهراب نیست، و در لشکرگاه است، باری اگر چنین می‌بایستی کردن، از آغاز، پیکر خونین سهراب را بر روی جامه می‌خواباندند!

۸ - در رج پسین سر سوی راه میکند، پس در این رج نشاید که «برِ شهریار» آید.

۹ - «جوانی» را به «پیران سرا» نکشته‌است که فرزند راکشته‌است.

* - تخمهٔ پهلو(ان): پهلوانان.

کیکاووس

۴۷۶

کدامین؟ پدر هرگز این کار کرد	سزاوارم اکنون بگفتار سرد!
بگیتی که؟ کشته‌ست فرزند را	دلیر و جوان و خردمند را!
نکوهش فراوان کند زال زر	همان نیز رودابهٔ پرهنر
بدین کار، پوزش، چه؟ پیش آورم	که دلشان بگفتار خویش آورم
چه؟ گویند گردان و گردنکشان	چو زینسان شود نزد ایشان نشان
چه؟ گویم چو آگه شود مادرش!	چگونه؟ فرستم کسی را برش
چه گویم چرا کشتمش بیگناه	چرا روز کردم بر او بر سیاه۱
پدرش آن گرانمایهٔ پهلوان	چه؟ گوید بدان پاک دُختِ جوان
برین تخمهٔ سام نفرین کنند	همه نام من پیر بی دین کنند
که؟ دانست کاین *کودک ارجمند	بدین سال گردد چو سروِ بلند
بجنگ آیدش رای و، سازد سپاه	بمن بر، کند روزِ روشن سیاه»
بفرمود تا دیبهٔ خسروان	کشیدند بر روی پور جوان۲
همی آرزو گاه و شهر آمدش	یکی تنگ تابوت بهر آمدش۳
ازان دشت بردند تابوت اوی	سوی خیمهٔ خویش بنهاد روی
به پرده‌سرای آتش اندر زدند	همه لشکرش خاک بر سر زدند
همان خیمه و دیبهٔ هفت رنگ	همان تخت زرّین و زینِ خدنگ۴
برآتش نهادند و برخاست غو	همی گفت زار: «ای جهاندار نو۵
دریغ آن رخ و برز بالای تو	دریغ آن همه مردی و رای تو۶
دریغ آن غم و حسرت جانگسل	ز مادر جدا وز پدر داغدل»۷
همی ریخت خون و همی کند خاک	همه جامهٔ خسروی کرده چاک۸
همه پهلوانان و کاووس شاه	نشستند در خاک با او براه
زبانِ بزرگان پراز پند بود	تهمتن ز درد از درِ بند بود٭

۷۵۲۰

۷۵۲۵

۷۵۳۰

۷۵۳۵

۷۵۴۰

٭

---

۱ - «چه»، دو بار «چرا» هر سه پرسشی است و بدنبال هم آوردنشان در یک گفتار خوش‌آهنگ نیست و این رج میان گفتار جدایی می‌افکند.   * - همه نمونه‌ها «کاین» آورده‌اند، اما «کان» درست می‌نماید: «**آن کودک ارجمند**».

۲ - رستم کنار پیکر سهراب نبود، و این سخن میان گفتار در رج‌های پیشین و پسین جدایی می‌افکند.

۳ - دو رج: سخنِ پسین زودتر از تابوت سهراب است.

۴ - بازگفتنِ بیجا! زین خدنگ چگونه باشد. آن تیر است که خدنگِ «راستِ» آن نیکو است.   ۵ - سهراب، جهاندار = شاه نبود.

۶ - در برابر رخ و بالا... (آن همه؟) مردی نادرست است.

۷ - حسرت! پورِ کشته را دیگر داغی بر دل نیست که داغ بر دل پدر و مادر او است.

۸ - جامهٔ خسروی بر تن رستم نبود، که با جامهٔ رزم بمیدان رفته بود.

٭ - تهمتن از غمی که داشت شایستهٔ زندان و بند می‌نمود، یا خویش را در بند می‌دید.

چنین است کردار چرخ بلند — بدستی کلاه و بدیگر کمند[1]
چو شادان نشیند کسی با کلاه — بخمّ کمندش رباید ز گاه[2]
چرا مهر باید همی بر جهان — چو باید خرامید با همرهان[3]
چو اندیشهٔ گنج گردد دراز — همی گشت باید سوی خاک باز[4]
اگر هست ازین چرخ را آگهی — همانا که گشته‌ست مغزش تهی[5]
چنان دان کزین گردش آگاه نیست — که چون و چرا سوی او راه نیست[6]
بدین رفتن اکنون نباید گریست — ندانم که کارش به فرجام چیست[7]
برستم چنین گفت کاووس کی — که: «از کوه البرز تا برگِ نی
همی بُرد، خواهدْش، گَردان سپهر — نباید فکندن برین خاک، مهر
یکی زود سازد، یکی دیرتر — سرانجام بر مرگ باشد گذر
تو دل را بدین رفته خرسند کن — همه گوش سوی خردمند کن
اگر آسمان بر زمین برزنی — اُگر آتش اندر زمین در زنی؛
نیاری هم آن رفته را، بازْ جای! — روانش کهن شد بدیگر سرای*
من از دور دیدم بر و یال اوی — چنان برز بالا و کوپال اوی[8]
زمانه برانگیختش با سپاه — که ایدر بدست تو گردد تباه
چه سازی و درمان این کار چیست؟ — برین رفته تا چند خواهی گریست؟»

*

بدو گفت رستم که: «او خود گذشت — نشسته‌ست هومان بدین پهندشت
ز توران سران‌اند و چندی ز چین — ازیشان بدل در، مدار ایچ کین!
زواره سپه را گذارد° براه — بنیروی یزدان و فرمان شاه»
بدو گفت شاه: «ای گو نامجوی — ازین رزم اندوهت آمد بروی
گر ایشان بمن چند بد کرده‌اند — اُگر دود از ایران برآورده‌اند[9]
دل من ز درد تو شد، پر ز درد — نخواهم از ایشان همی یاد کرد»
بفرمود کاووس خورشیدفر — که باشد زواره، بدین، راهبر

---

۱ – چون سخن از «دستی» می‌رود، بدیگر (دست) بایسته است، نه «بدیگر». ۲ – هزاران هزار مردمان چنین نبوده‌اند.
۳ – کسی با همرهان نمی‌خرامد، و هرکس بتنها می‌رود. ۴ – سخن گنج در میان نبود.
۵ – چرخ را مغز نیست: که پر یا تهی باشد! ٦ – **یک:** افزاینده، خود پاسخ خویش را می‌دهد. **دو:** که چون و چرا (را).
۷ – پیوند میان لت نخست و لت دویم نیست.
* – اندیشهٔ ایرانیان باستان چنان بود که روان، پس‌از پرواز از تن، به همارواناں یا بهمهٔ روانان درگذشته از باستان می‌پیوندد.
۸ – **یک:** کاووس، سهراب را ندیده‌بود. **دو:** بالای بلند را با کوپالِ سفالین چه جایِ سنجش است؟ ○ – بگذراند.
۹ – **یک:** سخن نادرست است: اگر (چه) ایشان بمن (بسیار) بد(ی) کرده‌اند. **دو:** این رج میان گفتار جدایی می‌افکند.

۴۷۸ کیکاووس

*

زواره بیامد بدان انجمن   دریده همه، جامه بر خویشتن[1]
فرستاد نزدیک هومان پیام   که شمشیر کین ماند اندر نیام[2]
نگهبان این لشکر اکنون توی   نگه کن بدیشان نگر نغنوی[3]

*

اُزآن جایگه، شاه؛ لشکر براند   بایران خرامید و رستم بماند
بدان، تا زواره بیاید ز راه   بدو، آگهی آوَرد زان سپاه
چو آمد زواره بر پیلتن   همان پور گودرز شمشیرزن[4]

*

پسآنگه سوی زاولستان کشید   چو آگاهی او بدستان رسید؛
همه سیستان پیشواز آمدند   بدرد و برنج دراز آمدند
چو تابوت را دید، دستان سام   فرود آمد از اسپ زرّین ستام
تهمتن پیاده همی رفت پیش   دریده همه جامه، دل؛ کرده ریش
گشادند گردان، سراسر، کمر   همه پیش تابوت، پُر خاک سر
همی گفت زال: «اینت کاری شگفت   که سهراب گرز گران برگرفت[5]
نشانی شد اندر میان مهان   نزاید چنو مادر اندر جهان»[6]
همی گفت و مژگان پر از آب کرد   زبان پر ز گفتار سهراب کرد[7]
چو آمد تهمتن به ایوان خویش   خروشید و تابوت بنهاد پیش
از آن میخ برکند و، بگشاد سر   کفن زو جدا کرد، پیش پدر
تنش را بدان نامداران نمود   تو گفتی که از چرخ برخاست دود[8]
مهانِ جهان جامه کردند چاک   به ابر اندر آمد سر گرد و خاک
همه کاخ، تابوت بد سربسر   غنوده بصندوق در، شیر نر[9]

---

۱ – کاووس فرمان داد، و این سه رج افزوده است زواره (رفت)، نه بیامد.

۲ – اگر بانجمن تورانیان (رفته) بود پیام در کار نبود و خود می‌توانست آنرا گفتن.

۳ – **یک:** زواره، نمی‌تواند فرمان به سپاه توران دهد که چه‌کس نگهبان لشکر باشد. **دو:** «تویی» را با «نغنوی» پساوا نباشد.

۴ – **یک:** کدام پور گودرز؟ **دو:** از گودرز همواره، با پاژنام پیر، بزرگ، سالار... در گفتار هجیر فرّ آزادگان یاد شده‌است و «گودرزِ شمشیرزن» فروداشتِ پایگاه پهلوانی او است.   ۵ – «همی‌گفت»... نادرست است «اینت» نیز.

۶ – لت نخست را با لت دویم پیوند نیست.

۷ – **یک:** «همی‌گفتِ» دوباره. **دو:** «زبان را پر از نام سهراب کرد» شایسته‌تر می‌نمود، «تا گفتار سهراب».

۸ – **یک:** تو گفتی... **دو:** از چرخ دود بر نمی‌خیزد که خود، چرخ، برفراز است! از آن انجمن بر چرخ دود خاستن شایسته‌تر بود. گفتار درست در رج پسین می‌آید.   ۹ – گزافه از این برتر؟

تو گفتی که سام است با یال و سفت   غمی شد ز جنگ اندر آمد بخفت[۱]
بپوشید بازش به دیبای زرد   سر تنگ تابوت را سخت کرد[۲]
همی گفت: «اگر دخمه زرّین کنم   ز مشک سیه گردش آگین کنم[۳]
چو من رفته باشم نماند بجای   اُگرنه مرا خود جز این نیست رای»[۴]
یکی دخمه کردش ز سُمِ ستور   جهانی ز زاری همی کرد کور[۵]
چنین گفت بهرام نیکو سخن   که: «با مردگان آشنایی مکن[۶]
نه ایدر همی ماند خواهی دراز   پسیچیده باش و درنگی مساز[۷]
به تو داد یک روز نوبت پدر   سزد گز تو نوبت رسد بر پسر[۸]
چنین است و رازش نیامد پدید   نیابی، بخیره چه جویی کلید؟[۹]
در بسته راکس نداند گشاد   بدین رنج عمر تو گردد به باد»[۱۰]
یکی داستان است پر آب چشم   دل نازک از رستم آید به خشم[۱۱]
برین داستان من سخن ساختم   به کار سیاووش پرداختم[۱۲]

---

۱ – تو گفتی... از جنگ (غمی) نمی‌شوند... در جنگ کشته می‌شوند.   ۲ – پیوند ندارد. چه‌کس، چنین کرد.

۳ – یک: «همی‌گفت» نادرست است. دو: لت دویم نادرست‌تر است.

۴ – «چون من رفته باشم» نادرست: «چون من از این جهان بروم».   ۵ – لت دویم سخت ناهماهنگ است.

۶ – روشن نیست که بهرام نیکو سخن کیست؟... شاید بودن که نام افزایندهٔ این سخنان است. لت دویم نیز سخت نابجا است. آشنایی کردن با مردگان چگونه باشد؟ افزاینده خواسته است بگوید: یاد از درگذشتگان مکن.

۷ – «همی» در لت نخست، با «باش» لت دویُم هماهنگ نیست.

۸ – همین داستان خونالود... که پسر رفت و پدر دیر بماند. و روان پسر رفتهٔ رستم، پسر در گذشتهٔ فردوسی، و پسر جان سپردهٔ من، افشینک، شاد باد!   ۹ – رازِ که؟ راز پدر یا پسر؟ چون این سخن بگفتار رج پیشین پیوسته است.

۱۰ – درِ بسته همواره گشاده می‌شود.

۱۱ – سخن نادرخور که از گفتار افزودهٔ آغاز داستان رستم و سهراب برگرفته شده‌است.

۱۲ – هنوز بکار سیاوش آغاز نکرده‌است که آنرا بپردازد!

فهرست نام‌های
این دفتر

فهرست نام‌های این دفتر ۴۸۳

آبتین، ۷۷، ۸۰، ۹۲
آذربایجان، ۶۶، ۲۷۴، ۳۳۷
آذربایجانیان، ۳۸
آذرگشسب، ۲۷۴
آذرگشسپ، ۲۰۱، ۲۷۴، ۳۶۱، ۴۳۳
آرال، ۱۱۸
آفریدون، ۷۶، ۸۴، ۹۰، ۹۱، ۹۲، ۹۶، ۱۰۳، ۱۰۷، ۱۱۶، ۱۱۸، ۱۲۱، ۱۳۱، ۱۳۸، ۱۴۱، ۱۴۳، ۱۵۰، ۱۵۸، ۲۵۳، ۲۶۶، ۳۲۰، ۳۲۲
آکسفورد (شاهنامه)، ۱۴۲
آمل، ۱۰۶، ۱۵۸، ۲۱۲، ۲۲۰، ۲۶۹، ۲۹۳، ۲۹۴، ۲۹۵، ۳۲۱، ۳۳۱، ۴۰۹
آملیان، ۳۳۱
ابلیس، ۶۳، ۶۴، ۶۵، ۶۶، ۶۷، ۴۰۷، ۴۱۶
ابوبکر، ۲۱
ابوسعید ابوالخیر، ۱۴
ابومنصور عبدالرزاق، ۲۷
ابومنصوری (شاهنامه)، ۲۷، ۲۸، ۳۲، ۱۹۷
اپاختر، ۱۹، ۳۰، ۲۴۲، ۲۷۸، ۳۸۵
اَرَد، ۳۰۴
اردشیر، ۳۲
اردوان، ۳۲
ارمان، ۲۷۰، ۲۸۳
ارمانک، ۷۱
ارنواز، ۷۱، ۷۳، ۷۴، ۹۲، ۹۳، ۹۵، ۱۰۶
اروند، ۸۸، ۸۹
اژی دهاک، ۹۶
اغریرث، ۲۶۸، ۲۶۹، ۲۷۱، ۲۸۸، ۲۹۲، ۲۹۳، ۲۹۴، ۲۹۵، ۳۰۱، ۳۲۰، ۳۲۳، ۴۱۳
افراسیاب، ۲۶۷، ۲۶۸، ۲۶۹، ۲۷۰، ۲۷۱، ۲۷۳، ۲۷۴، ۲۷۵، ۲۷۶، ۲۷۷، ۲۷۸، ۲۸۰، ۲۸۱، ۲۸۲، ۲۸۳، ۲۸۶، ۲۸۷، ۲۹۱، ۲۹۲، ۲۹۵، ۲۹۶، ۲۹۹، ۳۰۱، ۳۰۲، ۳۰۳، ۳۰۴، ۳۰۷، ۳۰۹، ۳۱۵، ۳۱۶، ۳۱۷، ۳۱۸، ۳۱۹، ۳۲۱، ۳۲۳، ۳۶۴، ۳۹۵، ۴۰۲، ۴۰۳، ۴۰۴، ۴۰۵، ۴۱۳، ۴۱۴، ۴۱۵، ۴۱۶، ۴۱۷، ۴۱۸، ۴۲۰، ۴۲۱، ۴۲۲، ۴۲۸، ۴۲۹، ۴۳۰، ۴۴۷
افغانستان، ۱۱۳، ۱۸۲، ۱۹۱، ۴۴۹
اکوان دیو، ۱۳، ۴۱۳
الانی، ۱۵۱
البرز، ۶۰، ۷۸، ۸۰، ۹۸، ۱۷۱، ۱۷۶، ۲۰۰، ۲۷۶، ۳۰۸، ۳۰۹، ۳۱۰، ۳۲۵، ۳۹۹، ۴۰۶، ۴۵۶، ۴۷۷
الکوس، ۴۱۹، ۴۲۰

امیر معزی، ۲۹
امیرمنصور، ۲۷، ۲۸
امین‌الملة، ۳۰
انبارلویی، ۶۵
اندیان، ۱۳۶، ۱۴۲، ۱۴۵
انگلیسی، ۶۵، ۷۱
انوشیروان، ۳۹
اورمزد، ۶۰، ۱۱۷، ۲۰۴
اوستا، ۱۷، ۴۷، ۶۲، ۱۳۵، ۲۴۲، ۲۹۵، ۳۲۵، ۳۵۰، ۴۴۹
اوستایی، ۱۴، ۱۷، ۲۰، ۳۸، ۵۸، ۷۱، ۷۴، ۹۴، ۱۰۴، ۱۱۶، ۱۸۲، ۲۴۳، ۲۴۵، ۳۰۴، ۳۸۵
اولاد، ۳۴۴، ۳۵۶، ۳۵۷، ۳۵۸، ۳۶۰، ۳۶۱، ۳۶۲، ۳۶۳، ۳۶۵، ۳۸۱
اهرمن، ۵۲، ۶۴، ۹۱، ۱۲۳، ۱۳۳، ۱۷۰، ۲۱۰، ۳۳۲، ۳۵۶
اهریمن، ۳۹، ۴۰، ۶۵، ۶۷، ۸۴، ۱۲۳، ۱۴۷، ۱۷۰، ۱۷۳، ۱۸۴، ۱۹۷، ۲۸۵، ۳۳۲، ۳۴۱، ۳۵۵، ۴۵۸
ایران، در بیشتر صفحات از جمله: ۱۹، ۲۲، ۲۵، ۲۶، ۲۷، ۲۹، ۳۰، ۳۱، ۳۲، ۳۷، ۵۳، ۵۷، ۶۳، ۶۷، ۷۳، ۸۰، ۸۵، ۸۷، ۹۲، ۹۹، ۱۰۳، ۱۰۴، ۱۰۷، ۱۱۸، ۱۱۹، ۱۲۱، ۱۲۳، ۱۲۷، ۱۲۸، ۱۲۹، ۱۳۶، ۱۳۹، ۱۴۳، ۱۴۷، ۱۵۶، ۱۵۸، ۱۶۳، ۱۶۴، ۱۷۲، ۱۷۵، ۱۷۶، ۱۷۹، ۱۸۱، ۱۸۷، ۲۰۱، ۲۰۳، ۲۰۹، ۲۱۱، ۲۱۲، ۲۱۳، ۲۱۹، ۲۲۱، ۲۲۳، ۲۲۹، ۲۵۹، ۲۶۴، ۲۶۵، ۲۶۷، ۲۶۸، ۲۶۹، ۲۷۰، ۲۷۱، ۲۷۲، ۲۷۵، ۲۷۶، ۲۷۷، ۲۷۸، ۲۷۹، ۲۸۰، ۲۸۷، ۲۹۱، ۲۹۲، ۲۹۳، ۲۹۴، ۳۰۰، ۳۰۱، ۳۰۲، ۳۰۳، ۳۰۶، ۳۰۷، ۳۱۰، ۳۱۱، ۳۱۵، ۳۲۰، ۳۲۱، ۳۲۲، ۳۲۳، ۳۲۹، ۳۳۱، ۳۳۳، ۳۳۴، ۳۳۶، ۳۳۷، ۳۳۹، ۳۴۰، ۳۴۱، ۳۵۸، ۳۷۰، ۳۷۳، ۳۷۵، ۳۷۶، ۳۷۹، ۳۸۱، ۳۸۳، ۳۸۴، ۳۸۵، ۳۸۶، ۳۸۷، ۳۹۰، ۳۹۴، ۳۹۵، ۳۹۶، ۳۹۷، ۴۰۱، ۴۰۲، ۴۰۳، ۴۰۴، ۴۱۰، ۴۱۲، ۴۱۳، ۴۱۴، ۴۱۵، ۴۱۶، ۴۱۸، ۴۱۹، ۴۲۱، ۴۲۷، ۴۲۸، ۴۲۹، ۴۳۰، ۴۳۱، ۴۳۴، ۴۳۵، ۴۳۶، ۴۳۸، ۴۳۹، ۴۴۰، ۴۴۱، ۴۴۳، ۴۴۴، ۴۴۵، ۴۴۷، ۴۵۰، ۴۵۱، ۴۵۲، ۴۵۶، ۴۵۷، ۴۵۸، ۴۶۲، ۴۶۴، ۴۶۵، ۴۷۲، ۴۷۳، ۴۷۵، ۴۷۷، ۴۷۸
ایرانزمین، ۶۷، ۷۸، ۸۰، ۹۲، ۱۱۸، ۱۱۹، ۱۵۱، ۱۷۰، ۱۸۵، ۲۶۹، ۲۷۱، ۲۷۶، ۲۹۱، ۲۹۹، ۳۰۲، ۳۰۹، ۳۱۲، ۳۲۲، ۳۳۱، ۳۳۳، ۳۳۴، ۳۳۷
ایرانشهر، ۱۹
ایرانویج، ۱۹
ایرانی، ۱۹، ۲۱، ۲۲، ۶۴، ۶۵، ۶۶، ۷۳، ۱۱۱، ۱۱۸،

فهرست نام‌های این دفتر

۱۴۷، ۱۵۲، ۱۵۵، ۱۵۹، ۱۸۲، ۱۸۳، ۱۸۷، ۱۸۸، ۱۹۶،
۲۰۴، ۲۰۵، ۲۱۴، ۲۳۳، ۲۴۷، ۲۶۹، ۳۰۰، ۳۰۷، ۳۳۲،
۳۳۸، ۳۳۹، ۳۷۲، ۳۷۷، ۳۸۰، ۳۸۴، ۳۹۹، ۴۰۴، ۴۰۷،
۴۱۳، ۴۴۷

ایرانیان، ۱۹، ۲۵، ۴۰، ۴۲، ۴۷، ۸۴، ۸۵، ۸۶، ۸۷، ۹۲،
۱۰۳، ۱۰۵، ۱۱۶، ۱۱۷، ۱۲۳، ۱۳۰، ۱۳۳، ۱۳۴، ۱۳۵،
۱۴۳، ۱۴۶، ۱۴۷، ۱۵۹، ۱۶۰، ۱۶۴، ۱۷۳، ۱۷۹، ۱۸۱،
۱۸۴، ۲۰۳، ۲۱۲، ۲۳۵، ۲۵۶، ۲۶۴، ۲۶۵، ۲۶۷، ۲۷۰،
۲۷۱، ۲۷۵، ۲۷۸، ۲۹۱، ۲۹۳، ۳۰۱، ۳۰۹، ۳۱۵، ۳۲۱،
۳۲۴، ۳۳۰، ۳۳۲، ۳۳۹، ۳۴۰، ۳۴۱، ۳۴۲، ۳۴۳، ۳۴۷،
۳۴۹، ۳۵۸، ۳۶۰، ۳۶۲، ۳۶۳، ۳۷۸، ۳۷۹، ۳۸۵، ۳۸۸،
۳۹۰، ۳۹۲، ۳۹۵، ۴۰۷، ۴۱۰، ۴۱۵، ۴۱۶، ۴۱۸، ۴۲۱،
۴۳۱، ۴۳۴، ۴۳۶، ۴۳۷، ۴۴۰، ۴۴۲، ۴۴۳، ۴۴۵، ۴۴۶،
۴۴۷، ۴۴۹، ۴۵۱، ۴۵۳، ۴۵۶، ۴۵۷، ۴۶۳، ۴۶۵، ۴۷۳،
۴۷۷

ایرج، ۱۰۳، ۱۱۷، ۱۱۸، ۱۱۹، ۱۲۱، ۱۲۴، ۱۲۵، ۱۲۷،
۱۲۸، ۱۲۹، ۱۳۱، ۱۳۲، ۱۳۴، ۱۳۹، ۱۴۰، ۱۴۳، ۱۴۵،
۱۴۶، ۱۵۰، ۱۶۰، ۲۵۸، ۲۷۴، ۳۱۹، ۳۲۱، ۳۲۲

ایسلند، ۱۹
ایسی‌کول، ۱۱۸
بابک خراسانی، ۲۵
بابل، ۹۵، ۹۶، ۹۸، ۹۹، ۱۹۸
بابلیان، ۶۳، ۹۶، ۱۹۸
باختر، ۱۹، ۲۹، ۲۴۲، ۲۵۱، ۳۸۵
بارمان، ۲۶۷، ۲۷۱، ۲۷۲، ۲۷۳، ۲۷۴، ۲۷۹، ۳۲۰،
۴۲۹، ۴۳۰، ۴۳۱

بانو فخرالدوله، ۳۰
بتول، ۲۲
بخارا، ۴۲۲
بدخشان، ۴۲۲
بربر، ۳۸۴، ۳۸۵، ۳۸۶، ۳۸۷، ۳۹۲، ۳۹۸، ۴۰۱، ۴۰۲
بربران، ۳۹۲
بربرستان، ۳۸۴، ۳۸۷، ۳۹۲، ۳۹۶، ۳۹۷، ۳۹۸، ۴۰۰،
۴۰۲
بربری، ۳۸۵، ۴۰۱
بربریان، ۳۸۴، ۳۸۵، ۳۹۸
بربریان (مانوئل)، ۲۸۵
برمایه، ۷۶، ۷۷، ۷۹، ۹۲
بزرگمهر، ۱۵
بستور، ۱۴
بغداد، ۲۸، ۸۸
بنداری، ۵۲، ۵۳، ۵۹، ۶۰، ۶۲، ۶۴، ۶۵، ۶۷، ۶۸، ۷۳،

۷۸، ۸۱، ۹۰، ۹۱، ۹۲، ۱۴۲، ۱۸۱، ۲۲۴، ۲۳۰، ۲۹۳،
۳۰۶، ۳۱۸، ۳۳۹، ۳۵۶، ۳۶۴، ۳۷۳، ۳۸۵، ۳۸۶، ۳۹۵،
۴۰۳، ۴۰۴، ۴۰۸

بنیاد نیشابور، ۲۰۵، ۲۸۵، ۳۲۲
بوبکر، ۲۱
بهرام (روز)، ۸۷
بهرام (گودرز)، ۳۶۶، ۴۰۴، ۴۱۳، ۴۱۷، ۴۳۸، ۴۵۱،
۴۷۹
بهرام گور، ۳۰، ۱۲۲، ۱۴۲
بیت‌المقدس، ۸۹، ۹۰
بیژن، ۳۷
بیشهٔ نارون، ۱۴۵، ۱۴۶
بیوراسپ، ۶۳، ۹۶
بیهقی، ۳۰
پالمیرا، ۳۷
پرمایه، ۵۷، ۸۴، ۸۵، ۸۷، ۸۸، ۹۲، ۹۴، ۹۹، ۱۰۷،
۱۱۰، ۱۱۲، ۱۱۵، ۱۳۵، ۱۷۱، ۲۰۴، ۲۲۲، ۲۲۷، ۲۳۵،
۲۳۷، ۲۳۹، ۲۴۷، ۴۲۱، ۴۵۲

پروتستان، ۳۰۴
پشنگ، ۱۳۴، ۱۴۶، ۲۶۷، ۲۶۸، ۲۶۹، ۲۷۰، ۲۷۴،
۲۸۶، ۳۰۱، ۳۰۲، ۳۱۹، ۳۲۱، ۳۲۳

پور پشنگ، ۱۵۷، ۲۵۹، ۲۷۱، ۲۷۴، ۲۷۵، ۳۰۳
پهلوی، ۱۴، ۱۷، ۱۹، ۲۰، ۲۵، ۳۲، ۳۸، ۳۹، ۵۳، ۵۸،
۶۰، ۶۳، ۶۴، ۶۵، ۶۷، ۶۸، ۷۱، ۷۲، ۹۱، ۹۴، ۱۰۳،
۱۰۴، ۱۱۳، ۱۱۶، ۱۲۹، ۱۳۵، ۱۵۳، ۱۸۲، ۲۱۷، ۲۲۲،
۲۴۲، ۲۴۴، ۲۴۵، ۲۵۴، ۲۶۳، ۲۸۵، ۳۰۰، ۳۱۲، ۳۶۹،
۳۷۲، ۳۸۲، ۳۸۵، ۴۱۱، ۴۱۳، ۴۱۴، ۴۲۲، ۴۳۶

پیران، ۱۴، ۲۹، ۸۳، ۹۶، ۲۷۸، ۳۳۴، ۳۳۸، ۴۰۴،
۴۰۵، ۴۱۸، ۴۷۵

پیروزشاپور، ۲۲
تاتار، ۳۰
تاجیکستان، ۱۹، ۱۱۳، ۱۵۴، ۱۸۲، ۱۹۱، ۲۱۳، ۲۴۷،
۴۲۲، ۴۴۹، ۴۵۸

تازی، ۱۳، ۱۷، ۱۹، ۲۲، ۲۹، ۳۰، ۳۷، ۴۰، ۵۳، ۶۳،
۷۴، ۷۶، ۸۴، ۸۸، ۹۰، ۱۰۳، ۱۰۵، ۱۱۶، ۱۳۵، ۱۴۴،
۱۵۵، ۱۷۳، ۱۸۲، ۱۹۴، ۲۰۵، ۲۲۳، ۲۴۸، ۲۸۱، ۲۸۳،
۲۹۵، ۳۰۴، ۳۵۴، ۳۷۷، ۳۸۱، ۳۸۶، ۳۹۷، ۴۰۲، ۴۰۹،
۴۳۲، ۴۶۲

تازیان، ۲۲، ۳۰، ۴۶، ۶۴، ۶۵، ۶۶، ۶۷، ۸۷، ۱۰۸،
۱۱۳، ۱۳۵، ۱۷۵، ۱۸۲، ۱۹۴، ۲۰۶، ۳۰۸، ۳۸۶، ۳۹۴،
۳۹۵، ۴۰۳

تازیکستان، ۵۳

فهرست نام‌های این دفتر ۴۸۵

تاشکند، ۴۲۲
ترک، ۱۱۸، ۱۲۸، ۱۸۴، ۱۸۷، ۱۸۹، ۲۳۴، ۲۶۹، ۲۷۶، ۲۷۷، ۲۷۸، ۳۰۱، ۳۱۷، ۴۰۵، ۴۳۶، ۴۳۷، ۴۴۵، ۴۴۸، ۴۵۵، ۴۵۷، ۴۶۲، ۴۶۵
تـرکان، ۱۰۷، ۱۱۹، ۱۲۰، ۱۲۸، ۱۸۷، ۲۶۹، ۲۷۶، ۲۷۷، ۲۷۸، ۳۰۰، ۳۰۱، ۳۰۳، ۳۰۴، ۳۰۹، ۳۱۶، ۳۱۸، ۴۰۴، ۴۱۶، ۴۳۶، ۴۳۷، ۴۴۸، ۴۵۰
تفضلی (احمد)، ۶۰
تلیمان، ۱۴۵، ۲۷۷
تمیشه، ۱۰۶، ۱۴۵، ۱۵۸
تور، ۳۰، ۱۱۷، ۱۱۸، ۱۲۰، ۱۲۲، ۱۲۴، ۱۲۶، ۱۲۸، ۱۲۹، ۱۳۰، ۱۳۶، ۱۳۷، ۱۴۰، ۱۴۱، ۱۴۲، ۱۴۳، ۱۴۶، ۱۴۸، ۱۴۹، ۱۵۰، ۱۵۱، ۱۵۲، ۱۵۴، ۲۵۸، ۲۶۷، ۲۶۸، ۲۶۹، ۲۸۷، ۳۰۰، ۳۲۰، ۳۲۱، ۳۲۲، ۳۹۵، ۴۰۳، ۴۴۵
توران، ۳۰، ۱۱۸، ۱۱۹، ۱۲۱، ۱۲۸، ۱۳۰، ۱۳۶، ۱۴۷، ۲۵۹، ۲۶۷، ۲۶۸، ۲۶۹، ۲۷۸، ۲۸۱، ۲۸۲، ۲۸۳، ۲۸۴، ۲۸۶، ۲۸۷، ۳۰۰، ۳۰۱، ۳۰۲، ۳۰۴، ۳۰۹، ۳۱۸، ۳۲۰، ۳۲۱، ۳۲۲، ۳۸۴، ۳۹۴، ۳۹۶، ۴۰۲، ۴۰۳، ۴۰۴، ۴۰۵، ۴۱۴، ۴۱۵، ۴۱۶، ۴۱۸، ۴۱۹، ۴۲۰، ۴۲۱، ۴۲۲، ۴۲۳، ۴۲۶، ۴۲۹، ۴۳۰، ۴۳۵، ۴۳۶، ۴۳۸، ۴۴۱، ۴۴۴، ۴۵۰، ۴۵۹، ۴۶۲، ۴۷۳، ۴۷۴، ۴۷۷، ۴۷۸
توران‌زمین، ۱۱۸، ۱۲۰، ۱۵۰، ۴۱۶، ۴۱۸
تورانی، ۷۱، ۱۳۹
تورانیان، ۱۱۸، ۱۳۲، ۱۴۷، ۲۵۹، ۲۷۶، ۲۷۷، ۲۸۶، ۳۰۱، ۳۰۷، ۳۱۷، ۳۲۰، ۳۲۲، ۳۹۴، ۳۹۵، ۴۱۶، ۴۱۸، ۴۴۵، ۴۵۷، ۴۷۸
توس سپهسالار، ۳۲، ۲۷۵، ۲۷۷، ۲۷۹، ۲۹۱، ۲۹۹، ۳۳۱، ۳۳۴، ۳۳۷، ۳۳۸، ۳۶۶، ۳۷۵، ۳۷۸، ۳۸۳، ۳۸۷، ۳۹۳، ۳۹۴، ۴۰۱، ۴۰۴، ۴۱۰، ۴۱۳، ۴۱۴، ۴۱۶، ۴۱۷، ۴۲۹، ۴۳۸، ۴۴۲، ۴۴۳، ۴۴۶، ۴۵۱، ۴۵۲، ۴۵۷، ۴۵۸، ۴۶۳، ۴۶۴، ۴۶۵، ۴۷۳، ۴۷۴، ۴۷۵
توس (شهر)، ۳۲
تهران، ۱۸۳، ۲۳۶
تهماسپ، ۲۹۹
تیان‌شان، ۱۱۸
جبرئیل، ۳۱
جم، ۹۱، ۹۵، ۱۴۰، ۳۳۱، ۳۳۶
جمشید، ۳۸، ۴۰، ۴۶، ۴۷، ۵۱، ۵۲، ۵۷، ۵۸، ۶۰، ۶۱، ۶۷، ۶۸، ۷۱، ۷۷، ۱۲۵، ۱۴۰، ۳۳۱
جم‌شید، ۶۷، ۷۱، ۱۲۵، ۱۴۲
جندل، ۱۰۶، ۱۰۷، ۱۱۱
جویان، ۳۷۵، ۳۷۶، ۳۷۷

جیهون، ۱۴۸، ۱۴۹، ۲۰۳، ۲۶۹، ۲۸۳، ۳۰۲، ۳۱۸، ۳۲۲، ۳۲۳، ۴۰۲، ۴۲۹
چنگیز، ۱۰۳
چین، ۵۳، ۱۱۸، ۱۱۹، ۱۲۰، ۱۲۱، ۱۲۶، ۱۲۹، ۱۴۳، ۱۴۶، ۱۴۷، ۱۵۱، ۱۵۷، ۱۵۸، ۱۸۴، ۱۸۵، ۱۹۰، ۲۳۷، ۲۵۷، ۲۶۹، ۲۷۶، ۳۰۰، ۳۳۹، ۳۸۴، ۴۰۹، ۴۱۸، ۴۳۵، ۴۵۲، ۴۷۷
چینی، ۵۳، ۱۳۵، ۱۷۹، ۱۹۱، ۱۹۲، ۳۸۲، ۴۳۳، ۴۵۴، ۴۵۶
حضرت علی(ع)، ۲۱، ۲۲، ۲۳، ۲۴
خالقی مطلق (جلال)، ۱۴، ۴۶، ۵۸، ۶۰، ۶۵، ۷۷، ۹۸، ۱۰۸، ۱۱۲، ۱۲۳، ۱۵۳، ۱۹۵، ۲۴۷، ۲۵۱، ۲۶۸، ۲۸۵، ۳۰۸، ۳۰۹، ۳۳۵، ۳۴۴، ۳۵۸، ۳۹۴، ۳۹۷، ۴۰۱، ۴۰۴، ۴۰۶، ۴۷۰
خـاور، ۱۹، ۲۹، ۱۱۸، ۱۱۹، ۱۲۴، ۱۲۸، ۱۲۹، ۱۳۶، ۱۴۱، ۱۴۳، ۱۵۷، ۲۱۹، ۲۲۱، ۲۶۹
خاوران، ۲۵۲
خجند، ۴۲۲
خراسان، ۱۹، ۲۲، ۲۵، ۳۰، ۲۰۴، ۲۱۹، ۲۳۶، ۳۳۷، ۳۷۲، ۴۰۶، ۴۱۴، ۴۱۶
خرداد (ایزد، روز، ماه)، ۸۷، ۳۰۷
خـزروان، ۴۰، ۲۷۰، ۲۸۲، ۲۸۳، ۲۸۴، ۲۸۵، ۲۸۶، ۲۹۲
خلفای راشدین، ۲۱، ۲۲
خواجه نظام‌الملک، ۲۸، ۳۱
خوارزم، ۱۹، ۱۱۸، ۲۰۳، ۲۷۸، ۲۸۰، ۳۰۷، ۳۲۲
خـروران، ۱۹، ۳۰، ۱۲۹، ۳۳۷، ۳۸۳، ۳۸۵، ۴۱۶، ۴۲۵
خیام، ۸۹
داستان ایران بر بنیاد گفتارهای ایرانی، ۱۹، ۳۸، ۳۹، ۴۰، ۴۵، ۵۲، ۶۰، ۷۷، ۱۳۵، ۱۴۰، ۱۹۸، ۲۲۴، ۲۸۵، ۳۰۰، ۳۳۰، ۳۳۱، ۳۸۰، ۳۸۶، ۴۰۷، ۴۰۹
دجله، ۸۸
دُربیس، ۳۸۶
دریای چین، ۳۰، ۶۷، ۲۱۹، ۲۷۳، ۳۱۶
دریای سند، ۳۰، ۳۲۳
دریای نیل، ۱۴۸، ۱۸۳، ۲۵۲، ۳۰۴، ۳۵۳
دژ هوختکنگ، ۱۵۴
دشت نیزه‌وران، ۶۳، ۱۰۹، ۱۱۸، ۳۹۴
دقیقی، ۲۶، ۲۷، ۲۹
دماوند، ۷۴، ۹۲، ۹۷، ۹۹
دَهِستان، ۲۰۳، ۲۱۲، ۲۶۹، ۲۷۰، ۲۷۱، ۲۷۴، ۲۷۸

فهرست نام‌های این دفتر

۲۸۸، ۴۵۸

دیزه، ۲۱۶

دیوسپید، ۳۳۹، ۳۴۰، ۳۴۲، ۳۴۳، ۳۵۸، ۳۶۰، ۳۶۲، ۳۶۳، ۳۶۴، ۳۶۵، ۳۶۶، ۳۶۸، ۳۶۹، ۳۷۰، ۴۶۱

رَیَوَنتَ، ۴۰۶

راجی، ۲۰۵

رستم، ۲۲، ۲۸، ۸۷، ۱۸۲، ۲۰۳، ۲۴۲، ۲۴۵، ۲۴۶، ۲۴۷، ۲۴۸، ۲۴۹، ۲۵۰، ۲۵۱، ۲۵۲، ۲۵۳، ۲۵۴، ۲۵۵، ۲۵۶، ۲۵۷، ۲۵۹، ۳۰۳، ۳۰۴، ۳۰۵، ۳۰۶، ۳۰۷، ۳۰۸، ۳۰۹، ۳۱۰، ۳۱۱، ۳۱۵، ۳۱۶، ۳۱۷، ۳۱۸، ۳۱۹، ۳۲۰، ۳۲۱، ۳۲۳، ۳۳۲، ۳۳۵، ۳۳۶، ۳۳۷، ۳۴۱، ۳۴۲، ۳۴۳، ۳۴۷، ۳۴۸، ۳۴۹، ۳۵۰، ۳۵۱، ۳۵۲، ۳۵۳، ۳۵۴، ۳۵۵، ۳۵۶، ۳۵۷، ۳۵۸، ۳۶۰، ۳۶۱، ۳۶۲، ۳۶۳، ۳۶۴، ۳۶۵، ۳۶۶، ۳۶۸، ۳۶۹، ۳۷۰، ۳۷۱، ۳۷۲، ۳۷۳، ۳۷۵، ۳۷۶، ۳۷۷، ۳۷۸، ۳۷۹، ۳۸۱، ۳۸۲، ۳۸۶، ۳۸۷، ۳۹۵، ۳۹۶، ۳۹۷، ۳۹۸، ۳۹۹، ۴۰۰، ۴۰۱، ۴۰۲، ۴۰۴، ۴۰۵، ۴۱۰، ۴۱۱، ۴۱۲، ۴۱۳، ۴۱۴، ۴۱۵، ۴۱۶، ۴۱۷، ۴۱۸، ۴۱۹، ۴۲۰، ۴۲۱، ۴۲۲، ۴۲۳، ۴۲۴، ۴۲۵، ۴۲۶، ۴۲۷، ۴۲۸، ۴۲۹، ۴۳۶، ۴۴۰، ۴۴۱، ۴۴۲، ۴۴۳، ۴۴۴، ۴۴۵، ۴۴۶، ۴۴۸، ۴۴۹، ۴۵۰، ۴۵۱، ۴۵۲، ۴۵۳، ۴۵۴، ۴۵۵، ۴۵۶، ۴۵۷، ۴۵۸، ۴۵۹، ۴۶۱، ۴۶۲، ۴۶۳، ۴۶۴، ۴۶۵، ۴۶۶، ۴۶۷، ۴۶۸، ۴۶۹، ۴۷۰، ۴۷۱، ۴۷۲، ۴۷۳، ۴۷۴، ۴۷۵، ۴۷۶، ۴۷۷، ۴۷۸، ۴۷۹

رستم فرخزاد، ۲۲

رودابه، ۱۶۹، ۱۸۰، ۱۸۲، ۱۸۳، ۱۸۴، ۱۸۵، ۱۸۶، ۱۸۷، ۱۸۸، ۱۸۹، ۱۹۰، ۱۹۱، ۱۹۲، ۱۹۳، ۱۹۴، ۱۹۵، ۱۹۶، ۱۹۷، ۱۹۹، ۲۰۲، ۲۰۴، ۲۰۵، ۲۰۶، ۲۰۷، ۲۰۸، ۲۰۹، ۲۱۰، ۲۲۱، ۲۲۲، ۲۲۴، ۲۲۵، ۲۲۶، ۲۲۷، ۲۳۷، ۲۴۰، ۲۴۱، ۲۴۳، ۲۴۴، ۲۴۵، ۲۵۷، ۳۰۰، ۳۴۷، ۴۷۶

رودکی، ۱۹، ۲۹

رود نیل، ۳۱، ۲۱۹

روم، ۱۹، ۳۰، ۵۳، ۸۴، ۱۱۸، ۱۱۹، ۱۲۰، ۱۲۱، ۱۳۰، ۱۳۵، ۱۳۶، ۱۴۷، ۱۵۶، ۱۸۵، ۴۰۱، ۴۰۲، ۴۵۳

رومی، ۵۳، ۸۴، ۱۳۵، ۱۳۸، ۱۳۹، ۱۴۸، ۱۵۵، ۲۲۳، ۲۲۹، ۳۸۱، ۳۸۲، ۴۰۱، ۴۵۳

رِیَوَند، ۴۰۶، ۴۱۳

ریونیز، ۴۰۶

زابل، ۱۸۱، ۱۸۹، ۱۹۱، ۲۰۱، ۲۳۳، ۲۸۲، ۲۹۴، ۳۲۱، ۴۳۹، ۴۴۱، ۴۴۲

زابلستان، ۱۷۵، ۲۲۵، ۲۳۶، ۲۳۹، ۲۴۰، ۳۰۱، ۳۲۳، ۳۹۵

زابلی، ۱۴۷، ۲۰۱، ۲۲۳، ۲۵۶، ۴۱۶، ۴۱۷

زال، ۱۶۹، ۱۷۰، ۱۷۱، ۱۷۲، ۱۷۳، ۱۷۴، ۱۷۵، ۱۷۶، ۱۷۷، ۱۷۸، ۱۷۹، ۱۸۰، ۱۸۱، ۱۸۲، ۱۸۳، ۱۸۴، ۱۸۵، ۱۸۷، ۱۸۹، ۱۹۰، ۱۹۱، ۱۹۲، ۱۹۳، ۱۹۴، ۱۹۵، ۱۹۶، ۱۹۷، ۱۹۹، ۲۰۰، ۲۰۱، ۲۰۲، ۲۰۳، ۲۰۴، ۲۰۶، ۲۰۷، ۲۱۰، ۲۱۱، ۲۱۴، ۲۱۵، ۲۱۶، ۲۱۷، ۲۲۰، ۲۲۱، ۲۲۴، ۲۲۵، ۲۲۶، ۲۲۷، ۲۲۸، ۲۲۹، ۲۳۰، ۲۳۱، ۲۳۳، ۲۳۴، ۲۳۵، ۲۳۶، ۲۳۷، ۲۳۹، ۲۴۰، ۲۴۱، ۲۴۲، ۲۴۳، ۲۴۴، ۲۴۶، ۲۴۷، ۲۴۸، ۲۴۹، ۲۵۰، ۲۵۱، ۲۵۲، ۲۵۴، ۲۵۶، ۲۵۷، ۲۵۹، ۲۷۰، ۲۸۳، ۲۸۴، ۲۸۵، ۲۸۶، ۲۹۱، ۲۹۴، ۲۹۵، ۲۹۶، ۲۹۹، ۳۰۰، ۳۰۱، ۳۰۲، ۳۰۳، ۳۰۶، ۳۰۷، ۳۰۸، ۳۱۰، ۳۱۲، ۳۱۵، ۳۱۷، ۳۲۴، ۳۳۱، ۳۳۲، ۳۳۴، ۳۳۵، ۳۳۶، ۳۳۷، ۳۴۱، ۳۴۲، ۳۴۷، ۳۶۲، ۳۶۷، ۳۷۵، ۳۸۲، ۳۹۹، ۴۲۸، ۴۴۰، ۴۶۵، ۴۷۶، ۴۷۸

زاول، ۱۷۹، ۲۹۴، ۳۲۱، ۴۴۰

زاولستان، ۱۷۷، ۲۴۶، ۲۴۸، ۲۷۰، ۲۸۲، ۲۸۳، ۲۸۶، ۲۸۷، ۲۹۱، ۲۹۲، ۲۹۳، ۲۹۴، ۳۰۱، ۳۰۲، ۳۰۵، ۳۰۷، ۳۲۳، ۳۴۱، ۳۸۵، ۳۹۵، ۴۴۱، ۴۴۲، ۴۵۴، ۴۶۵، ۴۷۸

زواره، ۴۱۷، ۴۱۹، ۴۲۰، ۴۲۱، ۴۵۸، ۴۶۵، ۴۶۶، ۴۷۷، ۴۷۸

زوتهماسپ، ۲۹۷، ۲۹۹

ژاپن، ۱۹

سَئیریمَ، ۱۱۶

سام، ۱۴۲، ۱۴۵، ۱۶۴، ۱۶۵، ۱۶۹، ۱۷۲، ۱۷۳، ۱۷۴، ۱۷۵، ۱۷۶، ۱۷۷، ۱۷۸، ۱۷۹، ۱۸۱، ۱۸۲، ۱۹۰، ۱۹۳، ۱۹۵، ۱۹۶، ۱۹۷، ۱۹۸، ۱۹۹، ۲۰۰، ۲۰۱، ۲۰۲، ۲۰۳، ۲۰۴، ۲۰۶، ۲۰۹، ۲۱۱، ۲۱۲، ۲۱۳، ۲۱۴، ۲۱۵، ۲۱۷، ۲۱۹، ۲۲۰، ۲۲۱، ۲۲۲، ۲۲۳، ۲۲۴، ۲۲۵، ۲۲۷، ۲۲۸، ۲۳۳، ۲۳۴، ۲۳۵، ۲۳۶، ۲۳۹، ۲۴۰، ۲۴۱، ۲۴۲، ۲۴۴، ۲۴۶، ۲۴۷، ۲۴۸، ۲۴۹، ۲۵۰، ۲۵۱، ۲۵۳، ۲۵۶، ۲۵۷، ۲۵۹، ۲۶۳، ۲۶۴، ۲۶۵، ۲۶۶، ۲۶۸، ۲۷۰، ۲۷۴، ۲۸۳، ۲۹۳، ۲۹۴، ۳۰۲، ۳۰۴، ۳۱۷، ۳۱۹، ۳۲۰، ۳۲۴، ۳۳۲، ۳۳۴، ۳۳۵، ۳۴۲، ۳۵۳، ۴۲۸، ۴۳۷، ۴۴۱، ۴۵۰، ۴۵۸، ۴۵۹، ۴۷۵، ۴۷۶، ۴۷۸، ۴۷۹

سامانی، ۲۶، ۲۸

سپاهان، ۱۱۳، ۱۸۲، ۲۷۶، ۳۸۳

سرم، ۱۱۶

سَرمَت، ۱۱۶

سروش (ایزد، روز، ماه)، ۳۹، ۴۰، ۹۷، ۹۹، ۱۱۱

سرو یمن، ۱۳۹

سعدبن‌ابی‌وقاص، ۲۲

سعدی، ۱۳، ۲۰، ۹۹، ۱۲۹

سعید خدیز، ۲۲

فهرست نامهای این دفتر ۴۸۷

سلم، ۱۹، ۱۱۶، ۱۱۷، ۱۱۸، ۱۱۹، ۱۲۰، ۱۲۲، ۱۲۴،
۱۲۶، ۱۲۸، ۱۳۶، ۱۳۷، ۱۳۸، ۱۴۰، ۱۴۱، ۱۴۲، ۱۴۳،
۱۴۶، ۱۴۸، ۱۵۰، ۱۵۱، ۱۵۴، ۱۵۶، ۱۵۷، ۲۱۳، ۲۵۸،
۲۶۷، ۲۶۸، ۲۶۹، ۲۸۷، ۳۲۲
سلمیان، ۱۳۲
سمرقند، ۴۲۲
سهراب، ۳۱۸، ۴۱۰، ۴۲۱، ۴۲۲، ۴۲۸، ۴۲۹، ۴۳۰،
۴۳۱، ۴۳۲، ۴۳۳، ۴۳۴، ۴۳۵، ۴۳۶، ۴۳۷، ۴۳۸، ۴۴۰،
۴۴۱، ۴۴۳، ۴۴۵، ۴۴۷، ۴۴۸، ۴۴۹، ۴۵۰، ۴۵۱، ۴۵۲،
۴۵۳، ۴۵۴، ۴۵۵، ۴۵۶، ۴۵۷، ۴۵۸، ۴۵۹، ۴۶۰، ۴۶۱،
۴۶۲، ۴۶۳، ۴۶۴، ۴۶۶، ۴۶۷، ۴۶۸، ۴۶۹، ۴۷۰، ۴۷۱،
۴۷۲، ۴۷۳، ۴۷۵، ۴۷۶، ۴۷۷، ۴۷۸، ۴۷۹
سیاستنامه، ۲۸، ۳۱
سیامک، ۳۸، ۳۹، ۴۰، ۴۱
سیبری، ۱۹
سیف‌الدوله، ۲۸
سیمرغ، ۱۷۰، ۱۷۱، ۱۷۳، ۱۷۴، ۱۷۶، ۱۷۷، ۱۷۸،
۱۹۹، ۲۲۴، ۲۴۳، ۲۴۴، ۳۰۲
سیندخت، ۱۸۳، ۱۹۷، ۲۰۴، ۲۰۵، ۲۰۶، ۲۰۷، ۲۰۸،
۲۰۹، ۲۱۰، ۲۲۱، ۲۲۲، ۲۲۳، ۲۲۴، ۲۲۵، ۲۲۶، ۲۲۷،
۲۳۲، ۲۳۶، ۲۳۷، ۲۳۹، ۲۴۰، ۲۴۱، ۲۴۲، ۲۴۳، ۲۴۵
شاپور، ۱۳۸، ۱۳۹، ۱۴۲، ۲۷۷، ۲۷۸
شاهنامه، ۱۳، ۱۴، ۱۵، ۱۷، ۱۹، ۲۱، ۲۳، ۲۴، ۲۵، ۲۶،
۲۷، ۲۸، ۲۹، ۳۰، ۳۲، ۳۳، ۳۸، ۳۹، ۴۰، ۴۶، ۶۰، ۶۲،
۶۵، ۶۸، ۷۳، ۷۶، ۸۴، ۸۵، ۸۷، ۹۴، ۱۰۳، ۱۰۴، ۱۰۸،
۱۱۰، ۱۱۲، ۱۱۳، ۱۱۸، ۱۲۹، ۱۳۸، ۱۳۹، ۱۴۲، ۱۵۲،
۱۵۵، ۱۷۴، ۱۷۵، ۱۸۱، ۱۸۲، ۱۸۳، ۱۸۴، ۱۸۵، ۱۹۶،
۱۹۸، ۲۰۰، ۲۲۴، ۲۳۰، ۲۴۶، ۲۵۱، ۲۶۳، ۲۷۶، ۳۰۶،
۳۲۲، ۳۳۴، ۳۵۸، ۳۵۹، ۳۶۱، ۳۷۶، ۳۷۷، ۳۷۹، ۳۸۶،
۳۸۸، ۳۹۸، ۴۰۶، ۴۱۳، ۴۲۲، ۴۳۳، ۴۴۸، ۴۵۰، ۴۵۵،
۴۵۶، ۴۶۰، ۴۶۶، ۴۶۷، ۴۷۰
شاهه، ۳۹۲
شاه یمن، ۱۰۷، ۱۰۸، ۱۰۹، ۱۱۱، ۱۱۲، ۱۱۳، ۱۱۴،
۱۴۲، ۱۴۷
شعبة‌ابن‌مغیره، ۲۲
شمس پس ناصر، ۳۸
شومان، ۴۲۲
شهرناز، ۷۱، ۹۳، ۹۵، ۹۷، ۱۰۶
شهنامه، ۱۹
شهید بلخی، ۲۹
شهیدی (بیژن)، ۳۲۲
شهیدی (علی)، ۲۶

شیداسپ، ۵۲
شیدوش، ۱۳۹، ۲۷۹، ۳۸۷
شیروی، ۱۳۶، ۱۳۹، ۱۴۲، ۱۴۵، ۱۵۲، ۱۵۳، ۱۵۸،
۱۵۹
صفری (حسین)، ۲۰۵
ضحاک، ۶۲، ۶۳، ۶۴، ۶۵، ۶۶، ۶۷، ۶۸، ۷۱، ۷۲، ۷۳،
۷۴، ۷۵، ۷۶، ۷۷، ۷۸، ۷۹، ۸۰، ۸۱، ۸۲، ۸۴، ۸۵، ۸۷،
۹۰، ۹۱، ۹۲، ۹۳، ۹۴، ۹۵، ۹۶، ۹۷، ۹۸، ۹۹، ۱۰۰،
۱۰۳، ۱۰۵، ۱۰۹، ۱۲۳، ۱۲۵، ۱۵۴، ۱۶۳، ۱۹۸، ۲۰۲،
۲۱۴، ۲۲۴، ۲۲۵، ۲۲۶، ۲۵۰، ۲۸۳، ۳۳۱
عبدالرزّاق، ۲۵
عثمان، ۲۲
عطار نیشابوری، ۴۰
عمر، ۲۲
عنصری، ۲۹
غزنویان، ۲۷
فارسی، ۱۳، ۱۵، ۱۷، ۲۰، ۲۱، ۲۳، ۲۴، ۲۵، ۲۹، ۳۸،
۳۹، ۴۶، ۵۸، ۵۹، ۶۲، ۷۱، ۷۴، ۹۰، ۹۴، ۱۰۳، ۱۰۴،
۱۱۳، ۱۱۷، ۱۲۱، ۱۳۲، ۱۳۵، ۱۷۲، ۲۰۵، ۲۰۶، ۲۱۶،
۲۲۴، ۲۳۱، ۲۴۵، ۲۶۳، ۳۰۰، ۳۰۴، ۳۱۸، ۳۵۹، ۳۷۹،
۳۹۷، ۴۰۶، ۴۱۱، ۴۱۳، ۴۲۲، ۴۳۲، ۴۵۲، ۴۵۴، ۴۵۹،
۴۶۵
فرالاوی، ۲۹
فرانک، ۷۷، ۷۸، ۸۰، ۸۵، ۱۰۴، ۱۰۵
فرخان، ۱۸۰، ۳۰۸
فردوسی، ۱۳، ۱۴، ۱۵، ۱۶، ۱۷، ۱۸، ۱۹، ۲۰، ۲۲،
۲۳، ۲۴، ۲۵، ۲۶، ۲۷، ۲۸، ۲۹، ۳۰، ۳۱، ۳۲، ۳۷، ۳۸،
۴۶، ۵۸، ۵۹، ۶۴، ۷۱، ۷۶، ۷۷، ۷۸، ۸۴، ۸۷، ۱۰۳،
۱۰۷، ۱۰۹، ۱۱۲، ۱۲۲، ۱۲۹، ۱۳۰، ۱۳۴، ۱۳۸، ۱۵۰،
۱۵۱، ۱۵۴، ۱۷۲، ۱۷۳، ۱۸۰، ۱۸۲، ۱۸۳، ۱۸۴، ۱۸۵،
۱۸۶، ۱۸۸، ۱۹۰، ۱۹۳، ۱۹۴، ۱۹۵، ۱۹۷، ۱۹۸، ۱۹۹،
۲۰۴، ۲۰۹، ۲۱۰، ۲۱۷، ۲۴۶، ۲۵۰، ۲۶۳، ۲۸۵، ۲۹۳،
۳۰۵، ۳۴۸، ۳۵۸، ۳۶۰، ۳۶۱، ۳۷۶، ۳۷۹، ۳۸۳، ۳۹۳،
۳۹۵، ۴۰۰، ۴۰۸، ۴۰۹، ۴۱۱، ۴۱۳، ۴۲۲، ۴۲۴، ۴۲۷،
۴۳۳، ۴۳۶، ۴۴۰، ۴۴۷، ۴۵۱، ۴۶۴، ۴۶۶، ۴۷۹
فرهاد، ۳۶۸، ۳۶۹، ۳۷۰، ۳۷۸، ۳۸۷، ۴۰۰، ۴۱۷، ۴۳۸
فریدون، ۱۹، ۷۶، ۷۷، ۷۸، ۷۹، ۸۰، ۸۱، ۸۲، ۸۴، ۸۵،
۸۷، ۸۸، ۸۹، ۹۰، ۹۱، ۹۴، ۹۵، ۹۶، ۹۷، ۹۸، ۹۹،
۱۰۳، ۱۰۴، ۱۰۵، ۱۰۶، ۱۰۷، ۱۰۸، ۱۰۹، ۱۱۰، ۱۱۱،
۱۱۲، ۱۱۳، ۱۱۴، ۱۱۵، ۱۱۶، ۱۱۸، ۱۱۹، ۱۲۰، ۱۲۱،
۱۲۲، ۱۲۳، ۱۲۴، ۱۲۵، ۱۲۶، ۱۳۱، ۱۳۲، ۱۳۴، ۱۳۵،
۱۳۶، ۱۳۷، ۱۴۰، ۱۴۳، ۱۴۴، ۱۴۶، ۱۵۰، ۱۵۱، ۱۵۳

فهرست نام‌های این دفتر

فغفور، ۱۸۵، ۱۵۶، ۱۵۷، ۱۵۸، ۱۵۹، ۱۶۰، ۱۶۳، ۱۶۴، ۲۰۲، ۲۱۵، ۲۱۷، ۲۵۸، ۲۵۹، ۲۶۹، ۲۷۴، ۲۷۶، ۲۷۹، ۲۹۱، ۲۹۹، ۳۰۸، ۳۱۰، ۳۲۱، ۳۲۲، ۳۲۳، ۳۳۰، ۳۳۱، ۳۳۶، ۴۰۳

فلورانس (شاهنامه)، ۲۱، ۲۶، ۷۷، ۹۴، ۱۱۰، ۱۵۳، ۱۷۲، ۱۹۸، ۳۳۴، ۳۵۹، ۴۰۶، ۴۶۶، ۴۶۷

قارن، ۱۳۶، ۱۳۹، ۱۴۲، ۱۴۴، ۱۴۵، ۱۴۷، ۱۴۹، ۱۵۱، ۱۵۲، ۱۵۳، ۱۵۴، ۱۷۶، ۲۶۸، ۲۶۹، ۲۷۰، ۲۷۲، ۲۷۳، ۲۷۴، ۲۷۵، ۲۷۷، ۲۷۸، ۲۷۹، ۲۸۰، ۲۸۱، ۲۸۲، ۲۸۷، ۲۹۲، ۲۹۹، ۳۱۵، ۳۱۶، ۳۲۰، ۳۲۱، ۳۲۴

قاف، ۳۸۵

قاهره (شاهنامه)، ۲۵، ۴۵۸

قباد، ۱۴۵، ۱۴۶، ۲۷۲، ۲۷۳، ۲۷۴، ۳۱۰، ۳۱۱، ۳۱۵، ۳۱۸، ۳۱۹، ۳۲۰، ۳۲۴، ۳۸۹

قرآن کریم، ۲۱، ۲۲، ۲۳

قفقاز، ۳۸۵

قنّوج، ۳۰، ۱۸۴، ۲۸۲

کابل، ۱۷۹، ۱۸۱، ۱۸۴، ۱۸۷، ۱۸۹، ۱۹۱، ۱۹۲، ۱۹۸، ۱۹۹، ۲۰۱، ۲۰۶، ۲۰۷، ۲۰۹، ۲۱۴، ۲۱۵، ۲۱۶، ۲۲۰، ۲۲۱، ۲۲۲، ۲۲۳، ۲۲۴، ۲۲۵، ۲۲۶، ۲۲۷، ۲۳۶، ۲۳۸، ۲۳۹، ۲۴۰، ۲۴۸، ۲۵۱، ۳۲۱، ۳۹۶

کابلستان، ۱۸۷، ۱۸۹، ۲۱۵، ۲۲۰، ۲۲۴، ۲۲۵، ۲۳۶، ۲۳۸، ۲۳۹، ۲۴۰، ۲۴۶، ۲۵۱

کابلی، ۱۴۷، ۱۹۰، ۲۰۱، ۲۲۳، ۳۰۳

کابلیان، ۲۲۶، ۲۲۷

کارنامهٔ اردشیر بابکان، ۱۴، ۳۲

کاسپ، ۳۸۴

کاسیان، ۳۸۴، ۴۰۷

کاسیت، ۳۸۴

کاکوی، ۱۵۳، ۱۵۴، ۱۵۵، ۲۱۳

کاووسِ کی، ۳۲۵، ۳۳۸، ۳۵۸، ۳۵۹، ۳۶۰، ۳۶۶، ۳۶۹، ۳۸۶، ۳۸۸، ۳۹۶، ۳۹۸، ۴۰۳، ۴۰۶، ۴۰۹، ۴۱۶، ۴۱۷، ۴۴۲، ۴۴۳، ۴۴۴، ۴۴۵، ۴۵۷، ۴۶۴، ۴۷۳، ۴۷۷

کاووس (کی‌کاووس)، ۳۲۵، ۳۲۹، ۳۳۰، ۳۳۱، ۳۳۲، ۳۳۴، ۳۳۵، ۳۳۶، ۳۳۷، ۳۳۸، ۳۳۹، ۳۴۰، ۳۴۱، ۳۴۲، ۳۴۹، ۳۵۲، ۳۵۸، ۳۵۹، ۳۶۰، ۳۶۲، ۳۶۵، ۳۶۶، ۳۶۹، ۳۷۰، ۳۷۱، ۳۷۲، ۳۷۳، ۳۷۵، ۳۷۶، ۳۷۷، ۳۷۹، ۳۸۰، ۳۸۱، ۳۸۲، ۳۸۳، ۳۸۴، ۳۸۵، ۳۸۶، ۳۸۷، ۳۸۸، ۳۸۹، ۳۹۰، ۳۹۱، ۳۹۲، ۳۹۳، ۳۹۴، ۳۹۵، ۳۹۶، ۳۹۸، ۳۹۹، ۴۰۰، ۴۰۱، ۴۰۲، ۴۰۳، ۴۰۴، ۴۰۶، ۴۰۷، ۴۰۸، ۴۰۹، ۴۱۰، ۴۱۱، ۴۱۵، ۴۲۱، ۴۲۹، ۴۴۰، ۴۴۲، ۴۴۳، ۴۴۴، ۴۴۵، ۴۴۶، ۴۴۸، ۴۵۱، ۴۵۶، ۴۵۷، ۴۵۸، ۴۶۲، ۴۶۳، ۴۶۴، ۴۶۵، ۴۶۶، ۴۶۸، ۴۷۳، ۴۷۴، ۴۷۵، ۴۷۶، ۴۷۷، ۴۷۸، ۳۳۷، ۳۶۸، ۳۷۵، ۴۳۶، ۴۴۰، ۴۷۵

کاوه، ۸۲، ۸۳، ۸۴، ۲۷۲، ۲۸۱، ۲۸۷

کردان، ۷۳

کردان خراسان، ۶۵

کردستان، ۷۳، ۱۱۳، ۱۸۲، ۲۰۴، ۲۴۷، ۲۷۴، ۳۳۷

کردی، ۲۳۱

کردی سورانی، ۶۵

کرمانی، ۱۸۹

کشمیر، ۳۰، ۱۷۹

کلاهور، ۳۷۱، ۳۷۲

کُندرَوْ، ۶۷، ۹۳، ۹۴، ۹۵، ۳۰۱

کَنگ، ۴۲۲

کنگدژهوخت، ۸۹، ۱۵۴

کوس (مکان)، ۱۰۶، ۱۵۸

کولاد غندی، ۳۴۳، ۳۵۸، ۳۵۹، ۳۶۹

کوه اسپروز، ۳۳۸، ۳۶۰، ۳۶۱

کوه سپند، ۲۵۱، ۲۵۳، ۲۵۴، ۲۵۶، ۲۵۷، ۳۰۳

کی، ۳۹، ۴۰، ۵۳، ۸۴، ۱۴۴، ۲۱۲، ۲۹۵، ۳۱۱، ۳۶۶، ۳۹۱، ۴۰۴، ۴۴۴

کیان، ۲۵، ۴۶، ۵۷، ۶۰، ۷۳، ۸۰، ۸۵، ۹۲، ۹۴، ۱۰۴، ۱۱۸، ۱۲۶، ۱۲۸، ۱۲۹، ۱۴۴، ۱۵۳، ۱۶۰، ۱۷۶، ۱۹۴، ۲۳۷، ۲۴۶، ۲۶۵، ۲۹۹، ۳۰۸، ۳۲۴، ۳۷۳، ۴۱۰

کیانوش، ۸۵، ۸۷، ۸۸

کیانی، ۳۹، ۶۰، ۸۹، ۱۰۴، ۱۲۲، ۱۳۰، ۱۵۹، ۱۷۵، ۲۱۳، ۲۵۹، ۲۹۵، ۳۰۵، ۳۰۶، ۳۰۸، ۳۳۳، ۳۴۷، ۴۵۸

کیانیان، ۴۶، ۵۳، ۵۷، ۷۳، ۸۰، ۸۴، ۹۱، ۱۰۴، ۱۵۳، ۱۷۶

کی پشین، ۳۲۵

کیخسرو، ۲۹

کیقباد، ۳۹، ۵۳، ۸۴، ۳۰۸، ۳۰۹، ۳۱۰، ۳۱۱، ۳۱۵، ۳۲۱، ۳۲۲، ۳۲۳، ۳۲۵، ۳۳۱، ۳۳۲، ۳۳۵، ۳۳۶، ۴۷۵

کیومرس، ۳۷، ۳۸، ۳۹، ۴۰، ۴۱

کیی، ۲۸، ۵۷، ۷۳، ۹۴، ۱۱۸، ۱۲۳، ۱۵۳، ۱۶۴، ۱۷۴، ۲۶۵، ۳۰۸

گرازه، ۳۷۸، ۴۰۴، ۴۱۴، ۴۱۵، ۴۵۴

گرشاسب (گرشاسپ)، ۱۴۰، ۱۴۲، ۱۴۵، ۱۵۱، ۲۶۸، ۲۶۹

گرگین، ۳۳۱، ۳۳۴، ۳۶۶، ۳۷۵، ۳۷۸، ۳۸۷، ۴۰۴، ۴۱۳، ۴۱۷، ۴۳۸، ۴۵۸، ۴۶۳

گرمانک، ۷۱

گستهم، ۲۷۵، ۲۷۷، ۲۷۹، ۲۹۱، ۲۹۹، ۴۰۴، ۴۰۵،

فهرست نام‌های این دفتر

گشتاسپ‌شاه، ۱۴
گودرز، ۳۳۱، ۳۳۴، ۳۳۷، ۳۳۸، ۳۶۶، ۳۷۵، ۳۷۸، ۳۸۳، ۳۸۴، ۳۸۷، ۳۹۳، ۳۹۴، ۴۰۱، ۴۱۰، ۴۱۱، ۴۱۳، ۴۱۴، ۴۱۷، ۴۳۸، ۴۴۴، ۴۴۵، ۴۵۱، ۴۵۲، ۴۵۳، ۴۵۵، ۴۵۶، ۴۷۴، ۴۷۵، ۴۷۸
گورابه، ۲۴۹، ۲۵۱، ۲۸۳
گیو، ۳۳۱، ۳۳۴، ۳۳۷، ۳۳۸، ۳۶۶، ۳۷۵، ۳۷۸، ۳۸۷، ۳۹۳، ۳۹۴، ۴۰۱، ۴۰۴، ۴۰۵، ۴۱۰، ۴۱۳، ۴۱۴، ۴۱۷، ۴۱۹، ۴۳۸، ۴۳۹، ۴۴۰، ۴۴۱، ۴۴۲، ۴۴۶، ۴۵۰، ۴۵۳، ۴۵۴، ۴۵۸، ۴۶۳

لغت فرس، ۹۰، ۱۷۵
لندن (شاهنامه)، ۲۸۵
لیدن (شاهنامه)، ۶۰، ۶۵، ۱۸۷
مانوش، ۱۳۵
مانوش چیثْرَ، ۱۳۵
ماه‌آفرید، ۱۳۴
ماهیار گوهرفروش، ۱۲۲، ۱۴۲
محمد(ص)، ۲۳
محمدِ وصیف سگزی، ۱۵۵
محمود، ۲۸، ۲۹، ۳۰، ۳۱
محمود غزنوی، ۲۸
مرداس، ۶۲، ۶۴
مسیحیت، ۳۰۴
مصر، ۳۸۵، ۳۸۶، ۳۹۸، ۴۰۱، ۴۰۲
مصریان، ۳۸۶، ۳۹۸
معتزلی، ۱۳
مغولان، ۱۹، ۲۹، ۲۰۳، ۳۸۵
مکران، ۳۸۴
مک‌کان، ۱۳۵
منوچهر، ۱۳۴، ۱۳۵، ۱۳۶، ۱۳۷، ۱۳۸، ۱۳۹، ۱۴۰، ۱۴۱، ۱۴۲، ۱۴۳، ۱۴۴، ۱۴۵، ۱۴۶، ۱۴۸، ۱۴۹، ۱۵۰، ۱۵۱، ۱۵۲، ۱۵۳، ۱۵۴، ۱۵۵، ۱۵۶، ۱۵۷، ۱۵۹، ۱۶۰، ۱۶۳، ۱۶۴، ۱۷۵، ۱۷۶، ۱۷۷، ۱۹۵، ۱۹۷، ۱۹۸، ۲۰۹، ۲۱۱، ۲۱۲، ۲۱۳، ۲۱۵، ۲۱۷، ۲۲۰، ۲۲۴، ۲۲۶، ۲۲۸، ۲۲۹، ۲۳۱، ۲۳۵، ۲۴۲، ۲۵۸، ۲۶۳، ۲۶۴، ۲۶۵، ۲۶۶، ۲۶۷، ۲۶۸، ۲۶۹، ۲۷۲، ۲۷۴، ۲۷۶، ۲۸۷، ۳۳۰، ۳۳۱، ۳۳۵، ۳۳۶
منیژه، ۳۷
مولوی، ۲۴۷
مهر، ۱۰۴، ۲۴۱، ۲۵۰، ۲۵۶
مهراب، ۴۶، ۱۷۹، ۱۸۰، ۱۸۱، ۱۸۲، ۱۸۳، ۱۸۴،
۴۱۳، ۴۳۱، ۴۷۴

۱۸۷، ۱۸۸، ۱۹۷، ۱۹۸، ۲۰۰، ۲۰۲، ۲۰۳، ۲۰۷، ۲۰۸، ۲۰۹، ۲۱۱، ۲۱۴، ۲۱۵، ۲۲۱، ۲۲۲، ۲۲۳، ۲۲۴، ۲۲۵، ۲۲۷، ۲۲۹، ۲۳۲، ۲۳۳، ۲۳۶، ۲۳۹، ۲۴۰، ۲۴۱، ۲۴۲، ۲۴۸، ۲۴۹، ۲۵۰، ۲۸۳، ۲۸۴، ۲۸۵، ۳۱۵، ۳۲۱، ۳۲۳
مهرگان، ۱۰۴
میانرودان، ۸۸
مینوی خرد، ۶۰، ۴۱۳
مینوی (مجتبی)، ۱۴، ۲۳۳
نریمان، ۱۴۲، ۲۵۳، ۲۵۶، ۴۱۹، ۴۲۸
نشابور (نشاپور)، ۱۴، ۴۰۶
نظامی عروضی سمرقندی، ۱۹۹
نوّابی (ماهیار)، ۳۸، ۴۲۲
نوذر، ۱۷۵، ۲۱۱، ۲۱۲، ۲۵۸، ۲۵۹، ۲۶۳، ۲۶۴، ۲۶۵، ۲۶۶، ۲۶۷، ۲۶۹، ۲۷۰، ۲۷۱، ۲۷۲، ۲۷۴، ۲۷۵، ۲۷۶، ۲۷۷، ۲۷۸، ۲۷۹، ۲۸۰، ۲۸۷، ۲۹۱، ۲۹۴، ۳۰۳، ۳۲۳، ۳۳۵، ۳۷۵، ۴۵۲
نور (شهر)، ۱۵۸
نیشابور، ۱۴، ۳۰۴، ۴۰۶
نیمروز، ۱۹، ۱۵۵، ۱۸۸، ۲۴۲، ۲۵۷، ۲۷۱، ۲۷۸، ۲۸۱، ۳۲۳، ۳۳۲، ۳۴۷، ۳۸۲، ۳۸۵، ۳۸۶، ۴۱۶، ۴۱۷
نیمروزان، ۱۹، ۳۰
ویس و رامین، ۱۹
ویسه، ۲۶۷، ۲۷۸، ۲۸۰، ۲۸۱، ۲۸۲، ۲۸۷، ۳۲۰
وی ونگهان، ۶۰
هاماوران، ۳۸۳، ۳۸۴، ۳۸۶، ۳۸۷، ۳۸۸، ۳۸۹، ۳۹۰، ۳۹۱، ۳۹۲، ۳۹۳، ۳۹۶، ۳۹۷، ۳۹۸، ۳۹۹، ۴۰۰، ۴۰۱، ۴۰۲، ۴۰۳، ۴۰۴، ۴۴۰
هاماورانیان، ۳۹۲، ۳۹۴
هجیر، ۴۳۱، ۴۳۲، ۴۳۵، ۴۳۷، ۴۵۰، ۴۵۱، ۴۵۲، ۴۵۳، ۴۵۴، ۴۵۵، ۴۷۸
هخامنشیان، ۳۷
هند، ۳۰، ۵۳، ۷۸، ۱۷۲، ۱۹۹، ۲۲۳
هندوان، ۱۳۵، ۱۷۱، ۱۷۹، ۱۹۸
هندوستان، ۳۰، ۳۱، ۷۸، ۹۲، ۱۳۵، ۱۷۱، ۱۷۹، ۱۸۴، ۱۹۸، ۲۱۴
هندی، ۵۳، ۱۳۵، ۱۶۴، ۱۷۴، ۱۷۸، ۲۲۳، ۲۳۳، ۲۳۹، ۲۴۰، ۲۵۷، ۲۷۷، ۲۸۵، ۳۰۷، ۳۲۰، ۳۸۱، ۳۸۷، ۴۰۵، ۴۱۳، ۴۱۷، ۴۱۸، ۴۳۷، ۴۵۱، ۴۶۷
هندیان، ۳۱، ۹۲، ۱۶۴، ۱۸۴
هود، ۲۱، ۲۴۲، ۳۹۱، ۴۵۳
هوشنگ، ۴۱، ۴۵، ۴۶، ۴۷، ۲۶۶
هومان، ۴۲۹، ۴۳۰، ۴۳۱، ۴۳۲، ۴۴۷، ۴۶۳، ۴۶۷،

469، 477، 478
هیرمند، 283، 284
یادگار زریران، 14
یمن، 110، 112، 119
یمین‌الدوله، 28، 30
یونانی، 37